行道者、弘教者与整治者

——先秦儒学宗教性内涵演进之脉络研究

张晚林　著

知识产权出版社
全国百佳图书出版单位
—北京—

图书在版编目（CIP）数据

行道者、弘教者与整治者：先秦儒学宗教性内涵演进之脉络研究/张晚林著. —
北京：知识产权出版社，2023.11
ISBN 978-7-5130-8565-6

Ⅰ.①行…　Ⅱ.①张…　Ⅲ.①儒学—研究—中国—先秦时代　Ⅳ.①B222.05

中国国家版本馆CIP数据核字(2023)第000026号

责任编辑：赵　军　　　　　　　**责任校对：**潘凤越
封面设计：纵横华文　　　　　　**责任印制：**刘译文

行道者、弘教者与整治者

——先秦儒学宗教性内涵演进之脉络研究

张晚林　著

出版发行	知识产权出版社有限责任公司	网　　址：	http://www.ipph.cn
社　　址：	北京市海淀区气象路50号院	邮　　编：	100081
责编电话：	010-82000860转8127	责编邮箱：	zhaojun99668@126.com
发行电话：	010-82000860转8101/8102	发行传真：	010-82000893/82005070/82000270
印　　刷：	天津嘉恒印务有限公司	经　　销：	新华书店、各大网上书店及相关专业书店
开　　本：	710mm×1000mm　1/16	印　　张：	46
版　　次：	2023年11月第1版	印　　次：	2023年11月第1次印刷
字　　数：	727千字	定　　价：	168.00元

ISBN 978-7-5130-8565-6

题　记

　　人类就整体而言已经被卷入罪孽之中，对人类的关切可以使我们明白，不能将罪（在道德上或律法上）归咎于个别的人。它是一种需要共同承担的现实。

——H. 奥特

　　在 20 世纪当中，我们目睹暴力以空前的规模爆发。令人悲痛的是，我们彼此伤害和损毁的才能已然可与人类非凡的经济和科学进步相媲美。我们似乎缺乏某种智慧，以将侵害控制在安全和适度的范围之内。最早的两枚原子弹在日本广岛和长崎爆炸，于人类现代文明辉煌成就的中心展现出以恐怖手段造成的自我毁灭。由于我们不再将地球尊为神圣，而仅将其视为一种"资源"，人类面临着爆发环境灾难的危险。除非发生某种能与人类的科技禀赋相并行的精神变革，否则我们将不太可能拯救这个星球。纯粹理性的教育无济于事。直到付出代价，我们才发现，一所杰出的大学可与集中营比邻而居。

——凯伦·阿姆斯特朗

　　当体系新出现的时候，只有少数人具有机敏的精神综览它；而由于对他们来说一切革新都是不适宜的，所以有兴趣综览它的人就更少了。

——康德

　　为人不易，为学实难，非至诚无息、本心震动者，不可以言学也。

——作者自题

序

我曾问任继愈先生一生中最重要的学术贡献是什么？得到的回答是提出儒教说。其实儒教说古已有之，宋孝宗就曾撰三教论曰"以儒治世，以道治身，以佛治心"。二十世纪初的康有为及其弟子们还发起孔教（儒教）国教化的运动。但重提并不减损其贡献，一个如此重要的文化－文明现象当然不可能是由谁提出才得以成立。这一历史事实由不被承认正视到被各界关注成为学术热点，进而成为文化自信文明自觉的起始点，其意义无论如何评估也不为过。

这一流转过程有点曲折，甚至有几分理性狡计的味道。最开始的争论在儒教说与非儒教说之间展开。反对者有人说是哲学，有人说是伦理，还有人说是教化，但双方的预设则是共同的，就是有意无意地把宗教理解成为了一个知识落后、道德低下的社会文化现象。扭转这一认识的是任先生的学生辈何光沪。我办《原道》向他约稿，他写了一篇"中国文化的根与花"，文章中宗教被扭转成为正面概念，但在把儒教说成中华文明之根的时候，又隐约有一种将中国文献中的上帝基督教化的倾向。

由此开始的第二阶段讨论就转向了儒教究竟是怎样一种宗教的问题。蒋庆、康晓光认为是国教，但前者是用来区隔中西文明，用以拒斥否定西方影响如各种现代性，后者则是基于亨廷顿的文明冲突论，希望藉以激活儒教文化圈回应基督教文明的挑战。我在 2005 年首届儒教学术研讨会上提出的儒教之公民宗教说，借用卢梭和贝拉的概念对儒教的历史作用和社会功能给出描述，强调它对国家国族建构的意义，如为政治制度、权力运作提供伦理标准，以敬天法祖崇圣凝聚社会塑造认同等。后来的一批中生代学者如干春松、唐文明、曾亦等经由康有为的研究纷纷涉足儒教领域，从帝国转型、政教关系以及未来想象诸角度各有创发，以致有评论家不禁发出"新康有为主义"的惊呼。

不过，尽管这些研究都带有同情的理解，学科方法十分丰富，公民宗教、基督教甚至伊斯兰教作为参考范式均被引进，但从纯粹宗教学角度对作为一般性宗教的儒教之内部分析和阐释的成果尚未得见，至于在此基础上，对作为特殊形态宗教的儒教之理论结构、运作方式和比较特点的研究更是付之阙如。如果有儒教研究的第三阶段，这一切应该成为主要内容吧？张晚林教授的《行道者、弘教者与整治者——先秦儒学宗教性内涵演进之脉络研究》就是一种尝试一种探索。

如果说宗教是对"你是谁？从哪里来？到哪里去？"的系列论述，那么，神就是这一问题的答案。祂不仅是起点与归宿，而且也是推动信众从起点走向归宿的保障即动力。儒教的最高存在就是天，"天生万物"、"与天地合德"、"止于至善"都是以天为起点和归宿。"大哉乾元，万物资始"，这是说"维天之命，於穆不已"；"元，亨，利，贞"里作为"元者善之长"的"元"，则是在人的"天命之性"。虽然二者存在位格的不同，但它们都具有牟宗三所谓即存有即活动的属性。为什么"天行健，君子以自强不息"？就是因为人禀赋于天，因而必然"致中于和"、"成己成物"。

天工人其代之。圣者通也，孔子之圣就在通天，就在"看"到天这一精神性存在而"体天制度"，因而可以说是儒教的创建者——用作者的话来说就是"造道者"。孔门后学经子思而孟子，开发人的德行大能，完成儒教的"宗教动力学"，成为"弘教者"；再到荀子隆礼重法因应战国的礼崩乐坏，是为"整治者"。《行道者、弘教者与整治者——先秦儒学宗教性内涵演进之脉络研究》全书即以六大脉络条陈此三方面的儒教内容，煌煌数十万言，不仅论证了天之作为儒教动力的奥秘，也揭示了儒教对于中华文化中华文明之动力的意义作用。

其实，作者已经指出"造道者"孔子与天的内在关系，那为什么不将其作为逻辑前提贯彻整个论述呢？我想很可能是因为作者哲学的专业背景，并且深受牟宗三先生影响。牟先生虽然批评朱子的理只存有不活动，但实际仍可进一步追问：即存有即活动难道就是对儒教之天的准确体认与把握？恐怕未必。像他对左宗右社，就不是从祖先崇拜和社稷祭祀的神圣空间出发对歌哭于斯的宗教活动和行为做出意义阐释，而是将其抽象化为某种时空上的连续性和广延性，可谓差之毫厘失之千里。以哲学话语谈论儒教时的这种隔靴抓痒，很大程度上可说渊源于此。

好在转变已经开始。对儒学的理解是对传统理解的一部分，对传统的理解又与我们对时代对世界的理解密切相关。后"冷战"时代，亨廷顿预言的文明冲突虽然密云未雨，但文明的概念却日益普及和深化。表征之一就是基于欧洲民族国家经验的现代性话语迷思被解构，美国将维持其帝国形态，中国也将再现其五千年文明的辉光。而这显然需要我们重新思考文明与宗教的关系——文明之所以以宗教命名，是因为作为文明基础的宇宙图景、存在秩序以及人生规划主要是由宗教提供的。亨廷顿用儒教文明指称我们，主流话语也提倡文化自信，将文化视为理论、制度和道路的基础，儒者为天地立心的自我期许因此又成为一种责无旁贷的历史使命。书中这一自觉强烈，使我们有信心期待作者在第三阶段的儒教研究中更上层楼，作出更多更大贡献。

是为序。

湘潭大学哲学系教授

陈　明

目 录

绪论：存在论、天与儒学的宗教性

　　"最古老和最有影响力的文明都具有形而上学（哲学——笔者注）以及马克斯·韦伯所描绘的伟大宗教的特征。它们都具有普世潜力，因此它们都有很强的开放性和包容性。"[1] 这是哈贝马斯对于世界上所有的伟大文明的断定。所有伟大的文明都具有哲学与宗教的双重特征，但就一般情况而言，若宗教与哲学相较，则宗教是更为重要的一种精神科学，无论是对于个人还是国家、民族，概莫能外。

　　对于个人而言，宗教是人们克服人生之虚无感，寻求支撑而避免滑入禽兽性生存的唯一依靠。"宗教一旦与生活分开，人类便与禽兽相差无几，甚至在许多方面比禽兽更可悲。人既因罪恶滔天，（他们）便在无休止的争吵和不安中痛苦地过生活。"[2] 或许是基于这种类似的自我体验，罗素也说："人的灵魂的孤独感是无法承受的，除了宗教传道者所宣扬的那种至高无上的强烈的爱之外，没有任何东西能穿透这种孤独感。"[3] 因此，宗教的意义就是克服这种孤独感，并拒绝在挫折面前沮丧气馁。这样，"从个人的立场观点来看，宗教的性质，包括两个方面：首先，相信邪恶、痛苦、妖术和不义的存在是基本的事实；其次，一整套实践和相对神圣化的信仰，表达了人类最终可以从那些不

<hr>

[1] 缪济编译：《哈贝马斯：我仍对世界上正发生的一些事情感到愤怒》，《文汇报》2018 年 7 月 6 日。
[2] 加尔文：《基督教要义》，钱曜诚等译，生活·读书·新知三联书店 2010 年版，第 14 页。
[3] 罗素：《罗素自传》第一卷，胡作玄、赵慧琪译，商务印书馆 2002 年版，第 203 页。

幸之中获得拯救的深切信念。"❶可以说，人无论是在面对灾难，还是追逐幸福时，都是在宗教的束缚下工作的，不然，人生是无法忍受的，是没有意义的。孔子曰："朝闻道，夕死可矣。"（《论语·里仁》）这意味着宗教意义的道（即超越实体——西方的上帝或中国的天）一旦临在人生，则肉体生命之福寿于人生之意义已不大。虽曰"人能弘道"（《论语·卫灵公》），实则道亦可弘人，或者说，人只有与宗教意义的道贯通，始成其为人。

对于国家、民族而言，宗教更是国家、民族的根本标志，宗教决定了一个民族的生活样式，决定了一个国家的政治组织形式。用马克思的话说，宗教是一个族类"世界的总的理论，是它的包罗万象的纲领，它的具有通俗形式的逻辑"❷。因此，宗教的消失，意味着国家、民族的覆亡。正是在这个意义上，顾炎武说："天下兴亡，匹夫有责。"（《日知录·正始》）顾炎武这里虽然是特就中国而言，但我们亦可就此扩而充之，谓"天下"为一定的宗教情怀之下的群体与国族。群体与国族的兴盛是每个人的责任，但其责任并非谓每个人当去冲锋陷阵、保家卫国，而是指每个人当在生活中弘道以翼教，进而延续种族与文化。不然，群体与国族就会灭亡，个人由此即成为孤寂的游魂，乃至沦落为纯物质性的生命；人一旦沦落为纯物质性的生命，那么，就一定会出现顾炎武所说的"仁义充塞，而至于率兽食人，人将相食"（《日知录·正始》）的局面。可见，宗教较哲学更为重要，绝非虚言。基于此，休谟曾说："一般说来，宗教中的错误是危险的；哲学中的错误则仅仅是可笑而已。"❸所以，宗教之于国族而言，绝非儿戏之事。许守微由此而说："国有学，则虽亡而复兴，国无学，则一亡而永亡。何者？盖国有学则国亡而学不亡，学不亡则国犹可再造，国无学则国亡而学亡，学亡而国之亡遂终古矣。"❹这里的"学"，皆是在宗教的意义上立言。

综上所述，宗教之于个人及社会之作用，可以用下面一句话来总括：

如果社会不能够为人们提供信仰和行动的系统，以便人们驾驭

---

❶ J.M. 英格：《宗教的科学研究》，金泽等译，中国社会科学出版社 2009 年版，第 9 页。
❷ 马克思：《〈黑格尔法哲学批判〉导言》，《马克思恩格斯选集》（一），人民出版社 1995 年版，第 1 页。
❸ 休谟：《人性论》，关文运译，商务印书馆 2005 年版，第 303 页。
❹ 许守微：《论国粹无阻于欧化》，《国粹学报》1905 年第 7 期。

人类存在所特有的焦虑与渴望，也不能提供缓和人与人冲突的系统，那么这个社会就会在个人焦虑和群体紧张的重压下崩溃瓦解。❶

是此可见，宗教的意义诚可谓不言而喻也。现在的问题是，具体到中国而言，是否有提供信仰和行动的宗教系统？或者进一步追问，维系中国传统社会两千余年的儒学是否是一种宗教？若是，是一种怎样的宗教？这是导论部分所关切的问题。

以儒学为主体的中华文化是世界上唯一没有中断的文明，究其原因，诚如英国汉学家葛瑞汉指出的那样，"儒学将它的所有一般观念根植于对已存的习俗、学问和历史先例的缜密的研究之中，它独自许诺将个体完全一体化于他的文化、社会和宇宙中，这一定是中国社会得以延续的秘密之一"❷。也就是说，中国之所以是中国，乃是一种文明的延续，每个个体的生命存在与安顿俱在这种文明之中。故罗素说："与其把中国视为政治实体（political entity），还不如把它视为文明实体（civilization entity）——唯一从古代存留至今的文明。"❸这意味着，中国这个国家是依靠宗教文化把人们黏合在一起，与其称之"国家"，还不如称之"文明实体"。杜维明说："严格地说，现代化即有世俗化的含义，不论社会主义所揭橥的唯物论或资本主义所弘扬的自由思潮，都有反宗教的一面。"❹现代化具有反宗教性，反过来说，古典型都具有或强或弱的宗教性。正因为现代化具有反宗教性，因此，现代国家都是法律政治性的；而因为古典型都具有宗教性，故古代的国家多是宗教文化性的。这种特征在中国体现得尤为明显，宗教与文化是古典中国的立国根基。很显然，这种宗教与文化就是作为中国文化主体的儒学。杨庆堃说：

　　儒学作为社会教化准则，经过千百年来的贯彻实行，已经为广大民众下意识地接受；既是理性教化的实体，也是一种情感态度，就

---

❶ J.M.英格：《宗教的科学研究》，金泽等译，中国社会科学出版社 2009 年版，第 90 页。

❷ 葛瑞汉：《论道者：中国古代哲学论辩》，张海晏译，中国社会科学出版社 2003 年版，第 42 页。

❸ 罗素：《中国问题》，秦悦译，学林出版社 1996 年版，第 164 页。

❹ 杜维明：《论儒学的宗教性——对〈中庸〉的现代诠释》，郭齐勇等编：《杜维明文集》第三卷，武汉出版社 2002 年版，第 368 页。

这一意义而言，儒学可以被视为一种信仰。❶

尽管儒学没有人格神，但"这并不意味着作为理论体系或制度性功能构架的儒学缺乏神学性的感召力"❷。若儒学不是一种宗教，则华夏五千年的赓续与文明是不可理解的。这正如杨庆堃所言：

> 如果去掉其宗教元素，而单纯依靠其理性主义特点，在过去两千年中儒学作为一种支持传统中国政治、社会结构运转的制度化正统学说，恐怕难以达到其已经取得的成功。❸

若我们认同杨庆堃的观点，儒学是一种宗教，那么，这种宗教具有怎样的形态？其内涵如何？这似乎并非是一个不值得讨论的问题，因为如果在这里发生错误是极其危险的。有学者指出："认定儒家是宗教的学者，对儒家与一般所谓宗教之有显著的区别这一点，其实是心知肚明。而否定儒家是宗教的学者，则无法对儒家在中国社会有类于宗教的教化功能作出令人信服的说明。"❹否定儒学是宗教者固不能令人信服地解释中国，认可儒学是宗教者，实则对这种宗教之特点亦未必心知肚明，因为这牵涉到儒学作为哲学而又作为宗教的问题。正是在这个意义上，笔者与休谟不同的是，哲学中的错误亦并非仅仅是可笑而已，也是极其危险的，因为哲学与宗教是相通的。休谟之所以如此看待哲学，乃因为他把哲学仅仅看成由概念构造的知识系统，但哲学——依据康德的话说——"既然客观上来看毕竟只能存在一种人类理性，所以，也不可能存在多种哲学，也就是说，只有一种从原则出发的真正哲学体系才是可能的，哪怕人们对同一命题也进行过如此多种多样的、经常是相互矛盾的哲学思考"❺。康德把这种唯一的哲学体系称为哲学的宇宙性的概念，

❶ 杨庆堃：《中国社会中的宗教》，范丽珠译，四川人民出版社 2016 年版，第 190 页。
❷ 杨庆堃：《中国社会中的宗教》，范丽珠译，四川人民出版社 2016 年版，第 200 页。
❸ 杨庆堃：《中国社会中的宗教》，范丽珠译，四川人民出版社 2016 年版，第 190 页。
❹ 李景林：《义理的体系与信仰的系统——考察儒家宗教性问题的一个必要视点》，《北京师范大学学报》2016 年第 3 期，第 79 页。
❺ 康德：《道德形而上学》，李秋零主编：《康德著作全集》第 6 卷，中国人民大学出版社 2013 年版，第 215 页。

以与哲学的学院性的概念相对。从这种区分中我们可知，若哲学的学院性的概念之错误是可笑的话，那么，哲学的宇宙性概念之错误则绝对是危险的。故若说哲学的错误也是危险的，乃切就哲学的宇宙性概念而言。笔者之所以认为哲学之错误如同宗教之错误一样，都是极其危险的，乃因为哲学的宇宙性概念与宗教源于同一奠基，都源于绝对者。谢林说：

> 哲学必然是一种更高的，而且仿佛更宁静的精神圆满状态，她永远栖息在那个绝对者之内，没有失去绝对者的危险，因为她已经安稳地置身于一个凌驾于反思之上的领域。❶

依谢林，作为哲学的宇宙性概念之奠基的绝对者，主客二分的反思方式——这种方式只能用于哲学的学院性概念——之于祂是无效的，而只能直观，"只有伴随着绝对者的一个已然活生生的理念，一切哲学思考才会开始，并且已经开始"❷。一旦如此开始哲学思考，那么，哲学就与宗教结成了神圣同盟。在这里，哲学与存在论、绝对主体、形而上学乃同一意涵，只是随文方便而殊称而已。马里坦说："主体性标志着划分哲学世界与宗教世界的分界线。"❸马里坦这里所说的哲学当然是指哲学的学院性的概念，即若绝对主体之主体性没有被把握，则哲学永远陷在概念分析的泥潭之中，而与宗教悬隔，而哲学一旦把绝对主体之主体性纳入其中，则哲学"要求证实并且将宗教归入它本身之中去，这样的哲学归根到底乃是一种神秘"❹。所谓神秘，就是指哲学此时已是宗教。只有这样，哲学才能如哈贝马斯所说，"可以在一定程度上，起到防止哲学在科学面前逐步退化其启蒙作用的功能"❺。同时，只有当宗教与哲学相互弥合与临界——哲学是最基础的宗教，宗教是终极的哲学——的时候，才能实现哈贝马斯所说的"普世性"、"开放性"以及"包容性"。

---

❶ 谢林：《哲学与宗教》，先刚著《哲学与宗教的永恒同盟——谢林〈哲学与宗教〉释义》之附录，北京大学出版社 2015 年版，第 259–260 页。

❷ 谢林：《哲学与宗教》，先刚著《哲学与宗教的永恒同盟——谢林〈哲学与宗教〉释义》之附录，北京大学出版社 2015 年版，第 267 页。

❸ 马里坦：《存在与存在者》，陈麟书编著：《重读马里坦》，四川人民出版社 1997 年版，第 211 页。

❹ 马里坦：《存在与存在者》，陈麟书编著：《重读马里坦》，四川人民出版社 1997 年版，第 212 页。

❺ 缪济编译：《哈贝马斯：我仍对世界上正发生的一些事情感到愤怒》，《文汇报》2018 年 7 月 6 日。

哲学的宇宙性概念与宗教源于同一奠基，乃本书之基本理论的出发点。由此理论出发点，本书意在论证，儒学由孔子，中经七十子后学、子思，最后至孟子完成"性善论"，乃是为了开显一种基础存在论，为其心性工夫之学确立超越根基。但从这种基础存在论出发，儒学最后又必通极于宗教，其具体体现就是：儒学由孔子至孟子的发展，乃是"宗教动力学"的完成过程。本书坚决反对仅仅把儒学视为道德哲学或修养之学，儒学最后一定要达到天——人贯通的终极境界，因此，儒学一定是一种宗教。如果说，心性工夫之学是儒学作为哲学的基本旨归的话，那么，"宗教动力学"乃儒学作为宗教的基本内涵与特色，二者是二而一，一而二的，是同一个东西的两种不同观看与论说。也就是说，当我们问儒学是不是宗教的时候，不是问儒学在外在形式上——如基督教或别的实定宗教那样——具有怎样的宗教特征，而是问儒学在何种程度上为其宗教性进行了奠基，用黄裕生的话说就是："中华文化的复杂性与丰富性就在于，它不仅以宗教的方式达到了对绝对的觉悟，而且从周代始也以思想的方式追问与思考绝对者问题"❶。也就是说，在先秦儒者那里，儒学是以怎样的思想方式朝向绝对者的？本书通过这种研究意在揭明：儒学作为宗教，其自身所具有怎样的思想上的"普适性"、"开放性"与"包容性"，以开显儒学在现代社会中的启蒙作用。基于此，总论部分将讨论如下几个问题：

第一，为什么伦理学必然会导致存在论及神圣者的出现？

第二，"天"作为外在之实体与儒学作为"宗教动力学"之成立。

第三，勾勒先秦儒学从孔子到荀子发展的基本脉络及儒学作为宗教动力学的完成及其不变。

第四，儒学宗教性内涵的基本特征。

一、为什么伦理学必然会导致存在论及神圣者的出现

宗教，就是让人回到绝对者的纯粹性中而"消除对于感官生活的眷恋，

---

❶ 黄裕生：《论华夏文化的本原性及其普遍主义精神》，《探索与争鸣》2016 年第 1 期，第 25 页。

而这种眷恋是一切不道德的行为的根源和动力"[1]。可见，消弭人之不道德行为之根本动力在宗教，而不是道德自身；或者说，道德与伦理要产生力量，必须与绝对的神圣者相关联，即任何道德学或伦理学必然会导致存在论，也就是说，根基于最高的神圣存在。从这个意义上讲，若我们不把人为制定的律则与条文包括在内的话，世间并无纯粹的所谓道德学或伦理学，只有宗教。我们也正是从这一视角来研究儒学的。

儒学作为一种修身工夫之学，其旨归的确是要人对于感官的眷恋保持警戒，从而最大可能地消解不道德的根源与动力。孟子曰："耳目之官不思，而蔽于物。物交物，则引之而已矣。"（《孟子·告子上》）感官乃是一种物质性存在，其感觉常随外物迁移，这正是人道德堕落的开始。这种情况若不得到制止，使人接受教化，那么，人最终一定会堕落为禽兽。孟子曰：

> 人之有道也，饱食暖衣，逸居而无教，则近于禽兽。圣人有忧
> 之，使契为司徒，教以人伦：父子有亲，君臣有义，夫妇有别，长幼
> 有序，朋友有信。（《孟子·滕文公上》）

"父子有亲，君臣有义，夫妇有别，长幼有序，朋友有信"，这正是我们熟知的儒学的五伦之教。那么，儒学是不是就只是一些嘉言式的道德训诫或至多是一种较为精审的伦理学或道德学呢？黑格尔就是以前一种方式看待儒学的，他认为，"孔子只是一个实际的世间智者，在他那里思辨的哲学是一点也没有的——只有一些善良的、老练的、道德的教训，从里面我们不能获得什么特殊的东西"[2]。黑格尔作为一个200多年前的外国人，他对儒学的理解程度如何不得而知，他的结论自然也不足为据。但即使国内对儒学有深入研究的学者，基本上也是与黑格尔站在同样的立场。杨泽波就认为儒学只是一种精审的伦理学或道德学。他说：

> 儒家"以天论德"，将道德的根据推给上天，说到底不过是借天

---

❶ 谢林：《哲学与宗教》，先刚著：《哲学与宗教的永恒同盟——谢林〈哲学与宗教〉释义》，北京大学出版社 2015 年版，第 312 页。
❷ 黑格尔：《哲学史讲演录》第一卷，贺麟、王太庆译，商务印书馆 1996 年版，第 119–120 页。

为说而已。所谓"借天为说"是指对一个问题无法确切回答的时候，将天作为其终结根据的一种做法。"借天为说"最大的特点在于一个"借"字，以天作为事物的终极根据，只是一种借用。换句话说，儒家在这方面讲天，是延续古代天论的思想传统，将道德的终极根据上推到天，从而满足人们思维的形上要求罢了，究其实义，天并不是也不可能是道德的真正终极根据。❶

依杨泽波的看法，"天"只是人们遭遇道德问题时无可奈何的一个习惯性的推定，把道德的最终根据推给"天"根本为虚说。那么，道德的最终根据在哪里？杨泽波认为，道德的最终根据在"仁"与"良知"。这种解释似乎并不远离孔孟之意，然我们且来看杨泽波是如何理解"仁"与"良知"的。孔子曰："仁远乎哉？我欲仁，斯仁至矣。"（《论语·述而》）"为仁由己，而由人乎哉？"（《论语·颜渊》）这表示仁是生命中可以绝对自我作主、引领方向的力量，内在而自足。但杨泽波认为，"仁性是社会生活和智性思维在内心结晶而成的伦理心境"❷。不唯此也，对于良知，他亦作如是之解释。孟子明言良知乃"心之官则思；思则得之，不思则不得也，此天之所与我者，先立乎其大者，则其小者不能夺也"（《孟子·告子上》）。在孟子看来，心——内含"仁义礼智"四端——乃上天赋予人之良知良能，这是生命中固有的确保人之为人之大体。但杨泽波认为，对于这种说法"不宜过于认真"，"从现代哲学的角度看，人们很难真的相信天是良心本心的真正根源"❸。在他看来，良心是社会性的，不是自然性的，"良心本心是一种伦理心境，来自社会生活和智性思维"❹。这样看来，杨泽波把儒学所雅言的"仁"与"良心"俱归结为"伦理心境"。那么，什么是伦理心境？

　　伦理心境是心的一种境况，来自社会生活和智性思维的结晶，

❶ 杨泽波：《牟宗三三系论论衡》，复旦大学出版社 2006 年版，第 119 页。
❷ 杨泽波：《孟子性善论研究》，中国人民大学出版社 2010 年版，第 25 页。
❸ 杨泽波：《孟子性善论研究》，中国人民大学出版社 2010 年版，第 72 页。"不宜过于认真"，这种口语用于学术研究显然是极不严谨与负责任的。孟子数次提到"天"，焉能不必认真对待？
❹ 杨泽波：《孟子性善论研究》，中国人民大学出版社 2010 年版，第 74 页。

因为人在生活的过程中，必然要受到社会生活中道德标准的影响，久而久之，这种标准便会结晶到内心，使内心具有一种道德的尺度，遇事自然会出来加以衡定。❶

杨泽波由此得出与孟子完全相反的结论，即在孟子那里作为先天的良知良能的本心，在他那里就是"典型的'后天的'"❷。这样，儒学"借天为说"而为道德寻找形上根基的做法，使良心本心带上了宗教色彩，但这只是形式上的借用。杨泽波说：

> 必须看到，严格说来，儒学这样做只是具有宗教的作用，而不属于典型的宗教，因为儒学为此找到的天，说到底，不再是"以德论天"的那个"天"，已经改变为"以天论德"的那个"天"了。"以德论天"的"天"是人格神，是典型的宗教，"以天论德"的"天"不再是人格神，只是对天的借用，不再是典型的宗教。❸

这就是说，"以德论天"乃以"德"入，最后落实在"天"上，所谓"神学道德学"，即道德的最终成立依赖一个绝对体，西方一般归之为人格神的上帝；而"以天论德"乃以"天"入，最后落实在"德"上，但这个"天"只是技巧上的借用，"天"根本不是人格神，只是一些无法解释的东西，在此，儒学与宗教根本不相干。这样，杨泽波认为，需要"对当前急切将儒学推至宗教神坛的做法保持一种冷静的态度"❹。杨泽波是反对儒学作为宗教的，尽管其语气比较委婉。实际上，他所说的儒学"具有宗教的作用"，只是技巧上的，是虚的，根本没有宗教之实，犹如民间的鬼神故事，它们似乎也有宗教的作用，但与真正的宗教风马牛不相及也。

与杨泽波类似，陈来也把儒学理解为一种纯粹的伦理学。我们知道，"仁

---

❶ 杨泽波：《孟子性善论研究》，中国人民大学出版社 2010 年版，第 74 页。
❷ 杨泽波：《孟子性善论研究》，中国人民大学出版社 2010 年版，第 74 页。
❸ 杨泽波：《牟宗三三系论论衡》，复旦大学出版社 2006 年版，第 129 页。
❹ 杨泽波：《从以天论德看儒家道德的宗教作用》，《中国社会科学》2006 年第 3 期，第 49 页。

者，人也"，这是儒学的古训，分别见于《中庸》与《孟子·尽心下》。如何理解这句话呢？朱子曾释"仁者，人也"曰："仁者，天地生物之心，而人得以生者。"（《中庸章句》）此表示，仁得之于天。朱子又在《朱子语类》中曰："仁者，人也。人之所以为人者，以其有此而已。""仁者，人也。合而言之，道也。此是说此仁是人底道理，就人身上体认出来。"（《朱子语类》卷第六十一）这是说，仁虽得之于天，但却是人之所以为人的实存。但陈来认为不必如此释"仁"：

> 宋儒把"人也"解释为人之所以为人，也还是曲折了，不太可
> 能是先秦儒的本义。现代训诂学也接受了宋儒的说法，其实，并不
> 一定要采取这种过分哲学化的诠释。❶

陈来在《"仁者人也"新解》一文中，尽管给予"仁"三种不同的理解，然而他重点强调的是，这里的"人"是指他人，也就是说，"仁者，人也"只不过包含着儒学的一个他人优先的伦理原则。陈来希望通过这篇文章突出这个他人优先的伦理原则的"第三种解释的可能与意义，并在比较哲学的视野中予以强调"❷。

综上所述，无论是杨泽波把"仁"（或良心）解释为"伦理心境"，还是陈来把"仁"理解为"他人优先"的伦理原则，都有一个共同之处，即道德标准或伦理原则不但不是因"仁"而始可理解，而且"仁"乃因道德标准或伦理原则而可理解，即道德标准或伦理原则为首出者，"仁"只是道德标准或伦理原则的执行后果，执行得好就是"仁"，执行得不好就是"不仁"。这就给我们留下了这样一个问题，即道德标准或伦理原则一定另有所出，那么，它们来自哪里呢？两位学者都没有究诘这个问题。这样一来，不但儒学成为了他律道德，且把"仁"仅仅理解为一种横向的认知能力，而非人自身所固有的内在自足的实践力量。因此，杨泽波与陈来尽管都把儒学中的"天"给推远了，但这还不是主要的问题；他们的主要问题是，把作为存在论的实体

---

❶ 陈来：《"仁者人也"新解》，《道德与文明》2017年第1期，第8页。
❷ 陈来：《"仁者人也"新解》，《道德与文明》2017年第1期，第5页。

的"仁"给打散了，以之为认知能力。由此，儒学仅仅成为道德哲学或伦理学，也就是说，儒学只是由概念原则组成的思想体统。这样的儒学是接不上宗教的，或者说，与宗教根本不相干。只有存在论才能接上宗教，也就是说，若我们把"仁"理解为绝对主体而先天地存在于人的生命中，那么，儒学就一定可以接上宗教，或者说，儒学就是宗教，因为绝对主体自我震动必有宗教的开显与通达。这一点，将在后文有详论。我们现在先来问一个问题，即纯粹的道德哲学或伦理学，若没有绝对主体的奠基，它们能够成立吗？问这个问题的意图在于表明：纯粹的道德哲学或伦理学若没有绝对主体的奠基，是不可能成立的。所以，"仁"既不可能是所谓的"伦理心境"，也不可能是"他人优先"的伦理原则，"仁"是存在的绝对主体。这样，不但"仁"不是因道德标准或伦理原则而始可理解，恰恰相反，道德标准或伦理原则乃凭借"仁"而始可理解，即"仁"是首出者，道德标准或伦理原则只是"仁"之用而已。

如果我们只是把道德学或伦理学认定为一些外在的原则与规范，那么，就一定会产生休谟所说的"是"与"应该"的矛盾。休谟说：

> 在我所遇到的每一个道德学体系中，我一向注意到，作者在一个时期中是照平常的推理方式进行的，确定了上帝的存在，或是对人事作了一番议论；可是突然之间，我却大吃一惊地发现，我所遇到的不再是命题中通常的"是"与"不是"等连系词，而是没有一个命题不是由一个"应该"或一个"不应该"联系起来的。这个变化虽是不知不觉的，却是有极其重大的关系的。因为这个应该或不应该既然表示一种新的关系或肯定，所以就必须加以论述和说明；同时对于这种似乎完全不可思议的事情，即这个新关系如何能由完全不同的另外一些关系推出来，也应当举出理由加以说明。不过作者们通常既然不是这样谨慎从事，所以我倒想向读者们建议要留神提防；而且我相信，这样一点点的注意就会推翻一切通俗的道德学体系，并使我们看到，恶和德的区别不是单单建立在对象的关系上，也不是被理性所察知的。❶

---

❶ 休谟：《人性论》，关文运译，商务印书馆 2005 年版，第 509–510 页。

这就是著名的"休谟问题"。休谟之所以提出这样的问题，不但与休谟的哲学自身的特点有关，也与他对道德学或伦理学的理解有关。我们知道，休谟在认识论问题上是一个彻底的经验论者，除了可感知的经验以外，知识没有任何其他的来源。可感知的经验是印象，人在获得某种印象之后，形成一些观念，最后形成知识。"印象"与"观念"就是他所说的"是"，这是理性驰骋的场域，理性的作用就是把这些印象与观念组合整理成为系统的知识。"理性要么判断事实，要么判断关系。"❶至此而止。若没有"事实"和"关系"这样的"是"，理性不能做任何事。很明显，休谟把理性只理解为知识理性，他并没有后来康德所说的实践理性之概念，休谟把实践理性说成是情感，而情感是纯粹主观的。基于此，休谟质问说：

> 我们还是借我们的观念，还是借印象，来区别德和恶，并断言一种行为是可以责备的或是可以赞美的呢？❷

休谟举了圆的例子。当我们说"圆是美的"时候，"我们到圆中去寻找美，或者不是通过感官就是通过数学推理而到这个图形的一切属性中去寻找美，都将是白费心思"❸。也就是说，美不在客观存在于圆的线条上，即美在圆的线条上找不到"是"。既找不到"是"，"圆是美的"就不是理性作用的结果。那么，是什么作用的结果？休谟答曰：情感也。休谟同样也举了一个例子。若我们问，"他为什么希望健康"，他可能回答"那是胜任这份工作所必需的"；我们又问，"为什么如此在乎这份工作"，他可能回答"希望挣到钱"；我们还可以问，"为什么要挣钱"，他又可能回答"金钱是快乐的工具"❹。这样，我们被永远陷在无穷的关系追问中。显然，我们不可能在关系中得到答案。由此，休谟得出结论，这样的原则之所以可欲，是因为它们符合人类的情感。人类的情感使得道德原则活动起来，"道德准则刺激情感，产生或制止行为"❺。

❶ 休谟：《道德原则研究》，曾晓平译，商务印书馆 2001 年版，第 139 页。
❷ 休谟：《人性论》，关文运译，商务印书馆 2005 年版，第 496 页。
❸ 休谟：《道德原则研究》，曾晓平译，商务印书馆 2001 年版，第 143 页。
❹ 休谟：《道德原则研究》，曾晓平译，商务印书馆 2001 年版，第 145 页。
❺ 休谟：《人性论》，关文运译，商务印书馆 2005 年版，第 497 页。

至此，可以总结一下休谟的思想了。在知识中，理性的使用与"是"是一致的，即由"是"可以直接推出知识。但在道德中，譬如，"做人要诚实"这条道德原则，它的"是"是什么呢？我们在现实世界似乎找不到任何一种"是"——印象或关系——与之对应，也就是说，在"应该"中找不到"是"与之对应。那么，情感凭什么而"应该"？休谟由此得出结论：

> 理性的标准基于万物的本性之上，是永恒不变的，即使最高存在物的意志也不能改变；情感的标准来自动物的永久的构架和组织，并最终派生于那个最高存在物的意志——这个意志赋予了每一个存在物以其特有的本性，并给整个实存安排了诸种等级和秩序。❶

依休谟的看法，人类之所以把道德原则作为"应该"来欲求，并非经验世界有"是"与之对应，而是基于人这种存在者的实存与本性（以儒学的名言说之，就是"仁者，人也"），而人的实存与本性乃源自最高存在物的意志，在西方就是上帝，在中国就是天。"休谟难题"是指经验界中的"是"推不出"应该"，即道德原则不可能是经验世界生成的，但来自绝对意志的人的实存与本性这个"是"，却可以推出情感上的"应该"。也就是说，道德之所以可能，其最后的依据在绝对者那里，外此，道德是无法理解的。这样看来，伦理学必须有存在论的形上奠基。在经验世界的"事"中，虽然有"应该"与"是"的分离，但超越的神圣世界中，"应该"与"是"并不分离，二者是一回事，经验世界的"应该"正来自神圣世界的"是"。但切记，这是超越世界中的"是"而不是经验世界中的"是"。这是破解"休谟难题"的唯一路径。

但学界也有人认为，形而上学不是破解"休谟难题"的唯一进路。王海明认为，破解"休谟难题"不必走存在论的形上奠基之路，亦可在经验界中实在论地奠基，即他认为经验界中的"是"可以推出"应该"。王海明认为，事物的属性分为两种，即固有属性和关系属性，而关系属性又分为事实关系属性与价值关系属性。固有属性是事物纯客观的，不会随外在的关系而改变，如物体的质量、电磁波等。但关系属性不是事物的固有属性，是事物处于一

---

❶ 休谟：《道德原则研究》，曾晓平译，商务印书馆 2001 年版，第 146 页。

定关系时所具有的属性，随着外在关系的变化而变化；其中事实关系属性是事物不依赖人的欲望而转移的属性，如红、黄等颜色方面的属性，当事物固有的电磁波长短与人的眼睛发生关系时，就会呈现不同的颜色；价值关系属性是事物依赖人的欲望而转移的属性，如应该（或不应该）、善（或恶）等。这样，尽管事物的"是"不能直接推出应该（或不应该）、善（或恶），但当事物的"是"与人的欲求发生关系时，我们可以作出应该（或不应该）、善（或恶）的评判。王海明把这种方法归结为以下公式：

> 前提 1 : 行为事实如何
>
> 前提 2 : 道德目的如何
>
> 两前提之关系 : 行为事实符合（或不符合）道德目的
>
> 结论 : 行为应该如何（或不应该如何）**❶**

这种方法貌似解决了休谟难题，但我们稍作考究就会发现，这是一种具体行为的判定方法，而不是普遍道德原则的生成原理。实际上这是一种以普遍道德原则为大前提的演绎推理，结论先天地已包含在前提之中了，不管有没有事实出现。这是从普遍到特殊的推理，是由前提中的应该（或不应该）、善（或恶）推出结论中的应该（或不应该）、善（或恶），即普遍的原则中的应该（或不应该）、善（或恶）落实到了特殊的事实中的应该（或不应该）、善（或恶）而已。但问题是，普遍的原则中的应该（或不应该）、善（或恶）是如何推出来的呢？在经验的实在论中是绝对无法奠基而给出理由的。

松散而无形上奠基的道德学或伦理学，即由一些道德条文或伦理规范组成的思想系统，是无法真正指导人的道德行为的，且缺乏践行道德的力量源泉。法国宗教哲学家马里坦对此有过专门的研究。下面陈述一些他的观点，进一步说明伦理学为什么一定要有存在论的形上奠基。

马里坦指出，若只是依据抽象的道德条文或伦理规范（如"他人优先"的原则）来规定人的行为，而没有洞开人的绝对主体，那么，所有的道德学

---

❶　王海明：《休谟难题：能否从"是"推出"应该"？》，《湖南师范大学社会科学学报》2007 年第 1 期，第 35 页。

或伦理学只不过是"一个瞎子引导另一个瞎子"●。他举例说，一个人可能具有节制的德行，但若人不能与绝对主体贯通，那么，他很可能是对于节制的一种守财奴式的偏爱。同时，这时这个人的谨慎很可能是患得患失的左右顾盼，而不是严格意义上的德行。由此，马里坦说：

> 从外界获得的德行只是某一意义上的德行，不是纯粹而完全的德行。如果它们以正确的方式指导人，它就与一个给定层次上的终极目的有关系，而不是与绝对的终极目的有关系。●

道德，如果没有形上的奠基，只是陈列殊散的道德条文或伦理规范，那么，人们就只能看到这些条文或规范所规定的暂时的目的（给定层次上的终极目的），而看不到形上绝对体所灵现出来的终极目的。暂时的目的是由人的低级理性能力带来的，这种能力只能观察眼前的暂时的事物，谋求一种倾向性的选择，从某种或多或少，或有用或高尚的暂时事物出发，因此，此时的道德目的大多只限于经验世界的一些利益关系，这只是暂时的技术性的；终极目的是人的高级理性能力带来的，它观察永恒的事物，谋求从永恒与神圣的理性出发，来讨论人的行为是否与绝对主体相对抗。马里坦举了两个例子来说明低级理性能力与高级理性能力的区别。

例一，

低级理性能力：通奸是一种恶，因为它与荣誉相对立。

高级理性能力：通奸是一种恶，因为它违背绝对主体（西方的上帝或中国的天）。

例二，

低级理性能力：谋杀是戒律所禁止的。诱惑着我的那个行动是谋杀。因此那个行动是戒律所禁止的。

高级理性能力：谋杀是戒律所禁止的。诱惑着我的那个行动是谋杀，而且

● 马里坦：《道德哲学论》，陈麟书编著：《重读马里坦》，四川人民出版社 1997 年版，第 147 页。
● 马里坦：《道德哲学论》，陈麟书编著：《重读马里坦》，四川人民出版社 1997 年版，第 133 页。

会致使我违背我最最热爱的。因此，我不愿意做。

当道德没有形上奠基的时候，道德条文或伦理规范就只是具体的事上的善或恶，此时人们践行道德的力量是极其有限的，因为人们可能不在乎戒律的惩罚或一时之荣誉获得。然而，道德条文或伦理规范绝不只是具体的事上的善或恶，它根本是绝对者的意志。比如，"做人要诚实"这条原则，它根本不只是为人处事的一种规范，它是来自一个更高的整体，是绝对者的意志，由此，才能成为人们践行的力量源泉。马里坦把殊散的道德条文或伦理规范称为纯粹的道德哲学，这种道德哲学不可能给人以真正的道德指导：

> 如果一个人想要以这种纯粹的道德哲学来指导自己的生活，则他必然会误入歧途。这种纯粹哲学的道德哲学忽略了人与超自然领域的关系，这就会给人的生活以错误的指导。❶

之所以可能会是错误的指导，乃因为这些殊散的条文或规范只是着眼于各自的暂时目的，而不能统摄于绝对者之神光之下形成一个有目的的体系，这样一来，这些条文或规范从长远来看可能恰恰误导了人。因此，在真正的道德行动中，人必须把条文或规范把握在他自己独有的存在之中，他在他的存在中孤身一人面对绝对者。当人独自面对绝对者时，他的敬畏使他将他的自我超乎一切价值之上，且使得自我在自身内部震动不已，继而生发无限的力量。"闻一善言，见一善行，若决江河，沛然莫之能御也。"（《孟子·尽心上》）指的就是这个意思；儒家常言的"敬畏"也是这个意思。此时，人不再觉得是处在道德法则的约束与管制之下，而是自我即是法则本身，对原则的遵从就是对自我的尊敬，这是至上的力量源泉，且完全是自愿、自觉与自然的力量，因为没有谁愿意放弃这种尊敬。尼采说："所有高贵的道德都是产生于对自我的一种非凡肯定。"❷孔子"七十而从心所欲，不踰矩"（《论语·为政》），指的就是这个意思。

---

❶ 马里坦：《道德哲学论》，陈麟书编著：《重读马里坦》，四川人民出版社 1997 年版，第 146 页。

❷ Friedrich Nietzsche.On the Genealogy of Moralsand Ecce Homo,Translated by Walter Kaufmannand R.J.Hollingdale,RandomHouse,Inc,1967,p.36.

通过对马里坦相关思想的研究可知，道德"绝不意味着可以把它归结为一些命令和禁令条件"❶，它似乎是一种隐秘，这种隐秘只能在道德的形上奠基中才能得到解释。同时，只有对道德进行形上的奠基，道德才能真正成为稳定的道德且从根本上是正确的，进而有践行的力量源泉。罗尔斯曾说："在神圣启示不在场的情况下，我们便无法知道我们必须遵守的且规定着我们的职责和责任的是非原理。纵使我们中的一些人能够知道它们，但是一遇到特殊情况，并非所有人都能够牢记他们的后果"❷。基于此，罗尔斯就道德提出以下三个问题：

> 第一个问题：道德秩序要求我们摆脱一个外在的来源吗？或者它以某种方式产生于（作为理性，作为情感，或作为两者都是）人类本质自身吗？它产生于我们在社会中一起生活的需要吗？
>
> 第二个问题：是只有一些人或极少数人（如神职人员）能够直接地掌握"我们将如何行动"的知识或达到那种意识，还是凡是具有正常理性能力和良知的每个人都能够做到这一点呢？
>
> 第三个问题：我们究竟是必须通过某个外在动机才能被说服，被迫使我们自身与道德要求保持一致，还是我们是如此地善于约束自身，以至从本质上我们具有充分的动机引导我们去做我们应该做的行为，而不需要外在的引导？❸

若道德只是外在的条文与规范，则我们无法回应罗尔斯的这三个问题，这也预示着道德需要一个实体性的奠基。在我们看来，唯有在道德的形上奠基中，我们对这三个问题才能予以圆满的回答。这种回答就是：道德最终源于人的形上本质，形上本质意味着绝对主体既超越又内在于人，这样，道德是人人都具有的意识、都可能的力量，道德并不需要外在的引导，人自身即具有这种引导的力量。人依据这种内在的力量而充其极，则不只是道德的践行，必至于宗教的敬畏与圣光的沐浴。

❶ 马里坦：《道德哲学论》，陈麟书编著：《重读马里坦》，四川人民出版社 1997 年版，第 150 页。
❷ 罗尔斯：《道德哲学史讲义》，张国清译，上海三联书店 2003 年版，第 13 页。
❸ 罗尔斯：《道德哲学史讲义》，张国清译，上海三联书店 2003 年版，第 14～15 页。

　　具体落实到儒学中，儒学是仁学，但"仁"绝不能是在社会生活中生成的"伦理心境"，更不会是仅为一条"他人优先"的伦理原则，而是人之绝对主体。"仁者，人也"，这表示人因"仁"而始可能，故"仁"乃人的绝对主体无疑。也就是说，儒学之为仁学并不是指把各种规章性与概念式的"学"凝聚起来而称之"仁"，而是因为有了"仁"这个绝对主体以后始有"学"。"仁"这个绝对主体一旦发用，祂就不会只是表现践行道德的力量，必能表现宗教之大能。无怪乎马里坦说："无论他们的缺点和错误是什么，我们都没有在孔子的著作中发现纯自然的伦理学"❶。马里坦如此评价以孔子为代表的儒学并非一种虚美，马里坦的这种判断在《论语》中是可以得到印证的。"子张曰：'执德不弘，信道不笃，焉能为有？焉能为亡？'"（《论语·子张》）关于这句话的意思，宋儒侯仲良释之曰："执德不弘，则无所容；信道不笃，则无所得。如此，则若存若亡，罔人而已。"又，尹焞释之曰："执德不弘，则心不广；信道不笃，则志不坚。其为学也，一出焉，一入焉，则焉能为有？焉能为无？"（朱熹:《论语精义》卷第十上）二者的解释都意味着，若一个人对超越的"道"之信仰不笃实，甚或根本无信仰，那么，他将什么都可以做，什么也可以不做，即没有任何执守，也就是说，真正的道德对于他来说是不可能的，因为他根本是一个糊涂的罔人，也就是马里坦所说的"一个瞎子引导另一个瞎子"。又，张横渠《正蒙·至当》云："性天经，然后仁义行。"这里的意思是说，仁义作为道德范畴绝非寡头而无根基的自然伦理，仁义须与超越的实体"性天"发生关联，始成其为仁义。儒学的目的是要让人成为圣贤，圣贤意味着"与天地合其德，与日月合其明，与四时合其序，与鬼神合其吉凶"（《乾文言》），这种超越境界焉能是松散殊列的道德条文或伦理规范所能达到的？条文或规范至多只能使人成为俗世的合格公民，但这不是儒学的宗旨，儒学自有其终极性，这种终极性使儒学成为人们的普遍信仰，这种情形正如蒂利希所说："如果没有终极关怀作为它的基础，那么，每一道德体系就会蜕变为一种调节社会诉求的手段，而无论这些诉求是否具有终极的正当性。那标志着真正信仰的无限激情会突然消失，并被一种聪明的计算所取代，而这种计算是无法

---

❶ 马里坦:《道德哲学论》，陈麟书编著:《重读马里坦》，四川人民出版社 1997 年版，第 149 页。

抵御盲目信仰的狂热进攻的"[1]。儒学所规定的道德规范之所以有力量，乃因为它成了中国人的信仰，而它之所以能够成为一种宗教式的信仰，乃因为它具有形上根基。

现代学者唐文明认为，如果抽掉了儒学的形上奠基，而把儒学化约为现代意义的道德主义，这就是对儒学的"隐秘颠覆"。他说：

> 很显然，将周人的德以及后来古典时代儒学的德化约性地解释为道德主义的德只是表面上看起来有根据而已，其实质则是彻底抽掉了德的存有论根基，是以一种隐秘的方式颠覆了古典时代涵摄身、家、国、天下乃至整个宇宙的伦理秩序。[2]

在唐文明看来，抽象的人本主义与道德主义乃现代社会的道德恶俗，但儒学绝不是这个意义上的学问。人是天然的天命在身者。"我们只有在天命—存有的高度上，而不是在道德主义的意义上领会人性，才不至于辱没人。"[3]儒学，无论是孔子的"仁学"，还是孟子的"性善论"，所究竟的是"人对自身天命在身的领会与肯定，或者说，人在天命面前领会并肯定自身的卓越性、高贵性。这其中并没有某种实质性的道德原则，而是对人的潜在能力的肯定；性善论也并不着意于自我对他人的关切，而是着意于自我的终极关切"[4]。唐文明的这些见解无疑说出了儒学的本质内涵，但他的不足在于，他不认为儒学是一种"道德的形上学"，因为他把"道德的形上学"只归结为一种道德立场，而不知"道德的形上学"最终必然会通向宗教，或者说，"道德的形上学"乃是一种"宗教动力学"。若只把儒学归结为道德，那么的确，儒学并不需要什么"道德的形上学"，杨泽波即其选也。而一旦肯认儒学为"道德的形上学"，则儒学必由道德的进路而贯通一个宗教的形上实体。我们不能因为儒学重道德，就因此把儒学封限在道德这里而不及于宗教。黑格尔曾说："从宗教中取

---

[1] 保罗·蒂利希：《信仰的动力学》，成穷译，商务印书馆 2019 年版，第 98 页。

[2] 唐文明：《隐秘的颠覆——牟宗三、康德与原始儒家》，生活·读书·新知三联书店 2012 年版，第 32 页。

[3] 唐文明：《隐秘的颠覆——牟宗三、康德与原始儒家》，生活·读书·新知三联书店 2012 年版，第 52 页。

[4] 唐文明：《隐秘的颠覆——牟宗三、康德与原始儒家》，生活·读书·新知三联书店 2012 年版，第 52 页。

走了道德的动因，则宗教就成了迷信。"❶儒学之所以重道德，也是这个原因。

通过以上的讨论与缕析，说明道德学或伦理学要真正成立，必然会导致存在论，且是形上的存在论，而不是经验的存在论，即绝对体的存在。因为"从哲学的观点来看，创造先于存在，就意味着'应该'先于'是'。事物的秩序应追溯到上帝的'命令'"❷。这里的"是"乃经验世界中的"是"，而不是超越世界中的"是"，超越世界中的"是"与"应该"是一回事。道德，就是揭示超越世界中的"是"，这是对道德的形上奠基，而一旦有了形上的奠基，则道德学或伦理学就绝不只是学院性的哲学形态，而是宇宙性的哲学形态，这种哲学形态实则与宗教等同。我们千回百转，由伦理学逼至了存在论，但我们并非要讨论二者之间的关系，我们是要探寻它们处于同一个形而上学基础之上的统一性。儒学盛言"仁"、"本心"、"良知"，绝不只是为了讲道德学或伦理学，尽管我们可以以"道德的形上学"言之，但"道德的形上学"绝不是学院性的哲学形态，而是宇宙性的哲学形态，因为它灵现了最高的存在实体，以至于"道德的形上学"可直通宗教，这种宗教形态可名之"宗教动力学"。

二、"天"作为外在之实体与儒学作为"宗教动力学"之成立

宗教，必须有一个先在的超越实体。我们说儒学乃是一种"宗教动力学"，意味着儒学希望通过内在的修养工夫而与一个超越的实体相贯通、觉悟、证会，乃至与之合一，即让那个超越实体被人"看到"，最后成为人之性。因此，心性修养工夫既是一个道德践履过程，亦是一个宗教开启过程。这两个过程实际上是心性修养工夫的两个不同面向，但一般人只看到了道德践履过程，而不知宗教开启过程，这是对儒学的误解及其大义的萎缩。实际上，在儒学那里，道德一定是通向宗教的。美国汉学家孟洛指出：

> "德"字原指人对天定法则所持的一贯态度；理想的德，是指这
> 种态度表现于恪守天定法则的日常行为中。个人与天的交往要靠这

---

❶ 黑格尔：《黑格尔早期神学著作》，贺麟译，商务印书馆 2016 年版，第 11 页。

❷ 赫舍尔：《人是谁？》，刘小枫主编：《二十世纪西方宗教哲学文选》，杨德友等译，上海三联书店 1991
年版，第 150 页。

种态度来维持；因此，德具有宗教性格。❶

依孟洛的理解，道德既是对天定法则的恪守与执行，亦是希求由此而开启天，故行德乃是一个开启天、看到天、通达天之过程，儒学的践行修养工夫就是重这个"开启"、"看到"与"通达"之过程。虽然重"开启"、"看到"与"通达"之过程，但必须有"被看者"之先在，即必须有超越实体之先在。那么，儒学中的超越实体是什么呢？我们一般以"天"说之。但"天"是"实有"还是"虚说"，即"天"是一种外在于人的实体性的存在吗？在此，学界依然有争论，但若是之不能肯定，则谓儒学乃"宗教动力学"是无法成立的。现在专门来探讨一下这个问题。

牟宗三的弟子卢雪崑就从根本上否认"天"是一种外在于人的实体性的超越存在，在她看来，孔子哲学传统是一种基础哲学，同时亦是一种理性文明，二者是同一意思，意味着理性的本性之学。儒学作为理性的本性之学，乃奠基于"超越的心学"之上，无论谓其"仁心"、"本心"、"道心"皆可。卢雪崑虽然不否认儒学的宗教性，但她认为，作为理性的本性之学，儒学并不需要一个外在于人的超越实体"天"：

> 孔子所言"知天命"、"畏天命"实包含认识及敬畏自身仁心之无条件命令（即天理）与不容已之道德定分。我们以本心自立法则（即天理）自我遵循作为我们每一个人的分定，并因着天理和分定的定言不容已而视之为"天命"（此即《中庸》言"天命之谓性"），我们就能够对"天命"有一个决定的概念。若如一些学者那样解"天命"为有一个外在的天在那里下命令，则我们是绝无法探知那根本不为任何人所知的天是如何在下命令及下的是什么样的命令。❷

在卢雪崑的眼里，儒学虽具宗教性，但儒学从根本上看乃是一种理性的本性之学，也就是一种基础哲学。这种基于理性的本性的基础哲学内在地包

---

❶ Donald Munro.The Concept of Manin Early China.Stanford University Press,1969,p.185.
❷ 卢雪崑：《孔子哲学传统——理性文明与基础哲学》，台湾里仁书局 2014 年版，第 642 页。

含"纯粹的理性信仰",与"历史性的信仰"不同。"纯粹的理性信仰"是纯粹的道德的宗教,是人的实践理性完全可以把握的,故是"真正的宗教";而"历史性的信仰"因是一种情识的作用而免不了会让人产生"道德上的死亡",使人对神灵进行伪侍奉。

卢雪崑的上述观点完全依据康德的批判哲学,亦步亦趋而不越雷池半步。我们知道,康德批判哲学的拱心石就是"自由意志",这是实践哲学的最高哲学词,是道德世界的创造实体。所谓基础哲学与理性文明都是在这个意义上说的,因为"自由意志"是唯一的实践理性概念,如果哲学是与人类理性的本质的目的相关联的科学,那么,哲学必须从这个基点出发,且哲学不但是理性的,而且是唯一的,由此而证成哲学的宇宙性的概念;同时,"自由意志"也是最高的睿智者,因着其自由因果性而使整个宇宙成为道德法则所遍润的圆善世界。由此,这种理性的哲学又上升为理性的宗教,又称道德的宗教。

"自由意志"之所以是最高的睿智者,乃因为自由意志作为道德的创造实体,不但涌现法则而创造道德的"应当",而且必然使这种"应当"转化为"是",也就是说,"自由意志"不但涌现法则,而且自身即具有使法则变化现实的力量。正是在这个意义上,"自由意志"成为最高的睿智者,而圆善世界因之而得以可能,圆善的客观根据首先就直接在我们的力量中了。这样,在康德看来,圆善世界的实现原则上并不需要一个超越于人之外的实体,如上帝这样的存在,因为这种外在于人的超越存在,我们的理性对之不能有任何决定与认识(即没有直观,不可构造),纯粹是情识所成的空概念。若我们把圆善的实现寄托于这样的上帝,而不去显发自由意志自身的法则与力量,则不但是对上帝的伪侍奉,且会造成人的道德死亡的恶果。因此,康德斩钉截铁地说:"道德为了自身起见,(无论是在客观上就意愿而言,还是在主观上就能够而言)绝对不需要宗教,相反,借助于纯粹的实践理性,道德是自给自足的"❶。但我们又知道,康德在《实践理性批判》中,又有"上帝存在"的设准,似乎道德需要依靠上帝方才可能似的。康德之所以需要有"上帝存在"的设准,乃因为圆善的第二个元素,即"与德行相匹配的幸福"的可能性。但康德之

---

❶ 康德:《纯然理性界限内的宗教》,李秋零主编:《康德著作全集》第 6 卷,中国人民大学出版社 2013 年版,第 4 页。

上帝设准，并非是一种"幸福分配论"或"神恩论"，即依据一个外在的强大存在者上帝，祂在人无能为力的情况下，把幸福分配给有德行的人，或者作为一种奖赏，恩赐给有德行的人。这样一来，道德就成为一种效益论或功利主义，进而破坏了道德的自足性，这绝不是康德上帝之设准的意思；同时，因为这样的一个设准我们完全不能对之有任何决定，也是不合法的。

既然一个外在于人的上帝根本不合法，那么，康德为什么还要引进上帝呢？我们且看康德所说的上帝到底为何意？康德认为，人这种理性存在者依据道德法则就会必然引至上帝的概念，因为这种绝对依据道德法则的意志把人与万物都统摄于终极目的之下，从而形成目的王国，而上帝正是这个目的王国的"至上因"。但是，康德一再表明，千万不要误以为有一个外在于人的"至上因"——上帝——在那里干预，实则，康德在《实践的自我设定与上帝的观念》(Practical Self-posting and the Idea of God)一文中说："道德的实践理性，如果它包含行为的规则符合定然律令之义务法则，它就引导到上帝之概念"[1]。又在《什么是超越哲学？》(What is Transcendental Philosophy?)一文中说："有一个上帝在道德的－实践的理性中，也就是在人对义务（这义务好像是神的命令）之关系之理念中，但不是作为一个在人之外的东西"[2]。这样看来，康德所说的"至上因"不过是道德法则的神圣性本身，借"上帝"之名称而已。

然而，外在于人的那个上帝是不是在康德的哲学中完全没有作用呢？也不是。康德又有"上帝存在"之设准的讲法。在康德看来，人因为有感性的拖累，现实中很难完全绝对遵守道德法则，这样，"上帝存在"之设准有理性上的必然性，但这只是"设准"的必然性，若问上帝是否真的存在，则我们不能对之有任何直观与肯定，然为了理性存在者绝对遵守道德法则，"上帝存在"之"设准"却是必然的，即使没有直观肯定的依据。为什么这种"设准"是必然的呢？康德是这样解释的：因为现实世界总是丑恶横行，一个善良的人，尽管他努力践行道德，但仍然"遭受着贫困、疾病和夭亡这一切不幸，而且就一

---

[1] Immanuelkant.Opuspostumum.Translated by Ectkart Försterand Michael Rosen.Paul Guyerand Allen W.Wood.The Cambridge Edition of The Work of Immanuelkant.Cambridge University Press,1993,p.200.

[2] Immanuelkant.Opuspostumum.Translated by Ectkart Försterand Michael Rosen.Paul Guyerand AllenW.Wood.The Cambridge Edition of The Work of Immanuelkant.Cambridge University Press,1993,p.223.

直这样下去。直到一个辽阔的坟墓把他们全部吞噬掉"❶。这种残酷的现实不可能不挫败他的道德存心，从而可能以为目的王国不可能而放弃道德法则。为了不使残酷的现实摧毁人的道德坚持与存心，"他就必须在实践方面，也就是说，至少为了对在道德上给他规定的终极目的的可能性形成一个概念，而假定一个道德上的世界创造者的存在，也就是说，假定上帝的存在"❷。这样，我们不能说"相信上帝存在"是义务，但"上帝存在"之"设准"却是无条件的必然的。

综上所述，在康德那里，上帝要么是道德法则之神圣性本身，要么只是"设准"；前者根本与上帝无任何关联，后者虽有关联，但只是"设准"。也就是说，作为外在于人的上帝，康德始终认为祂是主观的，人类在客观上不能有任何决定与构造。我们再来就此作一番梳理：在康德那里，自由意志绝对遵守道德法则，其结果必然导致目的王国的实现，正是在这个意义上，康德以为道德自身并不需要上帝。倘若一个人具有足够强大的意志，如颜渊，尽管周遭的环境足够恶劣，但并不能损坏他的道德意志，"孔颜乐处"就是其表现，那么，这样的人，就不但不需要"上帝"，哪怕"上帝存在"的"设准"也不必要。因此，康德以为这个"设准"是无条件的必然的，实则未必如此，至少逻辑上未必如此。正因如此，海涅这样评价康德：

> 到这里为止康德扮演了一个铁面无私的哲学家，他袭击了天国，杀死了天国全体守备部队，这个世界的最高主宰未经证明便倒在血泊中了，现在再也无所谓大慈大悲了，无所谓天父的恩典了，无所谓今生受苦来世善报了。❸

无论怎样评价康德的宗教思想，他的理性宗教或道德宗教是根本不需要上帝的，也不必去关心上帝；至于事实上有没有上帝之存在，我们人类无法从认知上加以决断，由此根本上摧毁了宗教的绝对性与不可疑性。康德这种模棱两可的态度对于虔诚的信徒而言，当然是不可接受的，基督教廷由此禁止

---

❶ 康德：《判断力批判》，李秋零主编：《康德著作全集》第5卷，中国人民大学出版社2013年版，第472页。
❷ 康德：《判断力批判》，李秋零主编：《康德著作全集》第5卷，中国人民大学出版社2013年版，第472页。
❸ 海涅：《论德国宗教和哲学的历史》，海安译，商务印书馆1974年版，第112页。

他宗教方面的书公开出版发行也就在所难免了。

卢雪崑正是严格遵守康德之理路来看待儒学乃至儒学所雅言的"天"的，甚至由康德对上帝之模棱两可而更进一步，直接否定了"天"的存在。在卢雪崑看来，儒学自周孔以降，已成为一种理性文明，而不是一种宗教，尽管她并不否认儒学自身亦有超越性。"自周初，华夏文化生命之发展已从天帝、神的原始信仰转向人文性文明；天帝、神的崇拜作为历史的、习俗的、社会的信仰行为保留下来，而文化之整体生命已成长为重人德的、自我主宰的。"❶卢雪崑依据以下两句经典文献来诠释儒学这种理性文明之大义：

其一，"仁者，人也。"（《中庸》）
其二，"人能弘道。"（《论语·卫灵公》）

在卢雪崑那里，所谓"仁者，人也"，就是指"仁"（又曰"本心"，即康德所说的实践理性）构成了人的全部本质，或者说是人的定分，这个定分具有绝对性，这就是"天"的意思，人充其极地完成这个道德本分就是"人能弘道"。这样看来，仁＝道，无所谓外在于人之"天"，人弘之以为"道"。她说：

离开本心，无以言"人的道德定分"，"天"亦充其量只是我们理性纯思辨中的无条件综体，而我们名为最高者，甚至可思之为至上主宰，但它毕竟只能是一个空概念，我们仍然根本不能对它有任何认识。唯独"天"在理性之道德意图中绝对需要的普遍性里与人的道德定分关联，我们以本心之"天理"（道德法则）作为"天"关联于人的普遍法则，因而能够对"天"取得一个决定的概念，亦即使"天"一词的意义能够普遍可传达；我们以本心自立法则自我遵循作为我们每一个人的分定，并因着这分定的定然不容已而视之为"天命"（此即《中庸》言"天命之谓性"），我们就能够对"天命"有一个决定的概念。若如一些学者那样解"天命"为有一个外在的天在那里下命令，则我们是绝无法探知那根本不为任何人所知的"天"

---

❶ 卢雪崑：《孔子哲学传统——理性文明与基础哲学》，台湾里仁书局 2014 年版，第 149 页。

是如何在下命令及下的是什么样的命令。❶

很显然，卢雪崑乃以康德的理性宗教或道德宗教来诠释儒学，尽管她不认为这是把儒学所雅言的"天"给虚化了，因为这种"天"根基于每个人的道德主体之实存，是绝对于人人真实有效的，因此，并非如杨泽波所说的那样，乃是"借天为说"。❷笔者尽管也反对杨泽波的"借天为说"，但若只是依据卢雪崑的这种理路来说"天"，则的确逃不了"借天为说"的窠臼，"天"之虚化是不可免的，其理由在前面论述康德的理性宗教时已经说过了。

卢雪崑依据她的这种思路，扭转了乃师牟宗三宋明儒之三系说。我们知道，牟宗三依据成德之教的义理规模，分宋明儒为三系，其中特重胡五峰、刘蕺山一系，此系代表了儒学成德之圆实之教，因为"此系客观地讲性体，以《中庸》、《易传》为主，主观地讲心体，以《论》、《孟》为主。特提出'以心著性'义以明心性所以为一之实以及一本圆教所以为之实。于工夫则重'逆觉体证'"❸。而伊川、朱子之横摄系统固不足以为圆实之教，即象山、阳明一系，亦非圆实之教，因其未显示客观面，而"只是一心之朗现，一心之伸展，一心之遍润"❹之主观面。在牟宗三所说的"道德的形上学"里，《中庸》《易传》讲客观面之天与性，《论》、《孟》讲主观面之心，二者会通而为一，且天、性、心俱有独立之实义，故为圆实之教也。但卢雪崑并不同意牟宗三之如此判教与分系。她首先抹杀了"天"之独立存在之实义。

> 孔子言"仁"，孟子言"心性"，皆以形上之体言，既是人之主体的实存之性，同时又是主客合一而与万物为一体者。故"仁"、天理所从出之"本心"、由本心言之"性"，并不是只是主观地说。并不是主观面说"仁"、"心性"，然后论"仁"，"心性"与客观面言的"天"合一，而是心、性、天根本是一。再者，若单就《易传》直下从上面说道体，并由道体说性体，而不收摄到孔孟"心、性、天一

---

❶ 卢雪崑：《孔子哲学传统——理性文明与基础哲学》，台湾里仁书局 2014 年版，第 67-68 页。
❷ 卢雪崑：《孔子哲学传统——理性文明与基础哲学》，台湾里仁书局 2014 年版，第 188 页。
❸ 牟宗三：《心体与性体》上，上海古籍出版社 1999 年版，第 42 页。
❹ 牟宗三：《心体与性体》上，上海古籍出版社 1999 年版，第 42 页。

本"之义理规模下，《易传》本身并不能单独确立真正的形上实体。因为若离开孔孟所言"仁"、"心性"，我们根本无法直下从上面说"道体"并能避免只是形式地说。……据此可以说，单就《易传》本身并不能圆满地确立一个道德的形上学，儒家道德的形上学之义理规模依据孔孟哲学，在儒家道德的形上学里，"仁"、"本心"居轴心地位。❶

这样，卢雪崑就以居于轴心地位的"仁"、"本心"消解了"天"的实体性，她的"心、性、天根本是一"乃谓三者为同一个东西，无所谓"性"与"天"，只有一个"本心"；"心"是实说而"性"与"天"皆虚说。以康德之语言之，"本心"就是实践理性，以实践理性作为人之定分就是"性"，这种定分之绝对性就是"天"。在卢雪崑看来，"天"、"天道"、"乾元"，无非表征"理性的统一性"。离开了作为"本心"的实践理性，我们不知道任何实体如何获得实在性。"我们不能说先有外在的'於穆不已'之天命实体、乾元、道体，然后'由孔子之仁与孟子之心性彰著而证实之'。"❷ 在儒家哲学传统中，"天"并没有被实体化、人格化，"而是以通过人自身的道德实践可真实意识到的法则性和创造性来比配'天'"❸。"也就是说，以人类道德实践活动中包含的普遍法则下的统一性，合目的性下万物联结为一体的必然性，类比地设想一个'源始者'。"❹ 卢雪崑一再强调，尽管《中庸》云："《诗》曰：'维天之命，於穆不已！'盖曰天之所以为天也。'於乎不显，文王之德之纯！'盖曰文王之所以为文也，纯亦不已。"但这只是表示"天之所以为天"之深奥、不可探测，犹如对文王之德之赞叹一样，"并没有'於穆不已'之天命实体被论及"❺。由此，卢雪崑认为，就如康德哲学乃以自由意志作为唯一的真实的形上学之实体一样，本心是儒学建立道德的形上学的唯一真实实体。

惟独孔孟哲学确立了仁、本心作为道德世界之实现的根据和动

❶ 卢雪崑：《孔子哲学传统——理性文明与基础哲学》，台湾里仁书局 2014 年版，第 222–223 页。
❷ 卢雪崑：《孔子哲学传统——理性文明与基础哲学》，台湾里仁书局 2014 年版，第 231 页。
❸ 卢雪崑：《孔子哲学传统——理性文明与基础哲学》，台湾里仁书局 2014 年版，第 224 页。
❹ 卢雪崑：《孔子哲学传统——理性文明与基础哲学》，台湾里仁书局 2014 年版，第 225 页。
❺ 卢雪崑：《孔子哲学传统——理性文明与基础哲学》，台湾里仁书局 2014 年版，第 274 页。

力，并以此为人之为人之实存之"性"，并因其作为一个统天地万物为一体的道德世界的创造的实体，我们可名之曰"天"，据此，我们才能够建立一个道德的形而上学。❶

于是，卢雪崑彻底扭转了牟宗三关于宋明儒建立成德之教而证成道德的形上学，以《中庸》、《易传》为纲，而以《论语》、《孟子》为纬的主张。

> 我们固然不能忽略《中庸》、《易传》在孔子哲学传统之形上义理中的重要位置，但恐怕也不能视《中庸》、《易传》为"最后之圆成"，"最后之圆满"，"圆满之发展"，"圆满顶峰"。据此，关于"北宋诸儒下届朱子以《中庸》、《易传》为纲，以《论》、《孟》为纬"之说恐怕也值得商榷。❷

那么，卢雪崑如何来分判象山、阳明系及五峰、蕺山系呢？因为她以"本心"居儒学之轴心地位，为唯一的形上实体，而"性"与"天"根本乃虚说，则二系之划分不以《中庸》、《易传》与《论语》、《孟子》之区分为依据，而是以对孟子的理解各有胜殊为依据。其中，象山、阳明系言"心即理"承孟子而臻至道德的形上学之顶峰，这是主干、是纲维；而五峰、蕺山系仅仅是对这一主干纲维之补足。

> 蕺山承五峰而成五峰、蕺山系，此系具其独特性格而有以区别于象山、阳明系者，并不在它在"尽心知性知天"、"心性天一"之范型上有特殊建立；毋宁说，象山致力于明端绪，阳明承象山"心即理"，以良知天理为首出，决定地确立本心为成己成物之创造实体，据之建立"全其万物一体之仁"学说，至此，孔子哲学传统的道德形而上学系统地确立；因而五峰、蕺山系的贡献不在系统的确立，而在对象山、阳明系之补足。……明道圆融言之的"心性天一"采用

---

❶ 卢雪崑：《孔子哲学传统——理性文明与基础哲学》，台湾里仁书局 2014 年版，第 249 页。
❷ 卢雪崑：《孔子哲学传统——理性文明与基础哲学》，台湾里仁书局 2014 年版，第 276 页。

的是"即是即是"之平说方式，而象山、阳明承之前进，此系之贡献有进于明道者，在于对"心"之创造实体义之阐发与确定，并最后完成道德形而上学系统；但阳明仍有其不足，他立说之精彩凸显在本心良知之为创造实体的说明，"性"、"天"在"心"之笼罩下，缺乏独立的解析性说明。究其实，孟子不仅从四端之心说"性"，亦即不仅自人之"内在道德性"言性；孟子言"扩充"，言"尽心知性知天"，此中"性"、"天"通着"尽心"而论，"心"即不限于主观面言，从"尽心"言"性"也不限于主体性，而且，"天"在"尽心"中获得其实义。象山、阳明对于孟子自"尽心"言"性"并未措意，而蕺山承横渠、五峰言"成性"，正在要就"性"在"尽心"中成以及"天"在尽心成性之进程中的独立作用作出解析性说明。……据之可见五峰、蕺山系在孔子哲学传统之完成中据有无可代替的位置。❶

依据卢雪崑的理解，象山、阳明系乃阐发"仁者，人也"之义理规模，这是主脑，而五峰、蕺山系则依此主脑而补足"人能弘道"之义理规模。至此，孔子哲学传统即儒学乃是立基于"本心"而建立的道德的形上学，这种道德的形上学与康德建基于自由意志的实践智慧学完全无异，乃是纯粹的理性哲学，尽管亦有超越性，犹如康德的理性宗教一样，但因为完全消解了外在于人的超越实体，并非真正的宗教形态。若无外在的超越实体，这种内在的超越，只是严格意义上的义务论道德学，不可能上升至于神学或宗教。尽管儒学亦有外在的仪式感与内在的修养工夫，但只是完成了"道德动力学"，而不是"宗教动力学"。若儒学只是严格意义上的义务论道德学而不是宗教，则儒学之大义必大为减杀，吾华夏族群之生命亦因宗教之阙如而无法得以安顿，不唯此也，因无宗教之动力，则道德之动力亦必不足，从而使儒学的道德关切亦落空。清儒陆世仪曰："读四书五经，古人无时无事不言'天'。……皆说得郑重严密，使人有震动恪恭之意。故古人之学，不期敬而自敬。今人多不识'天'字，只说'敬'字，学者许多昏愦偷惰之心，如何得震醒？"(《思辨录辑要》卷二)不言宗教之"天"或"天"非实位只是虚说，而徒言道德之"敬"，

---

❶ 卢雪崑：《孔子哲学传统——理性文明与基础哲学》，台湾里仁书局 2014 年版，第 413–414 页。

久之必生"昏愦偷惰之心"而懈怠，道德亦必终无所成。

儒学固由道德而获得其动力，但儒学却绝非仅仅止步于"道德动力学"，其必至于宗教。若儒学仅仅是一种"道德动力学"，则孟子与荀子的区别不是很大，因为他们二者所究竟的结果是一样的，即都是要人成为道德的人，唯成为道德的人之方法与路径不同耳。但若儒学是一种"宗教动力学"，则不但孟子与荀子之方法与路径不同，且二者之结果亦不同，即依孟子之方法，人可以是一种宗教存在，而依荀子的方法，人只能是一种道德存在。

世人常雅言儒学乃是"内在超越"，欲以儒学之此种特征代替宗教之外在超越。"内在超越"于宗教固为不可少者，但其重要性仅仅是开启生命之动力，以便与外在之超越实体贯通；若"内在超越"不能贯通外在之超越实体，仅限于"内在超越"自身，则只是一种道德境界，不可能上升到宗教的高度。卢雪崑显然是这种理论的代表，如她认为"蕺山学的超越之义在其心性论中见"❶。其实，依据她的诠释，岂止是蕺山学，整个儒学之超越性俱只能在心性中见。这样一来，儒学所雅言的"天"就发生了根本的变化，正如曾庆豹所评论的那样：

> "天"只不过是虚位化、非对象性、假借义的"天"。"天"作为"形上实体"，其根本的作用是在说明"人"这个"道德主体"的超越性，"人"与"天"是"本体同一"，作为"道体"的"天"实体化为"道德主体"，进一步在"同一律"下宣称实践的自律性，也就是"肉身成道"。❷

尽管这样做，作为对象性的独立的"天"的位格被取消殆尽，但为什么还要用"天"这样的术语呢？乃因为通过此种转化而赋予了"天"另一种解释，这种解释就是"内在超越"，"天"因此被理解为比道德主体更具优越性和优位性。显然，"天"并非一个实体字，而是一个描述语，表示道德主体更具绝对性与严正性而已。

---

❶ 卢雪崑：《孔子哲学传统——理性文明与基础哲学》，台湾里仁书局 2014 年版，第 439 页。
❷ 曾庆豹：《上帝、关系与言说》，华东师范大学出版社 2008 年版，第 562 页。

现在的问题是：第一，儒学中的"天"是卢雪崑所说的那个意思吗？即"天"不是外在于人的实体化存有吗？第二，道德的形上学仅仅是一种"道德动力学"吗？

对于第一个问题，我们还是回到经典文献中，限于篇幅，我们只摘录下面两句：

> 故君子不可以不修身。思修身，不可以不事亲；思事亲，不可以不知人；思知人，不可以不知天。(《中庸》)
>
> 尽其心者，知其性也。知其性，则知天矣。存其心，养其性，所以事天也。夭寿不贰，修身以俟之，所以立命也。(《孟子·尽心上》)

关于第一句的理解。朱子释之曰："亲亲之杀，尊贤之等，皆天理也，故又当知天。"(《中庸章句集注》)我们知道，这一句的"思事亲"与"思知人"中的"亲"和"人"俱为实体字，为何独至于"天"即不成实体字而虚化之耶？朱子谓"皆天理也，故又当知天"，意在表明"天"是实体字，是天理之最后根基，我们很难说在朱子那里，"天"的实质等同于天理，然后用一个形式化的字"天"描述勒成之。"诚者，天之道也；诚之者，人之道也。"(《中庸》)此明言"天"与"人"不同，不过，通过修养工夫，人可以体现天，让天显现出来而已。

关于第二句的理解。朱子释之曰："心者，人之神明，所以具众理而应万事者也。性则心之所具之理，而天又理之所从以出者也。"(《孟子章句集注》)既谓"天"乃"理之所从以出者"，则表明"天"是实质性的实体字，非"天理"二字所勒成的形式化之虚的实体字。"存其心，养其性，所以事天也"，这是极强之宗教意识。但孟子讲"尽心知性而知天"、"存心养性以事天"，并不意味着"心、性、天"乃本体同一，而取消"天"的独立意义，而只是欲在"心"处开启动力，以便人与"天"贯通，从而证成儒学作为一种"宗教动力学"。张横渠曰："天所性者通极于道，气之昏明不足以蔽之；天所命者通极于性，遇之吉凶不足以戕之。……故思知人不可不知天，尽其性然后能至于命。"(《正蒙·诚明》)这明明说天是实体，且相对于性与心来说，还是首出的实体。同时，

"尽其性然后能至于命"，张横渠这里依然彰显了"宗教动力学"的义理模型。圣人，乃是"宗教动力学"的完成者，故张横渠又曰："圣者至诚得天之谓。"（《正蒙·太和》）"至诚"，是人性动力的圆足开发；得天，乃人性动力开发之结果。

尔后，宋明儒之诸多语录与论说，正是承袭了儒学这种"宗教动力学"之精神。

> 明道尝曰："吾学虽有所受，天理二字，却是自家体贴出来。"（《二程外书》卷十二）

"天理"二字，乃常用之言辞，好像其意甚为明确，但若深思，我们并不知道什么是"天理"，并不能准确地定义。"天理"乃意谓人与天之贯通，故程子用"体贴"二字说之。"体贴"意谓人求与天贯通过程中之存养工夫，即是一种"宗教动力学"。因此，聂双江以为，"体贴"绝不意味着"揣摩、测度、依傍、假借"（《明儒学案》卷十七）。"揣摩、测度、依傍、假借"用于推究事理可，用于贯通超越之实体"天"则万万不可。是以甘泉先生曰："意者体贴出来之时，方是寻得入头去处，譬如仙家之说，虽是见得元关一窍，更有许多火候温养工夫，非止谓略窥得这个景象，便可以一了百了也。"（《明儒学案》卷三十七）正因为"体贴"不只是认知天理，而是"宗教动力"的开决，于是无有底止也。

宋明儒以诚敬之修养工夫，开决宗教之动力，以便上达于天，类似的话头很多。程明道曰：

> 尝谓以心知天，犹居京师往长安。但知出西门，便可到长安。此犹是言作两处。若要至诚，只在京师便是到长安，更不可别求长安。只心便是天，尽之便知性，知性便知天。当处便认取，更不可外求。（《二程遗书》卷二上）

此句似乎最能表示儒学只于"心"处立足，并无外在于人的"天"可言。

实则明道只是在圆顿工夫中言"心"与"天"一，非谓本体上"心"与"天"一也，故谓"若要至诚，只在京师便是到长安，更不可别求长安"；若不能至诚，则"心"与"天"二，这意味着身不在京师，焉能不往长安驰走耶？明道又曰："若不一本，则安得'先天而天不违'，'后天而奉天时'。"（《二程遗书》卷二上）此所谓"一本"，谓"心"之性德与"天"之内容本无质的差别，即牟宗三所说的"内容的意义"相同 ❶，人在圆顿工夫中可显现"天"而丝毫无差池；但须知，"心"与"天"在"体"上毕竟有差别，"心"内在而"天"外在，前者客观本体宇宙论地言之，后者主观道德实践地言之。吕东莱亦尝曰："心即天也，未尝有心外之天。"（《东莱博议·楚武王心荡》）"心即天也"乃是本体与工夫合一说，"天"就本体说，"心"就工夫说，然"天"即在工夫中显现，若无工夫，"天"即隐退，正是在这个意义上，吕东莱说"心即天也"。尽管"天"可能因工夫之缺如而隐退，然只是在"心"之外而孤悬而已，非没有也。故吕东莱又曰："心外有道非心也，道外有心非道也。"（《东莱博议·齐桓公郑太子华》）此乃谓道在心外，心亦在道外，而道即"天"也。"天"在"心"外，然"心"毕竟可通达于"天"，其间之性德与内容并无差别也。

为什么"心"之性德与"天"之内容无质的差别？因为天以"天道之流行而赋予于物"（陈淳:《北溪字义》卷上《命》）也，然毕竟"天"是赋予者，人与物俱为禀受者，故从本体上讲并非一也。若不如此解，而谓"心"与"天"本体是一，进而消解"天"之独立存在，则下面一段文字即不可解：

> 所以谓万物一体者，皆有此理，只为从那里来。"生生之谓易"，生则一时生，皆完此理。人则能推，物则气昏，推不得，不可道他物不与有也。（《二程遗书》卷二上）

若并无"天"，只有"心"，则万物亦"从那里来"是说不通的。只有肯定一个外在于人的"天"，人与万物皆为"天"所生，才可说"只为从那里来"，从而人与万物皆完具"天"之理，所谓"大哉乾元，万物资始，乃统天"（《周易·乾》），就是这个意思。但人与万物之不同在于，人有"心"之大体，此

---

❶ 牟宗三：《心体与性体》上，上海古籍出版社 1999 年版，第 24 页。

大体之灵觉，可体悟印证"天"之于生命中，朗澈自家生命而同于"天"，即可开启动力自觉地与"天"贯通，而万物却因为气昏，故不能开启动力直接与"天"贯通。王阳明亦曰：

> 如今人只说天，其实何尝见天？谓日月风雷即天，不可；谓人物草木不是天，亦不可。道即是天，若识得时，何莫而非道。人但各以其一隅之见认定，以为道止如此，所以不同。若解向里寻求，见得自己心体，即无时无处不是此道，亘古亘今，无终无始，更有甚同异。心即道，道即天，知心则知道知天。又曰：诸君要实见此道，须从自己心上体认，不假外求始得。（《传习录》上）

"知心则知道知天"乃是在圆顿工夫中言，非谓"天"与"心"根本是一个东西。"天"虽然外在于人，欲知之却不可外求，"须从自己心上体认"，开决心性动力始能得之。因"天"是精神性存在，而非物质性存在，唯德性之知能达之，非见闻之知所能及也。

下面一段话，可以为"天"之实存性作一总结：

> 夫天，专言之，则道也，天且弗违是也。分而言之，则以形体谓之天，以主宰谓之帝，以功用谓之鬼神，以妙用谓之神，以性情谓之乾。（《伊川易传》卷一）

"天"既可以主宰言而谓之"帝"，则很难说这样的"天"不是一种实体性的存在。前人解"知天命"时曰："'命'者，立之于己而受之于天，圣人所不敢辞也。……是故知有仁义礼智之道，奉而行之，此君子之知天命也。知己有得于仁义礼智之道，而因推而行之，此圣人之知天命也。"（刘宝楠：《论语正义》卷二）此处释"命"，明明指出是"天"付与而人领受，则"天"之实体性尤显。但"知天命"非只是知晓天之所命而已，须在践履中开显天之性德，所谓"奉而行之"、"推而行之"也。是为"宗教动力学"也。《诗经·大雅·大明》云："维此文王，小心翼翼，昭事上帝。"又，《宋史·赵抃传》记云："日所为事，入夜必衣冠露香以告于天，不可告，则不敢为也。"（《宋史》卷三百一十六）这两条史料，不但证明了"天"之实有，亦说明了人之心性动力可与之相通。不然，何以"昭事"？何以"拜告"？在儒学中，"天"与"帝"常并称，孔颖达在辨析二者的不同时说："据其在上之体谓之天，天为体称。……因其生育之功谓之帝，帝为德称也。"（《礼记正义·郊特牲》）显然，"天"在这里是实体义，而"帝"是功能义，是以明儒罗整庵曰："吾儒本天，释氏本心，自是古人铁案。"（《明儒学案·师说》）在此基础上，牟宗三总结说："天是真正的超越体，是必须积极肯定者。践仁以契之，正示仁与天只是一道德实体之遍在，此是儒家宗教精神之最精特处。"❶且牟宗三进一步说："宋儒起无有不继承此义而立言者。故于其明由道德践履以达至圆满之境时，必客观地以天道性命相贯通为其义理之根据。此为北宋诸儒下届朱子所首先着力者，而亦为一切理学家所共许。"❷

卢雪崑依据康德之思路，欲开决心性之动力，以便迎候超越实体的到来，这无疑是有意义的。但若由此进一步否定超越实体之实有，"心"自身即是"天"，此矫枉过正之举，必滋生抹杀宗教的恶果。实际上，在康德那里，他并没有完全否定上帝的存在。"永远没有任何人类知性按照其可能性来探究它们，但它们不是真实的概念这一点，也将永远没有任何诡辩从哪怕最普通的人的确信中夺走。"❸康德强调的是，唯有践行道德是侍奉上帝且令上帝喜悦的唯一路径与手段，而不是物化的伪侍奉。

> 凭借宗教上的崇拜活动，在面对上帝释罪方面有所作为，这种妄想是宗教上的迷信。同样，想凭借追求一种自以为的与上帝的交往而达到这种作为，这种妄想则是宗教上的狂热。想凭借每一个人都能够做，但无须他是一个善人的那些行为使上帝喜悦（例如凭借认信规章性的教义、遵循教会的戒律和礼仪等诸如此类的东西），是

---

❶ 牟宗三：《心体与性体》上，上海古籍出版社 1999 年版，第 412 页。
❷ 牟宗三：《心体与性体》上，上海古籍出版社 1999 年版，第 285 页。
❸ 康德：《实践理性批判》，李秋零主编：《康德著作全集》第 5 卷，中国人民大学出版社 2013 年版，第 141 页。

一种迷信的妄想。❶

在这里，我们很难断定康德直接否定了上帝的存在。康德的意思其实是这样：在他的理性宗教里，可以不必去关心上帝是否存在。但这种"不必关心"，并不能反过来说上帝就一定不存在。上帝存不存在，在我们的知性范围内无法决断，但康德认为，无论如何，道德的践行可能是最能接近上帝的。"现在，智慧是从上面灌注给人，还是从下面通过人的实践理性的内在力量向上攀登，这是问题所在。"❷康德的理性宗教无非是要告诉我们：且不必去关心上帝是否存在，正如卢雪崑所指出的那样，"康德指出，我们没有任何方法能够证明有一个上帝存在；不过，他同样指出，也没有人能够说他知道没有一个上帝存在"❸。但无论如何，从实践理性进入，开抉道德践行之动力更为重要。康德的这个意思，相当于庄子所说的"六合之外，圣人存而不论"（《庄子·齐物论》）。但"存而不论"并非就可以直接断言超越实体之不存在，然无论存在不存在，人当先须践行道德，故孔子曰："抑为之不厌，诲人不倦，则可谓云尔已矣。"（《论语·述而》）在孔子看来，这或许是最能接近"天"的道路，"下学而上达。知我者，其天乎！"（《论语·宪问》）人要接近"天"，乃至获得"天"的恩宠，首要的不是去探问"天"是否存在，而是开抉"下学"工夫。这既是康德用力之所在，更是儒学用力之所在，但我们不能因为见其用力于"下学"，即根本否定超越实体的存有。康德作为一个纯粹的学人，上帝存在与否的问题，在他的理论系统中可以是无关紧要的，但孔孟作为圣贤，绝不会认为"天"的存在无关紧要，因为"天"关涉到圣贤教化成立之根基，尽管人的用力处可以不在此。卢雪崑的老师牟宗三就认为，儒学中的那个"天"是不可以拉掉的。他说：

现在有人想从孔子的思想里把"天"的观念拉掉，这不行的。

---

❶ 康德：《纯然理性界限内的宗教》，李秋零主编：《康德著作全集》第6卷，中国人民大学出版社2013年版，第178页。

❷ 康德：《1781年之后的论文》，李秋零主编：《康德著作全集》第8卷，中国人民大学出版社2013年版，第454页。

❸ 卢雪崑：《康德的形而上学——物自身与智思物》，中国人民大学出版社2016年版，第234页。

劳思光就是这样，他就是想把儒家的这个"天"拉掉。这不符合事实。你个人可以不喜欢"天"，但孔夫子不一定不喜欢嘛，孔夫子把这个"天"保留下来。孔、孟都有"天"这个观念。❶

卢雪崑一心要证明儒学作为一种道德的形上学是一种理性文明，竭力排斥宗教式膜拜，无非是要说明儒学之义理境界是靠人自身的力量就可绝对把握的，不需要外在的力量，其用心不可谓不良苦，然而这样一来，则道德的形上学在此仅仅是"道德动力学"。但须知，不排斥宗教也可以是理性文明，作为道德的形上学的儒学，重内在的心性修养工夫，开抉心性动力而与"天"贯通，就在"下"的开抉而言，就是一种理性文明或基础哲学；就在"上"的贯通而言，就是一种宗教。因为宗教"是人对系属于一个或多个超世而具有人格之力的知或觉；根据这种知识或感觉，人与此力有一种相互的交际"❷。故我们完全可以名儒学曰"宗教动力学"。或者说，若我们承认儒学是一种"道德的形上学"，那么，儒学亦必然是一种"宗教动力学"。下面我们来说明为什么"道德的形上学"必然是"宗教动力学"。

"道德的形上学"作为一种严格的学问系统或理论形态，牟宗三以此而名宋明理学对先秦儒学的绍述与建构。宋明儒者虽然没有用此名，但其学问性格就是要证成"道德的形上学"，以阐发弘扬先秦儒学成德之教的宏规，宋明儒者的用力全在此，牟宗三以《心体与性体》和《从陆象山到刘蕺山》来诠释此一期六百年之学术，其用力亦在此。那么，为什么这种努力如此重要呢？牟宗三说：

> 如果"道德的形上学"真能充分作得成，则此形上学即是神学，两者合一，仍只是一套，并无两套。……而宋、明儒者却正是将此"道德的形上学"充分地作得出者。故在宋、明儒，此"道德的形上学"即是其"成德之教"下相应其"道德的宗教"之"道德的神学"。此两者是一，除此"道德的形上学"外，并无另一套"道德的神学"

---

❶ 《牟宗三先生讲演录·先秦儒学大义·〈周易〉大义》，卢雪崑整理，鹅湖月刊社 2019 年版，第 40 页。

❷ 威廉·施米特：《比较宗教史》，萧师毅等译，台湾辅仁书局 1948 年版，第 2 页。

之可言。❶

"道德的形上学"与"道德的宗教"互为相涵，只有一套，并无两套。"儒家之充其极的'道德的形上学'即完全同一于'道德的神学'，外此并无其他'道德的神学'之可言。"❷这是牟宗三所努力证成的，亦是宋明儒者所努力证成的，其义理源于先秦原始儒学，并非凭空独创之新论。本书更愿意把"道德的宗教"命名为"宗教动力学"，因为这样更能表示儒学"道德的宗教"的意涵。"道德的形上学"与"宗教动力学"是一回事，也就是说，"道德的形上学"必然是"宗教动力学"。这是儒家智慧的方向，也是儒学学术之精义所在，所关甚大。

"道德的形上学"乃"宗教动力学"，这种义理形态，在《诗经》里就有所展示：

天生烝民，有物有则。民之秉彝，好是懿德。(《大雅·烝民》)

维天之命，於穆不已。於乎不显，文王之德之纯。(《周颂·维天之命》)

前一诗之"天生烝民，有物有则"，表示人既为天所生，则必禀受了天之规则，正因为人禀受了天之规则，故自然地喜好良善、践履德行。这是从上往下看，由天→人的贯通。另一方面，人若在下开发秉彝，践行良善，必可上达天德。这是从下往上看，由人→天的贯通。后一诗之"维天之命，於穆不已"，表示天的"不已"的作用，从而创生了人；同时，人也禀受了这个"不已"的作用，其体现就是德之"纯亦不已"。从上往下看，由"於穆不已"→"纯亦不已"，这是天→人的贯通。另一方面，"纯亦不已"之不断践行，亦可上达天之"於穆不已"，即由"纯亦不已"→"於穆不已"，这是由人→天的贯通。总的来说，这两首诗体现了天人之间的相互作用、相互贯通。但天→人的贯通，这是天之事，我们不能干预，且一旦我们生而为人，则天的任务已经完

❶ 牟宗三：《心体与性体》上，上海古籍出版社 1999 年版，第 9 页。
❷ 牟宗三：《心体与性体》上，上海古籍出版社 1999 年版，第 452 页。

成；而人→天的贯通，则是人的事，我们如何在道德践履中达成这种贯通，我们须"念兹在兹而不可已"，所谓"存其心，养其性，所以事天也。夭寿不贰，修身以俟之，所以立命也"（《孟子·尽心上》），此"念兹在兹而不可已"者，正是儒者所欲究竟的，若以学名之，曰"道德的形上学"可，曰"宗教动力学"亦可。总之，无非通过学问以贯通天人而已，从这个意义上看，"宗教动力学"更能显此学之特色，因"宗教"二字表超越的神圣性，而"道德的形上学"常以为不过言道德问题，而超越的神圣性却隐而不显。又，《尚书·召诰》云："肆惟王其疾敬德。王其德之用，祈天永命。"亦是以道德实践来贯通天人之"宗教动力学"。

西周以降，孔子作为道之践行者，于此"宗教动力学"并无有意地积极建构，但他"与命与仁"（《论语·子罕》），又谓"下学而上达。知我者其天乎"（《论语·宪问》），则在道德践履中开显了此学之理境，即天在道德践履之动力（孔子名之曰"下学"）中证会显现。牟宗三于此论之曰：

> 孔子是由践仁以知天，在践仁中或"肫肫其仁"中知之、默识之、契接之或崇敬之。故其暂时撇开客观面的帝、天、天命而不言，并不是否定"天"或轻忽"天"，只是重在人之所以能契接"天"之主观根据（实践根据），重人之"真正的主体性"也。重"主体性"并非否定或轻忽帝、天之客观性（或客体性），而勿宁是更加重更真切于人之对于超越而客观的天、天命、天道之契接与崇敬。❶

在道德践履中证会落实，而不是在论说言谈中拟议，这正是作为圣者的孔子之责任与担当。"一个圣者如孔子则总是多偏重于自实践言道理，很少有哲学家之兴趣去积极地思议存有问题也。即使有洞悟，亦是在践履中洞悟之，因而多言践履之道如仁，而少涉及存有问题如性与天道。"❷此恰如康德所言，为了恩宠，问上帝能为我们做些什么并不是主要的，而是要问，为了配得上上帝恩宠，我们做了些什么才是主要的。孔子不言天，康德不问上帝，并非

---

❶ 牟宗三：《心体与性体》上，上海古籍出版社 1999 年版，第 18 页。
❷ 牟宗三：《心体与性体》上，上海古籍出版社 1999 年版，第 22 页。

就是要否定天或上帝之存在。康德作为哲学家，在他的思辨拟议中，确然无法断定，故态度模棱两可；但孔子作为践行的圣者，绝不会是拟议中的模棱两可，而是践行中的证会落实，故"天"之存有对于孔子而言，是绝无疑义的。

至孟子，则承袭孔子进一步向内开抉，钦定道德实践之主体。但孟子与孔子不同之处在于，逐渐由孔子之圣者的践履转化为孟子弘教者之学之建立。孔子因为是圣者的践履，故一般常雅言践履之体会，如"仁远乎哉？我欲仁，斯仁至矣"（《论语·述而》）。我们常言"仁"就是道德践履之主体，实则并不准确，"仁"实际上是圣者践履时圆融之生命境界。此种圆融生命境界对于切实践履而有力者，自然可证会，以此为主体，似乎亦无不可；但对于践履无力者而言，说"仁"即是道德践履之主体，无异于拟议测度。孟子就是要从这个圆融之生命境界中开显出一个真实的实体来，作为人人践行道德的超越根据，其"道性善"、"言四端"俱是这种用心。也就是说，孟子依据孔子之践履进一步向内开决，终于找到了道德践行的超越根据——"四端之心"。但孟子深知，这个"四端之心"虽然是道德践履之主体，然并不封限于此，必上达于天，成为宗教动力之主体，故云"尽心知性而知天"；只是孟子之用力在下，即若不能"尽心"，于"天"必茫然，但这个"茫然"只是开显不出来，非"天"自身即无有也。

总之，孔子与孟子，都重在人→天的贯通。但这种"下学而上达"之路径，对于笃实践行的人而言，天与人的贯通自然没有问题，然若践行工夫不实，即主体之动力不足，则天人之贯通必有阻隔，所谓"宇宙不曾限隔人，人自限隔宇宙"（《象山语录》卷一）也，乃至以为"天"根本无有。由是，《中庸》与《易传》则扭转了孔孟之这种思路，特别强调天→人的贯通，于学理上加以彰显。《易传·乾彖》云："大哉乾元，万物资始，乃统天。……乾道变化，各正性命。"此表示万物皆从"天"或"乾元"那里来，正因为都从那里来，故万物各得正其性命；就人而言，这是人的道德实践所以可能的根基，故周濂溪《通书·诚》云："大哉乾元，万物资始，诚之源也。"《易传》乃是从原则上断定天→人的贯通，不然，人之道德实践即不可能。《中庸》首章云："天命之谓性，率性之谓道，修道之谓教。"二十章又云："诚者，天之道也；诚之者，人之道也。"此亦是强调由上及下的天→人的贯通，只不过《中庸》的作者又强调人须以道德践履为这种贯通开辟道路而已。无论如何，《易传》与《中庸》都直接由上而下地断定天→人的贯通，奠定道德实践之根基。这一断定之于儒学是纲维性的，奠定儒学形上之客观面，再与孔孟主观面的道德践履相结合，儒学始成为"道德的形上学"，因"天"为超越的神圣实体，故儒学亦可称为"宗教动力学"。更重要的是，《易传》与《中庸》这个纲维性的主断使人们对于人性之来源有了清晰的认知，而天→人的贯通正是通过人性这个桥梁。牟宗三于此而论之曰：

> 天命实体之下贯于个体而具于个体（流注于个体）即是性。"於穆不已"即是"天"此实体之命令作用之不已，即不已地起作用也。此不已地起命令作用之实体命至何处即是作用至何处，作用至何处即是流注至何处。流注于个体即为个体之性。❶

天创造了人与万物之存在，但人与万物又有不同，天不但使人存在，且天之创造性流注于人之生命中而成其性，而天仅仅使万物存在，但其创造性并没有流注到万物之生命里而成其性。牟宗三以下列图形加以表示：

→人；→（物 ❷

图示中的"→"表示天之创造性，"（"表示物质结构的类不同之性。由这个图示可知，人不但有物质结构之性，即人作为如此这般的肉体存在所具有的秉性（后来宋明儒称之"气质之性"，每个人作为唯一的存在，其气质之性虽与人相同处颇多，但亦容有差别，正如世间没有两片完全相同的树叶一样），而且还禀受了天之创造性以为其性（"→"越过"（"即表示天之创造性进入了人之生命中来）。物则只是物质结构之性，并没禀受天之创造性以为其性（"→"没有越过"（"即表示天之创造性没有进入到物之生命中来）。人与物虽其来源处俱相同，但最后之结果毕竟不同，这是人与物最大的差别。这

---

❶ 牟宗三：《心体与性体》上，上海古籍出版社 1999 年版，第 27 页。
❷ 牟宗三：《心体与性体》上，上海古籍出版社 1999 年版，第 85 页。

一差别就决定了人可以依据道德实践而与天贯通，而物却不能够。何也？因天之创造性已流注于人之生命以为其性故也。"天命之谓性"（《中庸》）"心之官则思，思则得之，不思则不得也，此天之所与我者"（《孟子·告子上》），俱表此意也。这样，一方面，肯断外在于人之超越实体——天；另一方面，肯断天之创造性流注于人而为其性，人自然是与天贯通的，且对于天之召唤有所回应与承受，从而在人的德行中印证天的存在。朱子曰："天即人，人即天。人之始生，得于天也；既生此人，则天又在人矣。"（《朱子语类》卷第十七）这意思是说，天与人在根基上是贯通的，首先，无形的天创生有形的人；但一旦有了人，无形的天反而在人的德行那里得到印证，不然，天即虚悬而落空。孟子言"性善"、"四端固有"俱是在印证天的意义上说的，故孟子的性善论必至于"尽心"、"知性"而"知天"而充极完成。由此，天人之贯通通过道德之实践真实得以可能，而"道德的形上学"乃是"宗教动力学"，尚有疑义乎？

宋明儒者正是执持弘扬儒学这种"道德的形上学"或"宗教动力学"之理念，以《中庸》、《易传》、《论语》、《孟子》这四部经典为中心，阐扬其大义与主旨。在此我们需要特别强调，《中庸》与《易传》作为外在地肯断"天"之创造性之经典，乃是宋明儒者一直所执持的典要；若以为宋明儒者只以《论语》与《孟子》为典要，则只能证成儒学为"道德动力学"，而不是"宗教动力学"。牟宗三说：

> 先秦儒家如此相承相呼应，而至此最后之圆满（指"道德的形上学"或"宗教动力学"），宋、明儒即就此圆满亦存在地呼应之，而直下通而一之也：仁与天为一，心性与天为一，性体与道体为一，最终由道体说性体，道体性体仍是一。若必将《中庸》《易传》抹而去之，视为歧途，则宋、明儒必将去一大半，只剩下一陆、王，而先秦儒家亦必将只剩下一《论》、《孟》，后来之呼应发展皆非是，而孔、孟之"天"亦必抹而去之，只成一气命矣。孔、孟之生命智慧方向不如此枯萎孤寒也。是故儒家之道德哲学必承认其涵有一"道德的形

上学"，始能将"天"收进内，始能充其智慧方向之极而至圆满。●

将《中庸》与《易传》所说的"天"收进孔孟之道德践履中，必是孔孟智慧方向之本质要求；同时，《中庸》、《易传》、《论语》、《孟子》四部经典组成一个上下贯通的完满体系，这个完满的体系之所以为"完满"就是因为其为"道德的形上学"或"宗教动力学"。"在此，吾人首先须知：依宋、明儒大宗之看法，《论》、《孟》、《中庸》、《易传》是通而为一而无隔者，故成德之教是道德的同时即宗教的，就学问言，道德哲学即涵一道德的形上学。"● 我们复可说，"道德的形上学"即涵一"宗教动力学"，或者说，"道德的形上学"就是"宗教动力学"。

我们还可以从牟宗三对宋明儒者的分系，来彰显儒学这种"宗教动力学"之特色。牟宗三认为，北宋诸儒，周濂溪、张横渠、程明道"直接由《中庸》、《易传》之圆满顶峰开始渐渐向后返，返至于《论》《孟》"●。为什么呢？因为对于"宗教动力学"而言，"天"是纲维性的，故必须先由《中庸》《易传》入，但若不能由此后返至于《论语》、《孟子》以开道德实践，则只是拟议一个外在的超越实体，不能开"动力"以实之，则亦不足以谓之"宗教动力学"。基于此，牟宗三分宋明儒者为三系，除伊川、朱子以《大学》为经典，开出横摄系统以成知识形态的他律道德而不必言外，牟宗三特别分辨了濂溪、横渠、明道、五峰与蕺山系与象山、阳明系之不同，他认为，前者才是儒学圆教之嫡系，因为它真正证成了"宗教动力学"，而后者只是孟子学之深入与扩大，只是嫡系之补充。前者之所以是嫡系，是因为它能够"客观地讲性体，以《中庸》、《易传》为主；主观地讲心体，以《论》、《孟》为主。特提出'以心著性'义以明心性所以为一之实以及一本圆教所以为圆之实"●。实则，此系不但"以心著性"，还须"以心著天"，不然，一本圆教即不能圆。"著"者，朗现既而贯通之谓，非以"心"代"天"，心"实"而天"虚"之谓也。后者之所以只是补充，乃因为它不顺《中庸》、《易传》回归《论语》、《孟子》之路走，而

● 牟宗三：《心体与性体》上，上海古籍出版社 1999 年版，第 31 页。
● 牟宗三：《心体与性体》上，上海古籍出版社 1999 年版，第 18 页。
● 牟宗三：《心体与性体》上，上海古籍出版社 1999 年版，第 37 页。
● 牟宗三：《心体与性体》上，上海古籍出版社 1999 年版，第 42 页。

反以《论语》、《孟子》为主，故只是一心之遍润，心之遍润而充其极，虽亦是一圆满，然"客观面究不甚能挺立，不免使人有虚歉之感"❶。之所以须如此判教，牟宗三说：

> 须知在成德之教中，此"天"字之尊严是不应减杀者，更不应抹去者。如果成德之教中必函有一"道德的形上学"，则此"天"字亦不应抹去或减杀。须知王学之流弊，即因阳明于此处稍虚歉，故人提不住，遂流于"虚玄而荡"或"情识而肆"，蕺山即于此着眼而"归显于密"也。此为内圣之学自救之所应有者。而象山于此稍虚歉，故既启朱子之责斥，而复不能顺通朱子之蔽而豁醒之也。❷

象山阳明系因客观面之"天"不能挺立，仅以主观面之"心"以尽其极；人若工夫不笃实而不能尽其极，则必因客观面之欠缺而易流于情识之蔽，乃至"一向任私意做去，全不睹是"（《朱子语类》卷第一百二十四）。因客观面之不挺立，朱子斥象山为"简易"，非无故也。朱子遂开客观面之理与主观面之心，然其系统只是横摄的认知义（即"心"认知"理"），而非纵贯之贯通义，故象山又斥朱子为"支离"，良有以也。然朱子象山彼此俱不能说服，何以故？盖朱子不知象山简易之弊何在，而象山亦不知朱子支离之差何在也。实则挺立"天"之客观面，以道德实践之本心纵贯而通之。此固是"易"，然亦非"一心之遍润"之"简"也；此固是"离"（离心之外而别所有），然亦非"旁生支节"之"支"也。阳明学之弊亦然，仅立一良知，外在皆虚，终至于蕺山所曰之"猖狂者参之以情识，而一是皆良；超洁者荡之以玄虚，而夷良于贼"（《明儒学案》卷六十二），故蕺山重回《中庸》、《易传》、《论语》、《孟子》通而为一之义理间架，以救王学之弊也。

由牟宗三对宋明儒学之梳理与分系，确立《中庸》《易传》《论语》《孟子》通而为一之义理间架，而以濂溪、横渠、明道、五峰、蕺山为先秦儒学之嫡系，象山、阳明只是嫡系之补充，显然与卢雪崑以象山、阳明为嫡系，而以

---

❶ 牟宗三：《心体与性体》上，上海古籍出版社 1999 年版，第 41 页。
❷ 牟宗三：《心体与性体》上，上海古籍出版社 1999 年版，第 42 页。

五峰、蕺山为补充大异其趣。之所以这里要花大篇幅疏辨其异，乃在于说明，儒学之"天"乃不可摈落者，"道德的形上学"必是"宗教动力学"。而在卢雪崑那里，"道德的形上学"只是"道德动力学"，"道德动力学"尽其极，虽可至于宗教之境界，然毕竟只是"境界"而非宗教之实也，此必至于儒学义理之减杀，儒学信念之无力，而儒学之于社会生活之宰制力与导持力亦必因之而萎缩。

儒学关涉于天－人之间的双向互动，"天"是目的因与形式因，"人"是形式因、动力因与质料因。天－人之间的双向互动之所以可能，乃因为人之形式因就是天的形式因，是天的形式因流注到人那里，即"天命之谓性"，而人之所以动力因，乃因人之形式因同于天之形式因故也。故从目的因看，人不可无天，即"思知人，不可以不知天"；从动力因看，天不可无人，即"尽心知性而知天"。不可缺少其中的任何一极。儒学作为探讨天－人之间的双向互动的学问就是"道德的形上学"。这种"道德的形上学"就是哲学的宇宙性的概念，亦是哲学原型。所谓"哲学原型"是唯一的、最圆满的哲学形态。康德说：

> 哲学在该词的字面意义上，作为智慧学说，却具有一种无条件的价值；因为它是关于人的理性的终极目的的学说，这个终极目的只能是一个惟一的终极目的，所有别的目的都必须次于它或者被置于它之下，而且完满的实践哲学家（一个理想）是在自己身上践履这个要求的人。❶

孟子所说的"本心"或阳明所说的"良知"就是康德所说的"理性"，这种"理性"与"天"贯通，从而完成无条件的终极目的，这就是哲学。但此时的哲学已不是言说系统（学院性的概念），而是哲学原型（宇宙性的概念）。由此看来，哲学原型只能由"道德的形上学"来担当，康德的努力正是要往这个方向趋进，惜乎超越之实体（西方之上帝，儒学之天）在他那里总是一

---

❶ 康德：《1781年之后的论文》，李秋零主编：《康德著作全集》第8卷，中国人民大学出版社2013年版，第454页。

个未能正面开显的存在（因其未能讲心性工夫以存养开决以通之之故也），故最终未能证成。但康德又说"完满的实践哲学家是在自己身上践履这个要求的人"，人一旦践履哲学原型，则哲学原型就是宗教。儒学讲心性工夫就是要践履"道德的形上学"，而人一旦践履之，则"道德的形上学"就是"宗教动力学"。圣人是那"道德的形上学"的实践者，亦是"宗教动力学"的完成者。此时，哲学是理性哲学，宗教亦是理性宗教，哲学就是宗教，故哲学的错误焉可只如休谟所言之可笑而已，亦必极端危险，因为它关涉到宗教也。所以，休谟又说："当宗教似乎受到一点儿冒犯的时候，哲学认为给自己进行辩解是必要的，甚至是光荣的。"❶这样看来，当儒学的宗教性遭遇问题的时候，我们的确应该为作为哲学的儒学之形态与特质进行辩护了。

我们再回到前面提到的杨泽波、陈来的理论，他们把孔孟的"仁"或"本心"作为一种规则或社会性的伦理生成效果，从而根本不能建立"道德的形上学"，进而完全抹杀儒学的宗教维度而不能正视儒学作为"宗教动力学"之大义，故他们的理论是极其危险的。卢雪崑之所以拒绝承认"天"之实有，就是希望把哲学与宗教纳入人之理性完全可以把握之地。但如此一来，"道德的形上学"只能是"道德动力学"，尽管她亦认为其中有宗教关切，然因宗教不实，故其力量必不足，是以卢雪崑的理论亦是极其危险的。须知，一旦开决心性工夫之践履力量，天与人贯通，则天即完全为人之实践理性所把握，并非如卢雪崑所言总是不可决定者（"不可决定"是指对思辨理性言，若对实践理性，则为"可决定"者），故"道德的形上学"必是"宗教动力学"。

儒学作为"道德的形上学"，是哲学之原型；儒学作为"宗教动力学"，是宗教之原型。而这一切端赖在心性存养工夫中完成。牟宗三说："哲学底原型（宇宙性的概念）不能永停在作哲学思考的人之筹划卜度中，必须在一圣人底生命中朗现。我们即依圣人底生命与智慧之方向……来定然而不可移地而且具体而现实地决定哲学之原型。"❷在儒学传统中，孔子是那"哲学之原型"之朗现者，亦是那"宗教之原型"之朗现者；哲学终结于此，宗教亦终结于此。孔子以降，依据孔子智慧方向，开抉人之心性大能，"自天子以至于庶人，壹是皆以修身

❶ 休谟：《人性论》，关文运译，商务印书馆 2005 年版，第 276 也。
❷ 牟宗三：《现象与物自身》，台湾学生书局 1984 年版，第 465 页。

为本"（《大学》），至孟子而昌言"人皆可以为尧舜"，就是要让人不但是那"哲学之原型"之实践者，而且亦是那"宗教之原型"之实践者，儒学之义理关切俱在此焉。徐梵澄说："此一中国哲学，臻极也归到信仰，与宗教同，但没有宗教之迷信及甚虚伪、妄诞；然不是没有对宇宙人生最高真理之探索。当然，说到'神'，是从人之为圣人而再上推去的，曰：'圣而不可知之谓神'。"**❶**

三、先秦儒学发展的基本脉络及宗教动力学的完成及其丕变

康德把宗教分为"恩宠的宗教"与"道德的宗教"。"恩宠的宗教"乃在唯追求上帝之喜悦，而自己却不必成为良善的人之宗教，康德认为，"一旦人们转向一种自以为使上帝喜悦自己的、必要时也使他喜怒的，但并非纯粹道德上的事奉原则，那么，在仿佛机械式的事奉方式中，就不存在使一种方式优于另一种方式的本质区别了。……无论在道德上事奉上帝的代用品是什么样，所有这些都是一路货色，其价值没有什么两样"**❷**。在康德看来，这种宗教与迷信没有什么区别，因为它使"趋向于真宗教的一切修养化为乌有"**❸**。为了使宗教不至于成为迷信，必须把"善的生活方式的宗教作为真正目的引进来"**❹**，使宗教由"恩宠的"走向"道德的"，单凭每个人的良知指引即可达到宗教，这是一种真正自由的、废除了规章性法则之轭具的宗教。依据康德的区分，儒学当然属于他所说的"道德的宗教"，也就是真正的宗教。但儒学作为"道德的宗教"亦非康德所说的形态，在康德的"道德的宗教"里，"上帝存在之设准"是理性的必然的，但"上帝存在"却不是理性的必然的，也就是说，"上帝存在"是不能决定的，不但不能直观地知识的决定，亦不可理性地道德的决定；尽管无论从知识上还是从道德上，我们都不能否定上帝存在，但我们也确实无法确证上帝之实有。一旦"上帝存在"是不能决定的，那么，

---

❶ 徐梵澄：《陆王学述》，《徐梵澄文集》卷一，上海三联书店 2006 年版，第 421–413 页。

❷ 康德：《纯然理性界限内的宗教》，李秋零主编：《康德著作全集》第 6 卷，中国人民大学出版社 2013 年版，第 176 页。

❸ 康德：《纯然理性界限内的宗教》，李秋零主编：《康德著作全集》第 6 卷，中国人民大学出版社 2013 年版，第 183 页。

❹ 康德：《纯然理性界限内的宗教》，李秋零主编：《康德著作全集》第 6 卷，中国人民大学出版社 2013 年版，第 179 页。

真宗教的一切修行是否切实有力，是很可怀疑的，阳明学之弊即是如此发生的。但在儒学里，"天"虽然不能直观地知识的决定，但却可以理性地道德的决定，即人在笃实的道德践履中可真切地证实"天"之实有。

> 毋不敬，可以对越上帝。（《二程遗书》卷十一）
>
> 正其衣冠，尊其瞻视，潜心以居，对越上帝。（《晦庵集》卷八十五《敬斋箴》）
>
> 出门如宾，承事如祭。以主于中，对越上帝。（宋陈淳：《北溪大全集》卷四《敬恕斋铭》）
>
> 古人动以天为言，盖古人终日钦钦，对越上帝，视天真如临之在上。而心之所安，即与天合；心所未安，即与天违，不敢少肆。（明马明衡：《尚书疑义》卷三）

以上皆为古人在践履工夫中而证"天"之实有。但儒学中的圣贤常在此不特别措意，只在践履工夫中自证自得，而不雅言其实有也，故子贡叹曰："夫子之文章，可得而闻也；夫子之言性与天道，不可得而闻也。"（《论语·公冶长》）圣贤不雅言而不得闻，非谓"天"之无有也，重工夫之"证"其有也。故儒学之工夫乃切就本体而为言，始为工夫。陈北溪曰：

> 诚字，本是天道论，"维天之命，於穆不已"，只是一个诚。天道流行，自古及今，无一毫之妄。暑往则寒来，日往则月来。春生了便夏长，秋杀了便冬藏。元亨利贞，终始循环，万古常如此，皆是真实道理为之主宰。（《北溪字义》卷上）

道德践履之"诚"一定源自本体天道之"诚"，不然，"诚"即为人欲之妄。故在下的工夫可直通在上之本体。为什么人在笃实的道德践履中可真切地证实"天"之实有？乃因为人之生命与天是贯通的，其理据即为"天命之谓性"，以图展示即为：↔人。此是哲学地分解之，义理地说明之。天人之贯通在儒学之圣贤那里，亦只是以真生命去"怀之"，而常少明言之也。尽管如此，其

"怀之"非不实也，而我们正可"辩之以相示"❶，以论其"实"也。我们今日可借用西方宗教哲学家或神学家之论神人之贯通，来说明儒学中的圣贤这种"怀之"之义。这并非方凿圆枘之借用，因为笃实之宗教徒，都能感受到神人或天人之贯通，无有东西文化之别。❷这里拟摘取加尔文、施莱尔马赫、缪勒及奥特之相关论述，以证实儒学圣贤所说之"毋不敬，可以对越上帝"为不虚也。

法国宗教改革家加尔文说：

> 经验告诉我们，神在人心里播种了宗教的种子。但虽然人心里接受了这种子，在百人当中却很难找到一位培养这种子的人，并且没有一人会开花，更不用说按时结果子了。❸

这里所说的"经验"当然不是一般人的世俗经验。在一般人的世俗经验中，不但没有神，更感受不到神在人身上播下的宗教种子。这里所说的"经验"

---

❶ "怀之"、"辩之以相示"俱见《庄子·齐物论》："圣人怀之，众人辩之以相示。故曰辩也者，有不见也。""辩之以相示"即是展现圣人所"怀之"者，但"辩"并不能完全展示圣人所"怀之"者，故"辩也者，有不见也"。可见，"辩之以相示"并不能完全得"怀之"之"实"。切就天人贯通而言，在践履工夫中"怀之"乃常道，而在言语中"辩之以相示"乃权法。

❷ 居常以为，西方文化与中国文化对人的看法迥异：西方文化中人与上帝是割裂的，不能贯通，其显著表现是人有原罪；而中国文化中，人与天却是贯通的。其实这是对西方文化的误解，人若原罪到底，与上帝割裂到底，则西方人雅言的信仰将是不可能的。奥特说："具体而又直接相信上帝存在的人既是罪人，又是义人。在其直观的心理上可见的尘世之中，人始终是一个罪人，但在这罪人的结构被指明的同时，人也是一个义人，一个已经和正在赦罪的人。"这意味着，若我们只是经验地生物学地看人，则人的确是有罪的，但若我们能超越地指明并发扬人具有贯通上帝的天然禀赋与结构，则人是可以化解其罪责成为义人的。因此，基督教所说的人之罪，不是法律性与道德性的，"罪并不关涉一般的抽象规范，即使它是最高的看似对每个人不言而喻的规范"，而是在人的生存中让上帝隐匿。同样，赦罪也不是宽免人的过错，而是通过人的禀赋之发扬，在人的生存与思考中与上帝相遇。因此，奥特认为，道德上的原罪说在宗教上是不可信的，因为世间毕竟存在道德高尚的人，尽管人们以鸡蛋里挑骨头的方式指摘这些高尚的人之微不足道的缺点或错误，以挽救原罪说，但这是极不体面的卑鄙做法。奥特由此说："要么做卑鄙小人，要么放弃原罪说。神学家若想避免这一两难，他就必须不再把罪理解为道德上的逾越或坏心眼，而是理解为每个人都以自己的方式分有的悲剧性的牵缠。"奥特所说的悲剧性牵缠就是指上帝在人的生活中隐匿，这才是人的罪。于是，"赦罪根本不是一项大赦令，一个可以或无数次发生的宽恕行动"，而是一种开辟，即在人的悲剧性牵缠中让上帝迎面走来，从而使"上帝之真实的深度和财富在我们身上获得证实"。（以上引文俱见 H. 奥特：《不可言说的言说》，林克、赵勇译，生活·读书·新知三联书店1994年版，第154、162、166、170、172页。）很显然，这些论述已经与中国文化很接近了。

❸ 加尔文：《基督教要义》，钱曜诚等译，生活·读书·新知三联书店2010年版，第15页。

乃指人之笃实宗教经验，即程子所说的"毋不敬"之经验；一旦人有了这种经验，立刻可发现其身上的宗教种子。可惜一般人沉迷俗务不能自拔，故不能善待这个种子，更遑论让其开花结果了。尽管现实世界如此之不乐观，但加尔文坚决认为："这种宗教的种子根深蒂固地存在于所有人心中。……神的存在皆刻在每一个人心中。"[1]因此，"人心因他的本能多少意识到神的存在，这是无可争辩的。神亲自将某种对他威严的认识安置在所有人的心里，免得人以他的无知为借口"[2]。也就是说，神人或天人贯通乃人之存在方式，故宗教乃人之宿命，此不可以无知或不信而突破这种宿命，因为"对神存在的意识这教义并不是在学校里学到的，而是与生俱来的，当人在母腹里时便早已存在，甚至连大自然本身也不容许我们忘记这一点，尽管世人反抗并竭力扼杀这一事实"[3]。依据加尔文的理解，神人或天人贯通，尽管对于百姓而言是"行之而不著焉，习矣而不察焉，终身由之而不知其道者"（《孟子·尽心上》），但却已然是事实。

德国启蒙思想家施莱尔马赫有《论宗教》一书，该书的副标题是："对蔑视宗教的有教养者的讲话"，此书的主体思想是着重于宗教的精神动力之发现。在他看来，宗教之动力发现远较一切体系性的东西更为重要。所谓体系性的东西是指仪式、教条、箴言、神灵等外在设置。这些外在设置之于宗教之原动力往往是无用的，因为真正宗教之原动力，并非出自理性之推理，亦非因为恐惧和希望，同时亦不是为了符合某种任意的或终极的目的，"而是出于我的本性不可抗拒的内在必然性，出于一种神性的召唤，这种召唤规定了我在宇宙中的地位，使我成为我所是的本质"[4]。宗教是人的一种基本能力与本质力量，与外在的神灵、仪式与教条概无关系，至少其关系不是根本性的。他说：

> 宗教是从每一个比较好的灵魂的内部必然地流淌出来的，发源
> 于自身，它属于心灵中的一块固有的领地，在其中它不受限制地统

---

[1] 加尔文：《基督教要义》，钱曜诚等译，生活·读书·新知三联书店2010年版，第12页。
[2] 加尔文：《基督教要义》，钱曜诚等译，生活·读书·新知三联书店2010年版，第12页。
[3] 加尔文：《基督教要义》，钱曜诚等译，生活·读书·新知三联书店2010年版，第14页。
[4] 施莱尔马赫：《论宗教》，邓安庆译，人民出版社2011年版，第3页。

治着，它值得尊重之处在于，通过其最内在的力量感动最高贵和最优秀的人，使他们按照其最内在的本质获得认识。❶

施莱尔马赫说宗教从比较好的灵魂内部必然流出，但这是现实地讲，亦即是能从"毋不敬"者中流出。依儒学义理，宗教可以从所有人的心里流出，因为"四端之心"人皆有之，只是修养工夫不够，未能尽本心之能而做到"毋不敬"，故未能流出耳。实际上，宗教之潜能，人人必然具有。不然，宗教就没有普遍性。施莱尔马赫之说于此处多有含混处，故须条畅而通之。然其谓宗教本属于人自身的事，与外在无关，可谓"截断众流"、"立乎其大"之论也。所以，他呼吁："让我们走向人性，我们在这里为宗教找到了素材。"❷可见，神人或天人贯通，既而人乃是宗教性存在，是无有疑义的。故宗教是不可蔑视的，因为它有存在论的根基。

在加尔文和施莱尔马赫论述的基础上，我们还可以引用英籍德国学者麦克斯·缪勒的话加以总结，他说：

> 正如说话的天赋与历史上形成的任何语言无关一样，人还有一种与历史上形成的任何宗教无关的信仰天赋。如果我们说把人与其它动物区别开的是宗教，我们指的并不是基督徒的宗教或犹太人的宗教，而是指一种心理能力或倾向。它与感觉和理性无关，但它使人感到有"无限者"的存在，于是神有了各种不同的名称，各种不同的形象。没有这种信仰的能力，就不可能有宗教，连最低级的偶像崇拜或神物崇拜也不可能有。只要我们耐心倾听，在任何宗教中都能听到灵魂的呻吟，也就是力图认识那不可能认识的，力图说出那说不出的，那是一种对无限者的渴望，对上帝的爱。❸

缪勒还认为，如果哲学研究了人的第一种能力——感觉知识或直觉知识和第二种能力——理性知识或概念知识，那么显然，一种完善的哲学体系尚

❶ 施莱尔马赫：《论宗教》，邓安庆译，人民出版社2011年版，第22页。
❷ 施莱尔马赫：《论宗教》，邓安庆译，人民出版社2011年版，第51页。
❸ 缪勒：《宗教学导论》，陈观胜、李培茱译，上海人民出版社2010年版，第10–11页。

需要研究人的第三种能力——作为一切宗教的基础的认识神（或天）的天赋。

瑞士基督教哲学家 H. 奥特总结说：

> 每个人的存在不得简单地理解为自己"已经完善的"、已被明确限定的位格存在，然后与另一个优越的位格存在组成伙伴关系。毋宁说，上帝的真实在一定程度上透入人的真实之中。……此即人身上的"上帝之寓居"。上帝，这位超验者，对人而言是内在性的。反之人对自身而言是超验的，他不支配自己。❶

奥特进一步认为，即使是平庸的死守僵硬教条的唯物主义者、自然主义者或实证主义者，"就连他们也可能感到自己的生存中充满奥秘而又不可支配的根基。就连他们也可能受到这种奥秘及其体验的呼唤"❷。奥特之所说，虽就基督教而言，但其义理框架同样适用于儒学，也就是说，儒学也是这样看待人的。《中庸》云："思知人不可以不知天。"此即表示，人自身并不是一个独立自在的存在，而须在与天之内在关系中始得被理解。人只要站起来真实地面对自己，就一定是在这种关系中理解自己。质言之，天与人俱为既超越而又内在的。说天是内在的，因天须与人关联起来始得有其真实性，否则，天即是抽象的外在于人的存在；说人是超越的，因人须与天关联起来始得其规定性，否则，人即为纯经验的毫无规定的虚无流。这样看来，天人贯通是天与人各自实现双赢的内在要求。天必下贯而为人之性，人必上达而至天之德。双向互动，是为天人感应。可以说，天人贯通乃宗教践行者的根本体认。

就人而言，天人贯通乃人之天赋能力，只要在践履工夫中逆觉体证就可自得，绝不需要什么论证。维特根斯坦曾指出：人类最可悲之处在于，在最不需要论证的地方去寻求论证。天人贯通实则是最不需要论证的地方。同时，他又指出，凡是需要梯子（哲学论证相对于践履工夫之实证而言犹如梯子）才能到达的地方，他都没有兴趣。张横渠曰："形而后有气质之性，善反之则天地之性存焉。故气质之性，君子有弗性者焉。"（《正蒙·诚明》）天人贯通

---

❶ H. 奥特：《不可言说的言说》，林克、赵勇译，生活·读书·新知三联书店 1994 年版，第 73 页。

❷ H. 奥特：《不可言说的言说》，林克、赵勇译，生活·读书·新知三联书店 1994 年版，第 100 页。

并非一种理论论证，乃是一种感通，唯在人善反不善反耳。

不过，尽管中西文化皆认可天人之间的贯通，但中西文化又有差异。李泽厚曾以"天主"与"天道"以示区别。在西方是"天主"，而在中国则是"天道"。李泽厚说：

> "天主"是唯一神，即使强调不能有人的外在形象，却总有拟人的意志、语言和教义，它全知全能，发号施令，创造世界，超越经验，统治一切。它是超人类经验的实体或本质存在。"天道"则不然，它虽拥有不可预测难以违抗的功能、神力，却从不脱离人世经验和历史事件，而成为某种客观理则但又饱含人类情感的律令主宰。❶

这就是说，尽管中西文化都认可天人贯通，但"天主"是把重点放在上帝（天），强调天之主宰作用，人似乎是被动的，由此而发展成了重仪式与规章的实定宗教；"天道"则不同，强调人上达天之通道，于是，强调人之主动性，重点放在人，由此，发展成了心性工夫之学。世人谓儒学不是宗教，其原因即在此。

但无论如何，既都肯认天人贯通，则人性中一定有一种能力可上达于天。当柏拉图说每个人的天性中都有哲学的成分的时候，他意指的应该是人认识神的天赋能力。而当哲学去研究作为一切宗教的基础的认识神（或天）的天赋能力的时候，哲学与宗教就是等同的，此时哲学就是宇宙性的唯一哲学，即哲学之原型；宗教也是宇宙性的唯一宗教，即宗教之原型。儒学，就是这种宇宙性的唯一哲学，亦是这种宇宙性的唯一宗教。若以前者名之，曰"道德的形上学"；若以后者名之，曰"宗教动力学"。儒学既曰"宗教之原型"，则费尔巴哈说："宗教在本质上是东方性的。"❷非虚妄之言也。但儒学作为"宗教之原型"复又是"哲学之原型"，当人以哲学人其间，却误以为儒学只是哲学而不是宗教，持是论者不胜枚举；即使以为儒学具有宗教性，却只是人之超越实体（本心）的一头独大，"天"挂空而不能落实，天人贯通为虚，由此，实

---

❶ 李泽厚：《由巫到礼　释礼归仁》，生活·读书·新知三联书店 2015 年版，第 73 页。
❷ 费尔巴哈：《基督教的本质》，荣震华译，商务印书馆 1997 年版，第 97 页。

不能成为真正的宗教。卢雪崑之失即在此也。

儒学作为"哲学之原型",其形态乃是"道德的形上学"。所谓"道德的形上学"就是在践履工夫中觉醒证悟内在于人之生命中的超越实体,如孟子所说之"四端之心"或阳明所说的"良知"俱是,名称可有分殊,其实则一。但是我们须知,内在于人之生命中的这个超越实体是封限不住的,祂一定会突破生命的限制而与天贯通;正是基于这种认知,牟宗三才说:

> 一般人常说基督教以神为本,儒家以人为本,这是不中肯的。儒家并不以现实有限的人为本,而隔绝了天,他是重如何通过人的觉悟而体现天道。人通过觉悟而体现天道,是尽人之性。因人以创造性本身做为本体,故尽性就可知天。❶

若不能有此贯通,则超越不过是人之理性的绝对性,却不具有神圣性,那么,就不是真正的超越。只有有了这种贯通,超越才既是绝对的,又是神圣的,始可真名之曰超越。但另一方面,内在于人之生命中的这个超越实体之所以有上达而去贯通于天的祈愿与力量,乃因为天流注其性德大能于人之生命中而成为人之性德的主要成分;不然,人即如物之僵化,绝不可有此祈愿与力量。当然,天流注其性德大能于人之生命,当人降生之时,天已完成。人唯一需要做的就是把这个祈愿与力量开发出来,以便与天贯通。老子曰:"道大,天大,地大,人亦大。域中有四大,而人居其一焉。"(《老子》第二十五章)这个道理虽然由道家的创始人说出,但儒家一定是赞成的。上天造人,使其成为宇宙中的四大之一;但须知,若人不能复归而与天贯通,则人不可能成为宇宙中的四大之一,不过一渺小的肉体存在而已,何足与道、天、地分签并架。天流注其性德大能于人之生命,故原则上讲,人人皆有贯通天人之祈愿与力量;但人一旦降生,即受气之蒙蔽与物之诱惑,阻碍了这种祈愿与力量的发扬,故需要开发。践履工夫正是这种开发。从经验世界看,践履工夫只是一种道德行为,但须知,儒学中的践履工夫绝不会只是停留于此,一定觉醒证悟人之超越实体,最终贯通天人。从贯通天人来看,则"道德的形上

---

❶ 牟宗三:《中国哲学的特质》,上海古籍出版社 1997 年版,第 101 页。

学"就是"宗教动力学"。儒学之用力处全在此，故重践履工夫。儒家之"学"，亦不过是开决气之蒙蔽与物之诱惑，以至于天人贯通之境也。张横渠曰："天所性者通极于道，气之昏明不足以蔽之；天所命者通极于性，遇之吉凶不足以戕之；不免乎蔽之戕之者，未之学也。"（《正蒙·诚明》）"学"既是突破"蔽"、"戕"而求天命与人性之相贯通，则此中之"学"，既可曰"道德的形上学"，又可曰"宗教动力学"。

但人若无践履存养之工夫，那么，他就不会有任何"形上学"的证悟；人在动力没有开启之前，也不会倾听到任何宗教之声。反过来说，人一旦行走在笃实的践履存养工夫中，一定有"形上学"的证悟，亦必然会有宗教之声的倾听。在这个意义上，宗教首要的不是去探问神性存在者（上帝或天）是否存在以及是一种怎样的存在，而是人如何能够触及或倾听神性存在者之声音。也就是说，宗教的首要任务乃是在人那里进行存在论的奠基，以便揭示人身上贯通天人、倾听神性存在者之声音的先天能力。这里不妨引用天主教神学家 K. 拉纳的基本理论，他认为，宗教的问题从一开始便不是针对身为神学家的人而言的，而是以作为在者的人作为对象，成为神学家是人这个在者本质中的能力之一。他说：

> 一种对神学的科学理论上的奠基——至少它应设想它以某种方式先于神学存在——力所能及的不是上帝的话语，而是人对上帝话语的倾听，即只能触及对上帝可能发出的启示的倾听能力之先验的可能性。一种先于神学本身存在的、对于启示神学的科学理论上的论证，从一开始便不可能要求涉及到更多的东西。即便如此仍然（至少暂时）存在着问题：人在实际上听到上帝可能发出的启示之前，人在由此知道他有倾听能力之前，人知道——从已经发生的启示方面看——这种倾听能力的基本架构必须以某种方式得到解释以前，他能否和在哪一种层次上在自身中发现诸如对上帝启示的"听"。❶

---

❶ K. 拉纳：《圣言的倾听者——论一种宗教哲学的基础》，朱雁冰译，生活·读书·新知三联书店 1994 年版，第 9 页。

拉纳的这段话，其措辞乃基于西方宗教，未必能对应儒学之用语，但其基本理念却与儒学若合符节。他的这种思想若以儒学中的语汇简言之，就是：宗教力所能及的不是天人贯通，而是天人如何贯通，更准确地说，是在人身上发现这种贯通的能力，既而开发这种能力。所以，所有宗教的问题，都是人期待与天贯通，且人依据什么与之贯通的问题。人依据什么与天贯通，这既是形而上学的追问，也是宗教的追问。这样，宗教的问题又成为人为什么必须从事形而上学、形上学是什么以及人的形而上学如何及于天的问题。因此，我们说"道德的形上学"就是"宗教动力学"，绝非虚妄之论。

儒学追问人性，最终落实在"四端之心"或"良知"之中，以之作为人之"大体"，此乃人的形而上学。人从事形而上学，端在存养践履这个大体。但若以为，人存养践履这个大体，仅仅是一种道德工夫，必是肤浅之见，并不能理解儒学；人存养践履这个大体，必是一种宗教动力的开发。因为人只有从事此种形而上学而开发其宗教动力，才能从内心真正与天贯通，而不是仅仅外在的形式上的贯通。这是为什么呢？比利时基督教神学家吕斯布鲁克曾研究过人之"看"。他认为，一个人若要"看"到物质性的东西，必须具备三个条件，即第一个条件——光源，第二个条件——意愿，乐意让他看的东西进入眼帘，第三个条件——眼睛，即完整无伤的看的工具。若缺少这三个条件中的任何一个，任何物质性的东西都不可能被"看"到。同样，"看"到精神性的存在，也需要有三个条件，即第一个条件——神（或天）的恩惠之光，第二个条件——凝视并倾听神（或天）的自由意愿，以及第三个条件——没有被致死之罪玷污的良心。[1]看物质性的存在所需要的光源，这不是人所能决定的，最终来自太阳。同样，看精神性的存在所需的神恩之光，也不是人所能决定的，最终来自神或天；若没有这神恩之光，就如没有太阳之光辉一样，是不可能看见东西的。且就儒学而言，这神恩之光就是"天命之谓性"这句话所表示的，即天之神恩之光已进入人之性，且成为人之性，人已得其照耀。天之神恩之光已成为人之性，从原则上讲，人人都有凝视并倾听天的自由意愿，因为人人都有良心。所以，从天之神恩之光→良心→凝视并倾听天的自由意愿，这是先天地决定了的，人人可能且人人必能。而看物质性的存在却

---

❶ J.V. 吕斯布鲁克：《精神的婚恋》，张祥龙译，商务印书馆 2012 年版，第 7–8 页。

未必有这种必然性，因为有光源未必能保证人的眼睛完好，即使眼睛完好也未必能保证人一定愿意去看此物而不是彼物，故人"看"到物质性的存在是偶然的，但"看"到精神性的存在却是必然的。但人一旦降生于世，总不免受气之蒙蔽与物之诱惑，是以良心被玷污，从而不再有凝视并倾听天的自由意愿，既而人滑落为纯物质性的存在，而不能成为宇宙中的四大之一，人世之一切灾难正由此而生焉。儒学之解决人世之问题正是由此而进入的，它不是一般的道德解决，更不是纯粹的政治解决，而是宗教性的解决。

先秦儒学，从孔子到孟子，其究竟的都是"看"到精神性的存在——天——的过程，尽管到荀子那里有所变化而歧出，但孔孟正宗始终都是在追求这种"看"，在人身上寻找这种"看"的精神根基，也就是说，先秦儒学诸子总是在天－人关系中表现其思想。故他们的思想既是哲学的，也是宗教的。孔子讲内在之仁、子思始讲人性、孟子讲"四端之心"，都是一种寻找"看"的精神根基之工作。这既是理性的哲学寻求，也是理性的宗教祈愿。但从孔子到孟子再到荀子，由于历史机缘不同，先秦儒学诸子的历史使命与工作亦有不同。总的来说，先秦儒学诸子的思想可分为三种宗教形态：行道者、弘教者与整治者。这三种宗教形态又分为六大脉络，而这六大脉络正体现了先秦儒学之流变。为了便于直观之理解，且作图示如下：

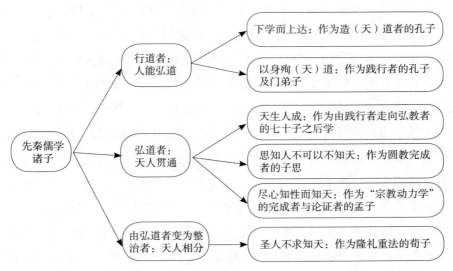

图示说明：总体上看，先秦儒学诸子之演进过程是"天→人"。孔子与其

及门弟子离"天"较近，故是依天而行的行道者；至七十子之后学，中经子思，逐渐地由"天"向"人"靠近，至孟子，则停驻于"人"，彻底开发人之德性大能以呼应"天"，最后完成"宗教动力学"。这一由"天"向"人"靠近而开发人的德性大能的过程，就是弘教者；但在礼乐崩坏的战国乱世，弘教者并不能挽世风于既倒，然德尽而智显，荀子于是出焉，在德性大能之外开发人之经验智能，遂主隆礼重法，故是整治者。但须知，弘教者之向"人"靠近并非远离"天"，只是开发人的形而上学禀赋，彰显人的宗教动力；荀子屏蔽人之德性大能而别走经验智能之路，不去开发人之宗教动力，才彻底远离了"天"，故主"天人相分"，此是先秦儒学之大丕变也。

本书之全部内容，就是展示这三种宗教形态以及六大脉络演进之全过程，其间的问题、概念以及义理关切。为了便于把握其大要，在此把三种宗教形态与六大脉络演进先作一扼要的概述，以便提纲挈领，总览规模也。

宗教形态一：行道者——人能弘（天）道。

或因文化之所使，或因世风之所致，此时离"天"比较近，可直接倾听到"天"之声音，既而人可直接"体"天，且依天而行。这种宗教形态包含两个演进脉络：作为造道者的孔子→作为践行者的孔子及门弟子。

脉络一，下学而上达：作为造（天）道者的孔子。

孔子学不厌、诲不倦，下学而上达，故于天道有真切的体悟与表征，是一个真正的弘道者。云孔子为造道者，并非谓道是孔子所造，乃谓道得孔子才灵现出来，所谓"道成肉身"。孔子的德行与气象使道真实地灵现于人间，从这个意义上说，孔子是造道者。整部《论语》所表现出来的使命感、命运感、敬畏感、羞耻感，乃至仁、义、礼、智、孝、恕道等，甚至孔子的政教合一、德主刑辅、哀矜折狱等思想，俱因孔子是造道者而得到解释。准确地说，孔子的这些概念或范畴不是一种思想设计或伦理规范，而有天的形上根基，故具有宗教的维度。孔子曰："知我者，其天乎！"（《论语·宪问》）这表明，要理解孔子，必须要了解天。故康有为说："孔子之创制立义，皆起自天数，盖天不能言，使孔子代发之。故孔子之言，非孔子言也，天之言也；孔子之制与义，非孔子也，天之制与义也。"❶这表明，孔子之所有言论与义理阐发，都是

---

❶ 康有为：《春秋董氏学》，中华书局 1990 年版，第 111 页。

与天相通的，而具有宗教的维度，绝不只是一种思想家的思想创造。

脉络二，以身殉（天）道：作为践行者的孔子及门弟子。

之所以把孔子及门弟子单列出来作为一个脉络，乃因为他们亲聆过孔子的教诲，亲自感受过孔子之道的亲切与光大，故不须于学理上有过多之发扬，只须践行孔子之道而已，故程子曰："学者全要识时，若不识时，不足以言学。颜子陋巷自乐，以有孔子在焉。若孟子之时，世既无人，安可不以道自任。"（《二程遗书》卷二上）即使有学，亦多只是传孔子之道，尽管其间容有流变。然无论如何，他们像孔子一样，都是天道或孔子之道的忠实践行者。因孔子及门弟子资质与学业上的差别，使他们只能得孔子之道之一体而行。这表明，圣人以下者行道总有偏至。孔子分弟子为四科，即是这种偏至的表现。尽管如此，众弟子在天人之间，依天道以尽人事，大体不违师教。概括地讲，大致可分及门弟子为三类（以大成殿配祀最为代表）：

其一，修以事天者（潜修之儒）：颜回、闵子骞、冉雍、冉耕是也；
其二，政以达天者（政事之儒）：子贡、子路、宰我、冉求是也；
其三，文以尽天者（传经之儒）：子夏、曾子、有若、子游、子张是也。

限于篇幅与文献，本书拟以三类之中的代表者颜渊、冉雍、子路、曾子、子夏为例，说明他们是如何体现作为天道之践行者的，由此进一步说明，先秦儒学是如何由此而渐趋分化的，即一条由曾子开其端而收结于孟子，另一条由子夏开其端而收结于荀子。

宗教形态二：弘教者——天人贯通。

此时人离"天"渐远而向人靠近，但毕竟秉承孔子之教，皆能有逆觉反省的工夫，故能以"人"贯通"天"，故此时的儒学诸子即为弘教者。此种宗教形态有三个演进脉络：由践行者走向弘教者的七十子之后学→作为圆教之完成者的子思→作为"宗教动力学"之完成者与论证者的孟子。

脉络三，天生人成：由践行者走向弘教者的七十子之后学。

从历史上看，七十子之后学虽与子思在世之时间相若，但他们却是一个相对更分散且庞大的学术群体，作为孔子的再传弟子以传播孔子之道。子思之学正是在这样一个大背景之下产生的，相对于七十子之后学而言，子思之学可能更精纯严谨（虽然有学者认为，郭店楚简中的部分篇章应属于失传了的《子思子》，但其精纯严谨显然不及《中庸》，应别有所出），但若不能了解七十子之后学，则对子思之学的义理关切与精神演进常难究其所由。故七十子之后学有单独进行研究的必要。20世纪90年代，郭店楚简与上博竹简的发现为这种研究提供了可能，尽管这些材料还有待进一步的考证与整理，但其部分篇章可能确实出自七十子之后学。这样，对这批材料的研究，不但能更好地理解子思，还为孔－孟之间的连接提供了更为广阔的视域。

作为孔子及门弟子的弟子，七十子之后学在精神演进方面又有新的变化。孔子及门弟子因受孔子人格及境界的熏染，于义理上并无深掘，只是践行者。及至七十子之后学，世风日下，天道越来越失去了约束的力量。于是，不得不在人身上寻找天道的根基与理据，以便弘教。由此，七十子之后学开始专门探讨人性、情感、五行等相对较为形而上的问题，以期为天道找到价值根基，可以用"天生人成"来总括之，即虽然人性、情感、五行等都由人去成就，但却有天的根基，由此为贯通天人找到了形上依据。前此一阶段，虽亦雅言天，但多是宗教的虔诚与感应，而此一阶段之言天，却是形上的学理深究，即由天道之践行转为对这种践行的人性根基之追问，为先秦儒学开启宗教之人性动力的初步。这样，先秦儒学就由前一阶段的行道者走向了这一阶段的弘教者，尽管其义理探求尚比较粗浅与驳杂，但这确实是先秦儒学精神的一种精进，其宗教形态已大不同矣。

脉络四，思知人不可以不知天：作为圆教之完成者的子思。

子思虽或与七十子之后学同时，但其在弘教上的义理开掘更为精纯严谨，从学理上看，这是先秦儒学宗教形态的进一步演进，最后完成了对个人、家庭、社会及宇宙万物的宗教性确证之圆教。特别是《中庸》，开篇即云"天命之谓性，率性之谓道，修道之谓教"，为贯通天人、确证人与宇宙万物作为宗教性存在确立了义理根据与规模。其后又讲"诚"之弘教工夫，亦是通达于天的确证工夫。至此，心性工夫之学既是弘教工夫，又是天人之学，人的存养工夫作为动力开启了"天"，确证了人自身、家庭、社会及宇宙万物的宗教性存在。相较于七十子之后学，此时，宗教之人性动力的开启又往前进了一步，是一种圆教形态。同时，子思的开掘为"宗教动力学"之完成者与论证者孟子作了义理上的准备。

脉络五，尽心知性而知天：作为"宗教动力学"之完成者与论证者的孟子。

孟子在子思之学的基础上进一步开掘凝练，而言：性善、仁义内在、心之四端，最后确立尽心知性而知天的规模，彻底灵现人之人性动力以贯通天，从而完成了天人贯通之弘教工作，也完成了儒学作为"宗教动力学"之论证。此种弘教之开抉一旦完成，天道必不虚；亦必须作此开抉，天道方可不虚。至孟子，人之宗教动力被全尽开发出来，儒学成为圆满的天人之教，而孟子亦成为此教之完成者与论证者。至此，儒学作为"道德的形上学"与"宗教动力学"俱彻底完成。自此以后，历代的儒学诸子，皆以此模型而弘教，凡不合此模型者，即为歧出，非孔孟正宗也。

宗教形态三：由弘教者变为整治者——天人相分。

因时势之激荡，儒学因之而流变，此时人彻底远离了"天"而雅言"性恶"，重人之"伪"而隆礼重法，故为整治者。此种宗教形态只有一个脉络：荀子。

脉络六，圣人不求知天：作为隆礼重法的荀子。

荀子之学，历来人们以为性恶论乃其义理基础，实则非也。荀子之学的根本乃在：其推远了天，而云"圣人不求知天"，从而以天人相分立论。这样，荀子根本不信人有受之于天的良善根基，而只实在论地看到了人之欲望之危险。即便如有学者所论荀子乃"性朴论者"，然终究亦是材质论者，非如孟子之为先验论者。荀子之《天论》基本消解了孔门宗教性的天，复消解了人自觉于善的根基，于是，主张"隆礼重法"（荀子名之曰"伪"）。由此，荀子变成了一个整治者而不是弘教者，尽管他以弘扬孔子之道自居，实则与孔门渐行渐远而歧出。后其弟子李斯、韩非之徒复由欲望之危险进而看到人性之阴暗面，而主张"以法为教，以吏为师"，彻底溢出孔门天人之教，荀子乃其肇始者也。

然荀子毕竟是儒家而不是法家，其隆礼重法亦是要教育人成为圣人，而不是顺从君王的臣仆。然而，荀子却只是开启了"地上的教育"[1]，把天之不可企及的权威消解，从而弭灭了人的敬畏感，则圣人实难养成矣。故荀子主

---

❶ 陈文洁：《荀子的辩说》，华夏出版社 2008 年版，第 227 页。

天人相分，于孔门而言，乃歧出者；亦是世风尘下，圣教沦丧之征也。先秦儒学收结于此，于荀子固为不得已，而有待于后世之开新局也。汉代之天人感应论与宋明天理人欲之辩俱远绍孔门而欲恢复儒学之宗教性而所成者。二者相较，宋明儒者更为能得孔孟之真精神，是为正统。因汉代之儒学只是把天与人进行外在的比附，而谓"天人相与之际，甚可畏也"（《汉书·董仲舒传》），其所成为政治上之三纲六纪，而其末流适成符瑞或谶纬之说。宋明儒者则克服汉代儒学之弊，复兴孔孟内圣之学，由人之内在根基而贯通天人，把先秦儒学组成一个"道德的形上学"系统，始可谓重振先秦之"宗教动力学"也。

通过这三种宗教形态与六个脉络演进之解析，先秦儒学的宗教内涵被全尽地揭示出来，而儒学作为一种"宗教动力学"亦得以证成。本书以后的内容，即依据此种框架与理路逐渐展开详细的论证与解析。

四、儒学宗教性内涵的基本特征

儒学既是"道德的形上学"，又是"宗教动力学"，也就是说，儒学既是一种哲学义理形态之学术，又是精神信仰形态的宗教。这种兼学术与宗教之二重形态，使"儒学既能保持其作为一种哲理体系的独立性，同时又能够以其对社会信仰系统的诠释和升华作用，施其教化的理念于社会生活"[1]。但也正因为儒学具有学术与宗教之二重性，使得儒学之边界不清楚，于是，儒学到底是一种学术还是一种宗教，致使学者之间起无数无谓之争论，赞成儒学为宗教者有之，否认儒学为宗教者亦有之。其实，若明乎儒学既是"道德的形上学"，又是"宗教动力学"，则其争论可息矣。"道德的形上学"意味着依循道德之践履证悟形上实体，"宗教动力学"意味着开发人性动力而进入宗教境界，此二者是一回事，并不存在两个过程。也就是说，依循道德之践履证悟形上实体就是开发人性动力而进入宗教境界，而开发人性动力进入宗教境界必然是依循道德之践履证悟形上实体。若我们只看其依循道德之践履证悟形上实体之一面，则似乎儒学不是宗教，亦不必是宗教，宗教乃可被取代者，

---

❶ 李景林：《义理的体系与信仰的系统——考察儒家宗教性问题的一个必要视点》，《北京师范大学学报》2016 年第 3 期，第 93 页。

否认儒学为宗教者盖如是也；但若我们不能从依循道德之践履证悟形上实体之一面看儒学之开发人性动力之用心，即使肯定儒学为宗教，亦不能得其实，必减杀作为宗教的儒学之广被性与普遍性，作为宗教的儒学退缩到范围极小的领域，而人生中的大部分领域被哲学、伦理、艺术所占据，在这些领域，它们足以有取代宗教的功用。新文化运动以来，中国文化因受西方文化的强烈冲击，几尽处于崩溃的边缘，为了守住传统，给国人以信心，冯友兰唱"哲学代宗教"，梁漱溟唱"伦理代宗教"，蔡元培唱"美育代宗教"。他们之所以要唱此等论说，乃因为他们深知，宗教乃保持文化自性，凝聚民族力量的根本保证。在他们看来，中国文化（主要指的是儒学）虽无宗教之名，但却有宗教之实。同时，国人初识科学，即为其明晰的逻辑理论思维所倾倒，反以宗教为不明由来之迷信，故一般人又多忌讳宗教，是以学人唱"代之"之说。所谓"代"即是以非宗教之名而行宗教之用也。但"代"字又有不可估量的消极后果，那就是，既然是"代"，则说明中国根本就没有宗教；既然可"代"，则宗教可有可无。三位贤达之说，实隐含有这个意思，蔡元培的"美育代宗教"最后就落入了反宗教的立场，即是这种后果之体现。既如此，则他们欲保住自家文化之自性，凝聚民族力量之愿望亦很难实现。须知，宗教焉可"代"耶？宗教，诚如牟宗三所言：

> 文化生命之基本动力当在宗教。了解西方文化不能只通过科学与民主政治来了解，还要通过西方文化之基本动力——基督教了解。了解中国文化也是同样，即要通过作为中国文化之动力之儒教来了解。❶

儒教蕴涵着中国文化生命的基本动力，这是不可"代"更不可无的。当我们说儒学是"道德的形上学"的时候，我们固然是说它是哲学，但这是"原型之哲学"，这种"原型之哲学"也是"原型之宗教"，即"宗教动力学"。因此，当我们说"道德的形上学"就是"宗教动力学"时，我们是说儒学就是宗教，而不说儒学代宗教。"代宗教"诸说虽需要加以指正，但这些说法又为我们更

---

❶ 牟宗三：《中国哲学的特质》，上海古籍出版社 1997 年版，第 93 页。

好地理解儒学的宗教内涵提供了便捷的门径。

儒学与西方宗教不同，西方宗教在客观方面凸显上帝之人格神，而主观方面之人只有匍匐祈祷，笃实虔诚之宗教徒虽然也能体悟人神之贯通，但西方宗教最终未能走开发人性大能以直通上帝之路，反而走了外在宗教仪式之膜拜之路，故有教会教廷之成立。儒学虽有客观面之天，但这一方面并非特别凸显，而是凸显主观方面之道德践履或动力开发。牟宗三说：

> 儒家并没有把意识全幅贯注在客观的天道之转为上帝上，使其形式地站立起来，由之而展开其教义。在主观方面也没有把呼求之情使其形式地站立起来。如使其形式地站立起来，即成为祈祷。此两方面在儒家并非没有，他只是把它轻松了。❶

对于客观意义的"天"与形式性的祈祷、膜拜、祭祀等，儒学并非完全没有，亦并不排斥，但儒学的重点不落在这里。重点落在哪里？牟宗三进一步说：

> 它是落在人"如何"体现天道上。儒家不从上帝那里说，说上帝的意旨怎样怎样。而是从如何体现上帝意旨，或神的意旨，或体现天道上说。在此如何体现天道上，即有我们常说的重"主体性"之意义。开出主观性，则上下可通气。即主观性与客观性打通，而以道德实践为中心。……故那客观的上帝以及主观的呼求之情全部吸收于如何体现天道上，而蕴藏于成德过程之无限中。❷

正因为儒学的宗教内涵落在"如何"贯通天人之上，而"如何"又似乎与哲学、伦理、美育不能完全无关，甚至是关系甚大，于是，我们常不觉得儒学具有宗教内涵，乃至认为其宗教内涵是可被取代的。实则儒学之这种不凸显客观面，而凸显主观面之"如何"，这种转换不可以宗教被取代视之，须

---

❶ 牟宗三：《中国哲学的特质》，上海古籍出版社 1997 年版，第 100 页。
❷ 牟宗三：《中国哲学的特质》，上海古籍出版社 1997 年版，第 101 页。

以开发宗教动力，使宗教于人生之中更加有力有效视之。貌似轻松了，实则更加紧切而有力了。儒学之宗教内涵既体现在"如何"贯通天人而开发宗教动力之上，而"如何"开发动力总是更为广阔的人生问题，因为只能于人之生活中开发，而不能到神或天那里去开发。冯友兰、梁漱溟和蔡元培就是希望依赖在人之哲学思维、伦理生活和美学实践中加以开发，尽管以"代"名之并不谛当，但我们由之却可认知开发儒学宗教动力之场域以及儒学宗教性内涵之特色也。

第一，重个体性的内省觉悟。

冯友兰谓"哲学代宗教"，但绝不意味着任何哲学都可以代宗教，或者说，任何哲学原则上都是宗教。比如，逻辑实证主义，很难说这种哲学可以代宗教，不唯不能代，且他们根本反宗教。说哲学具有宗教的功用是有特别意指的，即哲学之所说就是"教"，至少要把我们引向宗教。诚如唐君毅所说："故凡哲人之言说，初虽是说其所学，而其归宿，则皆是以言说成教。故说所学非究竟，以说所学成教，方为究竟。"[1]以冯友兰的理论说之，一种哲学只有具有了真际的指向，且重觉解的时候，才可以是代宗教的，不然，"代宗教"之说必至于抹杀宗教。如实说来，真际与觉解都不是哲学语言所能讲的，如是，冯友兰有哲学的正的方法与负的方法之别。正的方法就是逻辑分析的方法，乃西方哲学之所重。但哲学的正的方法并不能讲大全、天地境界等真际，而只能讲实际世界中的物事与道理。于是，负的方法出焉。负的方法是一种直觉的方法，是对不可思议者之思议，对不可言说者的言说，此为中国哲学所重。对于哲学而言，正的方法只是手段，而负的方法才是目的。冯友兰说：

> 一个完全的形上学系统，应当始于正的方法，而终于负的方法。如果它不终于负的方法，它就不能达到哲学的最后顶点。但是如果它不始于正的方法，它就缺少哲学的实质的清晰思想。[2]

很显然，任何哲学，无论是以正的方法讲，还是以负的方法讲，都必须

---

[1] 张祥浩编：《文化意识宇宙的探索——唐君毅新儒学论著辑要》，中国广播电视出版社1992年版，第504页。

[2] 冯友兰：《中国哲学简史》，《三松堂全集》第六卷，河南人民出版社2001年版，第288页。

要达到哲学的最后顶点时，方可代宗教。我们一再表明，"代"字不类，实则此时哲学就是宗教。由此我们可知，冯友兰虽然是讲普遍的哲学问题，而其最终指向乃是儒学。所以，冯友兰认为，"哲学能使人成为圣人，这是哲学的无用之用"[1]。究极的哲学，或宇宙性的哲学，或原型之哲学，就是圣学，而圣学"始于格物致知，终于穷理尽性。格物致知是知天，穷理尽性是事天。换句话说：圣学始于哲学底活动，终于道德底行为"[2]。可见，哲学最终乃指向"天"，而其下手处端赖道德践履。由此，在冯友兰那里，哲学就是"道德的形上学"，以此而代宗教，有何不可？实则无所谓代不代，因"道德的形上学"就是"宗教动力学"也。

儒学作为"宗教动力学"，其特色就在重个人之内省觉悟，所谓开发动力不过谓此也。也就是冯友兰所说的"负的方法"或者"觉解"。"负的方法"或者"觉解"作为一种直觉方法，必须个人四无依傍地直达本体——天，这是达到哲学顶点的最后旅程，既是开发人自身的哲学天性，也是贯通天人之动力所在。故哲学即宗教，但非哲学代宗教也。二者奚辨？哲学代宗教，即以宗教为可无者而以哲学代之，而宗教又无规定，则哲学就是学院性的知识体系，由此而代宗教，必至于杀灭宗教；哲学即宗教，乃以宗教来规导哲学，宗教较哲学为更高者，哲学必须上遂而契合宗教，而非宗教俯就哲学而消弭自身也。故哲学代宗教，只能在后一种意义上说，绝不可在前一种意义上说。

四无依傍就是摒弃逻辑语言，以生命自身直接通达，故孔子欲"无言"（《论语·阳货》），孟子亦曰："观于海者难为水，游于圣人之门者难为言。"（《孟子·尽心上》）"负的方法"或者"觉解"首先让我们从外在经验世界收缩回来而停驻于人之自身，冯友兰谓之"自反底觉解"，由此方可与天贯通。"自反底觉解，借用孟子的话说，可谓之'反身而诚'。我们所谓'反身而诚'，即谓自反而有高一层底觉解。"[3]子思讲"天命之谓性"，又讲"中"之慎独工夫。所谓"中"不是指事为上的不偏不倚，而是总是停驻在"天命之性"或"四端之心"中，而这个是最难的，"天下国家可均也，爵禄可辞也，白刃可蹈也，中庸不可能也"（《中庸》）。孟子讲"反身而诚"也是让我们停驻于"天命之性"

---

❶ 冯友兰：《新原道》，《三松堂全集》第五卷，河南人民出版社 2001 年版，第 137 页。

❷ 冯友兰：《新理学》，《三松堂全集》第五卷，河南人民出版社 2001 年版，第 183 页。

❸ 冯友兰：《新原人》，《三松堂全集》第四卷，河南人民出版社 2001 年版，第 489–490 页。

或"四端之心"中，且诚之敬之。这是儒学作为"宗教动力学"开发的第一步工夫。

> 入道之门是将自家身已入那道理中去，渐渐相亲，久之与己为一。而今人道理在这里，自家身在外面，全不曾相干涉。(《朱子语类》卷第八)

这里若以"道理"二字恐流入泛说，实则"将自家身已入那道理中去"就是让人停驻于"天命之性"或"四端之心"中，唯有此切己之学，方能有"愤悱"之感。孔子何以说"不愤不启，不悱不发"(《论语·述而》)？因为无切己之"愤悱"，启发恐亦流入外道也，焉能"下学而上达"？刘蕺山释"诚意"，非谓意有不善而善之之谓也，乃让我们停驻于"天命之性"或"四端之心"中。他说："动之微而有主者，意也，心官之真宅也。主而不迁，志也。"(《刘子全书》卷七《原旨·原心》)人内省觉悟之精微始终有大主贯穿其间，此即是诚意；且念念而不迁移，此即是志（浩然之气）。心，正是在内省精微、念念不移中见：

> 意者，心之所以为心也。止言心，则心只是径寸虚体耳。著个意字，方见下了定盘针，有子午可指。然定盘针与盘子终是两物。意之于心，只是虚体中一点精神，仍只是一个心，本非滞于有也。安得云无？(《刘子全书》卷九《答董生心意十问》)

这个意思，就是"本体即工夫，工夫即本体"(李光地:《榕村集》卷二)。"本体即工夫"，是存在的逻辑先天地言；"工夫即本体"，是经验的现象后天地言。切就现实的人来说，本体毕竟只可于工夫中见，故刘蕺山又曰："意者，心之所以为心也，非以所存为心，所发谓意也。微之为言几也，几即意也。"(《明儒学案》卷六十二《蕺山学案》)

人要切己地停驻于"天命之性"或"四端之心"中，还须有"敬"的工夫。所谓"敬"亦不是敬外在之对象，"敬"乃敬人自身可自我做主而不随物流转、无思无虑之大体。儒者于此体会甚切，所谓"'敬'字工夫，乃圣门第一义，彻头彻尾，不可顷刻间断"，又"大凡学者须先理会'敬'字，敬是立脚去处。程子曰：'涵养须用敬，进学则在致知。'此语最妙"（《朱子语类》卷第十二）。人一旦有笃切的"敬"，即惊奇于人自身的存在，似乎与一个更高更大的存在者相呼应，以至于有精神上的伟大与永恒，而顿觉自身之生命是与这个更高更大的存在者相贯通的，于是，便有了"畏"。是以"敬"的精神又复函"畏"与"谨"，故朱子又曰："敬非是块然兀坐，耳无所闻，目无所见，心无所思，而后谓之敬。只是有所畏谨，不敢放纵。如此则身心收敛，如有所畏。常常如此，气象自别。存得此心，乃可以为学。"（《朱子语类》卷第十二）人至于"畏"与"谨"，则与神圣的天就贯通了。故孔子曰："君子有三畏：畏天命，畏大人，畏圣人之言。小人不知天命而不畏也，狎大人，侮圣人之言。"（《论语·季氏》）而这一切都是在慎独内省中自证自悟得来，并无安排造作。故朱子曰：

> 静坐而不能遣思虑，便是静坐时不曾敬。敬只是敬，更寻甚敬
> 之体，似此支离，病痛愈多，更不曾做得工夫，只了得安排杜撰也。
> （《朱子语类》卷第十二）

在慎独内省中自证自悟而贯通天人，人人可行，亦人人必行。刘蕺山曰：

> 天穆然无为，而乾道所谓刚健中正，纯粹以精尽在帝中见；心浑
> 然无体，而心体所谓四端万善，参天地而赞化育尽在意中见。离帝
> 无所谓天者，离意无所谓心者。（《刘子遗书》卷四《学言》三）

天之帝尽在精微，人之意亦尽在精微，故天人贯通必不虚也。施莱尔马赫亦体会到了这种贯通之不虚，他说：

> 真正观看永恒的人们永远都有宁静的心灵，或者仅仅同自身和
> 无限相望，或者当他们环视自我时，每次都只满足于以他特有的方
> 式领悟大道。但他们以这种宽广的视野和对无限的情感，也看到了

在他们自己的领域之外存在的东西，在自身之内包含着判断和考察无边无际的多面性的素质，这种多面性是不能从别的地方取来的。❶

此种简易工夫，人人可行，亦人人必能行，故宗教动力之开发甚为简单易行，不必蛰伏于"天"之临在，亦不必彰显仪式之威严，甚至亦不必有经典之吟唱与诵读。是以施莱尔马赫由此而说："不是信仰一部《圣经》的人有宗教，而是那个无需《圣经》，但自己能够创造一部《圣经》的人有宗教。"❷这意味着，一个人独自面对神圣的天，不需要任何凭借与中介。也就是说，只有一个人是自由的时候，他才能面对神圣的天；且当人是自由的时候，一定会对越神圣的天。

儒学作为"宗教动力学"，最能表现上述特色。初初一看，儒学作为宗教没有超越神之临在，亦摒弃了仪式的威严，根本不像是宗教。于是，世间遂有儒学非宗教之议论，殊不知，这种不似宗教之宗教，乃最根本的宗教，因为它在意的是开发宗教之人性动力。

第二，即世间而出世间。

儒学既哲学又宗教。若云是哲学，乃作为"宗教动力学"之哲学；若云是宗教，乃作为"道德的形上学"之宗教。这种不似哲学的哲学或不似宗教的宗教，必包含以下冯友兰所说的意蕴：

> 中国哲学是超世间底。所谓超世间的意义是即世间而出世间。中国哲学有一个主要底传统，有一个思想的主流。这个传统就是求一种最高底境界。这种境界是最高底，但又是不离乎人伦日用底。这种境界，就是即世间而出世间。这种境界以及这种哲学，我们说它是"极高明而道中庸。❸"

冯友兰这是从哲学的立场而言。我们复可由宗教的立场而说：中国宗教是世间的。所谓世间的意义是出世间而在世间。这种境界同样是"极高明而道

---

❶ 施莱尔马赫：《论宗教》，邓安庆译，人民出版社 2011 年版，第 38 页。

❷ 施莱尔马赫：《论宗教》，邓安庆译，人民出版社 2011 年版，第 70 页。

❸ 冯友兰：《新原道》，《三松堂全集》第五卷，河南人民出版社 2001 年版，第 5 页。

中庸"，即不离乎人伦日用的。故孔子曰："道不远人。人之为道而远人，不可以为道。"（《中庸》）此即是在世间而出世间也。

因此，若我们认为儒学是即哲学即宗教，那么，必然又会导致梁漱溟的结论：儒学是"伦理代宗教"。但依然需要辨正的是，"代"字不类，当为"在伦理中成就宗教"。儒学为什么会有这种必然成就呢？

我们前面说过，只有人是自由的时候，人才可能对越神圣的天；且当人是自由的时候，人必对越神圣的天。同时，只有人是自由的时候，人与人才处在伦理当中；且当人是自由的时候，人与人必处在伦理当中。自由，绝不是意味着一种现实的多样选择，而是意味着向神圣者的敞开。正因为人的这种敞开，使人与人之间可以相互理解、相互尊重、相互利益，即人与人之间乃是一种基于仁爱原则的伦理共在。也就是说，人的自由使人生活在普遍的伦理共在中。所以孔子曰："克己复礼为仁。一日克己复礼，天下归仁焉。为仁由己，而由人乎哉？"（《论语·颜渊》）"为仁由己，而由人乎哉？"意味着人是自由的，这种自由必然会导致以伦理为主导的仁爱原则的产生。所以，伦理绝不可能是野蛮状态下的人相互博弈限制而产生的，而是向神圣敞开的自由人所产生的。也就是说，宗教必然会导致现实世界的伦理共同体之产生。由于伦理共同体原则上是由宗教产生的，那么，现实的人通过对伦理的执守与修习，就必然会面对宗教而去。故梁漱溟说"伦理代宗教"，实则不是"代"，而是在伦理中成就人的宗教存在。梁漱溟说：

　　盖人生意味最忌浅薄，浅薄了，便牢拢不住人类生命，而使其甘心送他的一生。饮食男女，名位权利，固为人所贪求，然而太浅近了。事事为自己打算，固亦人之恒情，然而太狭小了。在浅近狭小中混来混去，有时要感到乏味的。特别是生命力强的人，要求亦高；他很容易看不上这些，而偏对于相反一面——如贞洁禁欲，慷慨牺牲——感觉有味。权利欲所以不如义务感之意味深厚，可能引发更强生命力出来，表见更大成就者，亦正为此。这种情形，是源于人的生命本具有相反之两面：一面是从躯壳起念之倾向；另一面是倾向于超躯壳或反躯壳。两面中间，则更有复杂无尽之变化。宗教正是代表后一倾向。其之所以具有稳定人生之伟大作用，就为它超越现实，超越躯壳，不使人生局于浅近狭小而止。生命力强的人，得其陶养而稳定，庸众亦随之而各安其生。中国之家庭伦理，之所以成一宗教替代品，亦即为它融合人我泯忘躯壳，虽不离现实而拓远一步，使人从较深较大处寻取人生意义。❶

"伦理"，在中国，梁漱溟谓之"宗教替代品"，殊为不谛，实则是一个很好的宗教道场。梁漱溟这段话虽有表现"伦理"这个场域开显宗教之能的作用，但其大意却含混而不精纯，故须进一步开决而明朗之。实际上，中国人找到了"伦理"这个场域，使人向神性存在者开显而去；或者说，正是在践行伦理之过程中，人向"天"而在。这是极其艰苦、精微之过程，故《中庸》云："君子之道费而隐。夫妇之愚，可以与知焉；及其至也，虽圣人亦有所不知焉。夫妇之不肖，可以能行焉；及其至也，虽圣人亦有所不能焉。天地之大也，人犹有所憾。"这里所说的"人人可知，但圣人亦有所不知；人人能行，但圣人亦有所不能"之所在，一定是指生命向神性存在者——天之开显而言，绝不只是限于伦理自身而言。杜维明也强调指出，"自我经由社群上达于天的过程，是基于对自我超越采取一种完整的观点"，他认为，把社群的所有层面（家庭、邻里、宗族、种族、民族、世界、宇宙）都整合进自我上达于天的过程之中，是儒学宗教性之应有之义。❷诚然，我们镶嵌在这个世界的各种关系之中，但儒学绝不认为，这各种关系是人实现自我宗教性超越的阻力，恰恰相反，是人完成肉体存在向宗教性存在转化的现实条件。

那么，伦理为什么能让我们向神性存在者而开显呢？

儒学传统有五伦，即"父子有亲，君臣有义，夫妇有别，长幼有序，朋友有信"（《孟子·滕文公上》）。每一伦都以各自的"礼"之规定，以为人伦之大防。我们读《论语·乡党》，尤能感受到圣人对于礼之执守。但圣人对礼的这种执守是不是完全只有外在形式规则的意义呢？非也。许慎《说文解字》释"礼"谓："履也。所以事神致福也。"这是中国"礼"之原初意义，即礼是

---

❶ 梁漱溟：《中国文化要义》，《梁漱溟全集》（三），山东人民出版社 1989 年版，第 88—89 页。

❷ 杜维明：《论儒学的宗教性——对〈中庸〉的现代诠释》，郭齐勇等编：《杜维明文集》第三卷，武汉出版社 2002 年版，第 460—467 页。

用来事奉神灵的。但周公制礼作乐，把礼进一步人间化与普遍化，即人与人之间的交往概有礼以规定之，所谓"君君臣臣，父父子子"（《论语·颜渊》）。孔子这是告诉我们，君臣父子俱能做到各自的礼的规定，为政就不难了；若不然，必如齐景公所言："虽有粟，吾得而食诸？"（《论语·颜渊》）人若僭越礼之规定，必至于天下大乱。但人执守礼而与人或物打交道，是不是因为重外在的人或物呢？在此，我们不妨来看看康德在《实践理性批判》中对一个例子的说明。康德举例说：即使只是一个普通的市民，只要我们在他身上觉察到了正直的品行，我们总会情不自禁地向他鞠躬，因为他的榜样像一条法则一样矗立在我的面前，在这里，"法则通过一个实例而直观化，就总是击毁我的骄傲"❶，而通过向这个人的鞠躬行礼，我们把我们的本性的庄严置于我们眼前，"我们顶多可以在表面上不露声色，但我们却不能防止在内心中感到这种敬重"❷。这个例子说明，我们执守礼节而与外在的人或物打交道，只是通过一个直观的东西把我们自身本性的庄严置于我们眼前，执守者虽是外在的礼节形式，其实是指向内在的本性之庄严，而人的本性与神圣的天是贯通的。所以，儒学虽然通过周公制礼作乐，普遍化了人与人之间的礼，但礼的人间性与伦理性并没有根本改变礼的原始规定。也就是说，即使礼成了普遍的伦理规则，它的精神祈向依然是"所以事神致福也"。

儒家的五伦之教，特别是汉代以后成为定常的三纲五常，以其律则之严酷性历来被人诟病。其实，这律则之严酷性并非人为外在制定的，恰恰是自由人的伦理规定，有其深刻的人性根基，不过是人性的庄严性之外在表现而已。贺麟在《五伦观念的新检讨》一文中说：

> 三纲说认君为臣纲，是说君这个共相，君之理是为臣这个职位的纲纪。说君不仁臣不可以不忠，就是说为臣者或居于臣的职分的人，须尊重君之理，君之名，亦即是忠于事：忠于自己的职分的意思。完全是对名分、对理念尽忠，不是作暴君个人的奴隶。唯有人

---

❶ 康德：《实践理性批判》，李秋零主编：《康德著作全集》第5卷，中国人民大学出版社2013年版，第82页。

❷ 康德：《实践理性批判》，李秋零主编：《康德著作全集》第5卷，中国人民大学出版社2013年版，第82-83页。

人都能在其位分内，单方面地尽他自己绝对的义务，才可以维持社会人群的纲常。❶

对伦理的执守，绝不可认为就是对外在律则的固守，而是尽己之性德，故儒家传统之"忠"乃"尽己"，儒家传统之"信"乃"有诸己"。所以，对伦理的执守实则是对自家性德尊严之"忠"与"信"，伦理只是自家之性德在事态关系中的不同表现。表现固容有异，其根基实则不异。这"忠"与"信"而尽其极，即刻可把握到这性德之庄严实来自天。荀子曰：

> 礼有三本：天地者，生之本也；先祖者，类之本也；君师者，治之本也。无天地，恶生？无先祖，恶出？无君师，恶治？三者偏亡焉，无安人。故礼，上事天，下事地，尊先祖而隆君师。是礼之三本也。（《荀子·礼论》）

荀子指出，礼之原始本原有三：天地、先祖、君师。但天地生人，先祖依然乃天地所生；君亦依天而治，而非纯粹之人治也，则君主治理之根基也在天；依据《中庸》从天命→率性→修道→教化之路线，则师教之根基亦在天。由此，则礼之本只有一个，那就是天。❷故孔子曰："是故仁人之事亲也如事天，事天如事亲，是故孝子成身。"（《礼记·哀公问》）在这里，事天、事亲、成身，三事其实乃一事。儒学传统中只有一个牌位——天地君亲师，天—地—君—亲—师，一线下来，直接与天贯通，故中国传统又称伦理为天伦。这样看来，中国传统社会虽有五伦之教，然无论哪一伦，都是事天，都是使人的生命向神性存在者开显。《庄子·人间世》记载孔子的一段话：

> 子之爱亲，命也，不可解于心；臣之事君，义也，无适而非君也，无所逃于天地之间。是之谓大戒。是以夫事其亲者，不择地而

---

❶ 贺麟：《五伦观念的新检讨》，宋志明编：《儒家思想的新开展——贺麟新儒学论著辑要》，中国广播电视出版社 1995 年版，第 121 页。

❷ 当然，因为荀子的理路与思孟学派根本不同，他未必能认同这种思路。在荀子那里，礼之三本更多的是分类学的意义。但我们依据本体必须唯一的原则，则礼只能来自天。

安之，孝之至也；夫事其君者，不择事而安之，忠之盛也；自事其心
者，哀乐不易施乎前，知其不可奈何而安之若命，德之至也。

这段话虽出自道家的《庄子》，但亦可说是儒家的传统。就父子这一伦而
言，事亲当不择地而安；就君臣这一伦而言，事君当不择事而安。二者都是自
事其心，在此笃实践行，必然安之若命，因为它是神性存在者——天所命之
也。既如此，若人在此蕴藉良久，居之安而资之深，则必生命向神性存在者
开显，既而与之贯通如一。

那么，为什么一定要在五伦之教中，而不是直接指向神性存在者的宣戒
仪式中呢？在传统中国，宗教性的宣戒仪式并非没有，如祭祀之礼。但这样
的宗教性的宣戒仪式并非每时每刻都会举行，也并非人人都可以参入。像祭
祀天地这样的仪式，只有天子才有权举行，参与者亦是达官贵人，而庸常百
姓不可与其间也。这样，人向神性存在者的开显就受到了限制，并非人人可
能。黑格尔说："就仪式来说，一方面没有仪式的民众宗教当然是不可设想的，
但另一方面又必须说，没有东西像仪式那样更严重地妨碍民众抓住宗教自身
的本质。"[1]这样，中国人在宗教仪式之外，找到了一种更普遍更容易通向宗教
的场所，那就是五伦之实践。中国人深知，存养人之心性大体，由之亦可贯
通天人，甚至能更好地贯通天人。因此，人向神性存在者的开显不一定要直
接在宗教性的宣戒仪式中，中国人找到了一个更易行的场所——五伦之教。
通过五伦关系的执守践履，从而存养心性大体，既而通向神性存在者。因为
心性大体是人的质实存在，祂需要在人的现实伦理生活中震动挺拔，不然，
即归寂而不显其用。孟子所说的"苟得其养，无物不长；苟失其养，无物不消"
（《孟子·告子上》），指的就是在现实伦理生活中震动挺拔人之大体。这也是
我们前面屡次提到的宗教动力的开启。

这样，中国人由伦理这个入口，入世间而出世间，一个庞大的教廷出现，
一个没有僧侣阶级的庞大信徒出现，人与人切实的伦理关系，才是真正的宗
教场所，在此召唤着神圣者的到来。这种存在论的进路同于西方现代神学的
进路，其代表人物列维纳斯说：

---

[1]　黑格尔：《黑格尔早期神学著作》，贺麟译，商务印书馆2016年版，第30页。

哪里有与人的关联，哪里有社会关系在上演，哪里就有形而上学在上演。离开了与人的关系，就不可能有任何关于上帝的"知识"。他人是形而上学真理的所在地本身；而且对于我与上帝的关联来说，他人是根本不可缺少的。❶

列维纳斯由此进一步说："所有那些不可能被归结于人与人之间的关系的东西，都没有代表着宗教的高级形态，而是代表着宗教的那种永远原始的形式。"❷这样看来，儒学正是宗教的高级形态，梁漱溟谓中国文化是理性早熟，并非没有道理也。因伦理之广博与遍在，所有人都纳入了教廷，且无时无刻不在接受教化。儒学，这个貌似不是宗教的宗教，适成更为广博深远的宗教。美国宗教学者史密斯说：

> 儒家是一种宗教，还是一种伦理呢？答案要看如何定义宗教。以它对个人行为以及道德秩序的密切关注上看，儒家和其他宗教比起来，是从一种不同的角度来探讨生命，但这并不必然表示它就没有宗教资格。如果从最广义来看，以宗教为环绕着一群人的终极关怀所编织成的一种生活方式，儒家显然够资格算是宗教。就算宗教是采取一个比较狭窄的意义，是指关怀人与其存在的超越基础的结盟，儒家仍然是一种宗教，纵使它是一种缄默的宗教。❸

所谓"缄默的宗教"就是没有实定宗教坚固的仪轨，而是在伦常生活中，这恰恰成就了儒学作为一种更为广博深远的宗教，因为儒学乃在俗世而出世，即在俗世之政治世界养成出世之超越世界。这样，儒学就与政治有紧密的联系，因为政治乃处理俗世问题的基本工具。但儒学又担当从俗世而出世之使命，故儒学之政治又不纯粹是俗世之品格，它总是担纲教化之超越使命。荀子曰："圣也者，尽伦者也；王也者，尽制者也。两尽者，足以为天下极矣。"

---

❶ 列维纳斯：《总体与无限》，朱刚译，北京大学出版社 2016 年版，第 54 页。
❷ 列维纳斯：《总体与无限》，朱刚译，北京大学出版社 2016 年版，第 55 页。
❸ 休斯顿·史密斯：《人的宗教》，刘安云译，海南出版社 2013 年版，第 173 页。

（《荀子·解蔽》）圣与王合一，才是天下之极则，才是儒学所追求的政治理想。这主要表现为两种类型：一是统治者不但是王，而且具圣之品格；二是圣者能登王位或以教化影响政治。

第一种类型以尧舜禹、文王、周公为代表。以后的王者皆不合此格，但儒者之施教正欲王者之至此格，所谓"致君尧舜上，再使风俗淳"（杜甫：《奉赠韦左丞丈二十二韵》），或余英时所说的士大夫之理想"得君行道"也。《宋史·王安石传》载：

> 一日讲席，群臣退，帝留安石坐，曰："有欲与卿从容论议者。"因言："唐太宗必得魏征，刘备必得诸葛亮，然后可以有为，二子诚不世出之人也。"安石曰："陛下诚能为尧、舜，则必有皋、夔、稷、离；诚能为高宗，则必有傅说。彼二子皆有道者所羞，何足道哉？以天下之大，人民之众，百年承平，学者不为不多。然常患无人可以助治者，以陛下择术未明，推诚未至，虽有皋、夔、稷、离、傅说之贤，亦将为小人所蔽，卷怀而去尔。"

王安石在此之所以不嘉誉诸葛亮与魏征，乃因为他们只是俗世政治上的能臣，而非以道自任的圣者，但儒家的政治理想必须以道自任，这里含有极大的超越性，而不是一般的世俗政治，故他告诫神宗治天下首先当择术。《荀子·臣道》把臣子分为态臣、篡臣、功臣、圣臣；尽管一个人做到了"内足使以一民，外足使以距难，民亲之，士信之；上忠乎君，下爱百姓而不倦"，但这依然只能是功臣；唯有做到"上则能尊君，下则能爱民；政令教化，刑下如影；应卒遇变，齐给如响；推类接誉，以待无方，曲成制象"❶，才能算是圣臣；故即使才能如管仲、咎犯、孙叔敖，依然只能算是功臣；只有像殷之伊尹，周之太公那样，才能算是圣臣。圣臣绝对不是世俗事务主义之能人，而是以道"推类接誉，以待无方，曲成制象"的圣人，这里，必有超越的宗教维度。

---

❶ 荀子倡导圣人不求知天，是形而下的礼治主义者，故他的思想中并无宗教维度，但荀子所说的圣臣的特征与规定，孔孟都可以承认，且唯有在通达于天的宗教精神中，才能真正做到"应卒遇变，齐给如响；推类接誉，以待无方，曲成制象"。所以，这里只是借用荀子之所说，荀子作为整治者，其理论自身并不具有宗教维度，详见第六章。

第二种类型以孔孟为代表，圣者直接参与政治或以教化干预政治。孔孟一辈子汲汲遑遑于诸侯之间，但孔孟并非纯粹的政治家如魏征、诸葛亮者然，而是圣者进入俗世。故孔子曰："鸟兽不可与同群，吾非斯人之徒与而谁与？天下有道，丘不与易也。"（《论语·微子》）孟子亦曰："夫天未欲平治天下也，如欲平治天下，当今之世，舍我其谁也？"（《孟子·公孙丑下》）这说明他们以"天"、"道"自任之入世精神介入政治。即使自身介入政治终不成，退而开坛讲学，亦是欲以天人之学来影响政治，而非后世纯粹的教书先生。《论语·为政》载：

> 或谓孔子曰："子奚不为政？"子曰："《书》云：'孝乎惟孝，友于兄弟，施于有政。'是亦为政，奚其为为政？"

孔子此处乃借《尚书》之言，但孔子之教当然不只是孝友，而具有天人之宗教维度。在孔孟看来，天人之宗教维度必须进入政治，政治才是可欲的。

这两种类型总是相向而趋的，是为政教合一。但传统中国不同于西方中世纪，西方有教廷与世俗政权的分立，其政教合一乃合"政"于"教"，有僧侣阶级与世俗人群的壁垒。但传统中国却不是如此，并无专门的教廷与僧侣阶级，乃是以"政"行"教"，即统治者自身行使着教化的责任，但亦不以"政"去压制"教"，而是以"政"去成就"教"，"教"才是最后的目的，此与荀子之政教形态又不同，详见第六章。"致君尧舜，措俗成康"，这是儒学政治自身的要求，传统官员皆能自守教化之责。东汉东平人刘梁（字曼山），史籍载云：

> 桓帝时，举孝廉，除北新城长。告县人曰："昔文翁在蜀，道著巴汉，庚桑琐隶，风移碨碜。吾虽小宰，犹有社稷，苟赴期会，理文墨，岂本志乎！"乃更大作讲舍，延聚生徒数百人，朝夕自往劝诫，身执经卷，试策殿最，儒化大行。此邑至后犹称其教焉。（《后汉书·文苑下·刘梁传》）

以政治作为教化之推动力，使琐隶之人、碛碌之地俱被儒学之天人之教，故儒化得以大行。孔子曰："政者，正也。子率以正，孰敢不正。"（《论语·颜渊》）又曰："举直错诸枉，能使枉者直。"（《论语·颜渊》）在古代，一个贤明的君主以其自身的德行，确实可以引领庸众自然向善。故"君子之德风，小人之德草，草尚之风，必偃"（《论语·颜渊》），其政教之风力可见也。但在当今社会，即使君主率以正了，庸众未必能归趋而正，何也？现在是民主政治，讲究个人主义，正不正关我何事，我自有我的意愿与想法。那么，为什么在古代社会能发生"政者，正也"的效果，而在当代社会却不能了呢？这里的关键问题在于统治者的位格发生了变化。在古代，王者是圣而王，王者有"王格"，有"圣格"，亦有"神格"，不只是一个管理世俗社会的帝王，且具有天遣的神圣性，故君王皆具宗教领袖的人格魅力，至少儒学在原则上是如此要求的，是以国人称君主为"圣上"。"圣"代表宗教之位格，"上"代表政治之位格。这样，庸众对于王者的所作所为易于敬仰与遵从。美国汉学家 Joseph Chan 和 Elton Chan 在《儒家与政治领袖》一书中说：

> 当人民追随他们的领袖时，他们不仅从领袖处接受指令，同样还遵从领袖的判断。人民这么做的原因，在于他们相信领袖比他们更有德行。因此，领袖所行使的权威不仅仅是制度性的，同样还是道德性的。❶

实际上，君主的权威还不只是道德性的，乃至是宗教性的。古代称民众为臣民或子民，现代社会多以为这是对民众的压制而来的蔑称，实则乃古代政教合一形态下，君主与民众之关系。君主具教主之格，而民众乃信徒之位。但现代之君主，全无"圣格"与"神格"，只有一个寡头的"王格"，说到底，只是一个世俗位置较高、权力较大的职业岗位，无任何神圣性之可言，庸众当然不可能敬仰与遵从，故现代政治只有利益之交换性与权力之宰制性，其纯粹之世俗性所蕴藏的人性的荒芜、信仰之危机是不言而喻的。因此，使王

---

❶ Joseph Chan and Elton Chan.Confucianism and Political Leadership.In The Oxford Handbook of Political Leadership, Oxford University Press, 2014, p.63.

者兼具圣格乃至神格，乃"君子之德风，小人之德草"的根本保证。儒学政治自身所具有的圣格乃至神格，使传统中国整个地处在没有教廷的宗教氛围之中，人性圆成，社会和乐，故传统中国之农耕社会历两千余年而不变，因宗教社会变化小且慢故也。

第三，自由与非排他性。

一般实定宗教都具有强烈的排他性。这种排他性往往导致宗教之间多不能相容，乃至相互仇视与战争，这些情况在历史上并不鲜见。关此，唱"美育代宗教"说的蔡元培深有感触地说："宗教家恒各以其习惯为神律，党同伐异，甚至为炮烙之刑，启神圣大战，大背其爱人如己之教义而不顾，于是宗教之信用，以渐减损。" ❶有鉴于此，现代教育制度一般禁止在学校对学生进行直接的宣教，即实定宗教并不能到学校宣教。因为实定宗教之戒律与排他性之于现代普遍认同的自由理念是根本相违背的。实定宗教虽不能进学校，但宗教之情怀教育乃教育之不可缺少的一部分，乃至是非常重要的一部分，因为它开启了人生远离经验世界而祈向意义价值世界的路。蔡元培"美育代宗教"之说于是出焉。

> 美感者，合美丽与尊严而言之，介乎现象世界与实体世界之间，而为津梁。此为康德所创造，而嗣后哲学家未有反对之者也。在现象世界，凡人皆有爱恶惊惧喜怒悲乐之情，随离合生死祸福利害之现象流转。至美术则即以此等现象为资料，而能使对之者，自美感以外，一无杂念。……人既脱离一切现象世界相对之感情，而为浑然之美感，则即所谓与造物为友，而已接触于实体世界之观念矣。故教育家欲由现象世界而引以到达于实体世界之观念，不可不用美感之教育。❷

原夫蔡元培之"美育代宗教"之说，本在于反实定宗教，但并未反宗教性。但他以美感为津梁欲达到宗教性，显然把宗教性看得太轻松了。由此，他希

---

❶ 蔡元培：《哲学大纲》，高平叔编：《蔡元培全集》第二卷，中华书局 1984 年版，第 378 页。

❷ 蔡元培：《哲学大纲》，高平叔编：《蔡元培全集》第二卷，中华书局 1984 年版，第 134 页。

望藉美感而育成人之宗教性的目的必然落空。为什么呢？有学者指出：

> 认为美育可以取代宗教（或别种取代），也许是一个过于大胆的想法：试图切除人的虚无本性，使人不再成为面向无限的存在者，并使之退缩到清一色的存在者的领域而遗忘对其存在之基的超越追问。这无异于要改变人的生存处境，这可能吗？ **❶**

也就是说，若人先刊落人之存在根基之关联，纯由经验的人之审美活动而进入超越之宗教领域，这是根本不可能的。所以，不是审美可以上升乃至代替宗教，而是审美依赖宗教。"审美脱离宗教以后也绝不可将之神化，更不能以之为宗教，并且导致令人遗憾的遗忘——对于信仰、宗教精神以及神性的遗忘。……而且，只有信仰、宗教精神以及神性（信仰之维）在，审美活动才在。" **❷** 这样看来，只有宗教存在的地方，审美才存在，否则，不是娱乐快适就是商业消费，而决不是审美。

但是，蔡元培"美育代宗教"之说依然是有启发的，那就是：我们能不能找到一种宗教，可以克服实定宗教那样的戒律之不自由与排他性？什么样的宗教才具有这样的品格？此一问，就把我们带到作为"原型之宗教"的儒学中来。

作为"原型之宗教"的儒学通过心性存养工夫直达宗教之结局地，故存养自家本心之大能即是"原型之宗教"。唐君毅曾就此而言曰：

> 此精神终将为人类一切宗教之结局地。其所以能为结局地，并非必依于吾人之将人以外以上之问题，存于不论，而是依于人之可自知自见：其所以欲论及或能论及人以上之问题，而表现超越的无限的宗教精神，正依于人自己具有此具超越性、无限性之本心本性。 **❸**

存养自家本心之大能乃儒学之根本关切，故儒学乃是一种最为根本的宗

❶ 成穷：《蔡元培"美育代宗教说"刍议》，《美与时代》（下）2010 年第 7 期，第 20 页。
❷ 潘知常：《"以美育代宗教"：中国美学的百年迷途》，《学术月刊》2006 年第 1 期，第 122 页。
❸ 唐君毅：《中国人文精神之发展》，广西师范大学出版社 2005 年版，第 313 页。

教。本心人人皆具，且能够自觉自悟而呈现，因此，这种宗教消除了戒律之不自由与排他性，只有自家性德圆满的自在与逍遥，从而还宗教以美与自由。

当人通过存养工夫而性德圆满，贯通天德之时，整个宇宙天理昭昭，和融淳默。这是最圣洁、最动人的性天之美。施莱尔马赫尝这样论述这种美：

> 它是那样地流畅和透明，就像清晨的第一缕薄雾和第一滴露水，在含苞待放的花朵间飘洒和滚动，它娇羞和温柔得就像少女的第一次接吻，它圣洁和丰腴得就像新娘的拥抱。是的，它不仅仅是像，而且简直就是所有这些本身。……我躺在无限世界的胸膛上：我在这个瞬间就是它的心灵，因为我感觉到了它的一切力量和它无限的生命，就像我自己的一样。……这一时刻就是宗教的最高花朵。❶

这种美，不是蔡元培揭橥康德之无目的之合目的性之美学所能达到的，这里描述的真正是性德大能之美或宗教圣域之美，不过以文学性之笔法况喻而已。儒家历来所羡慕的沂雩之乐，正性天宗教之美也。朱子尝释之曰："曾点之学，盖有以见夫人欲尽处，天理流行，随处充满，无少欠阙。故其动静之际，从容如此。"（《论语章句集注》卷六）"从容"二字，不但可见其中之美，亦可见其中之自由。谢林说："真正的自由就是与一种神圣必然性的协调一致。诸如此类的东西我们在本质性的认识中感受得到，在那里精神和心灵，只是系于它自己的规律，才自愿地肯定那种必然的东西。"❷这意味着，最根源的宗教，必有最高的美，亦有最根本的自由；反过来，最高的美，才有最根本的自由，而这必然也是最根源的宗教。儒学通过心性修养工夫还宗教以美与自由，从而消弭了实定宗教之排他性。

儒学的这三种特性，使儒学成为最没有斗争精神的宗教，也是最具融合精神的宗教，同时又是人人可行的人间宗教。儒学，使人人都是信徒，同时，人每时每刻都可行走在圣域的途程中。从这个意义上讲，说儒学是"世界的"❸，

---

❶ 施莱尔马赫：《论宗教》，邓安庆译，人民出版社 2011 年版，第 43 页。

❷ 谢林：《对人类自由的本质及其相关对象的哲学研究》，邓安庆译，商务印书馆 2008 年版，第 108 页。

❸ 详见黄玉顺：《世界儒学——世界文化新秩序建构中的儒学自我变革》，《孔学堂》2015 年第 4 期，第 37–43 页。

是有道理的；"世界的"意味着普世的、当代的，乃至未来的。既如此，儒学就不是一种历史的陈迹，而是人性的根基与社会的理想，尽管看上去它与我们的时代是如此的相异。我们不妨用下面一段话来结束本部分内容：

> 孔子的远见是一种哲学的理想，甚至是一种宗教的远见。它揭示了人性的神圣和神奇的一面，这一面存在于人类的社群之中，而社群又根植于人类所继承的生活方式之中。……正因为它异于我们的时代，所以我们才需要深透到孔子视野的真理之中；也正因为它和这个时代是如此的相异，我们才易于对它缺乏耐性并且对其真理性视而不见。❶

我们不妨再借用康德的话对此进一步加以理解。康德认为："只有一种（真正的）宗教；但却可能有多种多样的信仰。"❷康德进一步认为，因民众的理性没有被开发，多是盲目的信仰，因此，说这个人属于哪一种宗教是不适合的，而只能说哪一种信仰。"就大多数人而言，说他们认信这个或者那个宗教，实在是太抬举他们了，因为他们根本不知道也不要求任何宗教。规章性的教会信仰就是他们对这个词所理解的一切。"❸依据康德的看法，宗教依赖理性的觉醒，一旦有了这种觉醒，宗教就是唯一的，且这唯一的宗教并不依赖规章性的教会，只重理性自身的力量之开发。但一般民众并不具备这种觉醒，因此，他们所说的宗教实际上就是规章性的教会信仰。儒学始终注重在生活世界中开发人之德性力量与觉醒，故并不在意规章性的教会信仰，但世人若由此说中国没有宗教，不唯混漫了宗教与教会信仰的差别，而且从反面证实了儒学才是唯一的真正宗教。

---

❶ 芬格莱特：《孔子：即凡而圣》，彭国翔等译，江苏人民出版社 2010 年版，第 61 页。
❷ 康德：《纯然理性界限内的宗教》，李秋零主编：《康德著作全集》第 6 卷，中国人民大学出版社 2013 年版，第 108 页。
❸ 康德：《纯然理性界限内的宗教》，李秋零主编：《康德著作全集》第 6 卷，中国人民大学出版社 2013 年版，第 109 页。

第一章 天生德于予：
作为"造道者"的孔子

我们说孔子是"造道者"，并非一种不合历史事实的虚美，乃因为孔子的确以"造道"自任，且得到了时人的认可。我们先来看《论语》中孔子以"造道"自任的句子：

子曰："天生德于予，桓魋其如予何？"（《论语·述而》）

子畏于匡。曰："文王既没，文不在兹乎？天之将丧斯文也，后死者不得与于斯文也；天之未丧斯文也，匡人其如予何？"（《论语·子罕》）

夫子怃然曰："鸟兽不可与同群，吾非斯人之徒与而谁与？天下有道，丘不与易也。"（《论语·微子》）

这里所说的"德"，并非只是一般的道德之意；这里所说的"文"，亦非一般的文化思想，二者都与"天"关联起来，都具有超越的"道"的意义。这两句话表明，孔子适逢大道失坠的时代，自觉地以再造大道自任。为什么孔子如此之自信——桓魋不能如之何，匡人亦不能如之何？乃因为孔子自信他是造道者。个人之生死祸福固有命而不可预知，现实的政治亦可暂时失道而陷入混乱，但人世不可永无"道"之威临与运行。这是孔子这样的造道者强烈的忧患意识与使命感，继之而来的自信。故孔子曰："鸟兽不可与同群，吾非斯人之徒与而谁与？天下有道，丘不与易也。"（《论语·微子》）朱子释之曰：

> 言所当与同群者，斯人而已，岂可绝人逃世以为洁哉？天下若已平治，则我无用变易之。正为天下无道，故欲以道易之耳。（《论语章句集注》卷九）

朱子上述解释，正体会到了孔子以道自任的忧患意识与使命感，而一旦有了这种强烈的忧患意识与使命感，人立即感受自己的生命与一个绝对体接通，从而使得自家的生命无限，而非纯粹是一个肉体的存在。故孔子曰："知我者，其天乎。"（《论语·宪问》）此表明孔子意识到自己的生命已与天贯通，具有无限的强力，故桓魋能如之何？匡人又能如之何？由此，张南轩论之曰：

> 文王既没，文不在兹，圣人以斯文为己任也。己之在与亡，斯文之丧与未丧系焉。是二者岂人之能为哉？天也。不曰丧己而曰丧斯文，盖己之身即斯文之所在也。（《癸巳论语解》卷五）

孔子之肉身与道（即斯文）是统一的，道是无限的存在，孔子之肉身亦是无限的存在。这是像孔子这样的造道者所必然具有的宗教体悟。在这样的宗教体悟中，造道者之生命与天地宇宙合一，超越时空而永恒，岂人力所能伤害毁灭邪？因此，孔子面对桓魋、匡人之难的自信，并非勇力上的不惧怕，而是造道者的宗教自证。

其实，孔子作为造道者，不但自任自证，且得到时人的认可。

> 仪封人请见。曰："君子之至于斯也，吾未尝不得见也。"从者见之。出曰："二三子，何患于丧乎？天下之无道也久矣，天将以夫子为木铎。"（《论语·八佾》）
> 楚狂接舆歌而过孔子曰："凤兮！凤兮！何德之衰？往者不可谏，来者犹可追。已而，已而！今之从政者殆而！"孔子下，欲与之言。

趋而辟之，不得与之言。(《论语·微子》)

在这里，仪封人把孔子比作"木铎"，而接舆则以"凤鸟"视孔子。关于前一句的解释，张南轩曰：

> 言二三子何患于夫子之不得时与位乎？天下无道之久，天固将使夫子振斯文以觉方来也。盖封人知文之在兹，是乃天意耳。(《癸巳论语解》卷二)

此即意味，仪封人深知孔子是天遣的造道者。故余英时把这句话理解为："孔子是天的载具，把道带到这个世界。"❶

"凤鸟"即凤凰，在古代属于一种祥瑞，王充《论衡·指瑞》云："夫凤皇，鸟之圣者也。"这种圣鸟的出现预示着有道之世的到来，是以同篇又谓："黄帝、尧、舜、周之盛时皆致凤皇。"孔子亦曾感叹他所处的时代乃"凤鸟不至，河不出图"(《论语·子罕》)之乱世。但接舆既以凤鸟说孔子，则必当时世间流传一种孔子即凤鸟的说法，接舆乃是承袭这种说法，而实际上他个人并不认可。尽管楚狂接舆个人不认可，因为毕竟他与孔子之道不同，但当时流传一种孔子即凤鸟的说法，却是可以肯定的。对于这种说法，余英时说：

> 毫无疑问地，在商代，"凤鸟"想必被认为是最重要的神话动物，可以实行交通天人的任务。在孔子的时代，这一古代的巫的信仰显然仍继续活跃。然而，伴随着轴心时代天人合一观念的个人转向，当时的人很可能想象孔子也有能力直接与神圣的"天"交通。❷

孔子作为天人之间的中介，把无形的天命以道的形式传递给世间，故孔子就是造道者。所谓"造"有两层意思：一是传道，即使天命由无形而为有形；

---

❶ 余英时：《论天人之际——中国古代思想起源试探》，台湾联经出版事业股份有限公司 2014 年版，第154 页。

❷ 余英时：《论天人之际——中国古代思想起源试探》，台湾联经出版事业股份有限公司 2014 年版，第154 页。

二是相对以前的时代，即余英时所说的轴心突破以前的时代，孔子传道的方式有所改进与创新。这改进与创新之处将在后面详论。

孔子作为造道者，亦可从对孔子的赞美中得到印证。颜渊尝赞美孔子曰：

颜渊喟然叹曰："仰之弥高，钻之弥坚；瞻之在前，忽焉在后。夫子循循然善诱人，博我以文，约我以礼。欲罢不能，既竭吾才，如有所立卓尔。虽欲从之，末由也已。"（《论语·子罕》）

另外，《论语·子张》篇载有三句子贡之于孔子的赞美：

叔孙武叔语大夫于朝，曰："子贡贤于仲尼。"子服景伯以告子贡。子贡曰："譬之宫墙，赐之墙也及肩，窥见室家之好。夫子之墙数仞，不得其门而入，不见宗庙之美，百官之富。得其门者或寡矣。夫子之云，不亦宜乎！"

叔孙武叔毁仲尼。子贡曰："无以为也，仲尼不可毁也。他人之贤者，丘陵也，犹可踰也；仲尼，日月也，无得而踰焉。人虽欲自绝，其何伤于日月乎？多见其不知量也！"

陈子禽谓子贡曰："子为恭也，仲尼岂贤于子乎？"子贡曰："君子一言以为知，一言以为不知，言不可不慎。夫子之不可及也，犹天之不可阶而升也。夫子之得邦家者，所谓立之斯立，道之斯行，绥之斯来，动之斯和。其生也荣，其死也哀，如之何其可及也。"

对于这些赞美，一般的研究不甚措意，以为不过是学生对老师的向往、恭敬之情，实则是现代人失去赞美能力的一种体现。现代人沉迷于琐碎的平庸之中，或过于信赖科学与逻辑的清楚明晰，于是，失去了意识到奇伟与神圣的可能性，失去了飞渡现象而抵达形上的可能性。司空见惯是不能产生敬畏与赞美的，至多只能在美景中享受欢乐，在利益中表达满意。但真正的精神生活却在于一种赞美能力，因为"赞美就是共同享受更大的欢乐，参与到永恒的演出中"❶。赞美不是一种的恭敬，而是颂扬绝对者及其恩典。因此，赞美是一种正视，它聚焦于超越意义。孔子的"逝者如斯夫，不舍昼夜"（《论语·子罕》），及"天何言哉？四时行焉，百物生焉，天何言哉？"（《论语·阳货》）俱不是一般的现象描述，而是赞美超越的"道"或"天"。当我们仅仅是认识孔子的人格及其学说的时候，我们就还只是处于利用的目的，当我们在赞美的时候，我们乃是乞求隐蔽在孔子人格后面的绝对者出场。所以，颜渊与子贡对孔子的赞美，绝不是现象世界的一种情绪性的满意，而是一种宗教体会，因为他们俱体会到了孔子乃是道的显现，或者说他们在赞美一个造道者。

至北宋，程子以孔子与颜渊、孟子相较，其曰：

> 仲尼，元气也。颜子，春生也。孟子，并秋杀尽见。仲尼无所不包；颜子示"不违如愚"之学于后世，有自然之和气，不言而化者也；孟子则露其才，盖亦时然而已。仲尼，天地也。颜子，和风庆云也。孟子，泰山岩岩之气象也。观其言皆可见之矣。仲尼无迹，颜子微有迹，孟子其迹著。（《二程遗书》卷五）

"元气"、"天地"、"无所不包"、"无迹"，分明是对"道"的体会与描述，而程子之如此赞美孔子，则可见孔子即是造道者。而颜渊之"春生"、"不违如愚"、"和风庆云"、"微有迹"，则分明是行道者，孟子之"秋杀尽见"、"露才"、"泰山岩岩"、"迹著"，则分明是弘教者。其间的分别显矣。

明乎孔子乃是造道者以后，我们须进入下面的问题，且先作一总括性的答复。

其一，孔子以前的道，即孔子以前的人神交通状况。只有明白了这个以后，才能明白孔子为什么要再造道？答曰：孔子之再造道，乃使天人真正贯通，开启了儒学作为宗教动力学的大门，而宗教始真正成为宗教。在此之前，宗教乃与巫术、迷信不分，人神之间的交通并未真正开启。

---

❶ 赫舍尔：《人是谁？》，刘小枫主编：《二十世纪西方宗教哲学文选》，杨德友等译，上海三联书店1991年版，第166页。

其二，孔子造道的基本内容是什么？答曰：透过"礼"的外在性、"德"的抽象性而落实于"仁"，而"仁"乃是生命自定方向与贯通天人的先天能力，为后世儒者进行人性论的探索奠定了基础，从而使宗教有了人性的动力。

其三，孔子是如何造道的？答曰：人能弘道，整部《论语》乃是作为圣者的孔子造道的表现，并非哲学家的思想建构，其字里行间均可读出造道者的宗教精神与情怀。

这三个问题清楚以后，作为造道者的孔子，其宗教意涵就豁然开朗了。

一、孔子以前的道或人神交通

老子曰："故道大，天大，地大，人亦大。域中有四大，而人居其一焉。人法地，地法天，天法道，道法自然。"（《老子》第二十五章）这表明，人，从来就不是物质世界中一个孤悬的肉体存在，只有在天地神人的四重整体中，世界始成其为世界，人始成其为人而到来。这是怎样的世界？海德格尔以格奥尔格·特拉克尔《冬夜》一诗中的"树"来说明这样的世界：

> 在闪着金色光芒的树中凝集着天、地、神、人四方的支配作用。这四方的统一的四重整体就是世界。这时，"世界"一词再也不是在形而上学意义上被使用了。它既不是指世俗所见的包括自然和历史的宇宙，也不是指神学上所设想的上帝的造物，也并不单单指在场者整体。❶

这个世界，是人安居的故乡，是道（诸神）与人的相互守护、相互到来。若无道（诸神），则人不成其为人；若无人，则道（诸神）空悬而归寂。海德格尔曾以炉边烤火的赫拉克利特为例，说明古人诸神与人相互守护的世界。一群俗众希望在哲学家赫拉克利特那里看到不一样的景象，至少能获得一定时期内的谈资；但令人失望的是，他们并没有看到赫拉克利特的生活与他们有什么不同，只是扫兴地看到了正在烤火的哲学家。海德格尔说：

---

❶ 海德格尔：《在通向语言的途中》，孙周兴译，商务印书馆 2010 年版，第 15 页。

这些好奇的人们没有达到目的，却发现赫拉克利特在烘炉旁边。这是一个很平常而不耸动视听的处所。当然此地是烤面包的。但赫拉克利特在烘炉旁边甚至连面包也没有烤。他停留在这里只是为了烤火。于是他在这个平常之至的处所把他的生活的全部平凡情况都暴露出来了。一眼看到一个冷得发抖的思想家实在没有什么趣味。这些好奇的人们在看到这幅令人失望的景象的时候也立即丧失了再去接近他的兴趣。他们在此要干什么呢？一个人冷得发抖并站在炉子旁边，这种平常而毫无引诱力的景况任何人任何时候都可以在家自己找到。他们要找到一个思想家这里来干什么呢？这些访问者准备走开。赫拉克利特从这些人的面孔中觉察到失望了的好奇心。他认识到，在人群中，只消所期待的哄动事件没有出现这一点已经足够使刚才来到的人们立刻又抢着往回跑了。因此他鼓励他们。他特意邀请他们进来，用的是这句话：“这里诸神也在场。”[1]

在习常的生活场景中——炉火边，却是“诸神在场”。这就是古人的世界。《诗经·大雅·抑》亦云：“相在尔室，尚不愧于屋漏。无曰不显，莫予云觏。神之格思，不可度思，矧可射思。”因此，对于古人而言，世界就是为诸神的在场而敞开的场域。胡塞尔在评价古希腊人之世界时说：

> 更全面地说就是：历史上环绕着希腊人的世界并不是我们的意义上的客观世界，而毋宁是他们“对世界的表象”，即他们自己的主观评价以及其中的全部实在性，比如诸天神与诸守护神，这些东西对于他们而言都是有效的。[2]

其实，古人的世界从来不是光秃的物质世界。“天有四时，春秋冬夏，风雨霜露，无非教也。地载神气，神气风霆，风霆流形，庶物露生，无非教也。”

---

[1] 海德格尔：《关于人道主义的书信》，孙周兴选编：《海德格尔选集》，上海三联书店 1996 年版，第 397–398 页。

[2] 胡塞尔：《欧洲人的危机与哲学》，倪梁康选编：《胡塞尔选集》，上海三联书店 1996 年版，第 944 页。

（《礼记·孔子闲居》）若人真正把世界作为世界而安居，一定会体会其神圣之教。这正如英国学者凯伦·阿姆斯特朗所说："神圣世界是人类生活的原型。因为它比地球上的任何事物都更加丰富、强大和持久，人们不顾一切地想要参入进去。"❶

但必须指出的是，尽管古人的世界多为人神共处，但多表现为神灵崇拜。这在人类精神发展史上，尚不是纯正成熟的宗教。纯正成熟的宗教，乃是在轴心突破以后的事。在中国，纯正成熟的宗教至"天人合一"时才真正出现。

我们一般把"天人合一"作为中国古典思想的基本特征，其实，天人合一乃是古典世界的基本特征，无分于中西也。但中西传统中的天人合一，尽管在前轴心时期都具有人神杂糅这一共同特征，但在轴心突破以后，中西传统中的天人合一逐渐殊途，如前文引用李泽厚之所言，西方重在"天主"，即上帝之主宰、权威与启示，人只能蛰伏于主宰、权威与启示之下，人之修养工夫与大能不甚彰显，由此，天与人似乎依然很远。这样，西方讲天的部分就成了宗教，而讲人的部分则成了哲学，二者关系不大，乃至关系甚远；而中国却重在"天道"，即人贯通天之道，亦即人之心性工夫与大能，由此，天在践履工夫中真实地与人贯通，中国文化常以内在超越说之。这样，中国讲天（宗教）即是讲人（哲学），讲人即是讲天，宗教与哲学合一。故我们一般讲天人合一是中国文化之特色，但在西方依然可以讲较为松散的天人合一，即若不承认人有贯通天或至上神的内在根基，则任何宗教都不可能。我们现在主要回到中国文化中来。

实际上，天人贯通才是中国文化源远流长的特色，天人合一只是天人贯通中的一个形态，或者说是最成熟的天人贯通之形态。当然，正是这个成熟的天人贯通的形态奠定了中国文化的基型，因此，我们一般把天人合一作为中国文化的特色。其实，在天人合一阶段之前，天人贯通还有两种形态。为了说明这个问题，我们来看一下这段文字：

> 昭王问于观射父，曰："《周书》所谓'重、黎寔使天地不通'者，

---

❶ 凯伦·阿姆斯特朗：《轴心时代——塑造人类精神与世界观的大转折时代》，孙艳燕、白彦兵译，海南出版社 2018 年版，第 6 页。

何也？若无然，民将能登天乎？"

对曰："非此之谓也。古者民神不杂。民之精爽不携贰者，而又能齐肃衷正，其智能上下比义，其圣能光远宣朗，其明能光照之，其聪能听彻之，如是则明神降之，在男曰觋，在女曰巫。是使制神之处位次主，而为之牲器时服，而后使先圣之后之有光烈，而能知山川之号、高祖之主、宗庙之事、昭穆之世、齐敬之勤、礼节之宜、威仪之则、容貌之崇、忠信之质、禋洁之服，而敬恭明神者，以为之祝。使名姓之后，能知四时之生、牺牲之物、玉帛之类、采服之仪、彝器之量、次主之度、屏摄之位、坛场之所、上下之神、氏姓之出，而心率旧典者，为之宗。于是乎有天地神民类物之官，是谓五官，各司其序，不相乱也。民是以能有忠信，神是以能有明德，民神异业，敬而不渎，故神降之嘉生，民以物享，祸灾不至，求用不匮。及少皞之衰也，九黎乱德，民神杂糅，不可方物。夫人作享，家为巫史，无有要质。民匮于祀，而不知其福。烝享无度，民神同位。民渎齐盟，无有严威。神狎民则，不蠲其为。嘉生不降，无物以享。祸灾荐臻，莫尽其气。颛顼受之，乃命南正重司天以属神，命火正黎司地以属民，使复旧常，无相侵渎，是谓绝地天通。"（《国语·楚语下》）

楚昭王以为"绝地天通"以后，民众与天的通道被切断了，这怎么可以呢？于是，向观射父发问。但观射父回答说："绝地天通"并不是要切断人与天的通道，而是更好地使天人贯通。观射父认为，天人之间的关系经历了三个阶段：

其一，民神不杂。此时并非天人阻隔，而是有巫、觋降神，祝、宗掌祭祀，五官掌民事，是谓民神异业。尽管一般的民众不预神事，但因为他们把神事托付给了巫觋、祝宗，也算是贯通了神灵。

其二，民神杂糅。这个阶段大概一般的民众不再把神事托付给巫觋、祝宗，而是亲预其间，所谓"家有巫史"。这一阶段神事、民事混杂，不再像前一阶段那么有序了，故观射父让之曰"烝享无度，民神同位。民渎齐盟，无有严威。神狎民则，不蠲其为"。

其三，绝地天通。按照观射父的看法，这一阶段乃是对第二阶段的拨乱反正而对第一阶段的回归。神事交给专门的人从事，民众不再直接参入而专注于民事。

观射父为春秋末期楚国的思想家，兼巫师与政事于一身，他的这段回答，当然是想为政教合一的"绝地天通"张本，从而构想出了第一阶段民神不杂的理想状态。历史事实上是否有这种理想的状态，似乎很难说。因为在鸿蒙未化的远古时期，大的氏族尚未形成，民众散居而食，很难说有观射父所说的那么有序的社会组织状态。黄玉顺就认为"民神不杂"乃是一种并不存在的理想。

> 其实，在远古时代乃至于原创期之前，并无所谓"民神不杂"的时代；恰恰相反，"民神杂糅"正是前原创期的观念世界的基本事实。那是在生活感悟中显示出来的生活本身的本源情境，那时，天地人神交融共处，不分彼此。❶

盖蒙昧未化之世，人民散居而食，无帝力与制度之宰制与规范，但人与人之间未能像西人霍布斯所说的"像狼一样"对待，这其中的主要作用可能就是神。即远古民众的生活虽然没有政治强力的宰制与制度规范的引导，但他们却因为与神的贯通而平等，从而能和谐共处。弗雷泽描述这一阶段时说：

> 神与人之间的区别显然相当模糊，或者毋宁说几乎没有什么区别。……在原始人看来，超自然的力量，如果确实超越于人的力量的话，也超越得不多，因为人可以恐吓和迫使超自然力量按人的意志行事。在人类思想发展的这一阶段，世界被视为一个伟大的平等社会，所有的人，无论自然的或超自然的，都被认为是处于相当平等的地位。❷

---

❶ 黄玉顺：《绝地天通——天地人神的原始本真关系的蜕变》，《哲学动态》2005 年第 5 期，第 17 页。

❷ 弗雷泽：《金枝》，徐育新等译，大众文艺出版社 1998 年版，第 140 页。

中国的远古歌谣《击壤歌》所说的"吾日出而作，日入而息，凿井而饮，耕田而食，帝力与我何有哉"之生活，可能正是这一时代的写照。这是民众生产生活之一般情况，但除此之外，民众可能还有一项少不了的重大活动，就是通过巫术而得到神的启示与帮助，所谓"家有巫史"。现代人因为笃信科学，视巫术为迷信，但巫术之于古人，确实是生活必不可少的一部分，甚至是最重要的一部分。弗雷泽引马伯乐的话说：

> 我们不应该对巫术这个字眼抱有那种在现代人心目中几乎不可避免地引起的鄙夷的看法。古代巫术正是宗教的基础。虔诚的、要想获得神的恩惠的人，除非双手抓住神，否则就没有成功的机会。而这只有通过一定数量的典仪、祭品、祷辞和赞歌等等才能得到。神自己也启示过，只有这样对待他，才能使他去做那些要求他做的事。❶

远古先民各亲其亲，各子其子，老子理想的"小国寡民"也许就是这样的世界。在没有政治权威威慑的情况下，远古先民能够相安和谐地生活，靠的可能恰恰是神灵的启示与震慑。人神杂糅，若说是宗教，当属于自然宗教，此时的宗教集仪轨、巫术、迷信于一身。在人类发展史上，人神杂糅的时间可能相当长。

但因为没有统一的仪轨与法术，使得人神杂糅最终导致了混乱或冲突，而且家有巫史与祭祀，也造成了极大的浪费。于是，智能足以统率群小、威力足以震慑庸众的英雄，不但成为了氏族或部落的首领，而且还希望改变人神杂糅、家有巫史的局面。这就是"绝地天通"时代的到来。

原夫"绝地天通"之始作俑者，并非是想切断民众与天的连接，而是为了使民众更好地与天连接。为什么要这样理解？观射父的回答中有："乃命南正重司天以属神，命火正黎司地以属民，使复旧常，无相侵渎。"一般的理解是神与人分职而殊途，宗教变成了少数人的事业，大部人只从事民事，而与神无关，这叫"无相侵渎"。但是，因"重"司天而"黎"司地，从此人神

---

❶ 弗雷泽：《金枝》，徐育新等译，大众文艺出版社 1998 年版，第 81 页。

殊途在其他文献里并没有找到依据，即"重"管神事而"黎"管民事致使人神分治的说法，并不符合历史事实，因为"黎"及其后代始终是以神守的身份出现的，从未有过治民之职。这样看来，"乃命南正重司天以属神，命火正黎司地以属民，使复旧常，无相侵渎"，这句话应该理解为："重"接通神，负责把神的旨意传达给"黎"，而"黎"再把神的旨意传递给百姓。因此，"使复旧常，无相侵渎"，是指人神交通之中，须增设"重"与"黎"的中介，即神→重→黎→人，而以前只是：神→人。观射父是大巫师，从他的身份上看，与神交通领受神的旨意，一定需要有特殊的能力方可，平常俗众直接与神交通根本不可能，即使供品再丰富也枉然。"重"与"黎"就是这种有特殊能力的巫。因此，"重"与"黎"只是神事范围内的分工，并非神事与民事的分工。为什么需要"重"与"黎"的分工？因为在神事活动中，巫一般需要兴奋狂舞而至于癫疯状态，此时神才可附体，进而神人交通得以可能。所以，陈梦家认为，甲骨文中的"巫"与"舞"乃"同出一形"。[1]这个疯狂的舞者，大概由"重"担任。但这样一个疯狂的舞者，要把神的旨意直接传达给百姓是不可能的，因为没有人明白他的每一个动作、声音与表情。这时，就需要能明了其中奥秘的中介。"黎"大概就属于这样的一个中介，他能破解"重"的每一个动作、声音与表情，从而把神的旨意通过"重"而传达给了百姓。这是"绝地天通"中人神交通的基本通道，至少在观射父眼里，这不是阻碍人神交通，而是更好地进行人神交通。

但"绝地天通"在实际的运行中，却没有观射父预想的那么好，事实上确实阻碍了人神之交通。为什么会造成这样的结果？我们知道，在远古时代，人神一体，人之事即神之事，神之事亦即人之事。既然百姓把神事交付给了巫师，则人事亦随之交给了巫师。据相关学者的研究，商人每年举行十八种不同的祭祀，共需一百一十天，基本上每三天要举办一次祭祀活动。显然，这些祭祀活动并非纯粹的宗教活动，同样也是政治活动。因为商人认为，神灵"对人间世握有终极的权柄——像农业的收成与战争的成败，城市的建筑与人王的福祉"。[2]这样，通过"绝地天通"，政治与宗教合流，或者说，政治归属了宗教。

---

❶ 陈梦家：《商代的神话与巫术》，《燕京学报》第 20 卷，1936 年 12 月，第 93—96 页。

❷ Chang Kwang-chih.Early Chinese Civilization.Harvard University Press，1976，p.156.

张光直依据考古材料，发现巫师与政治首领之间的关系如下："任何人都可借助巫的帮助与天相通。自天地交通断绝之后，只有控制着沟通手段的人，才握有统治的知识，即权力。于是，巫便成了每个宫廷中不可少的成员。……帝王自己就是众巫的首领。"❶这种宗教与政治的合流，且以宗教来统摄引导政治，本对于政治是极好的事，因为这使得政治处在软化的风教之中，从而避免了政治的暴力宰制。但在实际操作中，其情况可能正好相反，不是宗教去引导政治，反而是政治以宗教的名义去寻求专制与独占。因此，童恩正在评论巫君合流之政治时说："他们在处理政事时兼行巫的职务，并且利用神教的手段为自己的政治目的服务，……这恐怕是没有问题的。"❷以宗教的名义谋求政治之利益，这在历史上是常有的事。《孟子·滕文公下》记载：

> 汤居亳，与葛为邻。葛伯放而不祀，汤使人问之曰："何为不祀？"曰："无以供牺牲也。"汤使遗之牛羊，葛伯食之，又不以祀。汤又使人问之曰："何为不祀？"曰："无以供粢盛也。"汤使亳众往为之耕，老弱馈食。葛伯率其民，要其有酒食黍稻者夺之，不授者杀之。有童子以黍肉饷，杀而夺之。《书》曰："葛伯仇饷。"此之谓也。为其杀是童子而征之，四海之内皆曰："非富天下也，为匹夫匹妇复雠也。"汤始征，自葛载。十一征而无敌于天下。

商汤以宗教的名义征讨葛伯，虽被孟子称颂为"吊民伐罪"，但毕竟是以宗教之名行政治之实。一旦如此，则恶劣的种子可能就种下了，不会总像孟子所想的那么好。《论语·八佾》篇载："季氏旅于泰山。"则季氏之政治野心在宗教祭祀中暴露无遗，故遭到了孔子的强烈批评。后世之造反者，如东汉末年的黄巾军、元朝末年的红巾军等，俱以宗教之名行政治之实。

宗教与政治合流，且以宗教的名义行政治之实时，宗教就必然虚幻化、形式化了。原本，"绝地天通"乃希望通过巫师来传上天或神灵的旨意给下民。但因宗教与政治合流，而所求只在政治而非宗教，宗教只不过变为了仪

---

❶ 张光直：《美术、神话与祭祀》，郭净译，辽宁教育出版社 2002 年版，第 29 页。

❷ 童恩正：《人类与文化》，重庆出版社 1998 年版，第 446–448 页。

式性的讨好上天。因为政治的威权不可让渡，从而使得仪式性的供奉神灵也被统治者所独占。这样，使得"绝地天通"事实上切断了人与天的交通。宗教也因为这种仪式性的供奉而成为了对神灵的伪侍奉。也就是说，此时不但切断了一般民众与天的交通，也切断了供奉者自己与天的交通，因为这种伪侍奉不可能与天真正交通。当时的君王的确以为仪式性的供奉乃是交通神灵最好的方式。如鲁庄公十年，齐国欲伐鲁国，曹刿问庄公凭借什么与齐国交战，庄公的回答其中的一条是："牺牲玉帛，弗敢加也，必以信。"（《左传·庄公十年》）同样，鲁僖公五年，晋国欲借道虞国去攻打虢国，宫之奇力劝虞君不要借道，因为唇亡齿寒，虢国被灭，虞国必然蹈虢国之覆辙。但虞君不听，其中一个重要的理由是："吾享祀丰洁，神必据我。"（《左传·僖公五年》）这两个例子都说明，当时的君主的确以供奉之丰美作为了交通神灵的最好方式，但他们之交通神灵之目的指向非常明确：保护自己的利益不受伤害。所有这些，把神灵对象化，再以供奉之丰美与膜拜之虔诚为手段，以求功利之目的。这样，俱是康德所说的"物神信仰"。

> 宗教事务中的任何开端，只要人们不是纯然在道德上作出的，而是把它当做本身就让上帝喜悦的、从而通过上帝来满足我们的所有愿望的手段，就都是物神信仰。[1]

所谓"物神"就是把神灵对象化为像人一样的东西，康德称之"人神同形同性论"，只是神灵的能力比人更高而已。无论是西方的上帝或中国的天，一旦处在"人神同形同性论"的物神崇拜中，那么，康德认为，都是"我们为自己创造了一个上帝。我们相信轻而易举地就可以争取他为我们谋利益，从而免除那种对我们的道德意念的内核有影响的艰辛而又无止境的烦劳"[2]。基于此，康德认为，如下命题应该不需证明就可以作为宗教的基本原则：

---

[1] 康德：《纯然理性界限内的宗教》，李秋零主编：《康德著作全集》第 6 卷，中国人民大学出版社 2013 年版，第 198–199 页。

[2] 康德：《纯然理性界限内的宗教》，李秋零主编：《康德著作全集》第 6 卷，中国人民大学出版社 2013 年版，第 172 页。

凡是人自认为为了让上帝喜悦，除了善的生活方式之外还能够做的事情，都是纯然的宗教妄想和对上帝的伪侍奉。[1]

若不是基于上述原则，苦行、奉献、祈祷，乃至牺牲，都并无实质区别，只不过是一种邀恩的手段。而邀恩，使得"趋向于真宗教的一切修行化为乌有"[2]。希望通过诸如供奉、崇拜，甚至牺牲来求得神灵在释罪或利益方面有所作为与眷顾，这是宗教的狂热与迷信。这种狂热与迷信不仅在释罪或利益方面没有任何实质性的应验，反而使得人在道德改进上没有任何作为而死亡。而社会政治却因人们在道德改进上的死亡而陷入混乱乃至灾难。

《诗经》中记载了很多先民抱怨上天或神灵的诗，如：

> 浩浩昊天，不骏其德。降丧饥馑，斩伐四国。旻天疾威，弗虑弗图。舍彼有罪，既伏其辜。若此无罪，沦胥以铺。（《小雅·雨无正》）
> 骄人好好，劳人草草。苍天苍天，视彼骄人，矜此劳人。（《小雅·巷伯》）
> 荡荡上帝，下民之辟。疾威上帝，其命多辟。天生烝民，其命匪谌。靡不有初，鲜克有终。（《大雅·荡》）

先民之所以抱怨上天，乃因为他们把天对象化为与人同形同性的主宰，人们只要供奉丰洁而膜拜虔敬，即可得到上天的恩宠。但实际上，恩宠并不会因为供奉丰洁与膜拜虔敬而到来，所以自然激起了他们对上天的怨恨。那么，恩宠怎样才能到来？康德认为，作为理性的人，我们只能这样：

> 凡是本性在我们里面不能造成的，只要我们尽可能地运用我们的本性（即我们自己的力量），神恩就将会造成它，此外，我们对这个理念就不能做任何别的利用了，无论是我们如何（除非不断追求

---

[1] 康德：《纯然理性界限内的宗教》，李秋零主编：《康德著作全集》第6卷，中国人民大学出版社2013年版，第174页。

[2] 康德：《纯然理性界限内的宗教》，李秋零主编：《康德著作全集》第6卷，中国人民大学出版社2013年版，第183页。

善的生活方式）争取它的协助，还是我们如何确定在什么样的场合我们可以期望得到它都不行。这一理念完全是超越的。此外，把它当作一种神圣的东西，对它敬而远之，以免我们由于自己制造奇迹的妄想，或者在自己里面感知到奇迹的妄想，而使自己不适宜于任何理性运用，或者听凭自己惰性的诱惑，在消极的悠闲中，期待我们本应该在自身中寻求的东西从天上掉下来，这是有益的。❶

也就是说，神恩只能取道德的进路，而不能取供奉的进路。"从蒙恩前进到德性并不是正确的道路，正确的道路毋宁说是从德性前进到蒙恩。"❷这意味着，与神灵交通，只能取道德的进路，而不能取供奉的进路。

那么，为什么要取道德的进路呢？因为只有这种人与神灵的交通才是必然的，天人贯通的通道在所有人那里才没有被切断。康德说：

　　但是，有这样一种实践的知识，虽然它仅仅以理性为基础，不需要任何历史学问，但对每一个人，即便是头脑最简单的人，都是如此易于理解，就好像它是逐字逐句地写在他的心中似的。这就是这样一种法则，人们需要提到它，只是为了对它的权威马上与每一个人取得一致，它在每一个人的意识中都具有无条件的约束力，它就是道德性的法则。不仅如此，这种知识或者单凭自己就已经导致对上帝的信仰，或者至少单凭自身就把上帝的概念规定为一个道德上的立法者的概念，从而，它引导人们达到一种不仅为每一个人所理解，而且也为每一个人所极其崇敬的纯粹的宗教信仰。它引导人达到这里是如此自然，以至只要人们试一试就会发现，完全可以从每一个人那里鞠问出这种宗教信仰来，即使他在这方面没有受过任何教育。❸

---

❶　康德：《纯然理性界限内的宗教》，李秋零主编：《康德著作全集》第6卷，中国人民大学出版社2013年版，第197页。

❷　康德：《纯然理性界限内的宗教》，李秋零主编：《康德著作全集》第6卷，中国人民大学出版社2013年版，第207页。

❸　康德：《纯然理性界限内的宗教》，李秋零主编：《康德著作全集》第6卷，中国人民大学出版社2013年版，第186页。

在康德看来，自由意志，不但直接涌现法则而成为道德实践的主体，同时也直接把人引向上帝那里。这是人神交通的唯一通道与可能，外此，无论是供奉、祈祷，还是戒律、膜拜，并非对每个人都具有说服力，从而使得人神之交通是偶然的。同时，因供奉、祈祷、戒律、膜拜，都不是出自人自身的，因而成为了宗教信仰者沉重的枷锁。

如实说来，无论是"人神杂糅"阶段，还是"绝地天通"阶段，尽管人们都意识到人—神是贯通的，但人—神之间贯通的真正通道并没有打开，人只是蛰伏在神灵之下的奴婢式的侍奉者。康德说：

> 孤立无助的人受自然的、建立在对自己的无能的意识上的畏惧所迫，崇敬强大的、不可见的存在者，这并不是与一种宗教同时开始的，而是从对上帝（或者偶像）的一种奴性的侍奉开始的。❶

我们放眼观察一下"人神杂糅"与"绝地天通"阶段人神交通的状况，俱是人对神灵的奴性的侍奉，既如此，那么，就还不是真正的宗教，人神的交通实际上还没有开始。

如实说来，当我们把神灵及其与神灵的交通可以对象化出来，而不是在道德践履中为神灵的到来作准备的时候，那么此时——我们非常认同海德格尔的看法——神学或宗教就更接近于物理、化学等自然科学，而不是精神性的科学。海德格尔说：

> 按字面理解，神之学就是关于神的科学。但绝不是说，神是神学探讨的对象，犹如动物是生物学的课题。神学不是关于神的抽象知识。同样地，当我们扩大课题，说神学的对象乃是一般的神与一般的人的关系，或反过来说，是人与神的关系，这时，我们也没有切中神学的概念。❷

---

❶ 康德：《纯然理性界限内的宗教》，李秋零主编：《康德著作全集》第 6 卷，中国人民大学出版社 2013 年版，第 179 页。

❷ 海德格尔：《现象学与神学》，孙周兴选编：《海德格尔选集》，上海三联书店 1996 年版，第 745 页。

当我们面对神灵去供奉、祈祷、膜拜的时候，我们不但把神灵现成地摆置了出来，而且也把我们与神灵的交通给摆置了出来。此时，我们俱是关于人神交通的抽象知识，这种知识与物理学、化学之知识没有原则的区别。果然如此，我们还丝毫没有交通神灵，甚至我们还根本没有准备交通神灵。

神学或宗教应该是人神如何交通的科学，即人如何迎接神的到来的科学，绝对不是人蛰伏在摆置出来的神灵面前，供奉、祈祷、膜拜的科学。因此，无论是先民的"人神杂糅"，还是后来的"绝地天通"，俱不是真正的宗教，尚处在迷信或巫术的层次。迷信与巫术虽然也能对人的生活和德行产生实际的影响与作用，但那只是外在宰制性，人的内在动力没有开发出来，交通神灵的大道没有开辟，总不免会流于专制与虚伪。那么，如何开启人的宗教动力，使人神交通真正可能，这便是人神交通的第三阶段——天人合一阶段。这里，显示出了孔子的卓越与不凡，因为这一工作是由孔子来完成的。李泽厚说："孔子是传统的转化性的创造者。在孔子之前，有一个悠久的巫史传统。"❶ 这就是说，孔子依据他之前的巫史传统而创造了一个人人可行的普遍性的宗教。

关于孔子的这一工作，余英时说：

不单是孔子的宗教信仰深深根植于商周的礼乐传统，而且自觉或不自觉地，他在思想和行动中也往往表现出，好像沟通天地是他本人的大任所在。出于某种原因，孔子相信这一责任已由天加诸其身。但这么说并不表示我们应把孔子（和孟子）看成一个新形态的"巫师"。我要说的只是，作为巫传统核心特色的天地交通，以及与此相关的许多其他个别信仰，在轴心时期及其后，仍然继续在引导着中国人的思维方式。但基本上，这个连续性必须被了解为思维结构或模式的连续性，而非思想的实质或内容之一仍旧贯。❷

---

❶ 李泽厚：《由巫到礼 释礼归仁》，生活·读书·新知三联书店 2015 年版，第 4 页。

❷ 余英时：《论天人之际——中国古代思想起源试探》，台湾联经出版事业股份有限公司 2014 年版，第 161 页。

孔子所究竟的依然是老问题——人神交通，但经过他的处理，中国思想与精神的实质已进入了新的层次与境界，且由此被奉为圭臬，影响了中国和世界两千余年。正是在这个意义上，我们说孔子是造道者。

二、轴心时代的思想突破及孔子对仁之宗教性的确立

余英时提到孔子作为对人神交通的创造性转换时，特别标举一个词——"轴心时代"。"轴心时代"是雅斯贝尔斯 1949 年在《历史的起源与目标》一书中提出的。他认为，轴心时代是人类思想的伟大突破（breakthrough）。所谓轴心时代，依据雅斯贝尔斯的划分，在公元前 800 —前 200 年，在世界各地共同出现了一大批思想家，他们的思想在自家的文化传统内各自形成了一种突破，我们今天所能理解的人，就是从他们的思想突破开始的。同时，雅斯贝尔斯对于轴心时代的思想突破予以了极高的评价。他说：

> 这个轴心位于对于人性的形成最卓有成效的历史之点。自它以后，历史产生了人类所能达到的一切。它的特征即便在经验上不是无可辩驳和证据确凿的，却依然在经验的洞察上如此令人信服，作为所有人——不计特殊的宗教信条，包括西方人、亚洲人和地球上的一切人——进行自我理解的共同框架。❶

也就是说，世界各个文化系统轴心时代的文明突破，形成了各自文化系统的基线，而后的文化创造大多不可能越出这个基线。雅斯贝尔斯还认为，尽管各文化系统文明突破的途径不尽相同，但突破的结果却惊人的相似，那就是：作为个体的人，直接与天交通。他说：

> 哲学家首次登上历史舞台。人作为个体敢于依靠自身。中国的隐士和游士（wandering thinker），印度的苦行者，希腊的哲学家和以色列的先知，都属于同一类人，尽管他们的信仰、思想以及内在秉

---

❶　Karl Jaspers. The Originand Goal of History. Yale University Press，1953, p.1.

性差别很大。人证明能够在内心中与整个宇宙相照映。人从自身的
内部发现了这个根基，即把人提升到个体自我及世界之上的根基。❶

所谓"把人提升到个体自我及世界之上的根基"，即是超越肉体与物质
世界而可直接与上帝交通，二者因对立面的消失而二合一。雅斯贝尔斯认为，
人的这种精神上的轻翥翱翔犹如——"在上帝体内的苏醒，或与上帝合一"，
人变为"一个具有神性者，或传达上帝意志的工具"。❷人已不满足于肉体"小
我"之束缚，而希望向精神理念世界攀升，以安居在"大我"（atman）及其
世界之上。雅斯贝尔斯说：

> 人或体验涅槃，或与"道"合一，或臣服上帝的意志。由此，
> 人在此岸世界即能获得救赎。尽管这些信念与教义殊异甚多，但它
> 们的共同之处是独自依靠自己，超越小我而进入存在的整体之中。❸

对于轴心时代，雅斯贝尔斯最后的结论是：这些贤者、先知或哲学家的思
想与行为改变了大众与世界，"人性整体地进行了一次飞跃"❹。

雅斯贝尔斯所说的轴心时代的思想特征，总括起来，大概有以下四点：

其一，人超越肉体的小我。

其二，人与绝对者合一，或上帝，或天，或道。

在二者的基础上，其三，获得了对人性的全新理解。

其四，在此岸人间获得救赎。

在中国，孔子、老子、墨子、庄子、孟子等都属于轴心时代的思想家或
者贤者。老子与庄子，虽然符合前三种特征，但一般具有舍离人世而归隐山
林之性格，不太符合第四点。墨子则因经验主义的立场，不能做到人与绝对
者的合一。因此，真正符合雅斯贝尔斯所说的轴心时代思想特征的只有孔子
与孟子，而其开启者则是孔子。

---

❶ Karl Jaspers.The Origin and Goal of History.Yale University Press，1953，p.3.

❷ Karl Jaspers. The Origin and Goal of History.Yale University Press，1953，p.3.

❸ Karl Jaspers. The Origin and Goal of History.Yale University Press，1953，p.4.

❹ Karl Jaspers. The Origin and Goal of History.Yale University Press，1953，p.4.

必须指出的是，在中国，轴心时代的思想突破是针对"人神杂糅"或"绝地天通"而言。但思想的突破并不是要切断人神之间的关联与交通，而是要更好地关联与交通，在这一点上是承袭与连续的。然而轴心时代又有所突破，那就是，在人自身之内开发动能，以期依靠个人的力量做到这种关联与交通，从而使宗教从巫术与迷信中脱离出来。这是轴心时代中国思想"突破"的大义所在。

我们借用雅斯贝尔斯"轴心突破"一词，并非方枘圆凿之乱用，在中国思想史上亦有类似的讲法，这就是庄子所说的"道术将为天下裂"。《庄子·天下》篇的作者说：

> 古之人其备乎！配神明，醇天地，育万物，和天下，泽及百姓，明于本数，系于末度，六通四辟，小大精粗，其运无乎不在。其明而在数度者，旧法世传之史尚多有之；其在于《诗》《书》《礼》《乐》者，邹鲁之士、缙绅先生多能明之。《诗》以道志，《书》以道事，《礼》以道行，《乐》以道和，《易》以道阴阳，《春秋》以道名分。其数散于天下而设于中国者，百家之学时或称而道之。（《庄子·天下》）

这是《庄子》构想的远古时代的理想境况，是由"道"所贯穿的社会，亦即这里所提到的"配神明，醇天地，育万物，和天下，泽及百姓，明于本数，系于末度，六通四辟，小大精粗，其运无乎不在"的社会。这样由"道"所贯穿的社会是否真实存在过，不得而知。可能其实根本未曾存在过，只是《庄子》展开"道术将为天下裂"之论述的一个前提预设。正如儒家的三代之治乃儒家追求王道理想的一个前提预设一样。

《庄子·天下》篇的作者说"道术将为天下裂"，陈鼓应理解这句话的意思是"古人道术的全貌，将要为天下所割裂"❶。依据这种理解，那么，首先一个问题，什么样的"道术"被"裂"了？第二个问题，天下"什么样的人"把"道术"给"裂"了？对于第一个问题，《庄子·天下》篇的作者的回答很明显，远古"配神明，醇天地，育万物，和天下，泽及百姓"之道术被"裂"了。对于第二个问题，《庄子·天下》篇的作者认为乃是天下正活跃着的诸子百家

❶ 陈鼓应：《庄子今注今译》，中华书局 2014 年版，第 915 页。

把道术给"裂"了。《庄子·天下》篇的作者接着说:

> 天下大乱,贤圣不明,道德不一。天下多得一察焉以自好。譬如耳目鼻口,皆有所明,不能相通。犹百家众技也,皆有所长,时有所用。虽然,不该不遍,一曲之士也。判天地之美,析万物之理,察古人之全。寡能备于天地之美,称神明之容。是故内圣外王之道,暗而不明,郁而不发,天下之人各为其所欲焉以自为方。悲夫!百家往而不反,必不合矣!后世之学者,不幸不见天地之纯,古人之大体。道术将为天下裂。

在《庄子·天下》篇的作者看来,诸子百家都是"一曲"之士,犹如耳目鼻口,虽有所长,但亦必有所短,又不能相互包容、借鉴与理解,所谓"百家往而不反"。由是,远古整全纯一的道术,必然会被天下这样的诸子百家所割裂离散。因此,这是很可惜的事。于是,《庄子·天下》篇的作者对于诸子百家大多依据远古整全纯一的道术作了价值上的评判与贬斥。即便是作为道家开山祖的老子,亦谓其"未至极"。

但令人惊异的是,作为儒家的孔子,并没有预于评判之列。为什么不予以评判?无非就是对儒家思想的尊重。苏轼就认为,《庄子》一书对于孔子乃是"阳挤而阴助之",其曰:

> 故庄子之言,皆实予而文不予,阳挤而阴助之,其正言盖无几。至于诋訾孔子,未尝不微见其意。其论天下道术,自墨翟、禽滑厘、彭蒙、慎到、田骈、关尹、老聃之徒,以至于其身,皆以为一家,而孔子不与,其尊之也至矣。(《庄子祠堂记》)

苏轼的这种观点得到了林希逸的认同。他说:"邹鲁之学乃铺陈于总序之内,则此老之心亦以其所著之书皆矫激一偏之言,未尝不知圣门为正也。读其总序,便见他学问本来甚正,东坡云未尝讥夫子,亦看得出。"(《庄子口义》卷三十二)

庄子本人是否讥孔子，这还是一个值得讨论的问题。但《庄子·天下》篇的作者是否也像庄子那样讥孔子，却大有疑问。为了解决这个问题，我们有必要考察一下《庄子·天下》篇的成文年代。《庄子·天下》篇的成文年代，学界一般持三说：战国中后期说，秦汉之际说，西汉初期说。第一种说法为晋郭象所持，但今人多不从此说。今人则多持第二、三种说法，谭戒甫、李叔华等人都有专文加以支持，这里不宜详论。但无论是成文于秦汉之际，还是西汉初年，《庄子·天下》篇的作者都不大可能讥讽孔子。《史记·秦始皇本纪》载扶苏谏始皇之言曰："天下初定，远方黔首未集。诸生皆诵法孔子，今上皆重法绳之，臣恐天下不安，唯上察之。"扶苏既如此谏言，则当时社会上尊奉孔子已蔚然成风，且应该流行相当一段时间了。即使是秦始皇本人，"悉召文学方术士甚众，欲以兴太平"，惜其不能用也。文景之治虽重黄老，但那只是政治上无可奈何之权宜，学术文化上依然是孔子之道渐得人心。太史公虽曰："及至孝景，不任儒者，而窦太后又好黄老之术，故诸博士具官待问，未有进者。"（《史记·儒林列传》）但钱穆以为，不可由此即断定文、景不好儒术。❶赵岐《孟子题辞》云："孝文皇帝欲广游学之路，《论语》《孝经》《孟子》《尔雅》皆置博士。后罢传记博士，独立五经而已。"此即是当时帝王好儒术的见证。不然，董仲舒武帝时的复古更化、独尊儒术就没有文化之土壤与根基，也就不可能立即成功。《史记·儒林列传》云："及窦太后崩，武安侯田蚡为丞相，绌黄老、刑名百家之言，延文学儒者数百人，而公孙弘以《春秋》白衣为天子三公，封以平津侯。天下之学士靡然乡风矣。"此种盛况，殆非一日之功所能至也。而身处秦汉之际或西汉初年的《庄子·天下》篇的作者，不可能不受影响，因此，不把孔子预于百家之列而加以讥评，也就可以理解了。

---

❶ 钱穆的理由是"盖其时汉廷自萧、曹以下，皆以兵革汗马之功，封侯为相。汉约，非有功不得侯，又非侯不为相。故宰相一职，遂为功臣阶级所独擅。彼辈皆起军旅中，质多文少。即张良以下，陆贾、娄敬诸文人，尚不得大用，何论新起之士。故贾谊卒抑郁而死。晁错进言，遽自见杀。此皆不得专以文、景不好儒为说也。"钱穆：《秦汉史》，《钱穆先生全集》，九州出版社2011年版，第66—67页。《史记·儒林列传》载儒者黄生与辕固生论汤武革命于景帝前，致使景帝罢其议；又，窦太后召辕固生问《老子》一书，答曰："此是家人言耳。"太后大怒，遂"使固入圈刺豕"。然而景帝却知辕固生无罪，有心救他，"景帝知太后怒而固直言无罪，乃假固利兵，下圈刺豕，正中其心，一刺，豕应手而倒。太后默然，无以复罪，罢之。居顷之，景帝以固为廉直，拜为清河王太傅。久之，病免。"不但出手相救，且任命为亲王之太傅，足见景帝并不讨厌儒术。此皆汉初儒者活跃于政治，表现其刚健挺拔之风的例子。可见，儒风之浸润，由来有日矣。

原夫《庄子·天下》篇的作者之所以未讥评孔子，乃因为孔子之学并未对远古整全纯一之"道"造成"割裂"。《庄子·天下》篇的作者于总序中云：

> 其在于《诗》、《书》、《礼》、《乐》者，邹鲁之士、缙绅先生多能明之。《诗》以道志，《书》以道事，《礼》以道行，《乐》以道和，《易》以道阴阳，《春秋》以道名分。其数散于天下而设于中国者，百家之学时或称而道之。

这就是说，儒家的"六经"——《诗》、《书》、《礼》、《乐》、《易》、《春秋》，分明是对整全纯一之道的表达；而儒者——邹鲁之士、缙绅先生，对此多可娴熟于心；"六经"之章典度数流布于天下设施在中国，故常被诸子百家称述道说。林希逸在解释这一段时说：

> 邹鲁之士、缙绅先生，此指圣门而言之也，分明是说孔子六经。……其数散于天下，言邹鲁得其全，而其学或散于天下，设教于中国，分为百家，亦时时称道此事者，但不能全如邹鲁之学也。天下大乱，是说春秋以后也。圣贤不明，上无文武周公，下无孔颜之徒也。道德不一，散而为百家也。（《庄子口义》卷三十二）

这里之所以屡析《庄子·天下》篇，乃在表明，中国古典思想家也意识到了中国轴心时代的思想突破，不过，其突破所面对的思想背景未必是《庄子·天下》篇的作者所说的理想的整全纯一之道，而是"绝地天通"。诸子百家都面对这样一种思想背景，但多只是"得一察焉以自好"。唯独以孔子为开创者的儒家能调适而上遂，真能有所突破而圆满，开抉人性之大能，使得人人可独自面对上天，依道德践履之路，直接交通上天，从而证成了一种人人可行的宗教。这是继"人神杂糅"、"绝地天通"之后，人神交通的第三种形态，也是最成熟的形态——"天人合一"。只有在此阶段，才克服了前期的巫术、迷信因子，而成为一种人性宗教、理性宗教或道德宗教，即从道德的进路进入宗教。这在中国思想史上，确实是一次圆满的突破。而这次圆满突破的完成者，就是孔子。

尽管孔子完成了这次思想突破，但在孔子之前，思想界亦透露出了些许曙光，"天人合一"之路依稀可见。前面说过，天人交通有三个阶段，即人神杂糅、绝地天通和天人合一。但人神杂糅、绝地天通都深深浸润在"巫术"传统之中，这个传统在中国文明史上盖有相当长的时间。迨及周初这个传统开始分化。李泽厚认为，这种分化表现在两个方面：

> 一方面，发展为巫、祝、卜、史的专业职官，其后逐渐流入民间，形成小传统。后世则与道教合流，成为各种民间大小宗教和迷信。另一方面，应该说是主要方面，则是经由周公"制礼作乐"即理性化的体制建树，将天人合一、政教合一的"巫"的根本特质，制度化地保存延续下来，成为中国文化大传统的核心。❶

孔子最终完成"天人合一"的思想突破，当然是沿着周公"制礼作乐"的理性化的路线继续往前走，因为仅仅止于周公之"制礼作乐"，尚不能完成这种思想突破。可以说，周公"制礼作乐"只是完成巫术传统的外在的理性化，而孔子则必须沿着这条路进一步深掘，完成内在的理性化，即内在动力的开掘。但我们必须指出的是，无论是周公，还是作为思想突破完成者的孔子，他们只是希望理性化巫术传统，并非对巫术传统作根本性的改变。巫术传统的根本特征是人神交通，周公和孔子理性化巫术传统并非对此欲以改变，而只是希望把它从巫术、迷信中解脱出来以在人性动能中予以加强，故天人交通始终是中国文化大传统的核心问题与观念。不明乎此，即不能了解中国文化。

总体来看，从巫术传统到孔子完成"天人合一"的思想突破，其发展脉络如下：

德 ↔ 礼→仁。

这里特别使用了逻辑运算符号"↔"，意谓"实质等价"。即德与礼在人

---

❶ 李泽厚：《由巫到礼　释礼归仁》，生活·读书·新知三联书店 2015 年版，第 28 页。

神杂糅、绝地天通，乃至周公"制礼作乐"阶段，都还具有相同的意义，并没有向内开抉为人的道德实践动力。下面具体来论述这个发展脉络。

首先是巫术传统向"德"与"礼"演进。

"德"，许慎《说文》释之曰："升也。"段玉裁注曰："升当作登。"对于"德"的这样的解释很令人困惑，因为无论是"升"，还是"登"，都只是人的一个行为动作，怎么会具有伦理价值意义呢？于是，有学者认为以"升"训"德"不妥，还有的学者指出，以"登"训"德"，乃训其读音，非明其本义也。"德"字实际上就是"惪"字，乃从"直"从"心"之会意字，因此，"德"的字义乃是："正见于内心，反省自我的意思。在内心确立正直适度不偏不倚的准则，约束自己的行为达到'内得于己'，便可以称为有'德'了。"❶若这样理解"德"的字义，那么，许慎所说的"升"的意义完全没有了。而且，若"德"字只是这样的人的行为之内省，那么，还有更严重的后果，那就是：

其一，我们无法理解"天德"、"元德"等先秦重要的伦理范畴。《尚书·吕刑》篇云："惟克天德，自作元命，配享在下。"又，《尚书·酒诰》篇云："兹亦惟天若元德，永不忘在王家。"

其二，我们无法理解"德"与"道"的关系。《管子·心术上》云："德者，道之舍。物得以生生，知得以职道之精。故德者得也。得也者，其谓所得以然也。以无为之谓道，舍之之谓德。故道之与德无间，故言之者不别也。"又，王弼注《老子》三十八章云："德者，得也。常得而无丧，利而无害，故以德为名焉。何以得德？由乎道也。"

即便我们承认"天德"、"元德"是后起之引申义，但若只止于上述对于"德"的理解，我们无法得到这种意义上的引申。

还有学者认为，"德"字由两部分组成，即"彳"与"直"。这样，"德"字的意义便是："目视于途，择路而行。"由此，在行路过程中，就有"升"与"登"了，且由方向性的选择逐渐具有了伦理的意义。❷这种解释虽然可与许慎的理解挂上钩，即便我们承认这种选择可引申为伦理意义，但这种伦理意义却很难与超越的"天"或"道"联系起来，从而"天德"、"德者，得也"，

---

❶ 刘翔：《由"德"字的本义论周代道德观念的形成》，《深圳大学学报》1986 年第 1 期，第 64 页。

❷ "彳"与"直"，即去掉"德"下面的"心"字，这是"德"的本字。详见孙熙国、肖燕：《"德"的本义及其伦理和哲学意蕴的确立》，《理论学刊》2012 年第 8 期。

依然无法理解。同时，我们知道，行路不只是只有"升"与"登"，可能还有"下"与"降"。因此，这样的理解是极其勉强的。

到底是许慎错了，还是我们的理解有误？其实，我们现在很难有资料说明许慎的解释是错的。在绪论中我们花了大量的篇幅论证了道德最后必然导致绝对者的出现，即道德必须在与绝对者的贯通中始能得到贞定与说明。而在中国文化传统中，"德"一直是在这种思路中加以理解的。因此，若我们沿着这种理路，把最初的"德"字拿到巫术传统中加以理解，其中的问题就迎刃而解了。"德"字原本乃是巫师交通神灵的一种要求，这种要求首先表现为巫师的神奇品质。但因为人神交通——无论是在人神杂糅时期，还是在绝地天通时期——毕竟不是巫师个人的事情，而是整个氏族部落的事情。因此，"德"的含义由这种神奇的品质逐渐转化为氏族部落的习惯法规。李泽厚的研究无疑是有见地的，他说：

> "德"字何解，众说不一。我以为，它大概最先与献身牺牲以祭祖先的巫术有关，是巫师所具有的神奇品质，继而转化成为"各氏族的习惯法规"。所谓"习惯法规"，也就是由来久远的原始巫术礼仪的系统规范。❶

由此可见，最初"德"的含义，乃是在人神交通的模式中，人必须上升至于神，与其交通之后，才可能具有"德"。这种理解，才能契合了许慎训"德"为"升"。以"内得于己"作为"德"之义，那是后起的，非最初即如此也。即使"内得于己"作为"德"之义，其向上于绝对者——天之关联并没有因此而切断，这是我们理解中国文化中"德"字的基本立场。本书后面所有的研究，就是要加强对这种立场的论述。"德"字的这种根本特征，也就印证了绪论中所说的，"道德的形上学"与宗教是互为蕴含的。

在巫术传统中，人"上升"以交通神灵，需要在一定的规范仪式中，久而久之，这种规范仪式成为了"德"的标志。因为只要具备了这样的规范仪式，古人以为就会上升而交通神灵，"德"的生成也就具有了可能。至周初，

---

❶ 李泽厚：《由巫到礼　释礼归仁》，生活·读书·新知三联书店2015年版，第21页。

"德"之义由最初巫术仪式中的礼仪规范，扩大为维系氏族的社会生活礼仪规范。李泽厚说：

> 周初讲的"德"，处在第二个阶段上，"德"在那里指的是君王的一套行为，但不是一般的行为，而主要是祭祀、出征等重大政治行为。日久天长，它与祖先祭祀活动的巫术礼仪结合在一起，逐渐演变而成为氏族、部落、酋邦生存的一整套的社会规范、秩序、要求、习惯。也就是说，"德"首先是与"祀"、"戎"等氏族、部落、酋邦重大活动相关的非成文法规。❶

由巫术仪式向一般的生活规范之转变，其契机为何？答曰：祭也。前文说过，先民基本上每三天要举行一次祭祀活动，乃至"殷王一年之中平均两天就要祭祖一次"❷。很显然，这么频繁的祭祀活动，不可能纯粹是巫术的，一定是与君王、国家、人民的日常生活紧密相连的生活典礼。《礼记·祭统》把经由"祭祀"而形成一整套之行为规范之义说得非常清楚了：

> 夫祭有十伦焉：见事鬼神之道焉，见君臣之义焉，见父子之伦焉，见贵贱之等焉，见亲疏之杀焉，见爵赏之施焉，见夫妇之别焉，见政事之均焉，见长幼之序焉，见上下之际焉。此之谓十伦。

至此，经由祭祀，"德"之含义有所扩展，即由狭义的巫术仪式转变为了日常生活礼仪。但我们必须强调的是，在横向上，"德"的含义虽有所扩大，但在纵向上，"德"乃上升与天交通之义，却丝毫没有改变。正因为如此，《礼记·祭统》在"十伦"之后接着说："铺筵、设同几，为依神也；诏、祝于室，而出于祊，此交神明之道也。"一再强调神明在十伦之礼中的出场与意义。

尽管"德"的含义有所扩大，但"德"基本上还是以礼仪的方式表现。周公的"制礼作乐"，基本上成为了当时之人的道德规范，或者说，时人对于

---

❶ 李泽厚：《由巫到礼 释礼归仁》，生活·读书·新知三联书店 2015 年版，第 22 页。
❷ 牟钟鉴、张践：《中国宗教通史》上卷，社会科学文献出版社 2003 年版，第 95 页。

“德”的认知，基本上等同于“礼乐”。故有“礼乐，德之则也”(《左传·僖公二十七年》，赵衰语）之说。又，“夫德，俭而有度，登降有数。文物以纪之，声明以发之，以临照百官，百官于是乎戒惧，而不敢易纪律。”(《左传·桓公二年》，臧哀伯语）“度”、“数”、“物”、“声”俱为“德”的标志。依据邹昌林的研究，周公所作之礼乐，包括七大类别：第一，人生礼仪，如冠礼、笄礼等；第二，生产礼仪，如蚕桑礼、田猎礼等；第三，交接之礼，如士相见礼、乡饮酒礼等；第四，祭祀之礼，如释奠礼、郊祭礼等；第五，凶礼，如丧礼、吊礼等；第六，军礼，如大师礼、大封礼等；第七，其他，如巡狩礼等。这些类别之礼，成为了一种笼罩性的价值形态，不但是当时社会和谐有序的根本保障，也是衡量一个人是否有德的根本标志。

为什么“礼”能够具有这样的效用？乃因为“礼”脱胎于巫术传统，并不仅仅是一种人间规范，其究极之处乃在于人神交通，人在行礼时一定有恭谨、敬畏之情，而不敢有放肆、僭越之态。“礼”之本义，依许慎《说文》，乃是“履也。所以事神致福也”。可以说，周公“制礼作乐”，确立人间秩序，但其纵向的“事神”维度丝毫没有改变，甚至是希望普遍广被而又人人可行之礼，在绝地天通之后，把人重新纳入到人神交通的路向上来。故《礼记·乐记》云：

> 大乐与天地同和，大礼与天地同节。和，故百物不失；节，故祀天祭地。明则有礼乐，幽则有鬼神。

在这里，“礼乐”是形而下，“鬼神”是形而上。形而上与形而下二者相契合，才是礼的完成。也就是说，“礼”的超越维度乃“礼”的必然内涵，甚至是统帅的力量。正因为如此，李泽厚才说：

> 这整套的礼仪制度和规范秩序并不认为乃世间人际的约定，而被强调是天地宇宙的普遍法规。“礼”仍然保存着“巫”所特有的与天地沟通、与神明交往从而能主宰万事万物的神圣力量和特质。尽管高度理性化，却仍然是由这种神圣力量和特质来统率和管领，它

在人间却超人间。❶

说到这里，我们必须对杨向奎的一些结论提出异议与批评。杨向奎在《宗周社会与礼乐文明》中说：

> 周公对于礼的加工改造，在于以德行说礼，减轻了礼物之商业交换的意义，宗教上的含义也同时减轻。周公之造"德"，在思想史上，政治史上，都是划时代的大事，由此，传统的"天人之际"，逐渐失去颜色，至孔子造"仁"，遂以"人人之际"代"天人"。周公以"德"代礼，强调了人间德政的意义，以削减上帝权威；孔子之以"仁"补礼，强调了人际关系，遂为后来儒家认识人性，铺平了道路。❷

杨向奎的意思很清楚，从周公的"制礼作乐"到孔子的"仁"之学说，乃逐渐消弭其宗教性而回归人伦性之过程，儒家的人性论正是在这一过程中进入问题域，进而获得认识的。其实，这是杨向奎极大的误解。余英时通过研究从巫术传统到周公礼乐之治时发现，"礼乐的领域后来虽然扩大了，但'事神致福'的祭祀系统仍然是它的核心部分。礼乐的宗教功能便托身于此。从这一角度看，礼乐与巫始终保持着一种互为表里的关系"❸。依余英时的看法，巫术传统到孔子的"仁"说，乃是中国思想从"旧天人合一"到"新天人合一"的转变。这种转变绝不是将天人之间的关系给斩断，而是加强了。其根据即在"天人合一"的中介由"巫"变为了人人固有之"心"。"'心'在新'天人合一'中的功能竟和旧'天人合一'中的'巫'有惊人的一致性。我们甚至可以说，'心'即是'巫'转世的后身。"❹"心"是"天人合一"思想模式中代替"巫"之中介，故即使是孔孟出来，彻底消弭了巫而唯强调心之存养与工夫，但丝毫没有切断天人之间的关联，且有了真切的加强。绝不会像杨向奎所言，

---

❶ 李泽厚：《由巫到礼　释礼归仁》，生活·读书·新知三联书店 2015 年版，第 51 页。

❷ 杨向奎：《宗周社会与礼乐文明》，人民出版社 1992 年版，第 333—335 页。

❸ 余英时：《论天人之际——中国古代思想起源试探》，台湾联经出版事业股份有限公司 2014 年版，第 35 页。

❹ 余英时：《论天人之际——中国古代思想起源试探》，台湾联经出版事业股份有限公司 2014 年版，第 193 页。

减弱乃至消弭天人之间的关联，最后变为了纯粹的人间性格。这是理解周公、孔子以降，儒学思想发展的关键。若果如杨向奎所言，儒家的礼乐切断了向上沟通天人之一关，则礼乐变为了纯世俗的礼法，只有人间的约定性，没有超越的神圣性，其结果，不但会使礼乐导致专制，且不能真正认识人性。荀子的思想就是沿着这个路向发展的，其关键是切断了天人之间的连接，不但使其思想有流入法家之可能，且必落入性恶论的窠臼之中。荀子的思想固并非无价值，然只能横向地开启人文礼法世界，并不能纵向地开启神圣宗教世界。故荀子的思想在整个中国思想史上，只能算是补漏之小道，而不是中正平坦之大道。周公、孔子开启的人文世界，绝不会沿着荀子的路向走纯世俗的礼法之路。因此，意大利汉学家 M. 斯卡帕里说：

> 被孔子所强调的礼的重要性不仅由于源出于其正确运用的明显的物质利益，而且最重要的是，在它们所提供的一种生活模式的范围内，使自己适应于一种神圣计划。……假如传统的礼义规范的运用不被渴望人自身的特征作为先导，并被它所陪伴，那么它们将会转变成空的、形式主义的规则，无用的自我的拙劣模仿，并且最终被放弃，因此开明的社会面临着退化成无序与无政府的危险。❶

这段话的意思是：礼必然伴随着对人的神圣性的开发，若是之缺如，则礼即滑落为纯粹的形式主义而走向其反面，西周末年之礼崩乐坏及荀子之学生最后走向法家，俱是这种缺如之表现。但儒学经曾子、七十子之后学、子思，最后至于孟子，俱是在天人交通的关系中去探讨礼及人性，开掘天人合一之人性大能的，我们称之为"宗教动力学"，因时时有宗教动力之提撕润泽，礼不至于走向其反面。

周公之制礼作乐总是在天人交通之关系中，时人把这种礼乐称为"德"。《左传》有很多地方称道为这种"德"。前引虞公"吾享祀丰洁，神必据我"之言后，宫之奇即答之曰："臣闻之，鬼神非人实亲，惟德是依。……神所冯

---

❶ M. 斯卡帕里：《在早期中国文献中有关于人的本性之争》，〔美〕江文思、安乐哲编：《孟子心性之学》，梁溪译，社会科学文献出版社 2005 年版，第 249 页。

依，将在德矣。"（《左传·僖公五年》）又，宣公三年，楚庄王伐陆浑戎，大捷后兵过周王城洛阳，遂有代周之心，故询问前来犒劳楚军的王孙满，周鼎之大小轻重，因为鼎代表着天子的权力；一旦楚王把鼎据为己有，也就拥有了天子的权力。但王孙满的回答是：

> 在德不在鼎。……桀有昏德，鼎迁于商，载祀六百；商纣暴虐，鼎迁于周。德之休明，虽小，重也。其奸回昏乱，虽大，轻也。（《左传·宣公三年》）

又，昭公四年，晋平公恃江山之险要与马之肥壮，且楚国又多有灾难，欲与楚王一争高下。司马侯谏之曰：

> 恃险与马，不可以为固也，从古以然。是以先王务修德音以亨神人，不闻其务险与马也。邻国之难，不可虞也。……恃此三者，而不修政德，亡于不暇，又何能济？（《左传·昭公四年》）

这三个历史典故，总结其中心表述，就是"在德不在祀"、"在德不在鼎"与"在德不在险"，都强调了"德"的重要性。但此时的"德"只是依从礼乐规范的良好表现，尚不是后来孔孟的那种内省而自定方向的先天大能与力量。因此，此时的"德"由外显而不是内发。这就是我们前面讲的，"德"与"礼"互为含蕴的意思。

但若"德"只是停留在这种外显当中而不能进入内发，以开显实践动力，则"德"就可能陷入形式化而虚空自己的可能之中。礼之由"义"而流为"仪"，正是"德"形式化而虚空自己的结果。鲁昭公五年，昭公逃往晋国避难，"自郊劳至于赠贿，无失礼"。晋侯以为昭公很懂礼，但大夫女叔齐不以为然，并对曰：

> 是仪也，不可谓礼。礼所以守其国，行其政令，无失其民者也。今政令在家，不能取也。有子家羁，弗能用也。奸大国之盟，陵虐

小国。利人之难，不知其私。公室四分，民食于他。思莫在公，不图其终。为国君，难将及身，不恤其所。礼之本末，将于此乎在，而屑屑焉习仪以亟。言善于礼，不亦远乎？（《左传·昭公五年》）

女叔齐认为，"自郊劳至于赠贿，无失礼"只是"仪"，"礼"之本在于"守其国，行其政令，无失其民"。又，《左传·昭公二十五年》载：

子大叔见赵简子，简子问揖让周旋之礼焉。对曰："是仪也，非礼也。"简子曰："敢问何谓礼？"对曰："吉也闻诸先大夫子产曰：'夫礼，天之经也，地之义也，民之行也。'"

纯粹的揖让周旋，都只是"仪"，礼之"义"不在此也。女叔齐与子大叔都对于只限于"仪"进行了批评。真正知礼，是离"仪"较远的"义"。那么，什么是"义"呢？我们知道，"礼"的宗旨并不是通过仪表给别人看的，而是人神交通，进而得到最高的启示与贞定。那么就需要人的生命中的神圣力量的开启与发用。人的这种神圣力量就是道德的践履力量。"守其国，行其政令，无失其民"，还是就其道德践履的结果而言，尚未认识到礼之"义"乃是这种道德践履力量自身。

孔子即在此基础上进一步向内开掘。孔子曾对弟子子张曰：

师，尔以为必铺几筵，升降酌献酬酢，然后谓之礼乎？尔以为必行缀兆。兴羽龠，作钟鼓，然后谓之乐乎？言而履之，礼也。行而乐之，乐也。（《礼记·孔子燕居》）

"言而履之，礼也。行而乐之，乐也。"即把礼落实到道德践履力量自身中来。由这种践履力量，进一步向内开掘，落实在一种精神状态之上。"子之燕居，申申如也，夭夭如也。"（《论语·述而》）"申申"，指人闲居时容舒而不放肆；夭夭，指人闲居时色愉而非耽乐。此时人闲居而无事，谈不上对礼乐的执守，但这种精神状态为礼乐的执守提供了生命的动力源。我们从《论语·乡党》篇即可知道，孔子对于礼的执守娴熟而无折扣。又《论语·八佾》中有，"禘自既灌而往者，吾不欲观之矣"，且批评子贡"去告朔之饩羊"。可见，孔子对于礼非常严格；同时，我们还知道，孔子对于礼又可以适度调适，如：

> 麻冕，礼也；今也纯，俭，吾从众。拜下，礼也；今拜乎上，泰
> 也。虽违众，吾从下。（《论语·子罕》）

无论是对礼执守严格，还是对礼作适度调适，都来自生命之动力源。在孔子看来，对于礼而言，外在仪表的揖让周旋并不是主要的，主要的是要有生命的动力源。问题是，这种动力源来自何处呢？《礼记·孔子闲居》载子夏问孔子怎样才能成为"民之父母"，孔子答曰："夫民之父母乎，必达于礼乐之原，以致五至，而行三无，以横于天下。""五至"暂置之不论，我们且来看"三无"：

> 孔子曰："无声之乐，无体之礼，无服之丧，此之谓三无。"子夏
> 曰："三无既得略而闻之矣，敢问何诗近之？"孔子曰："'夙夜其命
> 宥密'，无声之乐也。'威仪逮逮，不可选也'，无体之礼也。'凡民
> 有丧，匍匐救之'，无服之丧也。"

孔子认为，要成为民之父母官，需要有内在的存养工夫——无声之乐，外在的精神表现——无体之礼，以及实质的政治行动——无服之丧。内在的存养工夫才是后二者的精神动力源。"命"，即天命也；"宥密"，乃是指一种慎密精微的存养工夫。《礼记·孔子闲居》后文相继提到"无声之乐，气志不违"、"无声之乐，气志既得"、"无声之乐，气志既从"、"无声之乐，气志既起"。既然多次提到"气志"，说明这的确是一种存养工夫。这种存养工夫之所以能凝成一种强大的动力，乃因为它关联着"天命"，故是天人交通之存养工夫，绝不是一种纯粹世俗道德的修习。实际上，儒家所说的存养工夫，一定就天人之际而为言。

人上升而与天交通，以开发动力源，则人的生命里必须先天地有一个向上跃起而期与天交通的力量。孔子以其圣者的生命印证出了这个力量就是"仁"。由此，天人（或人神）交通进入第三个阶段，依靠人自身"仁"这个力量，无须巫师或礼乐之媒介，人自身即可与天交通合一。至此，"仁"代替了"礼"，故孔子曰：

> 人而不仁，如礼何？人而不仁，如乐何？（《论语·八佾》）
>
> 唯仁者能好人，能恶人。（《论语·里仁》）
>
> 礼云礼云，玉帛云乎哉？乐云乐云，钟鼓云乎哉？（《论语·阳货》）

由"礼"→"仁"，标志着"新天人合一"的开始，以后的儒家乃是沿着这一条路进一步开掘，探讨人性问题，至孟子最终完成这个过程。可以说，儒家之所以为儒家，也是由"礼"→"仁"才真正开始的。故孔子的这个发现是惊天动地的。余英时评论说：

> 我们看到的是天人合一观念的缓慢转型：从早期以王为天地间唯一联系管道的宗教－政治观念，转型为向所有追寻生命意义的个人开放的哲学版本。❶

至此，宗教终于从迷信或政治的纠葛中解放出来，成为一种简单易行的哲学。但我们千万不要以为这种哲学已不是宗教，因为这种哲学始终在天人之关系中，天人交通从未断裂，故依然是一种宗教，且是开发人性动力的宗教。是以这种哲学实际上应称之为"宗教动力学"。

我们现在回到"仁"当中来，试图来说明"仁"的意涵，为什么"仁"能够担当"天人合一"之中介与动能。孔子关于"仁"的论述，最著名的乃是下面一句话：

---

❶ 余英时：《论天人之际——中国古代思想起源试探》，台湾联经出版事业股份有限公司2014年版，第133页。

> 仁者，人也。(《中庸》)

这意味着，"仁"是人的本质规定，人的完成即是"仁"的完成，"'仁'基本上是与人的自我更生、自我精进和自我完成的过程联系着的"❶。但这个本质规定是什么呢？李泽厚认为是一种"理性化了的神圣情感"❷。但这种神圣情感的功能到底是什么，李泽厚并没有进一步地解释与说明，我们对于"仁"的认识依然是模糊的。卢雪崑这样来描述"仁"：

> "仁"乃人自身禀具的机能，它区别于人的自然本能，而显露人使自身提升至自己本身的自然生命之上的能力。❸
>
> 孔子所言"仁"(孟子亦曰"本心")乃是人自身具有的一种真正的高层的意欲机能，它根本不同"耳目之欲"，而为管辖人的一切意欲的能力。此即孟子曰："先立乎其大者，则其小者弗能夺也。"❹

卢雪崑认为"仁"乃人的先天禀赋，并借用孟子的话来说明"仁"乃超越"耳目之欲"的高级意欲机能，这些都是极有见地且符合孔子之本意的。但卢雪崑又认为，"仁"如同康德的自由意志一样，只是道德法则的普遍、必然之自我立法机能。"天"与"仁"是同一层面的东西，只不过强调了道德法则的神圣性与绝对性而已，或者说，我们把道德法则的神圣性与绝对性叫"天"。除此别无他说，"天"不过是人的道德定分。这样，卢雪崑通过"仁"的主体性把"天"的客体性给消解了。由此，就不存在"天人合一"的问题，或者说，"天人"就是"一"，只是这里的"天"是一个形式化的虚词，而不是一个实体词。若依据这种理路来理解"仁"，那么，儒家的传统不过只是道德哲学而已，尽管卢雪崑认为我们依然可以依据这种道德的绝对性、纯正性与普遍性讲一种理性宗教。这种宗教的定义是："一切义务作为神的命令之认识"，但卢雪崑强

---

❶ 杜维明：《人性与自我修养》，台湾联经出版事业公司 1993 年版，第 11–12 页。
❷ 李泽厚：《由巫到礼 释礼归仁》，生活·读书·新知三联书店 2015 年版，第 59 页。
❸ 卢雪崑：《孔子哲学传统——理性文明与基础哲学》，台湾里仁书局 2014 年版，第 42 页。
❹ 卢雪崑：《孔子哲学传统——理性文明与基础哲学》，台湾里仁书局 2014 年版，第 52 页。

调，"神的命令"不过是指"每一个自由意志自身的本质法则"，绝不是意味着有一个"外在意志"给我们下命令。❶可见，这里的"神"只是借用，不过是道德法则的神圣性而已。这样，宗教与道德就是同一层次的东西，道德是实，宗教是虚。这正如海涅所言，这种理路"袭击了天国，杀死了天国全体守备部队，这个世界的最高主宰未经证明便倒在血泊中了"❷。

　　卢雪崑依据康德的思路，强调由道德之路才能真正进入宗教，这无疑是符合孔子之精神的，但把道德当身之绝对性、神圣性称之为宗教，而消解了有神论的宗教，这无疑是不符合孔子的精神的。孔子是道的践行者与彰表者，所谓"道成肉身"。正是在这个意义上，我们说孔子是造道者，而绝不是一般意义上的道德教师。从表面上看，孔子好像只是在践行道德，但践行之充其极，必能印证"天"而与之交通。故其自语曰："五十而知天命。"（《论语·为政》）韩昌黎曰："天命深微至赜，非原始要终一端而已。仲尼五十学《易》，穷理尽性以至于命，故曰知天命。"（《论语笔解》卷上）这句话表示，人若能在道德践履中穷理尽性，则可通达天命，这是无有阻隔的。又曰："命谓穷理尽性以至于命也，非止穷达。"（《论语笔解》卷下）这意思是，人在穷理尽性时可通达天命，非只是知晓现实中穷达之命运之命也。但须知，通达天命必须践履工夫笃实，非空华不实者所能至也。是以韩昌黎之学生李翱曰："穷理尽性以至于命，此性命之说极矣。学者罕明其归。"（《论语笔解》卷下）此是心性工夫之学的究极之地，亦是宗教动力开发的究极之地，庸常之人罕能造其微、明其归。然大德如孔子者必能知之，故孔子之"五十而知天命"，孟子之"尽心、知性而知天"，皆践履体悟至于圆满之必然所得——天之通达。

　　为什么孔子在"不惑"之后，一定要说"知天命"呢？《朱子语类》卷第二十三载：

　　　　文振问："四十不惑，五十知天命。"曰："此两句亦相离不得。'不惑'是随事物上见这道理合是如此，'知天命'是知这道理所以然。如父子之亲，须知其所以亲，只缘元是一个人。凡事事物物上，须

---

❶　卢雪崑：《孔子哲学传统——理性文明与基础哲学》，台湾里仁书局 2014 年版，第 635 页。

❷　海涅：《论德国宗教和哲学的历史》，海安译，商务印书馆 1974 年版，第 112 页。

是见它本原一线来处，便是天命。"（《朱子语类》卷第二十三）

这意味着，"四十不惑"是停留在事物当身之理处而坚定，这尚是道德问题；"五十知天命"乃直接通达于"天"，这是宗教问题。若不知事物当身之理来自于天，则其道德之坚定亦把持不住，故"知天命"一关之于人而言，是必须透过的，不然，道德就没有稳固的方向与目标。

从上面的论述中我们可知，孔子并没有否定"天"之实有，在孔子的学说中，"天"之角色是不可缺席的。但孔子也不认为，"天"是一个摆置出来了的对象性的存在，像眼前的桌子一样，人人都能看得到。"天"是一个隐秘的存在，需要我们开启生命之动力把祂摆置出来而显现。由此，我们才能真正进入孔子的"仁"的思想。关于"仁"，孔子有以下论述：

> 有能一日用其力于仁矣乎？我未见力不足者。盖有之矣，我未
> 之见也。（《论语·里仁》）
> 求仁而得仁，又何怨。（《论语·述而》）
> 仁远乎哉？我欲仁，斯仁至矣。（《论语·述而》）
> 为仁由己，而由人乎哉？（《论语·颜渊》）
> 民之于仁也，甚于水火。（《论语·卫灵公》）
> 当仁，不让于师。（《论语·卫灵公》）

以上六句话，孔子都在提示我们，人的生命中有这样一种完全可以自我做主而无待于外的力量；同时，"仁"这个力量的开发比水火这样的生活必需品更重要，因为它是人之为人的基本标志，故曰"仁者，人也"（《中庸》）。在"仁"这个地方，不必有谦让，亦不能有谦让，必须全力以赴以担当，乃至"无求生以害仁，有杀身以成仁"（《论语·卫灵公》）。这个力量，孔子以"仁"来表示。基于这种认知，很多学者只是把"仁"等同于康德的纯粹道德实践理性。即"仁"不过是人的内在而自足的道德力量。若只是这样理解，就把孔子所说的"仁"给看小了，孔子亦被狭窄化为只是道德教师。

但这样来理解孔子的学说与思想，可谓只是"升堂"而未能"入室"（《论

语·先进》)，至于“宗庙之美，百官之富”(《论语·子张》)，则更无论矣。也就是说，若止于道德立场之实践理性来理解孔子之所说的“仁”，还只是站在“仁”的入口处，“仁”里面的大好风景尚没有看到。我们不妨来看看下面这段话：

> 子曰：“莫我知也夫！”子贡曰：“何为其莫知子也？”子曰：“不怨天，不尤人。下学而上达。知我者，其天乎！”(《论语·宪问》)

这里有三点是需要我们注意的：

其一，孔子并不否认“天”之实有，但“天”不是一个人通过邀恩而可以获宠的对象。“不怨天”，即是“不抱怨天为何不恩宠自己”。

其二，人与天是可以交接而通达的。“下学而上达”指的就是这个意思。

其三，最关键的是，我们须理解“而”字的内涵。为什么“下学”可以“上达”，“而”字作为其中的桥梁，具有怎样的丰富内容？

要解决这个问题，我们必须从“下学”入手。孔子或孔门所说的“学”都不是一般意义的学习知识，而是一种道德践履。《论语·学而》所载的下面两条，即显著地体现了这一特色：

> 子曰：“弟子入则孝，出则弟，谨而信，泛爱众，而亲仁。行有余力，则以学文。”
>
> 子夏曰：“贤贤易色，事父母能竭其力，事君能致其身，与朋友交言而有信。虽曰未学，吾必谓之学矣。”

那么，这种道德践履形态的“下学”与“仁”有什么关系呢？我们不妨再来看《论语·颜渊》篇孔子与颜渊、仲弓的问答：

> 颜渊问仁。子曰：“克己复礼为仁。一日克己复礼，天下归仁焉。为仁由己，而由人乎哉？”颜渊曰：“请问其目。”子曰：“非礼勿视，非礼勿听，非礼勿言，非礼勿动。”颜渊曰：“回虽不敏，请事

斯语矣。"

仲弓问仁。子曰:"出门如见大宾,使民如承大祭。己所不欲,勿施于人。在邦无怨,在家无怨。"仲弓曰:"雍虽不敏,请事斯语矣。"

颜渊与仲弓都问同一个问题,即什么是"仁"?但孔子的回答,无论是"非礼勿视,非礼勿听,非礼勿言,非礼勿动",还是"出门如见大宾,使民如承大祭。己所不欲,勿施于人。在邦无怨,在家无怨",都不是对什么是"仁"的回答,而是进入"仁"的回答,即进入"仁",唯有通过道德践履,无有他途。颜渊与仲弓都以"请事斯语矣"来回答老师,并以此自勉,说明他们明白孔子只是告诉他们进入"仁"的门径,而不是"仁"的全部,"仁"的大好美景必须自己去证会。《礼记·学记》所说的"道而弗牵"、"开而弗达",指的都是这个意思。

那么,"仁"与"下学而上达"是什么关系呢?道德践履只是激活"仁"这种内在力量,再通过充实的存养工夫,即可上达于"天"。"下学而上达"的"而"字,就是"仁"这种内在力量的充实与圆满。一旦"仁"这种内在力量圆满以后,通达于"天"乃是必然的事,故孟子曰:"夫仁,天之尊爵也,人之安宅也。"(《孟子·公孙丑上》)于是,我们可以这样来定义"仁":仁是每个人所固有的且可通达于"天"的内在力量。这是孔子盛言"仁"之大义所在。梁涛说:

孔子之为孔子,并不在于他延续了古代的天命观念,而在于他"以仁发明此道",认为通过仁即可上达天道,打破了自重、黎"绝地天通"以来少数贵族对天命的垄断,使天与个人发生联系,为个人成圣提供了可能。因此,仁作为心灵的自觉和活动,虽然具有某种开放性,但并非没有自身的目标与方向,而是始终以天道为归宿,是一向天道的无限超越过程。……是孔子通过仁所开启的新的精神方向。❶

---

❶ 梁涛:《郭店楚简与思孟学派》,中国人民大学出版社 2008 年版,第 78—79 页。

这种新的精神方向就是开启了普遍的宗教，但梁涛并未盛发此之大义。我们常言，儒学乃是一种"道德宗教"，而我们常把关切点落在"道德"上，以致盲视了其宗教向度。若以为"仁"只是道德上自定方向的力量，不但是对"仁"之大义的减杀，且切断了人与天合一之路，宗教即不能成立。须知，孔子的智慧方向绝不止于此也。宋儒胡五峰曰：

> 仁也者，人也。人而能仁，道是以生。生则安，安则久，久则天，天以生为道者也。人之于道，下学于己而可上达于天，然后仁可言矣。（《胡宏集·求仁说》）

可见，"仁"确为通达于天的力量，言"仁"必至于此方可。现代儒者唐君毅也认为，人与天是必然贯通的，贯通之桥梁就是"仁"。他说：

> 以人物有其生命与精神，则生人物之天，不得为一无生命非精神之存在。天所生之人物无穷，则天不能为有限之存在。此中之义不须于此多说，智者亦可一言而悟。此天之为一真实之存在，亦自有其超越于其所已生之人物之存在之上之意义。此亦不碍天之为人之仁之所感通，人之所敬畏，而亦内在于此人之仁之感通与敬畏之中，而非只一往超越于人与万物之外，以自为一绝对完全之独立自足之真实存在也。❶

按唐君毅的看法，"仁"必感通而至于"天"，同时，"天"亦必在"仁"之感通中始为真实之存在也。从作用上看，"仁"这种内在力量包括纵横两个方面：横的方面，"以润物为用"；纵的方面，"以感通为性"。这是借用牟宗三的说法。"润物是在感通的过程中予人以温暖，并且甚至能够引发他人的生命。这样的润泽作用，正好比甘霖对于草木的润泽。"❷这可以说是"仁"的道德的方面。但"仁"绝不只是限于这个方面，它必有纵的方面的伸展。牟宗三说：

❶ 唐君毅：《中国哲学原论——原道篇》，中国社会科学出版社 2005 年版，第 40–41 页。
❷ 牟宗三：《中国哲学的特质》，上海古籍出版社 1997 年版，第 31 页。

仁的作用内在地讲是成圣，外在地讲的时候，必定要遥契超越方面的性与天道。仁和智的本体不是限制于个人，而是同时上通天命和天道的。……如此，仁、智、圣的本体不是封闭的，而是直往上通，与天命天道遥遥地互相契接。❶

"仁"纵向立体地契接而通达于"天"，这是"仁"这种内在力量的必至之地。由此，开"仁"之宗教的方面。就纵横两个方面看，纵向的是体，横向的是用。即若没有纵向的通达于"天"，横向的道德就不会永远有力量。人的德行若只停留在有限的物质世界而不通达于无限世界，则不可能有无限的动源，总会能尽而力竭。故"天行健，君子以自强不息"（《易传》），君子之所以能自强不息，乃因为承袭了"天"之性德。若斩断了人与天的连接，纵向的无限之动力源没有了，只有横向的气机鼓荡，焉能自强不息。

仁是每个人所固有的且可通达于"天"的道德力量，原则上虽然每个人都可以通达于天，但现实上并非每个人都真与天相通达了，这其中的差别端在道德践履工夫之不同，只有道德践履工夫足够而使"仁"这种道德力量圆满展现的人才可通达于天。孟子曰：

> 可欲之谓善。有诸己之谓信。充实之谓美。充实而有光辉之谓大。大而化之之谓圣。圣而不可知之之谓神。（《孟子·尽心下》）

只有存养"仁"的力量至于"充实"且"不可知"时，才可通达于天。庸常人的道德践履，只是在存养"仁"之力量，但绝不意味着这只是一种道德行为，因为他已走在通达于天的途程中了，尽管这个过程艰辛而又漫长。孔子的学生曾子就深刻地体会到了这个过程之艰难，故曰："仁以为己任，不亦重乎？死而后已，不亦远乎？"（《论语·泰伯》）正因为如此，孔子很少许人以"仁"。

---

❶ 牟宗三：《中国哲学的特质》，上海古籍出版社 1997 年版，第 29–30 页。

　　子张问曰："令尹子文三仕为令尹，无喜色；三已之，无愠色。旧令尹之政，必以告新令尹。何如？"子曰："忠矣。"曰："仁矣乎？"曰："未知，焉得仁？""崔子弑齐君，陈文子有马十乘，弃而违之。至于他邦，则曰：'犹吾大夫崔子也。'违之。之一邦，则又曰：'犹吾大夫崔子也。'违之。何如？"子曰："清矣。"曰："仁矣乎？"曰："未知。焉得仁？"（《论语·公冶长》）

　　令尹子文与陈文子的行为，孔子俱未许之以"仁"，为什么呢？依据朱子的解释："未知其皆出于天理而无人欲之私也。"（朱熹：《论语集注》）这就是说，"仁"最终是与天贯通的，绝不只是事为上的"忠"与"清"也。甚至孔子自己也不敢自诩为"仁"："若圣与仁，则吾岂敢？抑为之不厌，诲人不倦，则可谓云尔已矣。"孔子不敢以"仁"自居，只不过做到了"为之不厌，诲人不倦"之具体德行，但正是在这"不厌"与"不倦"中通达于天了，故公西华叹曰："正唯弟子不能学也。"（《论语·述而》）孔子之所以是圣人，正在于这通达于天的不懈努力中，故其自语曰："十室之邑，必有忠信如丘者焉，不如丘之好学也。"（《论语·公冶长》）又曰："发愤忘食，乐以忘忧，不知老之将至云尔。"（《论语·述而》）

　　孔子未肯轻易许人以"仁"，乃因为具体的德行离"仁"的圆满境界尚远。"刚、毅、木、讷，近仁。"（《论语·子路》）这说明"刚、毅、木、讷"四者只是"仁"的表现，还不是仁自身。如实说来，《论语》中数次提到的"为仁"，如"克己复礼为仁"等，俱只是"仁"的表现而不是"仁"，即只是具体的德行，而"仁"自身则是一种更高的精神。那么，具体的德行是否对于"仁"完全没有意义呢？当然不是，具体的德行虽然不是"仁"，但它是激发"仁"这种内在力量的契机。有一分践履，就会有一分"仁"的力量的开发，就会离天的通达近一分。孔子夸颜渊好学，即表示颜渊总是在"仁"的力量之不断开发中，且时刻都在通达于天的途程中。也正因为是在这一过程中，颜渊才能做到"一箪食，一瓢饮，在陋巷。人不堪其忧，回也不改其乐"（《论语·雍也》）。可以说，若没有通达于天的宗教般的证会与愉悦，不但"乐"不可能，甚至连坚持都难。前面说过，"仁"是人固有的内在自足的道德力量，只是它的呈用需要在践履中慢慢激发与唤醒，而一旦激发唤醒了这种内在力量，又反过来进一步促进人的道德践行，二者相得益彰，"仁"的开发愈加圆满，以至于最后通达于天。

依前面的定义，"仁是每个人所固有的且可通达于天的道德力量"，我们再联系"仁者，人也"这句话，则说明通达于天乃人的本质，或者说，只有通达于天，才算是人的本质的完成，或者说，"仁"的完成即意味着"天"的通达。H. 奥特说："人，为上帝之国紧紧环绕。"❶我们亦可以说：人，为天所紧紧环绕。"天人合一"是人的内在要求与宿命，它不是巫术的蛊惑，也不是宗教的祈祷，而根本是一种人性学说。这种人性学说，谓之哲学固可，谓之宗教亦无不可。从根本上讲是原型的哲学，亦是原型的宗教。

现在，我们再回到前文提到的轴心突破中来。轴心突破的中心课题是：把"天人合一"从巫术或政治性的仪式中解放出来，使之成为人人可行的学说与宗教。轴心突破的基本路线是：巫→德↔礼→仁。到"仁"这个地方，"天人合一"始真正突破而完成，而这个完成者就是孔子。那么，这种突破与完成有什么意义呢？

其一，寻找到了"仁"这个内在的人性力量，从而为"天人合一"找到了无待于巫术与政治性仪式的根本动力，奠定了儒学作为"宗教动力学"的基本方向。

其二，"仁"这个内在力量需要在不断地道德践履中方可通达于天，这样，通达于天有了切实的入口与路径。一方面，使得儒学的道德不是世俗的道德，而具绝对的神圣性，从而使道德不因世俗的相对性而不能贞定；另一方面，使得"天"不徒为膜拜祈祷的对象，而成为内在于人的生命的践履与通达。孔子曰："夫仁者，己欲立而立人，己欲达而达人。能近取譬，可谓仁之方也已。"（《论语·雍也》）"仁之方"就是"近取"，这意味着每个人在自己的生活中都能找到通达于天的入口与方向，没有一个人是例外的，故天与人的交通普遍地必然。

牟宗三曾这样评价"仁"这个内在力量：

---

❶ H. 奥特：《不可言说的言说》，林克、赵勇译，生活·读书·新知三联书店 1994 年版，第 93 页。

孔子建立“仁”这个内在的根以遥契天道，从此性与天道不致挂空或悬空地讲论了。如果挂空地讲，没有内在的根，天道只有高高在上，永远不可亲切近人。因此，孔子的“仁”，实为天命、天道的一个“印证”(verification)。❶

自从孔子发现“仁”这个内在力量以后，中国思想与文化的重心不再向上瞩目于天，准确地说，不再外在悬拟地膜拜祈祷天，而是重在开发仁的内在力量以通达于天，是为“心性工夫之学”。但我们一再指出，这种“心性工夫之学”又可名之曰“道德的形上学”，它一定是要通达于天的，故绝非只是一种道德学，而是一种宗教，而且是最原型的宗教。《礼记·礼运》云：“讲之于学而不合之以仁，犹耨而弗获也。”从此以后，“仁”作为儒学的内生动力与支点，使得后儒据此不断地向内进一步地开发，子思讲“性”、孟子讲“四端”都是这种开发的结果，最终使“宗教动力学”的义理圆满完成。杜维明曾以下列图示展现了“仁”的奠基性作用❷：

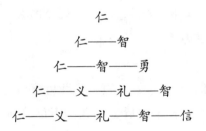

既然“仁者，人也”，则若没有“仁”的这种奠基性，各种德行都是不可能的。且通过“仁”的这种奠基性，儒学所说的各种德行，都有与天贯通的可能与力量，从而俱是宗教性的，而非仅仅是世俗性的道德，我们甚至也可以说：“讲之于仁而不合之以天，犹耨而弗获也。”从“仁”与“仁智双显”，到子思所说的“三达德”，再到孟子所说的“四端”，最后到汉儒所说的“五常”，甚至儒家所雅言之忠、恕、孝、悌、节、廉、耻、诚、敬等，像串珠一样闪

❶ 牟宗三：《中国哲学的特质》，上海古籍出版社 1997 年版，第 32 页。
❷ 杜维明：《论儒学的宗教性——对〈中庸〉的现代诠释》，郭齐勇等编：《杜维明文集》第三卷，武汉出版社 2002 年版，第 427 页。

耀思想史，俱不是纯粹世俗性的道德范畴，皆具有宗教性，而开启光亮的第一颗明珠由孔子带来，从这个意义上讲，"天不生仲尼，万古如长夜"❶，孰谓非其然焉？

三、孔子作为圣者的生命对道的承担与开显

孔子，既不是巫师，亦非政治家，更不是纯粹的宗教哲学家，而是践行着的造道者，即孔子是以全幅生命之践行去印证道。《论语》并非孔子所作，孔子只是践行，其弟子记录其言行，实则俱为孔子领悟天道之后的言行。孔子乃以其践行来表现天道，所谓"道成肉身"也，而不悬空模拟地"说"天道，故子贡叹曰："夫子之文章，可得而闻也；夫子之言性与天道，不可得而闻也。"（《论语·公冶长》）何以故？孔子曾这样自我解释：

> 赞而不达于数，则其为之巫；数而不达于德，则其为之史。史巫之筮，乡之而未也，好之而非也。……吾求其德而已，吾与史巫同涂而殊归者也。君子德行焉求福，故祭祀而寡也；仁义焉求吉，故卜筮而希也。（马王堆帛书《易经·要》）

古之人通达天道，或赞或数。赞，膜拜祈祷是也；数，礼乐折旋是也。前者为巫，后者为史。然孔子以后，二者都不足以通达天道，故孔子不取焉。孔子取德行仁义而达乎天道，故与"史巫同涂而殊归"也。在孔子看来，离开了实际生活之道德践行，天道必隐蔽而不能出场。孔子曾说："二三子以我为隐乎？吾无隐乎尔。吾无行而不与二三子者，是丘也。"（《论语·述而》）孔子不是在言语中，乃是在行动中示教，学生须深体其用心。言以示教，是哲学家的事；行以示教，是圣人的事。孔子之教，根本上不是一般世俗的道德教诲，黑格尔说孔子"只是一个实际的世间智者，……只有一些善良的、老

---

❶ 据《朱子语类》卷第九十三载："天不生仲尼，万古长如夜。唐子西尝于一邮亭梁间见此语。"但唐庚的集中并未见此语，然元明之际的陶宗仪《说郛》卷七十九上载有"唐庚文录"若干条，其中有一条云："蜀道馆舍壁间题一联云：'天不生仲尼，万古如长夜'。不知何人诗也。"这大概说明了"天不生仲尼，万古如长夜"的由来。

练的、道德的教训，从里面我们不能获得什么特殊的东西"❶，根本乃是误解。实际上，孔子之教乃是要通达天人，而使真正的人出场，而人的出场意味着天必须同时出场。"出场"意味着：在行动中通达。孔子就是这样一个在行动中的通达者。牟宗三曾解释说：

> 天命天道是超越的存有，其为神秘而奥秘（不说复杂），自不待言。……明夫此，则知孔子所以不常正式积极言之，纵或言之，而亦令人有"不可得而闻"之叹之故矣！因孔子毕竟不是希腊式之哲人，性与天道是客观的自存潜存，一个圣哲的生命常是不在这里费其智测的，这也不是智测所能尽者。因此孔子把这方面——存有面——暂时撇开，而另开辟了一面——仁、智、圣。这是从智测而归于德行，即归于践仁行道，道德的健行。……他在这里表现了开朗精诚、清通简要、温润安安、阳刚健行的美德与气象，总之他表现了"精神"、生命、价值与理想，他表现了道德的庄严。……他的心思是向践仁而表现其德行，不是向"存有"而表现其智测。他没有以智测入于"存有"之幽，乃是以德行而开出价值之明，开出了真实生命之光。……在德性生命之朗润（仁）与朗照（智）中，生死昼夜通而为一，内外物我一体咸宁。它澈尽了超越的存有与内在的存有之全蕴而使它们不再是自存与潜存，它们一起彰显而挺立，朗现而贞定。这一切都不是智测与穿凿。故不必言性与天道，而性与天道尽在其中矣。……原来存有的奥秘是在践仁尽心中彰显，不在寡头的外在的智测中若隐若显地微露其端倪。此就是孔孟立教之弘规，亦就是子贡所以有"不可得而闻"之叹之故了。❷

在孔子的时代，轴心突破已完成，"天人合一"已成为一个自明的观念。人固然须与天贯通始成其为人，天固然亦是一个超越的存在，但却不是一个空悬的存在，祂必须在人的生活经验中通达。为了说明这一点，我们不妨引

---

❶　黑格尔：《哲学史讲演录》第一卷，贺麟、王太庆译，商务印书馆 1996 年版，第 119 页。
❷　牟宗三：《心体与性体》上，上海古籍出版社 1999 年版，第 187–188 页。

证 H. 奥特这位现象学神学家的理论。他说：

> 　　正因为上帝自身——这位不可见的、从未作为现象随其他事物
> "给予过的"、"呈现过的"上帝——是神学的基本题旨，神学就需要
> 以生存的现象、以人所经历的东西、以人的经验为依据，神学的事
> 务和讨论必须毫不松懈地关注这种依据，趋近现象去思。❶

　　离开生活的神圣维度，而去玄思超越的神圣者——上帝或天，永远不是
宗教践行者的立场，因为天人是彼此分离的。因此，宗教必须始终立足于"现
象的土地"。

> 　　凭借上帝在人们中间的寓居，生存现象即是上帝惠施予人的东
> 西。只有在此基础上才可以言说上帝。在这里，神学家脚下方才有
> 现象的土地！他在此可以显示现象、"生存的证明"：宽恕、自由、
> 信仰、希望和爱是在的，而这一切（被尊为现象——没有教条的强
> 制）指向其特殊的相关者、其活生生的可能之根据、其"正在写收
> 件人地址的收件人"。❷

　　生活世界是写信人，但收信人却不是在生活世界，而恰恰是超越的上帝
或天，或者说，越是在生活世界真诚而道德地生活的人，上帝或天越能收到
他的信息或传达。神学若不驻足于在生活世界中通达，而去玄思的时候，那
么，H. 奥特进一步说：

> 　　当神学家倦于谋求这片思的现象的土地（这并非轻而易举的事），
> 当他选择那条更舒适的道路：悬空飘浮的体系、偶然的拾物、未经证
> 实的概念和假问题，当他并不执着于向非信仰者和怀疑者说明他所
> 说的意指什么，当神学家变得如此气短、如此麻木，同时常常因此

---

❶ H. 奥特：《不可言说的言说》，林克、赵勇译，生活·读书·新知三联书店 1994 年版，第 10 页。
❷ H. 奥特：《不可言说的言说》，林克、赵勇译，生活·读书·新知三联书店 1994 年版，第 10—11 页。

变得对其体系沾沾自喜、对其躯壳心满意足，这时，打上这种神学烙印的基督教的布道就会陷入海德格尔《存在与时间》中所说的"闲谈"的处境。❶

这就是说，一切不驻足于生活世界之践行而对上帝、天等神学概念进行定义、构造等，以为这就是在布道，实则是一种"闲谈"。而"闲谈"是一种彻底的闭锁，因为它"本来就不费心去回溯到所谈及的东西的根基之上去"❷。因此，闲谈乃是在人云亦云中的一种阻止，阻止了对上帝、天的到来的开辟。孔子是践行的圣者，绝不在言语中"闲谈"神、天。我们不妨回到《论语》中来。

> 王孙贾问曰："与其媚于奥，宁媚于灶，何谓也？"子曰："不然，获罪于天，无所祷也。"（《论语·八佾》）
> 子不语怪，力，乱，神。（《论语·述而》）
> 子曰："予欲无言。"子贡曰："子如不言，则小子何述焉？"子曰："天何言哉？四时行焉，百物生焉，天何言哉？"（《论语·阳货》）

孔子不语"神"，乃至欲"无言"，并非是一个无神论者，根本不相信有"天"或"神"的存在，不然，他不会说"获罪于天，无所祷也"这样的话，孔子深知，不能在言语中通达"天"或"神"；不但不能在言语中通达"天"或"神"，言语甚至根本是一种遮蔽，甚至祈祷也是一种遮蔽。《论语·述而》载：

> 子疾病，子路请祷。子曰："有诸？"子路对曰："有之。《诔》曰：'祷尔于上下神祇。'"子曰："丘之祷久矣。"

"有诸"之问，表现孔子对仅限于膜拜言辞式的祈祷独白甚为怀疑。但孔子既然说"君子有三畏"（《论语·季氏》），则必亦有所敬畏与祈祷。如："默而识之"、"志于道"、"子在齐闻韶，三月不知肉味"（《论语·述而》）等，乃

---

❶ H. 奥特：《不可言说的言说》，林克、赵勇译，生活·读书·新知三联书店1994年版，第11页。
❷ 海德格尔：《存在与时间》，陈嘉映、王庆节译，生活·读书·新知三联书店1987年版，第205页。

至颜渊之"不违如愚"(《论语·为政》),俱表示在静默中去面对超越者而有所敬畏与祈祷。但祈祷并非在对象化的诸神面前膜拜、念念有词以邀恩,而是展开自己,投入自己,向天通达,最后生成行动。H.奥特说:

> 人在祈祷中向天舒展开自己的肢体。他想超越自身,不想再孤独,不想再让自己与自己独处。但祈祷不仅是一种寻找,它同时也已经是——至少虔信者的古老经验如是说——一种找到。它始于与自己独处的人的独白;可是突然,他独白自身的过程中,可能发生这种情形:这个人发现他不再是独身一人,他所进行的早已不再是单纯的独白,而从根本上、从一开始就是一种对话。他发现神秘的眼睛在注视他,神秘的耳朵在倾听他。他发现从寂静中,从沉默中,有一种倾听、一种聆听正迎向他,迎向他这一个人此刻所做的、所思的和他所不得不说的。●

祈祷,绝不是驻足于肉体自身及其利益,以交付给上天,进而祈求其保护与恩宠,而是开启一种力量,这种力量不但能超越肉体的私欲及其胶固,而且能向上跃升,通达于天,倾听到天的召唤,益发强化了这种力量,乃至不可已地产生了行动。H.奥特继续说:

> 从这种祈祷中会产生适当的行动。我们祈祷,在这一瞬间,我们持心自守,我们沉默,我们保持距离,退后一步并让天言说,从这一瞬间的寂静中,我们突然具备了认识本质的东西和我们的责任的眼力,具备了认识下述一切的眼力:我们所能做的,我们有权处理的,我们的活动范围之所在,以及我们所能完成的——为妇女和儿童,为兄弟、朋友和邻人,为团体,为教区,为国家,为我们同代人的世界。●

● H.奥特:《不可言说的言说》,林克、赵勇译,生活·读书·新知三联书店1994年版,第55页。原文之"上帝"改为了"天"。
● H.奥特:《不可言说的言说》,林克、赵勇译,生活·读书·新知三联书店1994年版,第58页。原文之"上帝"改为了"天"。

　　这些话虽然出自异国的 H．奥特，但俱能在孔子那里找到依据。如，"君子去仁，恶乎成名？君子无终食之间违仁，造次必于是，颠沛必于是。"（《论语·里仁》）孔子这是告诉我们，我们需要不断地在行动中，即便是危急关头或困顿时刻，一刻也不能停止对仁的力量的开发。而这种开发的行动之不懈信念，一定来自天人交通之情怀中。又，夫子忧然曰："鸟兽不可与同群，吾非斯人之徒与而谁与？天下有道，丘不与易也。"（《论语·微子》）孔子之所以说"吾非斯人之徒与而谁与？天下有道，丘不与易也"，其动力一定来自对天命的倾听与顺从，绝不只是世俗的事业。

　　以上论述说明，孔子并不一般抽象地论说"天"，而只是在行动中体现"天"，孔子之教的最高目标是交通天人，但圣者却不模拟地论说天。

　　　子所雅言，诗、书、执礼，皆雅言也。（《论语·述而》）
　　　子以四教：文，行，忠，信。（《论语·述而》）

　　孔子平素之教与言，不过如此数事，"天"并不在其中，但"天"是不是永远不在其中呢？当然不是。古人之教，"开而弗达"（《礼记·学记》），孔子之教与言只是"开"，但"达"却是在这之外的。也就是说，在显性的"开"——教与言——之外，隐性的"达"——天——到来了。朱子曾在《论语集注》中引程子之言曰："孔子雅素之言，止于如此，若性与天道，则有不可得而闻者，要在默而识之。"这意味着，孔子之教，在"诗、书、执礼"之言，定当有"性与天道"之开启，此为不可缺如者。又，"教人以学文修行而存忠信也。"我们说"达"在"开"之外，意味着"达"一定在行动中。我们千万不要以为，孔子之教只是止于"诗、书、礼、文"，它有极强的行动指向，这个行动指向的止息之地就是天人交通，即通过人的行动开显天的维度。这是圣人之所以为圣人的地方，因为孔子就是这样的一个行动者。子贡曰："夫子温、良、恭、俭、让以得之。夫子之求之也，其诸异乎人之求之与？"（《论语·学而》）子贡这里所说的虽是邦国之政，实则孔子所有的东西都是从温、良、恭、俭、让的德行中得来。

《周易·观卦·彖传》云："圣人以神道设教，而天下服矣。"孔子即以"神道设教"。孔子之所谓"神道设教"，非如巫觋般，以鬼神为资具以教化民众。朱子曰："知鬼神之情状，则能以神道设教而天下服者，其失益远矣。"（《四书或问》卷八）孔子是以自己生命践行大道，使之灵现人间，而为教也。元人袁俊翁曰：

> 圣人托言而曰"天"，有自释之辞，有自信之辞。
> 圣人德与天合。惟圣人其知天，而天其知圣人也。不得于天而不怨天，此圣人之知天也；人不及知而天独知之，此天之知圣人也。夫子辙环天下，其为困厄之遭际，有若匡之围、魋之害为尤甚。一则曰"天之未丧斯文也，匡人其如予何"，一则曰"天生德于予，桓魋其如予何"。二者虽皆以天为辞，然其辞意雍容不迫，初无毫发怨天之意，而隐然有人不及知而天独知之之妙寓其中。论者唯即此二节观之，则圣人之不怨天，而独以天为知我者，盖可见已。（《四书疑节》卷三）

通达于天，岂易事哉？即圣人亦不敢自诩，故"若圣与仁，则吾岂敢"？（《论语·述而》）唯在"发愤忘食，乐以忘忧，不知老之将至"（《论语·述而》）之行动中而已。然自谦亦必源于自信，若无自信，则必无无尽之能源以践行；同时，若无自信，亦必无坚定之信念以担当。可见，自谦者必自信，自信者亦必自谦而有担当。而狂妄自大者，必不自信，因为他没有根基性的力量源泉，只是以唬人的外表掩饰其内在的躁动与不安，故狂妄自大者亦必无担当，只是徒劳地维护其摇摇欲坠的面子与尊严而已。因此，自谦与自信，必来自于根基性的力量，二者相互包含。孔子自谦之不断践履，与自信之即时担当，都源自于根基性的力量。"不得于天而不怨天，此圣人之知天也；人不及知而天独知之，此天之知圣人也。"此即表示圣人与天是相互通达的。

《论语》虽然表现了孔子的思想与学术，但孔子并不是纯粹的坐而论道的思想家或哲学家，而是一个与天通达的践行者。整部《论语》不过是一个通达于天的践行者的生活与体验，只有在这个意义上，孔子才是真正的造道者，不然，只是一个"说道者"。以前的学者读《论语》，多从践行入，故有力量；今人读《论语》多究竟其概念，分析其系统，故有学理而无力量。本书试图把孔子作为通达于天的践行者，通过其生活与体验，重新来理解孔子的思想与义理。这样，或许更能得孔子思想之实，及其义理之价值。杜维明曾经这样评价阿奎那，他说：

> 阿奎那是西方最重要的神学家之一，其神学系统至今在天主教还是主流。他认为自己晚年的宗教体验，如对上帝的爱、内在的悟性等，与他的整个神学体系不能同日而语，即他的整个神学体系和内在宗教体验相比，显得毫无价值。❶

这样的评价当然也适用于孔子。我们通过孔子的生活与体验，能感受到其神圣性的召唤，这是一个通达于天者的不懈坚持与努力，所谓"仰之弥高，钻之弥坚"，由此而激起我们的奋发力，所谓"欲罢不能，既竭吾才，如有所立卓尔"（《论语·颜渊》）。只有这样，才能真正理解孔子与《论语》。若只从概念与学理系统入，必然把践行者的孔子给淹没了，孔子只不过是思想家，而不是圣者，我们只是成为没有力量的知识人。

"有德者必有言。"（《论语·宪问》）整部《论语》都是作为践行者的孔子在通达天道之途程中的体会与感受，它是"肉身成道"的真实写照，宗教的神圣性跃然纸上。可惜的是，《论语》的主要意旨常常只被理解为世俗的、人文主义的道德关怀。的确，粗略地看，《论语》只不过充满世俗色彩的道德教诲，如黑格尔之所言。但若我们深入其间，其大义绝不如此之肤浅。《史记·孔子世家》载：

> 孔子病，子贡请见。孔子方负杖逍遥于门，曰："赐，汝来何其晚也？"孔子因叹，歌曰："太山坏乎！梁柱摧乎！哲人萎乎！"因以涕下。

---

❶　杜维明：《儒家"体知"传统的现代诠释》，《杜维明文集》第 5 卷，武汉出版社 2002 年版，第 370 页。

若孔子只是一个一般的世俗道德的宣教者，他绝不会有"泰山"、"梁柱"与"哲人"的自诩与自信，他之所以如此者，必因神通而至于绝对处之神圣感与宗教情怀。因此，正如芬格莱特所说："有必要在某种程度上强调《论语》富有神奇魅力和宗教性的维度。"[1] 一个怀有恭敬心与敬畏心的读者，一定可以读出其中的宗教魅力，感染其中的宗教氛围。可以说，《论语》是一个人通达天道、成为圣者的精神史与心理历程。

为了说明这个问题，我们必须首先对《论语》的书名作一番考证。《汉书·艺文志》载：

> 《论语》者，孔子应答弟子时人及弟子相与言而接闻于夫子之语也。当时弟子各有所记。夫子既卒，门人相与辑而论纂，故谓之《论语》。

班固对《论语》书名的理解，只是实然地、现象地看，并未立体地追问"夫子之语"的由来。又，许慎《说文》训"论"为"议"。于是，一般人理解《论语》这个书名就是："孔子的议论、评论之辞及其与弟子的言论、辩论之辞。"[2] 这显然是顺从班固的理解而得出的结论，得到了大多数人的认同。这个结论并非不对，但没有作进一步的追问，若仅停留于此，一般人总认为孔子只不过是一个世俗道德的宣教者与讨论者，《论语》就没有宗教性的神圣义。若我们进一步追问孔子的言论因何而来，则对《论语》之书名可有更高的理解。

继班固之后，东汉刘熙《释名·释典艺》云："论者，伦也，有伦理也；语者，叙也，叙己之所欲说也。"又，宋邢昺《论语注疏·序解》云：

> 郑玄云："仲弓、子游、子夏等撰定。论者，纶也，轮也，理也，次也，撰也。"以此书可以经纶世务，故曰纶也；圆转无穷，故曰轮也；蕴含万理，故曰理也；篇章有序，故曰次也；群贤集定，故曰撰也。

---

❶ 芬格莱特：《孔子：即凡而圣》，彭国翔等译，江苏人民出版社2010年版，第1页。
❷ 余群：《〈论语〉书名新解——兼与敖晶先生商榷》，《孔子研究》2006年第3期，第29页。

刘熙把《论语》定义为"伦理关系"；邢昺把《论语》的作用定得很高，"经纬世务"、"圆转无穷"、"蕴含万理"。若我们把二者综合起来看，则这种伦理关系绝不是一般世俗意义上的约定论的伦理关系，而是宗教意义上的超越的（绝对的、理性的）伦理关系，不然的话，不会有邢昺所说的那么大的作用。很显然，这种伦理关系固不只是天人关系，还有父子、兄弟、夫妇、君臣、朋友五伦关系，但首先必须是天人关系，其他的伦理关系必须根基于此，才能定得住，不然，俱是相对的，不足以"经纬世务"、"圆转无穷"、"蕴含万理"也。芬格莱特说：

> 一般的社会礼仪，包括父子关系、兄弟关系、君臣关系、朋友关系和夫妻关系，这些人们以及他们之间的关系，根据他们在礼仪活动中所处的地位，都被视为具有终极的神圣性。❶

我们正是从这里来理解《论语》的书名及其大义的。

孔子是俗世中人，固然有很多现实的关怀，但孔子绝不是基于功利主义或事务主义的立场去解决现实问题，而成为政治家；而是基于天人的立场，是以能成为造道者或文化的开拓者。文化，一定切就天地人而言，仅仅在人的世界解决现实问题，只能成为思想家。孔子与其思想之所以成为了轴心突破的代表及其基型，一定是文化上的造道者。究极而言，尽管《论语》中所关涉的事与理分殊而各异，但俱是孔子在天人关系之间的实践与见证。《中庸》言孔子之道云：

> 仲尼祖述尧、舜，宪章文、武；上律天时，下袭水土。辟如天地之无不持载，无不覆帱；辟如四时之错行，如日月之代明。万物并育而不相害，道并行而不相悖。小德川流，大德敦化。此天地之所以为大也。
>
> 唯天下至圣为能聪明睿知，足以有临也；宽裕温柔，足以有容

---

❶　芬格莱特：《孔子：即凡而圣》，彭国翔等译，江苏人民出版社 2010 年版，第 65 页。

也；发强刚毅，足以有执也；齐庄中正，足以有敬也；文理密察，足以有别也。

溥博渊泉，而时出之。溥博如天，渊泉如渊。见而民莫不敬，言而民莫不信，行而民莫不说。

是以声名洋溢乎中国，施及蛮貊。舟车所至，人力所通；天之所覆，地之所载；日月所照，霜露所队。凡有血气者，莫不尊亲，故曰配天。

若我们宥于概念性的知识系统，则上述描述简直不知所云，但殊不知，子思绝不是对概念性的知识系统的描述，而是对天人之间的践行者及其道的描述。在这里，概念的清晰、系统的分明都不是最重要的，而是精神的敬畏、坦诚、证悟才是最重要的，故多是感召式的指点语，而不是概念性的限定语。指点语多当机启发与渲染，而不是抽象的普遍定义。整部《论语》其实都是感召式的指点语。我们都知道，孔子"因材施教"，如《论语·为政》篇答诸弟子的问孝各有不同。朱子于是曰：

> 告懿子，告众人者也。告武伯者，以其人多可忧之事。子游能养，而或失于敬。子夏能直义，而或少温润之色。各因其材之高下，与其所失而告之，故不同也。(《论语集注》卷一)

又，在《论语·颜渊》篇中答诸弟子问仁容有殊异。朱子因之曰：

> 牛之为人如此，若不告之以其病之所切，而泛以为仁之大概语之，则以彼之躁，必不能深思以去其病，而终无自以入德矣。故其告知如此。盖圣人之言，虽有高下大小之不同，然其切于学者之身，而皆为入德之要，则又初不异也。(《论语集注》卷六)

孔子固"因材施教"，孔子之"因材施教"绝不是要尽"才"之所长，而恰恰是要克人之所病，抑"才"之所偏，既而通达于天而求道。这样，"因材施教"虽然在入口处不同——因基于人之不同材质，但在最终结果处却相同——都是通达于天而求道。而一般人却把"因材施教"理解为入口处不同，最终结果处亦不同。这是顺着人的材质一条鞭地往下滚，尽管可引"才"之所长，但却不能抑"才"之所偏，这是对孔子"因材施教"之极大误会，孔子因之成为了一个立足于人的立场的相对的材性论者，而不是立足于天的立场的绝对的道论者。孔子曰："下学而上达。"（《论语·宪问》）"因材施教"是在"下学"的工夫处讲的，不是在"上达"的结果处讲的。"上达"是"学"的完成，这里不能尽"才"之殊异，万不可讲"因材施教"。孔子的践行及其所言俱为"下学"，但其指向却是"上达"，我们万不可停留于"下学"处，而不知孔子之"上达"关怀。这是我们理解《论语》的基线，不然，就像黑格尔所说的那样，孔子的思想俱为世俗的道德。果尔，则孔子的思想因其彻底的经验论而成了可有可无的东西，但这绝非《论语》留给我们的遗产与教训。

四、孔子的造道精神在《论语》中的具体体现

下面，我们进入到《论语》的文本中来，看看孔子在天人关系中的实践留给了我们怎样的宗教精神体验。或者，当"道成肉身"抑或"肉身成道"的时候，人在现实生活中会有怎样的精神表现与立场。更值得注意的是，这种精神体验表现出怎样的人性与德行。须知，"人性所奋飞到的最高级的慈善、虔诚、信赖、忍耐、勇敢，都是宗教的理想而飞越到的"[1]。但必须指出的是，威廉·詹姆士曾把宗教定义为："各个人在他孤单时候由于觉得他与任何种他所认为神圣的对象保持关系所发生的情感、行为和经验。"[2]好像宗教的精神体验或表现是偶然的、主观的，并不具普遍性。詹姆士的确也是这样认为的，"宗教主要是私人的、个人主义的"[3]。詹姆士之所以有这种看法，乃因为他只是把宗教看成一种无法解释的神秘经验，而不是人人固有的"仁"的力量之通达。也就是说，宗教的形上根基他是不清楚的，尽管他也说过，"人的完善就是实现他的目的，而他的目的就是与创造他的上帝会合"[4]。但这种会合的动力在哪

---

[1]　威廉·詹姆士：《宗教经验之种种》，唐钺译，商务印书馆 2011 年版，第 259 页。
[2]　威廉·詹姆士：《宗教经验之种种》，唐钺译，商务印书馆 2011 年版，第 28 页。
[3]　威廉·詹姆士：《宗教经验之种种》，唐钺译，商务印书馆 2011 年版，第 429 页。
[4]　威廉·詹姆士：《宗教经验之种种》，唐钺译，商务印书馆 2011 年版，第 327 页。

里，他并不清楚。基于此，他认为，"非神秘者并没有义务要承认神秘状态有一种由它们的本性赋予的高级权威"❶。詹姆士的《宗教经验之种种》一书中所列举的各种宗教经验，只不过是一种个人偶然经验的展览，人们很难在其中得到什么真理与教诲，尽管他对宗教经验的解说是深澈、值得借鉴而有启发的。而《论语》却不是那样，它是人类普遍性的精神飞扬与教诲。之所以有这种差别，乃因为我们前文已指出，每个人的天性中本就固有通达于天的道德力量，宗教是人成其为人的过程中的必至之地，绝不是如詹姆士所认为的，要"证明宗教经验所表示的意旨是真实的，这是绝对无望的尝试"❷，故宗教的精神体验或表现就不是偶然的、主观的，而是具有绝对的普遍性，除非他不想成为人。因此，我们从《论语》来分析孔子的宗教精神体验、表现及相应的德行，绝不是分析他个人的主观经验，而是共享一种普遍的人类经验与行为，具有绝对的真理性与权威性。精神所过的生活不是有限的，而是无限的。它的每一次波动都是天人之间的互动所泛出的涟漪或浪花，故是美而神圣的。

我们庸常理解《论语》，总是以"孝悌"、"忠恕"、"仁爱"等道德范畴去解析孔子的精神结构，殊不知，这样一来，不但把孔子的精神完全限在世俗的范围，不能见其神圣性，而且孔子的思想似乎亦是分殊而随机的。真正的道德，一定有本而发，出于同一根基，故孔子曰："吾道一以贯之。"（《论语·里仁》）所谓"一以贯之"就是：孔子所有的德行都是"仁"这种内在力量通达于天的结果，即都是天人之间的互动。曾子自然很能理解孔子的意思，而曰："夫子之道，忠恕而已矣。"（《论语·里仁》）"忠"是内在的精神力量，"恕"是外在的德行表现；若没有内在的精神力量，就不可能有外在的德行表现。而内在的精神力量首先应是宗教性的，即必须通达于天，不然就不可能有无限的力量，以至于外在的德行表现空虚。须知，德行的善与美并不是寓于对外或他人的偶然的行为之中，而是寓于天人之间的绝对关系之互动之中，它首先必须是一种内在德性。

我们说过，孔子是天人之间的践行者。那么，我们应该从哪里进入《论语》，才能一贯地理解孔子的一系列之德行呢？仲弓问仁的时候，孔子曾回答

---

❶ 威廉·詹姆士：《宗教经验之种种》，唐钺译，商务印书馆 2011 年版，第 415 页。
❷ 威廉·詹姆士：《宗教经验之种种》，唐钺译，商务印书馆 2011 年版，第 451 页。

曰："出门如见大宾，使民如承大祭。"（《论语·颜渊》）"见大宾、承大祭"都是足以让人敬畏之事，而这正是德行的开始。孔子更曰：

> 君子有三畏：畏天命，畏大人，畏圣人之言。小人不知天命而不畏也，狎大人，侮圣人之言。（《论语·季氏》）

这里须要强调的是，孔子以为，只有君子才有敬畏，小人是不可能有的。君子是开启了"仁"这种内在宗教力量的人，故可有敬畏；小人因未曾开启，故无之。因此，敬畏感是理解《论语》及孔子精神德行的一把钥匙。那么，人为什么会有敬畏感？为什么只有拥有敬畏感的人才能有一贯一致的德行呢？

我们还是得从孔子那句话入。孔子明确地说"君子有三畏"。君子是那样的人：第一，君子是开启了通达于天的道德力量的人；第二，君子又是世俗中的一个肉体存在。正是这二者的相互作用使君子产生了敬畏感。因为通达于天的道德力量使君子看见了一个神圣的存在者，这个神圣的存在者完全不受感性世界的影响，纯粹以道德原则作为自己的原则，表现了原则的至上性与纯粹性；同时，原则在神圣者那里并非是一种命令，而是一种意欲，即原则在神圣者那里是一种自由而不是限制。君子尽管瞥见了神圣存在者，但显然，他自己并非这样的存在者，因为他暂时还没有摆脱世俗性的经验原则，然而他那开启了的通达于天的道德力量又使他无限向往，力求去接近神圣者。二者的差距，让君子产生了一种敬畏感，而正是这种敬畏感，给了他无限践履的动力。若没有对神圣者的敬畏感，只停驻在经验界，任何道德行为都存在动力枯竭的危险。舍勒曾这样描述敬畏感所给予我们的力量：

> 敬畏赋予我们感觉，使我们感觉到尚未发掘出来的、在尘世生活中无法发掘的我们生存与力量的宝藏。敬畏悄悄地将我们得以施展真正力量的空间暗示给我们：这是一个比我们的尘世生存更伟大、更崇高的空间。……敬畏不断地给我们铺好绿茵、插好路标，我们

则走在上面探寻自身，也许不免迷途，最终却能找到自身。❶

只有拥有敬畏感，我们人性中的德行力量才能被开发出来，不然，俱是以欲望的力量去宰制世界。"我们一旦关掉敬畏的精神器官，世界就立即变成一道浅显的计算题。"❷当我们以计算的方式来对待这个世界的时候，世界将不成其为世界。舍勒进一步说：

> 只有敬畏才使我们意识到我们自我和世界的充实与深度，才使我们清楚，原来世界和我们的本质本身就具有一种永远取之不尽的价值财富，原来每一步都能够向我们显示出新鲜、年轻、闻所未闻、见所未见的事物。❸

当世界不成其为世界的时候，人自然也就不成其为人了。这进一步印证了前面所讲的，世界与人俱须在天人关系中，始来到自身。在敬畏过程中，主体之道德力量愈被开显，天愈加显明而通达；反过来，天愈显明而通达，则主体之道德力量愈强大。这是两个相得益彰的过程。牟宗三说：

> 在敬的过程中，天命、天道愈往下贯，我们的主体愈得肯定，所以天命、天道愈往下贯，愈显得自我肯定之有价值。表面说来，是通过敬的作用肯定自己；本质地说，实是在天道、天命的层层下贯而为自己的真正主体中肯定自己。❹

所谓"肯定自己"就是肯定自己作为一个德性存在者，且因着与天之通达的显明而愈加纯粹，故敬畏之最后完成乃是合天人而"一"之。因此，敬

---

❶ 舍勒：《德行的复苏》，刘小枫主编：《二十世纪西方宗教哲学文选》，杨德友等译，上海三联书店 1991 年版，第 1408–1409 页。

❷ 舍勒：《德行的复苏》，刘小枫主编：《二十世纪西方宗教哲学文选》，杨德友等译，上海三联书店 1991 年版，第 1408 页。

❸ 舍勒：《德行的复苏》，刘小枫主编：《二十世纪西方宗教哲学文选》，杨德友等译，上海三联书店 1991 年版，第 1408 页。

❹ 牟宗三：《中国哲学的特质》，上海古籍出版社 1997 年版，第 16 页。

畏感乃是人这样的德性存在者所具有的一种情感，动物因不能开启道德的力量，故不可能有敬畏感；神圣存在者因自身即是无感性的神圣存在，故不需要敬畏感。唯有人，在由道德力量克服感性羁绊而通达神圣存在的过程中，必然因自身的有限性而生起敬畏感。敬畏感虽因着一个无限的神圣存在者而可能，但敬畏却不是一种静态的观看，而是一种动态的感通，它会不断地在主体那里产生作用，若没有敬畏感，孔子所说的"君子无终食之间违仁，造次必于是，颠沛必于是"（《论语·里仁》），是不可能的。所以，敬畏感必然意味着德行的不断精进与改善，反过来说，若没有敬畏感，德行必蹈空而无支撑点。这是我们由敬畏感进入《论语》的根本依据所在。

敬畏意味着在德行中通达于天，故常不言。故子贡感叹"夫子之文章，可得而闻也；夫子之言性与天道，不可得而闻也"（《论语·公冶长》）。文章，朱子解释为"德之见乎外者"。这就是说，只见到孔子德行之践履，但未见其言说性与天道。又，《论语·阳货》载：

> 子曰："予欲无言。"子贡曰："子如不言，则小子何述焉？"子曰："天何言哉？四时行焉，百物生焉，天何言哉？"

自然之天，在"四时行，百物生"中见，同样，神圣之天，亦须在人之德行践履中见，而不是在言谈中。谁要是在人的行为能力之外和无能的视域中来谈论天这样的神圣者，谁就是在找寻类似于搪塞漏洞的证据，孔子告诉我们，这种思路一开始就错了。不是在人的存在之外去"论证"神圣者，而是在人的行为中去"见"神圣者，故"子不语怪，力，乱，神"（《论语·述而》）。行为中"见"神圣者，是直觉的通达，此时并不需要合理主义❶的论证。因此，詹姆士说：

---

❶ 詹姆士认为，合理主义有四个基本特征：其一，明确的抽象原理；其二，确定的感官事实；其三，根据这种事实的确定假设；其四，依据逻辑规则引导出的确定推论。这是人类得出有效知识所必须遵守的原则。见威廉·詹姆士：《宗教经验之种种》，唐钺译，商务印书馆 2011 年版，第 70 页。但神圣者不属于知识，因此，在知识的范围之内，神圣者是最贫乏的概念，甚至我们根本没有任何关于神圣者的概念。但在实践领域，即人的德行中，神圣者又是精确规定了的概念，并不需要合理主义的论证。

我们必须承认人生为合理主义所能解释的那部分是比较肤浅的。无疑，这个部分是具有威望的部分，因为它会饶舌，它能挑你举出证据，并摆弄逻辑，用语言把你勉强屈服。可是，假如你不能言的直觉反对它的结论，它仍是不能够说服你，或使你皈依。假如你有一丝丝的直觉，直觉是由你本性中比合理主义所占据的那个饶舌的阶层更深些的阶层而来。……并且你内心有个东西绝对知道那个结论一定比任何反对它的、摆弄逻辑的合理主义的饶舌（无论多么巧妙）更真实。❶

这里所说的"直觉"乃是指"仁"这种力量发出的"智的直觉"。"智的直觉"与"感触直觉"相对，"智的直觉"可直接通达神圣的无限者，而"感触直觉"只能通达经验的有限者。"智的直觉"是领导，而"感触直觉"只是随从。"感触直觉"依赖证据，但"智的直觉"却依赖力量。詹姆士说：

哲学活在言语内，可是真理腾涌入于我们生活内，是以超乎语言的方式。在活活的知觉作用之中，总有种熹微闪烁而把捉不到的东西，思考总是赶不上它。没有人会比哲学家知道这种情形更明白。他必须由他的概念的枪膛放射他的一排新的语言子弹；因为他的职业注定他要做这种工作；可是他暗暗知道此事的空虚与迂阔。❷

詹姆士之所说，以庄子之言说之就是："圣人怀之，众人辩之以相示也。故曰辩也者，有不见也。"（《庄子·齐物论》）若没有"仁"的力量的直觉通达，一切的言说都可能是空华外道，特别是在伦理道德领域。由此，我们可以明白为什么孔子曰：

巧言令色，鲜矣仁！（《论语·学而》）
君子欲讷于言，而敏于行。（《论语·里仁》）

---

❶ 威廉·詹姆士：《宗教经验之种种》，唐钺译，商务印书馆2011年版，第71页。
❷ 威廉·詹姆士：《宗教经验之种种》，唐钺译，商务印书馆2011年版，第452页。

这两句话意味着，只在语言上饶舌修饰的人，其"仁"之内在力量一定开发得不够，故而不能通达神圣者，也就不可能是一个真正有德行的人，因此，君子念兹在兹的是通过践行开发"仁"之力量，而不在语言之富丽堂皇。孟子曰："观于海者难为水，游于圣人之门者难为言。"（《孟子·尽心上》）岂虚言也哉？！可见，宗教并不需要什么证据，而在于动力的开发。当我们把宗教之重心放在动力的开发的时候，此时的动力正是稳定而一贯的德行。也就是说，宗教动力学才是真正的道德学。

我们一再强调，真正的德行一定是在"仁"之内在力量之开发以通达于天的过程中产生的，这是我们理解孔子与《论语》的一条基线。下面，我们将分别论述孔子所表现或教诲的主要德行与这个过程之间的关系，以明孔子造道的根本特征与实质。

（一）一个开发内在力量欲求通达于天的人必有使命感。

《论语》中有下列语录数条：

> 子曰："甚矣吾衰也！久矣吾不复梦见周公。"（《论语·述而》）
>
> 子畏于匡，曰："文王既没，文不在兹乎？天之将丧斯文也，后死者不得与于斯文也；天之未丧斯文也，匡人其如予何？"（《论语·子罕》）
>
> 曾子曰："士不可以不弘毅，任重而道远。仁以为己任，不亦重乎？死而后已，不亦远乎？"（《论语·泰伯》）
>
> 子路宿于石门。晨门曰："奚自？"子路曰："自孔氏。"曰："是知其不可而为之者与？"（《论语·宪问》）
>
> 子曰："君子不可小知，而可大受也；小人不可大受，而可小知也。"（《论语·卫灵公》）
>
> 子曰："人能弘道，非道弘人。"（《论语·卫灵公》）

以上数句，虽然非尽皆孔子所言，但承袭了孔子之精神，俱为担负大道之使命感之表示。"大受"就是担负大道，这是君子的使命；"小知"就是解决生活中的小问题，小人在此可以有用场。但很显然，孔子及其教诲并不在"小知"，而在"大受"。为什么君子一定会有使命感呢？答曰：因为君子希冀通达于天。我们说过，天作为无限的神圣存在者，召唤着每一个肉体存在者纯化自己而向天靠近，故"维天之命，於穆不已"，而"文王之德之纯，纯亦不已"。每一个开发了"仁"之内在力量的人，一定能倾听到这种召唤的真切，并在生命里产生强烈的震动与激荡，从而备感生命的全幅意义不过是以德行去通达天道，不然，生命即下滑为纯物质性的存在而归于"无"。故孔子曰："朝闻道，夕死可也。"（《论语·里仁》）对这句话，朱子的弟子有明确的解悟，"然。若人而闻道，则生也不虚，死也不虚。若不闻道，则生也枉了，死也枉了"（《朱子语类》卷第二十六）。这意味着，一个人没有担负大道之使命感，必然枉过一生。

使命感必须是尽自家之德以自觉地担负大道，任何人在此不能有丝毫欠缺，我们不可能希望别人去担负大道，而自己坐享其成。故《大学》云："自天子以至于庶人，壹是皆以修身为本。"任何人只有修身，而且必须修身才能担负大道。故孟子自觉地说："夫天未欲平治天下也，如欲平治天下，当今之世，舍我其谁也？"（《孟子·公孙丑下》）孟子固以担负大道自励，但千万不要以为，大道就可以交给像孔子、孟子那样的先知先觉者，我们却可以坐享其成，或者我们根本不必预于担负大道者其间。实际上，"舍我其谁"是每个人应有的使命感，没有例外，除非我们行尸走肉地虚度一生，根本不想通达于天而为真正的人。这意味着，抛弃这种使命感，世间是不可能有真正的道德出现的。詹姆士说："人人都有这个通到神圣的入门，这是不能被取消的。……人生行为的要点，在于把自己的心敞开，让神圣的势力流进，因而使这些势力站在自己的这一边。"❶

（二）一个开发内在力量欲求通达于天的人必有甘于苦难却又乐观放达之精神。

《论语》中有下列语录数条：

> 子曰："士志于道，而耻恶衣恶食者，未足与议也。"（《论

---
❶ 威廉·詹姆士：《宗教经验之种种》，唐钺译，商务印书馆 2011 年版，第 103 页。

语·里仁》）

子曰："贤哉，回也！一箪食，一瓢饮，在陋巷。人不堪其忧，回也不改其乐。贤哉，回也！"（《论语·雍也》）

子曰："饭疏食饮水，曲肱而枕之，乐亦在其中矣。不义而富且贵，于我如浮云。"（《论语·述而》）

叶公问孔子于子路，子路不对。子曰："女奚不曰，其为人也，发愤忘食，乐以忘忧，不知老之将至云尔。"（《论语·述而》）

在陈绝粮，从者病，莫能兴。子路愠见曰："君子亦有穷乎？"子曰："君子固穷，小人穷斯滥矣。"（《论语·卫灵公》）

欲求通达于天的人，就是希望以天来纯化生命，以至于最后"肉身成道"，甚至整个人间根本就是道的威临。这无论是对个人，还是对社会而言，岂是易事？《荀子·大略》曾载孔子与子贡的一段对话：

子贡问于孔子曰："赐倦于学矣，愿息事君。"孔子曰："《诗》云：'温恭朝夕，执事有恪。'事君难，事君焉可息哉！""然则，赐愿息事亲。"孔子曰："《诗》云：'孝子不匮，永锡尔类。'事亲难，事亲焉可息哉！""然则赐愿息于妻子。"孔子曰："《诗》云：'刑于寡妻，至于兄弟，以御于家邦。'妻子难，妻子焉可息哉！""然则赐愿息于朋友。"孔子曰："《诗》云：'朋友攸摄，摄以威仪。'朋友难，朋友焉可息哉！""然则赐愿息耕。"孔子曰："《诗》云：'昼尔于茅，宵尔索绹，亟其乘屋，其始播百谷。'耕难，耕焉可息哉！""然则赐无息者乎？"孔子曰："望其圹，皋如也，颠如也，鬲如也，此则知所息矣。"

世间之道德的践行尚如此艰难，何况大道之行焉？必在无限的磨砺历程之中，故受苦是必然的。孟子曰："天将降大任于斯人也，必先苦其心志，劳其筋骨，饿其体肤，空乏其身，行拂乱其所为；所以动心忍性，曾益其所不能。"（《孟子·告子下》）君子不汲汲于暂时的成功而担负大道，故四处碰壁而困顿是在所难免的，是以"君子固穷"。虽然君子固有困顿之时，然其与小人不同的地方在于：小人困顿时无所不为，君子困顿时依然有道德的坚持与执守。这差别即在：君子之德乃在通达于天的过程中自然从性分中流出的，但小人之德乃从外在规则的规制或功利之求中带出来的，故小人困顿之时必"滥"。《荀子·大略》篇中载孔子所告诫子贡的那些德行，若不知是天人互动中从性分中流出的，是不可有"死而后已"的坚持的。

有使命感的人，不唯甘愿受苦，而且危急关头依然能镇定自若，根本没有觉得危险的所在。遇桓魋之难时，孔子说："天生德于予，桓魋其如予何？"（《论语·述而》）遭匡人之困时，亦有类似的感慨。孔子在面对危险为什么能如此之自信呢？乃在于孔子自信背负着造道的使命，由此感受到了一种无限力量的保护。詹姆士曾解析这种自信心态时说：

> 在这种心态之中，我们最怕的东西反而变成了我们安全之所托；我们行为的死日变成了我们精神的生日了。我们灵魂的紧张时期过去了，愉快的松弛，安静的深呼吸，永远的现在，并无须顾虑不和顺的将来运命的时期的到来。恐怖并不是用纯粹道德来制止，恐怖被积极地排除并洗涤了。❶

詹姆士又说："一切进取性的道德心态和猛烈的热情，都会使人在某一方面对祸害无感觉。"❷孔子亦曰："知者不惑，仁者不忧，勇者不惧。"（《论语·子罕》）又曰："君子不忧不惧。"（《论语·颜渊》）

为什么有使命感的人甘愿受苦、漠视危险，因为这样的人总是快乐的。"人真有快乐之时，他就觉得祸害的念头不实在，这不下于忧郁之时觉得福利的观念不实在的程度。"❸严格说来，人生最大的永恒的快乐只能是由通达于天的使命感带来，其余的快乐俱是人生可有可无的消遣。人在穷乏、受苦甚至死亡威胁之时能保持乐观向上的心态，除了宗教中的使命感给予之外，不可能从别处获得力量。为什么？生活中的些许快乐依赖于外部世界，它是建立

---

❶ 威廉·詹姆士：《宗教经验之种种》，唐钺译，商务印书馆2011年版，第44页。
❷ 威廉·詹姆士：《宗教经验之种种》，唐钺译，商务印书馆2011年版，第87页。
❸ 威廉·詹姆士：《宗教经验之种种》，唐钺译，商务印书馆2011年版，第86页。

在物质的基础上的，物质匮乏，快乐即消失；但有使命感的人的快乐是在尽道的过程中，从自己的性分中流出来的，完全内在自足而无待于外。"问渠那得清如许？为有源头活水来。"（朱熹：《观书有感》）说的就是这个意思。可见，人的性分中本就固有快乐的源泉，与物质的匮乏与否根本无关。宋明儒雅言"孔颜乐处"，正是在这个意义上讲的。这意味着，人在本质上就是快乐的，快乐是人人可能的，且人只能体会到了这种快乐，才不枉为人一世，人与世界的本质才真正到来。孔子以为君子"有终身之乐，无一日之忧"，而小人则"有终身之忧，无一日之乐也"（《荀子·子道》）。君子因为来到了本质，无论处境如何，他总是快乐的；但小人因为没有来到本质，即使处境顺适，他也是忧患交加的。当我们来到本质的时候，无时无刻不是快乐的。詹姆士说：

> 我们通通有觉得宇宙的生命似乎以善意包藏我们的时刻。在年少并健康之时，在夏日，在树林内，或在山上，都会有些日子，好像天气完全安闲地对我们低语，有些时刻，生存的善和美，像干燥温暖的气候包裹我们，或经过我们身上发出和谐之声，好像我们的内心耳朵神妙地唱着世界的舒适一样。❶

这段话的意思，不是与孔子所叹赞的"莫春者，春服既成。冠者五六人，童子六七人，浴乎沂，风乎舞雩，咏而归"（《论语·先进》）的意思一样吗？又，《孟子·梁惠王上》载：

> 孟子见梁惠王，王立于沼上，顾鸿雁麋鹿，曰："贤者亦乐此乎？"孟子对曰："贤者而后乐此；不贤者，虽有此，不乐也。"

孟子的回答很明白，只有"贤者而后乐此"，即只有人在通达于天的践履中，才能真正看得到快乐与欢欣。但快乐与欢欣并不是一种个人享受，"欢欣是一种扩张的情绪；一切扩张的情绪，在它们存在的全期间，是忘我的、仁慈

---

❶ 威廉·詹姆士：《宗教经验之种种》，唐钺译，商务印书馆 2011 年版，第 269–270 页。

的"**❶**。所谓"扩张的情绪"就是孟子所说的"万物皆备于我矣，反身而诚，乐莫大焉"（《孟子·尽心上》）之意。即程明道所谓："仁者浑然与物同体，……此道与物无对，大不足以明之。天地之用，皆我之用。"（《二程遗书》卷二上）人生至此，焉能不乐？！

（三）一个开发内在力量欲求通达于天的人必谦卑恭顺而又慈善、悲悯、宽恕。

《论语·颜渊》有孔子之言曰："夫达也者，质直而好义，察言而观色，虑以下人。"这意味着，一个通达于天的人，必然谦卑恭顺，这在《论语》里得到了印证。《论语》中有下列语录数条：

> 子曰："若圣与仁，则吾岂敢？抑为之不厌，诲人不倦，则可谓云尔已矣。"公西华曰："正唯弟子不能学也。"（《论语·述而》）
> 曾子曰："以能问于不能，以多问于寡；有若无，实若虚，犯而不校，昔者吾友尝从事于斯矣。"（《论语·泰伯》）
> 子曰："吾有知乎哉？无知也。有鄙夫问于我，空空如也，我叩其两端而竭焉。"（《论语·子罕》）
> 子见齐衰者、冕衣裳者与瞽者，见之，虽少必作；过之，必趋。（《论语·子罕》）

一个欲求通达于天的人，为什么必然是谦卑恭顺的？因为在这样的人面前矗立的，其念兹在兹的，不是一般的物质性存在，也不是一般的道德性存在，而是绝对纯粹的神圣者。对于这样一个绝对纯粹的神圣者，人在祂面前显得多么的卑下，如何能不谦卑恭顺？因此，谦卑恭顺根本上乃是人之性德，并非与现实中的人比照后的结果。因此，康德说："谦恭绝不纯然是教出来的，而是在严厉的自我拷问中被每个人所感到的。"**❷**因为谦卑恭顺者乃是与心中的纯粹神圣存在者比照，而不是与现实中的人比照。舍勒说：

---

❶ 威廉·詹姆士：《宗教经验之种种》，唐钺译，商务印书馆 2011 年版，第 274 页。
❷ 康德：《实践理性批判》，李秋零主编：《康德著作全集》第 5 卷，中国人民大学出版社 2007 年版，第160–161 页。

须知，恭顺不是别的什么，正是朝我们自身线条射去的绝对目光；线条看来在对自身进行操纵，以使它变为它个体的理想本质，而线条的交点却在无形之中——在神灵之中。恭顺——这是不断地"在神灵中"、"通过"神灵之"眼"看见自身。[1]

谦卑恭顺者必须敢于抛弃自认为属于自己的一切"权利"、"功绩"，以及理所当然的幸福。所谓权利就是与他人就有关构成每人份额的部分以及应互守义务的部分所达成的谅解。所以，权利与义务是工业化社会协调与纷争的结果，一个人尽了此位置之义务，即可要求相应之权利，故义务与权利乃是一种交易之利益对等关系。但谦卑恭顺是一种德行，它是在天人之关系中照见自身，照见了一种绝对的义务——与神圣者合一，在这种绝对的义务中并没有权利的位置。"谦"卦初六的《象》云："谦谦君子，卑以自牧也。"所以，谦卑恭顺的人永远不断践行，以期通达于心中的纯粹神圣存在者，这是一个没有底止未完成的过程，故"地势坤，君子以厚德载物"。（《易传》）同时，"君子求诸己，小人求诸人"（《论语·卫灵公》），"射有似乎君子，失诸正鹄，反求诸其身"（《中庸》）。谦卑恭顺的人总是把责任与错误揽在自己的身上，以为这些都是自己修身不够造成的，故"躬自厚而薄责于人"（《论语·卫灵公》）。这样，谦卑恭顺的人能自觉地抛弃自己的威严和恢宏的气势，甘愿当世人和芸芸众生谋自由与幸福的奴仆。《论语·微子》载：

> （桀溺对子路）曰："滔滔者天下皆是也，而谁以易之？且而与其从辟人之士也，岂若从辟世之士哉？"耰而不辍。子路行以告。夫子怃然曰："鸟兽不可与同群，吾非斯人之徒与而谁与？天下有道，丘不与易也。"

但谦卑恭顺的人自知自己的修行尚不足以担当这样的责任，于是，终身总有忧患感与羞耻感，正如孟子曰："君子有终身之忧，无一朝之患也。"君子

---

[1] 舍勒：《德行的复苏》，刘小枫主编：《二十世纪西方宗教哲学文选》，杨德友等译，上海三联书店1991年版，第1399页。

为什么有终身之忧呢？孟子说得很清楚："舜人也，我亦人也；舜为法于天下，可传于后世，我由未免为乡人也，是则可忧也。"君子之忧乃在于君子总有一个完美的形象念兹在兹，如何接近？"忧之如何？如舜而已矣。"（《孟子·离娄下》）即通过不断地践行以求接近。但接近岂是易事，故君子备感理想与现实的差距而终身又有羞耻感。故孔子曰："君子食无求饱，居无求安，敏于事而慎于言，就有道而正焉。"（《论语·学而》）又曰："古者言之不出，耻躬之不逮也。"（《论语·里仁》）这就是说，君子耻于以言谈的方式"伐善、施劳"，却在践履上行之不懈。因此，羞耻感应是人固有之德，不可须臾离也。孟子曰："耻之于人大矣。……不耻不若人，何若人有？"（《孟子·尽心上》）因此，孔子一再告诉我们，不能没有羞耻感。

> 邦有道，贫且贱焉，耻也；邦无道，富且贵焉，耻也。（《论语·泰伯》）
>
> 宪问耻。子曰："邦有道，谷；邦无道，谷，耻也。"（《论语·宪问》）

邦有道的时候，不能有所作为，穷困贫贱；邦无道的时候，不能有所担当，只顾自己生活之舒适。同时，不管国家有道无道，只追求物质的满足。这些都是令人可耻的。一个不能担当大道的人因无这种羞耻感，故常乐此不疲而"怀土"、"怀惠"（《论语·里仁》）。一个人免不了因过失而带来尴尬乃至羞辱，这是可以原谅的，但若是因没有羞耻感而带来的羞辱，却是不可以原谅的，而且那人已不可救药。故孟子曰："人不可以无耻。无耻之耻，无耻矣。"（《孟子·尽心上》）没有羞耻感而带来的羞辱为什么是最大的耻辱且不可救药呢？因为他无法开启内在的力量以奋发向上。舍勒说：

> 羞愧和敬畏乃是同根所生：两者都是对破碎处的一种直接领悟；在这些破碎处，无限精神的一缕光线在生命的一种狭隘而贫乏的机体上折射，并且只让对这一机体"重要的东西"为我们闪亮一下。❶

---

❶ 舍勒：《德行的复苏》，刘小枫主编：《二十世纪西方宗教哲学文选》，杨德友等译，上海三联书店 1991 年版，第 1410 页。

敬畏感与羞耻感让生命中"重要的东西"闪亮，就是让人所固有的"仁"这种道德力量开始生发作用，从而有勇气担当大任，是以"知耻近乎勇"（《中庸》）。

相反，一个不谦卑恭顺的骄傲者，是绝不能成为一个仁者的。孔子的弟子子张可能就有这个问题，于是子游与曾子分别论之曰："吾友张也，为难能也，然而未仁。""堂堂乎张也，难与并为仁矣。"（《论语·子张》）就"骄傲"这一点看，必品行卑下而无可观者，故为小人。孔子曰："小人不耻不仁，不畏不义，不见利不劝，不威不惩。"（《易传·系辞下》）这是小人一般的处世态度。《论语·泰伯》记载了以下两条孔子语录：

> 狂而不直，侗而不愿，悾悾而不信，吾不知之矣。
> 如有周公之才之美，使骄且吝，其余不足观也已。

一个人若狂妄而不正直，无知又不谨厚，无能又无诚信，这是典型的骄傲而无德者的表现，孔子以为，这样的人是无法教化的。同时，若一个人即使有周公的才能，但却以矜夸之气掩饰其鄙啬的德行，那么，这个人就完全不足观了。在孔子看来，一个人越内心虚弱卑下，越容易在外貌上表现出一副盛气凌人的样子。"色厉而内荏，譬诸小人，其犹穿窬之盗也与？"（《论语·阳货》）但即使他再盛气凌人，其内心的慌乱与不安，依然像穿墙的小偷一样暴露无遗。那么，为什么不谦卑恭顺的骄傲者会如此盛气凌人地掩饰自己的虚弱呢？因为骄傲者永远停驻在个体之自我中，不能开启力量使生命开阔通达于天这样的无限者。这样，舍勒说：

> 中了魔似的、注目自己价值的骄傲者必然栖泊于黑夜、阴暗之中。他的价值世界一分钟一分钟地暗淡下去，因为每看一眼价值，在他都无异于偷窃，无异于对他的自我价值的掠夺。于是，他变成魔鬼和否定者！他被囚禁在他的骄傲这一牢房之中；牢房四壁不停地

增长，使他看不到世界的光明。❶

陷入自身而不能自拔的骄傲者因不能通达于天，故看不到永恒的光明，他必定与人人为敌，与世界为敌，到处都是壁垒与障碍。因此，他仇恨而无恕道，"好勇疾贫，乱也。人而不仁，疾之已甚，乱也"（《论语·泰伯》）。而谦卑恭顺的人却可以把一切人间的畛域抹平，故子夏转述孔子之言而告诫司马牛曰："君子敬而无失，与人恭而有礼。四海之内，皆兄弟也。"（《论语·颜渊》）谦卑恭顺者甚至对于"明知他会错误的人，……也可以觉得很像是在服从具有无限的智慧者"❷。故孔子曰："事父母几谏。见志不从，又敬不违，劳而不怨。"（《论语·里仁》）

谦卑恭顺的人为什么能抹平畛域？因为他有"仁"这种内在动力，我们说过，"仁以感通为性，润物为用"，"感通"是纵向的，是从无限的神圣者那里获得力量；"润物"是横向的，在现象世界的壁垒中施展力量，以抹平其间的畛域。故孔子曰："一日克己复礼，天下归仁焉。"（《论语·颜渊》）人一旦克己而开启"仁"的力量，天下都在"仁"的笼罩之下而一体平铺。"仁"这种力量通达于天，故谦卑恭顺者以神圣者的目光要求自己，对别人却表现出慈善、悲悯、宽恕。

> 子曰："居上不宽，为礼不敬，临丧不哀，吾何以观之哉？"（《论语·八佾》）
>
> 子绝四：毋意，毋必，毋固，毋我。（《论语·子罕》）
>
> 子曰："君子易事而难说也：说之不以道，不说也；及其使人也，器之。小人难事而易说也：说之虽不以道，说也；及其使人也，求备焉。"（《论语·子路》）
>
> 子贡问曰："有一言而可以终身行之者乎？"子曰："其恕乎！己所不欲，勿施于人。"（《论语·卫灵公》）
>
> 子曰："躬自厚而薄责于人，则远怨矣。"（《论语·卫灵公》）

---

❶ 舍勒：《德行的复苏》，刘小枫主编：《二十世纪西方宗教哲学文选》，杨德友等译，上海三联书店1991年版，第1400–1401页。

❷ 威廉·詹姆士：《宗教经验之种种》，唐钺译，商务印书馆2011年版，第305页。

谦卑恭顺者如此严酷地"克己"，对别人必然表现出相应慈柔的德行。这样的人"对妒忌、憎恶、报复欲都深闭固拒，并且完全化为仁爱、宽恕和慈悲了"❶。这种严以律己、宽以待人的思想，董仲舒以为正是儒家的"仁义法"。他说：

> 《春秋》之所治，人与我也；所以治人与我者，仁与义也；以仁安人，以义正我；故仁之为言人也，义之为言我也，言名以别矣。仁之于人，义之于我者，不可不察也。众人不察，乃反以仁自裕，而以义设人，诡其处而逆其理，鲜不乱矣。是故人莫欲乱。而大抵常乱，凡以闇于人我之分，而不省仁义之所在也。是故《春秋》为仁义法，仁之法在爱人，不在爱我；义之法在正我，不在正人；我不自正，虽能正人，弗予为义；人不被其爱，虽厚自爱，不予为仁。……以仁治人，义治我；躬自厚而薄责于外，此之谓也。且《论》已见之，而人不察，曰："君子攻其恶，不攻人之恶。"不攻人之恶，非仁之宽与！自攻其恶，非义之全与！此之谓仁造人，义造我，何以异乎！故自称其恶，谓之情；称人之恶，谓之贼。求诸己，谓之厚；求诸人，谓之薄。自责以备，谓之明；责人以备，谓之惑。是故以自治之节治人，是居上不宽也；以治人之度自治，是为礼不敬也。（《春秋繁露·仁义法》）

在儒家的恕道里，即使对于犯人，往往也要求在上位者自省其失而宽免他们。

> 季康子问政于孔子曰："如杀无道，以就有道，何如？"孔子对曰："子为政，焉用杀？子欲善，而民善矣。君子之德风，小人之德草。草上之风，必偃。"（《论语·颜渊》）
> 孟氏使阳肤为士师，问于曾子。曾子曰："上失其道，民散久矣。

---

❶ 威廉·詹姆士：《宗教经验之种种》，唐钺译，商务印书馆 2011 年版，第 275 页。

如得其情，则哀矜而勿喜。"（《论语·子张》）

由恕道必至于儒家的仁政。孔子曰："君子上达，小人下达。"（《论语·宪问》）君子的这些德行都来自他"上达"之努力，而一个只求"下达"的人，不但苛责求备而不宽恕，且他的德行很可能是假装的，甚至是隐含杀机的，故孔子曰："巧言、令色、足恭，左丘明耻之，丘亦耻之。匿怨而友其人，左丘明耻之，丘亦耻之。"（《论语·公冶长》）

当然，一个谦卑恭顺的人还有一个最重要的品质：孝。但孝亦绝不只是一种人伦关系，而是一种向天的通达。孝之大义，将在第二章论述曾子的思想时深入阐述。

（四）一个开发内在力量欲求通达于天的人必好学。

一个欲求通达于天的人必谦卑，而谦卑的人必好学。故"见贤思齐焉，见不贤而内自省也"。（《论语·里仁》）"敏而好学，不耻下问。"（《论语·公冶长》）"三人行，必有我师焉。择其善者而从之，其不善者而改之。"（《论语·述而》）从这三句话我们可知，"学"并非学习外在知识，而是开发内在力量践行以通达于天。在孔子看来，若一个人于"学"欠缺，表明他不在通达于天的路上，这是很可耻的。故孔子曰："夫幼而不能强学，老而无以教，吾耻之。"（《孔子家语·三恕》）《论语》中有下列语录数条：

> 子曰："学而不思则罔，思而不学则殆。"（《论语·为政》）
>
> 子曰："十室之邑，必有忠信如丘者焉，不如丘之好学也。"（《论语·公冶长》）
>
> 子曰："默而识之，学而不厌，诲人不倦，何有于我哉？"（《论语·述而》）
>
> 子曰："德之不修，学之不讲，闻义不能徙，不善不能改，是吾忧也。"（《论语·述而》）
>
> 子曰："三年学，不至于谷，不易得也。"（《论语·泰伯》）
>
> 子曰："吾尝终日不食，终夜不寝，以思，无益，不如学也。"（《论语·卫灵公》）

孔子谈学之言甚多，这里只是列举含"学"字之言者。在孔子看来，一个人若不学，一定会陷入危险之中，故圣人所忧者即在此。我们说过，学乃是开发通达于天的动力，若人根本没有这个愿望与觉悟，则学是没有意义的，故"学之为言觉也"（《白虎通义·辟雍》），"记问之学不足以为人师"（《礼记·学记》）。正是在这个意义上，孔子才说："不愤不启，不悱不发。"（《论语·述而》）朱子训"愤"为"心求通而未得"，训"悱"为"口欲言而未能"。这里的"通"不是通晓文义，而是通达天道。一个好学的人总是于通达天道处显"愤悱"之情，即"不安"之感。牟宗三说："愤悱即是不安，即是不忍。"❶孔子教人，即从"不安"处进入。《论语·阳货》载：

> 宰我问："三年之丧，期已久矣。君子三年不为礼，礼必坏；三年不为乐，乐必崩。旧谷既没，新谷既升，钻燧改火，期可已矣。"子曰："食夫稻，衣夫锦，于女安乎？"曰："安。""女安则为之！夫君子之居丧，食旨不甘，闻乐不乐，居处不安，故不为也。今女安，则为之！"宰我出。子曰："予之不仁也！子生三年，然后免于父母之怀。夫三年之丧，天下之通丧也。予也，有三年之爱于其父母乎？"

孔子没有对宰我解释为什么一定要"三年之丧"的礼制规定，而是把主动权交给了宰我，问其"安乎"。若人之生命有悱恻不安之感，必知"三年之丧"为必须；若无悱恻不安之感，则不必"三年之丧"的理由甚多。宰我回答曰"安"，孔子即知其为"不仁"。反过来说，"不安"处乃见"仁"。牟宗三说：

> 宰予说"安"，即宰予之不仁，其生命已无悱恻之感，已为其关于短丧之特定理由所牵引而陷于僵滞胶固之中，亦即麻木不觉之中，而丧失其仁心，亦即丧失其柔嫩活泼、触之即动即觉之本心。是以不安者即是真实生命之跃动，所谓"活泼泼地"是也。此处正见"仁"。❷

---

❶　牟宗三：《心体与性体》中，上海古籍出版社1999年版，第181页。
❷　牟宗三：《心体与性体》中，上海古籍出版社1999年版，第181页。

牟宗三所说的"活泼泼地",并非是指气机生命之鼓荡,乃是指人之不断上达之愿力,也就是"仁"。一个学者,最重要的是"仁"之活泼泼,孔子因材施教、随机指点,正是要开启这种"仁"之活泼泼。故真正的学习是"让……去学",即"让人自己去通达",故"开而弗达"。这也意味着,老师与学生俱在通达的路上。海德格尔说:

> 真正的教师以身作则,向学生们表明他应学的东西远比学生多,这就是让人去学。教师必须比弟子更能受教。真正的教师对自己的事务比学徒对自己的活计更没有把握。所以,如果教师与学生之间的关系是真诚的,就绝不会有"万事通"发号施令和专家的权威影响作威作福之地。成为一名教师,才是更高的事务,这与当一个有名气的大学讲师或教授完全是两码子事。❶

大学讲师或教授就是通晓名物义理,故万事通式地发号施令,但这完全不是教育。教育只是成为教师,所谓教师就是总是在通达的路上,他以坚定的意志与毅力为楷模。

> 子曰:"若圣与仁,则吾岂敢?抑为之不厌,诲人不倦,则可谓云尔已矣。"公西华曰:"正唯弟子不能学也。"(《论语·述而》)
> 子曰:"我非生而知之者,好古,敏以求之者也。"(《论语·述而》)

孔子之所以成为了最好的老师,就是因为他是通达于天的先行者。《淮南子·人间训》载:

> 人或问孔子曰:"颜回何如人也?"曰:"仁人也。丘弗如也。""子贡何如人也?"曰:"辩人也。丘弗如也。""子路何如人也?"曰:"勇人也。丘弗如也。"宾曰:"三人皆贤夫子,而为夫子役。何也?"孔

---

❶ 海德格尔:《什么召唤思?》,孙周兴选编:《海德格尔选集》,上海三联书店 1996 年版,第 1217 页。

> 子曰："丘能仁且忍，辩且讷，勇且怯。以三子之能，易丘一道，丘
> 弗为也。"

"忍、讷、怯"都是通达于天的谦卑表现，孔子能之，而颜渊、子贡、子路则尚未做到，故在孔子那里，仁、辩、勇是一贯之道，而在颜渊、子贡、子路则是分殊之德。《淮南子》的作者最后评之曰："孔子知所施之也。"即孔子在绝对神圣者的指引下，仁、辩、勇能很好地呈用而不出错。孔子又对子路说："好仁不好学，其蔽也愚；好知不好学，其蔽也荡；好信不好学，其蔽也贼；好直不好学，其蔽也绞；好勇不好学，其蔽也乱；好刚不好学，其蔽也狂。"（《论语·阳货》）这就是说，若人不能通过学习通达超越的一贯之道，任何德行都可能会变得很坏。

好学的关键问题是限制、并约束自己的欲望，因为"仁"的力量的开显就是要冲破欲望的桎梏。我们说孔子以坚定的意志与毅力行走在通达于天的路上，就是因为他限制、约束自己欲望的意志与毅力特别强大。"富而可求也，虽执鞭之士，吾亦为之。如不可求，从吾所好。"又，"不义而富且贵，于我如浮云"（《论语·述而》）。此即表明，孔子决不伤害"仁"这种道德力量去追求富贵。

> 子曰："吾未见刚者。"或对曰："申枨。"子曰："枨也欲，焉得刚？"
> （《论语·公冶长》）

"刚"是通达于天的意志与力量，而"欲"正是这种力量最大的破坏力。申枨因为欲望强，故不足以称之为"刚"。孟子谓其"善养浩然之气"，而浩然之气乃是"至大至刚，以直养而无害，则塞于天地之间，其为气也配义与道"（《孟子·公孙丑上》），说的正是这种力量。"仁"的力量的开显而通达于天，正是欲望与这种力量的斗争过程。所谓"学"就是以"刚"的力量（"大者"）来引导欲望（"小者"），即"先立乎其大者，则其小者弗能夺也"（《孟子·告子上》）。后来在宋明儒那里，学就是天地之性与气质之性之间的张力，就是存养天地之性以统领气质之性，是谓"变化气质"也。"所贵乎学者，以

其能变化气质也。学而不足以变化气质，何以学为哉？！"（《性理大全书》卷四十五录吴澄语）这些义理，最后凝成"学达性天"❶四个字。

人之所以要学习，绝不只是横向的开物成务之欲求，一定还要有纵向的开辟通达之愿力。正是开辟通达之愿力为开物成务之欲求提供了力量源泉与价值保证，故学习当以纵向之开辟通达为主轴，横向之开物成务只是其所成。现代教育漠视纵向之开辟通达，故宗教式微而科学兴盛，如此一来，正如海德格尔所言："教育的时代已经结束，这并非因为无教育者登上了统治地位，而是因为一个时代的象征已经清晰可见。"❷

（五）一个开发内在力量欲求通达于天的人必好礼。

前面说过，礼之本义乃"事神致福"，故礼本就是通达于天的，故孔子曰：

> 礼之所兴，与天地并。夫礼，先王所以承天之道，以治人之情，列其鬼神，达于丧祭、乡射、冠婚、朝聘。故圣人以礼示之，则天下国家可得以礼正矣。（《孔子家语·礼运》）

这是从礼的形上根基处讲，礼必通达于天。但从礼的形下度数折旋处讲，礼绝不只是一种外在的行为规范，亦必具陶冶人之"仁"的力量，使其自觉通达于天。故一个谦卑恭顺的人必执礼。"夫礼者，自卑而尊人。"（《礼记·曲礼上》）相反，一个居功自傲的人，一定不知礼。当子贡问管仲是否知礼时，孔子的回答是：

> 邦君树塞门，管氏亦树塞门；邦君为两君之好，有反坫，管氏亦有反坫。管氏而知礼，孰不知礼？（《论语·八佾》）

因此，在现实中礼是考验一个人德行的基本标志，但更重要的是，礼是人之为人的本质所在。他曾对自己的儿子孔鲤说"不学诗，无以言；不学礼，无以立"（《论语·季氏》）。人当"立于礼"，这样的告诫在《论语》中凡三见，

---

❶ 《皇清文献通考》卷七十三载：（康熙）二十五年，颁发御书"学达性天"四字匾额于宋儒周敦颐、张载、程颢、程颐、邵雍、朱熹祠堂及白鹿洞书院、岳麓书院，并颁日讲解义经史诸书。

❷ 海德格尔：《科学与沉思》，孙周兴选编：《海德格尔选集》，上海三联书店1996年版，第977页。

另两见是："兴于诗，立于礼，成于乐。"（《论语·泰伯》）"不知命，无以为君子也。不知礼，无以立也。不知言，无以知人也。"（《论语·尧曰》）孔子这种"立于礼"的要求意在表明，"人是一种礼仪性的存在"●。人的本质是宗教性的，准确地说，人应该是一种宗教性的礼仪存在，故礼必须是宗教性的，我们必须在这种意义上理解礼。下列数句亦可概见孔子之重礼：

子贡曰："贫而无谄，富而无骄，何如？"子曰："可也。未若贫而乐，富而好礼者也。"（《论语·学而》）

子曰："生，事之以礼；死，葬之以礼，祭之以礼。"（《论语·为政》）

子曰："恭而无礼则劳，慎而无礼则葸，勇而无礼则乱，直而无礼则绞。"（《论语·泰伯》）

颜渊问仁。子曰："克己复礼为仁。一日克己复礼，天下归仁焉。为仁由己，而由人乎哉？"颜渊曰："请问其目。"子曰："非礼勿视，非礼勿听，非礼勿言，非礼勿动。"（《论语·颜渊》）

子曰："上好礼，则民易使也。"（《论语·宪问》）

子曰："知及之，仁不能守之；虽得之，必失之。知及之，仁能守之。不庄以莅之，则民不敬。知及之，仁能守之，庄以莅之。动之不以礼，未善也。"（《论语·卫灵公》）

以上所列诸条礼之言论，孔子关于"礼仪作用所发挥的东西，不仅是它的鲜明的人文性格、它的语言和神奇魅力的特征，还在于它的道德和宗教的特征。……对孔子来说，正是神圣礼仪的意象统一了或融合了人的存在的所有这些维度"●。但所有这些维度在人那里都有一个内在的支点，那就是"仁"。孔子为什么如此之重视礼呢？乃因为礼能激发启示"仁"之力量。《荀子·哀公》载：

● 芬格莱特：《孔子：即凡而圣》，彭国翔等译，江苏人民出版社 2010 年版，第 12 页。
● 芬格莱特：《孔子：即凡而圣》，彭国翔等译，江苏人民出版社 2010 年版，第 12 页。

> 鲁哀公问于孔子曰："绅、委、章甫有益于仁乎？"孔子蹴然曰：
> "君号然焉！资衰、苴杖者不听乐，非耳不能闻也，服使然也。黼衣、
> 黻裳者不茹荤，非口不能味也，服使然也。且丘闻之：'好肆不守折，
> 长者不为市。'窃其有益与其无益，君其知之矣。"

鲁哀公认为"绅、委、章甫"这种外在的礼仪仅仅是装饰，无益于"仁"之力量之培养与开发，孔子认为，"仁"的力量的开发正是要在这种具有仪式感的质实的生活中，因为"仁"不是一种抽象的认知，而是一种存在力量，它需要在仪式感中才得以震动。因此，孔子一方面严守礼之外在形式。《论语·八佾》载：

> 子曰："禘自既灌而往者，吾不欲观之矣。"
> 子贡欲去告朔之饩羊。子曰："赐也，尔爱其羊，我爱其礼。"

礼正是在森严的仪式中，才能有感发与震动人的力量，故仪式中的每一个环节都不可苟且懈怠，我们读《论语·乡党》篇即有真切的感受，仪式的每一个环节与动作都让我们有所震动与通达，把我们带到了更渺远的宇宙及更本质的根基之中。"正是以礼仪为媒介，我们生命特有的人性成分，才得以有鲜活的表现。礼仪行为是第一性的、不可化约的重要事件。"❶"仪式表达了对更广大宇宙的参入感，表达了在根本上维系性力量面前所感觉到的敬畏、尊重和感激。"❷所以，礼绝不只是人与人之间的一种协调顺适关系，更重要的是人的形上通达，由此而带来的终极关怀。芬格莱特说：

> 作为所有真正的人的存在的一个维度，这种象征既是神圣性的表达，又是对神圣性的参入。因此，显而易见，在更大的以及理想上无所不包的礼仪的和谐之中——这种和谐与理想之道的完美的人性化的文明相关联，神圣礼仪是一个智慧光明的集中点。人类的生

---

❶ 芬格莱特：《孔子：即凡而圣》，彭国翔等译，江苏人民出版社2010年版，第11页。
❷ 谢尔兹：《逻辑与罪》，黄敏译，华东师范大学出版社2007年版，第165页。

活在其整全之中，最终表现为一种广阔的、自发的和神圣的礼仪：人类社群。对孔子来说，这确实是一个"终极关怀"。孔子一再指出，这是与人的个体生命本身相关，并且超乎其上、惟此为上的事情。❶

只有当我们把人看作公共礼仪的参入者而不是原子式的独立个体时，人才能绽出崭新而神圣的面容。当人达到人之为人的境界时，"他是一樽神圣的礼器"❷。但人是礼器，而不是器物，故"君子不器"（《论语·为政》）。这意味着礼必须有助于通达，而不能僵化在胶固的仪式中，因此，另一方面，孔子对于礼之外在形式又非常灵活。

> 林放问礼之本。子曰："大哉问！礼，与其奢也，宁俭；丧，与其易也，宁戚。"（《论语·八佾》）
> 子曰："麻冕，礼也；今也纯，俭。吾从众。拜下，礼也；今拜乎上，泰也。虽违众，吾从下。"（《论语·子罕》）

关于第一句，王船山释之曰："奢易皆不中礼者，以'天下之大本言也'。……林放问礼之本，他只见人之为礼，皆无根生出者仪文来，而意礼之必不然，固未尝料量到那大本之中上去。"（《读四书大全说·八佾篇》）这意味着，人之为礼而不能致意于礼之本，即天之通达，则礼总是虚的形式。第二句则很好理解，泰，即骄慢也。骄慢者自不能通达，无论其礼如何符合规范。芬格莱特说：

> 真正的礼仪的"发生"，则有一种自发性。它"自然而然"发生。其间蕴含着生命，因为参与礼仪活动的人是严肃而真诚的。真正的礼仪要求人们必须"祭神如神在"；否则，就好像"如不祭"。换言之，在践行礼仪的过程中有两种相反类型的失败：一种是由于缺乏学习和技巧而使礼仪的践行非常笨拙；另一种情况是礼仪表面上也许实行

---

❶ 芬格莱特：《孔子：即凡而圣》，彭国翔等译，江苏人民出版社 2010 年版，第 13 页。
❷ 芬格莱特：《孔子：即凡而圣》，彭国翔等译，江苏人民出版社 2010 年版，第 68 页。

得熟练灵巧，但由于缺乏严肃的目标和信守而仍然显得乏味和机械。美观而有效的礼仪要求行为者个体的"临在"与所学礼仪技巧的融合无间。这种理想的融合，便是作为神圣礼仪的真正的"礼"。❶

芬格莱特所说的"严肃的目标和信守"、"临在"，实质上就是指礼的形上通达，这是礼的神圣性的根基。《礼记·乐记》云："礼胜则离。"亦即过分在意礼之格套而去通达，则离礼甚远。

总之，礼是通往神圣性的阶梯。天人交通之模型从人神杂糅到绝地天通，再到天人合一，通往神圣性的现实阶梯由巫术变为了体现人伦关系之礼，于是，通往神圣具有人间的广被性与普遍性，神圣的大门对人人敞开，这应是孔子"立于礼"之大义所在。

以上五个方面，是作为造道者的孔子在世间的主要表现，或者说，孔子在世间就是以上述方式造道的，从而使道不为纯形上的存在，而成为质实的"见在"。孔子曰："我欲载之空言，不如见之于行事之深切著明也。"（《史记·太史公自序》）孔子践行以造道，即"见之于行事"而使道"深切著明"也。当然，上述五个方面并不能全尽孔子造道之表现，圣人之造道是全方位的，以下两点是需要略加提及的。

其一，一个通达于天道的人，一定简易坦荡，绝不紧张暴戾而色泽温和。如，"君子坦荡荡，小人长戚戚。""子温而厉，威而不猛，恭而安。"（《论语·述而》）因为道一定是简易的，《易传·系辞上》云："乾以易知，坤以简能；易则易知，简则易从。……易简而天下之理得矣。"通达于道者清虚简要，故色泽温和，孔子曰："奋于言者华，奋于行者伐。"（《荀子·子道》）

其二，一个通达于天道的人，必然赞美。如，子在川上曰：'逝者如斯夫！不舍昼夜'。（《论语·子罕》）这是对自然的赞美。又，"大哉，尧之为君也！巍巍乎！唯天为大，唯尧则之。荡荡乎！民无能名焉。巍巍乎！其有成功也；焕乎，其有文章！"（《论语·泰伯》）这是对圣人的赞美。但赞美不是经验世界的愉悦，而是来自根基的触动，从而参入到更大的欢乐与永恒的演出中来，因此，赞美是人的道德力的震动，是对天的通达。

---

❶ 芬格莱特：《孔子：即凡而圣》，彭国翔等译，江苏人民出版社 2010 年版，第 7 页。

第二章　士不可以不弘毅：
作为道之践行者的孔门弟子

　　孔门弟子（这里的孔门弟子俱是指孔门及门弟子，非宽泛意义上的孔门弟子）是孔子之道的有力践行者，孔门诸弟子之学是孔子之道的绍述者与继承者，是早期儒学的重要组成部分。孔门弟子于夫子在世之时，即羽翼大道；于夫子去世后，又匡扶大道于不坠。他们以"士不可以不弘毅"之精神，在春秋战国之乱世，播善根于人，植正道于世。于黑暗之人间，光霁其影；于淆乱之学界，雷霆其声。其德行学问不可谓不大且巨矣。清人金声曰：

　　　　尝观古今人才，唐虞而后于周为盛，越数百年而遂有孔氏之门。后先奔走，心悦诚服，则忠臣义士之效，不必其在朝廷也；患难死生，与聚与共，则云风龙虎之从，不必其得时也。……尚德不倦，躬行不怠，所愿望难见也，时则有若颜渊、闵子骞、冉伯牛、仲弓；出言有章，吐辞为经，旷代逸才也，时则有若宰我、子贡；至若经世之略，为富为强，政事有寄也，而冉有、季路其人在焉；道德之华，弦歌博雅，文学千古也，而子游、子夏其人在焉。……设诸贤非从夫子，游挟其德行、言语、政事、文学，以博取人间富若贵、与一切功名才望，固自易易，何困厄若斯也？而诸贤不愿也。圣人无厄地，所自信者天命，而人心则不敢必也。（《钦定四书文》卷四《德行》）

后人尝叹孔门诸子"惜哉不霸，空臣素王"（唐司马贞《仲尼弟子列传·述赞》），实则孔门弟子若以其学识与德行博取富贵，岂不如探囊取物焉。荀子曰：

> 然而仲尼之门，五尺之竖子，言羞称五伯，是何也？曰：然！彼非本政教也，非致隆高也，非綦文理也，非服人之心也。（《荀子·仲尼》）

五霸如齐桓、晋文者，不过"诈心以胜矣，彼以让饰争，依乎仁而蹈利者也，小人之杰也"（《荀子·仲尼》），安能入孔门之法眼，❶故孔门弟子无一以富贵名世者，乃至困厄于陈蔡间，而颜渊早死，冉伯牛恶疾而终。然"君子居易以俟命，小人行险以徼幸"（《中庸》），孔门弟子俱安然处之。"士不可以不弘毅，任重而道远。仁以为己任，不亦重乎？死而后已，不亦远乎？"（《论语·泰伯》）此语虽出自曾子之口，实代表孔子一门之精神也。

唐司马贞《仲尼弟子列传·述赞》云："教兴阙里，道在邹乡。异能就列，秀士升堂。依仁游艺，合志同方。将师宫尹，俎豆琳琅。"（《史记索隐》卷三十）这既是对夫子兴教之夸赞，亦是对金玉满堂之孔门弟子之嘉赏。古语云："天不生仲尼，万古如长夜。"此中当有孔门弟子之功也。

可以说，正是孔门弟子对于孔子之道的竭力践行，才使得春秋战国乱世之长夜有了一盏明灯，给人世以希望。但孔门诸弟子因气质所限，只得孔子之道之一体，尽管他们亦是天人之间的践行者，但他们的最后通达则不及作为造道者的孔子圆融，此则见行之维艰，学之不易也。本章将以颜渊、仲弓、子路、曾子、子夏作为代表，以观孔门弟子在天人之间的践行及其通达。但进入这些论述之前，先得讨论孔门的分化及其格局。

一、气的限制与孔子之道的分化

孔子是教人求道的，他的思想一以贯之，就是道的体现，但为什么在弟

---

❶ 齐宣王问曰："齐桓、晋文之事，可得闻乎？"孟子对曰："仲尼之徒无道桓、文之事者，是以后世无传焉，臣未之闻也。"（《孟子·梁惠王上》）足见孔门之贱霸道而尊王道也。

子那里会出现分化呢？对于这个问题，学界有不同的理解与猜测。有学者指出，孔子集团分裂的首要原因为"孔门弟子因干禄竞争而产生的利害冲突"❶。之所以有这种冲突，乃在于孔门弟子竞争心理太强。这位学者且举子路为例。《论语·述而》有这样一条记载：

> 子谓颜渊曰："用之则行，舍之则藏，唯我与尔有是夫！"子路曰："子行三军，则谁与？"子曰："暴虎冯河，死而无悔者，吾不与也。必也临事而惧，好谋而成者也。"

这里显示了子路率真直露的性格，子贡谓"其言循性"、"文不胜其质"（《孔子家语·弟子行》）就是这种表现。此子路之可爱处，然亦子路之短处，是以孔子有所抑之。但该学者以为，这是子路听到孔子夸赞颜渊，于是，立即在孔子面前标榜自己的勇武，"孔门弟子的竞争心理在这里表现得可谓最为突出了"❷。这完全是以自家之狠愎心理去揣摩圣人之徒，以此去研究孔门弟子之学，当然不能得其实。实际上，该作者分析"儒分为八"乃孔门弟子在孔子死后争正宗地位的结果，这依然是作者狠愎心理的产物。

又有学者指出，造成孔门弟子分化的根本原因是孔子的学问之内容与教育方法问题。从学问之内容方面讲，有些内容太过浑沦与神秘，比如"天"，孔子雅好言之，但"这个'天'究属何物，是实有其在还是构设以言事，孔子不仅没有明确的说明，而且还有倾向神秘主义的表现，这样就难免为后世学者生出许多歧点"❸。从教育方法上讲，孔子教育的基本方法是因材施教，这使得同一内容针对不同的人有不同的叙述，"我们虽然对这种教法本身提不出根本的怀疑，但当我们面对孔子弟子在后来出现的一分为多的情形时，便不能不重视这一方法的多种不利后果了"❹。这位学者的看法看似有道理，实际上根本不能理解孔子的学问，依然把孔子之道作为知识性的学问。知识性的学问强调表达上的准确性与清晰性，但孔子的学问却不属于这样一种学问，孔

---

❶ 吴龙辉：《原始儒家考述》，中国社会科学出版社 1996 年版，第 97 页。
❷ 吴龙辉：《原始儒家考述》，中国社会科学出版社 1996 年版，第 90 页。
❸ 高专诚：《孔子·孔门弟子》，山西人民出版社 1991 年版，第 55 页。
❹ 高专诚：《孔子·孔门弟子》，山西人民出版社 1991 年版，第 53 页。

子之道乃实践性的内省之学，需要在存养工夫中去体会与契悟。在此，有两点可说：其一，如果人有笃实的存养工夫，则孔子之道有其切实的准确性与清晰性，然"说"无与焉，故孔子"欲无言"（《论语·阳货》）。"天"即属于不能言者，但并无神秘可言，更非构设以言事，若人笃实存养，定可知之，故孟子有"尽心、知性而知天"（《孟子·尽心上》）之说。其二，体会与契悟总是自家生命的事，而每一个具体的生命总有其气质的限制，故圣人教人总是针对这个限制而指点开示之，一个真有觉悟力的人绝不会停留在这个指点自身，一定可依自家的觉悟而开权显实，从而达到孔子的一贯之道，绝不会限于因材施教的这个"教路"那里。所以可以说，这位学者因对孔子之道的总体精神较为隔膜，使得他对于孔门分化之原因分析只知其表而不得其实。

如果我们知晓孔子之道乃实践性的精神之学，最终依赖个人的体会、契悟与践行，那么，对于孔子之道的理解与把握就与个人的生命气质、存养工夫及其践行有关。所以，孔门弟子分化最终与众弟子的气质相关。这是最为关键的问题，其余的问题都在这里才能得到最终的解释。

前面说过，孔子乃是一个造道者，其整个生命圆融无缺，乃是道的体现。这样一个造道者的生命，亲炙于孔子之门弟子多有所观赏与叹服，于《论语》中时有所见。前文多有引述，在此不必重复。这样一个圆融而体道者，使得孔子的思想境界与为人处世直达天德，而具天地气象。宋儒于此多有体会：

> 颜渊、季路侍。子曰："盍各言尔志？"子路曰："愿车马、衣轻裘，与朋友共。敝之而无憾。"颜渊曰："愿无伐善，无施劳。"子路曰："愿闻子之志。"子曰："老者安之，朋友信之，少者怀之。"（《论语·公冶长》）

关于这一段对话，朱子《论语章句集注》中尝引程子而释之如下：

> 程子曰："夫子安仁，颜渊不违仁，子路求仁。"又曰："子路、颜渊、孔子之志，皆与物共者也，但有小大之差尔。"又曰："子路勇于义者，观其志，岂可以势利拘之哉？亚于浴沂者也。颜子不自私

己，故无伐善，知同于人，故无施劳。其志可谓大矣，然未免出于有意也。至于夫子，则如天地之化工，付与万物而己不劳焉，此圣人之所为也。今夫羁靮以御马而不以制牛，人皆知羁靮之作在乎人，而不知羁靮之生由于马。圣人之化，亦犹是也。先观二子之言，后观圣人之言，分明天地气象。凡看《论语》，非但欲理会文字，须要识得圣贤气象。"

孔子的境界就是德侔天地，"付与万物而己不劳"，人文化成，无为而治。所谓"乐其日用之常，初无舍己为人之意。而其胸次悠然、直与天地万物上下同流、各得其所之妙，隐然自见于言外"（《论语章句集注·先进》），但其弟子则不及，常规规于事为之末，故气象有差矣，故有"仲尼，天地也；颜子，和风庆云也；孟子，泰山岩岩之气象也"之说。（《二程遗书》卷第五）颜渊是孔子最看重与满意的学生，但其学问与境界与孔子较，尚有不少差距。这差距在哪里呢？程子释之曰：

> 颜子所言不及孔子。无伐善，无施劳，他是颜子性分上事。孔子言安之、信之、怀之，是天理上事。（《二程遗书》卷第六）

性分与天理合一方为圣者的境界，由此可上达天德而至天地气象。但颜子就是这个合一处尚有不足，即颜子德之践行有余而天之通达不足。程伊川曰：

> "大而化之"，只是谓理与己一。其未化者，如人之操尺度量物，用之尚不免有差，若至于化者，则己便是尺度，尺度便是己。颜子正在此，若化则便是仲尼也。"在前"是不及，"在后"是过之。此过不及甚微。惟颜子自知，他人不与。"卓尔"是圣人立处。颜子见之，但未至尔。（《二程遗书》卷第十五）

颜渊之学尚是"操尺度量物"，尚未"尺"与"物"一而化。为什么会有这种差别呢？牟宗三尝以圣人之悲剧论之，曰：

> 哲学以名理为准。名理凌空，不为生命所限。圣证以生命为资，不能不为其所限。无生命之圣证，则道不实。无名理之凌空，则道不开。哲学辩而开之，显无幽不独之朗照。圣证浑而一之，示一体平铺之实理。然哲学家智及不能仁守，此是哲学家之悲剧。圣证仁守而封之，此是圣人之悲剧。两者永远在开阖相成中，而各有其独立之本质，藉以观人之所以为人，精神之所以为精神。❶

成圣与成哲学家不同，不只是说理，且须以自家生命去印证天理。但除非是天纵之圣者，人之现实生命总是有限度的，很难与天理真实地合一，故通达于天总是很难的。这就是圣人的悲剧。这种悲剧在孔子的学生那里，得到了全尽的体现。

> 季康子问："仲由可使从政也与？"子曰："由也果，于从政乎何有？"曰："赐也，可使从政也与？"曰："赐也达，于从政乎何有？"曰："求也，可使从政也与？"曰："求也艺，于从政乎何有？"（《论语·雍也》）
>
> 柴也愚，参也鲁，师也辟，由也喭。（《论语·先进》）

果、达、艺固是气质之优长，但亦是其限制。愚、鲁、辟、喭亦如是。这是一个天然的机括，亦是一个天然的限制。

本来，夫子之弟子来源广泛，气质杂多而殊异。

> 东郭子思问于子贡曰："夫子之门何其杂也？"子贡曰："夫隐栝之家，多枉木；良医之门，多疾人；砥砺之旁，多顽钝。"夫子闻之曰："修道以俟天下，来者不止，是以杂也。"（《尚书大传》卷三）

---

❶ 牟宗三：《才性与玄理》，台湾学生书局1985年版，第283–284页。

气质杂多，故离经叛道，是以须学。本来，弟子向孔子问学，就是希望变化而圆融气质而成圣成贤既而担当大道。"故凡学，非能益也，达天性也。"（《吕氏春秋·尊师》）前文说过，一个欲求通达天道的人，必须致力于这种学。但现实的生命是一个物质的机栝，总有气的限制。

> 问："'君子不器'之旨。"曰："人心至灵，均具万理，是以无所往而不知。然而仁义礼智之性，苟以学力充之，则无所施而不通，谓之不器，可也。至于人之才具，分明是各局于气禀，有能有不能。"（《朱子语类》卷第二十四）

"君子不器"乃就学问之极功言，但学问总会遇到"气"这个限制，故这个极功未必能达成。这不但显示成圣成贤甚难，且孔子之学亦随各自的气之偏而有所失。孔子曾与子夏有一段对话：

> 子夏问于孔子曰："颜回之为人奚若？"子曰："回之信贤于丘。"曰："子贡之为人奚若？"子曰："赐之敏贤于丘。"曰："子路之为人奚若？"子曰："由之勇贤于丘。"曰："子张之为人奚若？"子曰："师之庄贤于丘。"子夏避席而问曰："然则四子何为事先生？"子曰："居！吾语汝。夫回能信而不能反，赐能敏而不能诎，由能勇而不能怯，师能庄而不能同。兼四子者之有以易吾，弗与也。此其所以事吾而弗贰也。"（《孔子家语·六本》）

颜回、子贡、子路、子张分别在信、敏、勇、庄方面胜过孔子，但却由此而走向偏，不能圆融。故颜渊诚信而不能变通，子贡敏捷直露而不能屈抑，子路勇敢而不能退避，子张庄重而不能合群。这就是生命的限制，一个天然的限制。虽云"君子不器"（《论语·为政》），但这个天然的限制使得人须逃离器的局限。由此显出孔子学问的意义与作用来。

> 子曰："由也，女闻六言六蔽矣乎？"对曰："未也。""居！吾语女。

好仁不好学，其蔽也愚；好知不好学，其蔽也荡；好信不好学，其蔽也贼；好直不好学，其蔽也绞；好勇不好学，其蔽也乱；好刚不好学，其蔽也狂。"（《论语·阳货》）

圣人一眼就看出了人之气质之偏，于是，希望以学问圆融之，转化之，提撕之。故"玉不琢，不成器；人不学，不知义"（《三字经》）。人焉有不学而能成其为人者？！

> 子在陈曰："归与！归与！吾党之小子狂简，斐然成章，不知所以裁之。"（《论语·公冶长》）

对于这句话，朱子尝释之曰："此孔子周流四方，道不行而思归之叹也。夫子初心，欲行其道于天下，至是而知其终不用也。于是始欲成就后学，以传道于来世。又不得中行之士而思其次，以为狂士志意高远，犹或可与进于道也。但恐其过中失正，而或陷于异端耳，故欲归而裁之也。"（《论语章句集注·公冶长》）"狂简"就是气质之偏，这气质之偏亦可有所成就，这就是"斐然成章"，但却不能传道。若任由气质之偏，就是"不知所以裁之"。故须教，教即"裁之"也。盖如朱子《〈大学〉章句序》所言："盖自天降生民，则既莫不与之以仁义礼智之性矣。然其气质之禀或不能齐，是以不能皆有以知其性之所有而全之也。一有聪明睿智能尽其性者出于其间，则天必命之以为亿兆之君师，使之治而教之，以复其性。"孔子即其任也。

但以学来变化气质谈何容易？气质之于人，似乎是一个天然的机栝，除非天纵之圣者，这个天然的机栝总是在起限制的作用，使得学问总是随着这个机栝走而不能尽其全。所以，我们可以见到，同样是问学于孔子门下，然就一个具体之问题，总有论争：

> 子夏之门人问交于子张。子张曰："子夏云何？"对曰："子夏曰：'可者与之，其不可者拒之。'"子张曰："异乎吾所闻：君子尊贤而容众，嘉善而矜不能。我之大贤与，于人何所不容？我之不贤与，人

将拒我，如之何其拒人也？"（《论语·子张》）

关于此处之论争，东汉蔡邕尝曰："商也宽，故告之以拒人；师也褊，故训之以容众。人从其行而矫之。至于仲尼之正教，则泛爱众而亲仁，故非善不喜，非仁不亲，交游以方，会友以文可无贬也。"（《蔡中郎集》卷三《正交论》）正因为二子气质之偏，孔子欲纠偏而告知不同，然二子却止于此，是以争论起也。

> 子游曰："子夏之门人小子，当洒扫、应对、进退，则可矣。抑末也，本之则无。如之何？"子夏闻之曰："噫！言游过矣！君子之道，孰先传焉？孰后倦焉？譬诸草木，区以别矣。君子之道，焉可诬也？有始有卒者，其惟圣人乎！"（《论语·子张》）

子夏与子张、子游之间的论争，预示着他们对孔子学问的不同理解，也预示着他们因应着气的限制而各有所长。孔子就曾把其中的一些人之所长大体分为四科，是为"孔门四科"：

> 德行：颜渊，闵子骞，冉伯牛，仲弓。言语：宰我，子贡。政事：冉有，季路。文学：子游，子夏。（《论语·先进》）

这四科就是他们的学问之所成。这里固有所长，亦有限制。明儒刘宗周曰：

> 尼山振铎，三千七十子之彦萃一堂而讲求，如江河饮腹，听其恣取。或取德行，或取言语，或取政事，或取文学，皆有圣人之一体以鸣。（《论语学案》卷三）

本来，孔子之道乃"一以贯之"，但其弟子只能得其"一体以鸣"，这预示着孔子之道与学的必然分化，孔门弟子依其所得之一体，各自开门授徒。太史公曰：

　　自孔子卒后，七十子之徒散游诸侯，大者为师傅卿相，小者友教士大夫，或隐而不见。故子路居卫，子张居陈，澹台子羽居楚，子夏居西河，子贡终于齐。如田子方、段干木、吴起、禽滑釐之属，皆受业于子夏之伦，为王者师。是时独魏文侯好学。后陵迟以至于始皇，天下并争于战国，儒术既绌焉，然齐鲁之间，学者独不废也。于威、宣之际，孟子、荀卿之列，咸遵夫子之业而润色之，以学显于当世。(《史记·儒林列传》)

　　可见，孔门弟子不但传播了孔子的学问，且由此辅弼君王，引导社会。他们的学问之所以殊异，乃因其生命气质之限制，故践行孔子之道而有不同的通达，最终他们的学问收结于孟子与荀子而成儒学之双璧。以是，只有洞悉了孔门弟子之学及其通达方能了解孟子之学与荀子之学的形成。

二、孔门分化之格局

　　孔子首开私人讲学之途，求学者甚众，且不拘地域与身份。❶《吕氏春秋·尊师》云："子张，鲁之鄙家也；颜涿聚，梁父之大盗也。学于孔子。"孔子讲学的直接结果是改变了一个人的身份与地位。钱穆先生说：

　　孔子弟子，多起微贱。……其以贵族来学者，鲁惟南宫敬叔，宋惟司马牛，他无闻焉。……弟子多为家臣，邑大夫。晚世如曾子、子夏，为之后师，声名显天下。故平民以学术进身而预贵族之位，自儒而始盛也。❷

　　正因为如此，居陋巷之颜渊，货殖之子贡，缧绁中之公冶长皆就孔子而学焉。《史记·孔子世家》载："孔子以诗书礼乐教，弟子盖三千焉，身通六艺

---

❶　柳诒徵曰："观其教化所被，南及江、淮，西及山、陕。在当时各国分立，而孔子之教不分畛域如此，此岂其他诸子所可拟哉！"柳诒徵：《中国文化史》，东方出版中心2007年版，第331页。

❷　钱穆：《先秦诸子系年》，《钱穆先生全集》，九州出版社2011年版，第86页。

者七十有二人。"但先秦典籍如《孟子》《吕氏春秋》及《韩非子》多有"七十"云云，是以钱穆先生以为孔子的弟子不可能有三千，只有七十左右，且对于其著者一一作了考辨。❶清朱彝尊广采众书，搜集到孔子弟子为一百〇九人（《曝书亭集》卷五十六《孔子弟子考》）。大体言之，盖弟子三千为不可能，但百余人应有矣，然事实可考者仅七十有七。❷在百余人中，依据及门之先后，分先进与后进。刘逢禄《论语述何》谓："先进谓先及门，如子路诸人，志于拨乱世；后进谓子游、公西华诸人，志于致太平。"所谓"拨乱世"就是子路等人希望通过践行来拨乱反正；所谓"致太平"就是子游等人通过文教而寄希望于来世。这就是孔门弟子对于孔子之道作了不同的通达。

一般而言，孔门弟子有前后期之分，前期弟子问学于孔子去鲁之先，如子路、冉有、宰我、子贡、颜渊、闵子骞、冉伯牛、仲弓、原宪、子羔等，皆前期弟子也；后期弟子盖问学于孔子归鲁之后，如子游、子夏、子张、曾子、有若、樊迟、漆雕开、澹台灭明等人，皆后期弟子也。前后期诸人虽俱为孔子及门弟子，但气象已有所不同。崔述曰：

> 《春秋传》多载子路、冉有、子贡之事，而子贡尤多，曾子、游、夏皆无闻焉；《戴记》则多记孔子没后曾子、游、夏、子张之言而冉有、子贡罕所论著。盖圣门中子路最长，闵子、仲弓、冉有、子贡则其年若相班者，孔子在时既为日月之明所掩，孔子没后为时亦未必甚久；而子贡当孔子世已显名于诸侯，仕宦之日既多，讲学之日必少，是以不为后学所宗耳。若游、夏、子张、曾子则视诸子为后起，事孔子之日短，教学者之日长，是以孔子在时无所表见，而名言绪论多见于孔子没后也。不然，闵子"具体而微"，仲弓"可使南面"，何以门人皆无闻焉，反不如"得一体"者独能传经于后世乎？由是言之，羽翼圣道于当时者颜、闵、子贡、由、求之力，而子贡为尤著；流传圣道于后世者游、夏、曾子、子张之功，而曾子为尤纯。（《洙泗考信余录》卷一）

---

❶ 钱穆：《先秦诸子系年》，《钱穆先生全集》，九州出版社 2011 年版，第 64-86 页。

❷ 七十七人中，鲁国三十八人，卫国六人，齐国六人，楚国三人，秦国、晋国、陈国各二人，宋国、吴国各一人。柳诒徵：《中国文化史》，东方出版中心 2007 年版，第 331 页。

依崔述之区分，盖前期弟子乃践行式之实干家，讲学殊少；后期弟子乃讲学式之学问家，践行不力。观前期之子路、冉有、子贡诸人之所作为，后期子夏、曾子诸人之所学问，盖此区分不误也。故钱穆先生总论之曰：

> 大抵先进浑厚，后进则有棱角。先进朴实，后进则务声华。先进极之为具体而微，后进则别立宗派。先进之淡于仕进者，蕴而为德行。后进之不得博文学者，矫而为玮奇。此又孔门弟子前后辈之不同，而可以观世风之转变，学术之迁移者也。❶

依此可知，孔门弟子之分野，固与性格相关，亦与世风之丕变所系甚大。盖孔子殁后，王道愈衰，人心愈危，众弟子既失其精神之大主。于是，或讲学授徒，或学以干禄。由此，前期之实干家转而为后期之学问家，但俱是对孔子之道的不同践行与通达。程子曰："学者全要识时，若不识时，不足以言学。颜子陋巷自乐，以有孔子在焉。若孟子之时，世既无人，安可不以道自任。"（《二程遗书》卷二）轻实干而重学问固时势使然，然孔子之精神有所丧失，此亦必然者。陆象山曰：

> 颜子问仁之后，夫子许多事业，皆分付颜子了。故曰"用之则行，舍之则藏，惟我与尔有是。"颜子没，夫子哭之曰："天丧予。"盖夫子事业，自是无传矣。曾子虽能传其脉，然参也鲁，岂能望颜子之素蓄。幸曾子传之子思，子思传之孟子。夫子之道，至孟子而一光。然夫子所分付颜子事业，亦竟不复传也。（《象山语录》卷一）

"夫子之道，至孟子而一光"，乃是就学问之开显而言，所谓"孟子十字打开，更无隐遁"（《象山语录》卷一）者也；非就践行之功，辅弼之能而言。然程子与象山皆强调"时不同"也。何谓"时不同"也？孟子曰：

---

❶ 钱穆：《先秦诸子系年》，《钱穆先生全集》，九州出版社 2011 年版，第 85 页。

　　圣王不作，诸侯放恣，处士横议。杨朱、墨翟之言盈天下。天下之言，不归杨则归墨。杨氏为我，是无君也。墨氏兼爱，是无父也。无父无君，是禽兽也。……杨墨之道不息，孔子之道不著，是邪说诬民、充塞仁义也。仁义充塞，则率兽食人，人将相食。吾为此惧，闲先圣之道，距杨墨、放淫辞，邪说者不得作。(《孟子·滕文公下》)

　　盖孔子死后，世道日偷，邪说并起，若不昌明孔子之道，则必仁义充塞、人将相食。此盖当时之势也。故讲学以放淫辞、辟邪说，亦是以夫子之道自任，安可忽焉？！是以孟子又曰："岂好辩哉？予不得已也。"(《孟子·滕文公下》)

　　由此，有两点可说：孔门后期弟子多学问家，于孔子之学问精神有所失，此其弊也；然于处士横议，邪说盈天下之际，能挺立孔子之道，维系而不绝，此其功也。故此时之学问家与后世之学问家亦不同矣。元人汪克宽曰：

　　三代以上经术施于治道，三代以下治道隐于经术，而能明之者盖鲜。自唐以降，且别而二之，益可叹也。三代以上……当是时见而知之者，有四科之目。如闵子骞、仲弓居德行之科，而能谏长府之改作，悟行简以临民。子游、子夏居文学之科，而能兴弦歌之化，发仕优之言。是皆达于政事者，则其德非尾生孝己之流，而其学非记诵辞章之习矣。此古之儒者所谓施经术于治道，习文法而通世务者也。(《环谷集》卷三《省试策》)

　　故孔门后期弟子之学，犹有大义存焉，绝非后世皓首穷经者所可拟议也。谓其仍不失孔门践行以通达于道之大义，非虚言也。

　　关于孔门弟子之学派，先秦有两部书略已论之：其一曰《荀子》，其一曰《韩非子》。《荀子·非十二子》云：

　　弟陀其冠，神襌其辞，禹行而舜趋：是子张氏之贱儒也。正其衣冠，齐其颜色，嘿然而终日不言：是子夏氏之贱儒也。偷儒惮事，无廉耻而耆饮食，必曰君子固不用力：是子游氏之贱儒也。

子张、子夏、子游俱为孔子后期高足，荀子概以"贱儒"称之，可见，不是一个很好的评价。不管荀子的评价是否正确，至少反映了这样一个事实，即那时候儒学已派别林立，且纯杂不一，高下不等。在荀子看来，这些派别虽自云源自孔子，却未必能真实表现孔子之道，故名之曰"贱儒"也。但我们今日若以学问之客观态度观之，却不能从荀子之评价中详知子张之儒、子夏之儒、子游之儒何所是，更不能名之为"贱"。正如有学者指出的那样："荀子痛斥三家之贱儒，虽能多少反映后学的缺点，但实不足以说明三家之儒发展的总的倾向，子张、子游、子夏毕竟是前期儒家的代表人物，我们不应该无视他们在儒家传承中的历史地位。"❶孟子曰："子夏、子游、子张，皆有圣人之一体。"(《孟子·公孙丑上》) 是此可知，子夏、子游、子张之儒，绝不可以"贱"尽之也。

又，《韩非子·显学》云：

> 世之显学，儒、墨也。儒之所至，孔丘也。墨之所至，墨翟也。自孔子之死也，有子张之儒，有子思之儒，有颜氏之儒，有孟氏之儒，有漆雕氏之儒，有仲良氏之儒，有孙氏之儒，有乐正氏之儒。自墨子之死也，有相里氏之墨，有相夫氏之墨，有邓陵氏之墨。故孔、墨之后，儒分为八，墨离为三，取舍相反不同，而皆自谓真孔、墨，孔、墨不可复生，将谁使定世之学乎？孔子、墨子俱道尧、舜，而取舍不同，皆自谓真尧、舜，尧、舜不复生，将谁使定儒、墨之诚乎？

韩非并没有说他的这种区分的义理根据及历史事实，这就使得后世学者

---

❶ 陈连庆:《先秦儒家流派的演变及其有关问题》,《史学集刊》1987 年第 3 期，第 4 页。

备感困惑，乃至以为不能以此为准。❶其实，《显学》一篇的宗旨不过是要彰显韩非轻学而重法的主张，并非一篇学术史著作，因此，韩非对于真实的儒学流派是不甚措意的。他只是粗略地说儒分为八、墨分为三，而没有一家算得上是真儒或真墨，从而说明学之不可靠而须尊法。❷这里有一个明证就是：韩非八家之中没有子夏之儒。然无论如何分，子夏对于儒学的贡献是有目共睹的，故子夏之儒必占其中之一家，这是可以公认的。为什么韩非不列入子夏之儒呢？盖子夏重外在之礼制，其之学数传而至于荀子，韩非乃荀子的学生，故韩非自然认为子夏乃法家之宗师，不应为批判的对象，故不入儒学之列。

由此即可概见韩非"儒分为八"之非学术态度也，是以其说绝无学术上的准确性。

综上所述，无论是荀子，还是韩非，他们对于孔子之后儒学之流派划分，皆无益于我们今日对孔子之后儒学的研究，至少不能照搬他们的思路。欲知孔门弟子分化之格局，须另辟蹊径也。

我们要知孔门弟子的分化，依然有必要回到孔门四科中来。"德行：颜渊，闵子骞，冉伯牛，仲弓。言语：宰我，子贡。政事：冉有，季路。文学：子游，子夏。"（《论语·先进》）这四科中，前三科都是孔门早期弟子，唯文学一科为孔门后期弟子。前期弟子的一般特点是"质胜文"，颜渊、闵子骞、冉伯牛、仲弓、宰我、子贡、冉有、子路皆其选也；后期弟子的一般特点是"文胜质"，子游、子夏、曾子、子张即其选也。

孔子曰："质胜文则野。"（《论语·雍也》）"质胜文"固然有朴质的一面，更有以生命直接去担负大道的一面。故当颜渊、仲弓问仁，而孔子作出相应的回答以后，他们二人各自的回答是："回虽不敏，请事斯语矣。""雍虽不敏，

---

❶ 柳诒徵曰："论孔门之学，而据韩非之言，无当于事理也。"（柳诒徵：《中国文化史》，东方出版中心2007年版，第331页。）尤骏曰："韩非所谓儒家八派之说有很多纰漏，第一，排列次序混乱，我们很难弄清他是根据什么作如此排列。其次，韩非所列儒家八派中只有子张之儒是由孔子弟子建立的（颜氏之儒、漆雕氏之儒是否是颜渊、漆雕开所建，很难确定），其余各派都是孔子数传之后的弟子所建。因此韩非子留给我们的是非常混乱的信息，而且语焉不详，很难作为我们研究孔子——孟、荀间儒家分化的依据。"（尤骏：《孔门弟子的不同思想倾向和儒家的分化》，《孔子研究》1993年第2期，第35页。）

❷ 《韩非子·显学》云："故善毛嫱、西施之美，无益吾面；用脂泽粉黛，则倍其初。言先王之仁义，无益于治；明吾法度，必吾赏罚者，亦国之脂泽粉黛也。"学者之言仁义，犹善毛嫱、西施之美，无益于治；但明法度、正赏罚，如国之脂泽粉黛，其效立见。故明君须轻学而重法也。

请事斯语矣。"(《论语·颜渊》)"请事斯语"就是直接依据孔子所说的去做，即以生命与行动担纲大义。这里的"言语"并不是古希腊哲学中的智者派，而是以"言说"影响政治，故也是行动者。政事科之冉有与子路属于行动者固不必言也。是以孔门早期弟子可谓力行派，或尊德性派。其中又有潜沉内修与外发干政之别。盖颜渊、闵子骞、冉伯牛、仲弓属前者，宰我、子贡、冉有、子路属后者。

孔子又曰："文胜质则史。"(《论语·雍也》)"史"依据朱子的解释"掌文书，多闻习事，而诚或不足也"(《论语集注》)。这就是说，"文胜质"的人内修之精神常不足，需要在故习与读书中慢慢磨练。子夏曰："博学而笃志，切问而近思，仁在其中矣。"(《论语·子张》)正是这种精神的体现。因此，孔门后期弟子虽然依然能秉承孔子践行之基本精神，但重点已转向礼乐诗书的经典传授之上，其用力处在"道问学"。可以说，这批弟子更接近于现代意义的"学者"，可称为学问派。子游、子夏、曾子、子张、有若于此都有贡献。

前后期相较，"孔子早期学生是孔子思想的实践者，而孔子晚年学生则是孔子思想的接受者和继承者。从重德主义倾向出发，孔子更喜欢前者，故他说：'如用之，吾从先进。'但真正使孔子建立的儒学得以延续下去的是后者"❶。孔子之精神逐渐由内在自觉之行动转化为外在之学的磨练，此可窥见世风之日偷与陵替也。同时，依据唐代李翱之理解，四科之分亦是说明孔门圣学之次第。

> 仲尼设四品，以明学者不同科，使自下升高，自门升堂，自学以格于圣也。其义尤深，但俗儒莫能循此品第而窥圣奥焉。凡学圣人之道，始于文，文通而后正人事，人事明而后自得于言，言忘矣而后默识己之所行，是名德行，斯入圣人之奥也。(《论语笔解》卷下)

孔子之道自有阶梯次第，阶梯次第愈高，于孔门之学愈能登堂入室。

孔门弟子众多，但今天常见于典籍且有学行传于后世的并不多。在文庙大成殿，有四配十二哲配享孔子。四配是颜回、子思(东)与曾子、孟子(西)；

---

❶ 尤骥：《孔门弟子的不同思想倾向和儒家的分化》，《孔子研究》1993年第2期，第34页。

十二哲分别是闵子骞、冉雍、子贡、子路、子夏、有若（东）与冉耕、宰我、冉求、子游、子张、朱熹（西）。这十六位是传播孔门学问最有力的人，但其中的子思为孔子之孙，与孔子相处之日少，孟子则受学于子思门人，并未及孔门，朱熹则远为南宋大儒。因此，十六人中只有颜回、曾子、闵子骞、冉雍、子贡、子路、子夏、有若、冉耕、宰我、冉求、子游、子张十三人为孔子及门弟子，且这十三人为孔子最为重要的弟子，故得以陪祀大成殿。

清人冯云鹓搜阅众书辑成《圣门十六子书》（《续四库全书》第931册），裒集了颜回、子思、曾子、孟子、闵子骞、冉雍、子贡、子路、子夏、有若、冉耕、宰我、冉求、子游、子张及朱子的学行资料，编成了颜子书、子思子书、曾子书、孟子书、闵子书、冉子（雍）书（二）、端木子书、仲子书、卜子书、有子书、冉子（伯牛）书（一）、宰子书、冉子（求）书（三）、言子书、颛孙子书及朱子书凡十六种。除了子思子书、孟子书及朱子书以外，这是我们研究孔门弟子之学的主要依据及参考资料。

冯云鹓曾任曲阜地方官，与第七十三代衍圣公孔庆镕（1787—1841年）甚友善。《圣门十六子书》有孔庆镕道光十四年（1834年）的序。序曰：

> 越日，明府（冯云鹓，字集轩，号明府）来，手出其裒集《十六子书》相质，余受而读之。书传赞则备乎史也，详谱系则本乎志也，记言行则通乎教也。盖自诸子百家以及志、乘诸书，合之以集其成，详之以补其阙，存之以纪其实，删之以刊其误。良由学之博，故能择之精。是书也成，俾圣贤之片言轶事，昭然与《语》《孟》并著。噫，足以传矣。
>
> 夫学士大夫，纲罗散失，凡稗官野史，衢谈巷议，即下及妇孺之歌谣，其足资劝诚者，皆悉心采之，以为考镜。又有于残编蠹简之中，或姓氏之不传者，或世代之无考者，或昔传之而今逸者，或昔未传而今始传者，莫不蒐访无遗，彙为卷帙。犹能使后之观者触发性灵，警惕身世，而况圣门也哉！

从孔庆镕的序中我们可知，《圣门十六子书》的史料并非完全出自经史子集，有些来自于野史、传说乃至歌谣，但其大义却与《语》《孟》并美，而可使读者"触发性灵，警惕身世，而况圣门"。所以，从"依义不依语"的原则出发，完全可以认为《圣门十六子书》是孔门弟子之学的集中体现。

另外，元人李纯仁辑有《新编颜子》五卷（《续四库全书》第932册），及今人王永辉、高尚举辑校《曾子辑校》（中华书局2017年版），这两本书也是研究颜回及曾子的主要参考资料。

颜回、曾子、闵子骞、冉雍、子贡、子路、子夏、有若、冉耕、宰我、冉求、子游、子张十三人之学行呈现出怎样的格局呢？本书作了三大划分：

其一曰潜沉内修之儒：颜回、闵子骞、冉雍、冉耕是也；

其二曰外发干政之儒：子路、子贡、宰我、冉求是也；

其三曰传授经典之儒：子夏、曾子、有若、子游、子张是也。

这可算是孔门弟子分化之大体格局。当然，这个划分只是相对于他们的学行而言，便于研究而已，并非历史上真有这种派别的划分。同时，孔子之道本来重视践行，这种特点孔门弟子自然加以了继承，因此，孔门弟子很多并无思想的发越，只有践行的笃实。孔门弟子在天人之间竭力践行，而期有所通达。胡五峰曰：

> 仲尼之教，犹天地造化万物，生生日新，无一气之不应，无一息之或已也。我于季路而见焉。或曰：何谓也？曰：子路衣敝缊袍、与衣狐貉者立而不耻者，其质美矣。孔子曰："不忮不求，何用不臧？"进之以仁也。季路终身诵之，力行乎仁矣。孔子曰："是道也，何足以臧？"至哉斯言！非天下至诚，其孰能与于此？颜回欲罢不能，未至文王纯一不已之地。孔子所以惜之，曰："未见其止也。"止则与天为一，无以加矣。（《知言·仲尼》）

因生命形态各异，孔门弟子之践行及其所成容有殊异，然皆欲进于仁而达于天，则无异也。限于主题与篇幅，本书不可能也不必要把这十三人作全盘通观的研究，而只选择颜回、仲弓、子路、曾子与子夏五人，因为这五个人生命形态及其通达，可以说是孔门三种格局中儒者的代表。本书希望对他们的研究，通过他们各自不同的生命形态及其行为，以明他们是如何在天人之间，对孔子之道的不同通达与开显的，而这不同的通达与开显俱有宗教性的内涵。

三、颜渊的仁迂生命形态及其安贫乐道之行

《孟子·公孙丑上》云："昔者窃闻之：子夏、子游、子张皆有圣人之一体；冉牛、闵子、颜渊则具体而微。"这里把孔门的这六个弟子分为了两个层次：子夏、子游、子张有圣人之一体，就是具有了圣人一个方面的德行与才能；冉牛、闵子、颜渊则具体而微。所谓"具体而微"依朱子的解释是"谓有其全体，但未广大耳"（《孟子集注》）。这就是说冉牛、闵子、颜渊具有了圣人整体的规模，但气象稍小而已。上面一段是公孙丑的话，可见，在一般人眼里，冉牛、闵子、颜渊的层次要高于子夏、子游、子张的层次。之所以层次高，乃因为这些人注重潜沉内修，这是儒学之所以为儒学的根本，也是孔子之道的根本。所以，这类弟子一般得到了孔子较高的评价，因为他们能以笃实而坚毅的内修守道。汉王符曰：

> 所谓守者，心也。有度之士，情意精专，心思独睹，不驱于险墟之俗，不惑于众多之口；聪明悬绝，秉心塞渊，独立不惧，遁世无闷，心坚金石，志轻四海，故守其心而成其信。（《潜夫论·交际》）

"一箪食，一瓢饮"的颜渊自然堪任"遁世无闷，心坚金石，志轻四海"的评价。如实说来，从继承人的角度讲，这类弟子特别是颜渊最有可能成为孔子事业的接班人。李纯仁曰：

> 《论语》载颜子惟二问。晦庵谓颜子生平受用克己复礼四字；为邦之问，颜子事事去得了，只欠这些子，故圣人斟酌礼乐而告之。今观群弟子非不问仁，夫子何尝告之以克己复礼之道，非无问政，夫子何尝告之以四代礼乐之事。然则颜子有不问，问则必得圣处。颜

子如不问，后人安知圣人妙处。其不幸者，颜子之寡问；其至幸者，颜子之有二问也。（《新编颜子》卷五按语）

这一段话可以看出孔子对于颜渊的看重。然风云际会而不可测度，孔子之事业竟不由如颜渊者来传承，亦天也乎？！

颜渊一辈子跟着孔子读书，其生平事迹是很简单的。《陋巷志》有颜渊的传略，今录一段如下：

回，字子渊，少孔子三十岁。孔门达者七十二人，颜氏有八，回居四科之首。天资明睿，潜心圣学。修博约之训，闻克复之旨。问为邦，孔子以四代礼乐告之。称其能守中庸，许以用舍行藏，惟回可与共。故曰颜氏之子，其殆庶几乎！颜子箪瓢陋巷，不改其乐，孔子贤之。尝谓之曰："家贫居卑，胡不仕乎？"对曰："回有郭外之田五十亩，足以给饘粥，郭内之田十亩，足以为丝麻，鼓琴足以自娱，所学于夫子者足以自乐，回不愿仕也。回愿贫如富，贱如贵，无勇而威，与士交通，终身无患，亦且可乎？"孔子曰："善哉，回也。夫贫而如富，其知足而无欲也；贱而如贵，其让而有礼也；无勇而威，其恭敬而不失于人也；终身无患难，其择言而出之也。若回者，其至乎！"……子贡对卫将军文子曰："夫能夙兴夜寐，讽诵崇礼，行不贰过，称言不苟，是颜回之行也。若逢有德之君，世受显命，不失厥名，以御于天子，则王者之相也。"颜子年二十九发尽白，三十二而卒。孔子哭之恸，曰："天丧予矣。"鲁哀公吊焉。（《圣门十六子书·颜子书·卷首》）❶

颜渊家贫且位卑，但一心向学，虽箪食瓢饮而不改其志。孔子亦觉得奇怪，为什么不像子贡、子路、冉求等弟子那样出仕，一者可改变自家的经济状况，二者可提升自己卑劣的地位。但颜渊的回答是：颜回有吃有穿，有娱有

---

❶ 关于颜渊的年龄，李启谦先生以为"十八而卒"或"三十一早死"俱不可信。通过李启谦的考证，他认为，颜渊当生于公元前521年，此时夫子30岁，而死于公元前481年，此时颜渊41岁，而夫子71岁。李启谦：《孔门弟子研究》，齐鲁书社1988年版，第2—6页。

乐，何必要出仕呢？这样，颜渊一辈子只是跟着孔子问学，别无他务。而颜渊向学之忧确实也得到了孔子的叹服：

> 哀公问："弟子孰为好学？"孔子对曰："有颜回者好学，不迁怒，不贰过。不幸短命死矣！今也则亡，未闻好学者也。"（《论语·雍也》）

季康子问这个问题的时候，孔子也是这么回答的。可见，颜渊是孔子心目中好学的不二人选。为什么孔子对颜渊会有这种看法呢？大概有以下几个方面的原因：

其一，颜渊在向学上确实能笃定精进。尽管我们大家都熟知那句话，但依然有必要列之如下，那就是：

> 子曰："贤哉，回也！一箪食，一瓢饮，在陋巷。人不堪其忧，回也不改其乐。贤哉，回也！"（《论语·雍也》）

"一箪食，一瓢饮"的生活，一般人都耐不住其贫苦与寂寞，但颜渊却自有其乐，这使得孔子也由衷地赞叹。要知道，孔子也是相当好学的，且在好学方面也相当自信。子曰："十室之邑，必有忠信如丘者焉，不如丘之好学也。"（《论语·公冶长》）可见，颜渊这种好学的精神盖孔子也自愧不如也。正因为颜渊这种好学之精神，故颜渊的学问精进不已。

> 子谓颜渊，曰："惜乎！吾见其进也，未见其止也。"（《论语·子罕》）

这种不懈怠之好学精神与精进不已的态势，使得颜渊的学问大大超过了其他弟子。

> 子谓子贡曰："女与回也孰愈？"对曰："赐也何敢望回？回也闻一以知十，赐也闻一以知二。"子曰："弗如也！吾与女弗如也。"（《论

语·公冶长》）

朱子《论语集注》引胡氏语曰："子贡方人，夫子既语以'不暇'，又问其与回孰愈，以观其自知之如何。"子贡总是喜欢跟人比附（《论语·宪问》有：子贡方人。子曰："赐也贤乎哉？夫我则不暇。"），引起了孔子的不满。于是，主动提出颜渊与之比，盖欲抑子贡也。幸好子贡有自知之明，这一点总算得到了孔子的赞赏。无论如何，颜渊在学习方面总是比别人强，大概是得到了大家的公认。

> 曾子曰："以能问于不能，以多问于寡；有若无，实若虚，犯而不校，昔者吾友尝从事于斯矣。"（《论语·泰伯》）

这里虽没有明言是颜渊，但历来注解家都认为指的是颜渊。这正应合了孔子"敏而好学，不耻下问"（《论语·公冶长》）的精神。

其二，颜渊不但善学，且能付诸行动。

《论语》一书中，颜渊的话并不多，因为颜渊深知，夫子之学并非是以辞章资诵说之空谈，而是须践之行动的德性。因此，颜渊可能更多的在"行"，而不是"问"与"说"。实际上，这种精神在《论语》里确有所表现：

> 颜渊问仁。子曰："克己复礼为仁。一日克己复礼，天下归仁焉。为仁由己，而由人乎哉？"颜渊曰："请问其目。"子曰："非礼勿视，非礼勿听，非礼勿言，非礼勿动。"颜渊曰："回虽不敏，请事斯语矣。"（《论语·颜渊》）

朱子《论语集注》云："颜渊闻夫子之言，则于天理人欲之际，已判然矣，故不复有所疑问，而直请其条目也。"这就是说，颜渊自知，夫子之回答自有大义所在，此关涉天理人欲之辩。尽管颜渊于此大义了然于心，但颜渊深知，此大义必须践之于行动中，于是，直接问下手处。得到夫子非礼勿视听言动之答后，马上就说"请事斯语矣"，即余下的就看人的行动了。《孟子·滕文公上》载颜子之语曰："舜何人也？予何人也？有为者亦若是。"这表示，颜渊已真切地认识到，只有一个人笃实践行，就一定可以像舜那样做到圣贤。正因为如此，孔子才说：

> 颜氏之子，其殆庶几乎？有不善未尝不知，知之未尝复行也。《易》曰："不远复，无祗悔，元吉。"（《易传·系辞》）

这是对颜渊的夸赞。盖颜渊近乎于知行合一了，有一点不善就知道，且不让其见之于行动。所以，朱子曰："颜子如至清之水，纤芥必见。"（转引自《新编颜子》卷三《不贰过篇》）这里所说的"纤芥必见"并非是指发之于行动中的小恶，而是指内心的一念触发，即颜渊连内心之一恶念之触发也倍加警戒。韩昌黎曰：

> 夫子举不贰过，惟颜氏之子，其何故哉？请试论之。夫圣人抱诚明之正性，根中庸之至德。苟发诸中形诸外者，不由思虑，莫匪规矩，不善之心无自入焉，可择之行无自加焉，故惟圣人无过。所谓过者，非谓发于行彰于言，人皆谓之过而后为过也，生于其心则为过矣。故颜子之过此类也。不贰者，盖能止之于始萌绝之于未形，不贰之于言行也。……夫行发于身加于人，言发乎迩见乎远，苟不慎也，败辱随之，而后思欲不贰过，其于圣人之道，不亦远乎？！而夫子尚肯谓之其殆庶几，孟子尚复谓之具体而微者哉！则颜子之不贰过尽在是矣。（《韩愈集》卷十四《省试颜子不贰过论》）

韩昌黎此处所论甚为深刻。如果颜子"不贰过"是指已发之于行动者，就离圣人之道甚远，孔子也不会说颜子"庶几"乎圣人了，孟子也不会说颜子之于圣人具体而微了。由此可知，颜子之所谓"不贰过"实则是颜子具有笃实的慎独工夫。后来《中庸》进一步发挥为"君子戒慎乎其所不睹，恐惧乎其所不闻。莫见乎隐，莫显乎微，故君子慎其独也"。至王阳明，进一步发挥为"一念发动处即是行"，其曰：

今人学问，只因知行分作两件，故有一念发动，虽是不善，然却未曾行，便不去禁止。我今说个知行合一，正要人晓得一念发动处便即是行了，发动处有不善，就将这不善的念克倒了，须要彻根彻底不使那一念不善潜伏在胸中。(《传习录》下）

这是知行合一的根本所在。"知之真切笃实处即是行，行之明觉精察处即是知。"（《传习录》中）如果一个人自知其小恶而不去禁止，非唯行之不力也，亦知之不切也。正因为颜渊可以笃实地践行慎独工夫，不但使得他"择乎中庸，得一善则拳拳服膺而弗失之矣"（《中庸》），更能使"其心三月不违仁"，而"其余则日月至焉而已矣"（《论语·雍也》）。可以说，颜渊在践行力上远远超过了其他孔门弟子。《论语·雍也》载：

冉求曰："非不说子之道，力不足也。"子曰："力不足者，中道而废。今女画。"

冉求认为孔子之道确实好，但就是难以做到，但孔子以为，如果一个人意志不够坚定，践行力不足，自然就自己限制住了自己，非道之高渺难行也。陆象山曰："宇宙不曾限隔人，人自限隔宇宙。"（《象山语录》卷一）以颜子与冉求所为观之，岂虚言哉？！

因为颜渊践行孔子之道实有所得，故敢于批评自己的同门。《孔子家语·颜回》载：

叔孙武叔见于颜回，回曰："宾之"。武叔多称人之过，而己评论之。颜回曰："固子之来辱也，宜有得于回焉。吾闻知诸孔子曰：'言人之恶，非所以美己；言人之枉，非所以正己。'故君子攻其恶，无攻人恶。"

颜回谓子贡曰："吾闻诸夫子身不用礼，而望礼于人，身不用德，而望德于人，乱也。夫子之言，不可不思也。"

这两段话均是要告诫同门先要正己方可正人，所谓"君子求诸己，小人求诸人"（《论语·卫灵公》）也。

颜渊之笃实践行，故其人品与德行深得孔子的信任。《孔子家语·在厄》记载了这样一个故事：

> 孔子厄于陈、蔡，从者七日不食。子贡以所赍货，窃犯围而出，告籴于野人，得米一石焉。颜回、仲由炊之于坏屋之下，有埃墨堕饭中，颜回取而食之。子贡自井望见之，不悦，以为窃食也，入问孔子曰："仁人廉士穷，改节乎？"孔子曰："改节即何称于仁廉哉？"子贡曰："若回也，其不改节乎？"子曰："然。"子贡以所饭告孔子，子曰："吾信回之为仁久矣。虽汝有云，弗以疑也，其或者必有故乎？汝止，吾将问之。"召颜回曰："畴昔予梦见先人，岂或启佑我哉。子炊而进饭，吾将进焉。"对曰："向有埃墨堕饭中，欲置之，则不洁；欲弃之，则可惜。回即食之，不可祭也。"孔子曰："然乎！吾亦食之。"颜回出。孔子顾谓二三子曰："吾之信回也，非待今日也。"二三子由此乃服之。

这个故事足以印证颜渊学而至于行为不虚也。颜渊不但品行高洁，且在孔门困厄之时，总能给予孔子以道义上的支持。同样是在陈、蔡之地困厄之时，孔子自问"匪兕匪虎，率彼旷野"——我们这些人又不是老虎禽兽，为什么总是没有安居之地而四处漂泊呢？此时，弟子亦多有愠色，盖孔子自己亦感信心不足了，他希望获得弟子们道义上的支持，以便统领孔门继续前行。孔子把这个问题问给子路与子贡，但他们俩的回答都不能使孔子满意，也就是说，孔子没有从他们那里获得道义的支持。但颜渊的回答不一样：

> 夫子之道至大，天下莫能容。虽然，夫子推而行之。世不我用，有国者之丑也，夫子何病焉？不容，然后见君子。（《孔子家语·在厄》）

这些话正是孔子所需要的，孔子在颜渊那里终于获得了道义上的支持。于是，欣然曰："有是哉，颜氏之子！使尔多财，吾为尔宰。"(《孔子家语·在厄》)

这样，颜渊不但德行上成了孔门弟子的表率，且在道义上时常能给予孔子以支持。无怪乎孔子曰："吾有四友焉。自吾得回也，门人加亲，是非胥附乎？"(《孔丛子·论书》)孔子已经视颜渊不只是弟子，且已是师友了。这样的颜渊，焉能不使孔子赞誉有加。是以孔子对颜渊曰："用之则行，舍之则藏，唯我与尔有是夫！"(《论语·述而》)康南海曰："颜子与圣人契合无间，相视莫逆，合为一体，孔子深喜之……"❶非无据之谰言也。

那么，颜渊为什么如此之好学呢？其原因亦不外有二：第一，颜渊对于孔子的神圣人格境界有真切的体悟与感动；第二，颜渊之于学中自有其乐。这里必有形上的通达。我们前面说过，一个欲求通达于天的人，其在德行上一定好学、坚毅、谦卑、自信、躬行，这些品格可以说都在颜渊身上得到了体现。我们一定要明白，一个人若没有对神圣者的通达，任何世俗的德行都是很难坚持一贯的。

我们来先看第一点。在孔子的众多弟子中，唯有颜渊对于孔子的人格境界之体会最深感动最切。子贡对于孔子的人格境界的评价是："夫子之墙数仞，不得其门而入，不见宗庙之美，百官之富。""他人之贤者，丘陵也，犹可踰也；仲尼，日月也，无得而踰焉。""夫子之不可及也，犹天之不可阶而升也。"(《论语·子张》)但颜渊对于孔子的人格境界的评价却是：

> 颜渊喟然叹曰："仰之弥高，钻之弥坚；瞻之在前，忽焉在后。夫子循循然善诱人，博我以文，约我以礼。欲罢不能，既竭吾才，如有所立卓尔。虽欲从之，末由也已。"(《论语·子罕》)

子贡对于孔子的人格境界评价虽然很高，但却是外在的描述语，而颜渊之评价则是内在的体会语。二者奚辨？外在的描述语是对象外在于自家之生

---

❶ 康有为：《论语注》，中华书局1984年版，第160页。

命，对象虽然高大，因其外在性的胶固（宫墙、丘陵、日月皆实有之物）而使得观赏者的触动殊少。内在的体会语则是外在对象与观赏者内在地合一，而生发出真切的感动，既而敬畏之，向往之。"仰之弥高，钻之弥坚；瞻之在前，忽焉在后"就是颜渊与孔子之人格境界相遇后的真切体会，它并非实有之物，乃是一虚灵的境界与氛围。这是精神之间的神圣交会融合，不是主客之间的认知关系。有了这种真切的体会，就必然有感动。"夫子循循然善诱人，博我以文，约我以礼"就是感动。此种感动是性天之动。何谓性天之动？不妨以孟子之语言之：

> 舜之居深山之中，与木石居，与鹿豕游，其所以异于深山之野人者几希。及其闻一善言，见一善行，若决江河，沛然莫之能御也。
> （《孟子·尽心下》）

性天之动乃一机之触发，直透至那宇宙荒茫、鸿蒙开辟之中，开启生命之灵根与慧眼，而与神圣者合一。故是"性"之动，亦是"天"之复。所以，性天之动，其始也，乃生命善根之灵现；其终也，乃德之健行、化之广被。❶故颜渊之强健的德行，非无故也，乃来自于其性天之动的结果。有了这种性天之动，自然会生发敬畏之心与向往之心。"欲罢不能，既竭吾才，如有所立卓尔。虽欲从之，末由也已"，即敬畏心与向往心之不容已也。

正因为颜渊之于孔子之道有真切的性天之动，既而敬畏与向往之。故颜渊之于孔子很少有问题，更无诘难，只有领受、感动与向往。这就可以解释为什么我们很少在《论语》中看到颜渊发问，绝无诘难的原因所在，不似子路、樊迟、宰我发问诘难之多也。孔子尝曰：

> 吾与回言终日，不违如愚。退而省其私，亦足以发。回也不愚。
> （《论语·为政》）

---

❶ 感动有三：曰情意之动、义理之动、性天之动。"君不见黄河之水天上来，奔流到海不复回。君不见高堂明镜悲白发，朝如青丝暮成雪。人生得意须尽欢，莫使金樽空对月。"此李太白情意之动也。曾子曰："士不可以不弘毅，任重而道远。仁以为己任，不亦重乎？死而后已，不亦远乎？"义理之动也。

　　为什么孔子与颜渊说了那么多，而颜渊总是表现出"不违如愚"的样子呢？而孔子又为什么能体会其"亦足以发"、"回也不愚"呢？这是因为孔子之道不是知识的传授，而是在精神的开启与境界的相遇中求天之通达。知识的传授乃依据概念走逻辑之路，一步一步来，个中有严谨的结构与问题。若其中一步出了问题，则不能深入，但若能顺藤摸瓜，则亦可层层深入。故知识的传授中每一步都有问题上之关联，随着每一问题之解答，知识的传授即算完成。但精神的开启、境界的相遇与知识的传授不同，需要有生命境界的相应、存养工夫的笃实。若有存养工夫的笃实、生命境界的相应、则一定有"莫逆于心，相视而笑"（《庄子·大宗师》）的贯通，这里并无阻隔，更不会有问题与诘难。这贯通，若说是义理，就是精通简要的觉悟；若说是境界，就是朗澈无尘的领受。这里不是言语概念的胜场，若须言语概念，亦只是随机点拨，学之者须得鱼忘筌。最好是不要言语概念，是以孔子"欲无言"，惜乎子贡终不能懂夫子之意，而曰："子如不言，则小子何述焉。"须知，孔子之道若无精诚笃实的生命相应，终非言语概念所能尽者，是以夫子答之曰："天何言哉？四时行焉，百物生焉，天何言哉？"（《论语·阳货》）盖子贡终究乃一器也，与夫子之境界颇隔，是以如此；若颜渊，必心领神会，不复言矣。故老子曰："圣人处无为之事，行不言之教。"（《老子》第二章）岂虚言者也。由此可知，存养工夫的笃实、生命境界的相应之于孔子之道的重要性。程明道曰：

　　　　天地之间，只有一个感与应而已，更有甚事？（《二程遗书》卷十五）

　　夫子以其德行如是如是地"感"，颜渊以其工夫如是如是地"应"，如此而已。这里有什么语言概念，一切皆归于无，只有个如是如是的"感应"而已，问题进不来，诘难更无与也。孔子又曰：

　　　　回也非助我者也，于吾言无所不说。（《论语·先进》）

　　千万不要以为孔子这是在批评颜渊。朱子曰："颜子于圣人之言，默识心通，无所疑问。故夫子云然，其辞若有憾焉，其实乃深喜之。"又引胡氏之言曰："夫子之于回，岂真以'助我'望之？盖圣人之谦德，又以深赞颜子云尔。"（《论语集注》）实际上，这里面无所谓助与不助，生命境界相应而觉悟，则必开权显实，而至事理无碍之化境，此时只有领受与禅悦，并无问题涌现，岂能容得下"言"以助之？若生命境界不相应而不能觉悟，则即以言语相助亦无助，因其言语不过吠声吠影，不得其实也。故牟宗三曰："如果自己的生命根本未动转，于那客观的义理根本未触及。"[1]是以生命存养、工夫操持之于孔子之道，岂可轻忽耶？而颜渊之所以于孔子之道真有所得，无非有与夫子相应之真生命而已。这样一个生命，孔子自然视之为自己生命的延续，然天不假年，不幸早亡。是以颜渊死，"子哭之恸"，乃至呼天而叹曰："噫！天丧予！天丧予！"（《论语·先进》）是可见夫子与颜渊之相应、相知与相惜也。故可曰颜渊之好学乃在于颜渊对于孔子之人格境界有真切觉悟与感动，这里有神圣性之通达，非一般之外在倾慕也。"欲罢不能"非装饰溢美之词也。

　　如果说，颜渊对于孔子之人格境界有真切觉悟与感动乃其好学之外在原因的话，那么，颜渊于学中自有其乐则是其好学的内在原因。颜渊好学之乐，孔子有明确的体认："一箪食，一瓢饮，在陋巷。人不堪其忧，回也不改其乐"（《论语·雍也》）。当然，孔子作为一个非常好学的人，他自身对于学之乐的体会亦非常深刻。如，"发愤忘食，乐以忘忧，不知老之将至云尔"（《论语·述而》），"饭疏食饮水，曲肱而枕之，乐亦在其中矣。不义而富且贵，于我如浮云"（《论语·述而》）。孔子与颜渊在由学而乐的问题上，都有极为深切的体会。后人把此种乐称之为"孔颜乐处"。乃至对于一个学者而言，只有自己体会了"孔颜乐处"，才是真正的善学，为学有所成创造了条件。故二程问学于周濂溪时，周子首先要其体会"孔颜乐处"。程明道尝曰："昔授学于周茂叔，每令寻仲尼、颜子乐处，所乐何事？"（《伊洛渊源录》卷一）《宋史·道学一·周敦颐传》云："二程之学源流乎此矣。"周濂溪要二程寻孔颜乐处，直接开启了二程的学问，乃至整个宋明理学——天人性命之学。天人性命之学把孔颜潜沉内修之学发展为极致，其义理大端全部展现出来，成为即道德即宗教即艺术的学问，从而给人以彻底的安顿。从乐这个层次讲，天人性命之学才是最

---

[1]　牟宗三：《现象与物自身》，台湾学生书局1984年版，序第9页。

高的乐;另一方面讲,天人性命之学必然蕴含有乐。两者是一而二,二而一的关系。乃至于明儒王心斋有《乐学歌》一首,其曰:

> 人心本自乐,自将私欲缚。私欲一萌时,良知还自觉。一觉便消除,人心依旧乐。乐是乐此学,学是学此乐。不乐不是学,不学不是乐。乐便然后学,学便然后乐。乐是学,学是乐。呜呼! 天下之乐,何如此学? 天下之学,何如此乐? ❶

这首《乐学歌》意味着,在天人性命之学那里,学与乐都达到了最高境界,且会归于一。由孔、颜之乐,再到宋明天人性命之学而归结于《乐学歌》,可知,孔子所开启的潜沉内修之学不困难,更无痛苦可言,乃是极为轻松愉快之事。不唯此也,这潜沉内修之学可直通宗教。孔子曰:"七十而从心所欲,不逾矩"(《论语·为政》),当非虚言也,亦有大义存焉。

那么,孔、颜之潜沉内修之学为什么一定有乐呢? 这种乐预示着孔子之道怎样的内涵与大义呢?

孔、颜之潜沉内修之学,自有其乐。其乐乃践行过程中实有之而真得之者,唯孔、颜只会意其有之切与得之确,尚未措意其何以有此乐也。犹如饭饭而知其味,但未究竟何以有其味也。随着潜沉内修之学的进一步开决,孔、颜后学开始着意孔颜之乐的形上根据。这个形上根据,孔、颜虽未明确说出,但已有所会意。

> 颜渊曰:"舜何人也? 予何人也? 有为者亦若是。"(《孟子·滕文公上》)

颜渊这句话与孔子的"仁远乎哉? 我欲仁,斯仁至矣"(《论语·述而》)一样,开启了儒家"人皆可以为尧舜"之信念与实践。在孔、颜践行的笃实工夫中,盖已体认出了人人皆有完成此种践行的根基。但这个根基是什么,则未曾措意而理论地缕析之。至子思,由于内圣之学的进一步开决,开始探

---

❶ 黄宗羲:《明儒学案》,中华书局 2008 年版,第 718 页。

讨人性及成圣的根基问题，故云"天命之谓性，率性之谓道，修道之谓教"，又云"诚者，天之道也；诚之者，人之道也"，又云"自诚明，谓之性。自明诚，谓之教"（《中庸》）。子思在此解析出了人性的超越性与普遍性，超越性从天命讲，普遍性从人人皆具讲。在子思看来，人人都有来自于天命的性，这个性不但构成了人性，且是人人成圣的形上根基。至孟子，对于这个形上根基作了进一步的开决，不但讲性善，且进一步落实为"四端"。且孟子进一步讲，扩充四端之心，完成性分中所有，方是人生之大美与大乐。故孟子曰："充实之谓美。"（《孟子·尽心下》）美就是内在的性体充实圆满，无与于外也。是以孟子又曰：

> 广土众民，君子欲之，所乐不存焉。中天下而立，定四海之民，君子乐之，所性不存焉。君子所性，虽大行不加焉，虽穷居不损焉，分定故也。君子所性，仁义礼智根于心。其生色也，睟然见于面、盎于背，施于四体，四体不言而喻。（《孟子·尽心上》）

在孟子看来，外在的功业（"广土众民"与"中天下而立，定四海之民"）尽管有可乐者，但不是人生最大的安乐，人生最大的安乐一定来自于性分之中。如果人人能尽心养性，那么，每个人都能在自家的性分中找到人生最大的安乐。故孟子曰："万物皆备于我矣，反身而诚，乐莫大焉。"（《孟子·尽心上》）人之性分中万事俱备，只要逆觉反省体察，就可得莫大之安乐。

但是，先秦儒学并没有沿着孟子向内开决的思路，去究竟那个性分中本有的安乐，反倒是重外在的礼法，即沿着荀子开启的思路发展，这种思路一直影响到汉代。《汉书·儒林传》云："诸儒始得修其经学，讲习大射乡饮之礼。叔孙通作汉礼仪，因为奉常，诸弟子共定者，咸为选首，然后喟然兴于学。"这样，汉代在学术上重经术而务章句，在修行上重纲纪而务名教。这种转变，其根本在重学术而轻修行，于孔子之道渐行渐远了。故《汉书·艺文志》责之曰：

> 古之学者耕且养，三年而通一艺，存其大体，玩经文而已，是故用日少而畜德多，三十而五经立也。后世经传既已乖离，博学者

又不思多闻阙疑之义，而务碎义逃难，便辞巧说，破坏形体；说五字之文，至于二三万言。后进弥以驰逐，故幼童而守一艺，白首而后能言；安其所习，毁所不见，终以自蔽。此学者之大患也。

古之学者固然读书，但更多的是内修以求体会，觉悟以求达道，故于文字上用功少而内修上用功多，是以德业日进。但后世学者仅究竟文言，动辄敷陈万言，然终自蔽性灵而无所见。难怪夏侯胜非难夏侯建曰："章句小儒，破碎大道。"（《汉书·夏侯建传》）钱穆先生在论述汉儒章句之学云：

> 惟自治经而为章句，则文字蚀其神智，精神撰鹜饰说，而通经益不足以致用。于是汉儒之说经，遂仅限于为一儒生，而亦不复为政治动力所在，与夫社会生活治乱盛衰所系。❶

儒生通经务以纲纪名教来整合社会，操持人伦。于是，儒学失去了先秦潜沉内修的精神，泯灭了虚灵自如的风姿。总之，儒学完全沦落为纲纪名教之学，而非精修高远之养。这样，儒学完全只有来自外在纲纪名教的强制性，而无内在心性的感通。本来，在孟子那里是"由仁义行，非行仁义也"（《孟子·离娄下》），即人性自身即有仁义之端，依此而行就是德行，而不是外在有个仁义纲纪摆在那里依之而行。这样，仁义有心性之根基，所谓德行亦不过率性而已。但汉儒章句之学只知有外在的纲纪名教而未潜沉到内在的心性之中，不能依根基而率性，是以纲纪名教为外在的强制而不可免也。这诚如庄子所言之"中国之民，明乎礼义而陋乎知人心。昔之见我者，进退一成规、一成矩"（《庄子·田子方》）。这种桎梏性灵而规规于礼数折旋之拘谨已与圣人之境界——"立之斯立，道之斯行，绥之斯来，动之斯和"（《论语·子张》）——相去甚远矣。

于是，魏晋时代之诸名士开始探讨"理想的圣人之人格究竟应该怎样"❷的问题，王弼、何晏等人从道家之"无"得到灵感，企图"无"掉礼数折旋

---

❶ 钱穆：《秦汉史》，《钱穆先生全集》，九州出版社 2011 年版，地 232 页。
❷ 汤用彤先生认为，"理想的圣人之人格究竟应该怎样"这一问题构成了魏晋时代思想史的中心问题。汤用彤：《魏晋玄学论稿》，上海古籍出版社 2005 年版，第 103 页。

那桎梏性灵的拘谨，而倡"越名教而任自然"。王弼曰："圣人茂于人者神明也，同于人者五情也。神明茂故能体冲和以通无，五情同故不能无哀乐以应物。然则圣人之情应物而无累于物者也。"（《三国志·魏志·钟会传》注引《王弼传》）圣人"体冲和以通无"、"应物而无累于物"，故有虚灵玄妙之境界，绝非是那桎梏性灵的拘谨。王弼进一步曰："道不违自然，乃得其性，法自然也。"❶ 王弼此言，可以"名教本于自然"结之，但这里的"名教本于自然"不是要去内在地开抉名教的形上根基，而是以自然去消解名教，因为这里的自然是气化人性论中的自然，尚没有开决到子思与孟子所开启的天道与性命相贯通的率性之自然。于是，名士们多以自家气质之性去抗拒纲纪名教，而倡"礼岂为我设邪"（《晋书·阮籍传》）。后来虽有乐广"名教内自有乐地"（《晋书》卷四十三《乐广传》）之说，然其名教亦非汉儒之名教纲常也。是以汤用彤谓乐广之言"并不是特别推崇'名教'，其思想还是本于玄学"❷。这样，魏晋名士虽欲扭转汉儒拘谨礼数折旋之风而重塑圣人自然虚灵之姿，但因为没有潜沉到形上的心性根基之中而止于气性之材质中，于是，名士以放达无守为安乐，以四不着边为风流，与"吾与点也"之境界亦相去甚远。名士仅以外在的美趣与哲学的解悟去体会圣人自然安乐之境界，尚不能以笃实的工夫践履之。这样，他们探讨理想圣人以成之玄学，只是孔、颜境界之相似法，非其实也。牟宗三先生曰：

> 名士境界之无得无成只是以天地之逸气而为人间之弃才。乃是风流飘荡而无着处，乃是软性之放纵恣肆，而唯播弄其逸气以自娱。故名士之基本情调乃是虚无主义的。魏晋人之生命深处不自觉地皆有一荒凉之感。❸

是以魏晋名士多命运多舛，不得善终。不唯个人生命不得安顿，亦造成

---

❶ 楼宇烈：《王弼集校释》，中华书局 1980 年版，第 65 页。
❷ 汤用彤：《魏晋玄学论稿》，上海古籍出版社 2005 年版，第 107 页。《晋书》乐广本传谓："天下言风流者，谓王、乐为称首焉。""王"即王衍，字夷甫。《世说新语·轻诋》载："桓公入洛，过淮泗，践北境，与诸僚属登平乘楼，眺瞩中原，慨然曰：遂使神州陆沉，百年丘墟，王夷甫诸人不得不任其责。"乐广与王衍风流一时，由桓温之感慨，即可想见乐广说"名教内自有乐地"时之底蕴与精神矣。
❸ 牟宗三：《才性与玄理》，台湾学生书局 1985 年版，第 83–84 页。

了极大的社会问题。《晋书》卷三十五《裴秀传》附《裴頠传》云："是以立言藉其虚无，谓之玄妙。处官不亲所司，谓之雅远。奉身散其廉操，谓之旷达。故砥砺之风，弥以陵迟。……其甚者，至于裸裎。言笑忘宜，以不惜为弘，士行又亏矣。"因此，魏晋玄学所究竟之圣人，不但与孔、颜之境界相去云泥，亦与孔、颜之理想悬隔霄壤。

真正能阐发孔颜乐处的大义，既而把理想的圣人人格落到实处，从而开决孔孟内圣之学深度的是宋明儒者。早在周濂溪让二程体会孔颜乐处之前，范仲淹尝告诫张横渠曰："儒者自有名教可乐，何事于兵？因劝读《中庸》。"（《宋史·张载传》）这里所说的近似于乐广之"名教内自有乐地"，然其底据已根本不同。在范仲淹那里，寻求名教之可乐须去读《中庸》。《中庸》讲什么呢？讲人之性。可见，名教之可乐须从性中寻，在性中落实下来，不然，皆虚悬而不实。魏晋名士就是不能在性中落实下来，开启圣证的实践之路，只以外在的美趣去观赏圣人虚灵以至于"无"的境界，而不能在自性中实践地证悟之，"展转于有无之间，而驰骋其玄谈，亦适足成其为'空华外道'而已矣"❶。

那么，魏晋名士适成之"空华外道"为什么可以在宋明儒者那里翻转而得到落实呢？根本原因是宋明儒者承袭思孟，从性中寻。陆象山云："夫子以仁发明斯道，其言浑无罅缝。孟子十字打开，更无隐遁，盖时不同也。"（《象山语录》卷一）孔子以其坚实的践行工夫发明仁道之乐境，故不必言性；但人若无此工夫亦虚言仁道之乐境，必为"空华外道"，是以思孟须言之也。故陈白沙曰：

> 色色信他本来，何用尔脚劳手攘？舞雩三三两两，正在勿忘勿助之间。曾点些儿活计，被孟子一口打并出来，便都是鸢飞鱼跃。若无孟子工夫，骤而语之，以曾点见趣，一似说梦！（《陈白沙集》卷二《与林郡博》）

若不能从"性"中见，则曾点之趣、孔颜之乐一定是"空华外道"，落不到实处。

---

❶ 牟宗三：《才性与玄理》，台湾学生书局 1985 年版，第 124 页。

　　鲜于侁问伊川曰："颜子何以能不改其乐？"正叔曰："颜子所乐
者何事？"侁对曰："乐道而已。"伊川曰："使颜子而乐道，不为颜
子矣。"侁未达，以告邹浩。浩曰："夫人所造如是之深，吾今日始识
伊川面。"（《二程外书》卷七）

　　伊川为什么反对颜子乐道之说呢？道作为一种存在，多外在于人，若颜
子没有内在的根基而只乐那个外在的道，则一定不是颜子之乐。但颜子并非
不乐道也，然若只乐外在之道而无内在之根基，则颜子之乐道与魏晋名士之
"空华外道"无以异，岂能得颜子之心？鲜于侁未能达伊川之意，而邹浩则知
之。盖伊川所造之深已及于颜子，是以不同俗众也。伊川的这段话，朱门弟
子程允夫作了进一步的解释：

　　夫颜子舍道，亦何所乐？然先生不欲学者作如是见者，正恐人
心有所系，则虽以道为乐，亦犹物也。须要与道为一，乃可言乐。
不然我自我，道自道，与外物何异也？须自体会乃得之。（《晦庵集》
卷四十一《答程允夫》）

　　这里的"先生"正指伊川也。颜子并非不乐道，然不可视道为外在一物
而乐之，须有内在之根基而与道一体，即颜子开内在的根基以通达于道，始
知颜子之乐也。对于程允夫的这种解释，朱子论之曰："此只是赞咏得一个'乐'
字，未尝正当说着圣贤乐处，更宜于着实处求之。"（《晦庵集》卷四十一《答
程允夫》）颜子之乐的根基就是"性"——由《中庸》"天命之谓性"下贯于人，
复由人之存养工夫而透显，最终通达于天（即孟子所云之"尽其心者，知其
性也。知其性，则知天矣。存其心，养其性，所以事天也"。）。这个"性"不
是各别而殊异的气质之性，而是作为乾坤万有基的天命之性，人与物皆来自
于此。故孟子云"万物皆备于我"，庄子亦云"天地与我并生，而万物与我为一"
（《庄子·齐物论》）。程明道由此而释之曰：

所以谓万物一体者，皆有此理。只为从那里来。"生生之谓易"，生则一时生，皆完此理。人则能推，物则气昏，推不得；不可道他物不与有也。人只为自私，将自家躯壳上头起意，故看得道理小了佗底。放这身来都在万物中一例看，大小大快活。(《二程遗书》卷二上)

"大仁"从这个性体上来，"大乐"亦从这个性体上来。"大仁"必至于"大乐"，"大乐"必有"大仁"。宋儒张子韶解释"一日克己复礼，天下归仁焉"时曰：

仁者，觉也。物来则觉，物不能移；事至则觉，事不能乱。为学而至于觉，天下之能事毕矣。然人每为事所惑，而至于不通者，则以有己也。有己则自私，自私则不仁矣。克也者，胜也；礼也者，理也。克尽私智，自归天理也。自归天理则四海为家，万物为体，喜怒哀乐疾痛疴痒与四海万物同矣。目之所视，耳之所听，口之所言，身之所履，皆知其源而得其几，邃其本而识其要。天高地下，日光月明，山峙川流，鸢飞鱼跃，周流进退，俯仰徐疾，皆吾之仁也。故曰："克己复礼，天下归仁焉。"(转引自《颜子新编》卷二)

仁之一个首要条件就是"觉"。"觉"什么呢？就是觉这个性体。觉此以后，就克尽了私欲而复归于天理。这样，就没有了滞碍，"天高地下，日光月明，山峙川流，鸢飞鱼跃，周流进退，俯仰徐疾"皆性体之事，亦吾自身之事，此即仁也。这也就是明道所说的"放这身来都在万物中一例看，大小大快活"之意。这个必须于此真有得才真有"仁"，既而真有"乐"，非外在之虚言"仁"与"乐"也。宋人杨万里曰：

平地而观天，以为山之端即天也，至乎山之端而后见有山而无天。闻京邑之丽者，谓与里之市无异也，至京邑而后见其异耳。是故不至不见，不见不乐。(《诚斋集》卷八十六《颜子论》上)

性体之觉须有笃实之践行工夫而至于其实地，所谓"惟践履实地，自然洞彻为一"（刘子翚:《屏山集》卷一《圣传论·颜子》）。盖颜子堪其任也。不然，就会以山之端即天，而里市为京邑，此即为前文所云之"空华外道"。此非"仁"，亦非"乐"也。程明道曰：

> 学者须先识仁。仁者，浑然与物同体。……识得此理，以诚敬存之而已，不须防检，不须穷索。……此道与物无对，大不足以名之，天地之用皆我之用。孟子言"万物皆备于我"，须反身而诚，乃为大乐。若反身未诚，则犹是二物有对，以己合彼，终未有之，又安得乐？（《二程遗书》卷第二上）

识仁即是复性。复性，是我们得仁且得乐之根本途径，空言乐道，不但无仁，亦必无乐。王阳明曰：

> 良知是造化的精灵，这些精灵生天生地，成鬼成帝，皆从此出，真是与物无对。人若复得他完完全全，无少亏欠，自不觉手舞足蹈。不知天地间更有何乐可代？（《传习录》下）

缕析至此，我们可以总结之曰：性体之中自然有仁，亦有乐；或者说，性体自身即是仁，亦即是乐。"仁"是内在的德行力量，"乐"是其践行而通达于天后之结果。这是孔颜乐处之根本义。周濂溪要二程寻孔颜乐处，其"处"即是那个天理性道相贯通的性体。外此，皆不是孔颜之乐"处"。而这个乐"处"之寻，不是外在的美趣之观赏，而是建基于笃实的践行工夫之上的。若我们能潜沉朗现这个性体，则同体之仁，亦一定有性天之乐，与外在之遭际无与也。富固有其乐，然贫亦不减其乐，实则贫富与此乐根本无关也。"一箪食，一瓢饮，人不堪其忧"，但颜子"不改其乐"，非乐这"一箪食，一瓢饮"也，盖其自有性天之乐，是以不在乎贫富也。故程子曰：

> 颜子在陋巷，人不堪其忧，回也不改其乐。箪瓢陋巷非可乐，盖自有其乐耳，"其"字当玩味，自有深意。（《二程遗书》卷十二）

我们平常曰"安贫乐道",实则乐道并非必然要安贫也。践行工夫笃实,见得性体自然,则贫可乐道,富亦可乐道也。只是当人富贵时,常随外物牵引,欲望得以松绑,常误以外物之绚丽为美,欲望之放纵为乐,是以离道日远。反不及贫穷时之离道近也,故有"安贫乐道"之说。实则贫富与乐道与否并非有必然之关系也。孔颜乐处之唯一条件就是:潜沉内省开启动力而朗现性体。朱子尝与问者有一段对话:

> 问:"不改其乐,与乐在其中矣,二者轻重如何?"曰:"不要去孔颜身上问,只去自家身上讨。"(《朱子语类》卷第三十一)

孔颜之乐如何,须在自家性分中去找寻,外此别无他途。在此,可作如下总结:

其一,孔颜乐处并非乐那"一箪食,一瓢饮";

其二,孔颜乐处并非不在"道",然不只是在"道"处;

其三,孔颜乐处最根本处在于有性体之根基,此乐之动力之所在也;

其四,这性体之根基须在笃实之存养工夫中朗现,一旦朗现之,则不但贫富无与,且道亦在其中矣。

由此四点,我们进一步可知其五:孔颜之乐实则是圣贤自在、安详、宁静而与天地合其德的境界。此种境界是自然的,亦是艺术的,复是宗教的。自然的从性体言,艺术的从复性体之全而得自在安详言,宗教的从天道言。这是天道与性命相贯通之文化模型所必然蕴含者,亦是孔子之道所必然蕴含者。由此,我们进一步可以解决下面两个问题,即儒家与道家之关系问题及儒学是否是宗教之问题。

一般以为,儒家与道家根本不相容,道家以自然人性反对儒家的礼乐仁义。从道家之经典文献看,确是如此。如庄子曰:

> 故纯朴不残,孰为牺尊!白玉不毁,孰为珪璋!道德不废,安取仁义!性情不离,安用礼乐!五色不乱,孰为文采!五声不乱,

孰应六律！夫残朴以为器，工匠之罪也；毁道德以行仁义，圣人之过也。（《庄子·马蹄》）

在道家看来，如果没有对自然纯朴的木材、白玉的破坏，哪会有牺尊与珪璋呢？同样，如果自然之道德不废，哪里需要仁义呢？如果自然之性情得其正，哪里需要礼乐呢？这样，把纯朴自然的材质毁坏而制成器物，乃工匠之罪过；毁弃自然之道德而制定仁义之教，则是圣人的罪过。

道家强调一切从道德出发，且道家的这种道德是纯粹的自然主义，非伦理之约定主义。故曰："人法地，地法天，天法道，道法自然。"（《老子》第二十五章）这里的自然并非我们现在所讲的自然界意义上的自然，而是一种先天主义或宗教主义，即依道而行即是自然。这也是道家的无为而治。"天地有大美而不言，四时有明法而不议，万物有成理而不说。圣人者，原天地之美而达万物之理。是故至人无为，大圣不作，观于天地之谓也。"（《庄子·知北游》）无为而治就是适性合德而为。

闻在宥天下，不闻治天下也。在之也者，恐天下之淫其性也；宥之也者，恐天下之迁其德也。天下不淫其性，不迁其德，有治天下者哉！（《庄子·在宥》）

而一切背道而驰的有为主义，皆为道家所反对。

夫弓弩毕弋机变之知多，则鸟乱于上矣；钩饵罔罟罾笱之知多，则鱼乱于水矣；削格罗落罝罘之知多，则兽乱于泽矣；知诈渐毒、颉滑坚白、解垢同异之变多，则俗惑于辩矣。（《庄子·胠箧》）

在道家看来，不依据道而依据人之才智而行，乃是社会动乱而不能治理的根本原因。在道家那里，无为主义、道德主义、自然主义都是一个意思，但这里的无为、道德、自然都不是我们通常所讲的意义，它既是先验论，又是宗教立场。若以习常之义视之，则成大谬。

但道家之如是之视道德，并非其孤明独发，乃是秉持了古代中国之道德传统。

> 天之道，虚其无形。虚则不屈，无形则无所位迕，无所位迕，故遍流万物而不变。德者，道之舍，物得以生生，知得以职道之精。故德者，得也。得也者，其谓所得以然也。以无为之谓道，舍之之谓德。故道之与德无间，故言之者不别也。（《管子·心术上》）

道是形而上的存在，虚而无形。道下贯舍于万物之中，则称之为德。故道与德并无本质的区别。这种义理模型与《中庸》所云之"天命之谓性"是一回事。但道家并没有深思儒家的这种义理，只是看到了儒家的礼乐仁义之外在制作，于是，猛烈抨击儒家乃人为主义非自然主义。其实，儒家并不是一种无根基的人为主义，它的人为主义有自然主义的根基，这个根基与道家之自然主义并无殊异。

> 夫礼，先王所以承天之道，以治人之情，列其鬼神，达于丧祭、乡射、冠婚、朝聘。故圣人以礼示之，则天下国家可得以礼正矣。（《孔子家语·礼运》）

礼绝不是一种纯粹的人为制作，其根基亦在天道。孔子曰："人而不仁，如礼何？人而不仁，如乐何？"（《论语·八佾》）礼乐固不是纯粹的人为制作，就是"仁"也不是一种伦理规定。朱子曰："仁者，性之德也。"（《四书或问》卷十四）可见，仁亦是性自身的潜能。总之，儒家之道，正如《中庸》所云的那样："大哉圣人之道！洋洋乎发育万物，峻极于天。"这也是道德主义与自然主义，其终极目标也是无为主义。

> 是故君子笃恭而天下平。《诗》曰："予怀明德，不大声以色。"子曰："声色之于以化民，末也。"《诗》曰："德辅如毛，毛犹有伦；"上天之载，无声无臭"，至矣！（《中庸》）

儒家通过笃实的践行工夫而潜沉朗现性体时，则必定是道德主义、自然主义与无为主义，此与道家绝无差异。尽管儒家由礼乐之造作，但皆尽性而成，非外在寡头之妄作也。是以王船山曰："性中尽有天德、王道、事功、节义、礼乐、文章。"（王夫之：《明诗评选》卷五）惜乎道家并没有看到儒家这个性体之根基，一味地反对儒家之仁义礼乐。这种反对使儒家的仁义礼乐往上提升不至于僵死在外在的制作里有意义；若根本否定仁义礼乐人文化成之效而废弃之，适成反人文反道德之大盗，则为大谬。道家亦实蕴含有此种流弊，黄老最后发展至申韩之术，正是这种流弊的体现。

然一个人若真潜沉涵养至于性体朗现，则必不反对道家。颜渊就是其中的一个例子。《孔子家语·颜回》中载有这样一个故事：

> 鲁定公问于颜回曰："子亦闻东野毕之善御乎？"对曰："善则善矣。虽然，其马将必佚。"定公色不悦，谓左右曰："君子固有诬人也。"颜回退。后三日，牧来诉之曰："东野毕之马佚，两骖曳两服入于厩。"公闻之，越席而起，促驾召颜回。回至，公曰："前日寡人问吾子以东野毕之御，而子曰：'善则善矣，其马将佚。'不识吾子奚以知之？"颜回对曰："以政知之。昔者，帝舜巧于使民，造父巧于使马。舜不穷其民力，造父不穷其马力；是以舜无佚民，造父无佚马。今东野毕之御也，升马执辔，衔体正矣；步骤驰骋，朝礼毕矣；历险致远，马力尽矣；然而犹乃求马不已。臣以此知之。"公曰："善。诚若吾子之言也。吾子之言，其义大矣。愿少进乎？"颜回曰："臣闻之，鸟穷则啄，兽穷则攫，人穷则诈，马穷则佚。自古及今，未有穷其下而能无危者也。"公悦。遂以告孔子，孔子对曰："夫其所以为颜回者，此之类也。岂足多哉？"

东野毕虽善御马，但是技术上的——有为，而未能尽马之性——无为，于是，东野毕之马佚了。同样，政治也是如此，须尽民之性，不可穷民之力。舜就是如此，故孔子曰"无为而治者，其舜也与"（《论语·卫灵公》）。这表明，孔子与颜渊皆认可"无为而治"。为什么呢？因为最好的政治须有人性的根基，不在这个根基之外再有所作为。孔子与颜渊在笃实的存养工夫中，自然从性体之能中体认到了"无为而治"。所以，"无为而治"绝非道家之孤明独发，乃是性体朗现之后而必然至者。道家固如此，儒家亦如此。《庄子》中记载颜渊之几条文献，就是明确之表示。

《庄子》中记载颜渊的文献，是历史上的故实还是庄子以寓言表达自己的思想呢？笔者以为可能是历史上的故实。先秦时期，社会上可能经常流传一些名人有意义的故事而被相关学者记录下来，以表达相关的道理。如：

> 阳子之宋，宿于逆旅。逆旅人有妾二人，其一人美，其一人恶，恶者贵而美者贱。阳子问其故，逆旅小子对曰："其美者自美，吾不知其美也；其恶者自恶，吾不知其恶也。"（《庄子·山木》）

但同样的故事，《韩非子·意林上》中也有相似的记载，且把"阳子"变为了"杨子"。两处记载故事大体相同但文字略有出入，这说明《韩非子》确实不是照抄《庄子》的原文，而是得自于社会流传的故实，不然，就不会有文字上的差别。另外，如果这个故事完全是由庄子杜撰的寓言以表庄子自身的哲学思想的，那么，韩非不至于在他的书中留下这个故事。笔者在此是希望证明，《庄子》一书中颜渊的故事，可能并非完全由庄子杜撰，而是确有其事的故实。即便故事未必真确，但其所表现之义理，则为孔子、颜渊所首肯。

> 颜渊问乎仲尼曰："回尝闻诸夫子曰：'无有所将，无有所迎。'回敢问其游。"仲尼曰："古之人外化而内不化，今之人内化而外不化。与物化者，一不化者也。安化安不化？安与之相靡？……圣人处物不伤物。不伤物者，物亦不能伤也。唯无所伤者，为能与人相将迎。山林与，皋壤与，使我欣欣然而乐与！乐未毕也，哀又继之。哀乐之来，吾不能御，其去弗能止。悲夫，世人直为物逆旅耳！夫知遇而不知所不遇，知能能而不能所不能。无知无能者，固人之所不免也。夫务免乎人之所不免者，岂不亦悲哉！至言去言，至为去为。

齐知之所知，则浅矣！"（《庄子·知北游》）

"无有所将，无有所迎"就是"无为"。怎样能做到"无为"呢？就是要"外化而内不化"，"外化"是随时俯仰，与物推移，"内不化"是朗现而挺立性体之中。这样，才能做到"处物不伤物"，且物亦不能伤己。但一般人却是"内化而外不化"，变化多端，自己先已站不住了，却宰物以为旅，内轻而外重。于是，哀乐相继，莫之能御，岂不悲乎？！人若能直达性体以至于无为，则知遇亦知所不遇，知能能亦知所不能，由此，必安闲而乐。"箪食瓢饮"之乐，不就是如此吗？又，

　　颜回曰："回益矣。"仲尼曰："何谓也？"曰："回忘仁义矣。"曰："可矣，犹未也。"他日复见，曰："回益矣。"曰："何谓也？"曰："回忘礼乐矣。"曰："可矣，犹未也。"他日复见，曰："回益矣。"曰："何谓也？"曰："回坐忘矣。"仲尼蹴然曰："何谓坐忘？"颜回曰："堕肢体，黜聪明，离形去知，同于大通，此谓坐忘。"仲尼曰："同则无好也，化则无常也。而果其贤乎！丘也请从而后也。"（《庄子·大宗师》）

这一段表示颜子在践行工夫中德业日进，逐渐超越了外在的仁义礼乐而挺立于性体之中也。"坐忘"不但是去掉了肉体之欲望，即仁义礼乐也一并超越，灵现那个形上之性体而直通天道。唐君毅先生曰：

　　依先秦哲人之教，儒者固言万物并育并行之道，庄子亦言，彼是双成，万物一体之意。……于是于自然界无往而不见此心仁德之流行，而未曾见万物之相碍而相忍，此即中国古人对自然之审美之最重要精神所在，而亦遥通于中国政教礼乐之大源者。❶

这是修德进业的圆成，而孔颜与老庄所"莫逆于心"者也。

通过摘引上述两段文字加以缕析可知，无论是"无为"，还是"坐忘"都

---

❶　唐君毅：《中国文化之精神价值》，广西师范大学出版社 2005 年版，第 218 页。

必然蕴含在孔颜之乐中。不管这两段文字是确有故实还是庄子所杜撰，其大义必不违背孔颜之道。故"无"是共法，为笃实践行而至于朗现性体者所默契之境。道家固雅言"无"，儒家宁不雅言耶？《周易·系辞上》谓："易无思也，无为也，寂然不动，感而遂通天下之故。"又，《洪范》谓："无有作好，遵王之道；无有作恶，尊王之路。"即其选也。"无"即从"体"言，亦从践行之化境（"用"）言，是以圣人体无，本不虚也。唯魏晋名士只从"用"而不从"体"而言"无"，故为"空华外道"也。然其执道家以解儒学，欲化解疏通汉代以来章句之学的僵固，还儒学以灵通活泼之气，其诚心亦可鉴也。盖儒家与道家，其大义本不相背，唯道家重在言"无"，而儒家则不但言"无"，亦言仁义礼乐之"有"。故儒家毕竟为"极高明而道中庸"之中正大道也。但儒家就其最高之通达处言，是可以与道家相会通的，因为儒道都从天道而来故也，是以皆可雅言"自然"也。吾人周知，道家固倡"自然"，然儒家岂不倡"自然"焉？湛若水论陈白沙之学曰："自然之蕴，其淳和之心乎！其仁义忠信之心乎！夫忠信仁义淳和之心，是谓自然也。夫自然者，天之理也，理出于天然，故曰自然也。在勿忘勿助之间，胸中流出，而沛乎丝毫人力不存。"（《重刻白沙先生全集序》）后世学者不明乎此，道家或流入黄老，或流为长寿养生之术；而儒家则失其灵动之姿而陷入纲常伦理之制。是既不解道家，亦不知儒学也。今资孔颜乐处之义而疏通之，或有祖述孔颜，宪章老庄之功也。

我们再来从孔颜之乐看儒学与宗教之关系。尽管我们前面已经论证了儒学乃是一种最根源的宗教，但从孔颜之乐入，复可对这一结论进一步加强。孔颜之乐不是居常我们所理解的艺术之美趣与自由的愉悦，而是直通人性之根基与宇宙之本源的。故孔颜之乐绝不是艺术性的美趣与自由，而是宗教性的禅悦与安宁。也就是说，通过笃实之践行工夫而朗现性体至于其极，则必有宗教的禅悦与安宁。故儒学可通宗教，或者说，儒学即是最根源之宗教。何也？因其挺立性体，尽性体之潜能也。这个性体成为了所有宗教的根基。性体一旦挺立，即开决了宗教之动力。相对于实定宗教而言，这是一种没有上帝的宗教，或者不是宗教的宗教。儒学从孔、颜、孟子直至宋明儒者都能在存养践行中挺立这个性体，从而开决了宗教之精神源泉。这种宗教之精神源泉比宗教自身之仪式、祈祷或许更重要。德国哲学家施莱尔马赫呼吁说："让我们走向人性，我们在这里为宗教找到了素材。"❶基于此，他甚至以为，"一种无上帝的宗教可能比另一种有上帝的宗教更好"❷。儒学，就是这样一种比有上帝的宗教更好的宗教，或者说，儒学就是一种宗教动力学。❸

但儒学亦不是没有神圣绝对者的宗教。天道下贯而为人之性，最后天道与性命相贯通，是以儒学并非没有上帝（只是常以天道或天理名之，非以上帝名之也）的。然儒学既然在生命中挺立性体以开决宗教之动力，则其用力处在性体处，而不在天道或天理处也。故孟子云"尽心"、"知性"而"知天"。"知天"之根本在"心"处（"四端之心"人人所固有），若"心"不能"尽"，则不但不能挺立性体，于"天"亦根本茫然。茫然归茫然，非谓天根本无有也。若内在之性体挺立，则一定要契合乃至与天为一，故庄子曰："内直者，与天为徒。"（《庄子·人间世》）儒学之用力处既在"尽心"处，一旦"心"尽而动力开启，必然感到宗教之禅悦与安宁，非如实定宗教那样，"心"未尽而动力未开，直接进行宗教之布道，则必觉压制而不自由。正乃有感于宗教之压制与不自由，蔡元培雅言"美育代宗教"。然蔡元培以纯粹之美学代替宗教，其结果是抹杀了宗教。实则纯粹之美学固有自由，然与宗教之禅悦与安宁相去甚远，根本不可能代宗教。故蔡元培之说根本为虚妄。然蔡元培欲消解实定宗教之压制而不自由依然有意义，若蔡元培能回归到儒家心性之大道，见孔颜之乐之大义，则必不至于以纯粹美学以代宗教也。其必曰：舍孔颜之乐而谁何？然此处不言孔颜之乐代宗教也，盖孔颜之乐乃宗教极至之地，因儒学挺立性体，自身即为宗教故也。

颜子之学至此亦充其极也。颜子之所以为颜子，岂虚言哉？！南轩张子曰：

> 嗟乎！颜子之所至亚于圣人，孔门高弟莫得而班焉。及考鲁论师友之所称，有曰"不迁怒、不贰过"而已；有曰"以能问于不能、以多问于寡；有若无、实若虚；犯而不校"而已。自学者观之，疑若近而易识，然而颜子之所以为善学圣人者，实在乎此，则圣门之

---

❶ 施莱尔马赫：《论宗教》，邓安庆译，人民出版社2011年版，第51页。
❷ 施莱尔马赫：《论宗教》，邓安庆译，人民出版社2011年版，第73页。
❸ 可参见拙文：《论儒学的宗教性》，《同济大学学报》2013年第4期。

学，其大略亦可见矣。惟实用其力而后知其难，知其难而后有可进之地也。然则后之学者贪高慕远，不循其本者，终何所得乎？故予愿与同志之士，以颜子为准的，致知力行，趋实务本，不忽于卑近，不遗于细微，持以缜密，而养以悠久，庶乎有以自进于圣人之门墙。（《南轩集》卷三十三《跋希颜录》）

孔颜之学固极于高明之境，然其下手处却平实而卑近，人人可为而可行，故圣人可学而至，岂妄言之哉？！故孔颜之学亦天亦人，是以天人合一，又岂妄言之哉？！

四、仲弓的简默生命形态及其南面无为之行

孔子的弟子中有"三冉"：冉伯牛、冉雍、冉有，"三冉"之中，仲弓的年纪盖在冉伯牛与冉求之间，但孔子对于仲弓的评价在"三冉"之中显然是最高的，谓仲弓"可使南面"（《论语·雍也》）。"南面"乃孔子对舜之称颂，是见仲弓似可与舜分签并架。这种论定在整个孔门之中无有出其右者，即便好学如颜渊者，虽孔子屡有赞赏，亦不过"其心三月不违仁"（《论语·雍也》）而已，足见仲弓之不同凡响也。乃至荀子以孔子、仲弓并称为一学派，而以仲弓乃孔子学问之直接继承者。荀子曰：

> 若夫总方略，齐言行，壹统类，而群天下之英杰，而告之以大古，教之以至顺，奥窔之间，簟席之上，敛然圣王之文章具焉，佛然平世之俗起焉，则六说者不能入也，十二子者不能亲也。无置锥之地，而王公不能与之争名，在一大夫之位，则一君不能独畜，一国不能独容，成名况乎诸侯，莫不愿以为臣，是圣人之不得埶者也，仲尼子弓是也。一天下，财万物，长养人民，兼利天下，通达之属莫不从服，六说者立息，十二子者迁化，则圣人之得埶者，舜禹是也。（《荀子·非十二子》）

荀子这里是把孔子、仲弓[1]与尧舜相较，前者圣而不得其位（所谓"圣人之不得埶者"），后者则既圣而得其位（所为"圣人之得埶者"）。但孔子、仲弓之正风俗、匡邪说、化群生之教实不减于尧舜之利天下之功。是以荀子接着又曰：

> 今夫仁人也，将何务哉？上则法舜禹之制，下则法仲尼子弓之义，以务息十二子之说。如是则天下之害除，仁人之事毕，圣王之迹著矣。（《荀子·非十二子》）

此即是说，若人得其位，则当效法尧舜以建圣功；若不得其位，则当效法孔子、仲弓以兴圣教。荀子由是称孔子、仲弓为大儒。大儒是与俗人、俗儒、雅儒相比较而言的。俗人，"不学问，无正义，以富利为隆"；俗儒，"缪学杂举……呼先王以欺愚者而求衣食焉"；雅儒，"其言行已有大法矣，然而明不能齐法教之所不及，闻见之所未至，则知不能类也"（《荀子·儒效》）。但大儒者不然，荀子曰：

> 其穷也俗儒笑之；其通也英杰化之，嵬琐逃之，邪说畏之，众人媿之。通则一天下，穷则独立贵名，天不能死，地不能埋，桀跖之世不能污，非大儒莫之能立，仲尼、子弓是也。（《荀子·儒效》）

这样，若俗人、俗儒、雅儒及大儒措之于国家，对于政治之效果是截然不同的。荀子曰：

---

[1] 荀子此处所说的"子弓"是否就是仲弓，历来争论很大。除主仲弓之说者外，尚有主馯臂子弓与朱张之说者。王先谦以为，仲弓称为子弓，犹子路之称为季路也。但郭沫若反对此说，因为仲弓未见称子弓，伯鱼未见称子鱼，子思亦未见称季思，子路之称为季路为仅见，故仲弓称之为子弓，不足据也。他力主子弓乃传《易》之馯臂子弓。又，王弼主子弓即朱张。朱张乃孔子之前之贤人，然其事迹完全不可考。总的说来，子弓到底是仲弓、馯臂子弓，抑或是朱张，虽许多学者反复辩难，然究没有真实资料确证，止可成一家之言，良非定论。相对来说，笔者比较信服以下说法：《荀子·非相》云："盖帝尧长，帝舜短；文王长，周公短；仲尼长，子弓短。"尧舜、文王周公都是同时代的人对举，故仲弓与子弓也应是同时代的人。这样，就排除了馯臂子弓与朱张的可能。但为什么要把仲弓改为子弓呢？依据蔡仁厚的理解，孔子既称仲尼，为尊者讳，故盖仲弓为子弓也。因此，笔者认为，子弓应是仲弓。

故人主用俗人，则万乘之国亡；用俗儒，则万乘之国存；用雅儒，则千乘之国安；用大儒，则百里之地久，而后三年，天下为一，诸侯为臣；用万乘之国，则举错而定，一朝而伯。（《荀子·儒效》）

可见，俗人之于国必亡，俗儒之于国苟且，雅儒之于国苟安，大儒之于国必平天下。

以上是荀子之于治国与政治之最高理想，而代表此最高理想者，三代之圣王耳。而三代以后足以表征此理想者，唯孔子、仲弓是也。由此，我们便可知仲弓的德行、学问与其影响了。荀子予以仲弓如此高的评价，其中隐含怎样的政治理想，而仲弓之人格形态又何以能通达这种政治理想？这是需要研究的问题。

仲弓之庚辰与家世俱难确知。《论语·雍也》尝载孔子对仲弓云："犁牛之子骍且角，虽欲勿用，山川其舍诸？"依朱子的注解："骍"，赤色，周人尚赤，牲用骍；角，角周正，中牺牲也。这句话的意思是：耕牛虽苦而贱，但若所生之牛犊赤色而角周正，依然可以被用来作为祭祀之牺牲。这实则是暗示，仲弓虽然出身微贱，但因为自身有好的德行与学问，依然可以大有作为。《淮南子·说山训》下面这段话表明了此意：

事或不可前规，物或不可虑，卒然不戒而至，故圣人畜道以待时。髡屯犁牛，既犐以犅，决鼻而羁，生子而牺，尸祝斋戒以沉诸河，河伯岂羞其所从出，辞而不享哉？

耕牛固苦而贱，是否贱就是德行上的恶，还是出身之低微，历来又有不同之理解。《孔子家语》即把"贱"理解为德行上的"恶"。《孔子家语·七十二弟子解》云：

冉雍，字仲弓，伯牛之宗族。生于不肖之父。以德行著名。

"不肖"一般指品性不好，才能低下。以为仲弓之父即如此，但不能掩仲弓之德行之善，两相对照，似更能显仲弓之卓绝也。朱子也是这么理解《论语》的那句话的，他说：

> 言人虽不用，神必不舍也。仲弓父贱而行恶，故夫子以此譬之。言父之恶，不能废其子之善，如仲弓之贤，自当见用于世也。然此论仲弓云尔，非与仲弓言也。范氏曰："以瞽瞍为父而有舜，以鲧为父而有禹。古之圣贤，不系于世类，尚矣。子能改父之过，变恶以为美，则可谓孝矣。"（《论语章句集注》）

但许多人认为仲弓之父之贱未必是德行上的恶，仅出身之低微耳。在这些学者看来，以仲弓父行恶乃由"犁牛"之意推之的。明人陈耀文曰：

> 子谓仲弓时，或偶有感触，故即犁牛言之，非必即指仲弓父也。世岂有对人子鄙其父行而誉其子之贤者耶？（《论语稽疑》卷上）

这是说孔子仅借犁牛一喻，非实指仲弓父也，谓仲弓父行恶，更是推测过当。清人刘宝楠以为仲弓之父恶一说全不可信，"且即有之，而称子之美，必及其父之恶。长者所不忍言，而谓圣人能出诸口乎？"（《论语正义》卷七）可见，陈耀文与刘宝楠之不信，亦只是推测。但最低限度，仲弓之父出身微贱大概是可以肯定的，孔子之语乃鼓励仲弓也。正如清儒孙奇逢所言："犁牛之喻，教仲弓立贤无方也"（《四书近指》卷六）。从仲弓之家世看，其出身微寒，亦是可信的。蔡仁厚说："仲弓的身世有所憾恨，大体是可信的。在有憾恨之身世中，修洁自全，成德达才，这便是仲弓之不可及处。"❶

我们现在来看仲弓的德行与学问。《论语》记载与仲弓相关的句子并不多，除了《先进》篇孔门四科列仲弓入德行科及《雍也》篇孔子言"犁牛之子"外，只有下面四条：

> 或曰："雍也，仁而不佞。"子曰："焉用佞？御人以口给，屡憎

---

❶ 蔡仁厚：《孔门弟子志行考述》，台湾商务印书馆 1969 年版，第 41 页。

于人。不知其仁，焉用佞？"（《论语·公冶长》）

子曰："雍也可使南面。"仲弓问子桑伯子，子曰："可也简。"仲弓曰："居敬而行简，以临其民，不亦可乎？居简而行简，无乃大简乎？"子曰："雍之言然。"（《论语·雍也》）

仲弓问仁。子曰："出门如见大宾，使民如承大祭。己所不欲，勿施于人。在邦无怨，在家无怨。"仲弓曰："雍虽不敏，请事斯语矣。"（《论语·颜渊》）

仲弓为季氏宰，问政。子曰："先有司，赦小过，举贤才。"曰："焉知贤才而举之？"曰："举尔所知。尔所不知，人其舍诸？"（《论语·子路》）

由此总括地看，仲弓有三大特点：第一，不佞而默；第二，居敬而简；第三，可使南面。如实说来，正是前两个特点再加上仲弓有实际的政治才能与实践，才使得仲弓"可使南面"。颜渊亦不佞而默，亦居敬而简，但因为颜渊没有政治兴趣与政治实践，故《论语》终篇未见颜渊问为政，其志向亦不过"无伐善，无施劳"（《论语·公冶长》）。可见，颜渊确于内修之学有笃实的践行与体悟而超迈孔门诸子，而于外王则鲜有所体会，是以这一方面不及仲弓远矣。《庄子·让王》谓颜渊"不愿仕"，唯愿"所学夫子之道者足以自乐也"，致使夫子叹曰："善哉，回之意！丘闻之：'知足者，不以利自累也；审自得者，失之而不惧；行修于内者，无位而不怍。'丘诵之久矣，今于回而后见之，是丘之得也。"历史上未必确有其事，但至少是符合颜渊之性格与理想的，此则寓言非完全无足据也。颜渊与仲弓同属德行科，然此足见性格与兴趣之殊异也。然仲弓之有兴趣于为政，非纯粹之政治家，而是秉承了孔子之政治理想，是以夫子予以高评也。然此高评中自有大义在焉。此大义不出，仲弓之学无闻，儒家之政治理想之高义亦淹没矣。

我们须先由"不佞而默"入。有人对仲弓之品质有所遗憾，因为他"仁而不佞"，但孔子以为"不佞"非但不是仲弓品质中的缺点，乃至是其优点。朱子于此释之曰：

佞，口才也。仲弓为人重厚简默，而时人以佞为贤，故美其优于德，而病其短于才也。言何用佞乎？佞人所以应答人者，但以口取辨而无情实，徒多为人所憎恶尔。我虽未知仲弓之仁，然其不佞乃所以为贤，不足以为病也。再言"焉用佞"，所以深晓之。（《论语章句集注》）

一个仁德的人多厚重简默，故不善于说话；但一个不仁德的人若花言巧语，往往是令人生厌的。同时，一个花言巧语的人往往不仁德，故夫子曰："巧言令色，鲜矣仁。"（《论语·学而》）"不知其仁，焉用佞？"并不是说仲弓不仁，而是说不管一个人仁不仁，至少不佞不是其缺点。《易传·系辞下》云："吉人之辞寡，躁人之辞多。"对于仲弓之德行，孔子当然有足够的把握，但夫子不会轻许人之仁。朱子曰：

或疑仲弓之贤而夫子不许其仁，何也？曰：仁道至大，非全体而不息者，不足以当之。如颜子亚圣，犹不能无违于三月之后；况仲弓虽贤，未及颜子，圣人固不得而轻许之也。（《论语章句集注》）

朱子之解甚为谛当。

现在的问题不是仲弓是不是一个仁者，而是问：如果一个仁德的人又能说会道，是不是比一个"仁而不佞"的人更优秀呢？这涉及语言的问题。我们先须明白，任何语言总是有所遮蔽的。这一点，韩非看得很清楚，他说：

言顺比滑泽，洋洋纚纚然，则见以为华而不实。敦祗恭厚，鲠固慎完，则见以为掘而不伦。多言繁称，连类比物，则见以为虚而无用。捴微说约，径省而不饰，则见以为刿而不辩。激急亲近，探知人情，则见以为谮而不让。闳大广博，妙远不测，则见以为夸而无用。家计小谈，以具数言，则见以为陋。言而近世，辞不悖逆，则见以为贪生而谀上。言而远俗，诡躁人间，则见以为诞。捷敏辩给，繁于文采，则见以为史。殊释文学，以质性言，则见以为鄙。时称

> 诗书，道法往古，则见以为诵。(《韩非子·难言》)

韩非论述了各种语言，固皆有所表达，但其遮蔽却更甚。故在中国文化传统中，儒道释三家对于语言都有足够的戒心。故孔子曰："予欲无言。"(《论语·阳货》)又曰："君子欲讷于言，而敏于行。"(《论语·里仁》)老子更是讲："圣人处无为之事，行不言之教。"(《老子》第二章)庄子亦曰："言无言：终身言，未尝言；终身不言，未尝不言。"(《庄子·寓言》)为什么要对语言有足够的戒备呢？因为语言可能遮蔽了人的形上领悟与通达。故子贡感叹"夫子之言性与天道，不可得而闻也"(《论语·公冶长》)，因为一旦言"性与天道"，即对其有所遮蔽，是以孔子不言也。同样，庄子亦曰："无思无虑始知道，无处无服始安道，无从无道始得道。"(《庄子·知北游》)我们一般习惯坐而论道，但在庄子看来，"道"恰恰可能从"思虑处服"之论中逃逸了。故庄子又曰：

> 知道易，勿言难。知而不言，所以之天也。知而言之，所以之人也。古之人，天而不人。(《庄子·列御寇》)

知"道"实亦不易，然不言尤难，亦不管是否知"道"，人皆欲言。然无论知不知"道"，一旦言，总只能至于人事，而不能预于天道。然不能预于天道，则人事不过人的功利之求与实用之便，绝无大义可言。但人总是希望通过言谈而及于"道"，故往往侃侃而谈，由是"佞"便产生了。"佞"，海德格尔称之为"闲谈"，"闲谈本来就不费心去回溯到所谈及的东西的根基之上去，那闲谈原原本本就是一种封锁"[1]。这样看来，"佞"根本上就是一种对根基的闭锁，"佞"之人根本无法通达于道。在海德格尔看来，"闲谈"之人必好奇，亦必模棱两可，此三者让人混迹于世而十足地沉沦于其中。这是孔子曰"御人以口给，屡憎于人"的原因所在。因此，仁者本"不佞"也。然"不佞"非只是不"闲谈"，自当有高义在焉。

若"不佞"所牵涉之高义不能阐释出来，则亦不能理解仲弓"居敬而简"之高义，更不能理解仲弓"可使南面"所涉及之高义。所以，我们不应该仅

---

[1] 海德格尔：《存在与时间》，陈嘉映等译，生活·读书·新知三联书店1987年版，第205页。

把孔子的这段话看作对仲弓个人品质的辨正与维护，而应看作对儒家大义之辨正与维护，因为这涉及儒学形上的开显与通达问题。

我们知道，苏格拉底有句名言——"自知自己无知"。但同时我们也知道，苏格拉底其实是最有学问的人，他时常在市场上找各种人辩论，让别人难堪以至于承认自己的无知。但苏格拉底之"自知自己无知"名言到底是何意呢？苏格拉底所说的"无知"并不是说他没有知识，即由语言构成的知识系统，但他知道，即便他具有最完善的知识系统，他依然是无知的，因为这些知识系统丝毫不能让他切近"道"。切近，依海德格尔的讲法，就是"某个东西与我们遭遇、与我们照面、造访我们、震动我们、改变我们"❶。"道"在知识系统中逃逸了，那么，即使再多的知识也等于无知。因为言辞，依法国哲学家皮罗之意，"言辞是无神论的真正开端。事实上，对于这'绝对'来说，一切言说都是渎神的，言说永远总是说话反对上帝"❷。说话总是渎神的，遮蔽了最高实在的威临。这种意思，中国人早就体会到了。《世说新语·文学》载：

> 王辅嗣弱冠，诣裴徽。徽问曰："夫无者，诚万物之所资。圣人莫肯致言，而老子申之无已，何邪？"弼曰："圣人体无。无又不可以训，故言必及有。老庄未免于有，恒训其所不足。"

这里的"无"并不是空无所有之"无"，而是作为神性的最高实在，但圣人（指儒家之圣贤）于此不肯赞一词，因为本不可言也。但圣人未必放弃了"无"，而是"体无"，即践行中证会"无"。在王弼看来，老庄雅言"无"，实则"无"是不可训的，一言说，"无"即在"有"的层次，"无"即失矣。所以，与儒家之圣贤相比，老庄还是在"有"的层次，故不足道也。实则，老庄之言"无"亦是权法，非实法也。但无论如何，王弼此段对于所表现的意思却是极其如理谛当的：神性的最高实在一旦言诠就落入板结的物质性实在，神性不再。恰如皮罗所言，语言总是渎神的。可见，语言总是思想家、哲学家或学问家的事，他们离神性是很远的；而践行则是圣贤的事，他们由此而接近神

---

❶ 海德格尔：《语言的本质》，《在通向语言的途中》，孙周兴译，商务印书馆 2010 年版，第 146 页。

❷ 皮罗：《海德格尔和关于有限性的思想》，刘小枫选编：《海德格尔与有限性思想》，华夏出版社 2007 年版，第 154 页。

圣、通达于天。

语言总是一种表达，即说出了经验世界中的一"实在"。从这个意义上讲，如果语言都说出了一"实在"，即便是小鸟之鸣叫也是如此。庄子曰：

> 夫言非吹也。言者有言，其所言者特未定也。果有言邪？其未尝有言邪？其以为异于鷇音，亦有辩乎？其无辩乎？（《庄子·齐物论》）

"鷇音"，雏鸟孵出时的叫声。如果从表达上来理解语言，那么，从本质上讲，它就无异于鷇音，因为鷇音也有所表达。对于语言，我们总是基于一种表达。语言的表达犹如一个光圈，我们总是定驻于这个光圈之中，但若没有光圈之外的阴影地带，则光圈亦不能显现出来。也就是说，语言之表达之外，恰恰有一种能使表达得以可能的东西，而这种东西不属于语言自身，祂是神性的。当我们聚焦于光圈的时候，总是遗忘了那个神性的东西，实际上，祂总是与光圈一起出现，并守护着光圈。

当我们认为语言只是一种表达而完全聚焦于光圈的时候，语言就总是一种遮蔽，它遮蔽了神性的威临。而当我们对语言有所思的时候，则语言就是一种召唤、一种开显，由此，我们才能回到神性的大道之中。此时，语言就有其神性的本源。海德格尔说："词语最初与上帝同在。"[1]这种与上帝同在而有神性本源的特征表明，语言除具有表达性的语言之外，还有一种纯粹的语言。纯粹的语言是一种召唤，召唤天、地、人、神之四重整体之威临。纯粹的语言也是一种静默，在庇护天、地、人、神中而静默。但是，"严格看来，作为寂静之静默，宁静总是比一切运动更动荡，比任何活动更活跃"[2]。纯粹的语言是一种静默，我们把它称之为道说，即它不是对经验世界一"实在"表达，它是要灵现神性的最高实在，它固有所说，但它不是以言辞的方式有所说。海德格尔说：

---

[1] 海德格尔：《语言》，《在通向语言的途中》，孙周兴译，商务印书馆 2010 年版，第 5 页。
[2] 海德格尔：《语言》，《在通向语言的途中》，孙周兴译，商务印书馆 2010 年版，第 22 页。

凭任何陈述都不能捕捉道说、道说的特性。道说要求我们，对在语言本质中成道着的开辟道路这回事情保持沉默，同时又不谈论这种沉默。❶

可见，沉默是一种更根本的"言"，因为它开辟道路。荀子曰："言而当，知也；默而当，亦知也。"（《荀子·非十二子》）实则，"默而当，大知也"。沉默就是在行中开辟道路，让人通达。唐君毅先生曰：

> 在今日能知合于道之行之理由者，即为学者、思想家或哲学家之智。……然世人之行若皆自然合于道，则亦不必皆有此知。因此中之知，既原只所以导人之行为合于道；行能合于道，则知即在行中，亦能自其行中，以自然生起。……能若是，则又何必日日以言辩与天下人论"故"乎。故思想家哲学家之有论"故"者，亦世衰道丧，人之行既离于道，欲导之合于道之不得已之事也。儒者不幸生于乱世，乃兼为思想家哲学家，而不能不有事于言辩，以去诐淫邪遁之辞或荀子所说邪说辟言，亦不得已而为之事也。诚当天下有道之时，则孟荀将同归于无言。君子之道，不动而敬，不言而信。易传曰：默而成之，不言而信，存乎德行。❷

若人人能在行中自我开辟道路，言本是多余的。若有人不能开辟道路，则言亦只是引导之意义，过此即止。故孔子曰："不愤不启，不悱不发。"（《论语·述而》）《学记》亦云："道而弗牵，强而弗抑，开而弗达。"须知，即使在此时，言辩亦是不得已为之，是以孟子曰："予岂好辩哉？予不得已也。"（《孟子·滕文公下》）若玩奇辞，造邪说，以胜人为意，不过玩物丧志耳，故象山先生尝告诫其生徒曰："寄语同游二三子，莫将言语坏天常。"（《象山语录》卷上）若是之不究，却在言语上"心如涌泉，意如飘风，强足以距敌，辩足以饰非"（《庄子·盗跖》），适成盗跖之徒也。是以苏格拉底之贱智者派，而荀

---

❶　海德格尔：《走向语言之途》，《在通向语言的途中》，孙周兴译，商务印书馆 2010 年版，第 268 页。

❷　唐君毅：《中国哲学原论·导论篇》，中国社会科学出版社 2005 年版，第 180 页。

子亦轻名家也。夫子"焉用佞"之问，其大义即在此也。

仲弓之"不佞而默"之大义须由此入，不然，可能就流为个人偶然的品质问题，其普遍之大义却不得出。由此，我们来进一步看仲弓之德行。仲弓问仁，夫子答之以"出门如见大宾，使民如承大祭"。朱子《论语集注》引程子之言曰：

> 孔子言仁，只说"出门如见大宾，使民如承大祭"。看其气象，便须心宽体胖，动容周旋中礼。惟谨独，便是守之之法。或问："出门、使民之时，如此可也；未出门、使民之时，如之何？"曰：此俨若思时也，有诸中而后见于外。观其出门、使民之时，其敬如此，则前乎此者敬可知矣，非因出门、使民然后有此敬也。

程子这里彰显了一"敬"字，乃仲弓之根本品行。故子贡评价仲弓时曰："在贫如客，使其臣如借，不迁怒，不深怨，不录旧罪，是冉雍之行也。"(《孔子家语·弟子行》)"在贫如客"，王肃注云："言不以贫累志，矜庄如为客。"此言仲弓独处之时能敬；"使其臣如借"，王肃注云："言不有其臣，如借使之也。"此言仲弓与人相处时能敬。儒者历来雅言敬，乃孔门修身工夫之第一义。朱子曰：

> 大凡学者须先理会"敬"字，敬是立脚去处。程子曰："涵养须用敬，进学则在致知。"此语最妙。又，"敬"字工夫，乃圣门第一义，彻头彻尾，不可顷刻间断。(《朱子语类》卷第十二)

但"敬"复含"畏"，是我们以常"敬畏"并用。朱子复曰：

> 敬非是块然兀坐，耳无所闻，目无所见，心无所思，而后谓之敬。只是有所畏谨，不敢放纵。如此则身心收敛，如有所畏。常常如此，气象自别。存得此心，乃可以为学。(《朱子语类》卷第十二)

"敬"既复含"畏"，那么，所敬者到底是什么呢？什么东西使人又"敬"又"畏"呢？程子曰：

> 主一者谓之敬，一者谓之诚，主则有意在。（《二程遗书》卷二十四）

这意味着，"敬"就是让人定驻在"诚"这个地方。但"诚"若只是一个存养修行状态，则无所谓"畏"。而能让人"畏"，则一定有超越的神性东西在。若没有神性，哪怕是极恐怖的自然现象，我们也只是怕或怪，并无畏也。荀子曰："星坠、木鸣，国人皆恐。……夫星之坠，木之鸣，是天地之变，阴阳之化，物之罕至者也；怪之，可也；而畏之，非也。"（《荀子·天论》）当天只是一种自然存在而不是一种神圣存在的时候，对于天之威力只有怕，而并无"畏"。可见，"畏"一定属于宗教性的感受。孔子曰："君子有三畏：畏天命，畏大人，畏圣人之言。小人不知天命而不畏也，狎大人，侮圣人之言。"（《论语·季氏》）"天命"有神圣性自不待言，但"大人"、"圣人之言"亦有神圣性，故朱子曰："大人、圣言，皆天命所当畏。知畏天命，则不得不畏之矣。"（《论语章句集注》）这样看来，仅"主一者谓之敬，一者谓之诚"尚不能真正理解"敬"，我们还应挖掘"敬"之超越神圣性。《中庸》云："诚者，天之道也；诚之者，人之道也。"可见，"诚"不仅仅是一种人的修行存养状态，"诚"根本上是"天"的规定性。于是，"敬"就是让人定驻于"天"之中。程子曰："毋不敬，可以对越上帝。"（《二程遗书》卷十一）"敬"即可以对越上帝。我们再来看朱子的解释。朱子曰："学者工夫唯在居敬、穷理二事。"又曰："能穷理，则居敬工夫日进；能居敬，则穷理工夫日密。"（《朱子语类》卷第九）但"穷理"是何意呢？是否就是平时的讲事实摆道理呢？非也。朱子曰："穷理是个推行究竟的道理。"（《朱子语类》卷第九）所谓"究竟的道理"就是《周易·说卦传》所说的"穷理尽性以至于命"。朱子对此的解释是："穷天下之理，尽人物之性，而合于天道"（《周易本义》卷四）。可见，居敬乃在穷理，但穷理非一般之物理，乃超越之天理、天命，所谓"穷"乃默识体认之意，是谓"敬"也。到此，我们可以将一下仲弓的品行的普遍意义。"不佞而默"就是"敬"，而"敬"

乃是默识体认超越之绝对体而通达之。即仲弓的"不佞而默"不是一般的沉默寡言，也不是"厚重简默"的好品质，而是为神圣性的"天"（超越之绝对体）开辟道路。由此，我们可进入仲弓之"居敬而简"之大义。

在《论语》里，"居敬而行简"乃与"居简而行简"对比而言者。仲弓属前者，子桑伯子属后者。那么，这种对比中，仲弓之"居敬而简"有什么大义呢？我们不妨来看下子桑伯子之所谓"简"。《说苑·修文》载：

> 孔子见子桑伯子，子桑伯子不衣冠而处，弟子曰："夫子何为见此人乎？"曰："其质美而无文，吾欲说而文之。"孔子去，子桑伯子门人不说，曰："何为见孔子乎？"曰："其质美而文繁，吾欲说而去其文。"

可见，子桑伯子之"简"乃质朴而近于野。质朴并非不好，但近于野则必坏。是以夫子有"可也，简"之叹也。质朴之人往往有此之失。故刘向曰："简者，易野也。易野者，无礼文也。"（《说苑·修文》）若质朴而无存养，必有此之失。然仲弓之"简"绝非如此，因其有"敬"之基底也。

但所敬者到底是什么？一般人以为是"礼"，有学者指出：

> 我们也基本上可以肯定"简"与"敬"之间的度应该是"礼"，在符合"礼"的基础之上为政者便会知道如何治理百姓，同样也会得到老百姓的支持和爱戴。[1]

但如果所敬者仅仅为礼，是否会导致"简"呢？这恐怕是值得怀疑的。我们知道"礼"之揖让周旋，正乃繁之所在。故孔子尝对子张曰："师，尔以为必铺几筵，升降酌献酬酢，然后谓之礼乎？尔以为必行缀兆，兴羽籥，作钟鼓，然后谓之乐乎？言而履之，礼也。行而乐之，乐也。"（《礼记·仲尼燕居》）可见，繁文缛节并非礼之大义所在。是以《礼记·乐记》云："大乐必易，大礼必简。"这并非表示礼之揖让周旋不重要，但礼之教重点不在此也。《礼

---

[1] 任媛媛：《仲弓及其思想研究》，曲阜师范大学 2014 届硕士学位论文，第 20 页。

记·经解》云：

> 入其国，其教可知也。其为人也：温柔敦厚，《诗》教也；疏通知远，《书》教也；广博易良，《乐》教也；洁静精微，《易》教也；恭俭庄敬，《礼》教也；属辞比事，《春秋》教也。

可见，"礼"之为教，其重点不在揖让周旋，乃在"恭俭庄敬"也。而"礼"之失恰恰在于其"繁"，而"繁"又必然意味着"烦"。是以"恭俭庄敬而不烦，则深于《礼》者也"（《礼记·经解》）。这样论述下来，我们可知，仲弓之"居敬而简"，绝非就是对"礼"的遵从。因为纯粹礼之揖让周旋必然不"简"而是"繁"，而"繁"又必然使人"烦"，是以礼教不成也。仲弓作为一个"可使南面"的为政者，自然之于礼教不会限于此种境界。孔子尝对子夏曰：作为民之父母，须"必达于礼乐之原，以致五至，而行三无，以横于天下"（《礼记·孔子闲居》）。"五至"且不必说，何谓"三无"呢？曰："无声之乐，无体之礼，无服之丧。"（《礼记·孔子闲居》）何以夫子要对子夏言此，盖子夏深于外在的学，而于内在之养固不足也。外在之学多停留于折旋度数，而于内在之精神多无措意，只有"下学"而无"上达"。子张谓子夏之门人"当洒扫、应对、进退，则可矣。抑末也，本之则无"（《论语·子张》），当不为诬也。是以夫子诫子夏曰："女为君子儒，无为小人儒。"（《论语·雍也》）与子夏相较，厚重简默的仲弓对于礼之敬绝不必如子夏，仅停留于礼之折旋度数，而必至于"无体之礼"，不然，何以南面而为民之父母？

那么，什么是"无体之礼"呢？夫子曰："威仪逮逮，不可选也。"（《礼记·孔子闲居》）这是《诗经》之《柏舟》中的一句，本作"威仪棣棣，不可选也"。"棣棣"，《毛诗传》释之曰"富而闲习也"；"不可选"，《毛诗传》释之曰"不可数也"。此句意味着，人之威仪安和以至于超越了礼之折旋度数。是以陈北溪曰：

> 威仪之可畏可象，则不离于有体；至于逮逮而不可选，则归于无体。此其所以为无体之礼也。（卫湜：《礼记集说》卷一百二十）

人之威仪安和而归于无，以至于让人不觉其礼之存在，此即是"无体之礼"。但仅限于此尚不足以言"简"，"简"之于"无体之礼"外尚有别义在焉。

儒家历来强调礼之本于天，"无体之礼"切就天而言即是"简"，不然，"无体之礼"不过折旋度数之娴熟，不过外在之技巧问题。此不过"技"上之简，非"简"之实义也。"简"乃"无体之礼"切就天而言，则"简"即具有宗教之意味，绝非只是对礼之敬与夫技巧之娴熟问题，故"简"不乏敬畏也。"居简而行简"，乃因为没有切就"天"而言"简"，是以不能完成其宗教内涵，是以"太简"也。故纯基于外在之折旋度数之"简"，必流于"太简"；若能切就"天"而言，上升至于宗教之高度，则"简"亦不简也。只有把"简"理解到宗教之高度，仲弓之"可使南面"才得以理解，"可使南面"之大义才得以出焉。

那么，这种"敬而天"以至于"简"之精神为什么可以是一种宗教呢？我们须从人之自然禀赋出发。康德认为，人作为一种理性存在者，总有一种天然的禀赋，那就是：趋向形而上学。"世界上任何时候都将有形而上学。不仅如此，每个人，尤其是每个能够反思的人，都将有形而上学。"[1]这就是说，人，作为理性存在者，都会且一定会趋向一种超越的实体，因为这是人的自然禀赋。这种自然禀赋总能从荆棘丛丛的经验世界为灵现神圣的超越实体开辟道路。正是在康德所说的意义上，我们说：德行，并非是做了一般意义上的善事，从根本上讲，它是为神的到来开辟道路。德行就是一种开辟，一种宗教动力。这也是宗教或神学的根本意义，而宗教与道德总有千丝万缕之干系，其根源也在这里。因为若没有这种开辟，不但任何道德是不稳定的，且易使宗教流为虚空。故道德学根本就是宗教动力学，而宗教根本就是道德的形上学，两者互为依存，相互充实。

开辟道路表示神的来临尚是未决定的，正是神的这种未决定使得神学得以可能。若不需要这种开辟而直接把神置于人之眼前，此时，神不过是摆置出来的"物"，神学成了实证科学而不是神学。这样的神学，依海德格尔的观

---

❶ 康德：《未来形而上学导论》，李秋零主编：《康德著作全集》第 4 卷，中国人民大学出版社 2013 年版，第 373 页。

点，与化学或物理学并无本质的差别，因为都是对现存摆置出来的存在者的揭示。但真正的神学绝不是对摆置出来的神的揭示及其知识，在这里，我们丝毫还没有切近神。尽管神摆置出来就在我们眼前，我们顶礼膜拜祂，但我们心里可能根本没有祂的位置，乃至我们还是更加彻底的无神论者。"始终存在着比无神论更加反宗教的东西"❶说的正是这种状况。那么，真正的神学是什么呢？海德格尔说：

> 一切神学的概念必然于自身中蕴含着那种存在领悟，而人类此在本身，只要它终究生存着，就从自身而来具有这种存在领悟。❷

海德格尔上面一段话包含两点意思：其一，神学依赖存在领悟，也就是我们所说的为神的到来开辟道路。其二，人人都有这种存在领悟，这意味着人人都可为神的到来开辟道路。孔子曰："敬鬼神而远之，可谓知矣。"（《论语·雍也》）鬼神摆置在眼前，我们自然要存敬膜拜，但若只是如此，我们还没有把鬼神带到眼前，我们还应在存敬膜拜之后为鬼神之真正到来开辟道路，此即"远之"之意也。所以，只是存敬膜拜眼前的神，其实我们离神还相当的远，只有能为神的到来开辟道路，才能真正把神带到眼前。"下学而上达"，无非是为神圣者的通达开辟道路之意。❸

至此，我们可以总结曰：仲弓之"居敬而行简"不只是存养之笃实与依礼而行，而是为神的到来开辟道路。这根本是一种宗教精神。《逸周书·谥法解》云："壹德不解曰简。"人之所以能一于德而不懈，就是因一种宗教精神之体会，这是"简"之根本义。为什么我们要这样理解呢？这又是与仲弓"可使南面"之特征联系在一起的。关于这句话，历来有不同的理解。清人王引之曰："南面者，有谓天子及诸侯者，有谓卿大夫者。雍之可使南面，谓可使为卿大夫也。"（《经义述闻·通说上》）这是在讨论仲弓"可使南面"究竟"可"在什么位置上，天子、诸侯还是卿大夫。这种争论甚无谓也。但无论如何，"南面"

---

❶　施莱尔马赫：《论宗教》，邓安庆译，人民出版社 2011 年版，第 75 页。

❷　海德格尔：《现象学与神学》，孙周兴选编：《海德格尔选集》，上海三联书店 1996 年版，第 748 页。

❸　至于人人都可为神的到来开辟道路之精神根基何在。思孟学派于此多有发越，子思肇其端，孟子结其局，最后落实于四端之心。以后会详细讨论。

体现了儒家最高的政治理想或御民之术。这种理想就是"简"之一字。《尚书》里就多次提到"简"："临下以简，御众以宽"（《大禹谟》），"直而温，简而廉"（《皋陶谟》）。但"简"这种政治理想或御民之术到底意味着什么呢？我们知道，中国传统历来不认为政治就是人的作为与管理，一种好的政治必须依天而治。故《尚书·泰誓》云："天佑下民，作之君，作之师，惟其克相上帝，宠绥四方。"孟子在《梁惠王下》中对此加以了引用："天降下民，作之君，作之师，惟曰其助上帝，宠之四方"。这说明，君师根本不是自己在治理天下，而是协助上天来治理天下。因为治理天下的法则都出自上天。故箕子谓武王曰："我闻在昔，鲧堙洪水，汩陈其五行。帝乃震怒，不畀洪范九畴，彝伦攸斁。鲧则殛死，禹乃嗣兴，天乃锡禹洪范九畴，彝伦攸叙。"（《尚书·洪范》）尧舜禹、文王周公之所以被誉为圣王，乃因为效法上天，依天而治。正因为如此，他们受到了孔子极高的赞誉。"大哉，尧之为君也！巍巍乎！唯天为大，唯尧则之。荡荡乎！民无能名焉。巍巍乎！其有成功也；焕乎，其有文章！"（《论语·泰伯》）"则天"就是无为而治，即没有人为而纯依乎天，此即是"南面"之意。"无为而治者，其舜也与？夫何为哉，恭己正南面而已矣。"（《论语·卫灵公》）《中庸》最后云：

> 是故君子笃恭而天下平。《诗》云："予怀明德，不大声以色。"子曰："声色之于以化民，末也。"《诗》曰"德輶如毛"，毛犹有伦；"上天之载，无声无臭"，至矣！

"笃恭"就是"南面"，就是依天而治，这是最高的政治，哪怕依德而治尚不足够，因其未至于"无声无臭"之地也。"南面"不只是一般的政治治理，而是体现儒家理想的圣王政治。"南面"一词《论语》中只出现了两次，一次是称颂舜，再一次是夸赞仲弓。可见，夫子曰"雍也可使南面"并不是指仲弓可从政，而是指仲弓不但可以从政，且其人格足以保证圣王政治的实现。而圣王政治实现的基本标志就是依天而治，仲弓"不佞而默"与"居敬而行简"之性格特征又使得他可在自家之生命里为"天"之到来开辟道路。由此，依天而治不只是形式上言之，实可体之于身也。老子曰："修之于身，其德乃真。"

（《老子》第五十四章）仲弓之"可使南面"当非虚言也。❶《孔子家语·刑政》载仲弓尝问夫子曰："雍闻至刑无所用政，至政无所用刑。至刑无所用政，桀纣之世是也；至政无所用刑，成康之世是也。信乎？"从这里可以看出，仲弓显然更向往"至政无所用刑"的王道政治。尽管孔子从现实之角度出发，认为刑有时也是必要的，但也没有否定仲弓理想之必要性。《说苑·修文》云："仲弓通于化术，孔子明于王道，而无以加仲弓之言。"刘宝楠《论语正义》卷七释此曰："是故居敬则有威仪可观，行简则不大声色。于以化民，民自能顺帝则，又且用得其贤，众职咸理，此'居敬行简'之所以为可也。"仲弓之通于化术，正是体现了《中庸》"上天之载，无声无臭"之王道原则，而此原则之根底即在顺"帝则"，而人之所以能顺"帝则"，乃在居敬而能开辟道路以通达于天也。

由"不佞而默"→"居敬而行简"→"可使南面"，一线下来，我们亦可明荀子何以特别称颂仲弓之故。我们知道，荀子雅言性恶，隆礼重法以治，似乎荀子不太重视无为而治。实则厚诬荀子也。荀子固言性恶，与礼法，不过时风日下之不得已也。在其政治理想中，还是无为之王道政治为最高。荀子曰：

> 故治国有道，人主有职。若夫贯日而治详，一日而曲列之，是所使夫百吏官人为也，不足以是伤游玩安燕之乐。若夫论一相以兼率之，使臣下百吏莫不宿道乡方而务，是夫人主之职也。若是则一天下，名配尧禹。之主者，守至约而详，事至佚而功，垂衣裳，不下簟席之上，而海内之人莫不愿得以为帝王。夫是之谓至约，乐莫大焉。（《荀子·王霸》）

在荀子看来，治国之根本在人主"守至约"，使群僚"宿道乡方"。若此，则"垂衣裳，不下簟席"而天下治。"守至约"就是人主自修其德；使群僚"宿道乡方"就是"政者，正也。子帅以正，孰敢不正？"（《论语·颜渊》）"垂

---

❶ 先秦以后，中国历代之统治者无不知依天而治之古训，"奉天承运"四字即是此种意思之表示。然由于统治者不能如仲弓躬体之于身，故徒成虚言。秦统一天下，改天子为皇帝，依天而治之大义渐失，政治遂为皇权之手柄。然真正的儒者必不认可此种改变，故美三代之王道，而斥后代之霸道也。

衣裳，不下簟席"就是无为而治。这正是荀子所向往的王道，故荀子曰："论德使能而官施之者，圣王之道也，儒之所谨守也。"（《荀子·王霸》）若圣王之治，则其要在修身，非礼法也。是以有人问为国之道时，荀子答曰："闻修身，未尝闻为国也。"（《荀子·君道》）只是荀子之所为修身与孟子颇不同，孟子直指心性立乎其大，故雅言尽心、养性，而荀子则重礼乐之操持，他以为由此亦可以达至圣王之德。

> 鲁哀公问于孔子曰："绅、委、章、甫，有益于仁乎？"孔子蹴然曰："君号然也？资衰、苴杖者不听乐，非耳不能闻也，服使然也。黻衣、黻裳者不茹荤，非口不能味也，服使然也。且丘闻之：好肆不守折，长者不为市。窃其有益与其无益，君其知之矣。"（《荀子·哀公》）

这段对话虽然出自孔子与哀公之间，但代表了荀子的意思，至少荀子是认同的。通过礼之操持确乎可以培养人之仁德，乃至纯化人之生命。故夫子曰："非礼勿视，非礼勿听，非礼勿言，非礼勿动。"（《论语·颜渊》）四个"非礼勿"乃指仁德之培养与生命之纯化言。由此而充其极，必至于圣王之治的实现，是以夫子曰："一日克己复礼，天下归仁焉。"（《论语·颜渊》）但孔子仲弓之言圣王之治，其后有人性与天道之背景。荀子虽向往无为而治，但却雅言"唯圣人为不求知天"（《荀子·天论》），从而把人与天拉开了。所以，荀子之无为而治从没有把天联系起来讲。这样，荀子便不能像子思孟子那样——由孔子仲弓之理路进一步向内开发，以见超越之性（性善）与端（四端之心），而与天合一——言人的性天之善，而只能言人本能之恶，进而以礼法规导乃至限制以合于善。诚然，礼法一定程度上可以训练人之行为，培养人之善行，但若无性天之善的底据，总是空华外道。由荀子之道，其之于人也，不可能有法天之圣德；其之于政也，不可能是依天之圣治。孔子仲弓固不偏废礼之于圣德之作用，但其背后必有性天之底据，是乃中正圆通之道也。其后，孟子与荀子各得孔子仲弓之一体而微。孟子究性天以为大，荀子重礼法以为隆。前者内在之工夫密，故简易；后者外在之术数重，故支离。然皆有失于孔子仲弓之中正圆通也。但若二者必居其一，则取孟子而舍荀子，何也？性天之教方是通天人、至圣治之根本也。徒知礼法而不知性天之教，若精神提挈得住，则亦可效法依天无为之圣治，荀子即此也。但因此时天已落空，若精神提挈不住，则必落入礼法之强力乃至专制，荀子之学生李斯、韩非即其选也。与孟子较，荀子实已离孔子更远，唯其不自觉耳。荀子自以为其学祖述孔子仲弓，实不其然也。唯外在地仰慕无为而治之境界而不能开性天之教，必使此种理想落空，个中原因，详见第六章。❶以此可知，性天之教之于儒学焉可忽哉？

学界多以为，荀子之所以推重仲尼仲弓，乃因为其学之旨趣盖同。杨朝明先生就认为，仲弓的主要思想在政治方面，而"他的政治思想恰恰与荀子完全合拍"❷，由此推知，仲弓之学与荀子之学应有某种的师承关系。但这种师承关系"某"到何种程度，-是需要鉴别的。我们知道，荀子推崇孔子，且荀子之学与夫子之学亦不能说无师承关系，但荀子之学与夫子之学颇不同。同样，荀子固推崇仲弓，亦不能说荀子与仲弓之间于学问上完全无任何师承关系，但不能因这一点师承关系就完全以为二者合拍。若夫子所谓"可使南面"并非虚美，则仲弓之学绝不会完全等同于隆礼重法之荀子之学，乃是基于性天之教，礼乐化成之无为而治，此绝非荀学所能达至者。此是大分别，不可不知也。

我们通过仲弓之人格形态及其形上通达而明白了儒家政治理想的宗教性内涵之后，可以简要论述一下天命与民意之关系问题。今之学人因见《尚书》云"天视自我民视，天听自我民听"，以为民意就是天命。但如果这样，天命就被消解了，民意成为了实体，天命反而被虚悬了，儒家政治成为了纯粹的

---

❶ 纵观先秦思想史，无为而治几乎为各家之所共识。道家固不必说，儒家于此亦有所发越，然学界对此之关注与阐发尚不足。法家实则亦盛言无为而治。如："群臣守职，百官有常，因能而使之，是谓习常。故曰'寂乎其无位而处，漻乎莫得其所；明君无为于上，群臣竦惧乎下'"。（《韩非子·主道》）又，"故去甚去泰，身乃无害。权不欲见，素无为也。事在四方，要在中央。圣人执要，四方来效。虚而待之，彼自以之。"（《韩非子·扬权》）然道家"蔽于天而不知人"（《荀子·解蔽》），故其无为而治乃超人文者；法家于人性之恶乃至其阴暗面有极深之体会，其无为而治不过利用此而成君王驾驭之术，根本乃反人文者。唯儒家上通性天，下开礼乐，其无为而治适合人文化成之大道。正如《淮南子·要略》所说，有"通而无为"和"塞而无为"，"其无为则同，其所以无为则异"。

❷ 杨朝明：《从孔子弟子到孟、荀异途——由上博竹书〈中弓〉思考孔门学术分别》，《齐鲁学刊》2005年第3期，第16页。

世俗政治。由此，儒家的政治理想与西方现代民主政治就没有任何区别了。但须知，天命永远高于民意，天命不需要民意的印证，但民意需要天命的护持。这是儒学不同于民主政治的地方。所以，天命虽然体现民意，但天命绝不就是民意。或者说，只能是民意上升而去契合天命，绝不能天命委屈下来而去俯就民意。那么，天命与民意之间如何相交通呢？这就必须依赖圣王的出现，圣王是民意与天命相交通的接点与凭借。本节详细分析了仲弓学行之三个方面之宗教性内涵，意在解明这个接点与凭借之内在关系。这种内在关系就是：圣王以其"圣"之神圣维度证会贯通天命，从而守护政治的形上价值，再以"王"之世俗维度正视民意之要求，且以"圣"之神圣维度去导持"王"之世俗维度。尧舜禹既圣且王，从而开出了三代大同之治，这是儒家政治的千古标程。后世之君主仅王而不圣，故唯开出小康乃至乱世之治。孔子及仲弓，虽圣而不王，此乃时遇遭际之限，但其圣之神圣维度亦足以导持王之世俗维度，而为政治之木铎，警策后世之君主，其义亦大矣。中国历来称帝王为"圣上"，即体现了以"圣"之神圣维度去导持"王"之世俗维度的政治价值指向，尽管历史上的帝王并没有成为"圣"。质言之，儒家虽然关注民意，但在政治形态上绝不会认可只建立在民意基础上的民主政治。儒家的政治形态有一个绕不过的关口，那就是"圣"，它决定了儒家的政治形态。因此，儒家乃是一种贵族政治，而非以民意为基础的平民政治。现代许多研究儒学的人看到儒家关注民意，即随便妄言民意即天意，不能正视其中圣王的作用与意义，亦不理解"圣"与"王"之内在关系，从而把儒学政教合一的理想完全解消为世俗的民主政治，乃不思之过也。至于儒家的这种政治形态在当今社会的价值如何，那就是另外一个问题了。但有西方学者指出，"纯粹的世俗国家是不能令人满意的，并且是最终难以维系的"[1]。这句话再结合儒家的政治理想，对于政治问题，或许能给我们带来更为深邃的思考。

附：上博出土竹简《中弓》之解析及其文献学意义。

1994 年春，香港文物市场出现了一大批战国楚竹简，时任香港中文大学教授的张光裕先生把这个消息告诉了时任上海博物馆馆长的马承源先生。第

---

[1] 格里芬：《后现代精神》，王文兵译，中央编译出版社 1998 年版，第 30 页。

二年春，上海博物馆斥重资购买了这批竹简。尔后，香港文物市场又出现了一批竹简，由香港友人收购并捐献给了上海博物馆。前后两次共获得竹简（包括残简）1700 枚，但它们的出土时间与地点皆无从考证。竹简涉及的内容非常丰富，包括哲学、宗教、历史、文学、音乐、军事等诸方面，皆为战国时期的原始文献，为传世文献所无。

经相关专家的解读整理，上海古籍出版社先后出版了《上海博物馆战国楚竹书》（1 ～ 9 册），其中第 3 册收录有一篇名曰《中弓》的文献。中弓即孔子弟子仲弓。这篇文献记载仲弓问政于孔子之事，其中许多竹简残损，致使内容不清楚，这里以"……"表示。全部内容盖分五个部分：

其一，问行。

> 季桓子使仲弓为宰。仲弓以告孔子曰："季氏……使雍从于宰夫之后。雍也憧愚，恐贻吾子羞，愿因吾子而辞。"孔子曰："雍，……与闻之，夫季氏，河东之盛家，亦……以行矣，为之，余诲汝。"

这里的"宰"是指家宰而不是一个地方的行政长官。《论语·雍也》载：

> 季氏使闵子骞为费宰。闵子骞曰："善为我辞焉。如有复我者，则吾必在汶上矣。"

闵子骞坚决拒绝季氏的任命，盖闵子骞无意于政治，且自觉其才能不及故也。但仲弓颇具政治才能，亦并非无志趣，唯恐有辱师门，故问于夫子。"憧愚"乃谦辞也。夫子勉励仲弓努力去做，不要拒绝。季桓子立于定公五年（公元前 505 年），卒于哀公三年（公元前 492 年）。我们知道孔子于定公十三年（公元前 497 年）离鲁而周游列国。那么，季桓子任仲弓为宰，且仲弓有机会问于夫子，当在公元前 505 —前 497 年。鲁国君臣于公元前 497 年受齐女乐，荒怠政事，孔子非常失望，于是年准备离鲁出游。恰在此时仲弓问为宰之事，于是，夫子作如是答也。随夫子出游的弟子到底有哪些人，无从考证，但颜回、子路、子贡肯定在其中，而仲弓很可能没有随行，而是听从了夫子的奉劝留在鲁国为季氏宰。❶ 夫子之所以留下仲弓宰季氏，一者鲁国乃夫子之父母之国，自然对之充满感情与热爱。二者夫子虽对季氏失望，但依然寄希望于一线，以图鲁国之政治回到正轨。基于这两点考虑，夫子留下仲弓作为季氏宰，或希望挽狂澜于既倒。夫子认为，季氏虽是权臣，但也是鲁国之大家。这样的一个家族，其政治风向之于一国之政治很重要。为什么呢？孟子的一段话或许可以作为解释：

> 为政不难，不得罪于巨室。巨室之所慕，一国慕之；一国之所慕，天下慕之。故沛然德教，溢乎四海。(《孟子·离娄上》)

这段话，朱子《孟子集注》引林氏之言曰：

> 战国之世，诸侯失德，巨室擅权，为患甚矣。然或者不修其本而遽欲胜之，则未必能胜而适以取祸。故孟子推本而言：惟务修德以服其心。彼既悦服，则吾之德教无所留碍，可以及乎天下矣。

像季氏这样的巨室，若能修德以服其心，对于鲁国政治之清明是很有示范作用的。这样的任务，对于德行超迈且有政治才能，甚至可体现儒家圣王之治的仲弓来说是非常适合的。是以夫子力劝之也。

其二，问为政何先。

> 仲弓曰："敢问为政何先？"仲尼曰："老老慈幼，先有司，举贤才，宥过赦罪，政之始也。"仲弓曰："若夫老老慈幼，既闻命矣。夫先有司，为之如何？"仲尼曰："夫民安旧而重迁，早使不行，委蛇有成，是故有司不可不先也。"
>
> 仲弓曰："雍也不敏，虽有贤才，弗知举也。敢问举才如之何？"仲尼曰："夫贤才不可掩也。举尔所知，尔所不知，人其舍之者。"

---

❶ 据冯云鹓《圣门十六子书》记载：闵子骞、宰我与冉耕也随夫子周游列国，而曾子、子张则因在周游途中受业，执弟子礼，亦随夫子游。

> 仲弓曰："宥过赦罪，则民何惩？""山有崩，川有竭，日月星辰
> 犹差，民无不有过。贤者著刑政不缓，德教不倦。"

"先"者，始也。仲弓这里是问为政最开始从哪里着手？夫子答曰："老老慈幼，先有司，举贤才，宥过赦罪。"这四点，既是为政之始点，也是为政的最低要求。其中"老老慈幼"是基本的家庭伦理要求，仲弓自然不必再问。后三者则是具体的政治举措，仲弓于是问焉。

什么是"先有司"呢？《论语·子路》也有类似的话。那么，究竟如何理解呢？朱子《论语集注》云："有司，众职也。宰兼众职，然事必先之于彼，而后考其成功，则己不劳而事毕举矣。"依此而言，"先有司"就是：先应安排好各人的职位，然后使他们各尽其事。《论语》中对"先有司"的含义没有作出详细解释。但竹书《中弓》却有解释，其意思是：一般的民众总是安于习俗，很难轻易改变，故让他自觉地改变是不可能的，只能在上位之有司之慢慢熏染，才能有所成。

"举贤才"一段，与《论语》中所说差不多，不须再解释。

"宥过赦罪"，仲弓不大能理解，因为一个人犯了过错乃至大罪受到应有的惩罚总是应该的，也是一个社会正常运转的必要措施。但孔子解释说：人的过错乃至犯罪总是难免的，就如山总免不了有崩塌的时候，河流总免不了有枯竭的时候，日月星辰运行总免不了有出差错的时候。一个好的统治者固然不应该完全抛弃刑罚，但最主要的还是要重视德教。曾子曰："上失其道，民散久矣。如得其情，则哀矜而勿喜。"（《论语·子张》）百姓有过与罪，乃上失其道的结果，从这个角度来说，"宥过赦罪"不是不可以的。即是非得处罚，也须有哀矜之情，千万不要以为罪犯得到了惩罚而大喜。既以为是上失其道，又有哀矜之情，则上位者修德以率民乃必然者。

其三，问道民兴德如何。

> 仲弓曰："若此三者，既闻命矣。敢问道民兴德如何？"孔子曰：
> "陈之，服之，缓施而逊教之。唯有孝德，其……上下相复以忠，则
> 民承欢教。盖（贤）者不……"

此问承上而继续。如何导民以行德教呢？"陈之，服之"，即上位者质实地呈现出自家的德行，让百姓心悦诚服。"缓施"即在潜移中默化他们；"逊敕之"，"敕"，命令也，即谦逊和蔼地命令百姓，乃至如《中庸》所讲"予怀明德，不大声以色"。那么，在潜移默化民众之众多德行中，什么是最重要的呢？答曰：孝。孝的意义，在《论语》中多次谈到，可以"君子务本，本立而道生。孝弟也者，其为仁之本与"一言括之。"孝悌"本是一种家庭伦理德目，但孝德却具有本体论的意义。即孝德不再是一种家庭伦理，而可推扩到所有伦理领域之中。孝德如果推扩到君臣或官民之间，就是上下相复以忠。这样，国家就可以得善治。

其四，问民务。

　　仲弓曰："敢问民务？"孔子曰："善哉问乎！足以教矣。君子所竭其情，尽其慎者三，盖近……矣。雍，汝知诸？"仲弓答曰："雍也弗闻也。"孔子曰："夫祭，致敬之。本也，所以立生也，不可不慎也。夫丧，致爱之卒也，所以成死也，不可不慎也。夫行，旬年教之，一日以善立，所教皆终；一日以不善立，所教皆崩，可不慎乎？"

"民务"乃是民众须用心去做的事。夫子以为有三件事是在上位者应竭力引导，慎重理会的，即"祭、丧、行"。为什么这三件事之于民众如此之重要呢？

先看祭。祭祀有什么意义呢？《礼记·祭义》云：

　　君子反古复始，不忘其所由生也，是以致其敬，发其情，竭力从事，以报其亲，不敢弗尽也。

祭祀之对象虽然是天地君亲师，但其培养的却是人的敬德。这是夫子所说的"所以立生也"之意。"本"如何理解呢？《礼记·祭统》云：

祭者，教之本也已。夫祭有十伦焉；见事鬼神之道焉，见君臣之义焉，见父子之伦焉，见贵贱之等焉，见亲疏之杀焉，见爵赏之施焉，见夫妇之别焉，见政事之均焉，见长幼之序焉，见上下之际焉。此之谓十伦。

通过祭祀，透显领悟这十伦之大义。而这十伦，正是教化之本，也是人生社会正常运转之根基所在。

再看丧。丧事是对所爱之亲人最后一程之相送，给死者以尊严、荣耀与温暖，切不可草率了事。

最后是行。这是要求民众的行为一直处在善的规范之中。百姓通过多年的教化，一旦在善的规范中坚持其行为，那么，德行就慢慢养成了。相反，若一旦在坏的习惯中不觉下去，那么，所有的教化都不能产生作用而毁于一旦。

其五，仲弓对当政者的批评及夫子对仲弓之勉励。但这一部分内容残简很多，几乎难以卒读，只能看出个大概。如，仲弓曰："今之君子，慢过……难以纳谏。"孔子曰："雍，政者，正也。夫子唯有与，汝独正之，岂不有恺也？"由此可以看出，尽管夫子认可仲弓对当政者的判断，但还是勉励仲弓要有"虽千万人吾往矣"的精神挽危局于一旦，若放任自流，则更不可收拾。

从这段竹简材料来看，孔子对仲弓之所说，只是儒家一般的德政，并无上文所说的依天而治，更无所谓为神圣的到来开辟道路。这如何理解呢？孟子曰："梓匠轮舆，能与人规矩，不能使人巧。"（《孟子·尽心下》）孔子能告诉仲弓的只是这些（所谓"规矩"也），但这绝不意味着儒家政治之大义全在这里，其大义之开显须要真生命之领悟（所谓"巧"也），而仲弓是真能领悟之者。一旦领悟，则天命在焉，王道亦在焉，岂可尽言之耶？当然，这段文字较之于今本《论语》中的文字，其精神之高致自有所不及，足见《论语》之编撰者的立教精神与凝练取舍之功夫也。

我们再来看《中弓》的文献学意义。

竹书《中弓》的一部分文字与《论语·子路》中的一段文字语录相似性很高，从中我们是否可以知晓《论语》是如何成书的？也可以推知散落在其他典籍中的孔子之语的真假问题。

从《中弓》所记载来看，其文字的精练性显然不及《论语》，从而可以看出，《中弓》所载者可能是更为原始的谈话记录。因为孔子的每个学生都有随时记录夫子之言的习惯。如，《论语·卫灵公》就记载：

> 子张问行。子曰："言忠信，行笃敬，虽蛮貊之邦行矣；言不忠信，行不笃敬，虽州里行乎哉？立，则见其参于前也；在舆，则见其倚于衡也。夫然后行。"子张书诸绅。

但夫子与弟子的对话常在日用之间，其对话不可能如此精练。《中弓》的这段对话可能正是夫子与弟子对话的原始写照。还有一个与《论语》显著的区别是，《论语》中一般称"子曰"，少数几处称"孔子曰"，未见"仲尼曰"，但《中弓》则一般称"仲尼曰"与"孔子曰"，未见"子曰"。可见，各弟子记录时尚未统一名称。迨及夫子弟子及其后学欲编撰一本孔子言论集《论语》的时候，收集了诸多弟子之原始记录，为了统一起见，一般称"子曰"，而不称孔子之名，以示对乃师的尊敬。这样看来，《论语》是在众多弟子原始记录基础之上加工提炼而成的。是以有学者指出：

> 今本《论语》，应该就是编者从孔门弟子所记载的孔子言行文字之中精选出来的，它是孔子言行录的"节本"或"精华本"。亲聆孔子教诲的弟子们应该人人都有一本孔子言行录，这些原始记录是什么样子，我们已经不得而知，但可以肯定的是，《论语》不是孔门弟子的原始记录，它应该经过编者一番筛选、整理、提炼、编辑的工夫。❶

孔子自谓其"学不厌，诲不倦"。依此而言，孔子之言行录绝不应该只是一万多字的《论语》，一定还有诸多言行散落，随着时间的流逝，有的可能亡佚了，有的可能像《中弓》一样，随竹简埋入了地底而尚未出土。这对于研

---

❶ 陈桐生：《孔子语录的节本和繁本——从〈仲弓〉看《论语》与七十子后学散文的形式差异》，《孔子研究》2006 年第 2 期，第 119 页。

究孔门及先秦儒学来说自然是很大的损失，但这也是无可奈何的事。

由此，我们再来检视古典文献中出现的诸多孔子言论。古代典籍，如《荀子》、《吕氏春秋》、《礼记》、《韩诗外传》、《说苑》，乃至《论衡》、《中论》、《孔丛子》等文献中，出现了很多孔子言论。这些言论不见于《论语》，后人把这些言论编为《孔子家语》或《孔子集语》。一般人以为，《孔子家语》或《孔子集语》可能都是伪书，其内容是不可信的，是后人假托孔子之言论。如实说来，是否假托，并无铁证，无从判定。但这些言论很可能出自于现已亡佚（或埋入地底）但当时尚在的文献，即使当时已不见文献，古人有口传经书的传统，其言论也非完全无据。所以，我们在证据不足的情况下就剧断《孔子家语》与《孔子集语》或为伪书，或其内容不可靠，进而不加以重视与研究，是极不负责任的。从出土的《中弓》这段材料来看，《孔子家语》与《孔子集语》系伪书之说恐怕是难有说服力的。至少，以笔者看来，《孔子家语》与《孔子集语》其义理皆不伪，符合儒学之大义。我们对之加以重视与研究，对于理解儒学之大义无不助益也。

五、子路的朴质生命形态及其径尽中诚之行

以孔门为代表的先秦儒学并非一个纯粹的学术团体，亦非一个专门的宗教团体，复不是一个专业的政治团体。它有礼乐之"教"，但却不是在严格的宗教仪轨中传授，而是依赖政治来推行。反过来说，它有政治，但却不是在政治强力中推行，乃依靠"教"来影响乃至转移政治之强力，从而实现德治甚至是无为而治。

> 或谓孔子曰："子奚不为政？"子曰："书云：'孝乎惟孝、友于兄弟，施于有政。'是亦为政，奚其为为政？"（《论语·为政》）

在孔子看来，政治的根本并不是直接参入政治的措施，若整个社会能兴教化、行人伦，这是一种更大、更为有效的政治。

上敬老则下益孝，上顺齿则下益悌，上乐施则下益谅，上亲贤则下择友，上好德则下不隐，上恶贪则下耻争，上强果则下廉耻，民皆有别，则贞则正。亦不劳矣，此谓七教。七教者，治民之本也，教定是正矣。……此七者修，则四海之内，无刑民矣。上之亲下也如腹心，则下之亲上也如保子之见慈母也，上下之相亲如此，然后令则从，施则行。(《大戴礼·主言》)

依赖教化而使民自化自觉，上下相亲，令则从，施则行，而不是依靠刑政之强力与暴力。此即是无为而治，亦是政教合一。

既言政教合一，则政即教，教即政。这与当代社会政教分离——政治只管发展经济、管理社会，而宗教则退缩到个人领域，成为个人的信仰与修行——殊不类也。现代社会宗教既退缩为个人领域，作为公共领域的政治相对于宗教则重要得多，这是现代社会宗教日益萎缩的原因所在。但在孔门为代表的儒学那里却不是如此，教绝不轻于政；若二者非要分轻重不可，则教一定重于政。故孔子是文宣王，并非纯粹的政治家。

既然教即是政，政即是教，则教亦是公共领域，并没有像现代社会那样成为私人领域，然后由信仰者组成教会来推行宗教。在先秦，孔门之教依然是通过政治这种途径，是以孔子栖栖遑遑周游列国，并非全然以一政治家之姿态，乃宗教家之精神也。夫子一生热衷于政治，亦尝从事实际的政治实践，我们必须把这些看作文化实践或宗教传道，而不是纯粹的政治事件。基于此，孔子也时常鼓励弟子从事政治实践。

季康子问："仲由可使从政也与？"子曰："由也果，于从政乎何有？"曰："赐也，可使从政也与？"曰："赐也达，于从政乎何有？"曰："求也，可使从政也与？"曰："求也艺，于从政乎何有？"(《论语·雍也》)

孔子之如此自信地回答季康子，自然是希望弟子们从政而传递孔门之教化。但当弟子们没有传递教化，而成为了纯粹的政治家的时候，孔子进行了猛烈的批评。

> 季子然问："仲由、冉求可谓大臣与？"子曰："吾以子为异之
> 问，曾由与求之问。所谓大臣者，以道事君，不可则止。今由与求也，
> 可谓具臣矣。"曰："然则从之者与？"子曰："弑父与君，亦不从也。"
> （《论语·先进》）

"具臣"，意为"备臣数而已"（朱熹：《论语集注》），即只是一个做事的人，
不能匡扶君主之过失，更不能以王道事君。这样，自然不能完成孔门政教合
一之旨。

在《论语》中，孔子对于外发干政之弟子，如子路、子贡、宰我与冉有
颇多微词，可见，他们并没有完成夫子之理想。当然，政治之外王不同于个
人之内修与学问之传承，后二者只要有足够的意志力，就一定有所收获。但
政治之外王却是一个系统工程，特别是对于臣子而言，会遭遇君王权力的障
碍，若君王不能内修自省，这个障碍往往是臣子难以逾越的，是以臣子难有
作为也。孔子、孟子周游列国俱无果而归，其缘由即在这里。《论语·八佾》载：

> 季氏旅于泰山。子谓冉有曰："女弗能救与？"对曰："不能。"子曰：
> "呜呼！曾谓泰山，不如林放乎？"

冉有这一声"不能"中，含有多少无奈与艰辛呢？岂可谓"不能"即是
不愿讽谏而为虎作伥耶？

大厦之将倾，独木焉可支耶？虽云："邦有道，则仕；邦无道，则可卷而
怀之。"（《论语·卫灵公》）"天下有道则见，无道则隐。"（《论语·泰伯》）然
既入政治之彀中，焉可如此之轻易从容耶？更何况，一个真正有使命感的人，
绝不可能潇洒如隐者。《论语·宪问》载：

> 子击磬于卫。有荷蒉而过孔氏之门者，曰："有心哉！击磬乎！"
> 既而曰："鄙哉！硁硁乎！莫己知也，斯己而已矣。深则厉，浅则揭。"

子曰："果哉！末之难矣。"

"深则厉，浅则揭"，虽隐者所究竟，实则乃现实中之识时务而独善其身耳。放任政治之不可收拾，而独善己身，正夫子所谓"邦无道，富且贵焉，耻也"（《论语·泰伯》）。是岂孔门之教耶？"末之难矣"，既有使命感的召唤，又有现实性的无奈。孔门外发干政之弟子在二者之间力图有所为，虽与孔门之教时有径庭，但在当时之局势下，亦是空谷之足音也。是以夫子虽有微词，然子路、子贡、宰我与冉有俱列十二哲，配祀大成殿。故终不负孔门之教也。故外发干政之弟子，其现实之政治作为必有大义而不可掩者在，焉可忽耶？！

然一旦入于政治之机栝中，则必限于事之中，而能反省内照者鲜矣，而于圣道颇远。是以夫子之于政事之徒多微词而独赞颜回。宋人朱埴曰：

> 论曰：以静为学，深于道矣。天下之理，未有不由静而入。学而非静，则胶于口耳形迹之粗耳。贤者之求道，固恶夫昧昧，而尤恶夫皎皎。故必主乎静而后无入而不自得焉。静者何？潜心是已。……反照而内观，默通而冥晓。悟道于不睹不闻之表，契道于无声无臭之天。自他人观之，虽若无所识者，而不知默而识之，乃真识之精。虽若无所事乎言，而不知不言而喻，已造于不容言之妙。天天相照，吾心一圣人也。心在是则圣在是，深造于斯道也。固宜不然舍静以求道，外吾心以求圣人，吾见其泛泛焉而已。……故非至明不足以察静之机，非至健不足以察静之固。古之人有颜氏子者其知此。且游乎洙泗之上而窥斯道之津涯者，岂独一颜子哉？子路以勇果求是，其心荡而不能静；子贡以辩给进是，其心泛而不知静；冉求以才艺进是，其心浅而不克静。（魏天应编：《论学绳尺》卷七《颜渊潜心于仲尼》）

颜回箪食瓢饮于陋巷，心无旁骛而潜沉静养，故于圣学真有得也。然颜回不愿出仕而独乐夫子之道。可见，出仕而求道之间有不可避免之张力。而子路、子贡、冉求、宰我出仕为政，在政事之胶固中以求弥合，必不能潜沉克静，则于圣道必有所亏欠。是见圣道之难能也。自此以后，政自政，教自教，二者异道而分途，而孔孟之所以不见用于世，而荀卿则变其道为隆礼重法，良有以也。然世愈下而愈支离，政治下滑为纯经济发展与秩序管理，而无预于教化；圣道则退缩为个人修持而无预于政治。由是，政治干裂而无清灵黏合之气，民情日偷而有重浊暴戾之风。由此，我们对干政之弟子，或当有同情之了解也。

在《论语》一书中，虽出现了众多的弟子，但有三个人是拔乎其萃者，即颜渊、子路、子贡，前二者都先于夫子去世。颜渊死时，夫子曰："噫！天丧予！天丧予！"（《论语·先进》）子路死于卫难，夫子闻讯亦曰："天祝予。"（《论衡·偶会》）夫子殡天，子贡独守丧六年。足见夫子与三人之间之关系。然颜渊之于子路、子贡又颇不同。夫子独喜颜子，"颜渊死，子哭之恸。从者曰：'子恸矣。'曰：'有恸乎？非夫人之为恸而谁为！'"（《论语·先进》）然于子路、子贡则颇多微词。这自然不是个人之情感问题。从个人情感上言，夫子或更依赖子路与子贡。夫子曰："自吾得由，恶言不闻于耳。"（《史记·仲尼弟子列传》）夫子将终之时，独自一人逍遥乎门外而望，既而叹曰："赐，汝来何迟。"（《孔子家语·终记解》）可见，夫子之于子路、子贡之微词乃学问上的。由此，我们可以概见子路、子贡之人格气质与孔门学问之精神所在。

子路，名仲由，子路其字也。《荀子·大略》云："子贡、季路，故鄙人也。被文学，服礼义，为天下列士。"又，《尸子·劝学》云："是故子路，卞之野人；……孔子教之，皆为显士。"《荀子》与《尸子》这里都是强调学习之于人之气质变化之重要性。子路之原始气质乃"野"与"鄙"。这种原始气质乃生命之基质，学正是在这个基础上调适上遂，最后达至圣贤之境界。夫子曰："唯上知与下愚不移。"（《论语·阳货》）"上知"不用移，"下愚"无法移，而中等庸常之人正可移，此正是学之意义。董仲舒进一步释之曰：

　　性之名，非生与？如其生之自然之资，谓之性。性者，质也，诘性之质于善之名，能中之与？……故性比于禾，善比于米；米出禾中，而禾未可全为米也；善出性中，而性未可全为善也。善与米，人

之所继天而成于外，非在天所为之内也。（《春秋繁露·深察名号》）

董仲舒此处所言之性非子思、孟子所言之性善之性，乃生命之基质。这个基质说不上全善，但也不至于全恶，乃"中"也。所谓"中"，乃取告子言性义，可以为善，亦可以为恶，端赖教化。同乎夫子"上智下愚"之说，董子亦有"名性不以上，不以下，以其中名之"（《春秋繁露·深察名号》）之说。依董仲舒所论，"性"既不质于上（上知），亦非质于下（下愚），乃就中间言。而学在此才显示其意义来。然无论是上知、下愚，抑或是中人，都有一个生命之原始基质，这个原始基质就是一个物性的机栝，它有很强的胶固性。学问与修养就是要以虚灵之理来打散那个物性的胶固性，使之合于虚灵之理。虚灵之理本身不是来自于生命之原始基质，祂属于生命，但却另有来源。子思讲的"天命之谓性"的那个性，孟子讲的"四端之心"固有，都是指那个虚灵之理。"虚灵"是即存有即活动言。学问或存养就是让我们透显那个虚灵之理，使之活动起来，既而转化提升生命之原始基质。《论语·阳货》云：

> 子曰："由也，女闻六言六蔽矣乎？"对曰："未也。""居！吾语女。好仁不好学，其蔽也愚；好知不好学，其蔽也荡；好信不好学，其蔽也贼；好直不好学，其蔽也绞；好勇不好学，其蔽也乱；好刚不好学，其蔽也狂。"

这里的"六言"是生命原始基质所放射出来之材质之德，但若一个人仅依此材质之德而不能立于虚灵之理以提升转化之，则这材质之德很可能就会有"六蔽"。只有材质之德济之以虚灵之理，才可能克服"六蔽"，使"六言"臻于完美之境。

每个人都有一个原始基质，从而每个人都有一个材质之德。每个人都是一个肉体生命，但其原始基质未必相同，亦使得其材质之德亦有不同，且有此一得，必有彼一失。汉末刘劭于此有真切之体会：

> 夫拘抗违中，故善有所章而理有所失。是故厉直刚毅，材在矫

正，失在激讦。柔顺安恕，美在宽容，失在少决。雄悍杰健，任在胆烈，失在多忌。精良畏慎，善在恭谨，失在多疑。强楷坚劲，用在桢干，失在专固。论辨理绎，能在释结，失在流宕。普博周给，弘在覆裕，失在混浊。清介廉洁，节在俭固，失在拘局。休动磊落，业在攀跻，失在疏越。沈静机密，精在玄微，失在迟缓。朴露径尽，质在中诚，失在不微。多智韬情，权在谲略，失在依违。（《人物志·体别篇》）

"善有所章而理有所失"乃切就生命之原始基质言，即一种原始基质总会有好之彰显，但亦不可免地有其不足，此即是材质之德。比如，"柔顺安恕"之基质，其好之彰显即在"宽容"，而其不足即在"少决"（果敢）；而"朴露径尽"之基质，其好之彰显在"中诚"，其不足即在"不微"。学问与存养就是要发扬原始基质之优长而克服其不足，但只靠原始基质自身是无法做到的，必须透显生命之大体，即作为虚灵之理的"天命之性"或"四端之心"。这意味着人之成熟或生命之圆满。儒家学问之大端不过如此。

生命之原始基质各个不同，故材质之德亦颇殊异。尽管原则上可有大致的分类，毕竟还是有玄微之差别。但作为虚灵之理的"天命之性"或"四端之心"人人固有，绝无差别。然因为"天命之性"或"四端之心"总要套在原始基质这个机栝中活动，而原始基质又各个不同，使得"天命之性"或"四端之心"所起之作用在具体之生命中亦不同。有的人圆满而至于圣贤，有的人下滑而至于禽兽。但大部分人虽各有优长，然不能圆满，却又不至于为禽兽。这正是原始基质之胶固性的表现与威力。学问之艰难在此，人类之希望在此，然人类的悲剧亦在此。

那么，人之原始基质是如何获得的呢？这个是很难解释的。犹如春风乍起，柳絮飘飏，有的落入山野，有的则坠于华堂，虽有存在之理由，然于人总为不可解。但无论可解不可解，总是既成事实，人们必须接受。这就是王充所说"用气为性，性成命定"（《论衡·无形篇》）之意。"用气为性"就是初禀之原始基质。每个人都有一个初禀之原始基质，虽不可解，然初禀总须有。这个初禀即形成人之物质结构，即宋儒所讲的气质之性。而这个气质之性就是一个机栝，这个机栝成就了一个人，也限定了一个人，也就是我们所说的材质之德，亦即命也，人似乎很难逃脱这个命。这里显示了人之生命之悲剧性，只有圣贤才超越了这种悲剧性而表现了虚灵之理的性天之德，此时生命圆融无碍。从原则上讲，人若依虚灵之理修行，一定可克服材质之德之限制而上通性天之德，故"人皆可以为尧舜"（《孟子·告子下》），"涂之人可以为禹"（《荀子·性恶》）。虽然原则上如此，但现实上则要看修行是否有足够的毅力与意志，还要看生命是否足够长，以便人潜沉反省。故现实上要成为圣贤是很难的，即使像孔子那样的"天纵之圣"，且"学不厌，诲不倦"，亦不敢以圣自居。

由于初禀之不可解之殊异，我们必须承认有天才之存在，即某人在某一方面禀得了特别的才能而出乎其类，此可谓材质之德之美。天才，总括地讲可分为四类：一是往胆力方面表现的，这类人一般成为了豪气之英雄，张飞、李逵是也；二是往才艺方面表现的，这类人一般成为了诗人或艺术家，李白、苏轼是也；三是往情感方面表现的，这类人一般成为了情种，杜丽娘、林黛玉是也；四是往天德方面表现的，这类人最后成为了圣贤，孔子、老子是也。本来，圣贤乃人人可达至，本不属于天才，但因为原始基质之不同，使得人成为圣贤之难易程度不同，有的人易于表现天德，而有的人则不易，从原始基质处讲，可云天才。而一般人则不能达到其中的任何一种，故无天才的材质之德之美，但亦不至于大恶，往往可依虚灵之理慢慢转化那原始基质而趋向天德之美。但天才，除了第四类之于天德之美（即成为圣贤）有正面的推动作用以外，其余三类虽有材质之美，但这种材质之美反不利于天德之美的开发，材质之美反成了趋向天德之美的障碍。所以，天才，特别是前三类天才，一般在其材质之美背后总免不了一种莫大的悲凉气氛，张飞、李白、林黛玉等莫不如此。

孔门之教本是要在人之材质之外开发其天德以克服人之悲剧性，孔子开门授徒，弟子三千，其目的不过在此。但此教一旦遭遇天才，反而使得这种开发更难，子路、子贡、冉求、宰我都属于这种情况，而以子路尤甚。故通过对子路的研究，我们可概见孔门之教之大义与精神也。

前面说过，子路之原始基质乃"野"。❶"野"便是子路自身的一个机栝，子路入孔门乃是为了化掉这个"野"字，但谈何容易。《庄子·渔父》云："甚矣，由之难化也！湛于礼义有间矣，而朴鄙之心至今未去。"这句话虽未必是出自夫子之口，但可能代表了一般人的看法。故《盐铁论·殊路》云：

> 性有刚柔，形有好恶，圣人能因而不能改。孔子外变二三子之服，而不能革其心。故子路解长剑，去危冠，屈节于夫子之门，然摄齐师友，行行尔，鄙心犹存。

可见，由"野"这个原始基质所形成的机栝在子路那里很难被去除。这种"难"可以从《论语》中得到验证。

> 子曰："由之瑟，奚为于丘之门？"门人不敬子路。子曰："由也升堂矣，未入于室也。"（《论语·先进》）

关于这一段话，伊川先生尝与其弟子有一段对话加以解释：

> 潘子文问：由之瑟，奚为于丘之门，如何？曰：此为子路于圣人之门有不和处。伯温问：子路既于圣人之门有不和处，何故学能至于升堂？曰：子路未见圣人时，乃暴悍之人，虽学至于升堂，终有不和处。（《二程遗书》卷二十二上）

"乐由中出"（《礼记·乐记》），正因为子路有鄙野之质，故其瑟有杀伐之气，是以夫子哂之也。然子路既入圣门，随夫子游亦有年矣，绝非一事无成而浪得虚名。其学已升堂唯未入室耳。朱子曰：

---

❶ 《庄子·寓言》篇载颜成子游自言闻道之过程时说："自吾闻子之言，一年而野，二年而从，三年而通，四年而物，五年而来，六年而鬼入，七年而天成，八年而不知死、不知生，九年而大妙。"成玄英疏曰："野，质朴也。闻道一年，学心未熟，稍能朴素，去浮华耳。"可见，"野"乃闻道之基质，也是其初始，若无此基质与初始，则不可至于最后之"大妙"。

虽是狂简非中，然却做得这个道理，成个物事，自有可观，不
是半上落下。故圣人虽谓其狂简而不知所裁，然亦取其成一个道理。
大率孔门弟子，随其资质各能成就。如子路之勇真个成一个勇，冉
求之艺真个成一个艺。言语德行之科皆然，一齐被它做得成就了。
（《朱子语类》卷第二十九）

子路随其鄙野之质而能成就一个"勇"，虽未至于极高明之境（伊川所谓
"和"），但毕竟曾子敬畏之（或问乎曾西曰："吾子与子路孰贤？"曾西蹴然曰：
"吾先子之所畏也。"《孟子·公孙丑上》）子贡则赞子路曰：

不畏强御，不侮矜寡，其言循性，其都以富，材任治戎，是仲
由之行也。孔子和之以文，说之以《诗》，曰："受小拱大拱而为下国
骏庞，荷天子之龙。不戁不悚，敷奏其勇。"强乎武哉，文不胜其质。
（《孔子家语·弟子行》）

子路以其鄙野之质，故"不畏强御，不侮矜寡"，则可见其"勇"自有仁
德在；又，"知耻近乎勇"，前文说过，有羞耻心者总有一种形上的神圣通达，
故子路之勇不可纯以血气之勇视之也；入孔门受教以后，不但能统率军队，且
能富庶一方。夫子尝引《诗经·商颂·长发》评之，其大意是：子路能遵从大
法小法，且对下国仁厚。"荷天子之龙"即没有辜负上天之恩宠。上天给了子
路鄙野之质，但子路没有辜负这个恩宠。其表现就是：使之在材质之德以外，
透显着天德之幽光。故子路殊不易，足以与孔门诸子分签并架而无愧色。

我们即以此来论子路在孔门之教中的精神发展。子路之精神发展，其总
体理路如下：野→朴。野是材质的；在孔门教化中，子路由野而至于朴；朴虽
然也还是材质的，但进于野，而近于虚灵之理，在朴中透露着天德之幽光。
子路之精神发展止于此幽光之中。牵连着鄙野这种原始机栝，能至于此，对
于子路而言，已属不易，然对于孔门圣贤之教来说，其境界则显得不够。故
子路之所成在此，其不足亦在此也。《人物志·体别》云："朴露径尽，质在中

诚，失在不微。"此种体性，盖用于子路可也。

"野"，依《说文》段注的解释是："邑外谓之郊，郊外谓之野，野外谓之林。"可见，"野"处在"郊"与"林"之间。子路既为野人，则其性情一定陶养于郊林之间。那么，郊林之间具有怎样的特征呢？先来看"郊"，《说文》云："距国百里为郊。"又，"郊"是天子祭祀天地之地方，称之为郊祀。国都人口稠密，其礼仪教化尽在是焉。郊虽距国都百余里，人口相对稀疏，然既常举行大祭祀，则必属化内之地，非野人也。而"野"又在"郊"之外，则野人可能未及王化，特别是近于"林"者。什么是"林"？《说文》谓"平土有丛木曰林"。林意味草木丛生，则一定说明人口极其稀少，乃至可能是人类未曾涉足的原始之地。《孟子·告子上》云："牛山之木尝美矣。以其郊于大国也，斧斤伐之，可以为美乎？"这说明，若林靠都市比较近，则一定不可能草木丛生，由此反面印证了林之地人口一定稀少乃至寥无人烟。子路就出生在郊林之间的"野"之中，这可能造成子路怎样的性格呢？

"野"处在"郊"与"林"之间。因近于郊，使得子路能够接触一定的人伦教化，又因毗于林，使得子路养成了一个饱满而活泼的自然生命，且于子路而言，可能林之成分大于郊之成分。"林"，若以庄子之言说之，即是如此："山无蹊隧，泽无舟梁；万物群生，连属其乡；禽兽成群，草木遂长。是故禽兽可系羁而游，鸟鹊之巢可攀援而窥。"（《庄子·马蹄》）子路于此，自然养成了一个原始的、饱满的、活泼的生命。孟子曰："舜之居深山之中，与木石居，与鹿豕游，其所以异于深山之野人者几希。"（《孟子·尽心上》）子路犹如此时之舜也。这原始的、饱满的、活泼的生命自然是野性的，但由此形成了子路生命情调之底蕴，后虽受夫子之教，然其底色既定，可变性亦有限矣。原始表明子路是直而无曲的，饱满表明子路是勇而担当的，活泼表明子路是灵而可变的。

但子路生活之地又近于郊，而郊又是举行祭祀的地方，故子路并非完全一野人而与人伦教化无涉也。《圣门十六子书·仲子书·仲子年表》记载：

> 十八岁，知《诗》《书》，达《礼》，见义勇为。

这是一个原始、饱满、活泼之生命遭遇人伦教化之后的结果。这里的"知"并非如子夏般由深入之研究而来，亦非学之结果也，乃原始、饱满、活泼之自然生命与大道相遇后飞溅出的浪花。子路成长于林野之间，生命固原始乃至蛮憨，然林野充斥着自然之灵气与造化之神功，饱饫于此，生命虽原始，但绝不至于物化而僵固；气质虽野蛮，但绝不至于污浊而不化。生命物化、气质污浊绝不可言饱满、活泼也。子路之生命固原始，然自有饱满之气，活泼之神在。尽此饱满之气、活泼之神，则原始之生命转为基质之充实，蛮憨之性情转为精神之奋进。子路之"知《诗》、《书》，达《礼》"正由此而解。

然自然生命总是主观的气的播洒，它是一个流变过程。在气凝而神健之时，自然饱满而活泼。但自然生命总有一个由盛而衰的过程，它总不能一直气清而神健下去，"江郎才尽"正谓此也。在气凝神健之时，自然生命可近于道或近于理，一旦气散神衰，生命必下堕而沉浊。是以自然生命终是不可信者，故人须学以转化调适生命至于新的境界。孔子对子路所说的"六言六蔽"即依此而言。"仁、知、信、直、勇、刚"皆是气性的原始生命之饱满与活泼所成者，但若不能济之以学，则必滋生"愚、荡、贼、绞、乱、狂"之流弊。故学，岂可忽焉？

子路虽为一野人，然其原始生命之饱满与活泼，一旦遭遇儒家人伦教化之大道，即刻蛰伏于此，此见子路之不可及也。《史记》记载了子路初入孔门之情形：

> 子路性鄙，好勇力，志伉直，冠雄鸡，佩豭豚，陵暴孔子。孔子设礼，稍诱子路，子路后儒服委质，因门人请为弟子。（《史记·仲尼弟子列传》）

甫见夫子，子路一副不羁暴慢之态，全无敬意。然夫子只须稍设礼以劝说，子路即刻宾服而请为弟子。是以子路固为野人，然正原始中存有饱满与活泼，故能有此开悟。子路之宾服夫子是质实的、潇洒的、无屈曲的，并无书呆子般的酸腐气，子路之精神总有一种美学情调鼓舞其后。《说苑·建本》对于师徒之初见作了一番发挥：

孔子谓子路曰："汝何好？"子路曰："好长剑。"孔子曰："非此之问也，请以汝之所能，加之以学，岂可及哉！"子路曰："学亦有益乎？"孔子曰："夫人君无谏臣则失政；士无教交，则失德；狂马不释其策，操弓不返于檠；木受绳则直，人受谏则圣；受学重问，孰不顺成；毁仁恶士，且近于刑。君子不可以不学。"子路曰："南山有竹，弗揉自直，斩而射之，通于犀革，又何学为乎？"孔子曰："括而羽之，镞而砥砺之，其入不益深乎？"子路拜曰："敬受教哉！"

这段对话，虽未必是历史之事实，但却真实地表现了子路之气质与夫子之看法。师徒初见，夫子一眼看出子路质地不错，故曰"以汝之所能，加之以学，岂可及哉"。但子路此时并不理解学之大义，又对自己之天资颇自信，所谓"南山有竹，弗揉自直，斩而射之，通于犀革，又何学为乎？"实则是子路之自道也。但夫子以为，子路天资固不错，若能复以学砥砺磨炼，"其入不益深乎？"子路听此言，即灵机一转，而曰"敬受教"。此转来得多痛快，这里容不下曲曲折折。此正见子路原始生命之饱满与活泼也。又，《说苑·贵德》载：

子路持剑。孔子问曰："由，安用此乎？"子路曰："善，古者固以善之；不善，古者固以自卫。"孔子曰："君子以忠为质，以仁为卫，不出环堵之内，而闻千里之外；不善以忠化寇，暴以仁围，何必持剑乎？"子路曰："由也请摄齐以事先生矣。"

这个故事中，夫子以仁忠之大义说子路，子路即刻弃剑而拜为弟子，所谓"德之流行，速于置邮而传命"（《孟子·公孙丑上》），岂妄言哉？！

子路入孔门之后，其学之所成到底如何？未入孔门之前，子路之生命气质乃"野"之一字尽之。"野"之于子路并非全是贬义，其自有不可及者在。既入孔门之后，子路之生命气质可以"朴"之一字尽之。何以用此字？乃子路原始生命之强度使然，虽入孔门受业，然只由"野"而至于"朴"。"朴"

总是直质而不能抽象以思，此子路之所短也。

> 子路问于孔子曰："请释古之学而行由之意，可乎？"孔子曰："不可，昔者东夷慕诸夏之义，有女，其夫死，为之内私婿，终身不嫁，不嫁则不嫁矣，然非贞节之义也；苍梧之弟，娶妻而美好，请与兄易，忠则忠矣，然非礼也。今子欲释古之学而行子之意，庸知子用非为是，用是为非乎！不顺其初，虽欲悔之，难哉！"（《说苑·建本》）

子路虽入孔门，然其生命情调总是质实的、美学的，而之于抽象的学总不能甚相契。因为学总意味着干枯的分解与抽象的思考，故夫子曰："学而不思则罔，思而不学则殆。"（《论语·为政》）"思"之于学总是不可少的，但一旦要思，就总是抽象而曲的，非质实而直的，此正好与子路之生命精神相对反，故子路之于学总不得其证会。

> 子路使子羔为费宰。子曰："贼夫人之子。"子路曰："有民人焉，有社稷焉。何必读书，然后为学？"子曰："是故恶夫佞者。"（《论语·先进》）

学者多以为子路无理而强辩乃至夫子之不满，实则子路非故意强辩也。子路之方式总是质实而直，遂以为为政不过切就民人、社稷之事现实地解决之，焉用委曲以诗书？故以为学无用也。然则无论读书也好，为学也罢，政治最后总得切就政事现实地解决之，故读书与为学不过为政的预备，自身未必是政治。朴实之人往往只看到了政治之切实处，并不能见预备处之大义。

> 或谓孔子曰："子奚不为政？"子曰："《书》云：'孝乎惟孝、友于兄弟，施于有政。'是亦为政，奚其为为政？"（《论语·为政》）

这里的"或"者也只是看到了切实之政治，并不能理解由教而施于政之大义。

对于"正名"一事，也表现了子路对于玄远不切实之抽象之理不甚解悟。

> 子路曰："卫君待子而为政，子将奚先？"子曰："必也正名乎！"
> 子路曰："有是哉，子之迂也！奚其正？"子曰："野哉由也！君子于
> 其所不知，盖阙如也。名不正，则言不顺；言不顺，则事不成；事不
> 成，则礼乐不兴；礼乐不兴，则刑罚不中；刑罚不中，则民无所措手
> 足。故君子名之必可言也，言之必可行也。君子于其言，无所苟而
> 已矣。"（《论语·子路》）

"名"乃指物称事，事是实而名是虚。只要事实而名不必究，盖为子路素
朴之想法。名虽是虚，但名一旦形成，又可表现强制力而限事，故名必得其
正，不可随意。但这种拐了弯的思考不是子路所擅长的。

总之，子路之所以不能相契于抽象之学，乃因为子路之生命精神总是朴
的，终其一生不得变。由"朴"之一字，吾人可概子路之所成。然子路之"朴"
有何大义焉？

"朴"之一字，常组成词语：

"素朴"。如，"见素抱朴，少思寡欲，绝学无忧"（《老子》第十九章）；又，"绘
事后素"（《论语·八佾》）。在这里，"朴"是指少思，文采不足，不装饰之意。

"淳朴"或"纯朴"。如，"敦兮其若朴"（《老子》第十五章）；又，"有机
械者必有机事，有机事者必有机心。机心存于胸中则纯白不备"（《庄子·天
地》）。在这里，"淳朴"或"纯朴"是指敦厚，诚实，无心机之意。

由"朴"之以上大意，吾人再来看在子路身上，"朴"体现了怎样的大义？

其一，朴直而急切，单纯而少虑。

"朴"常少思，在表现上就是直而急切，单纯而少虑。这一点在子路身上
体现得非常明显。

> 子路问："闻斯行诸？"子曰："有父兄在，如之何其闻斯行之？"
> 冉有问："闻斯行诸？"子曰："闻斯行之。"公西华曰："由也问闻斯
> 行诸，子曰'有父兄在'；求也问闻斯行诸，子曰'闻斯行之'。赤也惑，

敢问。"子曰:"求也退,故进之;由也兼人,故退之。"(《论语·先进》)

从这里可明显看出,夫子告诫子路,不要太急切地去执行,要多思考,问问父兄之意见。但子路之直而急切不纯为负面的,还表现出他单纯,不太有心机。

子曰:"道不行,乘桴浮于海。从我者其由与?"子路闻之喜。子曰:"由也好勇过我,无所取材。"(《论语·公冶长》)

夫子夸誉子路,子路亦毫不谦虚,且喜不自胜,但并非高傲,而是直而单纯。

子谓颜渊曰:"用之则行,舍之则藏,唯我与尔有是夫!"子路曰:"子行三军,则谁与?"子曰:"暴虎冯河,死而无悔者,吾不与也。必也临事而惧,好谋而成者也。"(《论语·述而》)

夫子夸誉颜渊,子路立刻以自己之所长而问之,毫不掩饰,亦非子路恃才傲物,不过单纯而少虑耳。

当夫子问众弟子问题时,一般也是子路最先回答,显得急切而不谦虚。"子路率尔而对曰"(《论语·先进》),正形象地描述了其情形。但这正刻画了一个单纯之子路。

孔子知弟子有愠心,乃召子路而问曰:"诗云'匪兕匪虎,率彼旷野'。吾道非邪?吾何为于此?"子路曰:"意者吾未仁邪?人之不我信也。意者吾未知邪?人之不我行也。"孔子曰:"有是乎!由,譬使仁者而必信,安有伯夷、叔齐?使知者而必行,安有王子比干?"(《史记·孔子世家》)

子路以为,夫子师徒的困厄遭遇可能就是他们自身的修行不够,不足以取信于人，这是直接而单纯之想法。但夫子的想法显然要复杂得多，不但关涉到自家的修行，还与机遇、命运相关。这些问题，显然不是朴质的子路能想到的。

因为朴质，故子路是直接的。

> 颜渊、季路侍。子曰："盍各言尔志？"子路曰："愿车马、衣轻裘，与朋友共，敝之而无憾。"颜渊曰："愿无伐善，无施劳。"（《论语·公冶长》）

子路不像颜渊那样，谈玄远之理想与境界，他是直接的有福同享，有难同当。"千乘之国，摄乎大国之间，加之以师旅，因之以饥馑；由也为之，比及三年，可使有勇，且知方也。"（《论语·先进》）这也是直接解决问题的方式。

> 子疾病，子路使门人为臣。病闲，曰："久矣哉！由之行诈也，无臣而为有臣。吾谁欺？欺天乎？且予与其死于臣之手也，无宁死于二三子之手乎？且予纵不得大葬，予死于道路乎？"（《论语·子罕》）

这样的事只有子路能够做。"久矣哉！由之行诈也"乃夫子不满后的怒语，实则子路非诈也。子路只是朴质而直接地想安抚夫子，没有夫子想的那么远，虽弄巧成拙，然非子路成心诈伪也。

> 季孙相鲁，子路为郈令。鲁以五月起众为长沟，当此之时，子路以其私秩粟为浆饭，要作沟者于五父之衢而飡之。孔子闻之，使子贡往覆其饭，击毁其器，曰："鲁君有民，子奚为乃飡之？"子路怫然怒，攘肱而入，请曰："夫子疾由之为仁义乎？所学于夫子者，仁义也；仁义者，与天下共其所有而同其利者也。今以由之秩粟而飡民，其不可何也？"孔子曰："由之野也！吾以女知之，女徒未及也，女故如是之不知礼也？女之飡之，为爱之也。夫礼，天子爱天下，诸侯爱境内，大夫爱官职，士爱其家，过其所爱曰侵。今鲁君有民

而子擅爱之，是子侵也，不亦诬乎！"言未卒，而季孙使者至，让曰："肥也起民而使之，先生使弟子止徒役而飨之，将夺肥之民耶？"（《韩非子·外储说右上》）

子路见民之饥，激起了其同情仁爱之情，于是，出自家之食以劳其民。他的爱心是直接于情境而无屈曲的，绝没有夫子想的那么复杂，进一步印证了子路之单纯。这也印证了夫子所云"好仁不好学，其蔽也愚"之意思。

因朴质而直接，很少想到关系，进而不把责任通过关系的线索推给别人。是以子路之急切少虑之中，有当身站出来的担当精神。

> 子路有闻，未之能行，唯恐有闻。（《论语·公冶长》）
> 子路无宿诺。（《论语·颜渊》）

这些不只是急切去行之谓，更重要的是其中之担当精神。

> 子曰："片言可以折狱者，其由也与？"（《论语·颜渊》）

子路不愿啰啰唆唆，拖泥带水，片言即剧断案情。但这绝不表示他马虎而不负责任，相反，他敢于承担责任。

无论是其担当精神还是其折狱的勇决力，俱是其直觉通达于神圣者的结果，此时不需要理由，甚至也说不出理由，但却有非常令人心悦诚服的理据。庸常"片言折狱"是不可能的，总要找到相关的证据方可。但像子路这样的朴质者，常以直觉直抵天德之幽光，虽然神秘，但不阴暗；虽自决勇断，却不会造成冤屈。

其二，朴实而诚信，质淳而孝敬。

一个朴实而正直的人，当然也有诚信之德。"无宿诺"也是诚信之德的根本表现。子路之诚信在当时传诸天下。《左传·哀公十四年》载：

> 哀公十四年春，小邾射以句绎来奔，曰："使季路要我，吾无盟

矣。"使子路，子路辞。季康子使冉有谓之曰："千乘之国，不信其盟
而信子之言，子何辱焉？"对曰："……彼不臣而济其言，是义之也，
由弗能。"

小邾国一个名叫射的人以句绎来投奔鲁国，但不愿与鲁国制定盟约，只
相信子路一句话。但子路却不愿意出面调停这件事。冉有对子路说：他们不信
堂堂鲁国之盟约，而相信你的话，这是何等荣耀，你为什么不出面呢？子路
回答说：他们背叛自己的国家，是不臣不义的行为；若我出面，正是以不义为
义。这是我做不到的。这件事表明子路是极其诚信的。但子路之诚信不只是
私人之间的允诺，而是对道的遵从与执着。《论语》多次记载子路对夫子的不
满，正是子路诚信的表示。

> 公山弗扰以费畔，召，子欲往。子路不说，曰："末之也已，何
> 必公山氏之之也。"
> 佛肸召，子欲往。子路曰："昔者由也闻诸夫子曰：'亲于其身为
> 不善者，君子不入也。'佛肸以中牟畔，子之往也，如之何！"（《论
> 语·阳货》）

公山弗扰与佛肸俱为叛臣，夫子欲往而助之，当然激起了子路的不满。
因为反叛总是不义的，吾人不能助不义，此是对道的遵从，也是人最根本的
原则的诚信。

《弟子规》云："闻誉恐，闻过欣。"吾人常以此自勉，但多是门面语，很
少有人做到，故子夏曰"小人之过也必文"（《论语·子张》）。但子路却真实
做到了。孟子曰："子路，人告之以有过则喜。"（《孟子·公孙丑上》）这表示
子路诚信于大义，做到了知行合一。

一个朴实而质淳之人，最易表现孝敬之德，因为孝敬是最能触动人朴而
淳之善端的。子路在此就是突出的例子。

> 子路见于孔子曰："负重涉远，不择地而休，家贫亲老，不择禄

而仕。昔者由也，事二亲之时，常食藜藿之实，为亲负米百里之外。亲殁之后，南游于楚，从车百乘，积粟万锺，累茵而坐，列鼎而食，愿欲食藜藿，为亲负米，不可复得也。枯鱼衔索，几何不蠹，二亲之寿，忽若过隙。"孔子曰："由也事亲，可谓生事尽力，死事尽思者也。"（《孔子家语·致思》）

子路为了孝亲，不择禄而仕。这件事成为了儒家《二十四孝》之经典范例之一，以之化民敦俗。且此条原则，成为了儒家孝敬之基本准则，违背了此原则就是三不孝之一。

阿意曲从，陷亲不义，一不孝也；家贫亲老，不为禄仕，二不孝也；不娶无子，绝先祖祀，三不孝也。（张九成：《孟子传》卷十七）

东汉的毛义就是这样的一个孝子典型，被记入史册的。

中兴，庐江毛义少节，家贫，以孝行称。南阳人张奉慕其名，往候之。坐定而府檄适至，以义守令。义奉檄而入，喜动颜色。奉者，志尚士也，心贱之，自恨来，固辞而去。及义母死，去官行服，数辟公府。为县令，进退必以礼。后举贤良，公车征，遂不至。张奉叹曰："贤者固不可测。往日之喜，乃为亲屈也。斯盖所谓'家贫亲老，不择官而仕'者也。"建初中，章帝下诏褒宠义，赐谷千斛，常以八月长吏问起居，加赐羊酒。寿终于家。（《后汉书》列传第二十九）

二十四史中像这样的例子很多，可见子路之行之教化作用。朴质的子路，不能进入孝之形上大义，总以为孝亲当锦衣玉食供养。

子路问于孔子曰："伤哉贫也，生而无以供养，死则无以为礼也。"孔子曰："啜菽饮水，尽其欢也，斯为之孝乎。敛手足形，旋葬而无椁，称其财，为之礼，贫何伤乎。"（《孔子家语·曲礼子贡问》）

子路之感叹乃现实情境中的触发，物质之贫穷对于孝子来说，总是一个难以克服的问题。夫子之宽解正是见出了孝之形上意义，以此可解决孝子精神上的困境。但夫子之宽解必须经过子路现实情境之触发之后方可落实，否则，孝即落空，而"尽其欢"、"称其财"适成不孝者之掩饰语。

可见，只有如子路这样的朴质之人，真可见出孝之真义来，亦可切实地行孝。若能进一步深入到孝之形上之义，子路可谓"调适而上遂"者也。孝，需要质朴的触动，落实在真实的生活中；同时，道亦非抽象的存在，祂也是在质朴的触动中方能开显。可见，孝是通达于道的最有效的途径。"孝弟也者，其为仁之本与。"（《论语·学而》）非妄言也。

其三，饱满而充实，活泼而可变。

吾人说过，子路之生命基型是原始的自然生命，这种生命通过礼乐教化之后，表现出朴质而诚信之德。同时，这种生命因有天地之灵秀钟于其中，故又可表现"饱满而充实，活泼而可变"之德。

> 子曰："衣敝缊袍，与衣狐貉者立，而不耻者，其由也与？'不忮不求，何用不臧？'"子路终身诵之。子曰："是道也，何足以臧？"（《论语·子罕》）

子路之所以能"衣敝缊袍，与衣狐貉者立，而不耻"，就是因为他饱满而充实。一个饱满而充实的生命自然不会外倾而乞于他。夫子以"不忮不求，何用不臧"赞之。即这样一个饱满而不忮不求之生命，无往而不善。朱子《论语章句集注》引谢氏之言曰：

> 耻恶衣恶食，学者之大病。善心不存，盖由于此。子路之志如此，其过人远矣。然以众人而能此，则可以为善矣；子路之贤，宜不止此。而终身诵之，则非所以进于日新也，故激而进之。

一般人以为，子路终身诵之，乃以夫子之赞语自傲。实则诵一定是诵"不伎不求，何用不臧"这句格言，非夫子对子路之赞语也。既如此，子路诵之，不过以此格言自勉，非据夫子之赞语为傲也。那么，夫子"是道也，何足以臧？"这句话是什么意思呢？朴质的子路总以为"不伎不求"是一种善，而善似乎总是外在于人的，是人做了本分之外的行为，但夫子告诉子路，这是道而不是善。而道是人们必须遵从的，是人之为人的本分。一个人只有进于道之后，其生命才真正的饱满而充实。此正是对子路"激而进之"，因为子路于此尚有距离。

同时，一个饱满而充实的生命，因饱饫天地之灵秀，故生命总会有警觉，绝不会酸腐而至于干枯。

> 孔子遭厄于陈蔡之间，绝粮七日，弟子馁病，孔子弦歌。子路入见曰："夫子之歌，礼乎？"孔子弗应，曲终而曰："由，来，吾语汝。君子好乐，为无骄也；小人好乐，为无慑也。其谁之子，不我知而从我者乎？"子路悦，援戚而舞，三终而出。（《孔子家语·困誓》）

陈蔡之厄，子路本不理解夫子之弦歌依然，但通过夫子之教诲以后即刻觉悟，且执戚弦歌而舞。这是一个多么动人的场面。若无充实之生命焉能至此？！又，

> 孔子之宋，匡人简子以甲士围之。子路怒，奋戟将与战。孔子止之曰："恶有修仁义而不免世俗之恶者乎？夫《诗》、《书》之不讲，礼乐之不习，是丘之过也。若以述先王，好古法而为咎者，则非丘之罪也，命之夫。歌，予和汝。"子路弹琴而歌，孔子和之，曲三终，匡人解甲而罢。（《孔子家语·困誓》）

夫子师徒无故受阻，直切而勇武的子路怒而欲与之战。夫子诫之，以为此乃匹夫之为，非修仁义者当行也。子路即悟，且师徒唱和而歌。宫商不乱，丝丝入扣，诚天地间一灵秀也。人一旦见之，必生恻怛开朗之心，焉有厌恶为难之意，故险阻自解也。须知，朴质不隔的生命常通透，故易开显而通达

于道，抽象的道理此时反而成了阻隔，故王阳明曰："记诵之广，适以长其敖也。知识之多，适以行其恶也。闻见之博，适以肆其辨也。辞章之富，适以饰其伪也。"（《王阳明全集·语录二》）

居常吾人总以为，子路乃粗鲁之人，不善于礼乐琴弦等君子之行，故其瑟有"北鄙杀伐之声"。此盖子路初随夫子游时之为也。然既升夫子之堂，日积月累，子路必有所警觉，亦必有所长进。《孔子家语·辩乐》记载了子路警觉自励之故事：

> 子路鼓琴，孔子闻之，谓冉有曰："甚矣，由之不才也。夫先王之制音也，奏中声以为节，流入于南，不归于北。夫南者，生育之乡；北者，杀伐之城。故君子之音温柔居中以养生育之气，忧愁之感不加于心也，暴厉之动，不在于体也。夫然者，乃所谓治安之风也。小人之音则不然，亢丽微末，以象杀伐之气。中和之感，不载于心；温和之动，不存于体。夫然者乃所以为乱之风。……由今也匹夫之徒，曾无意于先王之制，而习亡国之声，岂能保其六七尺之体哉？"冉有以告子路，子路惧而自悔，静思不食，以至骨立。夫子曰："过而能改，其进矣乎。"

"惧而自悔，静思不食，以至骨立。"可见，子路对于夫子的批评与教诲确实下了一番自省改过的工夫，其间的刻骨之痛，唯其自知耳。子路非拖泥带水之人，这刻骨之痛总在他朴质、爽朗之气中滑了过去，一般人不在意也，然这进德修业之工夫却是确然的。子路随夫子之宋而畏于匡，时年已四十有六，与夫子游已近三十年矣，是以其声色不乱而与夫子唱和，岂虚妄也哉？！

子路一辈子追随夫子，几未曾离。修习之日既长，加之以子路饱满活泼之生命，故亦能生朴质之文。吾人前面说过，子路对于抽象之理与玄远之文总不能入，故子路之文乃朴质之文。《礼记·礼器》记载子路行祭祀之事：

> 子路为季氏宰。季氏祭，逮暗而祭，日不足，继之以烛。虽有

强力之容、肃敬之心，皆倦怠矣。有司跛倚以临祭，其为不敬大矣。他日祭，子路与，室事交乎户，堂事交乎阶，质明而始行事，晏朝而退。孔子闻之曰："谁谓由也而不知礼乎？"

季氏祭祀的时候，拖拖拉拉，从天微亮直到天黑，身心俱疲，实则是对神之大不敬。子路参入以后，一丝不苟，干练而通达，使得祭礼圆满成功，是以赢得夫子之赞誉也。这正是质朴的子路所成的朴质之文，故《礼记·礼器》云："甘受和，白受采；忠信之人，可以学礼。"

所以，野是材质的，但朴不是纯材质的，尽管材质之成分依然很大，但已向抽象之理与玄远之文靠近了，故朴之最后一定会表现文的色彩与德的幽光。吾人再来看下面一段话：

> 子路从而后，遇丈人，以杖荷蓧。子路问曰："子见夫子乎？"丈人曰："四体不勤，五谷不分，孰为夫子？"植其杖而芸。子路拱而立。止子路宿，杀鸡为黍而食之，见其二子焉。明日，子路行以告。子曰："隐者也。"使子路反见之。至则行矣。子路曰："不仕无义。长幼之节，不可废也；君臣之义，如之何其废之？欲洁其身，而乱大伦。君子之仕也，行其义也。道之不行，已知之矣。"（《论语·微子》）

丈人"植其杖而芸"，其待子路甚倨，而子路依然"拱而立"，甚恭而礼。是足见子路之修为也。隐者避世而居，过自足而朴质之生活。但子路以为，君臣之义不可废，洁其身而乱大伦，非君子之行也。是见子路浸乎文颇深矣。

> 子路曰："士不能勤苦，不能轻死亡，不能恬贫穷，而曰我行义，吾不信也。昔者申包胥立于秦廷，七日七夜，哭不绝声，是以存楚。不能勤苦，焉得行此！比干且死，而谏愈忠；伯夷叔齐饿于首阳，而志益彰；不轻死亡，焉能行此。曾子褐衣缊绪，未尝完也，粝米之食，未尝饱也；义不合，则辞上卿。不恬贫穷，焉能行此！夫士欲立身行道，无顾难易，然后能行之；欲行义白名，无顾利害，然后能行之。"

（《韩诗外传》卷二）

此段话自有大义在，能由子路说出，足见子路文之造诣。然子路之文往往以能勤苦、轻死亡、恬贫穷言之，亦见其文之朴质而有担当。又，

子路治蒲三年，孔子过之，入其境曰："善哉由也，恭敬以信矣。"入其邑曰："善哉由也，忠信而宽矣。"至廷曰："善哉由也，明察以断矣。"子贡执辔而问曰："夫子未见由之政，而三称其善，其善可得闻乎？"孔子曰："吾见其政矣。入其境，田畴尽易，草莱甚辟，沟洫深治，此其恭敬以信，故其民尽力也；入其邑，墙屋完固，树木甚茂，此其忠信以宽，故其民不偷也；至其庭，庭甚清闲，诸下用命，此其言明察以断，故其政不扰也。以此观之，虽三称其善，庸尽其美乎！"（《孔子家语·辩政》）

子路之治蒲政绩甚佳，然其佳非在别处，正在其朴质之文也。吾人知道，子路乃直接而有担当的，故他作为一地之行政长官，这种性格正起着示范作用。所谓"政者，正也。子帅以正，孰敢不正？"（《论语·颜渊》）这句话正切合子路。子路作为朴质而诚信之人，作为下民之表率，是以蒲地其政甚美也。这并不表示子路是一个好的政治家，而只表示子路的朴质之文在"其人存，则其政举；其人亡，则其政息"（《中庸》）之古代起了化民成俗之作用耳。程子曰：

古之学者优柔厌饫，有先后次序。今之学者却只做一场话说，务高而已。常爱杜元凯语，若江海之浸，膏泽之润，涣然冰释，怡然理顺，然后为得也。今之学者往往以游、夏为小，不足学，然游夏一言一事，却总是实。如子路、公西赤言志如此，圣人许之，亦以此自是实事。后之学者好高，如人游心于千里之外，然自身却只在此。（《二程遗书》卷十五）

正因为如此，程子又曰："子路亦百世之师。"（《二程遗书》卷三）子路

之为百世师，其文并非来自抽象义理的察识，乃朴质生命直接的开显与通达。这是一种德行或道义的敏感性，这种敏感性比抽象的道理之于人的行为作用更大，它能给人以坚毅与力量，也能给人以自决的判断力。

子路之学止于朴质之文，然正因其朴质，亦足有动人处。卫孔悝之乱，子路慷慨赴难。《史记·仲尼弟子列传》记载了子路之死：

> 方孔悝作乱，子路在外，闻之而驰往。遇子羔出卫城门，谓子路曰："出公去矣，而门已闭，子可还矣，毋空受其祸。"子路曰："食其食者不避其难。"子羔卒去。有使者入城，城门开，子路随而入。造蒉聩，蒉聩与孔悝登台。子路曰："君焉用孔悝？请得而杀之。"蒉聩弗听。于是子路欲燔台，蒉聩惧，乃下石乞、壶黡攻子路，击断子路之缨。子路曰："君子死而冠不免。"遂结缨而死。

卫灵公的宠姬南子与其太子蒉聩有染，太子惧卫灵公而外逃他国，及卫灵公卒，南子遂立蒉聩之子为君，是为出公。出公既立，蒉聩依然在外不得回国达十二年，但心里并不服气，于是，就与孔悝作乱，击败出公逃于鲁，蒉聩即君位，是为庄公。子路"闻之而驰往"指的就是这件事，但子路此时乃孔悝之家臣，而孔悝又是其中的主要参入者，故子路本可不必管这件事，以免麻烦，且庄公已立，出公大势已去。子羔之劝即是告诫子路不要惹祸上身。但子路却说："食其食者不避其难。"最后慷慨赴难，悲壮而死，特别是"君子死而冠不免"一句话感动了无数人。子路，本不是一个精细之人，但在大难临头，生命行将终结之际，整容貌，正衣冠以维护生命之尊严，决不窝囊委曲地谢幕人生。

这就是子路朴质之文的结局，也是其必然结局。子羔与子路俱仕卫，卫乱，夫子曰："嗟乎！柴也其来乎？由也其死矣。"（《史记·卫康叔世家》）正是对这种结局的必然预料。你可以说这里有极动人的地方，你也可以说这里有极大的悲剧性。朴质之人的这种悲剧性是不可免的。

> 闵子侍侧，訚訚如也；子路，行行如也；冉有、子贡，侃侃如也。

子乐。"若由也，不得其死然。"(《论语·先进》)

行行即刚强之意。朴质之人太过刚强，欲以自身的生命挑起大义，四顾茫然亦在所不惜，然个人的生命毕竟是脆弱的，故"不得其死然"。即其死必非平常，一定是悲壮乃至是悲凉的。此正显示子路之悲剧性也。

> 孔子哭子路于中庭。有人吊者，而夫子拜之。既哭，进使者而问故。使者曰："醢之矣。"遂命覆醢。(《礼记·檀弓上》)

子路死，夫子哭之，必有伤感恻侧之情；然其"命覆醢"，正显示夫子必有悲凉之叹也。

儒家虽讲"天下有道，以道殉身；天下无道，以身殉道"(《孟子·尽心上》)，但"以身殉道"却未见得是以子路之方式，故儒家强调行"权"，"可与共学，未可与适道；可与适道，未可与立；可与立，未可与权。"(《论语·子罕》)然权法谈何容易？如前所述，"深则厉，浅则揭"即隐者劝夫子依据世道而行权法，然夫子自叹其难也。可知权法之不易，故子路那种"以身殉道"总是需要的。此正是子路动人之所在。然此种方式又未见得能行大义于世。孟子曰："可以死，可以无死，死伤勇。"(《孟子·离娄下》)子路之死，不但不能成就勇，可能恰恰又是对勇的伤害，故子路死亦枉然。此正是子路悲凉之所在。在动人与悲凉之交错中，成就了子路朴质之文的悲剧性。子路悲剧性之意义，以唐君毅说之，即是：

> 此苍凉悲壮之心灵，悬于霄壤，而上下无依，往者已往，而来者未来，可谓绝对之孤独空虚而至悲。然上下古今皆在吾人感念中，即又为绝对之充实。夫然而可再返虚入实，由悲至壮，即可转出更高之对人间爱与人生责任感。❶

雪莱说："最高等的悲剧里，很少教给人苛责与仇恨，它教人认识自己，

---

❶　唐君毅：《中国文化之精神价值》，广西师范大学出版社 2005 年版，第 264 页。

尊重自己。"❶

认识自己，尊重自己，则必由朴质之文而至于"下学而上达"（《论语·宪问》）以克服这种悲剧性。孟子曰："可欲之谓善。有诸己之谓信。充实之谓美。充实而有光辉之谓大。大而化之之谓圣。圣而不可知之之谓神。"（《孟子·尽心下》）这几句话本是孟子描述乐正子的，孟子以为乐正子做到了前二者（善与信），于后二者（圣与神）甚不足。但这几句话实则说明了一个普遍的道理，即人之修行必至于"圣"与"神"方是极功。子路做到了善与信，乃至美与大，然无与乎圣与神，故就儒学之修行而言，亦不足也。

善与信，乃形下者；圣与神，乃形上者。形下者，实而诚；形上者，虚而灵。然生命必上升至形上者乃可圆满，不然，生命可能由实而诚而至于疏而溺，灵觉不开，枯萎而死。朱子曰：

> 子路如此做工夫，毕竟是疏，是有这个车马轻裘，方做得工夫。无这车马轻裘，不见他做工夫处。若颜子则心常在这里做工夫，然终是有些安排在。（《朱子语类》卷第二十九）

疏，即不圆满。子路固实而诚，然毕竟不能虚灵而致生命限溺，不能开更高之理境，与夫子"下学而上达"之教尚有距离，良可叹也。

> 季路问事鬼神。子曰："未能事人，焉能事鬼？"敢问死。曰："未知生，焉知死？"（《论语·先进》）

夫子此处之所说，非谓鬼神不存在，或死亡乃人生之外的事，焉有一文化大宗之开拓者不信鬼神，不关切死亡之事？但鬼神与死亡非是摆置出来的东西，犹如自然之物，若如此，则吾人根本还没有进入鬼神、死亡之问题，遑论切中鬼神与死亡了。在夫子看来，鬼神与死亡必须向内于人之生命处开发，不然，鬼神与死亡皆成虚幻。这就是"未能事人，焉能事鬼？""未知生，

---

❶ 雪莱：《为诗辩护》，朱光潜：《悲剧心理学——各种悲剧快感理论的批判研究》，安徽教育出版社 1996 年版，第 272 页。

焉知死？"之大义所在。"死"与"鬼"本身固不是人生之经验，但"死"与"鬼"作为不可逃脱之命令而置于人而人由此而认命，则是人生之经验。从这个意义上说，"死"并不是与"生"绝对隔绝的，乃至"生死"是可以相互通达的，故"死亦生之大造矣"（《周易外传》卷二《无妄》）。也就是说，若一个人把"死"与"生"隔绝起来，则这个人就既不知"死"，更不知"生"。"死"与"鬼"作为一种"命"却在人生之经验中，故"死"与"鬼"绝非与人无与也，且人正由此而开启了生的责任与自由。张祥龙论之曰：

> 孔子何尝不关心"鬼神"和"死"，他只是不能采取"事奉"和（现成地）"认知"态度。他只愿通过生动的、开启性的祭礼和其他合适的时机来与当场化、构成化、领会化了的鬼神打交道，而绝不愿去谈论那具有某种观念实体性的鬼神和另一个世界的情况。❶

是以"事鬼"与"知死"必须从"事人"与"知生"开始，这并不是说，只要"事人"而不需要"事鬼"，只要"知生"而不需要"知死"；而是说，若"事人"真如其为"事人"，"知生"真如其为"知生"，则必有形上之倾听和领悟能力。德国基督教哲学家拉纳说：

> 当我们现在和将来谈到从科学理论上论证神学的时候，那总是从揭示人身上蕴涵着的倾听上帝音讯的能力这层意义上讲的。……所以，……成为神学家是人这个在者本质中的能力之一。……我们将分析作为人的在之可能性的对上帝启示的倾听能力，正是这种在之可能性才从根本上构成人的完满展开的本质。❷

吾人只有具备了形上之倾听能力，才能真正"事鬼"与"知死"。这意味着，"事人"必然内在地包含着"事鬼"，"知生"必然内在地包含着"知死"；

---

❶ 张祥龙：《海德格尔思想与中国天道——终极视域的开启与交融》，生活·读书·新知三联书店1996年版，第248页。

❷ 拉纳：《圣言的倾听者——论一种宗教哲学的基础》，朱雁冰译，生活·读书·新知三联书店1994年版，第9–10页。

但这也绝不意味着，"鬼"与"死"根本是无意义的，可忽略之。实则，鬼神与死亡于人生之意义大矣。准确地说，只有人具有了形上的倾听能力，彰显鬼神与死亡之意义，人生才能真正圆满。正因为如此，孔子才说"合鬼与神，教之至也"（《礼记·祭义》）。

以上即夫子告诫子路之大义，其意无非是让子路由形下的实而诚上升至形上的虚而灵。前文说过，子路固活泼而可变，但那是饱满之自然生命遭遇伦理之光芒而自然折射出的余晖，非形上之灵觉也。明儒刘宗周曰：

> 圣人体道之至，动无辙迹，流行坎止，一乘化机之自然，其要归于不可磨涅而已。……但子路拘滞在形迹中，圣人反求在我，超然物表，恁地活泼，无一切心，无一切法。（《论语学案》卷九）

不拘滞于形迹，虚灵妙应，圆神无方，此才是圆满之生命，圣贤之气象。夫子曰：

> 不降其志，不辱其身，伯夷、叔齐与！谓柳下惠、少连，降志辱身矣。言中伦，行中虑，其斯而已矣。谓虞仲、夷逸，隐居放言。身中清，废中权。我则异于是，无可无不可。（《论语·微子》）

伯夷、柳下惠等俱圣贤，然终有形迹可寻，未能妙应诸法，而夫子之教异于是，无可无不可，故能圆神无方。朱子《论语集注》引程子之言曰：

> 至于夫子，则如天地之化工，付与万物而己不劳焉，此圣人之所为也。今夫羁靮以御马而不以制牛，人皆知羁靮之作在乎人，而不知羁靮之生由于马。圣人之化，亦犹是也。先观二子（子路、颜渊）之言，后观圣人之言，分明天地气象。

子路生于野，本是一个原始饱满而活泼之生命，自入圣门以来，基于这样一个原始生命之机栝，只成就了朴质之文，而于虚灵妙应之圣境尚远。刘劭所谓"朴露径尽，质在中诚，失在不微"，诚子路之写照也。然子路之至此，亦从艰苦卓绝中磨炼而来，非固执不化者也，朱子曰："子路品格甚高，若打叠得些子过。便是曾点气象。"又，"子路地位高，品格亦大故高，但其病是有些子粗。缘如此，所以便有许多粗暴疏率处。他若能消磨得这些子去，却能恁地退逊，则便是这个气象了。盖是他资质大段高，不比冉求公西华，那二子虽如此谦退，然却如何及得子路？譬之如一个坑，跳不过时，只在这边；一跳过，便在那边"（《朱子语类》卷第四十）。由此可知，圣门之教化，生命之圆成，岂容易哉？曾子曰："死而后已，不亦远乎？"（《论语·泰伯》）得之矣。

六、曾子的内省生命形态及其仁孝慎独之行

据《史记·仲尼弟子列传》记载：曾子，名参字子舆，少孔子四十六岁，且其父曾点亦为孔子弟子，则曾子为孔子晚期弟子无疑。孔门弟子，依据钱穆之研究，"先进极之为具体而微，后进则别立宗派"❶。这就是说，孔门前期弟子多是道德践行者，因有孔子在焉；后期弟子，因孔子去世，则以阐发孔子之道自任。因此，虽然总体上讲，孔门弟子俱是孔子之道的践行者，但严格来说，后期弟子已经开始由践行者向弘教者转变了，其中的杰出代表便是曾子与子夏。《韩非子·显学》云：

> 自孔子之死也，有子张之儒，有子思之儒，有颜氏之儒，有孟氏之儒，有漆雕氏之儒，有仲良氏之儒，有孙氏之儒，有乐正氏之儒。

这八派当中虽然没有曾子与子夏的名字，但对后世儒学产生巨大影响的恰恰是曾子与子夏学派。据《史记·儒林列传》载，子夏居西河，开坛讲学，田子方、段干木、吴起、禽滑釐之属俱为其弟子，成为了影响巨大的学派，至荀子而为此学派之完成者。曾子虽然没有被太史公提及，但正如胡适所说，《韩非子·显学》中所提到的儒学八派，子思之儒、孟氏之儒、乐正氏之儒俱

---

❶ 钱穆：《先秦诸子系年》，《钱穆先生全集》，九州出版社 2011 年版，第 85 页。

出自曾子。❶ 子思为孔子嫡孙，受业于曾子；孟氏，盖孟轲也，受业子思门人，为曾子三传弟子；乐正氏即乐正子春，本为曾子弟子。可见，曾子学派之影响绝不亚于子夏学派。曾子有名可考的弟子还有：单居离、公明仪、公明子高、子襄、阳肤、公明宣、沈犹行等。《荀子·非十二子》云：

> 略法先王而不知其统，犹然而材剧志大，闻见杂博。案往旧造说，谓之五行，甚僻违而无类，幽隐而无说，闭约而无解。案饰其辞而祇敬之曰：此真先君子之言也。子思唱之，孟轲和之，世俗之沟犹瞀儒，嚾嚾然不知其所非也，遂受而传之，以为仲尼、子游为兹厚于后世，是则子思、孟轲之罪也。

荀子在此虽然是批评曾子后学子思与孟子，然此二子既入十二子之列而特加声讨，则从反面说明了曾子学派之影响之大。"幽隐而无说"，盖针对子思之《中庸》而言，谓其"幽深隐微而不能说明白"。《中庸》讲圣人修身后的圆满境界，常难以用逻辑性的语言界定与解析，子思常以诗性的语言况喻与赞美。"闭约而无解"，盖针对孟子之"性善论"、"四端固有"而言，谓其"自说自话却无法自圆其说"，所谓"无辨合符验，坐而言之，起而不可设，张而不可施行"（《荀子·性恶》）者也。我们未必能同意荀子的批评，但从他的批评中却可以反显曾子学派之大旨，那就是朱子所说的"工夫密，规模大"（《朱子语类》卷第十四），"初学者未当理会"（《朱子语类》卷第六十二），这表明内在存养工夫不到，于曾子学派之主旨确难体会。荀子之学外倾而重辩说，故其批评可以理解。但儒学作为"道德的形上学"或"宗教动力学"，恰恰是由这一学派证成的，这是孔子之道在"学"上的如理开显，从而真正能够弘孔子之教。相对于曾子学派，荀子可谓是"别子为宗"，这个问题我们在论子夏与荀子的时候再作详细的讨论。只不过，曾子学派后来学界多称之为"思孟学派"，因为子思唱"天命之谓性"，孟子唱"性善"、"四端固有"，而影响巨大却鲜能想到其发端者——曾子。实则，若无曾子，是否有后来子思、孟子之发扬光大而成为影响巨大的"思孟学派"，实亦颇难假设，至少不会如此

---

❶ 胡适：《中国哲学史大纲》上卷，东方出版社 1996 年版，第 109 页。

轻易地水到渠成。

曾子尽管在往弘教的方向走，但与子思、孟子不同的是，毕竟其立"教"的意味轻，我们似乎很难在曾子那里找到像"天命之谓性"、"四端固有"这样的专门立教的理论。曾子留给我们的还是一个行道者的证悟与体会，但因着曾子的生命形态，他的这种证悟与体会，恰恰成为思孟学派的发端者，一花开放，引来满园春色。故程子曰："孔子没，曾子之道日益光大。孔子没，传孔子之道者，曾子而已。曾子传之子思，子思传之孟子，孟子死，不得其传。至孟子而圣人之道益尊。"（《二程遗书》卷二十五）

关于曾子的生命形态，《论语·先进》篇有这样一段孔子的评价：

　　　　柴也愚，参也鲁，师也辟，由也喭。

曾子终得孔子"鲁"之评价。庸常，我们觉得"鲁"字并非一个好的评价，如粗鲁、鲁莽等，但从《论语》与《大戴礼记》等传世关于曾子的资料看，**❶** 绝对得不出曾子粗鲁或鲁莽的看法。那么，这里的"鲁"到底是什么意思呢？皇侃训"鲁"为"迟钝"，"参也鲁"言"曾子性迟钝"（《论语集解义疏》卷六）。但"性迟钝"依然不是一种好的评价。皇侃同书同卷又引王弼之注曰："鲁，质胜文也。"这样理解的"鲁"，则是一种好的评价。"质胜文"，即生命保持原有基质的自足性，不外倾而趋向繁文。这样的生命，常敏于内省、证悟，向内开显生命之动力，而不是外在地学习以"化性起伪"。后世儒者，特

---

❶ 曾子的思想与著作，《汉书·艺文志》载《曾子》十八篇，《隋书·经籍志》载《曾子》二卷目一卷，皆不知具体篇目。今可看到的曾子文献，除了《论语》中所记者之外，最重要的就是《大戴礼记》中的《曾子》十篇。关于《曾子》十篇是否是曾子的作品或思想，历来争论很大。朱子即不认为《曾子》十篇为代表曾子的思想，其曰："世传《曾子》书者，乃独取《大戴礼记》之十篇以充之，其言语气象，视《论》、《孟》、《檀弓》等篇所载相去远甚。"（《晦庵集》卷八十一《书刘子澄所编曾子后》）黄震附和朱子之说，曰：《曾子》之书，不知谁所依仿而为之？"（《黄氏日抄》卷五十五《读曾子》）其后，方孝孺、梁启超皆附议之。但青年学者刘光胜指出：朱子之前，未有怀疑《曾子》十篇为伪书者，但他依据上博简《内礼》及郭店儒简的仔细比附，发现其并非伪书，朱子之所以斥其为伪，乃基于其道统之建构。他说："论证《曾子》十篇不伪，最有力的证据是学者对《曾子》引文的检索，尤其是运用《吕氏春秋》三次引用《曾子》十篇的证据，非常具有说服力。因为即使是疑古派的学者，也很少有人怀疑《吕氏春秋》的真伪及成书年代。由于上博简《内礼》与《曾子立孝》、《曾子事父母》在内容和思想上存在着密切的关联，《曾子》十篇并非伪书，已是目前学界公认的结论。但宋儒怀疑《曾子》十篇为伪书的思想根源，学界并未深入挖掘。"（刘光胜：《出土文献与〈曾子〉十篇比较研究》，上海古籍出版社2016年版，第7页。）

别是宋明儒正是从这个角度来看曾子之所谓"鲁"的。郑汝谐曰："曾参三省吾身，至于任重而道远，皆自鲁得之。"（《论语意原》卷三）可见，"鲁"之生命形态，使得曾子不但可沉潜反省，亦可有极高的体会证悟。朱子《论语章句集注》则引前人之言有：

> 程子曰："曾子之学，诚笃而已。圣门学者，聪明才辩不为不多，而卒传其道，乃质鲁之人尔。故学以诚实为贵也。"尹氏曰："曾子之才鲁，故其学也确，所以能深造乎道也。"

曾子正乃以"鲁"之质，开决生命之动力而深造乎孔子之道，最终能传其道。故张南轩曰："曾子之鲁，其为学笃实，故卒能深造于道，非唯质不足以病之，而适所以成之也。"（《南轩论语解》卷六）

曾子这种"质胜文"的生命形态，使得他与颜回较为接近且欣赏。❶

> 曾子曰："以能问于不能，以多问于寡；有若无，实若虚，犯而不校，昔者吾友尝从事于斯矣。"（《论语·泰伯》）

这显然是对颜渊的夸赞。我们知道，颜渊居陋巷、箪食瓢饮，物质上是非常贫困的。可见，这里的"有若无，实若虚"不是指物质上的，而是指精神上的充实而谦卑。曾子一眼就看出了颜渊内在存养的富足与外在表现逊和。子贡亦曾夸赞颜渊，其曰："赐也何敢望回。回也闻一以知十，赐也闻一以知二。"（《论语·公冶长》）子贡完全从外在的知能看颜渊之殊异，而曾子则透过知能深掘其内在存养，此乃对颜渊知能之动力之寻找。

又，《大戴礼记·曾子疾病》载：

---

❶ 《庄子·让王》载曾子："曾子居卫，缊袍无表，颜色肿哙，手足胼胝。三日不举火，十年不制衣，正冠而缨绝，捉衿而肘见，纳履而踵决。曳縰而歌商颂，声满天地，若出金石。天子不得臣，诸侯不得友。故养志者忘形，养形者忘利，致道者忘心矣。"从这段文字来看，曾子确实是一个安贫乐道之人，与颜渊颇为相似。

曾子疾病，曾元抑首，曾华抱足。曾子曰："微乎！吾无夫颜氏之言，吾何以语汝哉！然而君子之务，尽有之矣；夫华繁而实寡者天也，言多而行寡者人也；鹰隼以山为卑，而曾巢其上，鱼、鳖、鼋、鼍以渊为浅，而蹶穴其中，卒其所以得之者，饵也；是故君子苟无以利害义，则辱何由至哉？"

曾子病笃之际，以无有颜渊之忠告训弟子为遗憾，足见曾子对颜渊的欣赏。但曾子所训于子弟者，既非礼，亦非乐，唯义利之辩。义利之辩，为儒者所雅言。孔子曰："君子喻于义，小人喻于利。"（《论语·里仁》）"喻"，敏也，盖于生命有笃实的愤发。利，乃自然生命所愤发者；义，乃德性生命所愤发者。曾子告诫子弟当敏于义，即德性生命当充实圆满，继而愤发于义，不然，即为利所牵引，辱必至焉。此即"君子之务，尽有之"之谓也，盖亦曾子千辛万苦中得来。

颜渊箪食瓢饮而不改其乐，此乐必为德性生命自身所愤发出来者。曾子在此严义利之辩，必对德性生命之所乐有真切的体悟，可谓与颜渊"莫逆于心，相视而笑"也。若天假以年，则传孔子之道者，必颜渊也。可惜不幸早夭，是以孔子叹曰："噫！天丧予！天丧予！"（《论语·先进》）颜渊虽不能传，曾子却能传之，此亦天之不欲丧斯文也，是以程子曰："颜子默识，曾子笃信，得圣人之道者，二人也。"（《二程遗书》卷十一）又，《孟子·滕文公上》载：

他日，子夏、子张、子游以有若似圣人，欲以所事孔子事之，强曾子。曾子曰："不可，江汉以濯之，秋阳以暴之，皜皜乎不可尚已。"

曾子之所以反对把有若当作孔子侍奉，盖曾子以为仅外表相似不足以成为孔子，传孔子之道才能成为孔子，并以"皜皜乎不可尚已"赞美孔子。前面说过，赞美是参入到永恒的演出中的能力。曾子之赞美，说明他已参入到了孔子之道的永恒演出中来了。

曾子之于儒学最大的贡献，乃在提出"善自内始"（《大戴礼记·曾子立事》云："是故为善必自内始也。"）的观点。"善自内始"这个意思，虽然在孔子的思想中已经有了，但孔子乃以"仁"说之，而非"善"字。如，"为仁由己，而由人乎哉？"（《论语·颜渊》）"仁远乎哉？我欲仁，斯仁至矣。"（《论语·述而》）"仁"与"善"奚辨？"仁"是人践行中的体会语，是浑沦地说道德之能与力，故陆象山曰："夫子以仁发明斯道，其言浑无罅缝。"（《陆象山全集·语录上》）"善"暂时推远那践行，切就道德之能与力作一静态的抽象的反省，而成为一个独立的概念。"善"字在《论语》中虽数见，但作为独立概念的"善"字，在其中是没有的。如，"举善而教不能，则劝。"（《论语·为政》）这里的"善"是指"善的人"；"晏平仲善与人交，久而敬之。"（《论语·为政》）这里的"善"是"善于"的意思；"子为政，焉用杀？子欲善，而民善矣。"（《论语·颜渊》）这里的"善"是"行善"的意思；还有作为形容词或副词的"善"字。作为道德意义上的独立的"善"字，是曾子第一次提出的。这一独立之"善"字之出现，在儒学发展史上，其意义是非凡的。在独立的"善"字未出现以前，我们固然可以在践行中证会人内在的道德之能与力，乃至可以上达于天，孔子的"仁"就是人在践行中开启的能与力。但这只是对于上等根器且工夫笃实的人有效，对于根器尘下之人，常对"仁"字多茫然而不知所云，现实中则认为孔子之教不过是无甚高论的道德箴言。故孔子曰："中人以上，可以语上也；中人以下，不可以语上也。"（《论语·雍也》）独立之"善"字出现以后，人们开始追问"善"何以可能，进行"善"的形上探究与哲学追思，子思的"天命之谓性"与孟子的"性善论"或"四端固有"，正是这种探究与追思的结果，最后完成了"道德的形上学"或"宗教动力学"。曾子的独立之"善"的提出，开启了儒学的形上回溯，其意义是非凡的，我们不妨借用康德的一段话来加以说明：

> 如果善的概念不是从一个先行的实践法则推导出来，……那么，它就只能是这样一种东西的概念，这种东西的实存预示着愉快，并这样规定着主体的因果性去产生它，也就是说，规定着欲求能力。由于现在不可能先天地看出哪种表象伴随着愉快，反之哪种表象伴随着不快，所以，要识别直接地是善或者恶的那种东西，就仅仅取

决于经验了。这种经验惟有与之相关才能进行的那种主体属性，就是愉快和不快的情感，即一种属于内部感官的接受性；而这样，关于直接是善的东西的概念就会必然仅仅关涉快乐的感觉直接与之结合的东西，而关于绝对恶的概念就会必然仅仅与直接激起痛苦的东西相关。❶

康德这段话的意思是：若不把善独立出来，从一个先行的形上实践法则中推出来，那么，人们在现实中就一定会把善当作一种主观的个人偏好而与之相关的东西，这恰恰是善的丧失。曾子曰："太上乐善，其次安之，其下亦能自强。"（《大戴礼记·曾子立事》）"乐善"意味着对善自身感兴趣，在曾子看来，这是最高的道德。

曾子之"善自内出"的提出，可谓"截断众流"地把善从经验世界中独立出来，壁立千仞地问："善自身如何可能？"正是这一问，为思孟学派进一步由天－人关系探讨善之问题指明了方向，进而将人之存在的宗教性给开发了出来。只有这样对善进行追问时，才能切近人的存在；不然，任何对人的道德性的追问，都只不过是把人作为了经验世界中的一种物质性存在。"善自身如何可能？"意味着善必须与一种更高之存在的关联而从经验世界中超离出来，曾子虽然没有就此展开，但已透露了一丝强光。甚至我们可以说，若没有曾子独立之善的提出，就不可能有子思、孟子以后对于"天"与"性"的开发。因此，朱子赞曾子曰"曾子太深，壁立万仞"，并谓"后来有子思孟子，其传永。孟子气象尤可见"（《朱子语类》卷第九十三）。这是赞誉曾子向内开发，并壁立万仞地引导了孔子之道的发展方向。

因此，曾子之"善自内出"的提出，并非思想概念之偶然出现。从哲学来看，这是思想的必至之地；从宗教来看，这是精神的必达之所。也就是说，这是哲学原型或根源宗教之必然走向与通达。这样看来，曾子之后的思孟学派对"善"之探究与追思总是切就"天"与"性"而言，乃是一种调适上遂之发展，且这种发展不是一种纯抽象的学问探讨，依然是在践行工夫中，故

---

❶ 康德：《实践理性批判》，李秋零主编：《康德著作全集》第 5 卷，中国人民大学出版社 2013 年版，第 62 页。

成就了宗教，亦证成了学问。这是儒学之为"教"的含义，由此可以启悟众生矣。

但必须指出的是，曾子对独立之"善"的追思只是发端者的角色，在学理上并没有展开其建构，故曾子是由行道者到弘教者之转折的肇引点，从严格意义上讲，曾子依然是一个行道者，只不过，因其"质胜文"的生命形态，其行道有别样的体会、发越与通达。

> 曾子曰："士不可以不弘毅，任重而道远。仁以为己任，不亦重乎？死而后已，不亦远乎？"（《论语·泰伯》）

这样的话，只有曾子才能说得出。"弘毅"乃是一种内在的精神开掘。宋郑汝谐云："弘则所存者大，故能任重；毅则所守者固，故能致远。"（《论语意原》卷二）又，宋蔡节云："弘则可以大受，毅则足以力行。"（《论语集说》卷四）但须知，这种内在精神的开掘本身即是践行"仁"，"仁"并非一个外在的物事，待人开掘了内在精神后放进来而背负之。孔子说"仁"多浑无罅缝，识之者多以为是个外在的物事，如，子贡问曰："如有博施于民而能济众，何如？可谓仁乎？"（《论语·雍也》）子贡显然是把仁作为了外在的表现看。同样的问题也发生在子张那里。子张问曰："令尹子文三仕为令尹，无喜色；三已之，无愠色。旧令尹之政，必以告新令尹。何如？"子曰："忠矣。"曰："仁矣乎？"曰："未知，焉得仁？"（《论语·公冶长》）孔子之回答乃在明确地告诉子张，仁并非外在的物事，不能看外在的表现，须向内开掘。曾子即是秉承了孔子内在开掘的思路，开掘以见体立极，进而开发这体之能与力，就是仁，虽然这是直至孟子才最后完成，但曾子已见出仁非外在之物事，亦非一般的道德箴言，足见其践行工夫之笃实与深邃也。可以说，正是曾子践行工夫之笃实与深邃，使得他对于孔子之道有了别样的体会、发越与通达，进而引发了后来的思孟学派，乃至整个儒学道统。故曾子谥为宗圣，而与复圣颜子、述圣子思子、亚圣孟子，荣享四配，非虚誉也。

概略地说，曾子通过其孝仁之行，对孔子之道的体会、发越与通达，包括三个方面：

一是由严谨之道德意识，潜沉内省慎独，以自身内在的能与力见道德之当身，进而见"心"之为大体。

曾子的生命形态乃是"质胜文"，这样的生命形态，多潜沉而凝聚，不外发而散露。若不能内省慎独以见道德之能与力，则多忧愁而郁结，文学上的幽怨多由此而发；但若潜沉而凝聚而能见自身的道德之能与力，则表现严谨的道德意识，乃圣贤之人格形态。《礼记·檀弓上》载：

> 曾子寝疾，病。乐正子春坐于床下，曾元、曾申坐于足，童子隅坐而执烛。童子曰："华而睆，大夫之箦与？"子春曰："止！"曾子闻之，瞿然曰："呼！"曰："华而睆，大夫之箦与？"曾子曰："然，斯季孙之赐也，我未之能易也。元，起易箦。"曾元曰："夫子之病革矣，不可以变，幸而至于旦，请敬易之。"曾子曰："尔之爱我也不如彼。君子之爱人也以德，细人之爱人也以姑息。吾何求哉？吾得正而毙焉斯已矣。"举扶而易之，反席未安而殁。

曾子临终之际，尚且不姑息迁就，必须死得合乎礼节。曾子临终之易箦与子路遇难之端冕，俱孔门圣教道德意识严谨之表现。这种严谨之道德意识使得曾子在日常生活中始终保持一种"如履薄冰、如临深渊"之戒慎心态。《大戴礼记·曾子立事》载有曾子以下几条语录：

> 行无求数有名，事无求数有成；身言之，后人扬之；身行之，后人秉之；君子终身守此惮惮。
>
> 君子见利思辱，见恶思诟，嗜欲思耻，忿怒思患，君子终身守此战战也。
>
> 太上不生恶，其次而能夙绝之也，其下复而能改也。复而不改，殒身覆家，大者倾覆社稷。是故君子出言以鄂鄂，行身以战战，亦殆勉于罪矣。

曾子屡言"惮惮"、"战战"、"鄂鄂"，绝不是现实中患得患失之功利主义心态，而是超越了利欲之外，瞥见了一个更高更有价值的存在或义务，而现实中的人与这个更高更有价值的存在或义务总有距离，乃至盲顾其召唤，因而感到战栗与恐惧。所有功利主义的患得患失与曾子此处的战栗与恐惧俱有原则的区别。康德曾特别指出这种区别，他说：

> 这种冲突并不像经验性地有条件的、但人们却想将之提升为必然的知识原则的原则之间的冲突那样，纯然是逻辑上的，而是实践的，并且如果理性与意志相关的呼声不是如此清晰，如此不可盖过，甚至对于最普通的人也如此可以听清，这种冲突就会完全毁掉道德。❶

功利主义的患得患失永远只是平面的利益争夺，其冲突皆是经验性的，它们之间的价值差别不过锱铢耳。甚至善与恶之差别亦只是程度上的，但曾子的战栗与恐惧绝不在此。曾子之战栗与恐惧是自身德性能力之觉醒与震动，这是根本质的不同的善。与这种意义上的善相较，所有功利主义的患得患失可能都是恶，因为其依据的原则根本不同。依康德的看法，若人不能开启内在的力量，对"那种上天的呼声充耳不闻"❷，则绝不可能有此战栗与恐惧。在康德看来，一个真正开启内在德性力量的人，一定会对两种东西充满着日益增长的惊奇与敬畏，即我们头上的灿烂星空与我们内心的道德法则。可以说，曾子的战栗与恐惧说明他洞开了一个绝对价值域——神圣的道德当身。人一旦洞开这个价值域，再与现实中的自己相较，必至于敬畏这个价值域，乃至守卫这个价值域。康德说：

> 如果没有任何东西比在内部的反省中在人自己的眼中觉得自己是可鄙的和下流的更强烈地使人感到害怕，那么，任何善良的道德意向都能够被嫁接在这种敬重上；因为这是防止心灵受不高尚的和堕

---

❶ 康德：《实践理性批判》，李秋零主编：《康德著作全集》第 5 卷，中国人民大学出版社 2013 年版，第 38–39 页。

❷ 康德：《实践理性批判》，李秋零主编：《康德著作全集》第 5 卷，中国人民大学出版社 2013 年版，第 39 页。

落的冲动入侵的最好的，甚至是惟一的守卫者。❶

可见，曾子的战栗与恐惧乃是对绝对价值域——神圣的道德当身之敬畏。这种敬畏亦可谓对人之绝对义务之敬畏。康德进一步说：

> 义务！你这崇高的、伟大的名字！你在自身中不包容任何带有谄媚的讨好之物，而是要求服从，但也不为了打动意志而作出任何在心灵中激起自然的厌恶和使人害怕的威胁，而只是树立一条法则，这法则自动地在心灵中找到入口，但却甚至违背意志而为自己赢得崇敬（即使并不总是赢得遵循），面对这法则，一切偏好都哑口无言，尽管它们暗地里抵制它。❷

何以必须对人之绝对义务敬畏，因为绝对义务开显了人的价值、意义与目的，在这里，人才是一个与动物殊异的存在，稍有姑息与马虎，人即下滑为禽兽，焉能不戒慎恐惧？！这正如康德所说："实践理性的声音甚至使最大胆的恶徒也感到战栗，并迫使他躲避这法则的目光。"❸曾子屡言"耻"、"辱"、"罪"，正乃基于对绝对义务之笃实体认：

> 少称不弟焉，耻也；壮称无德焉，辱也；老称无礼焉，罪也。过而不能改，倦也。行而不能遂，耻也；慕善人而不与焉，辱也。（《大戴礼记·立事》）
> 故君子不贵兴道之士，而贵有耻之士也。……夫有耻之士，富而不以道则耻之，贫而不以道则耻之。（《大戴礼记·制言上》）

这种绝对义务就是孟子所说的"人之所以异于禽兽者几希"（《孟子·离

---

❶ 康德：《实践理性批判》，李秋零主编：《康德著作全集》第5卷，中国人民大学出版社2013年版，第169页。
❷ 康德：《实践理性批判》，李秋零主编：《康德著作全集》第5卷，中国人民大学出版社2013年版，第92页。
❸ 康德：《实践理性批判》，李秋零主编：《康德著作全集》第5卷，中国人民大学出版社2013年版，第85页。

娄下》）中的"几希"，此乃人禽之辨之维系所在，关系人之尊严。康德说："既从罪里得了释放，就作了义的奴仆。"❶像曾子那样的仁人君子，于斯焉能不敏？应该说，人之绝对义务在孔子那里已经洞开并契接而说出了，这就是孔子常言的"义"。

> 君子之于天下也，无适也，无莫也，义之与比。（《论语·里仁》）
> 君子义以为质，礼以行之，孙以出之，信以成之。君子哉！（《论语·卫灵公》）

曾子曾说："君子无悒悒于贫，无勿勿于贱，无惮惮于不闻；布衣不完，疏食不饱，蓬户穴牖，日孜孜上仁；知我吾无欣欣，不知我吾无悒悒。"（《大戴礼记·制言中》）为什么能像颜子一样，箪食瓢饮而乐，因为他体会到了人生在世的绝对义务，这之于人乃是一个更高的价值世界。因此，《大戴礼记·立事》篇中多次强调"义"：

> 君子攻其恶，求其过，强其所不能，去私欲，从事于义，可谓学矣。
> 君子爱日以学，及时以行，难者弗辟，易者弗从，唯义所在。日旦就业，夕而自省思，以殁其身，亦可谓守业矣。
> 君子义则有常，善则有邻；见其一，冀其二；见其小，冀其大；苟有德焉，亦不求盈于人也。

"义"即道德当身这种绝对义务，乃是人从事于"学"之根本所在，亦是守人之为人之"大业"的根本所在，复是人之为人之"常道"所在。

康德在对这种绝对义务致以高度的敬意与歌颂之后，接连问了三个问题："你的可敬的起源是什么呢？人们在哪里找到你那高傲地拒绝了与偏好的一切亲缘关系的高贵出身的根呢？从哪条根生长出来，才是人们惟一能够自己给

---

❶ 康德：《纯然理性界限内的宗教》，李秋零主编：《康德著作全集》第6卷，中国人民大学出版社2013年版，第93页。

予自己的那种价值的不可缺少的条件呢？"●孔子作为造道者，并没有探究人对这种绝对义务之所以崇敬的根源，但曾子作为向弘教者过渡之人，必然会有所探究与追问。曾子之反省而向内用力，正是这种探究与追问的表现。"吾日三省吾身：为人谋而不忠乎？与朋友交而不信乎？传不习乎？"（《论语·学而》）我们不能以为曾子就是分殊地反省这三件事，而是反省道德之当身，这种反省其表现在为人谋时就是"忠"，与朋友交时就是"信"，对待传教时就是"习"。若只是反省外在事务，则不必向"吾身"用力。那么，这种向"吾身"用力能发现什么？

康德环视周遭，见恶人比比，坏事连连，但尽管如此，他却依然说："人虽然够不神圣了，但在他的人格中的人性对他来说却必须是神圣的。"●"人格中的人性"既非经验事实，亦非逻辑推理之结果，康德凭什么说"人格中的人性对他来说却必须是神圣的"呢？他一定是在人之自身瞥见了一个神圣存在，这正是他向内用力的结果，尽管康德并没有明确说明。这个神圣存在使得每个人具有一种"良知"，即每个人必须当作目的而不是作为手段而存在，即每个人的人格中的人性自身即是神圣的，是绝对义务，人格中的人性不能作为手段而为别的目的服务。若人自身没有一种神圣存在，雅言绝对义务必为虚妄。在康德看来，"每一个人作为道德存在者都本来在心中有这样一种良知，……这个人没有良知，则人们说的是：他没有把良知的呼声当回事。"●这样，人的义务就是培养自家的良知，让其发声而使人倾听。康德说：

> 义务在这里只是培养自己的良知，磨砺对内在法官的呼声的注意力，并运用一切手段来倾听良知。●

康德说"每一个人作为道德存在者都本来在心中有这样一种良知"，同于

---

❶ 康德：《实践理性批判》，李秋零主编：《康德著作全集》第5卷，中国人民大学出版社2013年版，第92—93页。

❷ 康德：《实践理性批判》，李秋零主编：《康德著作全集》第5卷，中国人民大学出版社2013年版，第93页。

❸ 康德：《道德形而上学》，李秋零主编：《康德著作全集》第6卷，中国人民大学出版社2013年版，第412—413页。

❹ 康德：《道德形而上学》，李秋零主编：《康德著作全集》第6卷，中国人民大学出版社2013年版，第413页。

孟子所说的"四端固有";说"运用一切手段来倾听良知",同于孟子所说的"先立乎其大者"。这里之所以屡屡引用康德的理论,只是意在说明:曾子之战战兢兢、反省内潜,必然开显出人自身的神圣存在与力量,后来子思与孟子之一线发展,探究天人性命之关系,正承此而来。伊川先生曰:"曾子,孔子在时甚少,后来所学不可测,且易箦之事,非大贤以上作不得。曾子之后有子思,便可见。"(《二程遗书》卷十八)是此则可见,曾子严谨之道德意识,焉能只是个人主观道德情感之意义,其必有客观之学之意义而与"道德的形上学"或"宗教动力学",所关甚大。

我们现在回到《大学》中来进一步探究曾子之内潜反省之于"道德的形上学"或"宗教动力学"之意义。《大学》本为《礼记》中的一篇,不知作者是谁。但自宋代程朱以来,俱认为乃曾子所作。这样,《论语》《大学》《中庸》、《孟子》这四部书就形成了一个由孔子发其端,再经曾子、子思、孟子承其绪之传承秩序,道统之规模初显。从《大学》一书之主旨来看,认定为曾子及其学派的作品,大体不误。❶

《大学》之主要内容,历来有"三纲领八条目"之说。但"三纲领"并非平列的,乃依次推进者,其中"明德"是本体,亲民(朱子作"新民"解)是工夫途径,"至善"为圆成境界。"八条目"乃进一步捋清工夫次第,分述各阶段之所成。程子以为《大学》乃"初学入德之门",那么,这个"门"在哪里呢?"自天子以至于庶人,壹是皆以修身为本,其本乱而末治者,否矣。"则可知这个"门"在"修身"处。实则在《大学》中,"明德"、"修身"(包括"诚意"、"正心")与"慎独"是同一个意思,俱是"入德之门"。我们现在从"慎独"入手,看《大学》对"道德的形上学"或"宗教动力学"作了怎样的开显?

---

❶ 朱子于《大学章句》云:"右经一章,盖孔子之言,而曾子述之。其传十章,则曾子之意而门人记之。"从这个意义上讲,谓《大学》为孔子造道之言可,谓曾子弘教之语亦可。然自朱子之说出,反对者亦不乏有。明代陈确即认为,《大学》决非秦以前儒者所作,且认为首章决非圣经,传十章亦非贤传(《大学辩》)。钱穆、徐复观、郭沫若、傅斯年等也俱认为,《大学》决非曾子所作。青年学者刘光胜根据《曾子》十篇及郭店楚简的比较研究,得出这样的结论:"《大学》引用'曾子曰',证明其成书晚于曾子生活的年代。《大学》三纲领八条目、慎独及内外贯通的治国理路,都可在郭店简中找到思想印证。和《曾子》十篇相比,《大学》的主旨更近于郭店儒简,笔者认为《大学》的成书年代,约和郭店儒简相当。"(刘光胜:《出土文献与〈曾子〉十篇比较研究》,上海古籍出版社 2016 年版,第 198 页)刘光胜的结论大概进一步加强了朱子之说,《大学》成书之时间与郭店楚简相当,即说明乃七十子后学所成,与"曾子述之,门弟子记之",其意不悖也。

所谓诚其意者，毋自欺也。如恶恶臭，如好好色，此之谓自谦。
故君子必慎其独也。

这是《大学》论"慎独"之经典文献。朱子训"谦"为"慊"，即快意、
满足之意。故"自谦"即是"自身能觉知其快意"，这是说从感官"臭"与
"色"来看，每个人并不需要外人的告知，其自身即有感官感知，完全内在而
自足，虽可能欺人，但绝不可能自欺。为什么绝不可能自欺呢？因为人人都
有裁决气味的感官——鼻子，以及判断美丑的感官——眼睛。曾子之说"慎独"
是为了引出道德上的"诚意"。"诚意"犹如裁决气味和判断美丑一样，虽可
能欺人，但绝不可能自欺。为什么绝不可能自欺呢？因为人人都有裁决善恶
的内在力量。所谓"慎独"就是让这个内在力量做主而发挥作用，故"慎独"
亦意味着"诚意"。

一般言"慎独"，多从其负面言，而曰"戒慎"，即一个人独处时，对恶的
东西依然要保持戒惧谨慎之心理，不可懈怠松弛。如北齐刘孔昭释"慎独"云：

暗昧之事，未有幽而不显；昏惑之行，无有隐而不彰。修操于明，
行悖于幽，以人不知。若人不知，则鬼神知之；鬼神不知，则己知之。
而云不知，是盗钟掩耳之智也。（《刘子·慎独》）

若人行悖于幽，即便鬼神不知，但自己一定能知，可见，人之自欺是不
可能的。这不可能一定建基于此，即人自身有裁决善恶的绝对本体与力量。
只不过刘孔昭并没有明确地意识到这个绝对力量与本体，继而由此而发"慎
独"之大义。朱子释《中庸》之"慎独"云：

独者，人所不知而己所独知之地也。言幽暗之中，细微之事，
迹虽未形而几则已动，人虽不知而己独知之，则是天下之事无有著
见明显而过于此者。（《中庸章句集注》）

　　道德上的善恶，即使可以欺人，但一定不能自欺。一个人一旦能在道德上自欺，意味着他的道德能力的死亡。但一个人道德能力完全死亡殆尽是不可能的，因为人作为先天的理性存在，就天然地具有这种能力。人固可作恶，但无法自欺。作恶意味着人内在的道德力量暂时失效，无法自欺意味着人自知其道德力量暂时失效而自相惭愧。人能自相惭愧表明道德力量并未彻底消亡，若能于此时用功磨炼，则此道德上的星星之火，必成以后的燎原之势。王阳明曰："此时正宜用功。若此时放过，闲时讲学何用？人正要在此等时磨炼。"（《王阳明全集》卷一《语录》一）总之，曾子通过"慎独"告知我们既然人无法自欺，说明人的道德能力不可能消亡，人终究是一个道德性的存在，只不过有隐与显的差别而已。"慎独"意味着考验人之道德能力，是否能够独自地让人的道德力量发挥作用，故"慎独"意味着对人之纯粹道德能力的开发。所以，由"戒慎"而讲"慎独"，尽管是负面地讲，然必逼显至人至纯粹道德能力来。"慎独"无非就是这个能力发生作用，让人的道德能力发生作用就是"诚意"，这是正面地讲"慎独"。刘蕺山释"意"云："动之微而有主者，意也，心官之真宅也。"（《刘子全书》卷七《原旨·原心》）又云："心之主宰曰意，故意为心之本，不是以意生心。"（《刘宗周全集·学言下》）依刘蕺山的理解，人之道德本心由"意"而见，"意"即是道德本心之作用与力量，而道德本心之作用与力量不可能有恶，故并不需要"诚"之。故刘蕺山释《大学》"诚意"时曰：

　　　　然读《大学》本传知恶恶臭，如好好色，方见得他专主精神只是善也，意本如是，非诚之而后如是。意还其意之谓诚，乃知意者心之主宰，非徒以专言也。（《刘宗周全集·学言下》）

　　居常总以为，"意"有善恶，所谓"有善有恶意之动"，但在刘蕺山看来，曾子《大学》中所说的"诚意"乃绝对道德本体所发，纯善而无恶，故并不需要"诚"，只要还道德本体自身之存在即可，即让道德本体依据自身之律则活动即可。

　　基于对道德本体之凸显之认知，学者多训"慎独"之"慎"为"顺"。如魏启鹏说：

> "独"乃指心与耳、目、鼻、口、手、足数体间，惟心之性好"悦
> 仁义"，故"心贵"，心为人体之"君"也。慎读为顺。……故"慎独"
> 者，谓"耳目鼻口手足六者，心之役也"，当尊心之"贵"，从心"君"
> 之命，而同"好仁义也"。❶

丁四新亦有类似的看法，他认为，"简帛书所谓'慎独'谓慎心，'独'
指心君，与耳、目、鼻、口、四肢相对，心君是身体诸器官的绝对主宰者，
具有至尊无上的独贵地位，这在先秦文献中如《管子》四篇《荀子·解蔽》等，
皆有明证"❷。廖名春则训"慎"谓"珍重"，"慎其独"就是"珍重出于内心者
也"❸。实则这种看法与魏启鹏、丁四新之看法差别不大，都认为曾子之"慎独"
是要突出"心"之大体地位。故《大学》又云：

> 身有所忿懥，则不得其正；有所恐惧，则不得其正；有所好乐，
> 则不得其正；有所忧患，则不得其正。心不在焉，视而不见，听而不
> 闻，食而不知其味。此谓修身在正其心。

"忿懥"、"恐惧"、"好乐"、"忧患"皆为欲望所驱使而致，故不能得其正，
乃至"视而不见，听而不闻，食而不知其味"。若人停驻在"心"中，始终让
"心"做主，则不会有"忿懥"、"恐惧"、"好乐"、"忧患"之病。这是人之真
正福乐与高贵。故曾子曰："富润屋，德润身。"意思是说，人之有"心"，犹
如宝玉在山，自然温润；明珠在渊，时有灵显。后来孟子讲"良贵"，正承此
而来。

但"心"不能只是在人身上内在地说，还必须就"天"或"道"而超越
地说，不然，《大学》就不会说"物有本末，事有终始。知所先后，则近道矣"，
因为在曾子看来，只有通达于"道"，才是"至善"。这样，"明明德"尽管是

---

❶ 魏启鹏：《简帛文献〈五行〉笺证》，中华书局 2005 年版，第 71 页。
❷ 丁四新：《郭店楚墓竹简思想研究》，人民出版社 2000 年版，第 141 页。
❸ 廖名春：《"慎独"本义新证》，《学术月刊》2004 年第 8 期，第 52 页。

内在地开发人之性德，但一旦有这种开发，必然通达于"天"或"道"。故《大学》引《尚书》之言以诠释"明德"曰："顾諟天之明命。"朱子进一步释之曰："天之明命，即天之所以与我，而我之所以为德者也。"这表明，曾子引此一条，说明"德"一定贯通于"天"。因此，陈北溪释"德"曰：

> 道是天地间本然之道，不是因人做工夫处论。德便是就人做工夫处论。德是行是道而实有得于吾心者，故谓之德。何谓行是道而实有得于吾心？如实能事亲，便是此心实得这孝。实能事兄，便是此心实得这悌。大概德之一字，是就人做工夫已到处论，乃是做工夫实有得之于己了，不是就方做工夫时说。

> 大概德者，得也，不能离得一个得字。古经书虽是多就做工夫实有得上说，然亦有就本原来历上论。如所谓明德者，是人生所得于天，本来光明之理具在吾心者，故谓之明德。如孩提之童，无不知爱亲敬兄，此便是得于天本明处。有所谓"达德"者，是古今天下人心之所同得，故以达言之。有所谓懿德者，是得天理之粹美，故以懿言之。又有所谓德性者，亦只是在我所得于天之正理，故谓之德性。又有所谓天德者，自天而言，则此理公共，在天得之，为天德；其道流行赋予，为物之所得，亦谓之天德。若就人论，则人得天之理以生，亦谓之天德；其所为纯得天理之真，而无人伪之杂，亦谓之天德。道与德不是判然二物，大抵道是公共底，德是实得于身，为我所有底。(《北溪字义·德》)

陈北溪明确指出，"道"与"德"不同，"道"是天地间本然之存在，不可从人之工夫处论"道"；"德"虽可从人之工夫处论，但"德"却不是人主观的行为，因为"德"是"道"之实得于吾心者。故"德"何以能言"明"？乃因为"人生所得于天，本来光明之理具在吾心者"。这样，"道"与"德"虽有分殊而实质未有不同，超越地言则曰"天"曰"道"，内在地言则曰"德"，合而言之则曰"道德"或"天德"，是皆表明"德"之通达于"天"或"道"，非只内在于心之性德也。应该说，陈北溪的这种解释是符合《大学》之大义的。

综上所述，曾子由严谨之道德意识，体会到道德之当身，是为人之绝对义务，所谓"诚意"与"慎独"就是停驻在此绝对义务之中，进而开显出了"诚意"与"慎独"之力量源泉——心，这是人之大体。而这个大体又是通达于天的，故"明德"就是开显这个大体的性德与力量而通达于天，完成人之宗教存在，而不只是完成人的道德存在。

二是由"孝"开启动力源以通达天地万物之宗教境界。

曾子重"孝"，《大戴礼记·曾子》十篇当中，有《本孝》、《立孝》、《大孝》及《事父母》四篇，大多谈及"孝"相关之问题；一般认为《孝经》一书也是曾子所传。依据清儒李光地的看法，"《孝经》尽是精密，此书纵不是夫子自作，必是曾子之徒所记"（《榕村语录》卷十七《孝经》）。同时，曾子亦是《二十四孝》中的人物。此皆为世人所周知也。现在的问题是，我们如何来看待曾子对"孝"的重视？这纯粹是曾子个人主观的道德情感吗？若如此看，则研究曾子之"孝"就没有普遍性的意义。如实地说，不只是曾子重视"孝"，举凡欲通达于天之儒者俱重视"孝"。有子曰："君子务本，本立而道生。孝弟也者，其为仁之本与！"（《论语·学而》）为什么"孝弟"是"为仁"之根本，即获得仁这种内在力量的根本呢？只有解决了这个问题，曾子重"孝"之大义、儒家重"孝"之普遍性意义才得以阐发出来，而"孝"亦绝非主观的可有可无之道德情感。

我们先从曾子下面这句话进入问题的讨论。曾子曰：

> 吾闻诸夫子：孟庄子之孝也，其它可能也；其不改父之臣与父之政，是难能也。（《论语·子张》）

上面这句话与孔子的"三年无改于父之道，可谓孝矣"（《论语·学而》）之意思相近。为什么孔子与曾子特别强调这种"无改"是"孝"的集中表达呢？我们一般从经验论的立场强调，世事更张变化，何必一定要"无改"？不当改固不必改，当改则一定要改，乃事之是非曲直之固然也。当我们这样说的时候，多是坐而论道，离开了具体情境而抽象地论"是非"，但却不能理解"孝"。对于孔子那句话,胡五峰《论语指南》曾引沈大廉❶之言曰:"昔居先君之丧,于哀苦中而得此说,甚以为合于人情也。"沈大廉之言乃告诉我们,当居丧期间,我们于此真实情境时,必当体会"三年无改于父之道"乃人情之自然流露,并无丝毫虚妄。由此可知,"孝"不是律则的执守,亦不是是非的计较,而是现实情境中的人情流露,故"孝"并非社会规范,而是人性固有之不能自已之发用。因此,曾子又曰:

> 吾闻诸夫子:人未有自致者也,必也亲丧乎!(《论语·子张》)

邢昺《论语注疏》引汉代马融之言释之曰:"言人虽未能自致尽于他事,至于亲丧,必自致尽。"又,朱子释之曰:"盖人之真情所不能自已者。"马融与朱子之解释表明:曾子是要告诉我们,一个人即使很少有真情不能自已的时候,但至少在亲丧而行孝时是可以表现的。也就是说,孝是磨炼提撕人之德行真情最易最好的场域,或者说,"孝"乃是心之大体震动呈用最易最好的场域。一言以蔽之,"孝"是最切身的。《庄子·人间世》引孔子之言曰:"天下有大戒二:其一命也,其一义也。子之爱亲,命也,不可解于心;臣之事君,义也,无适而非君也,无所逃于天地之间。"此即意味着"孝"与"忠"乃人生百事中最切身的,谁都不可逃脱,人生一辈子,不过尽此二字也。但"孝"又在"忠"之前,故中国传统讲,可为父绝君,但不可为君绝父,故"孝"较"忠"更为切身。所谓切身,就是处处遭遇,且易使人感发悚惕也。曾子所说的心之大体不是逻辑的空概念或但理,而是人人固有的质实本体,此本体虽天之所予,但其力量之发用须在具体的境域之中,不然,即退藏于密而未显发其力量。"孝"作为一个具体的场域,其意义就在这里,即最易显发道德本心之力量。也就是说,"孝"乃人"格物致知"最切近的场所。由此,我们由《大学》的"格物致知"来进一步理解"孝"的意义。

《大学》八条目,以"致知格物"为最后阶段,说明工夫之用力处在此。格物→致知,这一步很顺适,即格物后即可获得认知;诚意→正心,乃至尔后

---

❶ 沈大廉:字元简,永嘉人。"元丰太学四先生"沈躬行的侄子,宋建炎二年(公元1128年)进士,官至监察御史。著有《论语说》。

的修齐治平，此一线下来也很顺适，亦好理解。但从致知→诚意，这一步却不太顺适，即格物后获得认知到底与诚意有什么关系呢？其间的关联好像不大。那么，我们当如何来理解"格物致知"，以使其与诚意关系起来，使得八条目整体上顺适通畅？

《大学》中的"格物致知"到底为何义？从文本自身看，确实难以定断，以至于牟宗三说："《大学》之知字、格字、物字，皆可有不同之解析，其本身本不明确，而复有错简，又有参差不齐处（如诚意传与经文），可以作各个方向之发挥，而难以一义律之也。"❶为了显明《大学》"格物致知"之义，朱子特地在作注时补了一个"传"。因为《大学》只有"此谓知本，此谓知之至也"，而于何谓"格物致知"并没有明确解释。于是，朱子以为补一个对"格物致知"的传是非常必要的，因为在朱子看来，"《大学》首三句说一个体统，用力处却在致知、格物"（《朱子语类》卷第十四）。朱子的补传如下：

> 所谓致知在格物者，言欲致吾之知，在即物而穷其理也。盖人心之灵莫不有知，而天下之物莫不有理，惟于理有未穷，故其知有不尽也。是以大学始教，必使学者即凡天下之物，莫不因其已知之理而益穷之，以求至乎其极。至于用力之久，而一旦豁然贯通焉，则众物之表里精粗无不到，而吾心之全体大用无不明矣。此谓物格，此谓知之至也。（《大学章句集注》）

对于朱子的这个补注，牟宗三以"泛认知主义的格物论"视之，因为"人心之灵莫不有知，而天下之物莫不有理"这两句，开启了"心"、"物"对列之局，"心"只是一个"气之灵"而不再具"理"，"理"需要在外物中认取。于是，牟宗三让之曰："盖如此，即将孟子所说之本心拆散而不见，推出去平置而为然与所以然，只剩下心知之明与在物之理之间之摄取关系，而真正的道德主体即泯灭。"❷这句话的意思是说，朱子此处的格物致知乃是"理"与"心"（动力）的分离，"理"只存有而无动力，而"心"虽有动力但却无"理"之指引，

---

❶ 牟宗三：《心体与性体》下，上海古籍出版社 1999 年版，第 366 页。
❷ 牟宗三：《心体与性体》下，上海古籍出版社 1999 年版，第 366 页。

故"心"自身之动可能是盲动。"心"若要真正有道德之动力，必须横摄地认知"理"，依靠知"理"之通透明达来开启道德之动力，这是严格意义上的他律道德，道德之行动力必减弱。因道德主体自身不是自足者，尚依靠外在之"理"以充实之。若这是曾子之"格物致知"之义，则后来之子思、孟子承此而发展，绝不能证成"若决江河，沛然莫之能御"（《孟子·尽心上》）之义。❶由此，曾子之《大学》即逸出在《论语》、《中庸》、《孟子》之外，别成一个系统，而与另外三经典殊异，"四书"因之不能成为同一个体系的著作。

于是，王阳明出来扭转了朱子的理论。他首先纠正了朱子的"格物"论。在朱子那里，"物"是什么，并没有特别的说明，从补传之意思看，"物"可以是经验世界存在之具体物，"格物"就是"格"（认知）外物之"理"。朱子的这种"格物"，至少从义理构架来看，的确成了知识论，而与道德无关。❷在王阳明看来，《大学》中讲的"格物"在都是讲道德之践行问题，而与知识论无关。于是，王阳明质问曰："先儒解格物为格天下之物，天下之物如何格得？且谓一草一木亦皆有理，今如何去格？纵格得草木来，如何反来诚得自家意？"（《王阳明全集》卷三《语录》三）这显然是针对朱子的"格物"论而发的。于是，王阳明从纯粹道德的立场重新解释了"格物"二字："物者，事也，凡意之所发必有其事，意所在之事谓之物。格者，正也，正其不正以归于正之谓也。正其不正者，去恶之谓也。归于正者，为善之谓也。夫是之

---

❶ 朱子可能亦认为，直接"格"外在世界的事物与"诚"、"正"之间的关系不大，他在《答陈齐仲》中曰："格物之论，伊川意虽谓眼前无非是物，然其格之也，亦须有缓急先后之序，岂遽以为存心于一草木器用之间而忽然玄悟也哉？且如今为此学而不穷天理、明人伦、讲圣言、通世故，乃兀然存心于一草木、一器用之间，此是何学问，如此而望有所得，是炊沙而欲其成饭也。"（《朱熹集》卷三十九）这就意味着，"格物"乃是人之道德行为，而非与物理物打交道。但即使如此，朱子的"格"依然是外到内的摄取义，而不是王阳明的由内向外的"致达"义。如朱子曰："格物，是零细说；致知，是全体说。"（《四书大全·大学章句大全》）零细，即日积月累；全体，即一旦豁然贯通。但后者是建立在前者的基础上的，故朱子是认知式的渐教。然王阳明绝不会有零细说与全体说之分，阳明只是良知大体的震动与觉醒，与事之多寡无以也。朱子与阳明俱以"致知"为梦觉关，但朱子的梦觉关是认知的，阳明的梦觉关是存养的。

❷ 刘光胜依据郭店楚简出土文献《性自命出》之相关思想，认为有圣人之诚与庶民之诚的区别，"格物致知"乃就庶民之诚而言。"格致"到"诚意"意味着，"庶民必须借助圣人之教上达天道，实现天人贯通；在实际生活中，庶民只有阅读《诗》、《书》、《礼》、乐等圣人经典，才能感悟到成贤成圣的真理。明白此理，就不会再犯王阳明'格竹子'式的错误了。"（刘光胜：《出土文献与〈曾子〉十篇比较研究》，上海古籍出版社 2016 年版，第 246 页）刘光胜在此依然是混知识为道德，阅读圣人经典只是道问学，其之于道德只是横向的助缘工夫，非纵贯的本质工夫也。

谓格。"（《王阳明全集》卷二十六《大学问》）在王阳明那里，"物"不再是经验世界中的具体物，而是人的道德行为，这种"物"里贯注着主体的精神，或者说，主体之精神决定着"物"之"正"与"不正"。因此，"正"与"不正"完全是主体的事，主体"正"了，作为客体之"物"随之亦"正"，"格物"是从果上说而不是从因上说，即工夫完全在主体里做；虽说是"格物"，实则是"格"主体，用孟子的话说，就是"先立乎其大者"。王阳明之扭转"格物"义，最后即落脚在这里。可见，所谓"格物"不过是让主体中的"大者"呈用，此即是"致知"。故王阳明曰："'格物'是'止至善'之功，既知'至善'，即知'格物'矣。"（《王阳明全集》卷一《语录》一）"止至善"就是让至善之"大者"止息、安居于行为之中，这一过程即是"格物"。"大者"云何？曰：良知也。王阳明曰：

> 尔那一点良知，是尔自家底准则。尔意念着处，他是便知是，非便知非，更瞒他一些不得。尔只不要欺他，实实落落依着他做去，善便存，恶便去。他这里何等稳当快乐。此便是"格物"的真诀，致知的实功。（《王阳明全集》卷三《语录》三）

在王阳明看来，"格物"与"致知"是同时发生的，且从逻辑上讲，"致知"先于"格物"，这与朱子迥异，因为至少从逻辑上看，在朱子那里，"格物"先于"致知"。阳明与朱子的区别，意在凸显这一点：人之大体必须在逻辑上是在先的，人之"格物"是在这个大体之光照之下，不是纯粹白板般地去"格物"而吸纳外在之理。后者是外倾的横摄认识论问题，前者是内在的直贯的道德践履问题。从《大学》之主旨来看，显然王阳明的理解更符合曾子之本意。这可以从《大学》的经文中得到进一步的验证。经文云："欲诚其意者，先致其知。致知在格物。物格而后知至，知至而后意诚。"《大学》的传文都是以前一段工夫去释后一段工夫，如"所谓修身在正其心者"、"所谓齐其家在修身者"。朱子正是依据此种格式补了"所谓致知在格物者"。依据这种格式，那么"诚意"传应该是"所谓诚其意在致知者"。但《大学》中的"诚意"传显然不是这样，只说"所谓诚其意者，毋自欺也"，最后归结于"慎独"。依据传文，则经文似应为："欲诚其意者先毋自欺，欲毋自欺者先慎其独。慎独而后不自欺，不自欺而后意诚。"如此，则工夫路数中与"格物致知"完全没有了关系。这种补充是否符合曾子的原意不得而知，但人之大体内在而自足，其明通直贯，承体达用，自有动力而无待于外，应该符合曾子上承孔子，下启子思、孟子之一贯思路的。若不如此，朱子何以会说："某要人先读《大学》，以定其规模。次读《论语》，以立其根本。次读《孟子》，以观其发越。次读《中庸》，以求古人之微妙处。"（《朱子语类》卷第十四）朱子显然是认定孔子、曾子、子思、孟子的思想是一以贯之的。但是，朱子在诠释"格物致知"时确实有歧义，使人不免从知识论的系统走，转儒学直贯的自律道德而为横摄的他律道德。但这在朱子可能是不自觉的，朱子不过依据曾子的意思，重"格物致知"而已，因为《大学》确实把工夫最后落实在"格物致知"处。

那么，现在问题来了。既然"欲诚其意者先毋自欺，欲毋自欺者先慎其独"，工夫路数中可以完全没有"格物致知"，那曾子为什么还特别提出"格物致知"，而且还是最基本的工夫次第呢？人之大体虽本内在自足而无待于外，但大体之震动、觉醒乃至存养必于具体的情境之中，不然，就是一个归寂的空壳，虽云圆满，但隐而不显，自在而不自为，实体而非主体，故大体必在事中磨炼以呈其力，此之谓非经验者但不离于经验也。但须知，这里的"在事中磨炼"乃是切就情境透显警醒大体之内在潜能与动力，因大体乃活之主体故也，非借事中之理补充大体之不足也。这应该是《大学》"格物致知"之根本矣。王阳明以"致良知"解"格物致知"，即是把握到了《大学》这个大义，其《大学古本序》云："致其本体之知，而动无不善。然非即其事而格之，则亦无以致其知。"意思是说，人之大体之动虽圆满而无有不善，但若不在事中警醒呈用，亦挂空而不能呈其用，这就是黑格尔所说的"自在而不是自为"，"实体而不是主体"的意思。故王阳明于《大学问》又云："然欲致其良知，亦岂影响恍惚而悬空无实之谓乎？是必实有其事矣。"这样看来，所谓"格物致知"就是让人之大体震动而呈用的一个具体境域或契机，这对于人之道德实践来说是必不可少的。这犹如一台可自动运转的机器，但毕竟还是需要点燃其动力的一把火。"格物致知"即是点燃人之大体动力的那一把火。

那么，最切己的事、境域或契机是什么呢？《孟子·滕文公上》有下面一段话：

> 盖上世尝有不葬其亲者，其亲死则举而委之于壑。他日过之，
> 狐狸食之，蝇蚋姑嘬之。其颡有泚，睨而不视。夫泚也，非为人泚，
> 中心达于面目。盖归反蘽梩而掩之，掩之诚是也。则孝子仁人之掩
> 其亲，亦必有道矣。

上古之世并无礼葬亲人的习俗，亲人死后直接丢入沟壑中，但人子见"狐狸食之，蝇蚋姑嘬之"之状后，人所固有之大体即刻被震动，以至于冒冷汗，但这冷汗并不是留给别人看的，而是道德心震动之自然结果。孟子说"孝子仁人之掩其亲，亦必有道矣"，是指人之大体震动发越呈用而言。可见，家庭生活中的孝悌是人最自然的震动，也是最切己的震动。故"孝弟也者，其为仁之本与"，虽由有子所说出，但必为儒者之共识。曾子以其笃实的慎独之工夫开显出了道德本心这个大体，但对于慎独工夫不切的人，存养道德本心则端赖具体境域之震动与警觉，开启其动力，于是，曾子以《大学》之三纲领与八条目开工夫次序，最后落实在"格物致知"处，其端由即在此也。实则，所谓"格物致知"最先的落实之地一定是切己的家庭生活，即孝悌生发之具体境域，因为这里最易"格"，亦是最易"知"之处，而所谓"格"与"知"实则是道德本心之震动与警觉也，即点燃道德本心之动力。因此，曾子之重孝一定要与《大学》中的工夫次第关联起来理解，故"孝"绝不是曾子个人主观的道德情感，而是儒家最根本的工夫次第。正因为现实境域中的工夫次第乃是从家庭生活中的孝悌开始的，故李光地认为，《孝经》亦须纳入到"四书"之系统中来，"程朱提出《学》、《庸》、《语》、《孟》，直是功敝天壤，只少一部《孝经》。《孝经》道理好到至处，朱子疑其有《左传》语。虽未知其言之先后，总当以道理为主。"（《榕村语录》卷十七《孝经》）这就是说，不管《孝经》成书于何时何人，但"孝"确实是人"格物致知"之最切己处，足以纳入到"四书"系统中来，作为工夫进路之始点。"此书是生人之本，如何可少？"（《榕村语录》卷十七《孝经》）《孝经》是否可纳入到"四书"系统中来，当然可以讨论。但李光地由此提出"孝"作为修身工夫进路的始点意义，却是值得

我们进一步思考的。

孝悌作为儒家最基本的工夫次第在《尚书·君陈》篇中已得到了体现："惟孝友于兄弟，克施有政。"孔子曾引此句来回答别人为什么他不从政的疑问，孔子的回答意味着，一种好的政治必须建立经由孝悌这种基本工夫，他愿意从这种基本工夫做起。反过来看，孔子又曰："不爱其亲而爱他人者，谓之悖德；不敬其亲而敬他人者，谓之悖礼。"（《孝经·圣治》）这意味着，一个人若没有经过基本的孝悌工夫，所有对于他人的爱与敬不但悖德、悖礼，且根本是虚妄而不实的，好的政治亦根本不可能。曾子亦曰："孝子善事君，弟弟善事长，君子一孝一弟，可谓知终矣。"（《大戴礼记·立孝》）后来孟子承孔、曾而讲"老吾老以及人之老，幼吾幼以及人之幼，天下可运于掌"（《孟子·梁惠王上》），亦是说由孝悌工夫推开去，则不但可爱人，且可以平天下。

综上所述，曾子欲人震动、警觉其道德本心，必需要一个质实的具体境域，故讲"格物致知"，而最切己的"格物致知"就是"孝悌"，故曾子重"孝"。其实，只要人从最切己处"格物致知"，则必然重视"孝悌"。朱子曾曰："格物，须是从切己处理会去。待自家者已定叠，然后渐渐推去，这便是能格物。"（《朱子语类》卷第十五）当有人问"何者为切"时，朱子回答曰：

> 君臣父子兄弟夫妇朋友，皆人所不能无者。但学者须要穷格得尽。事父母，则当尽其孝；处兄弟，则当尽其友。如此之类，须是要见得尽。若有一毫不尽，便是穷格不至也。（《朱子语类》卷第十五）

这显然是告诉我们，"格物"之最切己处乃是：事父母时之孝与处兄弟时之友。由最切己之孝悌以震动警觉道德本心，进而发越呈用，则孝悌就不会只是家庭生活中的一个具体场域，必可至于极高明之境。若"孝"不与"格物致知"联系起来，则"孝"只是个别的道德行为；但若"孝"与"格物致知"联系起来，则绝不只是个别的道德行为，必可"致知"（非王阳明致良知意义上的"致知"）。那么，曾子所说的"孝"将"致"于何地？"知"于何极呢？概略地说，可有两个方面：

其一，孝是奠基性的，故孝之于人具有绝对的普遍性。

孔子在《孝经·开宗明义》中说："夫孝，德之本也，教之所由生也。"这句话的意思是说：孝是各种德行的根基，是教化的始点或下手处。曾子在《大戴礼记·大孝》篇中说：

> 夫仁者，仁此者也；义者，宜此者也；忠者，中此者也；信者，信此者也；礼者，体此者也；行者，行此者也；强者，强此者也；乐自顺此生，刑自反此作。

从人的德行之纲目来看，当然不只是"孝"，但若一个人真在"孝"中行得真切笃实，则仁义礼智信等德目都可以在"孝"中生长出来，从这个意义上讲，"孝"是道德本心震动警觉后最先生发出的一种德行。当然，一个人只有行得笃实，从任何一种个别的德行出发，都可以生长出另外的德行，即各种德行之间是相互通达的。但尽管如此，我们依然要说，"孝"在其中仍然具有优先性，因为家庭生活是最切己的具体场域。由此而可说，"孝"是各种德目的诞生地，具有奠基性的作用，即各种德行之动力常通过"孝"而触发出来。是以李光地曰：

> 盖仁，孝之理得之最先而统之最全。惟其得之最先也，故施由亲始，而一本而无分者，不足以言道也；惟其统之最全也，故事无终穷，而于万物为有外者，不足以尽仁也。夫始也，举斯心而加彼，而孝为之根；终也，挹乎彼以注兹，而孝为其极。故孝也者，仁义之宗，道德之要。（《榕村集》卷十八《孝经》）

"仁义之宗，道德之要"，即表明"孝"之于道德乃是奠基性的。为什么孟子说"君子不以天下俭其亲"（《孟子·公孙丑下》）？因为"孝"是奠基性的，"俭其亲"的人就不可能拥有天下，天下虽繁复，然其起始则甚简易，"孝"而已矣。故孟子又曰："尧舜之道，孝弟而已矣。"（《孟子·告子下》）尧舜之道当然不只是孝悌，但尧舜之道一定奠基于孝悌，或者说触发于孝悌。曾子曰：

> 居处不庄，非孝也；事君不忠，非孝也；莅官不敬，非孝也；朋
> 友不信，非孝也；战陈无勇，非孝也。（《大戴礼记·大孝》）

为什么"不庄、不敬、不信、无勇"都是"非孝"呢？因为其最终原因
就是在"孝"这个地方行得不笃实。故李光地曰："仁薄四德，是我生最初所
得的道理，然犹恐其泛也。《孝经》又专说一'孝'字，更妙。"（《榕村语录》
卷十七《孝经》）"孝"字之妙即在：使诸德之存养有了切实的下手处。从这个
意义上讲，"孝"已超越了父子之间的一种伦常关系，而是一种普遍性的德行。
故曾子又曰：

> 孝子之身终，终身也者，非终父母之身，终其身也。（《礼
> 记·内则》）

若"孝"只是父子之间的伦常关系，则父母终亡以后，"孝"这种德行即
告终结。但曾子这句话是告诉我们，奠基于"孝"之上的各种德行，不能因
为"孝"之对象的终结而终结，必须是终身的。这意味着，一个真正的孝子
是终身性的，这是曾子乃至整个儒家重"孝"的根本原因所在。居常讲，儒
家以"孝"治天下，但作为个别德行的"孝"如何治理纷扰繁复的天下呢？
实则以仁义礼智信等诸德行治天下而已，只不过，各种德行奠基于"孝"或
源生于"孝"耳。是以李光地又曰："五常之性，德也。礼、信、义、智皆统
于仁，而仁之最笃处，莫过于孝。这个根剪不断的。"（《榕村语录》卷十七
《孝经》）

其二，孝乃天地之性，是宇宙之法则。

道德本心一旦在切实的孝行中被震动觉醒，开发出了其道德动力，则不
但实现了人与人之间的感通，为各种德行进行了奠基；而且亦能实现人与万物
之间的感通，形成天人一体的和谐境界。唐君毅指出：

> 对父母之自然之孝，亦为我与一切生命相感通之开始点，或对
> 一切人尽责任之开始点，一切仁心之流行之泉源与根本。仁心之流

行，固为可普遍于一切人，然其开始点，必自一人始。……人之道德生活，必自孝悌始，乃天秩之必然，而不可乱者。此固与中国社会之为农业社会或封建社会等问题，可毫不相干者也。❶

这意味着，"孝"并非中国传统农耕社会的一种习俗，而是道德动力的开启点，具有普遍的意义，"孝"乃是一种人生哲学。但须知，道德本心一旦通过"孝"而触发点燃，其力量是锁不住的，并不只停留在"孝"之中，必流润至于人与万物之中，故孟子曰："亲亲而仁民，仁民而爱物。"（《孟子·尽心上》）由"亲亲"之"孝"必至于对民之"仁"与对物之"爱"，这是一以贯之的润泽，故"孝"不只是道德动力的开启点，亦是宗教动力的开启点。我们说儒学是一种"宗教动力学"，其动力之现实开启点乃是"孝"，或者说，"孝"是最有效的动力着火点。曾子引孔子之言曰：

　　草木以时伐焉，禽兽以时杀焉。夫子曰："伐一木，杀一兽，不以其时，非孝也。"（《大戴礼记·大孝》）

依时入山林泽梁取草木禽兽，这是中国古典社会的传统。故《荀子·王制》中云："山林泽梁，以时禁发而不税。"具体来说，"以时禁发"就是《礼记·王制》所云之"草木零落，然后入山林。昆虫未蛰，不以火田，不麛，不卵，不杀胎，不殀夭，不覆巢。"这显然是儒家尊重万物生长发育之爱物之情。孔子认为，这种爱物之情必然奠基于"孝"。由是，孔子于《孝经·感应》中云："事父孝，故事天明；事母孝，故事地察；长幼顺，故上下治。天地明察，神明彰矣。……孝悌之至，通于神明，光于四海，无所不通。"一言以蔽之，由"孝"开启道德本心之动力，必融摄天地，润泽万物，最后至于宗教之天人一体之和谐境界。由此可知，"孝"绝非只是奉养双亲，乃至继志述事；相反，乃是在奉养双亲、继志述事中，震动道德本心，开启道德动力，从而使人由形气生命向道德生命最后向宗教生命的飞跃。故"孝"最终是对自家生命的奉养，使其达到圣贤天地境界。故朱子曰："圣人之于天地，如孝子之于父母。"（《朱子语

❶　唐君毅：《中国文化之精神价值》，广西师范大学出版社 2005 年版，第 150–151 页。

类》卷第九十八）"孝子之于父母"乃切就工夫之起始处说，"圣人之于天地"乃切就工夫之完成处说。

人一旦于天地境界的启发而有所待，则"孝"绝非父子之间的伦常，而是宇宙之秩序或法则。所以，孔子曰："夫孝，天之经也，地之义也，民之行也。天地之经，而民是则之。"（《孝经·三才》）这就是说，"孝"是天地万物之间的法则，人与天地万物打交道，必须依从这个法则。晋潘岳曰："夫孝，天地之性，人之所由灵也。"（《文选》卷七《籍田赋》）即"孝"是天地万物之本性，不过，这个本性依靠人去觉悟开启。正是在这个意义上，曾子曰：

> 夫孝者，天下之大经也。夫孝置之而塞于天地，衡之而衡于四海，施诸后世而无朝夕，推而放诸东海而准，推而放诸西海而准，推而放诸南海而准，推而放诸北海而准。诗云："自西自东，自南自北，无思不服。"此之谓也。（《大戴礼记·大孝》）

这意味着，"孝"不但具有时间上的永恒性，而且还具有空间上的广被性。总之，"孝"是宇宙间的法则。

荀子曰："礼有三本：天地者，生之本也；先祖者，类之本也；君师者，治之本也。"（《荀子·礼论》）这意味着，"孝"之德行与情感，从类之本的孝敬先祖，必当进至于教化中的师友和政治中的民族国家，最后达于天地。在此，不妨借用唐君毅的看法来说明人何以必须孝敬父母，进而还须把这种孝行贯彻于整个宇宙之中。一生命体来到这个世界上，总当求继续生存下去，因此，无故暴殄天物或自杀总是罪恶。此即意味着生命之生存乃是绝对之善，而由生命之生存乃绝对之善，必肯定父母之生我育我为绝对之善。也就是说，若无父母之生我育我之绝对的善，断不会有我存在于世之善，感恩意识由是生焉。"如我真相信父母宇宙之生我为不善，我即亦复不当以求我之继续生为善。"❶"孝"行即是对父母生我育我的一种感恩。可见，若人不承认生命之存在本身就是罪恶，则"孝"之于人，乃是分析地必然的，绝非综合地强加给人之外在律则。但"孝"行并不终止于生我育我之父母处，因为父母尚有父母，

---

❶ 唐君毅：《文化意识与道德理性》，广西师范大学出版社 2005 年版，第 46 页。

以至于无穷。唐君毅说：

> 此种爱敬可一直通过父母而及于无穷之父母，及于使我有此生之整个宇宙。于此吾人如不落目在父母祖宗与万物之一一个体之分别上看，即可再进一层视父母祖宗与万物之全体，整个之宇宙，整个之乾坤，即我之父母。❶

父母之生我育我，此是眼见所及，但在广远的时空之中，实则有无数之因缘俱生我育我。祖宗之世代相传自不必说，若无雨露、阳光之滋养、万物之营育，则我之生育亦不可能。故不但父母生我育我，整个宇宙亦生我育我。张横渠《西铭》云："乾称父，坤称母；予兹藐焉，乃混然中处。故天地之塞，吾其体；天地之帅，吾其性。民，吾同胞；物，吾与也。"也就是说，整个乾坤万物皆为人之父母。由此，"孝"行得以推扩至于整个宇宙。唐君毅进一步说：

> 吾人之孝心，即对此爱与养育之恩之一回报。而此回报，亦即所以回应整个自然生命之演化至我之出现之一直前进之历程，而加以肯定承受感谢，而求有以报答之一回应历程。如吾人无此一回应，则我之生，亦同于禽兽草木之生，而为一自然生命之流行之一暂时所生之结果。自然生命之流行，将旋即漫溢过去，以自行前进者。吾人有此一回应，与对父母祖宗之孝，则无异将此整个自然生命之流行，至于我之生者，全部加以摄住，使此流行如归于一贞定，不再只一往流行泛滥而不返者。……要之，人之此孝心，即为人之由只为一被动之结果之存在，而化为"承担世界、载持世界、涵摄世界"之一自动的原因之存在之始；亦即人在此自然世界人间世界立一切人道，以回应人之所以生之历程之一始点。❷

这段长引文的意思是说：人之"孝"行，乃是把生我育我之父母乃至整个

---

❶　唐君毅：《文化意识与道德理性》，广西师范大学出版社 2005 年版，第 45 页。
❷　唐君毅：《哲学概论》，中国社会科学出版社 2005 年版，第 690 页。

宇宙世界涵摄住的一种精神力量，也就是说，宇宙万物是可以通过人之德行可把握、可感通的。人若无此精神力量，以为人来到世界完全是偶然的物质之力，任由盲目的物质之力烦扰泛滥，则人生不可能有价值与意义。人在此无价值与意义的世界里，也不可能确立人道，修养德行。唐君毅自信其说"或非先儒之所及，然命意则自信未尝有悖于先儒"❶。那么，在曾子那里，是否有唐君毅所自信的那个意思呢？当然有。《论语·学而》载曾子之言曰：

> 慎终追远，民德归厚矣。

这一句简单的话，其实含义非常深刻，人往往把它只理解为祖宗祭祀之意义。其实不然。这里的"追远"可以不只是限于父母祖宗，亦可至于整个宇宙世界，时间上的悠久与空间上的博厚，人由此自觉的意识而加以承担，即是"孝"行的开始，而民德必然归于仁厚。正是在曾子的这个意义上，唐君毅说："由孝所培养之宇宙意识，正为最富生命性精神性之宇宙意识。而由孝以透入宇宙之生命精神的本体，乃人人可循之直接返本的道路。其中既包含道德意识，亦包括宗教意识。"❷一言以蔽之，"孝"之尽其极，必由道德意识进于宗教意识。也就是说，"孝"虽震动于家庭伦常之情，但一旦震动，则道德本心必随"孝"行而感通发越，而至于天地万物之中。正因为如此，《孝经》把"孝"说到"天地之性"的高度，李光地以为，这说到了"道德顶尖处"，是以可为"经"，不管是否为孔、曾所传，然必不违儒经。李光地进一步曰：

> 生吾者父，由父而祖，而曾，而高，而始祖，以及始祖所自出，非天地而何？非天地与吾为一体而何？所以太极图下二圈，一个是天地生人，一个是父母生人。……我有此身，父母之心在我，天地祖宗之心亦在我，是以呼吸相通。……"孝弟之至，通于神明，光于四海。"道理不到此，原未完备。孝道不到爱尽天下人，亦不算完得孝道。(《榕村语录》卷十七《孝经》)

---

❶ 唐君毅：《哲学概论》，中国社会科学出版社 2005 年版，第 690 页。
❷ 唐君毅：《文化意识与道德理性》，广西师范大学出版社 2005 年版，第 48 页。

完得孝道，不只是要爱尽天下人，必当爱尽天下物，故李光地曰："'光于四海'，即'民胞物与'也"（《榕村语录》卷十七《孝经》）。这个意思与唐君毅所说大体相同，实则有笃实"孝"行之人，必有此种感通与灵觉。从这个意义上讲，谓之"孝"的宗教有何不可？然"孝"的宗教并不限于孝敬父母之伦常中，乃由"孝"开启宗教动力也。由此，"孝"的宗教不只是中国文化之传统伦理之意义，必有普遍性的人性意义。因为无论世界怎么变化，伦常依然遍在，宗教要找到一个着力点，非"孝"而谁何？

其三，由"忠恕"而贯通"天道"，证成天人合一。

前面说过，曾子通过严谨的道德意识，内潜反省到"善自内出"，即人的生命里有一个足以自我做主的大体——道德本心，以作为道德的动力及其绝对性，进而与基于事务考量的功利主义的善区以别。此可谓"先立乎其大者"。孔子与子贡曾有一段对话：

> 子曰："赐也，女以予为多学而识之者与？"对曰："然，非与？"曰："非也，予一以贯之。"（《论语·卫灵公》）

孔子问子贡：你以为我的学问与道都是在事务中察识得来的吗？子贡回答说：难道不是吗？孔子对此作了坚决的否定回答：我的道具有一以贯之的绝对性，绝非在事务中察识的结果。现在的问题是：为什么孔子坚决否定他的道是事务中察识的结果呢？居常我们的行为，确实常在事务中察识以决定我们的取舍。孔子虽然没有否认这种事务主义的合理性，但孔子以为，这并非他的道与学问，他的道以及他所教给学生的学问与此无关，且他的道与学问显然要高于这种事务主义。若我们仅仅把"一以贯之"之道限在"先立乎其大者"那里，即道德本心之动力与发用，则我们依然会有疑问：人无论如何依然是现实世界中的一种存在，为什么道德本心自身之动力（自动）及其发用一定要高于事务主义的功利取舍呢？还是说，道德本心与一个更高的本体贯通，使得其动力及其发用具有高于一切的绝对性呢？

所谓"道德本心自身之动力（自动）及其发用"意味着独立于"事务主

义的功利取舍"而自发呈用。依据康德的理解就是：

> 意志作为自由的意志，因而并不仅仅是没有感性冲动的参入，而且是甚至拒绝一切感性冲动，并在一切偏好可能违背那个法则时就中止这些偏好，这意志是仅仅由法则来规定的。所以就此而言，道德法则作为动机的作用仅仅是否定的，而且作为这样的动机，这动机是能够被先天地认识的。❶

所谓"自由的意志"就是独立于事务主义的取舍而可自行涌现法则，自由意志只执守自家涌现的法则而绝不对事务中的功利取舍产生偏好。所谓"意志是仅仅由法则来规定的"，这法则并非来自于外在，而是意志自身的涌现。一言以蔽之，康德这段话无非是说：道德本心之自动及其发用。但是，人作为一个肉体性的世间存在者，为什么可以独立于事务中的功利取舍呢？或者说，人为什么可以有一个去除事务纷扰的道德本心或自由意志呢？康德就由此而发问道："因为一条法则如何能够独自并且直接成为意志的规定根据，这是一个对于人的理性来说无法解决的问题，而且与一个自由意志如何可能的问题是一回事。"❷在康德看来，"一条法则如何能够独自并且直接成为意志的规定根据"与"自由意志如何可能的问题"在经验世界中依据思辨理性是不可理解，这不免把人带入了神秘主义之中，但即使如此，对于人的道德实践来说依然是必要的，因为"对实践理性的经验论的防范却更为重要和更为值得推荐得多，因为神秘主义毕竟还是与道德法则的纯粹性和崇高性共容的"。❸康德的意思是如此，一旦我们意识到无条件的纯粹道德法则，就必然关联到一个更高的神秘存在者，因为"道德法则对于一个极完善的存在者的意志来说是一个神圣性的法则"，❹而人能意识到这个神圣性法则的存在，说明其生命是

---

❶ 康德：《实践理性批判》，李秋零主编：《康德著作全集》第 5 卷，中国人民大学出版社 2013 年版，第 78 页。

❷ 康德：《实践理性批判》，李秋零主编：《康德著作全集》第 5 卷，中国人民大学出版社 2013 年版，第 77 页。

❸ 康德：《实践理性批判》，李秋零主编：《康德著作全集》第 5 卷，中国人民大学出版社 2013 年版，第 76 页。

❹ 康德：《实践理性批判》，李秋零主编：《康德著作全集》第 5 卷，中国人民大学出版社 2013 年版，第 88 页。

与一个极完善的存在者相贯通的。这个神秘的极完善的存在者在康德那里就是自由，"因此，自由和无条件的法则是彼此相互回溯的"❶。人意识到道德法则的存在，自由对于人就是可能的。人为什么必须有自由？因为只有自由才能把人从事务性的功利考量中解放出来，完成人之为人自身的目的。也就是说，只有自由才是"他的存在能够具有一种绝对的价值所惟一凭借的东西"❷。同时，只有自由才使人认识到，人不仅仅属于事务性的经验世界，更属于纯粹遵循道德法则的超越世界，后一世界才使人具有绝对价值，才使人与物质世界区别开来，即人是纯粹遵循道德法则的超越世界的一分子。这样的一个超越世界必然有一个立法元首。康德说：

> 我们必须假定一个道德的世界原因，以便按照道德法则为我们
> 预设一个终极目的；而后者在多大程度上是必要的，假定前者也就在
> 多大程度上是必要的；也就是说，有一个上帝存在。❸

至此，我们可以捋一下康德的思路：道德法则使得我们应有自由，而自由使得我们进入超越世界，而超越世界必然有一个立法者——上帝。因此，人正因为分有了上帝的德性才拥有自由，进而才可能绝对遵循道德法则。

我们借用康德的理论还是希望说明曾子的理论。前面说到，曾子依据严谨的道德意识证悟到"道德本心的自动及其发用"的庄严性与绝对性，但仅停驻在道德本心看，这种庄严性与绝对性尚不能得到说明，受康德理论之启发，若道德本心进一步与一个超越的本体相贯通，则其庄严性与绝对性即可得到说明，套用康德的话说：道德本心在多大程度上是必要的，一个超越本体在多大程度上也是必要的；或者说，道德本心与超越本体是相互回溯的。也就是说，肯定人之道德本心，必肯定其与超越本体之贯通；肯定超越本体，必肯定人有道德本心之印证。在西方，这个超越本体是上帝；在中国，这个超越本体是天。

---

❶ 康德：《实践理性批判》，李秋零主编：《康德著作全集》第 5 卷，中国人民大学出版社 2013 年版，第 31 页。

❷ 康德：《判断力批判》，李秋零主编：《康德著作全集》第 5 卷，中国人民大学出版社 2013 年版，第 462 页。

❸ 康德：《判断力批判》，李秋零主编：《康德著作全集》第 5 卷，中国人民大学出版社 2013 年版，第 470 页。

至此，我们可以说，曾子依据严谨的道德意识证悟到"道德本心的自动及其发用"，必然印证天的存在及其与人性的贯通，尽管曾子没有明确说明，但其致思理路与工夫进路已经开启，为后来子思与孟子进一步探讨人性问题开辟了道路。

那么，我们从哪里看出曾子的致思理路与工夫进路从这个方向开启了呢？《论语·里仁》篇载孔子与曾子的一段对话：

> 子曰："参乎！吾道一以贯之。"曾子曰："唯。"子出。门人问曰："何谓也？"曾子曰："夫子之道，忠恕而已矣。"

"一以贯之"是很高的表述，孔子不轻易跟人讲，跟一般人讲也未必懂，孔子曾经与子贡说过，但子贡未必就懂。但曾子因工夫笃实，使得本心震动而觉悟力强，一听孔子之言即懂，故曰："唯。"既不致问，也不争辩，默识心通。但孔子出来以后，曾子并没有原样转述孔子的话，而是说"夫子之道，忠恕而已矣"。那么，曾子为什么要作这样的转述呢？他的这种转述能够表达孔子"吾道一以贯之"的意思吗？

孔子与曾子所说的"吾道一以贯之"是得道者的契会语，高则高矣，然一旦契会，即不必多言，岂不闻"目击而道存矣，亦不可以容声矣"（《庄子·田子方》）之典故乎？然此语只可与得道之契会者言，与入门者或庸众言，必不知所云，须知，"中人以上，可以语上也；中人以下，不可以语上也"（《论语·雍也》）。故曾子对门人转述即不如此说，而谓"忠恕而已矣"。"忠恕而已矣"是对求道者之工夫指点语，不是得道者的契会语。质言之，"一以贯之"是从本体说工夫，而"忠恕而已矣"是由工夫说本体。工夫不到，对于本体根本茫然。故对于入门者或庸众，不可直接说本体，必须从底层的工夫处说；若工夫笃实，必然可至于本体，而且只能由此而至于本体，不然，本体即虚妄而不实。张南轩曰：

> 道无不该也，而有隐显、本末、内外之致也。……若隐显、本末、内外之致，泯然莫别，则所谓一以贯之者亦何所施哉？夫子之

告曾子，当其可也，曾子盖默识之矣，故答门人之问，独举忠恕为言，可以见曾子自得之深也。（《张栻集·南轩先生论语解》卷第二）

本体是隐，工夫是显。但工夫与本体之间，毕竟尚有一段距离。因此，曾子的转述"忠恕而已矣"，虽不能完全等同于孔子的"一以贯之"，但通过"忠恕"之工夫，是可以至于"一以贯之"之道的，而且只能由"忠恕"之工夫，故曾子必须如此转述。

那么，为什么"忠恕"之工夫可以至于"一以贯之"之道，而且也只能由此而达至呢？要解明原因，当明白"一"何所谓也？"忠恕"何所谓也？"一以贯之"实则是"以一贯之"，即"以一种东西统领贯彻到底"之意。可见，"一"当为名词。那么，"一"是什么呢？首先我们当明白，"一"绝非事务性的功利取舍，这不但为孔子所反对，且这种功利取舍，"忠恕"不足以达之。其次，我们可能又想到"一"是"仁"，因为"仁"不唯为孔子所雅言，且"仁"作为德行之总称，足以担当"一"字之责任。这样，"吾道以仁贯之"，似乎没有什么不妥。但依据我们前面对"仁"的定义——"仁是每个人所固有的且可通达于天的道德力量"，这种道德力量虽然也可以说是名词，但不是有体性的名词，而是一种指称性的名词，即构造一个名词指称一种情况、状态或过程。这种指称性的名词显然不同于有体性的名词，如一棵树，严格来说，指称性的名词不是名词，至少不是有体性的名词。孔子所说的"一"应该是指有体性的名词，因为一种情况、状态或过程，其上必当还有"体"，不然，状态或过程不足以保持住而贯彻下去；且体性不是一般的"体"，而是最高"本体"，否则亦不足以"贯之"。说到这里，我们当知，"一"只能是"天"。"吾道一以贯之"当为"吾道以天贯之"。孔子曰："下学而上达。知我者，其天乎！"（《论语·宪问》）上达而契合于"天"乃孔子一生的追求。但"下学而上达"是工夫地说，"吾道以天贯之"是纲领地说。工夫地说是教化之指点语，从下往上说；纲领地说是得道之契会语，从上往下说。修行固不可无工夫之指点，然绝不可废纲领之启悟。在工夫之指点语处尽其极，必至于得道之契会语，二者只有程度的差别，并无原则的区别。

曾子即从工夫之指点语说孔子的"吾道以天贯之"，那么，"忠恕"为什么可以工夫地说明这句话呢？我们须看"忠恕"为何意，最经典的解释，当然要属朱子，其曰："尽己之谓忠，推己之谓恕。"（《论语章句集注》卷之二）朱子如此解释"忠恕"是极其精到的。居常我们总以为"忠"乃是为别人负责，如"为人谋而不忠乎"（《论语·学而》），看上去似乎"忠"之标准在别人那里，至少在外面。但朱子倒转了这种看法，若"忠"之标准在别人那里或外面，那么，我们自己永远无法"尽"，因为对于外部世界我们是无法做主的。因此，"忠"一定在我们自己完全可以做主的地方，这就是朱子"尽己"之意。"尽"就是完全做主而充其极之意，那么，"己"是什么呢？若"己"就是自家那个浑沦的生命体，则"尽己"恰恰是满足浑沦生命体之私利，如何能做到"为人谋而忠"焉？其实，"尽己"就是尽自家生命中之大体——道德本心。故"己"就是道德本心，可以说是个"大我"，不是浑沦的生命体之小我，只有"尽"了这个作为"大我"的"己"，才是真正的"忠"。人一旦尽了道德本心，为人谋就一定"忠"；"为人谋"之"忠"并不在要"谋"成事，而只在道德本心处"尽"。"尽"道德本心自身就是"忠"，不从事之成败利钝上看。我们从前面对康德的理论可知，"尽"道德本心之极致，必有"天"之灵现而与之贯通。一旦与"天"贯通，"尽己"之极致一定又含"推己"，故"忠"之极致必至于"恕"；若"忠"不至于"恕"，则"忠"未"尽"也。因此，"尽己之谓忠"必含"推己之谓恕"，"忠"与"恕"乃一体之两面，故船山曰："忠恕在用心上是两件工夫，到事上却共此一事。"（《读四书大全》卷二《中庸》）为什么"忠"必至于"恕"呢？因为"忠"而尽道德本心而至于与"天"贯通，从而证成了自己的神圣性；不唯此也，"忠"亦必肯认他人与万物亦有道德本心，亦是与"天"贯通之神圣存在。"万物一体者，皆有此理，只为从那里来"（《二程遗书》卷二上），此之谓也。正是这种神圣性确立了人始终是目的，而不是任何别的目的的手段。康德说：

在种种目的的秩序中，人（以及每一个理性存在者）就是目的自身，也就是说，人永远不能被某个人（甚至不被上帝）仅仅当做手段来使用，而不同时自身就是目的，因此，我们人格中的人性对

我们自己来说必然是神圣的。❶

　　真正的"恕道"，不是在事为上去原谅他人、宽容他人，乃是始终把他人与万物当作目的，而不是宰制的手段，若要如此，必肯定他人与万物乃是一种神圣性存在。而要肯定他人与万物作为一种神圣存在，又必须尽自家的道德本心，开发自身的神圣性，方为可能。所以，"忠"可至于"恕"，亦必至于"恕"。

　　可见，"忠恕"虽开始时是一种道德践履工夫，然当充其极，必是一种宗教体验。朱子《论语章句集注》卷二引程子之言曰：

　　　　"维天之命，於穆不已"，忠也；"乾道变化，各正性命"，恕也。……《中庸》所谓"忠恕违道不远"，斯乃"下学上达"之义。

　　"忠恕违道不远"，是从道德践履工夫处说，是为"下学"也。"'维天之命，於穆不已'，忠也；'乾道变化，各正性命'，恕也"，是从充其极之宗教处说，是为"上达"也。但二者必然是相贯通的，所谓"下学而上达"也。

　　陈北溪之解"一贯"，尤可为曾子以"忠恕"贯通"天道"之一总结。

　　　　一贯是天道一以贯之，圣人此语向曾子说得甚亲切。曾子忠恕，即所以形容此一贯，借人道之实以发明天道之妙，尤为确定切实。……故曾子之说，于理尤为确定切实，于圣人之蕴尤为该尽，而于学者尤为有力。其进道入德，有可依据实下手处。（《北溪字义·一贯》）

　　曾子以"忠恕"解释孔子的"一以贯之"之道，实则是通过道德之践履工夫震拔道德本心，一旦道德本心震拔、觉悟而尽其极，则必印证一个更高的神圣存在者——天之存在，并与人相贯通。实则只要人有笃实的践履工夫，

---

❶　康德：《实践理性批判》，李秋零主编：《康德著作全集》第5卷，中国人民大学出版社2013年版，第139页。

天与人的贯通，最后至于天人合一之境是必然的。只不过，因曾子工夫实，故由他说出耳。由此可见，人绝不是一种纯物质性的生命体，而是与一个神圣存在者相关联，或分有神圣存在者性德的精神存在。曾子虽然没有说出这个结论，但其致思理路与工夫进路必至于这种结论。这种致思理路与工夫进路在儒家思想史上的影响是巨大的，开启了子思与孟子依"天"而探讨人性问题，从而完成了儒家人性论之建构，进而为"道德的形上学"进行了人性奠基，为"宗教动力学"找到了人性动力。

七、子夏的文史生命形态及其笃切博求之行

文史，取"文胜质则史"之意，此正子夏之生命特征也。据统计，在《论语》一书中，众弟子出现的频率，前期弟子以子路最多，凡 47 次，其次是子贡，凡 44 次；在后期弟子中，以子夏为最多，凡 27 次，曾子则居其次，凡 19 次。前后期弟子角色之不同，钱穆于此有所区分。

> 盖孔子早年讲学，其意偏重用世。晚年讲学，其意更偏于明道。来学者受其熏染，故先进弟子更富用世精神，后进弟子更富传道精神。❶

前期弟子中，子路、子贡与颜渊（因颜渊"不违如愚"的性格，鲜有发问，故在《论语》中出现得少）三人与孔子相处之日最久，故他们与孔子之间的感情也最深。颜渊与子路俱先孔子而逝，夫子因颜渊之死而"哭之恸"（《论语·先进》），因子路之死而"覆醢"（《礼记·檀弓上》），而夫子死后，子贡独自墓庐六年，这些都是有力的证明。同时，子路、子贡与颜渊多是就实际问题发问，很少有自己直接陈述的语录，这也说明了他们重在解决实际问题，而不是传道。但这种情况至后期弟子有了显著之变化，《论语》中直接收入了子夏的语录有 13 条，曾子的语录有 12 条，这说明，后期弟子在夫子去世以后，独立挑起了传扬孔子之道的责任，这其中，以曾子与子夏的贡献最大，

---

❶ 钱穆：《孔子传》，生活·读书·新知三联书店 2018 年版，第 93—94 页。

其之于后世的影响也最大。曾子传孔子之道，形成了洙泗学派，重内省慎独之内在工夫，其后学进一步形成了思孟学派，以后进一步形成了儒学的道统，是为宋学；子夏传孔子之道，形成了西河学派。西河学派由文学章典入，其流变有二：其一，因重效用与世利之入世精神，故强调外在之礼法的规范与导持，逐渐养成了一个隆礼重法的集大成者——荀子，其末流则转向纯法家而走向儒学之反面。其二，因重经典文献之传承，遂形成了汉代之经学派，是为汉学。宋学与汉学之对立，盖可以"尊德性"与"道问学"尽之，其肇始端在孔门弟子曾子与子夏之学的殊异及其传承也。

　　曾子与子夏俱为孔门高弟，但从后世对二者的尊显来看，子夏显然不及曾子。曾子位列文庙四配之一，被尊为宗圣，而与复圣颜子、述圣子思子、亚圣孟子并驾。但子夏位列十二哲之一，与闵子骞、仲弓、子贡、子路、有若、冉伯牛、宰我、冉求、子游、子张、朱子等，俱被尊为先贤。圣与贤奚辩？宋程端蒙曰："性焉安焉，出类拔萃，是之谓圣。复焉执焉，可久可大，是之谓贤。"（《性理字训·成德》）这就是说，圣是内在的自觉，而贤只是外在的勉强，圣之位阶显然高于贤之位阶。我们再来看后人对子夏的评价：

　　　　旧曾问李先生"颜子非助我者处"。李先生云："颜子于圣人根本有默契处，不假枝叶之助也，如子夏乃枝叶之功。"（《朱子语类》卷第三十九）

　　　　子夏笃信圣人，曾子反求诸己。笃信固亦是，然不如反求之切。今既不得于心，安可狃于旧闻，不求是当。（《王阳明全集》卷一《语录》一）

　　显然，无论是同颜渊相较，还是与曾子比照，李延平与王阳明俱认为，子夏之学之于孔子之道只是枝叶之助，非根本之功也。子夏不能同于颜渊、曾子而预于四配之圣，无乃宜乎？！尽管子夏之于儒学经典之传承，其功甚巨。

　　我们知道，孔门众弟子中，孔子独夸颜渊好学，但实际上，子夏亦非常好学，以致作为同门前辈的子贡也不得不叹服子夏"学之深"（《孔子家语·弟子行》），同时，《论语·子张》中有三条子夏论学的文字："日知其所亡，月无忘其所能，可谓好学也已矣。""博学而笃志，切问而近思，仁在其中矣。""百工居肆以成其事，君子学以致其道。"这表明子夏之于学下过笃实的工夫且有真切的体会。又，《吕氏春秋·慎行论·察传》载："子夏之晋，过卫，有读史记者曰：'晋师三豕涉河。'子夏曰：'非也，是己亥也。夫己与三相近，豕与亥相似。'至于晋而问之，则曰'晋师己亥涉河'也。"此足见子夏学之繁富也。但为什么孔子唯誉颜子好学而盲顾子夏？大凡孔子之学，须通极于道，且学之于道须有根本之功，不可止于枝叶之助也。孔门弟子，于孔子之道有根本之功者，颜子最大，曾子其次也。尽管孔子尝言"回也，非助我者也"（《论语·先进》），实乃正言反说，是以朱子曰：

> 颜子于圣人之言，默识心通，无所疑问。故夫子云然，其辞若有憾焉，其实乃深喜之。胡氏曰："夫子之于回，岂真以'助我'望之？盖圣人之谦德，又以深赞颜子云尔。"（《论语集注》）

惜乎天不假年，颜渊早死。曾子则于夫子死后开门授徒，后经子思之发越，孟子之光大，孔子之道于是续焉，故曾子于孔子之道诚可谓根本之助也。然子夏尽管好学，其之于孔子之道却只有枝叶之助。虽然子夏寿八十有余，乃至更长 ❶，一生兢兢于学，遍传"六经"，何以谓子夏只有枝叶之助？一言以蔽之，曾子之学乃圣人之学，子夏之学乃学人之学。圣人之学通极于天，学人之学则急于世用。陆象山曰：

> 异端非佛老之谓。异乎此理，如季绎之徒，便是异端。孔门惟颜曾传道，他未有闻。盖颜曾从里面出来，他人外面入去。今所传者，乃子夏子张之徒外入之学。曾子所传，至孟子不复传矣。（《陆九渊集》卷三十五《语录》下）

---

❶　子夏少孔子 44 岁，则子夏生于公元前 507 年，周敬王十三年，鲁定公三年。但子夏卒于何年，则争议颇大。陈玉澍《卜子年谱》谓子夏百有八岁时，尚授魏文侯经艺，然不知子夏究卒于何年，则子夏寿至少百余岁。钱穆《先秦诸子系年》则认为子夏当卒于公元前 420 年前后，寿八十有余。高培华《卜子夏考论》则认为，子夏卒年当在公元前 420– 前 400 年，其享高寿无疑。

这分明把颜渊、曾子、子思及孟子作为孔门正宗，而把子夏之学作为异端之歧出者。随着这一歧出之逐渐深化，孔子之道在此一线最后落实为荀子一派之整治者，而与思孟一派之弘教者区以别。

为什么子夏之学乃纯粹的学人之学而从孔子之道中歧出，欲明乎此，须先知子夏之生命形态。众所周知，孔门四科，子夏列"文学"科。

> 子曰："从我于陈、蔡者，皆不及门也。"德行：颜渊，闵子骞，冉伯牛，仲弓。言语：宰我，子贡。政事：冉有，季路。文学：子游，子夏。(《论语·先进》)

按钱穆的理解，"德行：颜渊，闵子骞，冉伯牛，仲弓。言语：宰我，子贡。政事：冉有，季路。文学：子游，子夏"，这段文字，乃《论语》之编撰者加上去以解释"不及门"是哪些人，并非孔子自己的话。若是孔子自己的话，他会直接称弟子之名而不会称字，可见，这是孔门弟子事后的追述。这种理解是有道理的。同时，进一步说明一个道理，在孔子那里，学并未分为四科，所谓"孔门四科"，乃七十子乃至七十子后学所分者。朱子于《论语章句集注》中曰："弟子因孔子之言，记此十人，而并目其所长，分为四科。孔子教人各因其材，于此可见。"朱子也认为，引号后面的那段话确非孔子之言，乃在后者之追述，且孔子亦未有四科之说。故有学者指出："所谓德行、言语、政事、文学这四科不出于孔子之口，乃是门弟子作《论语》时所作的追述。……非孔子自己设四科以教弟子，亦非记述者追述孔门有四科。"❶

孔子固因材施教，但并非因材而施别异之教，而是天人性命之教，通过这个教，人生因之而圆满，乃至于齐家、治国、平天下也。夫子曰："有教无类。"(《论语·卫灵公》)居常我们总是从教之起始处说，即孔子之教不拘一格、因材施教，此固可。然孔子并非"得一察焉以自好"的技匠，而是"备于天地之美，称神明之容"(《庄子·天下》)的圣贤，因此，"有教无类"亦必须从结果处理解，即通过孔子之教以后，尽皆进于道而"无类"。因此，德行、

---

❶ 李守亭：《"孔门四科"质疑》，《才智》2009 年第 36 期，第 170 页。

言语、政事、文学四科，绝不是从孔子之教的结果处说的，而是孔子始教时之因材施教，最后，四科之差别因孔子之教而弥合无间。是以钱穆曰：

> 本章四科之分，见孔门之因材设教，始于文，达之于政事，蕴之为德行，先后有其阶序，而以通才达德为成学之目标。四科首德行，非谓不长言语，不通政事，不博文学，而别有德行一目。孔门所重，正在"用之则行，舍之则藏"，而遂特尊之曰德行。自德行言之，余三科皆其分支，皆当隶于德行之下。孟子称冉伯牛、闵子、颜渊"具体而微"，此三人皆在德行之科，可见德行之兼包下三科。文学亦当包前三科，因前三科必由文学入门。孔门之教，始博文，终约礼。博文，即博求之于文学。约礼，则实施之于政事，而上企德行之科。后世既各骛于专门，又多重文以为学，遂若德行之与文学，均为空虚不实，而与言语、政事分道扬镳，由此遂失孔门教育人才之精意。❶

孔子之教，绝不只教"德行"，而不措之于政事、无干于言语、文学也。同理，亦绝不只教"文学"，而不上遂于政事、德行也。"子以四教：文，行，忠，信。"（《论语·述而》）孔子非只有一技之长的专家，绝不会把其中一项施之于人，故四者无一可偏废也。若以为"文学"只是传经诵诗即可，绝非孔子之教，故孔子曰："诵《诗》三百，授之以政，不达；使于四方，不能专对；虽多，亦奚以为？"（《论语·子路》）

孔子之教虽然没有四科之区分，但门弟子是否达到了孔子之理想呢？《孟子·公孙丑上》载公孙丑听到当时一种流行的说法是"子夏、子游、子张皆有圣人之一体，冉牛、闵子、颜渊则具体而微"。此即意味着，冉伯牛、闵子骞、颜渊已初步具备了孔子之规模，只是格局还不大，但子夏、子游、子张只是得孔子之教的一个方面，距圣人之规模还尚远。就子夏而言，他的确把孔子之教偏狭化，而往纯文学的方向发展了。正因为如此，孔子之于子夏是颇为不满的，孔子与子夏的对话，基本上都是警戒语。原夫孔子之于弟子之态度，多数情况下是劝勉，盖对众弟子多如此也；少数情况下是颂扬，特别是

---

❶ 钱穆：《论语新解》，生活·读书·新知三联书店 2011 年版，第 278 页。

对颜渊；还有特别的情况下因激愤而欲断绝关系的，如对冉求。除此之外，尚有以下三种情况：

责骂：宰我、樊迟其选也。他们纯粹以功利主义的态度来对待学问与文化。宰我三年之丧之问，樊迟之请学稼学圃，俱是其明显之体现。故孔子责宰我为"不仁"，樊迟为"小人"。

批评：子路、子贡其选也。他们于"克己复礼"尚有欠缺。子路之自鸣得意，子贡之方人，俱是其明显之体现。故夫子以"是道也，何足以臧？"（《论语·子罕》）责子路，以"赐也贤乎哉？夫我则不暇"（《论语·宪问》）责子贡。

警戒：子夏其选也。子夏虽好学，但他却学不见道，只有下学方面的精微琐碎，而无上达方面的超拔笼罩，此学一旦达之于政事，不为纯粹之功利主义，即为纯粹之效用主义，由此而易于走向孔子之道的反面。故夫子不得不警戒之也。

> 子谓子夏曰："女为君子儒，无为小人儒。"（《论语·雍也》）

这是孔子对子夏为学之批评乃至警戒。盖子夏之学乃向小人儒之方向发展，而与夫子君子儒之方向甚远，故有此警戒之言也。那么，我们如何理解孔子所说的"小人儒"呢？何为"小人儒"对于理解子夏之学很重要，乃至对于理解孔子之道亦很重要，故须详加讨论与分析。关此，我们须从历史上的注解开始。

邢昺《论语注疏》引汉孔安国之言曰："君子为儒，将以明道。小人为儒，则矜其名。"程伊川释之曰："君子儒为己，小人儒为人。"（《二程集·论语解》）显然，孔安国与程伊川都是基于"小人"二字来解"小人儒"的。刘宝楠认为这是不对的，因为真正的"小人"焉能为"儒"？"小人儒"应作为一个整体来解释，于是，刘宝楠曰：

> 子夏于时设教，有门人，故夫子告以为儒之道。君子儒，能识大而可大受；小人儒，则但务卑近而已。君子、小人，以广狭异，不以邪正分。……小人儒，不必是"矜名"，《注》说误矣。（《论语正义》

卷七）

刘宝楠认为，君子儒与小人儒，盖以大小、高远卑近之分。此亦合子贡之言："文武之道，未坠于地，在人。贤者识其大者，不贤者识其小者。"（《论语·子张》）盖君子儒乃识其大者，而小人儒则识其小者也。程树德同于刘宝楠的看法，且进一步厘清"小人儒"之意涵：

> 孔《注》以矜名为小人，程子《注》以徇外为小人，二说过贬子夏。《周礼·大司徒》"四曰联师儒"，《注》："师儒，乡里教以道艺者。"是儒为教民之称。子夏于时设教西河，传《诗》传《礼》，以文学著于圣门，谓之儒则诚儒矣。然苟专务章句训诂之学，则偏浅卑狭，成就者小。夫子教之以君子儒，盖勉其进于广大高明之域也。此君子小人以度量规模之大小言。（《论语集释》卷十一）

小人根本没有资格成为教民之儒者，子夏设教西河，毕竟是兴儒者之教，然其弊在专务章句训诂、名物度数，儒者修齐治平之义盖失矣。子夏治学，对章句训诂、名物度数之研究颇深，乃孔门中数一数二者，罕有其匹亚。《史记·孔子世家》载："至于为《春秋》，笔则笔，削则削，子夏之徒不能赞一辞。"这至少说明，孔子看中了子夏整理文献的才能，于是让他做了这一方面的协助工作。又，《孔子家语·执辔》载：

> 子夏问于孔子曰："商闻易之生人及万物，鸟兽昆虫，各有奇耦，气分不同，而凡人莫知其情，唯达德者能原其本焉。天一，地二，人三，三三如九。九九八十一，一主日，日数十，故人十月而生；八九七十二，偶以从奇，奇主辰，辰为月，月主马，故马十二月而生；七九六十三，三主斗，斗主狗，故狗三月而生；六九五十四，四主时，时主豕，故豕四月而生；五九四十五，五为音，音为猿，故猿为五月而生，四九三十六，六为律，律主鹿，故鹿六月而生；三九二十七，七主星，星主虎，故虎七月而生；二九一十八，八主风，

风为虫，故虫八月而生；其余各从其类矣。……敢问其然乎？"

原文后面还有很多，为篇幅计，不必具引。子夏这一段琐碎冗长而考究的陈述，使得夫子不得不频频点头，而在一旁的子贡显然有些不耐烦了，于是问孔子如何看待子夏的这段论述，孔子反问子贡怎么看。子贡回答说："微则微矣，然则非治世之待也。"孔子显然是认可子贡的这个评价的，复之曰："然，各其所能。"（《孔子家语·执辔》）孔子虽然认可子夏为学精微之才能，但显然，他对子夏为学之方向亦是有所不满的，只是在弟子面前，不便表达而已。

子夏之学偏于章句训诂、名物考索，使得他在修身方面远不及曾子那样谨慎而戒微。因此，子夏曰："大德不踰闲，小德出入可也。"（《论语·子张》）这气概并不像曾子那样，一辈子"战战兢兢，如临深渊，如履薄冰"（《论语·泰伯》），似乎子夏有狷介之气，实则非也。朱子论之曰：

> 大抵子夏之说自有病，只是他力量有行不及处。然既是有力不及处，不免有些小事放过者，已是不是，岂可谓之"可也"！却是垂训于人，教人如此则甚不可耳。盖子夏为人不及，其质亦弱，夫子亦每捉他，如"汝为君子儒，无为小人儒"；"无欲速，无见小利"之类。子夏亦自知之，故每亦要做夹细工夫。只这子细，便是他病处。徐彦章以子夏为狷介，只是把论交处说。子夏岂是狷介？只是弱耳。（《朱子语类》卷第四十九）

朱子所见极是。子夏之病处，正是外在为学上的仔细琐碎，而不能潜沉内省，落实在生命气象之上，故如朱子所言："只是弱耳。"正因为修身上的"弱"，使得他很多地方都放过了，曾子由此曾对子夏提出强烈的批评。

> 子夏丧其子而丧其明。曾子吊之曰："吾闻之也：朋友丧明则哭之。"曾子哭，子夏亦哭，曰："天乎！予之无罪也。"曾子怒曰："商，女何无罪也？吾与女事夫子于洙泗之间，退而老于西河之上，使西

河之民疑女于夫子，尔罪一也；丧尔亲，使民未有闻焉，尔罪二也；丧尔子，丧尔明，尔罪三也。而曰女何无罪与？"子夏投其杖而拜曰："吾过矣！吾过矣！吾离群而索居亦已久矣。"（《礼记·檀弓上》）

曾子诉子夏三罪，子夏投杖而拜，并承认因为其"离群索居"之故。所谓"离群索居"，就是沉浸在外在的学问考索之中，不问世事，且罔顾曾子所倡导的"君子以文会友，以友辅仁"（《论语·颜渊》）之旨，故身陷罪责而不自知也。

子夏之"弱"还表现在对孔子之道的信念上。《韩非子·喻老》载：

子夏见曾子。曾子曰："何肥也？"对曰："战胜，故肥也。"曾子曰："何谓也？"子夏曰："吾入见先王之义则荣之，出见富贵之乐又荣之，两者战于胸中，未知胜负，故臞。今先王之义胜，故肥。"是以志之难也，不在胜人，在自胜也。故曰："自胜之谓强。"

子夏是否最终以先王之义战胜了富贵之乐，不得而知。但至少他在信念上不及颜渊那样坚定。颜渊"一箪食，一瓢饮，在陋巷。人不堪其忧，回也不改其乐"（《论语·雍也》），其对孔子之道的坚定与悦乐，绝非子夏那样有痛苦之抉择。又，《史记·孔子世家》载：孔子厄于陈蔡之间，以"'匪兕匪虎，率彼旷野'。吾道非邪？吾何为于此"问弟子，颜渊的回答是何等之铿锵有力、坚毅不拔："夫子之道至大，故天下莫能容。虽然，夫子推而行之，不容何病，不容然后见君子！夫道之不修也，是吾丑也。夫道既已大修而不用，是有国者之丑也。不容何病，不容然后见君子！"

我们还是回到"小人儒"上面来。夫子告诫子夏不要成为小人儒，盖子夏已经表现出了小人儒之气质，以上所说都是其体现。"小人儒"之特点，可用钱穆之语尽之，其曰：

孔子之诫子夏，盖逆知其所长，而预防其所短。推孔子之所谓小人儒者，不出两义：一则溺情典籍，而心忘世道。一则专务章句训

诂，而忽于义理。子夏之学，或谨密有余，而宏大不足，然终可免于小人儒之讥。而孔子之善为教育，亦即此可见。❶

钱穆谓子夏之学"终可免于小人儒之讥"，乃就后世儒学之诸多经典端赖子夏得以传而论，然就孔子当时而言，毕竟有小人儒之嫌。小人儒，一言以蔽之，就是不论世道而皓首穷经。从如今学术专业化的角度看，小人儒并非贬义，甚至这样的纯粹学者殊为难得。但在"学而不能行谓之病"（《庄子·让王》）的古代，可谓"学"不见道，"习"不及本，是以谓之"小"也。《论语·子张》尝载子游与子夏的一段对话：

> 子游曰："子夏之门人小子，当洒扫、应对、进退，则可矣。抑末也，本之则无。如之何？"子夏闻之曰："噫！言游过矣！君子之道，孰先传焉？孰后倦焉？譬诸草木，区以别矣。君子之道，焉可诬也？有始有卒者，其惟圣人乎！"

子游性情高远洒脱，与子夏拘谨细密不同，故子游责子夏之学不及本，或者说，只有形而下者而无形而上者。但子夏认为，教门弟子必须先从"洒扫、应对、进退"这些形而下者入，至于形而上者，子夏没有说不必传，"孰后倦焉"就是这个意思。但在实际教学中必须有所区别，即应该从形而下者入，子夏对这种教法颇自信，"君子之道，焉可诬也"就是其体现。子夏的这个意思并不违背儒家的立场，但他又说："有始有卒者，其惟圣人乎！"这就是说，"下学而上达"之通贯，子夏认为只有圣人才能做到，言下之意是，一般的门弟子未必有这种要求，亦未必能做得到。

孔子之道的一个最显著的特征是：学须见道，习要及本。子夏所说的"君子之道，孰先传焉？孰后倦焉？"虽没有否定这个"道"与"本"，但子夏并没有说如何"见道"，如何"及本"，是由形而下者自然而进入形而上者吗？子夏的意思并不明确。后人为了圆融子夏的意思而颇费周折。朱子依据其"格物"义，来理解形而下者与形而上者之贯通，在他看来，若在形而下处"用

---

❶ 钱穆：《论语新解》，生活·读书·新知三联书店 2011 年版，第 151–152 页。

力之久，而一旦豁然贯通焉，则众物之表里精粗无不到，而吾心之全体大用无不明矣"（《大学章句集注》）。他似乎认为做好了形而下者，自然能发明形而上者。朱子曰：

> 洒扫应对，所以习夫形而下之事；精义入神，所以究夫形而上之理也。其事之大小，固不同矣，然以理言，则未尝有大小之间而无不在也。……抑程子之意，正谓理无大小，故君子之学，不可不由其序，以尽夫小者近者，而后可以进夫远者大者耳。故曰"其要只在慎独"，此甚言小之不可忽也。而说者反以为理无大小，故学者即是小者而可以并举其大，则失之远矣。（《四书或问》卷十九）

"洒扫、应对、进退，便是形而上者，理无大小故也。故君子只在慎独。"（《论语精义》卷第十上）这句话为程子所言，《朱子语类》经常引用，以答诸生之问。但朱子只是在他的格物义之下理解程子的这句话。所以当有人问这句话是否意味着："此只是独处少有不慎，则形而上下便相间断否？"朱子答曰："亦是。盖不能慎独，只管理会大处，小小底事便照管不到。理无小大，大处小处都是理。小处不到，理便不周匝。"（《朱子语类》卷第四十九）"慎独"，根本乃是让本体灵现作主，而与事之大小无关，唯有本体灵现作主，才能通达形而上者。当然，本体之灵现需要在一定的境域中操持震动。这是程子"洒扫应对，便是形而上者"之意，但若没有本体之灵现作主，"洒扫应对"只是"洒扫应对"，不可能通达形而上者。程子，《论语精义》谓为"明道"，但《朱子语类》却说是"伊川"，依据大小程子学问之不同，这句话应该是程明道所说。但显然，朱子误解了明道之意，"君子只在慎独"，并不是"甚言小之不可忽也"，而是要在事中（大事小事皆可）操持震动本体，即在"道问学"中"尊德性"。然朱子不同于明道"尊德性"首出之思路，他只有一层的"道问学"，依此是很难通达形而上者的。

我们绕出去讲朱子对这句话的理解，实际上是为了讲子夏。子夏"下学"之重要性，故教门弟子"洒扫、应对、进退"，此固不错。不管子夏是否意识到"上达"的重要性，从子游与子夏的对话看，我们实无法判定。但即使如此，从"洒扫、应对、进退"之"下学"要通于"上达"，必须有一个条件，即内省慎独之工夫以觉醒震拔良知本体。是之无有，则"洒扫、应对、进退"之"下学"总只是事为，事为虽亦有好坏之分，但无论如何不能及于形上之道，即不可"上达"。恰恰在这个地方，子夏之学出了问题。子夏纯粹是外倾地学，重礼仪、制度、文为，也就是说，子夏之学基本向外在的"文"的方向发展，而于生命精神之"质"的潜沉反省则不足。虽然《论语·八佾》记载了下面一段对话：

> 子夏问曰："'巧笑倩兮，美目盼兮，素以为绚兮。'何谓也？"子曰："绘事后素。"曰："礼后乎？"子曰："起予者商也！始可与言诗已矣。"

子夏由夫子"绘事后素"之启发，而体悟到"礼"之在后的东西，"礼"必有生命精神作为其基底，这是子夏重"质"的表现，夫子听到这一点很高兴。夫子之所以高兴，盖因子夏以重"文"而轻"质"为习常，今日能有此觉悟，自然不易。这段对话绝不意味着子夏反而启发了夫子，朱子曰："因论'起予者商'，'回非助我'等处。云：圣人岂必待二子之言，而后有所启发耶！然圣人胸中虽包藏许多道理，若无人叩击，则终是无发挥于外。一番说起，则一番精神也。"（《朱子语类》卷第二十五）但子夏对"质"的重视与反省到了何种程度，颇难说。然而，我们从孟子对曾子与子夏的评论中可略见一斑。

> 北宫黝之养勇也，不肤挠，不目逃。思以一豪挫于人，若挞之于市朝。不受于褐宽博，亦不受于万乘之君。视刺万乘之君若刺褐夫。无严诸侯。恶声至，必反之。孟施舍之所养勇也，曰："视不胜犹胜也。量敌而后进，虑胜而后会，是畏三军者也。舍岂能为必胜哉？能无惧而已矣。"孟施舍似曾子，北宫黝似子夏。夫二子之勇，未知其孰贤，然而孟施舍守约也。（《孟子·公孙丑上》）

在孟子看来，"勇"有两个层次，一是北宫黝之勇：外在之胜人，二为孟施舍之勇：内在之无惧。孟子的意思很明显，孟施舍之勇要优于北宫黝之勇。为什么？因为能不能胜人，这需要综合考虑经验世界各种条件，但无论如何，"勇"必须需要一个人内在的无惧。也就是说，对于"勇"来说，内在的无惧才是其必要条件，而胜人不是其必要条件。一个人是否勇敢，并不是看其是否战胜了别人，而是看其是否内心无惧。孟子以此来比附子夏与曾子之不同，说明子夏之学是外倾的，而曾子之学是内省的。朱子曰："黝务敌人，舍专守己。子夏笃信圣人，曾子反求诸己。故二子之与曾子、子夏，虽非等伦，然论其气象，则各有所似。"（《孟子章句集注》）子夏之笃信圣人，是把圣人作为外在于自家之性德之存在，外在地悦纳之，犹如欣赏一幅美丽之风景画；而曾子之反求诸己，则以圣人之德同乎自己之德性，故笃信圣人即是反求诸己也。因此，在子夏那里，尽管笃信为人之美质，但笃信之对象却在外，而不像曾子那样潜沉到自家之德性，以至于最后在子思、孟子那里落实到性、本心，这是人之为人的最后的"质"，也是生命精神的基底。但子夏对生命精神之"质"的反省远不能及此，他的所谓学俱是外在的。我们不妨来看子夏有名的格言：

> 子夏曰："博学而笃志，切问而近思，仁在其中矣。"（《论语·子张》）

前面说过，仁是人自家生命固有的通达于天的道德力量，人在逆觉体证的工夫中自可发明出来，外在的博学、笃志、审问、慎思只是助缘之作用，反求诸己乃求仁之正道也。故程明道曰："学要鞭辟近里著己而已，故切问而近思，则仁在其中矣。"（朱熹：《论语精义》卷第十上）"鞭辟近里"就是让人潜沉反省、逆觉体证，"著己"就是发明本心，使其朗现出来，在此基础上之切问与近思，"仁"才在其中。若不能"鞭辟近里著己"，泛泛地外在地学，与"仁"何干？故朱子曰："四者皆学问思辨之事耳，未及乎力行而为仁也。然从事于此，则心不外驰，而所存自熟，故曰仁在其中矣。"（《论语集注》卷十）又曰："此四事只是为学工夫，未是为仁。"（《朱子语类》卷第四十九）朱子一再表明，博学、笃志、切问、近思四者，尚不是仁自身。子夏所说的"博学、笃志、切问、近思"，俱是外在地讲，其所面对的对象乃儒学之礼仪、制度、文为，故不及本，难见道。我们再来看子夏另一句话："日知其所亡，月无忘其所能，可谓好学也已矣。"（《论语·子张》）子夏之所谓好学，就是其所知所能的日积月累，这正是"为学日益"的路线，但"为道"恰恰要日损。是以胡五峰曰："学进，则所能日益。德进，则所能日损。不已而天，则所能亡矣。"（胡宏：《知言·修身》）子夏孜孜于所学与所能，恰恰离道日远。

综上所言，子夏之学重"文"而轻"质"，外重而内轻。因此，朱子谓"子夏较谨守法度，依本子做"（《朱子语类》卷第二十三），是有道理的。这是夫子责其为"小人儒"的意思，亦是四科中"文学"之意涵。孔子曾与子夏有以下一段对话：

> 子夏读《书》既毕，而见于夫子。夫子谓曰："子何为于《书》？"子夏对曰："《书》之论事也，昭昭然若日月之代明，离离然若星辰之错行；上有尧舜之德，下有三王之义。凡商之所受《书》于夫子者，志之于心，弗敢忘也。虽退而穷居河济之间，深山之中，作壤室，编蓬户，常于此弹琴瑟以歌先王之道，则可以发愤慷喟，忘己贫贱。故有人亦乐之，无人亦乐之；上见尧舜之德，下见三王之义，忽不知忧患与死也。"夫子愀然变容曰："嘻！子殆可与言《书》矣。虽然，其亦表之而已，未睹其里也。夫窥其门而不入其室，恶睹其宗庙之奥、百官之美乎？"（《孔从子·论书》）

子夏所说的"尧舜之德"、"三王之义"，颇具天下精神；"忘己贫贱"、"忽不知忧患与死"，亦有道义担负。但夫子为什么依然不满意，而谓子夏所得"亦表之而已，未睹其里也"？其原因端在：形上之道的缺如。形上之道之无有，唯见形下的制度文为，此盖子夏之病也。胡五峰曰：

> 如使鱼而离水，虽有苹藻泥沙，则不能生矣；如使草木而离土，虽有风雷雨露，亦不能以生。今人也而离道，饮食虽丰，裘服虽鲜，车马虽泽，宫室虽丽，其得而享诸？（《知言·仲尼》）

人、制度文为与道三者的关系，相当于鱼、苹藻泥沙与水三者之关系，或草木、风雷雨露与土三者之关系。若无水，即便苹藻葱郁、泥沙温润，也不能使鱼存活；若无土，即使风调雨顺、雷露适时，亦不能使草木生长。如实说来，若没有水，苹藻葱郁、泥沙温润是不可能的；若没有土，风调雨顺、雷露适时亦不会有。同样，若没有"道"，再完善的制度文为都会伤害人，或者说，若没有"道"，根本不可有完善的制度文为。小人儒"窥其门而不入其室"，就是没有见到"道"之滋润营养作用（所谓"室"也），只看到文化外表的富丽（所谓"门"也），而体会不到这富丽之后的精神之超越。不似君子儒那样，二者兼得。站在道的立场上看子夏，魏晋时之李康谓其"升堂而未入于室者也"（李康：《运命论》），不亦宜乎？！

孔子有一句著名的评价子夏的话："师也过，商也不及。"（《论语·先进》）那么，这里的"过"与"不及"到底指的是什么？一般以为，这里的对象是指行为之"中道"原则。子张性疏狂，谓其"过"中道可也；子夏性谨慎，怎么可能不墨守中道呢？可见，孔子这里指的并非作为经验性的行为"中道"原则。朱子之解释很有见地，其曰：

> 然曾参虽鲁，而规模志向自大，所以终能传夫子之道。子夏合下浅狭，而不能穷究道体之大全，所以终于不及。（《朱子语类》卷第三十九）

朱子的意思很明确，与曾子相较，所谓"不及"，其根底乃在不及于"道"，因形上之"道"之不及，故形下处多有不及。朱子谓子夏是个"谨守规矩严毅底人"（《朱子语类》卷第九十三），实则亦是批评子夏之不及也。"言而履之，礼也。行而乐之，乐也。"（《礼记·仲尼燕居》）"谨守规矩严毅"，则僵化而无乐，故反不及礼也。

综而言之，子夏之不及，在内，不能反省潜沉而及于性；在外，不能发越上达而及于天。亦即，儒家天道与性命相贯通之道体模型，子夏常茫然而不能及。可以说，这是子夏之学的最大问题所在。不能内及于性，不能上达于天，使得子夏在现实中常采取成效主义或功利主义的行事原则。

> 子夏为莒父宰，问政。子曰："无欲速，无见小利。欲速，则不达；见小利，则大事不成。"（《论语·子路》）

学不能及于道，达于天，则必落入成效主义或功利主义的彀中，无有例外。成效主义或功利主义俱是经验主义原则，这是与儒学基于性天的理想主义的原则相违背的。是以范淳夫曰：

> 子夏之学患在于不及，欲速则求易成，见小利则图近功。圣人久于其道，故不欲速成；致天下之大利，故不见小利。《乾》之《象》曰："君子以自强不息。"《升》之《象》曰："君子以顺德积小以高大。"进德修业，未尝有止，亦不可一日而成也，如日月东西相从而不已，则无不达矣。见小利以为足，终不可以入尧舜之道，如天地之利万物，无有不利，大事岂有不成者哉！（《论语精义》卷第七上）

"不达"、"大事不成"，这是子夏之学的病患所在，而其病根却在于不及于道。❶ 由此，儒家"修齐治平"的理想必然落空。不唯此也，成效主义或功利主义必然会把人生与社会置于危险的境地，是以杨龟山曰："欲速则必至于行险，见利则必至于违义。"（《论语精义》卷第七上）

不能及于性，又不能达乎天，这对于子夏之于孔子之道的体会影响甚巨。

---

❶ 子夏之所以不能及于性，达于天，其原因端有三：其一，性情使然；其二，家世使然；其三，三晋之地之习俗学风使然。先看性情。《孔子家语·七十二弟子解》云："习于《诗》，能通其义，以文学著名。为人性不弘，好论精微，时人无以尚之。" 所谓"弘"，就是广大深远。"不弘"，具体落实到子夏那里，就是对形上玄远的东西没有什么性情。因此，"好论精微"亦不是指好论天理、性理之精微，而是指章典名物之琐碎。如此之性情与喜好，使得子夏以文学，无人能敌。再看家世。子夏名卜商，"卜"姓源于古代的占卜者，也就是说，子夏出生于一个占卜世家。占卜者固需要有察微知几之能力，更需要有深厚的文化基础与基本技能，即极高的专业要求。同时，占卜者有趋利避害的敏感性。子夏不是占卜者，但他出生在占卜世家，盖熏染了其中的专业要求及趋利避害的敏感性。三看三晋之地之习俗学风。子夏生于温邑，这个地方本属于晋国，三家分晋以后，则属于魏国。春秋末期，礼乐之治保存得相对较好的是齐鲁，故孔子曰："齐一变，至于鲁；鲁一变，至于道。"（《论语·雍也》）其余各国，盖治国多重法术与功利。此种习俗与学风，即便子夏自身沾染不深，其流变必浸润而不能自拔。

这种影响可以从人与学两个方面来说，从人的方面讲，子夏由孔门圣徒堕退为一纯粹学人。从学的方面讲，若以美言言之，子夏之学把孔门性天之学下滑为琐碎之章句文学；若以恶言言之，子夏之学把孔门君子儒下滑为小人儒。因子夏设教于魏国西河半个多世纪，门弟子达三百余人，因此，子夏之学对于以后的中国文化亦产生了重大影响。这种影响亦可从两个方面说：

其一，子夏之嗜章句、耽文学，其门人遂演变为秦汉及后代皓首穷经的经生，儒家经典端赖他们得以传播，功莫大焉。但因他们内不能开性体，外不能达天道，因此，其流则变为仅以文学相号召之无德文人。

其二，子夏之迷下学、重功利，其门人遂演变为隆礼重法的杂儒，而不是内圣外王、性天贯通的纯儒。亦因他们内不能开性体，外不能达天道，故礼法之价值之源开显不出来，是以其流则变为维护君主专制的纯粹法家。

我们先来看影响的第一个方面。

孔子去世以后，三年丧期满，子夏即离开鲁国回到家乡温邑，开始了新的生活。《史记·仲尼弟子列传》载："孔子既没，子夏居西河教授，为魏文侯师。"西河教授、魏文侯师，这到底是一个什么角色？孔子也开坛教学，乃至周游列国游说诸侯。如今的子夏与当年的孔子是不是怀抱着同一种理想？《荀子·大略》载：

> 子夏家贫，衣若县鹑。人曰："子何不仕？"曰："诸侯之骄我者，吾不为臣；大夫之骄我者，吾不复见。"

春秋之世，礼乐崩坏，世风日偷，君不君，臣不臣，欲以儒家之理想影响政治已经很难，孔子周游列国空手而归就是明证。孔子去世以后，孔门弟子自觉其影响力不及孔子，由他们去影响当代政治更不可能，于是，纷纷开门授徒，成为了专门的教授，即职业的教书先生。曾子设教洙泗与子夏设教西河俱是如此，只是曾子后学较能承接孔子之道，故依然是孔子之道的弘教者，而子夏则渐从孔子之道下滑为纯粹之学人。

子夏之为"魏文侯师"，到底是怎样的"师"？《史记·魏世家》载："文侯受子夏经艺。"魏文侯个人可能颇具文学气质，喜好经典与技艺，于是，拜子夏为师。但须知，这里的"师"仅仅是学"经艺"，而不涉及实际的政治问题。"经艺"正是子夏的特长，我们没有资料证明子夏在魏文侯那里任过职，也没有看到子夏出谋划策。因此，子夏虽然为魏文侯师，但他并非魏国的臣子，至多只是魏文侯所养的士。战国时期诸侯或卿大夫之养士，更多的是文化装点的意义，至多是就政治提供咨询，但绝不可能参入决策。也就是说，养士绝不是政治上的臣僚。就子夏来说，他并无实际的政治兴趣，而魏文侯又能给他相对安静的环境与充足的支持，以保证子夏进行纯粹的学术研究与讲学，这正是子夏求之不得的。因此，子夏之为魏文侯师，纯粹是二者文学上的臭味相投，与政治并不相干。这样的关系，各不相害，没有历史资料证明子夏与魏文侯发生过冲突，大概二者是善始善终的。

　　这样看来，子夏设教西河，为魏文侯师，只不过是进行纯粹的学术研究与教学，即一个纯粹的学者的角色。子夏自言："吾离群而索居，亦已久矣。"（《礼记·檀弓上》）子夏弟子三百，怎么可能离群索居呢？所谓"离群索居"无非就是指他不问世事，只做纯粹的学术研究。就子夏本人来说，他的学术研究主要是指整理、解释与传播"六经"。《后汉书·徐防传》载："臣闻《诗》、《书》、《礼》、《乐》，定自孔子；发明章句，始于子夏。"所谓"发明章句"，乃整理、疏解、分析"六经"的章句文字，这是尔后以传、注、疏、正义等形式传经的开始，而其肇始者，子夏也。司马贞曰：

　　　　子夏"文学"著于四科，序《诗》，传《易》，又孔子以《春秋》属商，又传《礼》，著在《礼志》。而此《史》并不论，空记《论语》小事，亦其疏也。（《史记索隐》卷十八）

　　这是对太史公没有记载子夏传经之功表示不满。子夏对于儒学诸经，俱有所发明，且皆有一条可考的传授路线，因非这里的重点，故不拟赘述，第引洪迈之言，以彰其功：

　　　　孔子弟子惟子夏于诸经独有书。虽传记杂言未可尽信，然要与他人不同矣。于《易》则有《传》，于《诗》则有《序》。而《毛诗》

之学，一云子夏授高成子，四传而至小毛公；一云子夏传曾申，五传而至大毛公。于《礼》则有《仪礼·丧服》一篇，马融、王肃诸儒多为之训说。于《春秋》所云"不能赞一辞"，盖亦尝从事于斯矣。公羊高实受之于子夏，谷梁赤者，《风俗通》亦云子夏门人。于《论语》，则郑康成以为仲弓、子夏等所撰定也。（《容斋续笔》卷第十四《子夏经学》）

子夏及其学派对于中国文化典籍之整理与流传，的确有不可磨灭的贡献。但必须指出的是，这些贡献都停留在"下学"方面，而于"上达"方面关涉甚少。依据"大学之道，在明明德，在亲民，在止于至善"之传统，子夏及其学派的这种特点，是对孔子之道精神上的萎缩。子夏博学笃志，心无旁骛，虽性不弘，然毕竟亲炙夫子之教，故终成一代文学宗师。但因子夏之学内不能开性体，外不能达天道，故子夏后学只是以琐碎之章句，恒饤之训诂为学问，而于"明明德"之大学盖根本茫然，故学虽讲，但德不修。《墨子·耕柱》载：

子夏之徒问于子墨子曰："君子有斗乎？"子墨子曰："君子无斗。"子夏之徒曰："狗豨犹有斗，恶有士而无斗矣？"子墨子曰："伤矣哉！言则称于汤文，行则譬于狗豨，伤矣哉！"

学问与德行渐渐分开，盖始于子夏后学。孔子本以"文、行、忠、信"四教，但子夏及其后学却只往"文"这个方向发展。这样一来，诚如《弟子规》所言："不力行，但学文；长浮华，成何人。"至少子夏学派之末流，在德行方面可能存在着很大的问题。荀子尝称子夏学派之末流为贱儒："正其衣冠，齐其颜色，嗛然而终日不言，是子夏氏之贱儒也。"（《荀子·非十二子》）这是说子夏学派之末流，衣冠楚楚，故作高傲严肃，却不关世事而自娱自乐。荀子又有俗儒之说，荀子虽然没有说子夏学派之末流是俗儒，但既责之为贱儒，大概子夏学派之末流也跑不出俗儒之外。

呼先王以欺愚者而求衣食焉；得委积足以掩其口则扬扬如也；随

其长子，事其便辟，举其上客，亿然若终身之虏而不敢有他志：是俗儒者也。（《荀子·儒效》）

这是说，俗儒口称先王之道，卖弄才学以养家糊口，甚至巴结君主及其宠臣而为座上客，甘心为奴而不以为耻。俗儒大概就是所谓的御用文人。荀子更进一步揭示了这类文人的丑态：

吾语汝学者之嵬容：其冠絻，其缨禁缓，其容简连；填填然，狄狄然，莫莫然，瞡瞡然，瞿瞿然，尽尽然，盰盰然；酒食声色之中，则瞒瞒然，瞑瞑然；礼节之中，则疾疾然，訾訾然；劳苦事业之中，则儢儢然，离离然，偷儒而罔，无廉耻而忍謏诟。是学者之嵬也。（《荀子·非十二子》）

子夏虽得魏文侯之支持以讲学，但子夏并没有依附巴结权贵的意思，尚保持了一个纯粹学人的独立品格，但其后学与末流至于此般境地，恐怕是他所未能逆料的。程伊川曰："今之学者有三弊，一溺于文章，二牵于训诂，三惑于异端。苟无此三者，则将何归？必趋于道矣。"（《二程遗书》卷十八）子夏之学，只"溺于文章，牵于训诂"，而不及性天，故必远离"道"，以至于子夏之后学末流为人处世极其不堪，岂无故也哉？！《中庸》云："道也者，不可须臾离也。"岂妄言也哉？！

再来看影响的第二个方面。

子夏之学不像曾子之学那样向内开发，而是外倾而制度文为。《孔子家语·曲礼子夏问》载子夏问夫子有关葬礼的问题非常详细，也许是孔子发现了子夏太过注重礼之外在形式这一弊端，孔子才对子夏说应达"礼乐之原"，对于礼而言，孔子认为最重要的是"致五至，而行三无"。"五至"最根本的是"志气塞乎天地"，由此，则诗、礼、乐、哀皆至也。同时，礼乐的最高存在并非其外在形式，而是"无声之乐，无体之礼，无服之丧"（《礼记·孔子闲居》）。这说明，在孔子看来，礼固有其外在形式，但更重要的还有一个形上的精神问题。因此，孔子曾对子张曰："师，尔以为必铺几筵，升降酌献酬酢，然后谓之礼乎？尔以为必行缀兆，兴羽龠，作钟鼓，然后谓之乐乎？"（《礼记·仲尼燕居》）这些都是告诉孔门弟子应看到礼后面的形上存在与作用。

儒学传统是礼乐之治，礼乐起到了法的那种维持社会的作用，但礼乐并不直接等于法，因为礼乐还有教化社会、感召德性的作用。这一点在儒家那里是非常清楚的，即便是隆礼重法的荀子也强调这一点，故《荀子》一书有"礼论"与"乐论"，但并无"法论"。居常我们总是说，儒家是礼治主义，这个说法虽然大体不错，但"礼"一定是与"乐"相配合的，同时，"礼"是直通于天的，有其形上根据，并非寡头的形式与规范。故孔子曰："夫礼，先王以承天之道，以治人之情。"又曰："夫礼必本于天，动而之地，列而之事，变而从时，协于分艺，其居人也曰养，其行之以货力、辞让：饮食、冠昏、丧祭、射御、朝聘。"（《礼记·礼运》）又因为天人是相通的，因此，礼对于人并没有像法一样，属纯粹的外在的宰制，乃是充满温情的调养。正因为"礼"主要是调养，是以"礼"与"乐"又是相通的，夫子曰"立于礼，成于乐"（《论语·泰伯》），表达的正是这个意思。

但子夏之生命形态敏于"下学"，对于"上达"则不甚警觉，于是，不能理解"礼"之形上维度，子游责之"抑末也，本之则无"，非无故也。原本温润滋养之"礼"，在其形上维度被刊落以后，则变为了僵硬胶固之"礼"，此时的"礼"就与法无异了，再加上子夏在现实上尚效用、重功利的行为原则，直接促使了法家的产生。这又是子夏之学的另一大问题与流弊所在。子夏乃孔门高弟，但却被誉为法家的先驱，事虽吊诡，理却必然，因子夏之学必然流变为法家故也。《韩非子·显学》云："自孔子之死也，有子张之儒，有子思之儒，有颜氏之儒，有孟氏之儒，有漆雕氏之儒，有仲良氏之儒，有孙氏之儒，有乐正氏之儒。"我们知道，韩非之老师荀子明明说有子夏之儒，但这里并没有列举，何以故？郭沫若的解释可能是比较合理的："那是因为韩非把子夏氏之儒当成了法家。也就是自己承祧着的祖宗，而根本没有把他们当成儒家看待的。"❶高培华反对郭氏此说，并引用胡适之说，说真正的孔门弟子如"曾子、子夏、子游、有子诸人都是孔门的正传"❷，他们重在践行传播孔子

---

❶ 郭沫若：《十批判书》，东方出版社 1996 年版，第 358 页。

❷ 胡适：《中国哲学史大纲》，东方出版社 2012 年版，第 106 页。

之道，并不别立宗派，故而韩非没有提到。但必须指出的是，不管子夏是否别立宗派，他不及于道的精神的确使得儒家的"礼"流变为法家的"法"。正如孔子不是名家，但名家却源于孔子的"正名"。因此，子夏自然不是法家，但子夏之学却是成熟的法家理论的肇始者。正如郭沫若所言，在子夏之前并非没有法，但多由政治家应时而提出，实则是处理事件的策略，无一定的法理意识。但子夏西河讲学以后，一些学者正式以理论家的姿态登上历史舞台，他们有相对成熟的法学理论。❶ 早期法家理论的佼佼者，率出自子夏之门，如李悝、吴起等，而商鞅则是子夏之再传弟子。谓子夏开启了法家，焉诬之有？！❷

我们不妨来看看李悝、吴起的理论。尽管李悝的著作《法经》已亡佚，但李悝依然是严格意义上的法家的始祖。《晋书·刑法志》载李悝之书云：

> 悝撰次诸国法，著《法经》。以为王者之政，莫急于盗贼，故其律始于《盗》、《贼》。盗贼须劾捕，故著《网》、《捕》二篇。其轻狡、越城、博戏、借假不廉、淫侈逾制，以为《杂律》一篇，又以《具律》具其加减。是故所著六篇而已，然皆罪名之制也。

《法经》六篇的具体内容已不得而知，但都是以刚性的强制惩罚来取代柔性的滋养教化，以此来求得社会的稳定。可以说，《法经》正是以法家的"法"取代了儒家的"礼"。正如《晋书·刑法志》所云："刑之不可犯，不若礼之不可踰，则昊岁比于牺年，宜有降矣。"以法家的"法"取代儒家的"礼"作为治理国家的主要工具，尽管因应时势，但毕竟是学问精神的堕落。这种堕落表现在：纯粹的法家根本刊落了天人贯通的文化模型，在上不信仰天，在下亦不开发人性。一切刊落"天"的学问，从根本上讲就是性恶论者，荀子言性恶，

---

❶ 郭沫若：《十批判书》，东方出版社1996年版，第357页。
❷《韩非子·外储说右上》载：子夏曰："《春秋》之记臣杀君、子杀父者，以十数矣，皆非一日之积也，有渐而以至矣。凡奸者，行久而成积，积成而力多，力多而能杀，故明主蚤绝之。"今田常之为乱，有渐见矣，而君不诛。晏子不使其君禁侵陵之臣，而使其主行惠，故简公受其祸。故子夏曰："善持势者，蚤绝奸之萌。"这段话是否是韩非杜撰而以子夏之言表达自己的思想，不得而知。但《韩非子》中有非常多的典故，很多于史有据，谅非俱为韩非所虚构，必世间多有流传也。若此段非虚构，则表示子夏确实重视"法"，甚至是"势"。

其原在此，而法家于此尤甚。法家根本不相信人性本有的善端，以及由此而来的人与人之间的伦理温情。

> 且父母之于子也，产男则相贺，产女则杀之。此俱出父母之怀衽，然男子受贺，女子杀之者，虑其后便，计之长利也。故父母之于子也，犹用计算之心以相待也，而况无父子之泽乎？今学者之说人主也，皆去求利之心，出相爱之道，是求人主之过父母之亲也，此不熟于论恩，诈而诬也，故明主不受也。（《韩非子·六反》）

既然父子之间尚没有伦理温情在，那么，一般的人与人之间更没有仁爱之情。

> 医善吮人之伤，含人之血，非骨肉之亲也，利所加也。故与人成舆，则欲人之富贵；匠人成棺，则欲人之夭死也。非舆人仁而匠人贼也，人不贵，则舆不售；人不死，则棺不买。情非憎人也，利在人之死也。（《韩非子·备内》）

这样，在法家看来，人与人之间就是一个竞利图私的战场，绝没有温情与仁爱。礼乐教化对于社会治理来说是没有用的，社会应该以政治的权力来强制地推行法，以法之推行来代替礼乐教化。"故明主之国，无书简之文，以法为教；无先王之语，以吏为师。"（《韩非子·五蠹》）君王之法为唯一的教材，君王任命的官吏为教师，人人闭锁在政治的机栝之中而不能自拔，且人人自危。

若人看不到礼的形上维度，便不能理解礼调护滋养人的性情之作用，而仅看到礼之外在规制作用，故认为人性必恶，荀子即是如此。但法家却由此走得更远，他们不但认为人性必恶，而且对人性的阴暗面把握颇深，且由此展开他们的理论，告诉人们要少情寡恩，可谓荼毒生灵之甚矣。我们当然不能把这个账记在子夏的身上，但子夏之学因不能开启形上维度，其流变至于此，亦是必然者。

　　法并非坏，但法要成为良法而不是戕害人性的政治工具，就必须开启法的形上维度。这也是为什么中国有法家，但却没有开出西方那样的良好法治的根本原因所在。中国先秦固有法家，然中国并没有建立西方近代那样的严密法制与体系，从而维系政治与社会。何以故？西方近代严密的法制源于自然法，这是一种法的形而上学，由此为法进行了形上奠基，即为法开辟了价值之源。故西方的法不太容易出问题。何谓自然法？洛克说：

　　　　提到自然法，其他人（同时也是很多人）则理解为如下所描述的这种法则，即它是一种每个人仅凭自然赋予我们的本性就能觉察到的法则，它也是一种每个人在各方面均表明自身所服膺的法则，并且每个人都意识到它被设为其义务原则的前提；同时，它也是斯多亚学派一贯强调的"遵循自然生活"的法则。❶

　　自然法是赋予我们的本性就能觉察到的法则，而这种本性（主要是指良心）又是上帝赋予的。"因此，这种自然的法则可被描述为神圣意志的律令，他可通过本性被觉知，它表明什么与或不与理性的本性相符，从而有所命令或有所禁止。"洛克进一步认为，徒把自然法视为理性的命令也是不准确的，"因为并非理想创立和颁布了自然法，理性只是将自然法当作一种为更高权力颁布并将其根植于我们心中的法则追寻它、发现它。与其说理性是自然法的立法者，不如说是它的解释者，除非我们亵渎最高立法者的尊严，而期许理性对这一它仅是有所探究的既定法则负责"❷。

　　按照洛克的理解，自然法并非人的理性制定的法则，乃天降之神法，人之理性只可体悟照见它。故西方多雅言天赋人权。这种自然法构成了西方近代政治学或政府组织的价值基础，洛克之《政府论》有详细的论述。这样看来，西方近代之法治政府，固讲究政治运行的客观性，但这种客观性并非仅仅为了形下的政治运行的效率或权利之保障负责，更为形上的自然法负责。简言之，西方近代的法治政府依然有其神圣性，虽然雅言政教分离，但从根本上

❶　洛克：《自然法论文集》，商务印书馆 2014 年版，第 4 页。
❷　洛克：《自然法论文集》，商务印书馆 2014 年版，第 5 页。

讲并不能反对宗教（主要是基督教）。

但中国的法家因形上维度的缺如，他们从根本上反宗教，这种宗教就是儒家的礼乐之教。在儒家那里，原本是政教双行，且教化高于政治。而在法家那里，变为了政治一线单行，人彻底沦为被整治的对象。任何一种学问，若内不能开启性体，外不能通达天道，那它就只是技术性的，落实在政治社会上，则表现为整治功能。同时，任何一种学问，只要失去了形上维度，则就只能向人提供横向的技术指引，而不能向人提供纵向的精神开辟，由此，必然桎梏人之性灵的发越、德行的感召，文化因之僵固、冰冷而无温情。一言以蔽之，它不是宗教性的。在先秦，沦为整治者之学人，子夏肇其始，荀子集大成，法家其极致变种也。孔子之道原本所具有的极强的宗教性，在子夏那里渐渐失去，而在子夏后学那里，则渐渐走向了宗教的反面。

若子夏看到了上述两个方面的影响及其流变，他一定会对其学问有所反省，进而作形上的开辟，重拾孔子之道的宗教精神以激活学问之价值之源，但历史不容假设。孔门弟子中，曾子与子夏影响最大，然其后学，一派流变为弘教者，一派流变为整治者。二者水火冰炭，性善性恶之争，王霸之辨，西汉盐铁之争，宋代朱子与陈同甫义利之辨，俱是其具体体现也。亦天也夫？！

第三章 天生人成：由行道者走向
弘教者的七十子后学

一、由行道者走向弘教者之机缘及弘教者之分化

前文指出，孔子是造道者，而孔门弟子多是行道者。孔子作为造道者，乃以生命之德行造道，故孔子自言曰："二三子以我为隐乎？吾无隐乎尔。吾无行而不与二三子者，是丘也。"（《论语·述而》）正因为孔子以生命之德行为榜样，故孔门弟子多是在这种榜样感召之下的行道者。"见贤思齐焉，见不贤而内自省也"（《论语·里仁》)，由此而"莫逆于心，相视而笑"。此时，德行即是弘教，弘教即是德行，德行之外，无所谓弘教。故程子曰："学者全要识时，若不识时，不足以言学。颜子陋巷自乐，以有孔子在焉。若孟子之时，世既无人，安可不以道自任。"（《二程遗书》卷二上）孔子在世，子游弦歌武城，固是弘孔子之教，颜子陋巷自乐，亦是弘孔子之教，并不需要像孟子那样，辨说以弘教。何哉？因木铎之声响彻云霄也（《论语·八佾》云："天下之无道也久矣，天将以夫子为木铎。"）。

但孔子去世以后，木铎之声泯灭，且礼乐日益崩坏。本来，礼乐没有崩坏以前，礼乐特别是乐自身即是一种教，且这种教不是一般意义的教育，而是一种宗教，故《礼记·乐记》云："夫礼乐之极乎天而蟠乎地，行乎阴阳而通乎鬼神，穷高极远而测深厚。乐著大始，而礼居成物。"如实说来，礼只是

乐之节文，乐才是更为根本的，因为唯有乐才能极乎天而蟠于地，行乎阴阳而通于鬼神。正因为如此，俞正燮曰：

> 古者背文为诵，冬读书，为春诵夏弦地，亦读乐书。《周语》召穆公云："瞍赋矇诵、瞽史教诲。"《檀弓》云："大功废业，大功诵。""孔子既祥，弹琴十日而成声。""子夏除丧而见，予之琴。""子张除丧而见，予之琴。"通检三代以上书，乐之外无所谓学。(《癸巳存稿》卷二《君子小人学道》)

"乐之外无所谓学"，说明了乐教之重要性。尽管"德音之谓乐"，但乐教却决不只是一种道德教化，而是一种"道德的形上学"或"宗教动力学"，其最终必然是达神明之德的宗教。孔子之所以向往周文，其原因端在此也。若这种上达神明之德的礼乐不崩坏，孔子就不必以"文不在兹乎"自任，而重新造道。但现实并不如人所愿，上古之礼乐教化系统毕竟坍塌了。这种礼乐崩坏之情形，在《论语·微子》中有明确的记载："太师挚适齐，亚饭干适楚，三饭缭适蔡，四饭缺适秦，鼓方叔入于河，播鼗武入于汉，少师阳、击磬襄入于海。"礼乐之教不再能达神明之德而徒具形式，使得孔子对礼乐之教作了内在之德性精神之转换，"人而不仁，如礼何？人而不仁，如乐何？"(《论语·八佾》)正是这种转化的体现。至此，孔子乃以生命之德性精神再造道。

孔子以生命之德性精神再造道之震荡与声光，在颜渊与子贡的赞辞中即可略见一斑。但孔子死后，这种震荡与声光遽失，尽管弟子们依然企图行道以弘教，但时移世易，仅靠行道以弘教已不能震拔人心、感召德性，须辩说以拨人心之胶固，教诲以澄德性之沉浊，开掘以立人性之根基，且礼乐之教至孔子去世时当愈加不堪。正是基于这种机缘，孔门后期弟子如曾子、子夏即逐渐向弘教者转变，尽管其主要角色依然是行道者，但已经开始向弘教者过渡了。按照《荀子·非十二子》及《韩非子·显学》的记载，孔子死后，其弟子分为众多派别以弘扬孔子之道，这些派别具有怎样的情形，执持怎样的理论，因资料缺如，已无法悉数知晓了。但从后来之成就及其影响再回溯这些派别，大概最著名且有后继者的当属曾子与子夏开启的学派，这两派分别以孟子与荀子作为集大成者而终结。但这两派亦有不同，前面研究子夏时已经说过，子夏学派乃孔子之道的歧出者，因为这一学派逐渐把孔子之道由天人贯通的宗教形态转换为通过礼法而成就可欲生活的世俗形态。准确地说，曾子开启的学派才是孔子之道的真正弘教者，而子夏开启的学派几经丕变，只能算是社会秩序的治理者。孔子之道，乃依靠弘教以"平"天下，因其具超越之宗教性格也；而子夏开启的学派，只是以礼法约束天下，因其强烈的世俗经验性格也。

但曾子开启的学派与子夏开启的学派在《论语》那里都能找到依据，分别是下面两段话：

> 子贡曰："夫子之文章，可得而闻也；夫子之言性与天道，不可得而闻也。"（《论语·公冶长》）
>
> 子曰："性相近也，习相远也。"（《论语·阳货》）

这两句话看起来颇显矛盾，前者子贡谓孔子不言"性与天道"，后者则孔子明明言说了"性"。这矛盾将如何理解？实则，前者孔子之所以不言，乃让人去形上地体证；后者孔子之言说，乃是经验地观解地言。前者开启"体证的形上学"，而后者开启"观解的形上学"。一个圆满的哲学系统，必须兼具"体证的形上学"与"观解的形上学"，且以"体证的形上学"最后统领与归宿。哲学系统若能如是之圆满，则哲学系统就是宗教。儒学之所以是圆满的哲学，又是根源的宗教，就在于"体证的形上学"与"观解的形上学"并建，且以"体证的形上学"为首出与归依。儒学系统中的核心概念如天、性、心等，都是一种"体证的形上学"之概念，即后来宋明儒所说的天命之性系统中之概念。若形上之体证暂时关闭，而注目于经验世界，亦可开"观解的形上学"，亦可说气性的天、性、心，即宋明儒所说的气质之性系统中的概念。但毕竟，"体证的形上学"才是最后的，因为它是价值系统，而"观解的形上学"只是事实系统。前者可以讲道德宗教，而后者却只能讲知识。因此，"体证的形上学"是体，而"观解的形上学"是用。儒学作为圆满的哲学系统，乃由体而达用，或者即用以见体。由此，我们可知，"性与天道，不可得而闻"，乃在天命之性的系统中由体而达用；而"性相近也，习相远也"，乃在气质之性的系统中即用而见体，故并不矛盾扦格也。

那么，如何才能弘扬孔子之教呢？当然是先由"体证的形上学"以奠定其体，此为"先立乎其大者"；若不能由"体证的形上学"而"先立乎其大者"，直接由"观解的形上学"入，则一定把孔子之道下滑为一套社会治理之学，而不是安身立命的天人性命之教。孔子死后，曾子即由"体证的形上学"，而子夏则由"观解的形上学"入。正是基于这个原因，我们说曾子开启的学派才是孔子之道的弘教者，而子夏开启的学派则是其歧出者。

子夏所开启的学派，其经验性格至荀子讲性恶、化性起伪、隆礼重法而完成，而法家李斯、韩非之徒自是这一学派之流亚，此离孔子之道愈远矣；西汉时之董仲舒，有鉴于法家之严苛寡恩，故扭转法之暴烈而讲"天人感应"，实则亦是此一学派之绍述者。从整治之立场看，这一学派亦自成一个系统，亦有其客观之意义。然因不是孔门之正统，故从弘教者的立场看，不应是重点。曾子所开启的学派，其内在而又超越之性格经子思最后至孟子讲性善、四端之心、尽心知性而知天而完成了一个天人性命相贯通之圆满的哲学系统，亦是根源的宗教模型，从而成为了孔门之正统，在中国文化中影响甚大，是为思孟学派。因此，有学者指出，"曾子下开思孟思想的发展，应是代表了孔子后学发展的总的方向的"[❶]。但显然，因史料之缺如，仅子思与孟子两人构成思孟学派并不能令人信服，且其中的义理发展脉络也不太清楚。幸好 1993 年湖北荆门郭店发现了一批战国时期的竹简，其中有儒家文献十余篇，被认为是七十子后学的作品，通过对这些作品的研究解读可以解明，作为第一批以弘教者相标榜的人，其义理关切为何？他们与同时或稍后的弘教者子思与孟子的思想又有什么关系呢？

二、郭店楚简与思孟学派中的第一代弘教者

1993 年 10 月，在湖北荆门的郭店村，发现了战国时的楚国墓群，其中在

---

❶ 李景林：《从郭店楚简看思孟学派的性与天道论——兼谈郭店简儒家类著作的学派归属问题》，武汉大学中国传统文化研究院编：《郭店楚简国际学术研讨会论文集》，湖北人民出版社 2000 年版，第 632 页。

一号楚墓里挖掘出竹简 804 枚，有字竹简 730 枚，凡 1.3 万多字。经过专家近 5 年的考订与研究，1998 年 5 月，这批竹简的内容得以公布于世。从专家公布的内容来看，这些竹简主要是道家和儒家的作品，其中道家文献 3 篇，其余十余篇俱为儒家文献，计有：《缁衣》、《鲁穆公问子思》、《五行》、《穷达以时》、《唐虞之道》、《忠信之道》、《成之闻之》、《尊德义》、《性自命出》、《六德》、《语丛》（一、二、三）。这些儒家文献，除了《缁衣》见于《礼记》，《五行》见于长沙马王堆出土的帛书以外，余者俱是先秦佚籍，乃第一次与世人见面。经过学界的研究，基本上可以肯定，这批儒家文献乃思孟学派的作品，因为从"性自命出，命自天降"（《性自命出》），"金声而玉振之，有德者也"（《五行》）中可以明显看到《中庸》和《孟子》的影子。更重要的是，郭店楚简《五行》的出土，进一步证实了荀子所说的思孟学派的"五行"学说。《荀子·非二十子》中说：

> 略法先王而不知其统，犹然而材剧志大，闻见杂博。案往旧造说，谓之五行，甚僻违而无类，幽隐而无说，闭约而无解。案饰其辞而祇敬之曰：此真先君子之言也。子思唱之，孟轲和之。世俗之沟犹瞀儒，嚾嚾然不知其所非也，遂受而传之，以为仲尼子游为兹厚于后世，是则子思、孟轲之罪也。

荀子批评子思与孟子，其所针对的主要对象是他们的"五行"学说。显然，"五行"应该是子思、孟子学说的主要内容，但从我们现存的子思与孟子之著作中，我们并没有看到的"五行"之说。这样，五行到底为何物，虽然《荀子》的唐代注解者杨倞尝注"五行"为：仁、义、礼、智、信，即以五常来诠释五行。但问题是，若五行就是仁、义、礼、智、信，不至于引来荀子的反对，但亦没有史料证明五行别有所说。这样，五行就成为了学界永远不能解开之谜。1973 年，长沙马王堆三号汉墓出土了帛书《老子》甲乙本，在《老子》甲本卷后有无篇题之古佚书四种，其中第一篇有仁、义、礼、智、圣五种"德之行"。当时，庞朴就认为这就是荀子所说的思孟学派的"五行"，并命名这一篇为《五行》。但毕竟这是孤证，仅凭这一篇史料并不能证明它就是思孟学派的"五行"学说，然天无绝人之路，20 年后，郭店楚简之出土《五行》篇，其内容大体相同，唯帛书《五行》有"经"与"说"，而竹简《五行》有"经"而无"说"，可见，竹简《五行》是更早的版本。这两种史料的出现，确实证明了有思孟学派的"五行"之说，从而也证明了郭店出土的这一批儒家文献，基本上就是思孟学派的作品。这些作品肯定在孟子之前，但是否也在子思之前，或者与子思同时？这对于我们理解作为弘教者的子思学派的义理发展脉络很重要。按照陈来的讲法，郭店楚简的发现，为摆脱"先秦思想研究'史料困境'，重建原始儒家的系谱，带来了令人兴奋的曙光"。❶

要解决以上问题，必须先从墓葬入手。根据考古专家考证，郭店楚墓下葬的年代最低不会晚于公元前 300 年，该墓葬出土了一个刻有"东宫之师"的耳杯，说明墓主人曾是楚国太子的老师，而随其下葬的竹简应该是他教诲太子所用的教材。既然是教诲太子的教材，则必如陈来所说："必然是已经过相当时间流传，在当时已获有权威地位的文献。如此推论，它们的著作年代，至少其中的一部分，是应当在公元前 400 年以前的。"❷根据钱穆的《先秦诸子系年》之考证，子思之生卒年为公元前 483 —前 402 年，孟子的生卒年为公元前 390 —前 305 年。可见，郭店楚简的写作年代肯定在孟子之前，那么，是否在子思之前抑或同时呢？更进一步说，这一批儒家文献是不是属于已经失传了的《子思子》中的篇目呢？

《汉书·艺文志》载：《子思》，二十三篇。又，《隋书·音乐志》载：《中庸》、《表记》、《防记》、《缁衣》皆取《子思子》。《隋书·音乐志》所说的四篇，俱见于今本《礼记》，说明历史上确实存在《子思子》这本书。现在，《缁衣》又见于郭店楚简，且其中又有《鲁穆公问子思》，因此，不免使人怀疑，这一批儒家文献是否就是已经失传了的《子思子》中的篇目。杨宾儒就持这种看法，他兴奋地说："沉睡千年的《子思子》一朝醒来，它不但用竹简的形式揭举自己的存在，更重要的，它也唤醒了世人对儒家精神的重新记忆。"❸持类似观点

---

❶ 陈来：《儒家系谱之重建与史料困境之突破》，武汉大学中国传统文化研究院编：《郭店楚简国际学术研讨会论文集》，湖北人民出版社 2000 年版，第 565 页。

❷ 陈来：《儒家系谱之重建与史料困境之突破》，武汉大学中国传统文化研究院编：《郭店楚简国际学术研讨会论文集》，湖北人民出版社 2000 年版，第 564 页。

❸ 杨宾儒：《子思学派试探》，武汉大学中国传统文化研究院编：《郭店楚简国际学术研讨会论文集》，湖北人民出版社 2000 年版，第 623 页。

的人还有一些，如李学勤，他认为整个郭店儒家简俱属于《子思子》。●但郭齐勇持不同的看法，他认为："郭店儒家简诸篇并不属于一家一派，将其全部或大部视作《子思子》，似难以令人信服。笔者不是把它作为某一学派的资料，而是把它视作孔子、七十子及其后学的部分言论与论文的汇编、集合，亦即某一时段（孔子与孟子之间）的思想史料来处理的。"●李泽厚则走得更远，认为郭店儒家简的"基本倾向似更近荀而不近孟；更可能是当时派系分化尚不鲜明，只是处在某种差异状态中，因此不能判其属于某派某子"●。李泽厚的这种看法虽不能谓之孤明，但很少得到学人的认同。本书对郭齐勇的观点部分赞成，即认为郭店儒家简确实不能断定其出自《子思子》，但并不能说它不属于某一学派。其实，正如梁涛所言，"郭店儒简与《子思》的关系难以否定，即使最具怀疑精神的学者也不得不承认，至少竹简中的几篇与《子思》具有一定的关系"●。实际上，我们说思孟学派，但在当时并没有这样一个学派，学者们也并没有以学派的名义相标榜、相号召，但前文指出，曾子所开启的学派毕竟是孔门后学之大宗，因此，即使是七十子及其后学各自发表言说，若他们欲尽量不违背孔子之道，则其言说一定是沿着曾子所开启的方向走，也就是说，在大方向上当不违背思孟学派。这样看来，即使郭店儒家简并非出自《子思子》，但如果我们认同郭齐勇所说的，郭店儒家简是七十子及其后学的部分言论与论文的汇编、集合，并不表示这些言论与论文完全是松散的，然而却完全可以归属到思孟学派上去。论至此，可一言以蔽之，郭店儒家简并非出自子思之手，但归属于子思学派。郭店儒家简乃是思孟学派第一代弘教者的探索成果。

　　郭店儒家简既不出自子思，那么，成书在子思之前还是之后呢？对于这个问题，我们将如何考证？唯一的办法，只能从郭店儒家简与《中庸》文本之对比来略加推测。《中庸》乃子思的作品，已成定论。从《中庸》之义理看，前一部分讲"天命之谓性"，乃本体宇宙论；后一部分讲"至诚无息"，乃工夫

● 李学勤：《先秦儒家著作的重大发现》，《中国哲学》第二十辑，辽宁教育出版社 1998 年版。

● 郭齐勇：《郭店儒家简与孟子心性说》，《武汉大学学报》1999 年第 5 期，第 24 页。

● 李泽厚：《初读郭店竹简印象记要》，《世纪新梦》，安徽文艺出版社 1998 年版，第 209 页。陈鼓应盖持类似之看法，见《〈太一生水〉与〈性自命出〉发微》，《道家文化研究》第十七辑（郭店楚简专号），生活·读书·新知三联书店 1999 年版，第 404 页。

● 梁涛：《郭店竹简与思孟学派》，中国人民大学出版社 2008 年版，第 5 页。

论。但二者可以相贯通，即通过至诚之工夫可以上达天命，一个完整的天人性命系统呈现了出来，故《中庸》总结云："思知人，不可以不知天。"凸显了人之宗教存在，同时，这种宗教存在又是可以在人之内在修养工夫中体证到的。《中庸》以上所说的这些义理，在郭店儒家简中，只是若隐若现，绝没有像子思那样，说得如此完满与显豁。更重要的是，《中庸》讲"唯天下至诚，为能尽其性；能尽其性，则能尽人之性；能尽人之性，则能尽物之性；能尽物之性，则可以赞天地之化育；可以赞天地之化育，则可以与天地参矣"，把儒学之宗教性讲到了宇宙论的高度，成为了一种圆教形态，这在郭店儒家简里是绝没有出现的。再者，《中庸》整个文本，文字优美，乃至对仗工整，像"君子尊德性而道问学，致广大而尽精微，极高明而道中庸"这样的句子，既义理蕴藉，又美轮美奂，常为后人所津津乐道，成为了华夏文化之经典语汇。但郭店儒家简，从文本来看，显然不及《中庸》远甚。通过这种比较，我们似乎可以得出结论，郭店儒家简应该比《中庸》略早，即使在时间上相近，但在义理上依然是草创阶段，即义理上比《中庸》要早。下面不妨引用龙晦的研究，以支撑本书的判断。

1991年，魏启鹏在巴蜀书社出版了《马王堆帛书〈德行〉校释》(《德行》就是庞朴所说的《五行》，马王堆帛书及郭店楚简俱有是篇，同时，此书还收录了魏启鹏所校释的另一种帛书佚书《四行》，一般又称为《德圣》。郭店楚简发现并公布以后，魏启鹏于2005年又写了《郭店楚简〈五行〉笺证》，于是，与1991年的旧作一起，命名为《简帛文献〈五行〉笺证》，由中华书局出版)，龙晦为是书作序，他在这篇序文中从三个方面说明《五行》篇之成书应比《中庸》略早。其一，《五行》对宗教性的渲染不及《中庸》。《五行》把"圣人推到'明明在下，赫赫在上'的程度，也可以看出他们的观点比较一致，从儒学史由孔子到董仲舒逐步宗教化的角色来看，显然他还未达到《中庸》的地步，因此我们推断它比《中庸》略早，是可以肯定的"[1]。其二，从亲亲与尊贤之关系来看，《中庸》把尊贤、亲亲平列为治国平天下之九经，且尊贤放在亲亲之前，又，《韩非子·难三》载子思答鲁穆公有"君子尊贤以崇德"之言，由此肯定，子思是比较强调尊贤的。但"佚书四篇提倡'贵贵而后尊贤'，他比子

---

❶ 魏启鹏：《简帛文献〈五行〉笺证》，中华书局2005年版，第54页。

思还要后缩一步，从这点看，佚书四种似乎也应比子思略早"[1]。其三，从"慎独"之内容看，"子思的'慎独'是比较成熟的，既考虑了主观，又考虑了客观。佚书四种说：'慎其独也者，言舍夫五而慎其心之谓也。'纯从主观考虑以心为统帅，比较简单，因此从'慎独'这一学说看来，似乎佚书四种比《中庸》早"[2]。综合以上三个方面看，帛书佚书比《中庸》略早应该是不成问题的。李存山与龙晦持类似之观点，只不过李存山认为，"简本《五行》篇当作于《中庸》之前"[3]，而帛书《五行》则在孟子之后，荀子之前。帛书《五行》应该是简本《五行》的抄本，尽管有所改造，但总体思想相近，故这个区分意义不是很大。当然，陈来从荀子"子思唱之，孟轲和之"这句话，断定《五行》之经部为子思所作，而说部乃孟子所作。[4] 由于史料的缺如，上述三个人的结论其实都不能得到印证，乃至于任何结论都可能逃不脱臆断之嫌疑。但本书之所以赞同龙晦与李存山的说法，乃纯从义理上看，即《五行》篇在儒家义理之发展中是早于《中庸》的，这是大概可以认定的。尽管在时间上，《五行》篇的创作可能与《中庸》同时或稍后，但因为当时交通不便、资讯不发达，它们之间可能并没有相互影响（《五行》的作者可能是七十子后学到楚地开坛授徒或出仕者，而楚地与鲁国毕竟相去甚远），故从义理之成熟之角度看，确实早于《中庸》。虽然《五行》的作者可能与子思根本没有干系，但因为是七十子后学之故，又因为曾子开启的学派是孔子后学之主流，因而其义理之阐发依然脱不了思孟学派的窠臼，是以依然属于思孟学派。正如有学者指出的那样，"郭店儒简反映的是孔子以后，儒家第二、三代弟子的思想世界，代表了当时儒家心性之学所达到的水平与高度"[5]。

以上虽然就《五行》一篇而说，其成书在子思之前。若就整个郭店楚简来看，是否也可以得出同样的结论呢？从史料上来看，依然很难。然若我们从郭店儒家简所有篇什之语言特征及其义理结构来看，基本可以认定是与《五

---

[1] 魏启鹏：《简帛文献〈五行〉笺证》，中华书局 2005 年版，第 56 页。

[2] 魏启鹏：《简帛文献〈五行〉笺证》，中华书局 2005 年版，第 56 页。

[3] 李存山：《从简本〈五行〉到帛书〈五行〉》，武汉大学中国传统文化研究院编：《郭店楚简国际学术研讨会论文集》，湖北人民出版社 2000 年版，第 244 页。

[4] 详见陈来：《帛书〈五行〉篇为子思、孟子所作论——兼论郭店楚简〈五行〉篇出土的历史意义》，《孔子研究》2007 年第 1 期。

[5] 刘光胜：《出土文献与〈曾子〉十篇比较研究》，上海古籍出版社 2016 年版，第 217 页。

行》同一时期的作品，且属于思孟学派。如是之结论，或许虽不中亦不远也，它们的作者可能不止一人，但我们依然可以把这些材料作为一个整体来看待。由此，我们得出结论，郭店儒家简（包括马王堆帛书《五行》之经与说及《德圣》），乃作为孔子之道的第一代弘教者的初步探索，这些弘教者就是孔子去世后散落到诸侯各国的七十子及其后学（郭店楚简与上博楚简俱是儒学南移的标志），他们的名字虽然已淹没在历史的洪流中，但他们的可贵探索，却逐步洞开了一个全新的人性宗教的大门，从而把孔子之道确立为天人性命之教迈开了第一步，也就是在把孔子之道证成为"道德的形上学"或"宗教动力学"之路上迈开了坚实的一步。弘教，其理路如何呢？庞朴下面一段话，可以透露其中消息：

> 我们知道，孔子学说主要是强调仁和礼两个方面，仁者内部性情的流露，礼者外部行为的规范。仁不能离开礼，所谓"克己复礼为仁"；礼不能离开仁，所谓"人而不仁如礼何"。仁和礼的相互为体相互作用，是孔子思想的最大特色最大贡献。二者之中，礼是传统既有的，仁是孔子的发明；为什么人间需要礼，早已为大家所熟知，至于为什么人性会是仁，这样一个新问题，孔子自己也没有来得及做出完满的回答。❶

从这一段叙述来看，弘教并不是外在地宣扬礼，而是内在地开发仁（当然，前文说过，仁不只是一种道德品格，而是一种通极于天的宗教禀赋与内在力量），也就是为仁确立人性的普遍根基。孔子当然不是没有来得及做出完满回答，而是让人在践行中体证，而体证根本是行道者的事，不是弘教者所能，因为工夫不到，于体证终归是茫然。但"圣人怀之"以后，终归要依靠"众人辩之以相示"（《庄子·齐物论》），故弘教者必须要出现。

孔子是一个造道者，他以其圣者的生命印证了一个天人贯通的宗教模型，但这样的一个宗教模型并不是对外在于人的神圣者的匍匐膜拜，而是开发人的宗教禀赋而洞开人生命中的神圣者。因此，弘孔子之教并不是去外在地膜

---

❶ 庞朴：《孔孟之间——郭店楚简的思想史地位》，《中国社会科学》1998 年第 5 期，第 88—89 页。

拜人的生命之外的神圣者，而只要开发人的宗教禀赋即可。人的宗教禀赋，以儒学之词汇言之，就是心、性之大能，以康德之词汇言之，就是实践理性之作用。随着心、性之大能，或实践理性之作用不断地被开发出来，不但能成就道德，最终必然会导致宗教。这是七十子后学作为第一代弘教者所必须圣证到的，因此，他们必然会把人之心性、德行与超越的天联系起来。正如杜维明所说："从'天生人成'来理解人的创造性，从超越而内在的天命来认知道德主体的终极基础，从内外交养的修身哲学来体现自我的价值。"❶"天生人成"正是我们理解以七十子后学为代表人物的第一代弘教者的基本弘教理路。"天生人成"意味着，人的一切道德禀赋都来自于天，此谓"天生"也；但这个天生的禀赋必须依靠道德之践履而在人的生命中生成，此谓"人成"。这是对天人性命相贯通之宗教模型之初步探索，为"道德的形上学"或"宗教动力学"的证成迈开的第一步。

七十子后学是继曾子之后第一代正式的弘教者，与曾子这样的行道者相较，其弘教之特色是非常鲜明的。前文说过，曾子之角色虽然开始向弘教者转移，但毕竟基本上还属于行道者，故曾子重内省，重孝行。尽管曾子之内省乃是要证见那善之当身，而其重孝行乃于经验中震拔那心性大体，但曾子本人只是一个笃实的践行者，对于心性自身却鲜有所说。如，曾子曰：

> 君子之于不善也，身勿为能也，色勿为不可能也；色也勿为可能
> 也，心思勿为不可能也。（《大戴礼记·曾子立事》）

曾子认为，身与色拒绝不善俱不难，但心始终不与不善交涉却是很难的，这不仅仅意味着一个道德的人根本意味着人的神圣性。而且由此潜沉反省，必然可批判地证见一个神圣者。但曾子乃是一个行道者，对于"批判地证见"始终不太措意。于是，在曾子那里，天、心、性并没有作为专门之范畴提出来。但从郭店儒家简的材料看，七十子后学即思孟学派的第一代弘教者，已经以天、心、性作为基本范畴来弘扬孔子天人性命之教了。正如刘光胜所言：

---

❶ 杜维明：《郭店楚简的人文精神》，武汉大学中国传统文化研究院编：《郭店楚简国际学术研讨会论文集》，湖北人民出版社 2000 年版，第 22 页。

"心性论逐渐从早期儒家思想的幕后走到前台，成为儒家仁学理论建构的必备环节与重心所在，实现了由理论配角到主角的角色转换。"[1] 其实，孔子、曾子，乃至其后的思孟学派俱不是严格意义的理论家，因此，心性论的出现并非是仁学建构的需要，乃是弘教的需要。当然，弘教亦必须有理论的建构，这种理论建构就是天人性命之学的逐渐确立，也就是弘教者之教规。具体地说，七十子后学之弘教落实在三个问题上：

其一，超越之神圣者之证见——天。

其二，天人之间贯通之桥梁——性。

其三，天人之间动力之开辟——心。

这是对儒学作为"宗教动力学"的初步探索。以上三个方面的问题，是儒学作为圆满的哲学，亦是根源之宗教之本质所在，而与外在的仪式性的膜拜宗教相区别。由此，儒学才回到了宗教之为宗教的根本。德国宗教哲学家鲁道夫·奥托说："如果我们尚未对永恒理性作过勤奋认真的研究，就不应染指'不可言说的神秘'。"[2] 相反，若我们对永恒理性作过勤奋认真的研究，则必可染指"不可言说的神秘"。不过，在儒者那里，不是对永恒理性作勤奋认真之研究，而是通过道德践履作日新又新的开发，由此，必然有神圣者之见证。

三、超越之神圣者的见证——天

孔子以周文自任，但他并非是一种世俗的伦理学家或政治家，而是一个世间的神圣造道者，故"子罕言利，与命与仁"（《论语·子罕》），程伊川释之曰："计利则害义，命之理微，仁之道大，皆夫子所罕言也。"（朱熹：《论语精义》卷第五上）尽管利、命、仁皆孔子所罕言，然其间之区别甚大，利乃世俗者，故孔子不欲言，至少不欲屡言之；而命与仁乃超越者，为无法言者，然却可实践地体会之、表现之。由此可见，孔子之于利，乃诚不欲言者，而之于命与仁，乃终生所欲体之于身而不欲空言者。这其中，"命"即"天命"，

---

❶ 刘光胜：《出土文献与〈曾子〉十篇比较研究》，上海古籍出版社 2016 年版，第 225 页。

❷ 鲁道夫·奥托：《论"神圣"》，成穷、周邦宪译，四川人民出版社 1995 年版，作者序第 1–2 页。

乃纯粹之超越者；"仁"乃人内在之大能而通极于天命者。这样，在孔子看来，世间之人只有开发其内在大能而通极于天命，人方始为人，故整部《论语》以"不知命，无以为君子"收结，杨龟山释此句曰：

> 夫《论语》之书，盖圣贤之微言，为学之大方也，其言性与天道备矣。学道不薪于上达，不足为善学。（朱熹：《论语精义》卷第十下）

可见，人只有通极于天命，才不至于成为世间之"见害必避，见利必趋"的竞利者，才能成为一个神圣的生命，这是孔子之道，也是孔子最后的告诫。

人必须通极于一个神圣者，这是孔子造道开教之要义，故孔子曰："下学而上达，知我者其天乎！"（《论语·宪问》）又曰："人能弘道，非道弘人。"（《论语·卫灵公》）朱子释之曰："人外无道，道外无人。"（《论语集注》卷第八）可见，人与道（超越之神圣者）是一个相互发明的过程，人通极于道，就是弘道。人一旦通极于道，道自可弘人；然人若不能通极于道，道即归寂，从这个意义上讲，非道弘人。总之，在孔子之教那里，人必须通极于一个神圣者（称之为天或道俱可），这是人之为人之本义，也是开仁道以至善治的本义所在，故曰"人道敏政，地道敏树"（《中庸》）。

但是，人要通极于神圣者，却不是一件容易的事，它依赖人之觉悟，而觉悟的第一关，就是要正视人的有限性与受造性，孔子说他"五十而知天命"，说明他对于人之受造性至五十岁方才完整地理解。下面一段话，即是孔子对其有限性与受造性的体证：

> 子畏于匡。曰："文王既没，文不在兹乎？天之将丧斯文也，后死者不得与于斯文也；天之未丧斯文也，匡人其如予何？"（《论语·子罕》）

孔子体证了自然生命之有限性与受造性，必然会开启一个永恒的维度，以期生命与之贯通。因此，正视人之受造性，乃人觉悟之第一步，或者说，一旦人有受造感，则必有神圣者之出现。鲁道夫·奥托说："对于在心中产生的'受造感'与'依赖感','神秘者'必然被经验为一种在场的东西。"换一句话说:"只有当'神秘'这一范畴被唤入运作之后,才可能在心灵中产生出'受造感'与'依赖感'这类伴随性的感受。"❶奥托所说的神秘者就是神圣者,在中国常名之曰"天"。人之自然生命在神圣者面前,其力量是微不足道的。孔子尝对子路曰:

> 夫贤不肖者,材也;为不为者,人也;遇不遇者,时也;死生者,命也。今有其人,不遇其时,虽贤,其能行乎? 苟遇其时,何难之有! 故君子博学深谋,修身端行,以俟其时。(《荀子·宥坐》)

自然生命之凶吉祸福,都是没有一定的,中国传统有听天由命之说,即谓此也。然既云"听天由命",则必然有神圣者——天之出现,这是正视人之受造性所必然引至的。鲁道夫·奥托进一步说:

> "受造感"一语所要表达的,乃是对极端自我鄙薄的暗示,这是当着某个具有超常力量与绝对权能的对象的面所产生的感受。而每一事物皆依赖于这个超绝者的特质,这种特质是无法用言辞来表达的,而只能通过当事人对之作出的感受反应的语调和内涵来加以间接暗示。要领会此种感受反应,当事人必须亲自直接体验它。❷

七十子后学作为第一代之弘教者,其肇始点即在于对"受造感"的体会。如实说来,任何一位儒者,其进入儒学,必牵连着这种受造感而入,不然,即不得其门。七十子后学即由"受造感"入儒学之门以弘教,其基本义理就体现在《穷达以时》这篇文献里。

> 有天有人,天人有分。察天人之分,而知所行矣。有其人,无其世,虽贤弗行矣。苟有其世,何难之有哉? 舜耕于历山,陶埏于河

---

❶ 鲁道夫·奥托:《论"神圣"》,成穷、周邦宪译,四川人民出版社 1995 年版,第 13 页。

❷ 鲁道夫·奥托:《论"神圣"》,成穷、周邦宪译,四川人民出版社 1995 年版,第 12 页。

浒，立而为天子，遇尧也。……骥厄张山，骐塞于邵来，非无体状
也，穷四海，至千里，遇造故也。遇不遇，天也。动非为达也，故
穷而不怨，隐非为名也，故莫之知而不吝。芝兰生于幽谷，非以无
人嗅而不芳。无箸堇，逾宝山，石不为开，非以其善负己也。穷达
以时，德行一也。誉毁在旁，听之弋母，缁白不釐，穷达以时。幽
明不再，故君子敦于反己。❶

这种"有天有人，天人有分"之意识，乃是七十子后学正视人之受造性
与有限性，进而对一个神圣者产生依赖感、敬畏感之意识，正是这种意识，
才可能使人克服其受造性与有限性，继而向神圣者靠近乃至通达。这里不妨
借用基督教哲学家拉纳的话加以说明：

　　人必须按其所得偶在性承担他的此在，以便使自己成为人的此
在，也就是说使自己面对着必然加以肯定的在的照亮状态。这样一
来，首先从形而上学上对绝对必然性的肯定的同时也是对人的偶然
性和"被抛状态"的肯定。只有坚信自己的有限性的人，才能够认
识在的真正无限性。❷

因此，这里的"天人有分"，乃是基于人之受造感（偶在性）而来之觉悟
意识，其终极目标乃在通达于神圣者，即人现实中是一个有限的存在，并非
一个现成的神圣者，需要有所努力与作为才能通达神圣者，故后文有"察天
人之分，而知所行矣"。也就是说，人必须有天人不同之清楚意识以后，才能
为克服人之有限性与受造性做好准备。这里的"分"只是说天与人不同，天
是一个现成的神圣者，但人却不是，而不是说天与人根本无关而不能相互通
达。所以，这里的"天人相分"绝不同于荀子所说的"天人相分"。荀子所说

❶ 李零：《郭店楚简校读记（增订本）》，中国人民大学出版社 2007 年版，第 111–112 页。特别说明，本
书所引用的郭店楚简的文献，俱取自李零的《郭店楚简校读记》。《郭店楚简校读记》是研究郭店楚简
比较好的一个校注本，被众多研究者所据引。原书中之文献有不少括号，为了便于读者阅读，引据到本
书时，俱作了删除。
❷ K. 拉纳：《圣言的倾听者——论一种宗教哲学的基础》，朱雁冰译，生活·读书·新知三联书店 1994
年版，第 95–96 页。

的"天人相分"乃基于观解之立场，视天与人俱为经验对象，而认为人事与天无关，荀子的"分"，诚为天人无涉而不能相互通达也。但《穷达以时》所说的"分"绝非基于经验对象的观解，乃基于受造感而来的震动、觉悟、苏醒，这种意识，先虽是天人之区分，最后必将在人之有限性中开出永恒性来，即皈依于天。李泽厚有见于《穷达以时》中的"天人相分"与荀子所说语句上有相似性，遂断定郭店楚简其"基本倾向似更近荀而不近孟"，乃是根本错误的。不过，李泽厚后面又补充道："更可能是当时派系分化尚不鲜明，只是处在某种差异状态中，因此不能判其属于某派某子。"❶若仅从语句之相似性看，确如李泽厚所说，但若我们能正视人之受造性与有限性，则其派系是非常清楚的，即《穷达以时》所表现的乃承袭孔子天人性命相贯通之教来，而不是荀子天人无涉思想之先声，这根本是感触与觉悟的事，而非纯观解与思想的事。因正视人之受造性与有限性乃觉悟之第一关，弘教之第一步也。可以说，基于受造感而来的天人相分，恰恰是人觉悟的开始。我们可以用鲁道夫·奥托的一段话来说：

> 路德说过："自然人是不可能完全畏惧上帝的"，此言从心理学的观点来看不仅是正确的，而且我们还要进一步补充说，自然人甚至完全不可能战栗或感到惊骇。因为"战栗"远甚于"自然的"、通常的害怕。它意味着神秘已开始在心灵面前隐隐浮现，已开始拨动感受之弦。它暗示了一种评价范畴的最初运用，这种范畴在日常经验的自然世界中是没有位置的，而只有对这样的人才可能：在他的心中，一种独特的，不同于任何"自然的"能力的精神倾向被唤醒。❷

人由受造感而意识到天人相分，所谓"分"就是意识到自己的有限性而面对神圣者而来的战栗、敬畏，由此开发出人的一种新的精神能力与倾向。所谓觉悟，正是针对人的这种新的精神能力与倾向而言者。

所有宗教特别是理性宗教，都必须有由受造感而来的这种"分"的觉悟

---

❶ 李泽厚：《初读郭店竹简印象记要》，《世纪新梦》，安徽文艺出版社 1998 年版，第 209 页。
❷ 鲁道夫·奥托：《论"神圣"》，成穷、周邦宪译，四川人民出版社 1995 年版，第 18 页。

与开发。庄子即充分意识到天人必须有这种区分。他说："知天之所为，知人之所为者，至矣！知天之所为者，天而生也；知人之所为者，以其知之所知以养其知之所不知，终其天年而不中道夭者，是知之盛也。"（《庄子·大宗师》）庄子明确告诉我们，天之作为与人之作为是不同的，这里须有"分"。但庄子又告诉我们，人之所为清楚以后，天之所为就切近而灵现了出来。这就是"知人之所为者，以其知之所知以养其知之所不知"这句话所包含的道理。若一个人一辈子都能意识到这种"分"，且能在这个过程中以人之所为通达天之所为，这就达到了圣人的境界。庄子在这里乃期于天人之分的觉悟而更好地通达神圣者——天，若不能意识到这种天人之分，而欣喜沉醉于人之所为，却不能开显通达于天之所为，则为就不是真正的为，知亦非真正的知，人亦不是真正的人。但荀子囿于其天人相分之思想，谓庄子"蔽于天而不知人"（《荀子·解蔽》），实则庄子并非"不知人"，而是希望意识到天人之区分而更好地由人而通达于天、通达于道。但在荀子的思想里，天与人是根本无涉的，天是根本无须通达的，只需停驻在人为就可以了。这样，荀子就把天给摒落了，由此而无法根本理解庄子，同时也陷入了"蔽于人而不知天"的自蔽中而不自知也。

在庄子之前，七十子后学即说出了类似之意思。郭店楚简《语丛一》云："知天所为，知人所为，然后知道，知道然后知命。"❶这句话与《庄子·大宗师》中的那句话极其相似，且比庄子所说更为清楚，七十子后学明确告诉我们，只有在天人相分之后，我们才能知道什么是"道"，什么是"命"。又，帛书《五行》篇云："君子无中心之忧则无中心之圣。"❷"忧"即是由天人之分而来，但由"忧"必然导致"圣"，"圣"即是对天命的谛听与冥契，进而走向天人合一。可见，七十子后学认为，必须在受造感中有了天人之分的觉悟以后，才能冥契天命。如是说来，学界所形成共识的儒家之忧患意识，不过是在天人相分之觉悟下，由宗教意识而来的受造感，而受造感又含罪恶感，人欲化除

---

❶ 李零：《郭店楚简校读记》，中国人民大学出版社 2007 年版，第 208 页。
❷ 魏启鹏：《简帛文献〈五行〉笺证》，中华书局 2005 年版，第 63 页。

罪恶感，则必须克服气的有限性而向无限性攀升，即与天合一。❶七十子后学在世时间略早于庄子，但我们很难说庄子的上述思想是受了七十子后学的影响，因为这根本上是人面对受造感而来的觉悟。一个真实地面对在世生命而欲有所超越的人，于此必当有所觉。前文说过，"敬畏感是理解《论语》及孔子精神德行的一把钥匙"，这表明，孔子已明确地意识到了人之受造性，只是孔子是造道者，受造性不常言及，而于其践行中则唯见其敬畏感而已。作为行道者的孔门弟子，亦多于践行中表现敬畏感，曾子之"战战兢兢，如临深渊，如履薄冰"（《论语·泰伯》），就是其显著体现。七十子后学作为第一代弘教者，则不能再止于敬畏感自身，因为他们必须告诉别人何以人须当有所敬畏，如此，则受造感必须被明确地说出。这是七十子后学盛言"有天有人，天人有分"之根本用心所在。但必须指出的是，七十子后学言天人有"分"，并不是一"分"分到底，而是为了更好地天人合一，即为人之通达于天作必要的准备，依拉纳的话说就是："人借助于其被造物的在之质素永远不可能对活的上帝所可能发出的启示无动于衷"❷。丁四新即深刻地认识到了这种由"分"而"合"的重要性。他说：

> 所谓天人相分，自然包括"天"、"人"的名实区别，这是毋须多言的，即使在讲天人相通相入的关系之前，亦必有天人相分的思想区别作为前提，不然论述天人相通相入之理完全没有必要。而简书的天人相分思想，其特别之处乃在于自觉地反思或重新认识到天、人的不同内涵及其区别的重要性，甚至认识到这种不同内涵与区别正是论述天人相通相接的必要条件。❸

丁四新还进一步指出，若不能明于天人相分，恐怕知道、知命是不可能

---

❶ 世人或以为儒学乃乐感文化，其罪恶意识远不及基督教。对此，牟宗三予以了批评，他说："勿谓儒家偏于乐观，对于人生之负面感受不深。此皆世俗之论，无真正之道德意识者也。焉有自道德意识入而无深切之罪恶感乎？"（牟宗三：《从陆象山到刘蕺山》，上海古籍出版社 2001 年版，第 375 页。）

❷ K. 拉纳：《圣言的倾听者——论一种宗教哲学的基础》，朱雁冰译，生活·读书·新知三联书店 1994年版，第 103 页。

❸ 丁四新：《郭店简书的天人之辩》，武汉大学中国传统文化研究院编：《郭店楚简国际学术研讨会论文集》，湖北人民出版社 2000 年版，第 583 页。

的。丁四新的以上论述都是极有见地的。但是，丁四新没有看到，七十子后学之"天人相分"乃基于人作为受造之有限者面对永恒之神圣者而来的觉悟，于是，因何而有天人之分？（若仅从名实而言天人之分，尚是观解的，而不是觉悟的，此易陷入荀子之天人相分义，七十子后学之天人相分显然不是此义。）又何以必须天人合一？其间的义理便不能顺适贯通，须知，只是荀子意义上的天人相分，则开发不出天人合一之维度。尽管丁四新指出，"'天人相分'与'天人合一'的思想往往是彼此纽结在一起的，不应偏执一边，作出极端的推论。荀子有所谓'性伪合'的命题，就是在'明于天人之分'思想基础上达到了天人关系的重新统一"❶。荀子的"性"与"伪"俱是经验论，故"性伪合"并非真正天人意义上的合一。❷天人合一，必须是在超越意义上讲。天人合一，一定是作为受造者的人面对唯一之神圣者的觉悟而来，故"天"是唯一的神圣者，只有这样的神圣者，"下学而上达"才可能，即人通过觉悟而通达于神圣者。《白虎通义·辟雍》云"学之为言觉也"，故"学"即觉悟也。天乃作为受造者的人通过觉悟后而通达的神圣者，这是孔子"上达"的目的地，也是子思"天命之谓性"中的"天"，复是孟子"尽心、知性而知天"中的"天"。这是儒学中"天"之胜义，因为这牵涉儒学作为"道德的形上学"是否能找到道德的切入口之问题，也牵涉儒学作为"宗教动力学"是否能有动力的问题，故儒学中"天"之这种胜义是不能下落而打散的。

在此，必须要附带论述一下庞朴之文章《天人三式——郭店楚简所见天人关系试说》，因为他在这篇文章中把天的这种胜义全给下落而打散了。庞朴的这篇文章乃专门研究郭店楚简而写成，他在文章中把儒学中的天人关系分为三种，即天人相分、天人合一，以及不太明确的介乎二者之间或超乎二者

---

❶ 丁四新：《郭店简书的天人之辩》，武汉大学中国传统文化研究院编：《郭店楚简国际学术研讨会论文集》，湖北人民出版社 2000 年版，第 587 页。

❷ 梁涛也认为，郭店楚简与荀子俱既讲天人相分，亦讲天人合一。他说："从思想史的发展来看，天人之分与天人合一总是相伴而生的，没有不讲天人之分的天人合一，也没有不讲天人合一的天人之分。但不论是竹简还是荀子，其天人之分都不是以认识自然为价值取向，竹简的天人之分主要讨论的是如何对面命运的问题，因而是人生论的而不是认识论的。"（梁涛：《郭店楚简与思孟学派》，中国人民大学出版社 2008 年版，第 466 页。）郭店楚简与荀子固既讲天人之分，复亦讲天人合一，但须知，其背后之精神是根本不同的，郭店楚简是受造者面对神圣者而体证地讲，而荀子则是纯自然地经验地讲。故郭店楚简之由天人之分到天人合一，可以证成道德的理想主义或理性主义，乃至可以证成理性的宗教，而荀子之由天人之分到天人合一，则只能证成隆礼重法的礼治主义。

之上的说法。

天人相分中的"天",就是《穷达以时》中"有天有人,天人有分"中所说的"天",庞朴把这种"天"解释为不可捉摸的自然、社会力量。他说:

> 在通常情况下,这种环境、态势或时势,不仅不依人们的意志为转移,而且以其君临人间的架势,神差鬼使,唤雨呼风,左右着人们的祸福,安排着人们的命运。于是,它被尊之为"天",尊之为与人隔绝的冥冥之中的祸福以之的天。❶

我们知道,经验世界永远处在变动之中,若"天"只是这样一种自然、社会力量,则它永远处在不可捉摸之中。这样,即使"察天人之分",亦不知所行矣。对于这种不可捉摸之自然、社会力量,正如荀子所言,"怪之,可也;而畏之,非也"(《荀子·天论》)。庞朴的这种理解,把七十子后学所说的"天"等同于了荀子意义的"天"。荀子意义的"天"是开不出敬畏的,但七十子后学所说的"天"一定是有敬畏之情的,他们之说"察天人之分,而知所行矣",一定是基于道德的乃至宗教的立场,而不是经验的观解的立场。前者在人的生命中开发出道德的、宗教的禀赋,以通达于天;若是之无有,仅是经验的观解的立场,就无法理解《穷达以时》后文所说的"穷达以时,德行一也"与"幽明不再,故君子敦于反己",很明显,七十子后学希望通过反己而开启生命的神性维度。

庞朴所说的天人合一中的"天",乃他通过分析郭店楚简《五行》而来,他认为,此时的天人关系不同于"有天有人,天人有分"之天人关系,乃通过人之道德践履各自进入对方,以便完成作为天的天与作为人的人,且进入之程度愈深,其完成之程度愈大。但在庞朴看来,这种天人关系既然维系于道德,便其实只有人之道德,并无天之神圣。他说:

> 《五行》篇中所以谓之为天道者,实乃一种神道设教的把戏,企

---

❶ 庞朴:《天人三式——郭店楚简所见天人关系试说》,武汉大学中国传统文化研究院编:《郭店楚简国际学术研讨会论文集》,湖北人民出版社2000年版,第32页。

图假借超人的形上的力量，来肯定理想的秩序，来范围人心与人行。其实第一，所谓天道，不过是人间道德的"天化"，是被宣布为天道了的人道；第二，它仍需要返回人间，通过人心人行来显现落实，否则便只能天马行空，便是空话。❶

天固然需要通过人来彰显，"人能弘道"即是这个意思，但并不能由此就认为，天道根本是人道之天"化"，实无所谓天道。庞朴虽在此肯定天人合一，实无所谓"天"，只是"人"之唯一。这样，就把儒学消解为只是道德，而非宗教。

庞朴所说的不太明确的介乎二者之间或超乎二者之上的所为"天"，即郭店楚简《性自命出》之"性自命出，命自天降"中的"天"。但庞朴认为，这种"天"往往是虚悬一格，没有任何实际内容和实际作为。这只是虚晃一枪，为性的出场鸣锣开道而已，而性的真正内容与特质，是从喜怒哀乐之气开始的，此时性已经完全是人的而非天的了。庞朴由是说：

> 因之这样的天人关系，说穿了，实际上是没有关系而又不得不维持着面子的关系，是人企图从天的主宰下挣脱出来而尚未能的表现；于是表现出一种有别于天人相分、天人合一的又分又合若即若离的关系。❷

庞朴一再表示"性自命出，命自天降"中的"天"是虚悬一格、虚晃一枪，意即这样的"天"根本是无意义的，是硬凑上去的，这样硬凑上去，亦未给人性增加任何内容，人之"性"根本不需要与"天"通达，性的真实内容只是喜怒哀乐之气。这样的论述与观点，真是令人瞠目结舌，《中庸》云"天命之谓性"，孟子谓"四端"乃天之所予我者，非外铄者也，怎么能说这样的"天"是硬凑上去的一种面子上的关系呢？怎么能说"天"之于性未增加任何

---

❶　庞朴：《天人三式——郭店楚简所见天人关系试说》，武汉大学中国传统文化研究院编：《郭店楚简国际学术研讨会论文集》，湖北人民出版社 2000 年版，第 33 页。

❷　庞朴：《天人三式——郭店楚简所见天人关系试说》，武汉大学中国传统文化研究院编：《郭店楚简国际学术研讨会论文集》，湖北人民出版社 2000 年版，第 35 页。

内容呢？

庞朴虽云"天人三式"，但无论哪一式，他都把神圣的天给消解了，由此，把儒学只是理解为纯粹的伦理或道德，且是非常具有经验性格的世俗的伦理或道德。庞朴这样理解道德："道德是甚么？无非是人的一定的心理定式和行为规范。这些定式和规范，不是天上掉下来的，也不是娘胎里带出来的，而是人们共处于社会中时逐渐形成起来的。"❶世间或有这样的道德，但以此来规定孔孟一系的道德是极其不适合的，从而把孔孟一系的道德下滑为荀子一系的道德，荀子一系的道德，最后落实下来不过是隆礼重法，心性论及修养工夫都不是其本质性的问题，❷正因为心性问题开不出，故在荀子那里是无法开出宗教精神的，这显然是大悖孔孟精神的。因此，儒学中的"天"并非一个虚构的存在，其实质作用与首出性必须要被阐发出来，不然，儒家的道德保不住，儒学的心性论根本开不出来或无真实之意义。如此，人只是自然人，儒学也真正成为了黑格尔所说的世俗之道德，而儒学作为"道德的形上学"

---

❶ 庞朴：《天人三式——郭店楚简所见天人关系试说》，武汉大学中国传统文化研究院编：《郭店楚简国际学术研讨会论文集》，湖北人民出版社 2000 年版，第 33 页。庞朴又在《孔孟之间——郭店楚简的思想史地位》一文中再次提到，天或是社会力，或是虚悬一格，起作用的实乃人性。但又有另外一段文字，郭店楚简谈天："不是天以其外在于人的姿态为人立则，向人示范，而是天进入人心形成人性，直接给人以命令和命运。……天命是人性得以形成的直接原因。"（见《中国社会科学》1998 年第 5 期，第 90—91 页。）这里的"天"似乎是实体化的天，但庞朴并不以之谓神圣者，故体会不到人之受造感与有限性。即使把"天"实体化，但者只是把它理解为一个自然的存在，而不是一个神圣者，不激起受造者之敬畏之情，人就不会开启心性动力以求皈依于天。因此，在这种路数的天人关系中，不可能真正理解人性与人心。他虽认为天乃人性之原因，但只是从自然因果链的立场讲的，而不是受造者基于神圣者敬畏之立场上讲的，因此，天只是人性产生的一个自然的原因。如此理解人性，必把人性说成是中性的，实际上，庞朴确实认定郭店楚简之人性论就是"可以为善可以为不善"。但须知，作为神圣者之天赋予受造者的人以性，绝不同于一个自然物产生另一个自然物，后者是一个自然的中性过程，但前者一定是一个善的流布与形成过程。故《易传·系辞上》云："一阴一阳之谓道，继之者善也，成之者性也。""一阴一阳"是指神圣的道不断之作用，继此作用而产生的万物一定是善的，且形成其性了。

❷ 荀子固认人性为"恶"，但这只是经验地、观解地以人之肉体生命之本能与欲望为性，与孟子在人之肉体之外超越地、批判地以见形上之性殊不同。前者只是一个经验性的事实，后者才是真正的人性。所以，学者颜世安认为，纯粹的人性问题不是荀子所特别关注的，这种见解是有一定道理的。荀子之所以谈性恶，是为其隆礼重法张本，是其隆礼重法思想的逻辑起点，对于这个逻辑起点，人们只须正视，无须改变也没办法改变，学问之本质问题在学礼行法，而不在性恶，因为荀子明说"凡性者，天之就也，不可学，不可事"（《荀子·性恶》）。但在孔孟那里，"性"是学问之本质问题所在，人的一切学问工夫俱在涵养保全人之"性"，这不但是道德问题的根本，也是人之尊严之根本，亦是人通达于天而完成其宗教性存在之根本。

或"宗教动力学"俱无法证成。果尔，则儒学之深义即大为贬损。[1]何以故？诚如鲁道夫·奥托所言，在自然人那里，精神的真正维度是无法被唤醒的。这个意思，七十子后学已经意识到了，郭店楚简《五行》篇云："天施诸其人，天也。其人施诸人，狎也。"[2]其意思是说，只有来自天的东西，人们才会绝对敬畏而保其尊严，而只是来自人的东西，人们就会亵玩而不尊重它。这意味着，人的精神维度的开发，一定要有一个向上通达的"天"。

现代人常以为，古人之"天"乃是"借天为说"，是蒙昧时代之人们民智未开的表现，但在笔者看来，这并非古人之民智未开，恰恰相反，乃是现代人理智自大的表现，[3]且在这种自大中失去了体证之能力。七十子后学作为第一代弘教者，通过其受造感，首先感受到了神圣者——天之实有，既而体会到天人之不同。在他们看来，弘教首要的站立点是"天"，由此才能进入人那里而成教。天人固不同，但人是受造者，故不可能与天完全无关。是以郭店楚简《语丛三》云："天形成人，与物斯理。与物以日，物有理，而地能贪之生之者，在早。物不备，不成仁。"[4]又曰："有天有命，有命有性，是谓生。"[5]第一句文献，其文句不知是否有误，因为郭店楚简乃新出土的孤本文献，无从勘校比附，故只能整理到这个程度。今依此文句而试释如下：天造就了人，同时也给万物以理。在万物之日久生长中，万物之理得以显现，大地之所以能使万物生长，乃因为天早早地赋予了万物之理。若万物不具备天所赋予之理，便不能成就仁德。第二句则意思显豁，意即：天造就了生命，生命即有其性。这样，性与天就有了本质的关联。两句联合起来看，则第一句所说的

---

[1] 从《天人三式——郭店楚简所见天人关系试说》一文中可以看出，庞朴并无"天"之真实信仰，他不过以唯物论或经验论为底据，观解地研究儒学，故只是把儒学理解为一般的世俗的道德学，而作为"道德的形上学"或"宗教动力学"之儒学，则没有办法进入其视野。作为一辈子精研儒学的老学者，这是颇为遗憾的事。张汝伦在《绝地天通与天人合一》一文中，通过对庞朴《天人三式——郭店楚简所见天人关系试说》的批判而得出结论说："在天人关系中，天是决定性因素，没有天便没有一切，包括'性命'。而有些现代学者刻意要以人类中心论和主体主义的思想把天人关系改造成人便是天意义上的所谓'天人合一'，其目的的确是'图从天的主宰下挣脱出来'。但这办得到吗？即便办得到，其后果又会怎样呢？"（《河北学刊》2019年第6期）这种追问是有见地的。

[2] 李零：《郭店楚简校读记（增订本）》，中国人民大学出版社2007年版，第103页。

[3] 杨泽波即认为儒学中的"天"乃"借天为说"，实则无所谓"天"，亦不需要"天"，儒学中的"性"、"心"俱是"境性"的，俱可生长，而无先天性。杨泽波的这种思想，从研究孟子之性善论开始，中经研究牟宗三之思想，最后至构建儒家之生生伦理学，俱是彰显这个主题。

[4] 李零：《郭店楚简校读记（增订本）》，中国人民大学出版社2007年版，第192页。

[5] 李零：《郭店楚简校读记（增订本）》，中国人民大学出版社2007年版，第194页。

"与物斯理"就是指"与物斯性",而"物不备,不成仁"就是指:若万物不具备天所赋予的性,则不可能成就仁德。可见,人之所以为人,物之所以为物,俱在于天所赋予之性,而德正是靠这个性去成就的。

七十子后学以其强烈之受造感,通过天人相分在生命里开启一种精神维度而通达于天,故天人相分必走向天人合一。若没有在受造感中体会到天人相分,人就是自然人,就不会向内开发,进而不能发现生命自身通达于天的力量。七十子后学作为弘教者,首先要做到这一步,不然,生命自身向上通达的力量开发不出来。那么,七十子后学做了怎样的开发呢?郭店楚简《五行》篇云:

> 目而知之谓之进之,喻而知之谓之进之,辟而知之谓之进之,几而知之,天也。"上帝贤汝,毋贰尔心",此之谓也。❶

"目而知之谓之进之",依据帛书《五行》"说"之解释为:"不循其所以受命也,循之则得之矣,是目之已。故目万物之性而知人独有仁义也,进耳。"❷也就是说,通过观察万物之性而知道唯有人才有仁义。同样,帛书《五行》"说"解"喻而知之"为:"弗喻也,喻则知之矣,知之则进耳。喻之也者,自所小好喻乎所大好。……由色喻于礼,进耳。"❸解"辟而知之"为:"舜有仁,我亦有仁,而不如舜之仁,不积也。舜有义,而我亦有义,而不如舜之义,不积也。譬比之而知吾所以不如舜,进耳。""几",微也❹。这段话的意思是说:通过眼睛观察万物与人,而知唯人这种存在才有仁义;通过人与人之对比,则仁义德行有所进;再通过性好与礼义之反省,则仁义德行复有所进。三者尽管都能使人之德行有所精进,但俱为外在的机缘促发,这些机缘促发不过是为了震动心自身几微之德,心自身几微之德即心之禀赋与大能,故郭店楚简《性自命出》云"教所以生德于中者也。"❺一旦心之禀赋与大能奋发充满,就会通

---

❶ 李零:《郭店楚简校读记(增订本)》,中国人民大学出版社 2007 年版,第 103 页。
❷ 魏启鹏:《简帛文献〈五行〉笺证》,中华书局 2005 年版,第 116 页。
❸ 魏启鹏:《简帛文献〈五行〉笺证》,中华书局 2005 年版,第 117 页。
❹ 魏启鹏:《简帛文献〈五行〉笺证》,中华书局 2005 年版,第 117 页。
❺ 李零:《郭店楚简校读记(增订本)》,中国人民大学出版社 2007 年版,第 137 页。

达于天，故曰"几而知之，天也"。下文"上帝贤汝，毋贰尔心"，意思是，上天给了每个人这样一个心，只要在心里做工夫就行了。在心里做工夫，一定可通达于天，故帛书《五行》之"说"又云："德犹天也，天乃德已。"[1]也就是说，德就是天，天就是德，二者贯通如一。天是德的本体，德是天的发用。但德并非是现实之人的善行，而是人受之于天的大能与禀赋，我们把人受之于天的大能与禀赋谓之心。人若震动、奋发、充满此大能与禀赋，自能与天合一。《穷达以时》在说"天人相分"以后，最后说"敦于反已"，就是要开发内在的大能与禀赋，以与天合一。正因为如此，马王堆帛书《四行》又称《德圣》）云"道者、德者、一者、天者，君子者。"[2] "道"、"德"、"一"、"天"四者是一个意思，在君子身上必有所体现。

人内在之德，即人固有的大能与禀赋，具体表现就是对性与心的发见，二者都是人贯通于天之内在能力，性切就人之禀赋讲，是天人贯通之桥梁；心切就人之大能讲，是天人贯通之动力。通过性、心二者，完成天人之间天"生"人"成"双向互动之建构。

四、天人贯通之桥梁——性

人性，是儒学的中心话语或基本范畴，但我们要问：到底什么是人性？人的身上有没有一种叫"性"的东西存在，且可直观，就如人的五官四肢可被直观一样？显然，我们并不能直观到人的性。但儒学所雅言的人性到底何指呢？朱门高弟陈北溪的解释或有助于我们理解"性"之所指。他说：

> 性即理也。何以不谓之理而谓之性？盖理是泛言天地间人物公共之理，性是在我之理。只这道理受于天而为我所有，故谓之性。性字从生从心，是人生来具是理于心，方名之曰性。（《北溪字义》卷上《性》）

---

[1] 魏启鹏：《简帛文献〈五行〉笺证》，中华书局 2005 年版，第 85 页。
[2] 魏启鹏：《简帛文献〈五行〉笺证》，中华书局 2005 年版，第 127 页。

可见，上天造人，一定赋予了人相应之机能，这些机能必表现出一定的方向、价值，即表现出一定的"理"，这种"理"凝聚在人身上，以一个具象化的词——"性"以说之。"性"是静态地说，"心"是动态地说，实则无所谓"性"与"心"，只是"机能"的发用，故后来有"心无本体，工夫所致，即其本体"（《明儒学案》黄梨洲序）之说。但把这些"机能"凝成具象化的"性"与"心"之范畴，以便人能切实地把握与体会，并非叠屋架床之举也，故我们亦可云"性体"与"心体"。须知，这些机能都来源于天，故以静态的"性"说之，是以桥梁义表现这种关联；以动态的"心"说之，是以动力义彰显这种关联。

孔子是造道者，故重以人自身之机能来表现道，而对这些机能之凝聚反省则较少措意，孔门弟子亦如是焉。但七十子后学作为第一代之弘教者，为了弘教之方便，必须把这些机能具象化为"性"与"心"。郭店楚简《性自命出》则第一次专门把"性"、"心"问题系统地提出来加以讨论：

> 凡人虽有性，心亡奠志，待物而后作，待悦而后行，待习而后奠。喜怒哀悲之气，性也。及其见于外，则物取之也。性自命出，命自天降。道始于情，情生于性。始者近情，终者近义。知情者能出之，知义者能入之。好恶，性也。所好所恶，物也。善不善，性也；所善所不善，势也。❶

这段文字，涉及儒学的基本范畴——天、性、心、情、好恶等，然其核心范畴是"性"，因为如前所言，"性"从"理"说，"心"、"情"、"好恶"乃"性"之"理"的表现，故"性"之"理"明，则"心"、"情"、"好恶"之特质随之而明。

关于"性"的中心语句就是"性自命出，命自天降"。这句话揭示了"性"与"天"之关系，但这到底是一种怎样的关系呢？这到底是一种自然人性论还是一种性善论，对此学界分歧颇大。下面不妨列举几家代表性的看法：李泽厚、庞朴、陈来及颜炳罡认为《性自命出》一篇所体现的是自然人性论，落

---

❶ 李零：《郭店楚简校读记（增订本）》，中国人民大学出版社2007年版，第136页。

实就是性可善可不善，或者性恶，总之，与告子、荀子相近，绝不可能是性
善论。

李泽厚在《初读郭店竹简印象记要》一文中指出：

> "性自命出，命自天降"的"性"，便是与物性相区别的自然人
> 性。竹简非常详尽地描述喜、怒、爱、思、欲、虑、智、念、强、
> 弱等等均出于此自然之性。这里毫无"人性善"的道德说法。后儒
> 直到今天的现代新儒家对"人性"和"天命"的道德形而上学的阐释，
> 似乎值得重新考虑。❶

李泽厚认为"性自命出，命自天降"所表达的并非"性善论"，也不应该
对之进行"道德的形上学"的解释。为什么会得出这样的结论？因为李泽厚
只是把"天"作为"性"的因，尽管是第一因，但这种第一因是从发生论的
立场上讲的，故"天"只是一种物化的力量，由此而产生的东西自然也就只
具有物化的力量，对于人而言，就是自然人性论。因"天"与"性"只是一
种物化的发生学的关系，故而人"性"并不表现一定的方向与价值，"心"作
为其动力，自然也是盲目的。正因为如此，庞朴说：

> 楚简未必便是告子的作品，但告子的"水"和"决"的比喻，
> 倒确实与楚简的性和心的关系类似。告子着眼于水，结论是"人性
> 之无分善不善"；楚简以无奠志的心去取性，着眼于决，其结果则应
> 该是：可以为善可以为不善。❷

因为"天"只是在与"性"的发生学之意义上理解的，"天"一旦创造了
"性"，便脱离了"天"而与其无关了。这样，人就成了一个纯粹的自然生命，
所谓人性就只能从生命之实然看了，这无疑是告子与荀子的路。颜炳罡即是
由此来分析《性自命出》中的人性论的，他说：

---

❶　李泽厚：《初读郭店竹简印象记要》，《世纪新梦》，安徽文艺出版社 1998 年版，第 203 页。
❷　庞朴：《孔孟之间——郭店楚简的思想史地位》，《中国社会科学》1998 年第 5 期，第 95 页。

荀子的人性论断非自创，而是原有所本，这个本可能就是《性情》。本始材朴的性与《性情》之气性完全相一致，与思孟学派的义理之性、道德之性则迥然有异。❶

基于与李泽厚、庞朴、颜炳罡同样的认知，陈来也认为《性自命出》表现的是自然人性论，以生之自然者为性，即生之实然的肉体生命为性，且以为"这种看法其实是先秦思想的主流，也是先秦儒家的主流"，并以孔子及其弟子宓子贱、漆雕开、公孙尼子为例，说明《性自命出》之人性论与他们的人性论很接近，都不是性善论。这样，陈来认为，"孟子的性善论，在先秦儒学中反而是独特而少有的"❷。

综上所述，这几位学者认为，《性自命出》秉承了孔子及其弟子自然人性论之传统，下启告子与荀子，俱以实然之生命体为性，这样的人性，自然可善可不善，乃至谓之性恶亦无不可。若仅从《性自命出》的文字来看，似乎他们的分析并无问题。尽管梁涛认为，《性自命出》的上篇表现为"性可以为善，可以为不善"论，而下篇则又提出"性善"论，但依然是一种纯文本的分析。❸然而，从义理上，我们该如何分析他们得出这种结论的因由呢？关键的问题，还是在"天"字上面，他们俱把"性自命出，命自天降"中的"天"看得太轻了。由此，就必然把《性自命出》中的人性论看成为非性善论。

如上所述，这几位学者最根本的问题，就是从发生学的视角来看待"性自命出，命自天降"。依据这种模式，若我们衡之以康德哲学，则"天"就只是观解理性之下的"综实在"之实体化。"综实在"是牟宗三的翻译，邓晓芒与李秋零俱译为"实在性的概念"，但"综实在"显然更好理解，于是，我们这里引牟宗三的译文。所谓"综实在"，依据牟宗三的理解就是：

以经验全体（当作一全体看的经验）之集合的统一代替知性之

---

❶ 颜炳罡：《郭店楚简〈性自命出〉与荀子的情性哲学》，《中国哲学史》2009 年第 1 期，第 6 页。颜炳罡把《性自命出》简称为《性情》。

❷ 陈来：《郭店楚简之〈性自命出〉篇初探》，《孔子研究》1998 年第 3 期，第 57 页。

❸ 梁涛：《郭店楚简与思孟学派》，中国人民大学出版社 2008 年版，第 147 页。

经验的使用之分布的统一，一切实在之综集原只是一分布的统一，今误之为一集合的统一；既视之为一集合的统一，如是"遂把全部现象领域思之为一独个的东西，即一'含有一切经验实在于其自身'的那独个的东西"。❶

所谓"综实在"，就是经验世界的全体，包括其中的各种性质、发展、变化，这些性质、发展、变化本是流散而分布的，我们实不知其具体边界与最后归结，但观解理性便于其自身对经验世界的理解，遂把这种流散而分布的全体，凝成一"实在"，进一步又具象化之，在西方称之为上帝，在中国则称之为天。实则，经验世界只是流散与分布，我们既无法凝成一统一的"实在"，更不能具象化为一实体，这只是观解理性的理想或虚构。于是，康德说：

> 我们没有权力去作这一步，甚至亦没有权利去假定这样一个假设之可能性。而从这样一个理想而流出的任何后果对于事物之完整决定亦不能有任何关系，而在事物之完整决定方面亦不能表现丝毫影响力；可是超越的理念已被表明为是必然的，其所以被表明为是必然的，乃是只因为其有助于事物之完整决定之故。❷

上帝或天只是观解理性的虚构，并没有这样的实体，自然对事物的完整决定不能表现丝毫的影响力，尽管如此，观解理性之所以还要作这一步的虚构，只是为了观解理性自身完整地理解经验世界，即在"知解中"有助于对事物的完整决定。上帝或天不过是对"综实在"的具象化的虚构，若人只是停驻在经验世界错综复杂的实在中，既不"综集"，亦不具象化之，则不需要上帝或天亦是可以的，这就是为什么罗素不信上帝的原因所在，因为上帝作为世界的"始因"不是绝对必要的。他说：

> 没有任何理由可以说世界没有起因就不能产生，同样，也没有

---

❶ 牟宗三：《圆善论》，台湾学生书局1985年版，第249页。

❷ 康德：《纯粹理性之批判》（下），《牟宗三先生全集》第十四卷，台湾联经出版事业有限公司2003年版，第873页。

任何理由说世界并不总是存在着，没有理由说世界归根到底有个起点。事物肯定有个起点的观点，实实在在是想象力匮乏的结果。❶

世界可以不必要有始因，具体到儒家所说的"天"而言，所谓"天"只不过是经验世界无穷无尽之机械因果或力学联系，发生论中的天生万物正是这种机械因果或力学联系的体现。若"天"只是这样的"综实在"，则"性自命出，命自天降"中"天"与"性"的关系正是机械因果或力学联系，上述几位学者可以说正是这样来理解"天"的，前面专就庞朴的《天人三式——郭店楚简所见天人关系试说》进行了分析，下面再来看李泽厚对"天"之理解：

> 竹简有"天"、"命"，却未见"天命"连用。"天"义含混，其中包含有非人力所可测度、控制的神秘力量，却无人格神的性格。"命"无神秘的道德含义，指的即是人的感性生命和生存。（颇疑《中庸》首句"天命之谓性"似应从此"命自天降"分读，作自然生成解。）❷

尽管"天"乃非人力所能测度、控制的神秘力量，但只要是以自然生成论的方式造就人，则"天"与"性"的关系就只能是机械因果或力学联系。即便"天"是人格神，只要是以自然生成论的方式造就人，造就了以后再无关系，神是神，天是天，则人性依然不过是人的感性生命或生存。这样，无论"天"是哪种形态，或"综实在"，或信仰中的"人格神"，只要是以自然生成论的方式造就人，则这种造就便只是一个物化的、机械的、力学的过程，这个过程虽说不上恶，但亦绝说不上善，总是中性的。在这个物化的、机械的、力学的过程中形成的人性，自然亦是中性的，可以为善，可以为不善。既然人性是中性的，可以为善，可以为不善，则善如何规定呢？那就只能是外在的"势"。梁涛解释"善不善，性也。所善所不善，势也"时，即认为"善

---

❶ 罗素：《为什么我不是基督徒》，《宗教能否解除我们的困惑》，黄思源、卓翔译，北京出版社 2010 年版，第 44 页。在这里，康德与罗素所持观点有所不同，罗素认为非得去为经验世界找一个始因，这是想象力匮乏的结果，大可不必；但康德认为，虚构一个经验世界的始因，虽然其间有幻相，但亦是必要的，因为这有助于观解理性更好地完整地理解世界。

❷ 李泽厚：《初读郭店竹简印象记要》，《世纪新梦》，安徽文艺出版社 1998 年版，第 202 页。

不善，性也"就是人性可以为善，可以为不善；而"所善所不善，势也"就是"人性的善与不善实际是由外部因素也即'势'造成的"❶。事实上，只要以自然发生学或生成论的立场来看待天与人的关系，那么，善一定是经验的、关系的、构造的，也就是"势"的。这就是为什么上述几位学者总以为善在外，而人性自身则无所谓善与不善的原因所在。

若天与人的关系只是经验世界中物化的、机械的、力学的关系，则说天人相分固可，谓天人合一亦无不可。天人相分，乃谓从经验上看，天与人毕竟是不同的个体，尽管俱为物性的；天人合一，乃谓天与人俱在物化的、机械的、力学的关系中，没有谁能逸出这种关系之外。显然，无论是天人相分，还是天人合一，都是一层的、平面的、经验的，而不是立体的、纵贯的、超越的，也就是说，天与人的关系绝不是道德的、宗教的，人性由此成为了经验物。但问题是，作为弘教者的七十子后学，是在这个意义上论述天与人的关系的吗？人性只是一个经验物吗？一言以蔽之，七十子后学所说的"天生人成"是一种自然发生学或自然生成论吗？

"性自命出，命自天降"，这里的关键字句乃是一个"出"字、一个"命"字，它们到底作何解？"性自命出"，即谓"性"是"命"的表现，"出"不作"生成"解，而作"表现"解，即"性"是"命令"的表现。那么，"命令"从哪里来呢？"命自天降"，即"命令"乃"天"的表现。可见，"性自命出，命自天降"并非是生成的作用力的关系，而是一种连续的通达的关系，即"天"通达于人，而成为了其"性"，并非是"天"创造了一个物，而物有了属于自己的"性"。故欧阳南野曰："天人一体，性命无二。"（《欧阳南野先生文集》卷一《寄萧文奎》)蒙培元即认识到"性自命出，命自天降"所说明的乃是天与人的通达关系，他说：

> 命之对于性，是一种"给予"的关系，不是"作用力"的关系，当天将命给予人的时候，就成为人的性，而不是天从外部作用于人，使人相应地成为某种性。如果是这样的话，性是性，命是命，仍然是两个东西，只是人性要听命于天命而已。这种微妙的关系，正是

---

❶ 梁涛：《郭店楚简与思孟学派》，中国人民大学出版社 2008 年版，第 146 页。

"究天人之际"的实质所在，这所谓"际"，看起来好像是边际、界限，实际上是一种内在的转换关系，即从天命转换为人性。所谓"性自命出"，就是由命转化为性，性出于命。❶

"究天人之际"乃中国学问的最高价值指向与皈依。其实，天人之间既有"际"也无"际"，谓其有"际"，毕竟天是神圣的无限存在，而人是有限存在；谓其无"际"，乃因为"天"通达于人，而成为了人的"性"。正是这种有"际"与无"际"之间的张力，使得人有受造感与敬畏感，若天人之间一"际"永隔，则人绝不可能有受造感与敬畏感，只沉迷在人的封限内自得其乐，绝无向上通达的愿力与期望。明乎"性自命出，命自天降"乃天与人之间的通达关系，而不是生成论的力学关系，则《性自命出》篇的人性论应作一种哥白尼式的反转，即其所表现的人性论绝非可以为善可以为不善论，而是彻底的性善论。蒙培元、郭齐勇、李景林俱秉承此说。❷

执持"性可以为善可以为不善论"者，盖基于《性自命出》下面一段话：

> 道始于情，情生于性。始者近情，终者近义。知情者能出之，知义者能入之。好恶，性也。所好所恶，物也。善不善，性也；所善所不善，势也。

论者之所以有"性可以为善可以为不善"之论定，乃基于上面这段话中所表现的两种关系：其一，以好恶论性；其二，以情论性；再加上前文所说的"喜怒哀悲之气，性也"，即以气论性，而好恶、情与气一般被认为是肉体生命的本能与欲望，由此而论性，最后必落入告子或荀子的縠中。下面将说明，即便以好恶、情气论性，也可以是性善论，而不是性可以为善可以为不善论或性恶论。

---

❶ 蒙培元：《〈性自命出〉的思想特征及其与思孟学派的关系》，《甘肃社会科学》2008年第2期，第37页。

❷ 他们具体的观点，详见蒙培元：《〈性自命出〉的思想特征及其与思孟学派的关系》，《甘肃社会科学》2008年第2期。郭齐勇：《郭店儒家简与孟子心性说》，《武汉大学学报》1999年第5期。李景林：《从郭店楚简看思孟学派的性与天道论——兼谈郭店简儒家类著作的学派归属问题》，武汉大学中国传统文化研究院编：《郭店楚简国际学术研讨会论文集》，湖北人民出版社2000年版。

第一，性分自身之好恶与善。

一说到好恶，我们习惯地总以感性之立场视之，如好声色、恶饥寒等，若以此感性之好恶作为人之本性，则人性确乎不能说是善的。但好恶一定是感性的吗？有没有理性的好恶？若依据康德哲学的讲法，自由意志直接兴趣于道德法则，就是理性的好恶。康德说：

> 意志作为自由的意志，因而并不仅仅是没有感性冲动的参与，而且是甚至拒绝一切感性冲动，并在一切偏好可能违背那个法则时就中止这些偏好，这意志是仅仅由法则来规定的。❶

自由意志唯一所"好"乃道德法则，而"恶"一切感性冲动，这种好恶就是纯理性的，丝毫不掺杂着感性。可见，人作为一种理性的存在，不但有感性的好恶，更应该有理性的好恶，而且必有理性的好恶，不然，人作为理性的存在就无法证成。理性的好恶就是自由意志对于道德法则的自律与敬重。但我们不要以为在自由意志之外还有道德法则，其实，自由意志自身即蕴含着道德法则，反过来，道德法则自身即蕴含着自由意志，二者是一个东西。正是在这个意义上，康德认为，"自由与无条件的法则是彼此相互回溯的"❷。涌现或供给道德法则，排斥一切感性的冲动，乃自由意志唯一的作用，故自由意志必有好恶，且这个好恶必然是善的。"好恶"二字，易把自由意志与道德法则一分为二，故好恶并不是好的表现形式，易让人理解为主体对客体的态度，且常是在感性冲动的立场上，由此必把自由意志理解为可善可恶的。但其实，自由意志与道德法则二者是同一的，中间并不需要好恶作为桥梁，也就是说，自由意志＝道德法则＝善，这同时也意味着，自由意志自身即是善的，康德亦称之为善良意志，是人作为理性存在者唯一的底据与标志。

康德所说的自由意志或善良意志，以儒学的词汇说之，就是本心或良知。本心自身有其好恶，良知自身有其决断，本心之好恶，良知之决断，可名之

---

❶ 康德：《实践理性批判》，李秋零主编：《康德著作全集》第 5 卷，中国人民大学出版社 2013 年版，第 78 页。

❷ 康德：《实践理性批判》，李秋零主编：《康德著作全集》第 5 卷，中国人民大学出版社 2013 年版，第 31 页。

曰性分自身之好恶。这种性分自身的好恶不是感性的好恶，而是理性的好恶。性分自身的好恶，一个做笃实内省潜沉工夫的人，必有所体会。孔子下面的这段话即是说性分自身的好恶：

> 我未见好仁者，恶不仁者。好仁者，无以尚之；恶不仁者，其为仁矣，不使不仁者加乎其身。有能一日用其力于仁矣乎？我未见力不足者。盖有之矣，我未之见也。（《论语·里仁》）

前面说过，"仁是每个人所固有的且可通达于天的道德力量"，即仁乃人性自身所具有的力量，仁之于人性乃本有者，无所谓好不好，说好恶已不是很好的表达，但说人性本有仁，人于此多茫然，因为这需要哲学的批判与解释，孔子作为造道者，自然不愿在此多费周折，故以好恶说之，亦未尝不可。孔子这段话的意思是：好恶的最高境界就是把性分中的仁表现出来，这是性分自身的好恶，圆满自足而无待于外，从理上讲，人人可以做到；但现实中，很少有人做到。这不是不能，而是不为之结果。

曾子进一步发展了孔子内省潜沉的一面，他在《大学》中，则把性分自身的好恶说得更加明确：

> 所谓诚其意者，毋自欺也。如恶恶臭，如好好色，此之谓自谦。故君子必慎其独也。

"诚其意，毋自欺"，就是让我们真诚地面对性分自身的好恶，性分自身的好恶是如此简易明白，就像生活中我们对恶臭的厌恶、美色的喜好一样。人只要截断众流，独自面对性分自身，一定可感受到这种好恶的力量。

郭店楚简《性自命出》中所说的"好恶，性也"，正是孔子与曾子思想的进一步明确揭示，这里的"好恶"是就性分自身的好恶讲的。这性分自身的好恶其价值如何，即性分自身的好恶是善的还是恶的，这是七十子后学必须要回答的问题。因为仅说性分自身的好恶，则感性的欲望亦可谓性分自身的好恶，但却不能说是善的，郭店楚简所说的性分自身的好恶是这个意义上说的吗？孔子作为造道者，曾子作为行道者，在其笃实的践行中，自能体会二者绝不相同，不需要刻意论说以区分之也。然七十子后学作为弘教者，须严加区分与说明。

"好恶，性也。所好所恶，物也。"这句话是说，性自身有其好恶，但这性自身的好恶要有所体现，必须落实在"物"上面，此即是"所好所恶，物也"之意。但性自身之好恶到底是善的还是恶的，仅依据本句并不能加以说明，故《性自命出》后文又接着说：

善不善，性也。所善所不善，势也。

这里之句式结构与"好恶，性也。所好所恶，物也"相同。这样看来，"善不善"不是名词，而是动词。"善不善，性也"，并不是说，性有善有不善，而是说，善与不善的裁决能力在性那里。"所善所不善，势也"，这是说，落在现实（即"势"）的善与不善，正是由于性自身对善与不善裁决后而可能的，若没有性自身所具有的善与不善的裁决能力，则现实中的善与不善即无法落实。而性之所以能照察善与不善的区分，说明性乃是超越于善与不善之上的至善。若没有性分至善的凌虚寂照，则根本不能区分善与不善。郭店楚简《语丛一》有一句非常重要的话：

有察善，无为善。❶

"察善"意味着"善"本是先天的，只可察识。"无为善"意味着"善"不是外在地做出来的，或以一个外在的评价定之为善。这句话表明了七十子后学已经彻底意识到了"善"的内在性与先天性。察识意味着善是性分中天生固有的，善是内省照察出来的，而不是外在作为的结果，尽管善最终落实在外，但至善之性分的凌虚寂照必须是在先的。因此，《性自命出》又说：

---

❶ 李零：《郭店楚简校读记（增订本）》，中国人民大学出版社 2007 年版，第 159 页。

> 凡性为主，物取之也。……凡动性者，物也。❶

性之至善，本是凌虚而归寂的，但及其与物接触，则凌虚而归寂之性即动了起来，所以，物之作用在于"取性"、"动性"，但"取性"、"动性"只是"用"，而非"体"也。蒙培元说：

> 物虽能"取性"、"动性"，但性仍是原来的性，并不因物而变化，性对物有好恶，而物不能决定性之好恶，这就是"凡性为主"。"凡性为主"含有主体性的意思，表现了人之为人的主体性，为主而不为客。它所强调的是主体自身的作用。后来孟子的学说正是沿着这条路线发展出来的。❷

若我们停驻于人性之自身察识其凌虚寂照之大能，而不是掏空主体以客体为务，则人性一定不是中性的，一定是善的，故《性自命出》云：

> 其反善复始也慎，其出入也顺，始其德也。❸

这意味着，"善"必须谨慎地回复到人性之自身，察识其机能，然后人之行为才能出入顺适，而成其为真正的道德。实际上，《性自命出》明确地肯定了人性自身即是善的。

> 未教而民恒，性善者也。❹

性自身之善是人天生而固有的，这个并不需要教。不唯此也，这个天生固有之善，乃是后天教化之始基；若无此始基，则后天的教化即不可能。

---

❶ 李零：《郭店楚简校读记（增订本）》，中国人民大学出版社 2007 年版，第 136 页。
❷ 蒙培元：《〈性自命出〉的思想特征及其与思孟学派的关系》，《甘肃社会科学》2008 年第 2 期，第 39 页。
❸ 李零：《郭店楚简校读记（增订本）》，中国人民大学出版社 2007 年版，第 137 页。
❹ 李零：《郭店楚简校读记（增订本）》，中国人民大学出版社 2007 年版，第 139 页。

四海之内，其性一也。其用心各异，教使然也。❶

这里的"性一"乃指始基言，即性自身之善言，即就人性自身之善端而言，人人固有且绝对同一，无一丝一毫之殊异。"心"是彰著"性"者，"用心各异"是说：虽人性之善端同一，但现实中人所表现出来的善的力量却不同，这是因为教化的结果。但尽管现实中人所表现出来的善的力量不同，并不意味着教育是把外在的东西附着到了人性之中，实只是让人性中的善端不断地扩大生长。这个意思在《性自命出》中有明确的指陈：

凡性，或动之，或逆之，或交之，或厉之，或出之，或养之，或长之。凡动性者，物也；逆性者，悦也；交性者，故也；厉性者，义也；出性者，势也；养性者，习也；长性者，道也。❷

"悦"，依据后文的解释，"快于己者之谓悦"❸；又，《韩诗外传》卷九云"见色而悦谓之逆。""故"，"有为也者谓之故"。❹李零进一步解释说："按一定目的来设计，用作教化手段的典章文物或文化传统，则可藉以交流，沟通本性（'诗书礼乐'就是这里所说的'故'）。"❺"厉"，"砥砺"、"提高"解。"出"，即"绌"，"弯曲"、"改变"之意。"长"，廖名春释之为"率"❻。这段话的意思是说：人人虽有固有之性自身的善端，但这个善端在后天外在的作用下是可以有所变化的，动之，逆之，交之，厉之，出之，养之，长之，俱是外在不同作用下之不同变化。人性有其自身的性德与好恶，但这些性德与好恶只是一种善端，其要有所表现，则需要落实在外物之上；若不能发扬性自身的善端，仅以外在之愉悦为务，就是违逆人性之本然；用以修习性自身善端的手段，就是诗书礼乐等章典；砥砺提升性自身善端的凭借，就是义理；改变性而使其善端难以发扬的，常是外在的环境；熏染发扬性之善端，常依靠好的行为习惯；若能率性

❶ 李零：《郭店楚简校读记（增订本）》，中国人民大学出版社 2007 年版，第 136 页。
❷ 李零：《郭店楚简校读记（增订本）》，中国人民大学出版社 2007 年版，第 136 页。
❸ 李零：《郭店楚简校读记（增订本）》，中国人民大学出版社 2007 年版，第 136 页。
❹ 李零：《郭店楚简校读记（增订本）》，中国人民大学出版社 2007 年版，第 136 页。
❺ 李零：《郭店楚简校读记（增订本）》，中国人民大学出版社 2007 年版，第 152 页。
❻ 廖名春：《郭店楚简儒家著作考》，《孔子研究》1998 年第 3 期，第 78 页。

之善端而充其极，就是道。这一段话，虽然也认为性的发扬需要外在的条件，如诗书礼乐、义理、习惯等，但这必须以性自身的善端作为始基，若不顺着性自身之善端，纯粹务外，如外在的愉悦或环境，必然会造成违逆或改变性之善端的后果，这是七十子后学所不能接受的。总之，性自身的善端虽然亦不废后天的教化，但后天的教化一定要顺应性自身的善端而发扬光大之，后来的孟子正是在此基础上而曰："凡有四端于我者，知皆扩而充之矣，若火之始然、泉之始达。"（《孟子·公孙丑上》）火之始然，不过星星点点，然终成燎原之势；泉之始达，不过涓涓细流，然汇成江河之巨。二者皆扩而充之之结果，人之为善，其情形亦犹是也。若以为性自身是中性的，依靠外在的诗书礼乐、义理、习惯即可使之为善，这在逻辑上都是不可能的。徐灏《说文解字注笺》引戴侗之言曰：

> 性之所无，虽教之终不能，故牛可习于耕而不可教之使走，马可习于乘而不可教之使耕；走者不可使飞，陆者不可使游，性所无也；尧舜之道涂之人皆可学而至焉，性所有也。❶

若如孟子所言，"将戕贼人以为仁义"（《孟子·告子上》），必是逆性、出性，这绝非《性自命出》论性之本义，七十子后学作为弘教者，亦不可能也无法依据这种理路去弘教，因为逆性、出性无法开性德与人道之弘规。郭店楚简《成之闻之》有云：

> 圣人之性与中人之性，其生而未有非，志次于而也，则犹是也。虽其于善道也亦非有怿数以多也，及其博长而厚大也则圣，人不可由与墠之。此以民皆有性而圣人不可慕也。❷

"怿"原作"译"，而"译"，陈伟以为当读为"泽"，即恩泽。"墠"，读

---

❶ 蒋人杰编纂：《说文解字集注》，上海古籍出版社 1996 年版，第 2203 页。

❷ 李零：《郭店楚简校读记（增订本）》，中国人民大学出版社 2007 年版，第 159 页。断句参考了杨宾儒的《子思学派试探》一文而有所改动。（见武汉大学中国传统文化研究院编：《郭店楚简国际学术研讨会论文集》，湖北人民出版社 2000 年版，第 617 页。）

为"单"。《说文》："单，大也。"❶ 这段话的意思是说：圣人与一般人之人性，天生时并没有什么不同，但后天的志向与努力不同，才使得差别如此之悬殊。即使如此，圣人天生之善端并没有比一般多，只是后天努力而使善端发扬光大了，故成为了圣人，但一般人却做不到这一点（最终成为一般的人）。所以说，人人都有性自身之善端，而圣人并没有特别值得羡慕的。这段话清楚地表明：性自身之善端人人固有，若能顺之而发扬光大，则人人可以成为圣人，圣人与一般人只有量的差别而没有质的差别，后来的孟子依此而直接说出"圣人与我同类者"（《孟子·告子上》）之断语。

人人固有性分自身之善，性依循着自身而动，就是性分之好恶。《性自命出》云：

> 爱类七，唯性爱为近仁。智类五，唯义道为近忠。恶类三，唯恶不仁为近义。❷

"性爱"，即人性自身之爱。"唯性爱为近仁"，意味着人性自身之爱就是仁，此是就性分之好言；实则无所谓好不好，仁就是性分自身之潜能。性分自身之潜能就是仁，则其必有排斥不仁之潜能，这就是"恶不仁"，此是就性分之恶而言。性分自身之好恶，实则就是性分自身之潜能，而其潜能就是仁。好恶意味着人停驻于性分之潜能的自律与开发，亦可谓道德自律，当然，这绝不只是一种道德自律，最终必至于宗教的开发。无论如何，这是善的根源之地。由此可见，郭店楚简所说的好恶，乃切就性分自身的潜能而言，这个潜能因来自于天，故是纯粹理性的，因此，这种好恶是纯粹至善的，绝不是感性的，可善可恶的。所以，因见七十子后学以好恶论性，即以为他们是性可以为善可以为不善论者，是绝对错误的，他们是纯粹的性善论者，但他们又不是伦理学意义上的性善论者，而是存在论意义上的性善论者。七十子后学通过这种人性论，并不只是为了讲道德，更希望通过人性而开发宗教。

第二，性之情之气与天道的通达。

---

❶　陈伟：《郭店楚简〈六德〉诸篇零释》，《武汉大学学报》1999 年第 5 期，第 29 页。

❷　李零：《郭店楚简校读记（增订本）》，中国人民大学出版社 2007 年版，第 138 页。

《性自命出》论述了情与性的关系，其云：

> 道始于情，情生于性。始者近情，终者近义。知情者能出之，知义者能入之。❶

《性自命出》又以"气"论性，其云：

> 喜怒哀悲之气，性也。及其见于外，则物取之也。❷

但凡一说到情与气，多以为是感性的。特别是后人受李翱《复性书》的影响，更以情和气乃不善之致病因。李翱在《复性书上》中云：

> 人之所以为圣人者性也，人之所以惑其性者情也。喜怒哀惧爱恶欲，七者皆情之所为也。情既昏，性斯匿矣。非性之过也，七者循环而交来，故性不能充也。

李翱在《复性书中》又云"情有善有不善，而性无不善焉。"李翱的《复性书》盖通过读《中庸》而来，遂贱情而贵性。由此，"性善情恶"已成定论，一说到情与气，即以为不善，乃至是恶，至少是不能认定为善。基于此种认知，今之研究者看到《性自命出》以情与气论性，遂亦以为性至少不能为定善。但李翱又认为，性与情是不能相互分离的，情由性生，性因情明。

> 虽然，无性则情无所生矣。是情由性而生，情不自情，因性而情，性不自性，由情以明。性者天之命也，圣人得之而不惑者也；情者性之动也，百姓溺之而不能知其本者也。圣人者岂其无情耶？圣人者，寂然不动，不往而到，不言而神，不耀而光，制作参乎天地，变化合乎阴阳，虽有情也，未尝有情也。然则百姓者，岂其无性耶？

---

❶ 李零：《郭店楚简校读记（增订本）》，中国人民大学出版社 2007 年版，第 136 页。
❷ 李零：《郭店楚简校读记（增订本）》，中国人民大学出版社 2007 年版，第 136 页。

百姓之性与圣人之性弗差也，虽然，情之所昏，交相攻伐，未始有穷，故虽终身而不自睹其性焉。（《复性书》上）

性与情乃相因而生者，即使是圣人，亦不能无情；纵便是百姓，也不能无性。那么，善的性如何变成了恶的情呢？在李翱看来，就是因为"思"。这个"思"不是孟子所说的"心之官则思"的那个"思"，因为那是指"本心"之灵明与作用。李翱所说的"思"乃是因物而动，"物交物，则引之而已矣"（《孟子·告子上》）的欲望。以孟子的词语说之，"思"因"小体"而动，自然情是恶的，但若"思"能随"大体"而动，情就不是恶的，而是善的。李翱谓"圣人者，寂然不动"，是指圣人之思不随小体而动，只随大体自身而动，故圣人之情纯粹至善也。《复性书》中云："弗虑弗思，情则不生，情既不生，乃为正思。正思者，无虑无思也。""正思"不生情，是指不生欲望，而停驻于性自身的凌虚寂照中。然性自身的凌虚寂照乃性自身之作用，此即是性之情。这个情绝不会恶，而是纯粹至善的。明儒王龙溪论出自性之凌虚寂照之情，他在《答王敬所》第二书中说：

> 夫意者，心之用；情者，性之倪；识者，知之辨。心本粹然，意则有善有恶；性本寂然，情则有真有伪；知本浑然，识则有区有别。苟得其本，盎然出之，到处逢源，无所待于外。意根于心，是为诚意；情归于性，是为至情；识变为知，是为默识。（《王龙溪先生全集》卷十一）

若真悟得性之凌虚寂照之大用，必至于"心意知物只是一事"，焉有"情"之恶的问题。孟子曰："乃若其情，则可以为善矣，乃所谓善也。"（《孟子·告子上》）孟子这里所说的"情"就是纯粹至善的情，即性自身之凌虚寂照的作用。这里之所以作这样一番辨正，意在说明：性自身有其情，性之情纯粹至善，绝不会恶。这在李翱的《复性书》中是可以分析出来的，也就是说，情有两个层次：欲之情与性之情。"性善情恶"只能就欲之情说，而不可就性之情说。实则，若性善，则性自身之情绝不可为恶。

可惜上述两个层次，研究者并未鉴别。具体到《性自命出》之以情气论性，现代的研究者又与荀子之思想相提并论，则进一步加强了情气为恶之论。《荀子·正名》云："性者，天之就也；情者，性之质也；欲者，情之应也。"前面说过，荀子虽然也在天人关系之中论性，但只是站在经验论的发生学的立场，认为天与人是一种力学的关系，即天仅仅是一个物化的作用力，这样，人之性也是物化的、经验的。基于这种认知，作为"性之质"的情与"情之应"的欲，皆是物化的、经验的，自然俱说不上纯粹至善。陈来就是以荀子之立场来理解《性自命出》之性情论的。❶

关键问题是：性与情的关系只能这样理解吗？"情者，性之质也。"（《荀子·正名》）这里"质"并非"本质"之意，而是"可把捉的东西"，即外在表现。荀子说这句话的时候，是经验地说，即人之情感乃材质之性的表现。但我们亦可超越地说，"情者，性之质也"即人之道德情感乃超越之性的外在表现。《性自命出》中的性与情之关系正是超越地理解之关系。依据"性自命出，命自天降。道始于情，情生于性。始者近情，终者近义"这几句话，可知七十子后学实际上给我们构建了天→命→性→情→道之循环。这个循环意味着，天命下贯为人之性，人之性复通过其自身之表现即情通达于道，而道又是对天命之复归。"始者近情，终者近义"是说：情最开始的表现肇始于人性之善端，及其圆满之时，就近于义了。而义是什么呢？郭店楚简《语丛一》有云："仁生于人，义生于道。或生于内，或生于外。"❷这就是说，义是道的表现。道虽表现于外，但是性之情的表现，实则最终也是生于内也。可见，"始者近情，终者近义"是说，人性之表现，始于情而终于道。若情是性自身的表现或好恶，则及其圆满之时，必能达于道。《礼记·礼运》有云："何谓人情？喜怒哀惧爱恶欲七者，弗学而能。"一般以为，这"喜怒哀惧爱恶欲"七情是感性的，而不是理性的，但须知，由人性自身的善端出发，亦可有"喜怒哀惧爱恶欲"之七情，这是纯理性的。孔子曰："唯仁者能好人，能恶人。"（《论语·里仁》）这里的"好"与"恶"就是纯理性的。孟子曰："君子有终身之忧，无一朝之患也。"（《孟子·离娄下》）又，"生于忧患，而死于安乐"（《孟子·告子下》）。

❶ 陈来：《郭店楚简之〈性自命出〉篇初探》，《孔子研究》1998 年第 3 期，第 57 页。

❷ 李零：《郭店楚简校读记（增订本）》，中国人民大学出版社 2007 年版，第 209 页。

这里的"忧"与"乐"俱是纯理性的。朱子曰："血气之怒不可有，义理之怒不可无。"（《朱子语类》卷第十三）这种怒之区分，正如张南轩所言："知彼之不可有而此之不可无，则可以见情性之正，而识天理人欲之分矣。"（《癸巳孟子说》卷一）帛书《五行》有"君子无中心之忧则无中心之智"、"君子无中心之忧则无中心之圣"❶，足见《五行》所说的"忧"之情不是感性的。广言之，七情只要发自于人性自身之善端，则七情亦可是纯粹至善的，即理性的，而非感性的、恶的。于是，陈北溪总结曰：

> 情与性相对。情者，性之动也。在心里面未发动底是性，事物触著便发动出来是情。寂然不动是性，感而遂通是情。这动底只是就性中发出来，不是别物，其大目则为喜怒哀惧爱恶欲七者，《中庸》只言喜怒哀乐四个，孟子又指恻隐、羞恶、辞逊、是非四端而言，大抵都是情。……又如《大学》所谓忧患、好乐及亲爱、畏敬等，皆是情。（《北溪字义·情》）

情乃性之动，而性乃天之理，故情之动有其当然之则，循这个当然之则而动的情，就"不是个不好底物"，只有违其则，失其节，而流于私意人欲，情"遂成不好底物，非本来便不好也"，故陈北溪最后曰"性之欲便是情"（《北溪字义·情》）。这种发自人性自身善端之情，正是社会得以治理、文化得以形成的基础，故《礼记·礼运》云："人情者，圣王之田也。修礼以耕之，陈义以种之，讲学以耨之，本仁以聚之，播乐以安之。"圣王之大化而治，正是凭借"人情"这个现实的境域而可能。不唯此也，《乐记》又云："情深而文明。"若情皆为恶，则如何可说"情深而文明"呢？正是这个纯粹至善的性之情，构成了礼义文化。《礼记·礼运》进一步说明礼义是"达天道顺人情之大窦也"，此则可见人情之于天道并不扞格而是顺直通达的。若"礼也者，义之实也"成立，即礼是体现义的，那么同样，人情亦是体现天道的。由此之分析，我们可以说，儒学作为"道德的形上学"或"宗教动力学"，正是由情这个内在动力学而最后完成的，故郭齐勇说：

---

❶　魏启鹏：《简帛文献〈五行〉笺证》，中华书局 2005 年版，第 63 页。

儒家道德形上学是建立在道德情感之上的，而不是排情的，相反，它力图使道德情感成为道德实践的内在动力。❶

如实说来，所谓道德情感不过是性自身之动，性之自动即性之自律，性之外别无所谓情感。若性来自天命，则性必具自身之善端，而性依自身善端而动，又必至于"道德的形上学"或"宗教动力学"。

《性自命出》所说的情正是性善端之自动，不然，其说即不能成立：

> 凡人情为可悦也。苟以其情，虽过不恶。不以其情，虽难不贵。苟有其情，虽未之为，斯人信之矣。未言而信，有美情者也。未教而民恒，性善者也。未赏而民劝，含福者也。未刑而民畏，有心畏者也。❷

这里的"人情"不是人情世故之人情或感官的情感，这些都是相对的，不可能绝对地令人喜悦；这里的"人情"应是指人性善端之自动，这是人人固有的性情之发越，故人人喜悦，且是纯粹而至善的。后来孟子以"理义之悦我心，犹刍豢之悦我口"（《孟子·告子上》）说之。戴侗释"情"曰："发于本心谓之情，伪貌矫饰谓之不情。"❸为什么说"苟以其情，虽过不恶。不以其情，虽难不贵。苟有其情，虽未之为，斯人信之矣"呢？因为只有"以其情"，即性善端之自动，才是绝对纯正而至善的，除此以外，所有别的情感，都是功利论的、经验论的，不可能让人绝对地敬重与喜悦。这里的意思实同于康德的意思："道德上的兴趣就是纯然实践理性的一个纯粹的、摆脱感官的兴趣"❹。人性以自身之善端自律自动，就是"美情"，就是"未教而民恒"之性善，正因为人人都有这个自律自动，故可"未赏而民劝"、"未刑而民畏"。人性以自

---

❶ 郭齐勇：《郭店儒家简与孟子心性论》，《武汉大学学报》1999 年第 5 期，第 27 页。
❷ 李零：《郭店楚简校读记（增订本）》，中国人民大学出版社 2007 年版，第 138–139 页。
❸ 蒋人杰编纂：《说文解字集注》，上海古籍出版社 1996 年版，第 2203 页。
❹ 康德：《实践理性批判》，李秋零主编：《康德著作全集》第 5 卷，中国人民大学出版社 2013 年版，第 85 页。

身之善端而自律自动，《性自命出》以"含福者"、"心畏者"说之，若以孟子之言说之，就是"良福"、"良畏"，即人自身所具有的先天的福乐、先天的敬畏。良畏乃是对人性善端之自律与自动的敬重，良福乃是以人性善端之自律与自动作为目的，除此以外，任何东西不作为目的。良畏与良福之作用，用康德的话说就是：

> 每个意志，甚至每个人格自己特有的、针对他自己的意志，都被限制在与理性存在者的自律相一致这个条件上，也就是说，不使理性存在者服从任何不按照一个能够从承受主体本身的意志中产生出来的法则而可能的意图；因此，这个存在者绝不可以仅仅被用做手段，而是同时本身也用做目的。就世界上作为上帝意志的造物的理性存在者而言，我们有理由甚至把这个条件赋予上帝的意志。[1]

人除了把人性善端之自律自动作为目的与义务以外，其余的任何生活享受都绝不成为其目的与义务。将人性善端之自律自动作为目的与义务，就是"苟以其情，虽过不恶"；若以任何生活享受作为目的与义务，就是"不以其情，虽难不贵"。人对人性善端之自律自动之情感体验，以康德的话说，就是让人直接把握到了上帝的意志；以中国儒家的话说，就是直接契合了天道。

性之情亦可谓性之气，上面所说的"喜怒哀惧爱恶欲"七情，亦可说是"喜怒哀惧爱恶欲"七气。前文指出，情亦可是纯理性的，则气也可是纯理性的。不过，情着眼于一种具体的表现，而气乃是一种综合的表现。"子之燕居，申申如也，夭夭如也。"（《论语·述而》）这正是圣人中和之气的表现。传统经典对于"气"的解释是："气也者，神之盛也。"（《礼记·祭义》）"清明在躬，气志如神。"（《礼记·孔子闲居》）这里所说的"气"俱为人性善端自律自动的表现。以"气"表人性善端之自律自动，在帛书《五行》中有明确的体现：

> 知而安之，仁也。知君子所道而娖然安之者，仁气也。安而行之，

---

[1] 康德：《实践理性批判》，李秋零主编：《康德著作全集》第5卷，中国人民大学出版社2013年版，第93页。

义也。既安之矣，而撒然行之，义气也。行而敬之，礼也。既行之矣，而愀愀然敬之者，礼气也。❶

"气"乃人性善端之自律自动而表现于外者，这种"气"，有学者称之为"德气"。❷郭店楚简《五行》篇有五种"德之行"，亦即人性善端的五种律动，杨宾儒认为："任一行的'德之行'都会带来与之一致的'德之气'。比如：仁之行即有仁气，义之行即有义气等等。"❸又，帛书《德圣》篇云："四行形，圣气起。"❹后来孟子讲"君子所性，仁义礼智根于心。其生色也，睟然见于面、盎于背。施于四体，四体不言而喻"（《《孟子·尽心上》》），正是人性善端律动健觉而德气充盈的结果。明儒刘蕺山认为："人有四德，运为喜怒哀乐四气。"（《刘宗周全集·学言中》）"四气"即德气也。但真正健觉的善端律动，绝不只是德气充盈，必有更高的通达，上引帛书《五行》中的这段文字，其前还有一句"见而知之，智也。见者，□也；智者，言由所见知所不见也"❺。（"□"，魏启鹏疑为"目"字，但依据上下文，似乎"知"或"智"字更妥。）这句话与"以其知之所知以养其知之所不知"（《庄子·大宗师》）是一个意思，即由可见者通达至于不可见者。那么，这个不可见者是什么呢？就是"天"。陆贾曰："故性藏于人，则气达于天，纤微浩大，下学上达。"（《新语·术事》）一个真正的智者，必能由可见而通达于不可见，即由可见之"气"而至于不可见的在下的性与在上的天，最后完成下学而上达之目标。孟子所说的"浩然之气"必然是那种上达于天之气。孟子对"浩然之气"的解释是："其为气也，至大至刚，以直养而无害，则塞于天地之间。其为气也，配义与道。无是，馁也。"（《《孟子·尽心上》》）朱子《孟子章句集注》引程子之言曰："天人一也，更不分别。"这说明"浩然之气"确实完成了对于天之通达。

综上所述，《性自命出》所说的情与气，固是性的作用与表现，但因为是人性善端之自律自动，故最终绝不会指向外在的物事与欲望，而是对天道的

---

❶ 魏启鹏：《简帛文献〈五行〉笺证》，中华书局 2005 年版，第 104 页。

❷ 详见梁涛：《"浩然之气"与"德气"——思孟一系之气论》，《中国哲学史》2008 年第 1 期。

❸ 杨宾儒：《德之行与德之气——帛书〈五行篇〉、〈德圣篇〉论道德、心性与形体的关系》，钟彩钧主编：《中国文哲研究的回顾与展望论文集》，台湾中央研究院中国文哲研究所，1992 年，第 432 页。

❹ 魏启鹏：《简帛文献〈五行〉笺证》，中华书局 2005 年版，第 123 页。

❺ 魏启鹏：《简帛文献〈五行〉笺证》，中华书局 2005 年版，第 104 页。

通达，而"性"在七十子后学那里，是作为天人贯通之桥梁来论定的。由此而凸显其弘教者的角色而不是一般意义的人生论者或道德论者之角色，进而彰显其宗教维度也。

五、天人之间动力之开辟——心

人性善端之自律自动以理言，则谓之性；人性善端自律自动之自定方向、自作主宰而以力言，则谓之心。故相对而言，性是静态的，而心是动态的。是以邵尧夫曰："心者，性之郛郭。"（《朱子语类》卷第四）"郛郭"本是外城之意，这里指性由心得以彰显出来，牟宗三称心为形著原则："如无心之形著，性只是客观地潜存，即不能成为具体的、真实的性。'成性'是形著地成，言通过心之形著始能完成或成就性之为'天下之大本也'。"❶形著"性"需要动力，故心亦是动力原则。心之动力又以意之主宰言，故刘蕺山曰："心无体，以意为体。"（《刘宗周全集》卷十二《学言》下）可以说，意是性之律动的主宰、方向与动力，故《大学》以"诚意"为最后之修身工夫。但意又不是个漂浮无根的想法，而是出自人性善端之自律自动，由此才可以说主宰与方向，就此主宰与方向而言，又可谓之心。故一说心，即以力量言，而其力量之具体表现，就是其主宰与方向。郭店楚简《五行》篇作为弘教者的七十子后学的作品，对于心之主宰与动力之开辟有专门的论述。据庞朴的统计与研究，郭店楚简带"心"旁的字特别多，如"悬"为仁，"悲"为义，"惪"为德等，由此庞朴认为，郭店楚简进入了心性论时期，仁义圣智"被相信为是每一个人的内心世界所具有的禀性，是受于天命、藏于身心、见于人情的德行，问题只在于你是如何用心而已"❷。概略地说，郭店楚简对于心之动力的开辟，其大义有三：其一，心之主宰及其无限性；其二，慎独与动力之开辟；其三，圣与天道之谛听及其冥契。由此三者，进一步完成天人贯通之弘教模型。

其一，心之主宰及其无限性。

郭店楚简《五行》篇云：

---

❶ 牟宗三：《心体与性体》中，上海古籍出版社 1999 年版，第 374 页。
❷ 庞朴：《郢燕书说——郭店楚简中山三器心旁文字试说》，武汉大学中国传统文化研究院编：《郭店楚简国际学术研讨会论文集》，湖北人民出版社 2000 年版，第 40 页。

> 仁形于内谓之德之行，不形于内谓之行。义形于内谓之德之行，
> 不形于内谓之行。礼形于内谓之德之行，不形于内谓之行。智形内
> 谓之德之行，不形于内谓之行。圣形于内谓之德之行，不形于内谓
> 之行。德之行五和谓之德，四行和谓之善。善，人道也。德，天道也。❶

仁、义、礼、智，后来被孟子称之为心之四端，正是依靠这四端的发用，成就现实的善行。但特别值得注意的是，在仁、义、礼、智之外，郭店楚简特别列举了"圣"这种德。"圣"之为德，其成就的是什么？我们将留到后面再论，这里先说前四种德。七十子后学特别区分了德与善的不同。德是形于内的，称之为德之行；善是形于外的，只称之为行。德之行，就是心之主宰与方向，也就是人性善端的自律自动，内在自足而无待于外；但善只是人的一种善行，这种善行未必是心之主宰与方向，即未必是人性善端的自律自动。七十子后学认为，这二者是有严格区分的，前者乃基于天道，而后者仅基于人道。人道尽管在一定条件下是善的，但未必是绝对的、无条件的善的；而天道则不一样，天道自身即是目的，因其是无条件的绝对的善的。这说明，七十子后学之学问具有超越的维度，这一维度在后来的子思与孟子那里得到了进一步的发展，但这样的超越维度是极具经验性格的荀子所不能了解的，因此，荀子才批评思孟学派的"五行"说"甚僻违而无类，幽隐而无说，闭约而无解"（《荀子·非十二子》）荀子是否见过简本《五行》篇不得而知，但那几句话大概是批评思孟学派内倾而重证悟，而不能在经验上得到验证，故谓之"无类"、"幽隐"、"闭约"。总之，这是一种神秘主义的内在之路，但恰恰是这种内在之路，才能成就真正的道德，并接上宗教。这里不妨引入康德的理论加以说明。

康德在《实践理性批判》中，把人的行为分为质料的实践原则与理性的实践原则，前者称之合法性，后者称之道德性。什么是质料的实践原则呢？所谓质料的实践原则，就是依靠一个外在对象来决定自己的意志。康德认为，不管这个外在对象是什么性质，都具有同一特征，即"都隶属于自爱或者自

---

❶ 李零：《郭店楚简校读记（增订本）》，中国人民大学出版社 2007 年版，第 100 页。

己的幸福的普遍原则之下"❶。尽管以自爱或自己的幸福作为行为之准则并不坏，可以得到人的理解，但这种行为只是有世俗的合法性，其行为自身并无道德性可言。即使一个人的行为符合意志自身所给予的原则（即人性善端之自律自动），但其遵守之也并非依循意志自身之原则，而是依循这一原则所带来的结果，那么，他的行为依然只是隶属于质料的实践原则，故他的行为同样只具有世俗的合法性，绝无道德性可言。比如，一个人不撒谎并非遵循意志所给予的不撒谎之原则，而是不撒谎能给他带来好处，如果是这样，即使他没有撒谎，他的行为也不具有道德性。那么，什么是道德性呢？就是意志自身涌现的法则（心自我主宰）作为意志的唯一的规定根据，任何质料性的东西都不能成为意志的规定根据。行为之原则若要成为理性的实践原则，那么，"它们不是按照质料，而是仅仅按照形式包含着意志的规定根据"❷。质料的实践原则为什么具有合法性呢？所谓合法性就是世俗的可理解性，因为人毕竟是肉体的存在，不可能完全没有世俗的关心与欲求，从这个意义上讲，质料性的行为可以理解，也可以说，它具有人间性，即人道。但理性的实践原则必须去除质料性的关心与欲求，是纯粹实践意志自身给予的，因此具有超越的神圣性，亦可说是天道。因为天作为神圣者，只有理性并无感性，理性的实践原则乃是人以天道为原则。人作为天的受造者，天把这个原则赋予人，人之执行这个原则其自身就具有绝对价值。相对于质料的实践原则而言，"自爱的准则只是建议，道德的法则却是命令"❸。只有在理性的实践原则即道德性中，天人贯通才是可能的，而在质料的实践原则中，无论人的业绩有多大，人始终是一个世俗的存在者，而与天悬隔。因此，人若欲求与天贯通，必须依循一个纯粹的理性意志之自律自动，因为自爱的原则总是与低级的欲求能力结合在一起的。人若欲通达于天，必须开启高级的欲求能力，这就是意志的自律自动。意志的自律自动乃是绝对的善的。康德说：

---

❶　康德：《实践理性批判》，李秋零主编：《康德著作全集》第 5 卷，中国人民大学出版社 2013 年版，第 22 页。

❷　康德：《实践理性批判》，李秋零主编：《康德著作全集》第 5 卷，中国人民大学出版社 2013 年版，第 28 页。

❸　康德：《实践理性批判》，李秋零主编：《康德著作全集》第 5 卷，中国人民大学出版社 2013 年版，第 40 页。

在世界之内，一般而言甚至在世界之外，除了一个善的意志之外，不可能设想任何东西能够被无限制地视为善的。❶

善的意志亦即是神圣意志，自身当然是绝对的善的，人即具有这样的意志，因为天赋予了人这样的意志，因此，人依据这样的意志自律自动是可能的。意志的这种自律自动，七十子后学称之为"德之行"，而依据质料的实践原则的行为，虽然具有可理解的合法性，尽管可能也是善的，但只能称之为"行"。所以，郭店楚简《五行》云："德之行五和谓之德，四行和谓之善。善，人道也。德，天道也。"意志或心的五种（仁、义、礼、智、圣）律动安然出之，就是德，就是天道；但若不是依据意志或心的五种律动而行亦能外在地做到仁、义、礼、智，那么，也是善的，但这只是世俗的善行，故是人道。郭店楚简之德字为"悳"，即"直心"，意味着直接依据心之律动的行为才是德，"悳"字是很有意味的一个字。这里要特别注意的是：若人依据心之律动或主宰而行，表现仁、义、礼、智之德，则必然会带来圣之德；但若人只是外在地做到仁、义、礼、智，却不可能带来圣之行。可见，圣只能由心自身的律动或主宰而达至。圣不是一般的德之行，它是比仁、义、礼、智位阶更高的德，因为它是直接通达天道的能力。所以，七十子后学之所以要区分德之行与一般的行，就是让人在德之行而至于圣中通达于天道。但圣，就是意志完全自律自动，或心自作主宰，而没有任何感官欲望的纷扰，康德称之为神圣性。康德说：

意志与道德法则的完全适合就是神圣性，是没有一个感官世界的理性存在者在其存在的某一时刻能够达到的一种完善性。然而，既然这种完善性尽管如此仍然作为实践上必要的而被要求，所以它就惟有在向着完全适合的一种无限进展的进步中才能被发现。❷

---

❶ 康德：《道德形而上学的奠基》，李秋零主编：《康德著作全集》第4卷，中国人民大学出版社2013年版，第400页。

❷ 康德：《实践理性批判》，李秋零主编：《康德著作全集》第5卷，中国人民大学出版社2013年版，第129页。

意志完全自律自动，即神圣性；或心完全自我主宰，即神心，康德认为，乃需要在无限的历程中人才能达到。这意味着，德之行要至于圣之境界，人终其一生恐怕也难以完成。七十子后学也体会到了这一点，故郭店楚简《五行》云："君子之为善也，有与始，有与终也。君子之为德也，有与始，无与终也。"[1] 为什么为善与为德有这样的不同？帛书《五行》解释曰：

> 君子之为善也，有与始，有与终，言与其体始，与其体终也。君子之为德也，有与始，无与终。有与始者，言与其体始。无与终者，言舍其体而独其心也。[2]

为善，有始亦有终，何也？人之为外在之善，是与人之肉体相始终的，这意味着人死亡了，为善之过程即告终结。但为德，却有始无终，何也？因为纯化自家的生命，纯依人性善端之自律自动，这是一个无限的过程，人在有限的一生中实难以达到，故康德须预设灵魂不灭，这里的"舍其体而独其心"实际上也是这个意思，"舍其体"，即抛开肉体，因肉体总会消亡；"独其心"，即任运心之自身，这里的"心"也不是个我之心，而是天心，即宇宙间的纯粹理性，这是永恒而遍在的。人的肉体固可消亡，但天所赋予的人的这种精神或理性却不会消亡。由此，我们想到孔子与子贡的一段对话：

> 子贡问于孔子曰："赐倦于学矣，愿息事君。"孔子曰："《诗》云：'温恭朝夕，执事有恪。'事君难，事君焉可息哉！""然则，赐愿息事亲。"孔子曰："《诗》云：'孝子不匮，永锡尔类。'事亲难，事亲焉可息哉！""然则赐愿息于妻子。"孔子曰："《诗》云：'刑于寡妻，至于兄弟，以御于家邦。'妻子难，妻子焉可息哉！""然则赐愿息于朋友。"孔子曰："《诗》云：'朋友攸摄，摄以威仪。'朋友难，朋友焉可息哉！""然则赐愿息耕。"孔子曰："《诗》云：'昼尔于茅，宵尔索绹，亟其乘屋，其始播百谷。'耕难，耕焉可息哉！""然则赐无息者乎？"

---

[1] 李零：《郭店楚简校读记（增订本）》，中国人民大学出版社 2007 年版，第 101 页。

[2] 魏启鹏：《简帛文献〈五行〉笺证》，中华书局 2005 年版，第 87 页。

孔子曰:"望其圹,皋如也,嵮如也,鬲如也,此则知所息矣。"子贡
曰:"大哉!死乎!君子息焉,小人休焉。"(《荀子·大略》)

子贡倦于事君、事亲、妻子、朋友、耕种等数事,欲暂时休息一下,但
孔子以为不可须臾息也,并指着远处的坟墓说:只有到了那个时候方可休息。
这数事,看似外在,实则是人性善端自律自动所及至者,子贡即刻即有所悟,
而曰:"大哉!死乎!君子息焉,小人休焉。"类似的意思亦见于《礼记·檀弓
上》:"子张病,召申祥而语之曰:'君子曰终,小人曰死。吾今日其庶几乎?'"
君子与小人在死上的这种区别,到底为何意?《礼记集说》卷十六引长乐黄
氏之言说:"君子小人曰终曰死之别,盖言人生斯世,当尽人道。君子之人,
人道既尽,则其死也为能终其事,故以终称之;若小人,则无可尽之道,只
是形气消尽,故称之曰死。终以道言,死以形言。"这里的意思是,君子尽人
性所当然之道,即《五行》所说的"德之行"。但人性所当然之道焉有全尽之
日,故人生在世,一辈子须戒惧谨慎;然而人的形气生命总有完结的时候,于
是,留给君子一个问题:形气生命即将完结,但人性所当然之道尚未全尽,吾
人于此到底做得如何?是否无愧于天地神灵?君子于此总会有所省问。"吾今
日其庶几乎?"正是子张的自省自问。一旦作这种自省自问,君子自当有所
亏欠,但形气生命的完结却给这种自省的亏欠暂时画上了句号,此时,人只
可说暂时休息,而非使命之终结也。《论语·泰伯》载:曾子有疾,召门弟子
曰:"启予足!启予手!《诗》云'战战兢兢,如临深渊,如履薄冰。'而今而
后,吾知免夫!小子!"曾子一辈子战战兢兢以尽人性所当然之道,虽未能
全尽,但临近死亡之际,终于可知,日后可免除这种战战兢兢的状态了。故
死亡之于君子固有遗憾,但亦有暂时解脱之愉悦。这意味着,人只有全尽了
人性所当然之道,才能算使命终结了,才可算是安息。但人性所当然之道,
岂可一生一世所能全尽乎?故形气生命虽完结,但精神使命尚未休止。这是
死之于君子曰终曰息之意。但小人全不顾人性所当然之道,仅凭形气生命立
于世,形气就是生命之全部,形气生命完结,一切都休亡。故死之于小人就
是休就是亡。死亡,就君子而言,乃是肉体生命的暂时休息,但精神生命依
然在继续;就小人而言,乃是肉体生命的彻底消亡,但却没有精神生命。这种

差别是巨大的，故子贡感叹："大哉死乎！"这样看来，孔子及其门徒已有精神不朽与灵魂不灭的思想。❶人作为一个物质性的有限存在，肉体的死亡是不可免的，但若想不朽与永恒，必须通达于一个永恒的实体——道或天道，故孔子曰："朝闻道，夕死可也。"（《论语·里仁》）程树德《论语集释》卷七引杜惟熙言曰："闻道而死，犹老氏所谓死而不亡，释氏之入涅盘灭度，皆死其身而存其性也。否则，要此朝夕间一了然，何益？"孔子"下学而上达"，也是对精神之永恒与不朽之追求。这意味着，只有上达于天道，自然生命的长短是无损于人的价值的。

七十子后学继承了孔子及其门徒的这一思想进一步向内开掘，找寻精神永恒与不朽的客观依据，这个客观依据就是纯粹理性之性的自律自动，或心的自作主宰。只有性或心才是通达永恒与不朽的唯一通道，因为性、心、天道俱为纯理性的存在，三者是同质的。故程明道曰："只心便是天，尽之便知性，知性便知天。"（《二程遗书》卷二上）唯性、心属于人生命中的动力源，正是这个动力源，为人通达天道开辟了道路。这样，追求永恒与不朽之问题落实下来，就是开辟人之心、性动力源之问题。

其二，慎独与动力之开辟。

所谓动力之开辟，就是让性自律自动，或心自作主宰，而不受肉体之纷扰与桎梏。人通达于天道的过程，就是不断地解除肉体之纷扰与桎梏，而让心性自我主宰、自身律动。这一过程在儒学中用一个词来表达就是：慎独。这一过程儒学有一个专门的名词叫"慎独工夫"。简本《五行》中两次提到"慎独"：

> "淑人君子，其仪一兮"。能为一，然后能为君子，君子慎其独也。"瞻望弗及，泣涕如雨"。能"差池其羽"，然后能至哀。君子慎其独也。❷

❶ "死"之所以"大"，乃因为"死"为人之"生"提供了一个庇护之所，让人在这个庇护之所中永恒与不朽，故"死"绝不是肉体的消亡。海德格尔曾比较了人与动物在"死"上的差别。"终有一死者乃是人类。人类之所以被叫做终有一死者，是因为他们能赴死。赴死意味着：有能力承担作为死亡的死亡。只有人赴死。动物只有消亡。……作为终有一死者而现身于存在之庇所中。"（海德格尔：《物》，孙周兴选编：《海德格尔选集》，上海三联书店 1996 年版，第 1179 页。）所以，"死"作为一种事实，确实在人的经验之外，但人之伟大之处在于：并非对"死"这种非经验退避三舍，而是让"死"时常现身，从而构筑起"生"的居所，准确地说，"生"之居所必关联到"死"而始为居所。

❷ 李零：《郭店楚简校读记（增订本）》，中国人民大学出版社 2007 年版，第 101 页。

　　"淑人君子，其仪一兮"出自《诗经·曹风·鸤鸠》。此诗前面还有两句：
"鸤鸠在桑，其子七兮"。这句引诗的意思是说：布谷鸟在桑树上筑巢，哺养了
七只幼鸟，但布谷鸟并无偏私，始终做到对幼鸟均平如一。由此隐喻君子也
应该对人无偏私而如一。简本《五行》谓：能为一，就是君子，就是慎独。这
里的"能为一"之"一"显然不完全是诗中所说的那个意思。"能为一"之"一"
到底是什么意思，我们留待后面揭示。下面分析"瞻望弗及，泣涕如雨"这
句引诗。此句引诗出自《诗经·邶风·燕燕》，前面尚有"燕燕于飞，差池其羽。
之子于归，远送于野"两句。诗意当是：诗人之所以"泣涕如雨"，乃因为要
送别出嫁的妹妹回家，而此时看到燕子却能自由地飞翔，并无离别之苦，两
相计较，更能激起诗人的悲伤之情，故当远望而不见人时，遂泪崩如雨。但
简本说："能'差池其羽'，然后能至哀。君子慎其独也。"这如何理解呢？帛
书《五行》作了解释：

　　　　差池者，言不在衰绖，不在衰绖也，然后能至哀。夫丧，正绖
　　修领而哀杀矣，言至内者之不在外也，是之谓独。独也者，舍体也。[1]

　　衰绖，丧服也。以上这段话是说：悲哀之情并不在于衰绖自身，若只是正
麻绖与端衣领，悲哀之情反而减杀了。也就是说，真正的悲哀在内心而不在
外在的丧服。这同于孔子所说的"丧，与其易也，宁戚"（《论语·八佾》）之
意。七十子后学进一步把这种内在之情称之为"独"，"独"就是舍弃外在之体。
外在之体总体上讲可以说是外在的表现，但七十子后学进一步把"独"特指
为五官之欲望对性之自律自动或心之自我做主之影响，"慎独"就是要解除这
种影响。

　　　　"君子慎其独。"慎其独也者，言舍夫五而慎其心之谓也。独然
　　后一，一也者，夫五为一心也，然后得之。一也，乃德已。德犹天也，

---

　　❶ 魏启鹏：《简帛文献〈五行〉笺证》，中华书局 2005 年版，第 85 页。

天乃德已。❶

这里的"五"是指五官。帛书《五行》云："耳目鼻口手足六者，心之役也。"虽云"六者"，但手足可合并曰四肢，实则是耳目鼻口四肢五者。慎独就是要舍弃五官之欲望而顺从其心。魏启鹏训"慎"为"顺"，陈来以为可从。❷"慎"虽有"顺"的意思，但仅训为"顺"，好像只是一个轻易的自然过程，"慎"，毕竟尚有艰难之意在。消解五官之欲望而依从心之自我主宰，哪有那么容易，故《尚书·大禹谟》有"人心惟危，道心惟微"之说，是以"慎"有戒惧五官之欲之危而震拔心体之微的意思，这里自然有其艰难之工夫。"舍夫五而慎其心"，当是体现这一过程。这一过程的最终完成就是心之自我主宰，是为"慎独"也。只有做到了慎独，然后才能做到"一"。"一"是什么意思呢？就是五官之动都能听从心之命令，心之自我主宰正是五官之动表现出来的，这就是"独然后一，一也者，夫五为一心也，然后得之。一也，乃德已"这几句话的意思。后来孟子依此而曰："形色，天性也。惟圣人然后可以践形。"为什么只有圣人才能践其形呢？因为到了圣人的境界，五官之动完全顺从了心之自我主宰。帛书《五行》云：

> "耳目鼻口手足六者，心之所役也"，耳目者，悦声色者也；鼻口者，悦臭味者也；手足者，悦佚愉者也。心也者，悦仁义者也。此数体者皆有悦也，而六者为心役，何也？曰：心贵也。有天下之美声色于此，不义，则不听弗视也。有天下之美臭味于此，不义，则弗求弗食也。居而不间尊长者，不义，则弗为之矣。❸

五官之动完全听从了心之自我主宰，虽是五官之外在之动，实则是心之内在之动，所谓"形于内"也。"形于内"就是"德之行"，而不是一般的"行"，所以这是"德"而不是"善"，而德是通达于天的，或者说德就是天。因此，

---

❶ 魏启鹏：《简帛文献〈五行〉笺证》，中华书局 2005 年版，第 85 页。
❷ 见魏启鹏：《简帛文献〈五行〉笺证》，中华书局 2005 年版，第 71 页。陈来：《"慎独"与帛书〈五行〉思想》，《中国哲学史》2008 年第 1 期，第 6 页。
❸ 魏启鹏：《简帛文献〈五行〉笺证》，中华书局 2005 年版，第 112 页。

心之动与五官之动有贵与贱的区分，但这个区分不是经验的区分，而是超越的区分，即心之所以贵，乃因为其内在自足，自悦仁义，"源心之性则巍然知其好仁义也"❶，乃至最后通达于天；而五官之所以贱，乃因为物交物而引之，这是根本的价值区分。七十子后学之所以要深究慎独而强调心之主宰，不只是为了求善而是为了达德，这根本是一种宗教性的力量开辟。

强调心之主宰，就是前面所说的"能为一"，由此才能通达天道，最后成为君子。帛书《五行》对"能为一"的解释是："能为一者，言能以多为一，以多为一也者，言能以夫五为一也。"❷"五"就是五官之动，"一"就是心之主宰，"以夫五为一"就是让五官之动听从心之主宰。这是从形体之践行而言"一"。但帛书《五行》又说到另一种"一"：

> "四行之所和"，言和仁义也。"和则同"，和者，有犹五声之和也。同者，守约也，与心若一也，言舍夫四也，而四者同于善心也。同，善之至也。❸

"四行之所和"，即不形于内之仁义礼智四行，这四种行可以和，但若只是犹如五声之和一样，则只是外在的和，真正的和是同，而同就是守约。那么，守约又是什么意思呢？答曰：与心若一。这就是说，依循心之自我主宰。但我们知道，心之自律自动或自我主宰有五种作用，即仁义礼智圣。帛书《五行》在"与心若一"之后又言"言舍夫四也"。前面言舍夫五，"五"就是指五官，这里的"四"当指什么呢？只能是仁义礼智。"舍夫四"是指：让不形于内之仁义礼智四行，不但要同于形于内的仁义礼智四种德之行，而且还要进一步凝练四种德之行而为一。这个"一"是什么呢？就是圣。只有达到圣的境界，才是守约，才是同，才是善之至。善之至也就是德之行的最高表现，这个最高表现就体现在一个"圣"字上面。简本《五行》篇列举了形于内的仁义礼智圣五种德之行，也有不形于内的仁义礼智圣之行，但接着又说："德之行五和谓之德，四行和谓之善。"明明不形于内之行亦有五，为什么只说"四行和"

❶ 魏启鹏：《简帛文献〈五行〉笺证》，中华书局 2005 年版，第 115 页。
❷ 魏启鹏：《简帛文献〈五行〉笺证》，中华书局 2005 年版，第 85 页。
❸ 魏启鹏：《简帛文献〈五行〉笺证》，中华书局 2005 年版，第 104 页。

呢？原夫作者之意，圣根本乃是德之行的最高表现，不可能存在有不形于内的圣，故形于内之德之行有五，而不形于内的行只有四。圣作为德之行的最高表现，与仁义礼智当不在同一个位阶，圣就是仁义礼智四种德之行达到同一而不分的最高境界，故圣不属于心之德，后来孟子及其以后的儒者都不把圣作为一种心之德，故一般只讲"四端"。圣是德之行的最高境界，是人的一种能力，故慎独而至于圣，则心之动力之开辟至矣、尽矣、蔑以加矣。那么，圣的作用与能力是什么呢？

其三，圣与天道之谛听及其冥契。

前文说过，圣并非一种独立的心之德，而是形于内之德之行达至于最高境界时人的一种能力。这种能力，简本与帛本《五行》都把它与声音联系起来。圣字，本为"聖"，与耳相关，即与听觉相关；听，亦本为"聽"，也有耳字。可见，从字形分析来看，圣确实与声音和听觉相关。简本《五行》云：

> 圣之思也轻，轻则形，形则不忘，不忘则聪，聪则闻君子道，闻君子道则玉音，玉音则形，形则圣。●

圣这种能力，首先表现为思，其思之特点是轻。我们一般以精确、深邃、周全来形容思，但这里以轻来描述思，到底是什么意思呢？帛书《五行》作了解释：

> 圣之思也轻。思也者，思天也，轻者尚矣。轻则形，形者，形其所思也。❷

这里明确告诉我们，"轻者尚也"，即轻是指圣之思并不指向沉浊的物质世界，而是指向上的，所以，"思也者，思天也"，即圣之思最终是指向天的。但"天"并没有形，却在这轻之思中，似乎可以把握住天之形。这种思并不是一种基于经验世界的概念性的思考，而是一种倾听，一种耳之聪。帛书《五

● 李零：《郭店楚简校读记（增订本）》，中国人民大学出版社 2007 年版，第 101 页。

❷ 魏启鹏：《简帛文献〈五行〉笺证》，中华书局 2005 年版，第 82 页。

行》接着说：

> 聪者，圣之藏于耳者也，犹孔子之闻轻者之鼓而得夏之庐也。
> 聪则闻君子道，道者，天道也。❶

圣的主要能力体现在耳之聪上面，因为耳之聪直接倾听到了天命，如在眼前。因此，孔子在说"五十而知天命"之后，进一步说他"六十而耳顺"，说明其生命又向圣前进了一步，而其具体体现就是耳之聪。简本《五行》则进一步用金声来形容善，用玉振来形容圣：

> 金声而玉振之，有德者也。金声，善也；玉音，圣也。善，人道也；德，天道也。唯有德者，然后能金声而玉振之。❷

我们知道，金声玉振是孟子用来赞颂孔子之用语。孟子曰："孔子，圣之时者也。孔子之谓集大成。集大成也者，金声而玉振之也。金声也者，始条理也；玉振之也者，终条理也。始条理者，智之事也；终条理者，圣之事也。"（《孟子·万章下》）若不是《五行》篇的发现，我们会以为以金声玉振来形容孔子乃孟子之首创，实则孟子乃承《五行》而来。通过《五行》这段文字，我们就能更好地理解孟子的赞辞。《五行》区分了"行"与"德之行"。行只能达至善，而善只是人道；德之行才是真正的德，而德是天道。善是不形于内之行之谓，既然不是性之自律自动，或心之自我主宰，则其为善完全依靠外在的经验与观察，也就是依靠智，人之德行，往往由此而为造端，这就是孟子所说的始条理。但为什么不形于内之行、善、智之事以金声言之呢？金声，依据宋儒尹和靖的理解："金声则有隆杀，玉振则始终如一。始条理者犹可以用智，终条理则智不容于其间矣。"（《孟子精义》卷第十）隆杀就是有高低之分，高低之分表现声音有转折棱角，转折棱角又意味着方，而智正是方的，所谓

---

❶ 魏启鹏：《简帛文献〈五行〉笺证》，中华书局 2005 年版，第 82 页。

❷ 李零：《郭店楚简校读记（增订本）》，中国人民大学出版社 2007 年版，第 101 页。

"方以智"是也。故不形于内之行、善、智之事俱可以金声摹状之。德之行则不一样，完全是人性之自律自动或心之自我主宰而无待于外的，特别是德之行和而达到圣的境界时，就表现为圆而神，而玉振始终如一，犹如环中，亦是圆而神的。故作为终条理的圣可以用玉振来摹状之。总之，智是圣的准备，故为始条理，其表现为金声；圣是自身的完成，故为终条理，其表现为玉振。

虽然"金声"与"玉振"似乎俱与声有关系，实则只是以金声摹状其有形性，而有形性总是与目相关。玉振则是摹状其无形性，而无形性则只可体证与倾听，故与耳相关。这样，作为始条理的智就与"见"相关，亦即与"目"相关，这是"明"的问题；而作为终条理的圣就与"听"相关，亦即与"耳"相关，这是"聪"的问题。简本《五行》云：

> 见而知之，智也。闻而知之，圣也。明明，智也。赫赫，圣也。"明明在下，赫赫在上"，此之谓也。❶

关于这一段文字，帛书《五行》作了进一步的解释：

> 聪也者，圣之藏于耳者也；明也者，智之藏于目者也。聪，圣之始也；明，智之始也。故曰不聪明则不圣智，圣智必由聪明。圣始天，智始人；圣为崇，智为广。❷

耳之聪，是圣的开始，而目之明，只是智的开始。圣与智又根本不同，圣是纵向的立体的，故圣为崇。《说文》训"崇"为"山大而高"，又训之为"终"。而智为广度的平面的。作为纵向的立体的圣，通达的是向上的超越域，意味着精神的圆满；而作为广度的平面的智，则通达的是可见的人伦世界，故曰"圣始天，智始人"，这意味着只有到圣的时候才能通达于天。尽管圣与智不同，圣是纵向的通达，而智只是横向的明察，但二者并非截然分开的，横向的明察可以震拔心之律动，从而产生圣的体证与倾听。帛书《五行》云：

---

❶ 李零：《郭店楚简校读记（增订本）》，中国人民大学出版社 2007 年版，第 102 页。
❷ 魏启鹏：《简帛文献〈五行〉笺证》，中华书局 2005 年版，第 89 页。

闻而知之，圣也。闻之而色然知其天之道也，圣也。见而知之，知也。见之而遂知其德之不圣，圣智者也。是故圣智也者，由所见，知所不见也。赫赫，圣貌也。❶

上述引文中的"之不圣，圣智者"六字，与"是故圣智"四字，原文残缺，魏启鹏也没有补证，这是笔者依据其意所补。文字虽未必准确，但大意应该不差，故所补文字虽或不中，当亦不会太远矣。圣，乃是闻知，此是超越的体证的；智，乃是见知，此是经验的知解的。闻与见的这种差别，在先秦盖为共识，《文子·道德》云："文子问智圣。老子曰：'闻而知之，圣也。见而知之，智也。'"二者固有不同，但智是可以至于圣的，即在经验的知解中触发心之律动，乃至于存养其体证之大能，此即是圣智，用佛教的话说就是"转识成智"，这里用"由所见，知所不见"说之。所见的是什么呢？就是"明明"，即可见的人伦世界。所不见的是什么呢？就是"赫赫"，即超越的天道。二者是相互关联的，即可见的人伦世界是超越之天道的体现，故曰"明明在下，赫赫在上"。一个真正的智者，一定能够在可见的人伦世界倾听到天道之召唤，即由明明而通于赫赫；同样，一个真正的圣者，一定会化天道之召唤为可见的德行，即由赫赫而达于明明。此时，智即圣也，圣即智也。孔子即是这样的智者，亦是这样的圣者。故金声与玉振本有别也，然至于孔子之德行，则金声与玉振亦无别矣。故孟子以"金声玉振"颂孔子之圆满德行，不亦宜乎？！七十子后学虽然没有明言是赞孔子之辞，但以之为赞"大成"之辞，实则无异也。帛书《五行》云：

大成也者，金声玉振之也。唯金声而玉振之者，然后己仁而以人仁，己义而以人义。大成至矣，神耳矣！人以为弗可为也，无由至焉耳，而不然。能进之，为君子，弗能进，各止于其里。❷

---

❶ 魏启鹏：《简帛文献〈五行〉笺证》，中华书局 2005 年版，第 100 页。
❷ 魏启鹏：《简帛文献〈五行〉笺证》，中华书局 2005 年版，第 108 页。

　　集大成者，即以金声玉振摹状之。作为金声玉振之集大成者，具有君子之德风的感化作用，所谓"己仁而以人仁，己义而以人义"也。一个集大成之圣者，其根本标志就是"神耳"，即孔子所说的"六十而耳顺"，亦即无时无刻不倾听到天道之召唤。但七十子后学又告诉我们，作为集大成之圣者，并不是天生的，而是可学而至的，所谓"能进之"也。但若人不修养以开发心之大能，则各止其里而不能进矣。

　　圣，是人格的圆满，之所以圆满，因其通达于天道也，而这种通达又是通过倾听而可能的，故与声相关。帛书《德圣》云：

　　　　圣，天知也。知人道曰知，知天道曰圣。圣者声也，圣者知，圣之知知天，其事化翟，其谓之圣者，取诸声也。❶

　　圣、声同音，故圣一定从声处言，所谓从声处言乃是指倾听天道之召唤，最后通达于天。贡华南通过对中国早期认知方式特别是听觉的研究认为，"在殷商文化中，'圣'一直被当作通达神与人者。……周时以天为尊，'圣'的基本意为'通天人者'"❷。圣乃人之圆成，人若能至于圣，则其人文教化必易，"化翟"即"化易"也。我们说倾听天道之召唤，并非天真的发出了什么声音，而是一种无声之音，也就是先秦所常言的"无言之教"。当子贡问孔子为什么"欲无言"的时候，孔子回答说："天何言哉？四时行焉，百物生焉，天何言哉？"（《论语·阳货》）这实际上是让子贡要去倾听天道，这是孔子之教的终极与完成。七十子后学作为弘教者，特地突出一个"声"，实际上要凸显倾听天道这一终极目标，其实也无所谓声不声，然天道终无形，只能倾听，而倾听亦含凝思义，凝思即无知之知也，故无声之音亦含无知之知义。孔子言无声之乐，即是彰显倾听与凝思天道。子夏问："何谓无声之乐？"孔子答曰："夙夜其命宥密。"（《礼记·孔子闲居》）孔子的这一证会，被七十子后学进一步体证并发扬光大，《白虎通义·圣人》云"圣者，通也，道也，声也。"最后形成了儒学之缄默维度，像后来宋明儒所说的"主静"、"主敬"都是这一

❶　魏启鹏：《简帛文献〈五行〉笺证》，中华书局 2005 年版，第 125–126 页。
❷　贡华南：《中国早期思想史中的感官与认知》，《中国社会科学》2016 年第 3 期，第 44 页。

维度的最好体现。濂溪曰："主静立人极。"(《太极图说》)程明道曰："毋不敬，可以对越上帝。"(《二程遗书》卷十一)乃至朱子曰："'敬'字工夫，乃圣门第一义，彻头彻尾，不可顷刻间断。"(《朱子语类》卷第十二)须知，主静或主敬都不只是一种道德涵养工夫，而是开掘心性大能而通达终极存在，故必为一种宗教工夫。这种宗教工夫是无待于外而内在自足的，是人自身固有的禀赋，唯待人的开掘。借用拉纳的话说就是："当有限的精神借助其超验经验到自己在被引向绝对者的时候，经验到自己依附于绝对者的时候，那个自由之圣言便随之作为自由行为而得到肯定。"❶ "从本质上讲，人时时刻刻都在谛听着自由的、独立自在的上帝的言说或者沉默；否则他便不成其为精神了。"❷上帝，在中国名之曰天。人作为精神性的存在，自身即具有倾听天之言说的能力，这个能力肇始于心性之自律自动。人文教化必至于倾听天之言说或天道之召唤，方算究极圆满，是乃圣也。何谓圣？天人贯通曰圣。圣者，必有神圣者的见证与通达，从而克服人的受造性与有限性，而成为无限性的永恒存在，这是弘教者最后的结局地。

　　七十子后学作为第一代弘教者，依据他们对"天生人成"的体证，详细论述了天、性、心三个核心概念，天是超越的神圣者，性与心乃人固有之大体，开掘性心大体之能即可通达于天，由此构建了一个"宗教动力学"的文化模型，其基本架构已经具备了，子思即在此基础上，确立了儒学作为一种圆教之弘规。

---

❶ K. 拉纳：《圣言的倾听者——论一种宗教哲学的基础》，朱雁冰译，生活·读书·新知三联书店 1994 年版，第 99 页。

❷ K. 拉纳：《圣言的倾听者——论一种宗教哲学的基础》，朱雁冰译，生活·读书·新知三联书店 1994 年版，第 102 页。

第四章　思知人不可以不知天：
作为圆教弘规之确立者的子思

　　郭店楚简的作者与《中庸》的作者子思，俱为七十子后学，所处的时代或许相差无几，但从他们弘教之义理形态来看，郭店楚简在前，而《中庸》在后，这是显而易见的。这是教理之前后，非时间的前后。郭店楚简是分解的讲法，以天、性、心作为基本概念，确立儒学作为"宗教动力学"的义理架构；《中庸》则是综合的讲法，即把儒学作为一种圆教确立起来，故子思可谓儒学圆教弘规之确立者。是以唐君毅在论《中庸》时说："此种综述而贯通之论，亦固属终教之形态，而非始教之形态也"[1]。终教即是圆教，若教未圆，则无法终。后来的孟子则只是这种圆教弘规之论证者，教的意味渐轻而学的意味益强。圆教与离教相对，离教就是隔离之教，也就是超越世界须隔绝现实世界始可能。与之相反，所谓圆教，就是现实世界与超越世界可以相互通达，超越世界与现实世界并非隔离的，且超越世界必依循于现实世界才能通达。用黑格尔的话说就是这样：

　　　　"景象万千，事态纷纭的世界历史"，是"精神"的发展和实现的过程——这是真正的辩神论，真正在历史上证实了上帝。只有这一种认识，才能够使"精神"和"世界历史"同现实相调和——以

---

[1]　唐君毅：《中国哲学原论——原性篇》，中国社会科学出版社 2005 年版，第 39 页。

往发生的种种和现在每天发生的种种，不但不是"没有上帝"，却根本是"上帝自己的作品"。❶

当然，在《中庸》那里，只能如此说：景象万千，事态纷纭的世界历史，不但不是"没有天"，却根本是"天自己的作品"，由此而确立儒学作为圆教之弘规，故牟宗三说："圆教之境，《中庸》、《易传》盛发之。"❷这种圆教之弘规表现在：在现实世界开发动力，而其通达却在超越世界，故这种圆教弘规又是"宗教动力学"。这种圆教之弘规到底具有怎样的内涵，这是本章需要阐明的，但在作这种阐明之前，须对《中庸》的作者与文本作一些交代。之所以要作这样的交代，并不是因为笔者对这些问题有新的发现与见解，而是因为若没有这些交代，则下一步的研究工作难以展开。

一、《中庸》的作者及文本问题

《中庸》最初是《礼记》中的一篇，宋代以后，"四书"地位上升，才独立抽取出来，与《大学》、《论语》、《孟子》并列，成为学人士子最重要的读本，且一般认为，其作者乃孔子的嫡孙子思。其实，最早认定《中庸》的作者是子思的人是太史公马迁，他在《史记·孔子世家》中云："伯鱼生伋，字子思，年六十二。尝困于宋。子思作《中庸》。"又，《汉书·艺文志》于礼家类载有《中庸说》二篇，于儒家类载有《子思》二十三篇。从这两则材料来看，《中庸》这篇文章是否即在《子思》二十三篇之内，无从考证，且《中庸》与《中庸说》是不是一回事，亦不得而知。若《中庸说》是对《中庸》的注解或发挥的话，依据今本之《中庸》看，对其注解或发挥不应列入礼家类，而应列入儒家类。又，《孔丛子·居卫》载："子思既免，曰：'祖君屈于陈、蔡作《春秋》，吾困于宋，可无作乎？'于是撰《中庸》之书四十九篇。"依据这条记载，又滋生了下面两个问题：其一，子思所著之书到底名之曰《子思》，还是名之曰《中庸》？其二，今本《中庸》只是一篇文章，它是二十三篇《子思》或四十九篇《中

---

❶ 黑格尔：《历史哲学》，王造时译，上海书店出版社 1999 年版，第 469 页。
❷ 牟宗三：《心体与性体》上，上海古籍出版社 1999 年版，第 276 页。

庸》中的一篇吗？

从以上论述可知，子思作《中庸》，的确有很多可疑的地方，但我们确实也没有确切的证据证明子思不是《中庸》的作者，若依据法律上"疑罪从无"的原则，那么，我们就不应该贸然推翻太史公以子思为《中庸》之作者的结论。赵宋以前的人就是这么做的，在此期间，没有人怀疑《中庸》的作者不是子思。迨及赵宋，首先怀疑《中庸》之作者可能非子思的人乃一代文宗欧阳修。欧阳修之所以怀疑，并非是他发现了足以令人怀疑之历史材料，而纯粹是从义理来看的。欧阳修认为，《中庸》陈义太高，它所说的"生而知之"与"不勉而中"都非孔子之思想所固有。其曰：

> 《中庸》曰："自诚明谓之性，自明诚谓之教。"自诚明，生而知之也；自明诚，学而知之也。若孔子者，可谓学而知之者，孔子必须学，则《中庸》所谓自诚而明、不学而知之者，谁可以当之欤？……夫尧之思虑常有失，舜、禹常待人之助，汤与孔子常有过。此五君子者，皆上古圣人之明者，其勉而思之犹有不及，则《中庸》之所谓"不勉而中、不思而得"者，谁可以当之欤？……故予疑其传之谬也，吾子以为如何？（《欧阳修全集·问进士策（三）》）

既然《中庸》在思想义理方面有诸多与孔子差舛之处，而子思乃孔子之嫡孙，传其祖之思想应不会有误。因此，欧阳修认为，可能是子思传错了，但也有可能《中庸》这篇文献根本不是子思所撰。二者孰是，绎其文意，似乎前者的可能性比较大。也就是说，欧阳修虽然怀疑《中庸》的作者可能不是子思，但在没有足够的史料证据的前提下，他并没有贸然推翻太史公的结论，只是谨慎地说，可能是子思传注之误。

欧阳修认为《中庸》中的思想与孔子原本的思想有所差谬是否成立，笔者将在后文明之。但欧阳修的这种看法并未影响与其同时代的理学巨子二程及稍后的朱子，他们不认为《中庸》的作者不是子思，直至阳明后学，欧阳修的看法都没有被正视。也就是说，宋明正统之理学家，一般并不怀疑《中庸》

的作者是子思。[1]迨至有清一代，又有人怀疑《中庸》非子思所作，崔述即其选也。他之怀疑，其理由与欧阳修颇相似，他说：

> 孔子、孟子之言皆平实切于日用，无高深广远之言。《中庸》独探赜索隐，欲极微妙之致，与孔、孟之言皆不类。其可疑一也。《论语》之文简而明，《孟子》之文曲而尽。《论语》者，有子、曾子门人所记，正与子思同时，何以《中庸》之文独繁而晦，上去《论语》绝迹，下犹不逮孟子？其可疑二也。……由是观之，《中庸》必非子思所作。（《崔东壁遗书·洙泗考信录余录》卷三）

崔述之意无非是，《中庸》陈义高繁而晦涩，与孔子、孟子之思想平实而简明颇不类，由此而肯断《中庸》殆非子思之所作也。

当然，也有人从避讳的角度认为，既然《中庸》一书不避孔子之讳，而直呼仲尼，其作者就不可能是孔子的嫡孙子思；还有人从历史文化之事实而言，既然《中庸》出现了"书同文，车同轨"的句子，而这种历史事实只发生在秦代以后，故《中庸》不可能是春秋末期的子思所作。当然，这些观点与本书之主题关系不大，笔者不拟费辞再进行反驳，学界已经有一些文章作了进一步的辨正。[2]

近现代学者钱穆、唐君毅、劳思光等，则多认为《中庸》应为秦汉间之作品，至少须在孟子之后，故不可能是子思的著作。钱宾四于 20 世纪 40 — 50 年代先后撰成《〈中庸〉之明与诚》、《〈中庸〉新义》、《〈中庸〉新义申释》、《关于〈中庸〉新义之再申辩》四篇文章。钱宾四明确指出，"《中庸》是一篇

---

[1] 南宋叶水心曰："汉人虽称《中庸》子思所著，今以其书考之，疑不专出子思。"（《宋元学案》卷五十四《水心学案》上）这并非怀疑子思作了《中庸》，但其中可能错简进了别人的思想。又，吕祖谦谓"子思年十六"作《中庸》为不合情理。其实，《孔丛子》只是说子思年十六适宋，因与宋大夫乐朔论《尚书》而言语冒犯了他，遭遇麻烦，最后在宋君的斡旋之下得以解脱。经此难之后，子思即愤而撰成《中庸》一书。但这并不意味着《中庸》一书就是十六岁完成的，只能说，经过这一劫难之后，子思就开始思考著书问题，至于何时完成，则不得而知也。

[2] 南宋王十朋认为："岂有身为圣人之孙，而字其祖者乎？"（《王十朋文集》卷八《策问》）因未避讳而怀疑《中庸》非子思所作。清代之袁枚和俞樾，则因"书同文，车同轨"一语而怀疑《中庸》非子思之作品。对于这些问题之辩驳，可分别参阅杨少涵："《子思作〈中庸〉》辨疑"，《光明日报》2015 年 12 月 14 日。徐复观：《中国人性论史（先秦篇）》，上海三联书店 2001 年版，第 94 页。张培高：《〈中庸〉作者考辨》，《中共宁波市委党校学报》2016 年第 2 期，第 56—62 页。

较晚出的文章，《中庸》之所谓诚，实已采纳道家的观念"❶。他一再申言《中庸》有新义，其所谓新义，就是《中庸》杂入了道家之自然观念。对于先秦道家之代表性著作，钱宾四力主《庄子》乃在《老子》之前，若依据他的考证，庄子的在世纪年为公元前 365—前 290 年❷，则《老子》一书当更晚，他断为战国末期，至少在《庄子》内七篇之后。由于《中庸》与《易传》俱糅进了庄老的思想，由此他断定，"如《中庸》，如《易传》，尤当晚出于《老子》，亦均不得其书作者之主名"❸。钱宾四之意很明显，《中庸》并非子思所作，乃战国末期或秦汉间一不知名之作者所作也。《中庸》是否有如钱宾四所说之新义，容后文再辨。先且看唐君毅、劳思光之对《中庸》作者的看法。唐君毅在《中国哲学原论·原性篇》中把《中庸》放在《庄子》、《荀子》之后讨论，其意思即是《中庸》当在《庄子》《荀子》之后成书。唐君毅之所以这样认为，原因有三：其一，朱子把《中庸》列在"四书"之末，说明《中庸》之成书当在孔孟之后；其二，《中庸》之言性，为能释除庄荀之流对心之性之善之疑难，以重申孟子性善之旨；其三，诚为一切德行的生死存亡之地，故立诚之教非圣贤之"始教"，而为其"终教"。❹劳思光从文体、用语、思想三个方面判断《中庸》当为秦至汉初时代的作品。从文体上看，《中庸》有记言与论说两种，所记孔子之言多出于传闻，乃汉初儒者所为；论说组织严谨，其用语多与汉初类似。从用语上看，《中庸》首章"天命之谓性，率性之谓道，修道之谓教"，与《淮南子》之《缪称训》《齐俗训》类似。从思想上看，形上学主要见于先秦道家，《中庸》混心性论与形上学而一之，显然这不可能产生于儒道对峙严苛之先秦，而是两家渐趋混合的汉初。另外，《中庸》之神秘主义倾向也不类孔孟，却与汉代流行的符瑞谶纬相接近。❺

　　《中庸》除了作者问题以外，还有文本问题。《中庸》其实是一篇不太长的文章，但文本确实有起伏变化。其引用孔子之言的记言文体，与《论语》之风格相似，平实、勖勉而富于教益；但其中的议论文体，则高远、玄奥而富

---

❶　钱穆：《〈中庸〉之明与诚》，《钱穆先生全集·中国学术思想史论丛（二）》，九州出版社 2011 年版，第 167 页。其余三文亦俱见是书。

❷　钱穆：《先秦诸子系年》，《钱穆先生全集》，九州出版社 2011 年版，第 636 页。

❸　钱穆：《庄老通辨》，《钱穆先生全集》，九州出版社 2011 年版，第 68 页。

❹　唐君毅：《中国哲学原论——原性篇》，中国社会科学出版社 2005 年版，第 38–39 页。

❺　劳思光：《新编中国哲学史》第二卷，广西师范大学出版社 2005 年版，第 44–48 页。

于哲思。显然二者并不统一相称，以至于杜维明说："如果读者寻求的是一种逻辑理性建构的命题组成的线性展开的论证，则《中庸》的结构必定看起来是无可救药的混乱" ❶。正因为这种混乱，一般人多以为《中庸》并非一人一时所作，乃至根本不是子思所作。

现在，就《中庸》的作者与文本问题提出笔者的看法。笔者的看法是：上面所有的质疑都是猜测性的，都没有足够的证据证明《中庸》的作者不是子思，且其文本存在问题。如果真如上述大部分质疑者所说的那样，《中庸》在孟荀之后，乃至是汉初的作品，那么，为什么同为汉代的太史公与班孟坚没有及时发现，非得等待千年以后的人去辩难质疑呢？ ❷笔者虽然不能拿出足够的证据证明《中庸》是子思的作品，但并不想去作猜测性的质疑。笔者更愿意相信，子思是孔子之道的弘教者，且《中庸》是其圆教之文本，若从这个角度看，子思不但很可能是《中庸》之作者，且《中庸》文本对于这种圆教是适合的。但恰恰是这两点，即子思是弘教者，且《中庸》是一个圆教文本，没有被理解，赵宋以后的人，总是从学术论证者的立场看《中庸》，质疑于是生焉。须知，弘教特别是圆教文本，与学术之论证文本是绝然不同的。弘教文本，特别是圆教文本，精神固高远，但起步却平实，由此而提挈纲维，开示蕴奥，并非如论证之文本那样以章句辞藻推演义理而已矣。这种区别，宋明之理学家都能明了，故他们之于《中庸》的作者及其文本均没有什么质疑。我们且来看理学家对于《中庸》文本的理解。

> 《中庸》一篇，某妄以己意分其章句，是书岂可以章句求哉？（朱子语）
>
> 　此书之作，脉络相通，首尾相应，子思子之所述，非若《论》、《孟》问答之言，章殊而异指也。苟徒章句分析，而不得一篇之大旨，则亦无以得子思著书之意矣。（黄幹语）

---

❶ 杜维明：《论儒学的宗教性》，《杜维明文集》第三卷，武汉出版社 2002 年版，第 387 页。

❷ 其实，要证明《中庸》早于《孟子》很简单，因为在古代"知"与"智"不分，俱写为"知"，这种情形在《论语》与《中庸》中都是如此，但至于《孟子》以后开始改变，"知"与"智"分开了。如，《论语·里仁》有："里仁为美，择不处仁，焉得知？"但《孟子·公孙丑上》引此言时，"知"已变为了"智"。又，《中庸》之三达德：知、仁、勇，这里的"知"实际上是"智"；但《孟子》中的四端中的"是非之心，智之端也"，已经不再以"知"表"智"了。可见，《中庸》先于《孟子》是没有疑问的。

《大学》是说学,《中庸》是说道，理会得《大学》透彻，则学不差；理会得《中庸》透彻，则道不差。（饶鲁语）

《中庸》、《大学》二书，规模不同,《大学》纲目相维，经传明整，犹可寻求。《中庸》赞道之极，有就天言者，有就圣人言者，有就学者言者，广大精微，开阖变化，高下兼包，巨细毕举，故尤不易穷究。（许谦语）❶

以上理学家之言，意在表明《中庸》乃传道之弘规，非论证之篇什。对于这样的弘规，须先体证地领会，而不可先观解地分析，这是我们读《中庸》首先须应明白者。杜维明就曾提示我们现代的读者，千万不要在读《中庸》的时候，落入了论证技巧的深渊之中了。他说：

《中庸》的表达方式，与我们通常视为修辞技巧的东西大相径庭。在这里找不到任何说服对方的技巧，所有陈述，都不是作为精心制作的论证结构的各种成分而提出来的。相反，它们之间的逻辑联系并不是明晰的，从一个概念到另一个概念的语义运动，也不构成一种线式的进展。然而，如果《中庸》第一章从论辩修辞学的角度讲显然失败的话，则它的表达方法，由于以高度简洁的语言表达了具有多层面的意义，倒容易使人联想到诗学的精神。实际上，作为一种思想向导来看，我们至少可以说，这种诗一般的表达方式，由于强调人的内心共鸣，要比企图通过游说技巧影响读者的论辩术，对于《中庸》来说更为适宜。因此，我们必须牢记在心的一件重要的事情是，通过与整个文本作综合性的交流，以取得一种整体性的感觉。❷

杜维明所说的通过文本获得一种整体性的感受与共鸣，而不是通过其论辩技巧获得一种论证的认知，这就是表明《中庸》乃是一个教化文本，且是

---

❶　以上四子语，俱见明代胡广等著《四书大全》之《读中庸法》。
❷　杜维明：《论儒学的宗教性》,《杜维明文集》第三卷，武汉出版社 2002 年版，第 378 页。

一个圆教弘规。既是圆教弘规，这就决定了《中庸》文本具有以下两个特征：其一，重启发而不是论证，故是诗性的而不是逻辑的。其二，圆教之所以为圆教，乃于庸常中证会抵达圣域，故虽平实似居家语，然其义蕴也，必幽隐；其境界也，必奥玄；其声色也，必无声无臭。正因为如此，程伊川颂《中庸》曰："其书始言一理，中散为万事，末复合为一理，放之则弥六合，卷之则退藏于密，其味无穷，皆实学也。善读者玩索而有得焉，则终身用之，有不能尽者矣。"（《四书大全》之《中庸章句大全上》）朱子也颂《中庸》之文本曰："中庸一书，枝枝相对，叶叶相当，不知怎生做得一个文字齐整！"（《朱子语类》卷第六十二）因此，崔述责《中庸》之文"探赜索隐"、"繁而晦"，乃根本没有体会到圆教文本之奥妙所在，反以繁晦、隐深而难之，并由此剧断《中庸》非子思所作，这是非常无理的武断。

实际上，先秦时期的荀子，正是基于崔述的上述立场来批评思孟学派的。荀子谓子思与孟子之学"甚僻违而无类，幽隐而无说，闭约而无解"（《荀子·非十二子》），这虽然是因与荀子自己学术性格不类而来批评。但这种批评，一方面固然暴露了荀子根本不懂子思，另一方面也暴露了子思作品的基本特性。尽管荀子在文章中乃就子思之"五行"而言的，并未提到《中庸》这部作品，但《中庸》这部作品显然也符合荀子所说的这种特性，也就是说，《中庸》这部书很可能是子思的作品。

孟子曰："颂其诗，读其书，不知其人，可乎？"（《孟子·万章下》）我们再来看子思的性情与为人，这对于我们理解《中庸》是很有助益的。《孔丛子》一书对子思之事迹有较多的记载，其中可以概见子思之性情与为人。至于《孔丛子》的真伪问题，学界尚未有定论，但即使是伪书，笔者认为"文伪"而"质不伪"。因此，《孔丛子》对于子思性情的记载，大体是可信的。《孔丛子·抗志》篇载老莱子曾谓子思"性惟太刚而傲不肖"，并以牙齿与舌头为例，说明刚性的牙齿不及柔顺的舌头长久，从而劝子思事君时不要适性而为，但子思的回答却是："吾不能为舌，故不能事君。"又，《孔丛子·居卫》篇载其答曾子之言曰："今天下诸侯方欲力争，竞招英雄以自辅翼。此乃得士则昌、失士则亡之秋也。伋于此时不自高，人将下吾；不自贵，人将贱吾。"可见，子思的确是一个刚毅孤傲的人。这种品性的人，一般有志气恢宏、颖悟高远、坚毅卓越之表现。《孔丛子·公仪》篇载：

> 胡毋豹谓子思曰："子好大，世莫能容子也。盍亦随时乎？"子思曰："大非所病，所病不大也。凡所以求容于世，为行道也。毁道以求容，道何行焉？大不见容，命也；毁大而求容，罪也。吾弗改矣。"

子思这样的品性与表现，使他能够自觉地背负传道及教化世人的责任。《孔丛子·公仪》篇又载：

> 穆公谓子思曰："县子言子之为善，不欲人誉己，信乎？"子思对曰："非臣之情也。臣之修善，欲人知之。知之而誉臣，是臣之为善有劝也，此所愿而不可得者也。若臣之修善而人莫知，莫知则必毁臣，是臣之为善而受毁也，此臣所不愿而不可避者也。若夫鸡鸣为善，孜孜以至夜半，而曰：'不欲人之知，恐人之誉己。'臣以谓斯人也者，非虚则愚也。"

可见，子思并不是一个谨慎细密、虚己隐逸之人。这样的人，自然具有不可抑制的使命感与担负精神，由此而自觉地去弘教传道是极有可能的。《孔丛子·记问》篇又载：

> 夫子闲居，喟然而叹。子思再拜请曰："意子孙不修，将忝祖乎？羡尧、舜之道，恨不及乎？"夫子曰："尔孺子，安知吾志？"子思对曰："伋于进善，亟闻夫子之教：其父析薪，其子弗克负荷，是谓不肖。伋每思之，所以大恐而不解也。"夫子忻然笑曰："然乎，吾无忧矣。世不废业，其克昌乎！"

这段对话不知历史上是否真的发生过 ❶，但子思自知其祖乃儒学宗主、教坛领袖，备感使命重大，且以"其父析薪，其子弗克负荷，是谓不肖"自勉，进而发奋进德修业以传道弘教，又有何不可能？又，《孔丛子·居卫》篇载子思与宋国大夫乐朔论学的一段对话：

> 朔曰："《尚书》《虞》《夏》《数》四篇，善也，下此以讫于《秦》、《费》，效尧、舜之言耳，殊不如也。"子思答曰："事变有极，正自当耳。假令周公、尧、舜不更时易处，其书同矣。"乐朔曰："凡书之作，欲以喻民也，简易为上。而乃故作难知之辞，不亦繁乎？"子思曰："书之意，兼复深奥，训诂成义，古人所以为典雅也。昔鲁委巷，亦有似君之言者。伋闻之，曰：'道为知者传，苟非其人，道不传矣。'今君何似之甚也？"乐朔不悦而退。

乐朔以为学问应该简易，以便于百姓明白。但子思认为，真正的学问是道，非道之言俱非学问，道固简易，简易并非如巷里之人所言的那样，粗浅卑俗，而是具有"极高明而道中庸"的特质，苟非其人，不能知也。故道虽不远人，然其意蕴必玄奥悠远，由有情世界而通达形上的神圣世界。这是子思所说之学问之意思，也就是道，也就是圆教。我们知道，子思在后世被谥为"述圣"，孔子死后，弘教者多矣，为何只有子思被谥为"述圣"，其来必有自也，盖子思乃儒学圆教之完成者故也。

子思既是儒学圆教之完成者，则在义理上必须确立圆教之弘规，也就是说，在教理上区分几个层次，这就是《中庸》所说的"或生而知之，或学而知之，或困而知之；及其知之，一也。或安而行之，或利而行之，或勉强而行之；及其成功，一也"。这就是说，人陷于气质之限，根器有高下，通达圆教之历程自有不同：生知者安行，故易；学知者利行，故难；困学者勉强而行，故其尤难也。欧阳修责《中庸》之"自诚而明，不学而知"、"不勉而中，不思而得"，罕有人能及此，俱是无用之空言，非孔子所固有，而以为子思谬其

---

❶ 若依据钱宾四之《先秦诸子系年》考证，孔子去世时，子思甫四岁，这样的对话似乎很难发生。但若我们想到陆象山四岁即能悟出"宇宙便是吾心，吾心即是宇宙"之心学名言，则早慧之子思年幼即能与其祖有如是之问答，又非完全不可能也。

传。世间到底是否有人能够做到"不学而知，不思而得"，不得而知，但从教理上看，则必须预留这一层次。● 至于孔子自谦其非生而知之者，那自是自谦，世间盖无人会自诩其为生而知之者，但在教理上，孔子亦是承认有生而知之者的。孔子曰："生而知之者，上也；学而知之者，次也；困而学之，又其次也；困而不学，民斯为下矣。"（《论语·季氏》）此即是明证。孟子亦曰："尧舜，性之；汤武，身之。"（《孟子·尽心上》）这句话依据朱子的解释："尧舜天性浑全，不假修习。汤武修身体道，以复其性。"（《孟子章句集注》）这也意味着，尧舜是生而知之，汤武是学而知之。无论世间是否真有生而知之者，作为一种教理，生而知之这个层次是必须承认的。甚至不管是什么宗教，都必须认可这个层次，因为这是共法。老子曰："不出户，知天下；不窥牖，见天道。其出弥远，其知弥少。是以圣人不行而知，不见而明，不为而成。"（《老子》第四十七章）这也是承认生而知之。若不承认这个层次，圆教就无法"圆"。欧阳修因孔子之自谦，而谓生而知之非孔子之道，进而疑子思谬传，或者说《中庸》非子思所传，这是既不了解子思，亦不知《中庸》作为圆教弘规之所以为"圆"的意义。

唐君毅判《中庸》为儒学之"终教"，这无疑是有眼光的，但由此而证明其一定晚出，则未必然也。朱子在《朱子语类》卷第十四中固以为读"四书"之顺序当为：

> 学问须以《大学》为先，次《论语》，次《孟子》，次《中庸》。《中庸》工夫密，规模大。
>
> 某要人先读《大学》，以定其规模；次读《论语》，以立其根本；次读《孟子》，以观其发越；次读《中庸》，以求古人之微妙处。

● 南宋淳熙二年（公元 1175 年）陆象山与朱子鹅湖之会，象山诘问朱子曰："尧舜之前何书可读。"（《陆九渊集》卷三十六《象山年谱》）这无疑是承认有生而知之者存在。又，《朱子语类》卷第四《性理一》载朱子之言曰："然就人之所禀而言，又有昏明清浊之异。故上知生知之资，是气清明纯粹，而无一毫昏浊，所以知生安行，不待学而能，如尧舜是也。其次则亚于生知，必学而后知，必行而后至。又其次者，资禀既偏，又有所蔽，须是痛加工夫，'人一己百，人十己千'，然后方能及亚于生知者。及进而不已，则成功一也。"朱子的教理重问学，与象山之"发明本心"不同，但在教理上，朱子也是承认有生知安行者存在的。至于现实中到底有多少这样的人，我们且不必去作考究，但教理上必须承认有这一层次。

显然，朱子这里所列的是教理顺序，而不是作品产生的时间顺序，《中庸》作为圆教文本，自然排在最后面。❶唐君毅依据朱子的读法而认为《中庸》为晚出，显然也是误解。

劳思光以《中庸》之"天命之谓性"与《淮南子·修务训》之"性者，所受于天也"相近，即谓《中庸》应与《淮南子》为同时代之著作，亦失之武断也。劳思光之《新编中国哲学史》成书于 1980 年，其时尚未发现郭店楚简。然 1993 年郭店楚简出土，其《性自命出》篇有"性自命出，命自天降"之句子，而"天命之谓性"或正由此而来。若郭店楚简是七十子后学的作品成立的话，那么，认为《中庸》与《淮南子》的时代相近，俱为汉初之作品，自是不能成立的。劳思光 2012 年去世，他应该知道郭店楚简的出土，不知看了《性自命出》篇以后，他是否会更改他的判断，或许著作早已面世，已来不及更改矣。另外，劳思光认为《中庸》的神秘主义亦是汉初符瑞谶纬之风的产物，实则亦不知《中庸》乃儒学圆教之作品。任何证悟之教都有神秘主义彩色，在圆教中尤为如此，因圆教乃从无漏心流出者，一般人因工夫不足，处处显烦扰之有漏心，自然不能理解而觉神秘。子贡感叹"夫子之言性与天道，不可得而闻也"（《论语·公冶长》），就是一种圆教表示，程子谓《中庸》"退藏于密"也是这个意思。但其色彩与汉初之符瑞谶纬殊异，前者是心性工夫之学的顿悟与证会，由此形成天人一体之境界；后者是民间方术之俗的祈求与迷信，由此达到功利性的符验与应合，二者的作用是决然不同的。总之，劳思光依据以上理由剧断《中庸》的作者非子思，不但有可能误断《中庸》的作者，由之亦把《中庸》之境界拉低了。

以上花费了相当的篇幅来讨论《中庸》的作者与文本问题，但笔者并没有提供任何新的材料，笔者在此只是强调指出：若我们认定子思是儒学圆教之弘教者，则《中庸》极有可能是子思的作品，且《中庸》之文本是儒学圆教之顶尖文本。后文的论述，正是建立在这种观点之上的，或许只有这样，《中庸》及其作者才各自回到自身。

---

❶ 《四书章句集注》，以《大学》、《中庸》、《论语》、《孟子》为顺序，《四书或问》承之，但黎靖德编《朱子语类》，则以《大学》、《论语》、《孟子》、《中庸》为顺序。

二、《中庸》作为儒学圆教文本的依据

《中庸》作为圆教之义理内涵是本章的重点内容，将在后文逐步展开，这里先说明《中庸》作为儒学圆教文本的历史依据。我们知道，《中庸》与《大学》一样，最早均见于《小戴礼记》，分别为其中的第三十一篇与第四十二篇。由此可知，《中庸》与《大学》只是《礼记》中的篇目之一，淹没在浩繁的《礼记》四十九篇之中。那么，是什么机缘使得《中庸》与《大学》在宋代的时候，地位突飞猛进、急剧上升，既而与《论语》《孟子》分签并架而被尊为"四书"的呢？笔者认为，这与佛教徒对《中庸》圆教义理的认知与开发不无关系。

《小戴礼记》成书以后，至东汉郑玄为之作注，《中庸》作为其中的一篇，自然也在注解之列，但并无特别的地位。郑玄注《中庸》之篇目云："以其记中和之为用也。庸，用也。孔子之孙子思作之，以昭明圣祖之德也。"显然，郑玄是在纯粹礼学的立场来解释"中庸"二字的，盖基于《论语·学而》"礼之用，和为贵"而来也。唐孔颖达依郑玄之注而作《礼记正义》，且认可郑玄对《中庸》篇目之解释。由此可见，无论是郑玄还是孔颖达，都是在礼学的范畴之内理解《中庸》的，与宋明所理解的天人性命之教相差甚远，既如此，则《中庸》就自然没有从《礼记》众礼学篇什中单独拿出来的必要。但郑玄作注给《礼记》带来的好处是，使得整部《礼记》的地位上升，到了魏文帝时，《礼记》与《周礼》、《仪礼》一起并立为学官，这在整个汉代都是没有的事。至东晋元帝时期，郑注《礼记》置博士，而《周礼》、《仪礼》则没有置博士。迨及有唐，把《诗》《书》《礼》《易》《春秋》，合称"五经"，孔颖达为之"正义"而刊行《五经正义》，使得《礼记》进一步上升为"经"的地位。《礼记》上升为"经"，《中庸》的地位自然随之上升，可能会受到更多人的关注，但《中庸》自身的地位依然没有从整部《礼记》中凸显出来。

南朝宋时期的著名隐逸人物戴颙（377 — 441 年），不但著有《逍遥论》，还专门把《中庸》从《礼记》中抽出来而为之作注，这是文人独立重视《中庸》的开始。戴颙固以孝称著（《宋书·隐逸传》谓其"颙年十六，遭父忧，几于毁灭，因此长抱羸患。以父不仕，复修其业。父善琴书，颙并传之，凡诸音律，

皆能挥手"），且《中庸》以多处论及孝，但显然，孝并非是戴颙特别要给《中庸》作注的原因，因为《礼记》中论孝的篇什比比也，何必独钟情于《中庸》。戴颙之重视《中庸》并为之作注，肯定是认为《中庸》所体现出来的终极境界与道家所向往的"逍遥"境界类似。无独有偶，南北朝时期，不但道家人物重视《中庸》，佛教人物也开始重视《中庸》了。梁武帝萧衍作为帝王，自然不能轻视儒学，因为这是治国之根本大道，但从个人的立场看，他似乎更迷恋佛教，曾数度出家。梁武帝曾著有《中庸讲疏》一篇。与戴颙的《中庸注》一样，虽然俱在后世遗失不见，其具体内容无从知晓，但应该是从境界上体现儒佛之会通。

佛道人物之重视《中庸》，对于我们理解《中庸》的思想有特别的意义，因为佛道乃出世之品格，多讲境界之圆修，而儒家则是入世的品格，多讲纲常礼法之治。佛道人物之注解《中庸》，阐释其大义，说明儒学也是可以臻于圆修之境的。实际上，这种认知在宋代初期得到了确证。北宋时期有两位佛教大师——智圆与契嵩，不但非常重视《中庸》，而且其作品流传了下来。智圆自号"中庸子"，著有《中庸子传》上中下三篇；契嵩则著有《中庸解》五篇。

智圆（976—1022年），字无外，自号中庸子。智圆在世时间为北宋初期，乃佛教浸盛、儒学式微之时代，智圆则是由佛教高僧自觉回归儒学的第一人。在智圆看来，儒道释三家，若从其最高境界看，应该是相通而不违的，故其曰："释道儒宗，其旨本融，守株则塞，忘筌乃通。"（《闲居编》卷十六《三笑图赞》）又曰："平生宗释复宗儒，竭虑研精四体枯。莫待归全寂无语，始知诸法本来无。"（《闲居编》卷三十七《挽歌词》）很有趣的是，智圆这种三教本融的思想，明确地体现在他的名字号中。智圆，代表佛教之最高境界；无外，代表道家之最高境界；中庸，当然是代表儒家的最高境界，故其曰："中庸之德，人鲜久矣。而能以中庸自号，履而行之者，难矣哉！世或之诈，吾取诈焉。"（《闲居编》卷十九《中庸子传》下）很显然，他是希望通过他的名、字、号来说明三者是圆融合一的。具体落实到儒家那里，这种最高境界就是由子思的《中庸》来完成的，也就是说，《中庸》是一个圆教文本。下面，我们将进一步依据智圆的论述，来看看《中庸》作为圆教文本究竟是如何"圆"的。智圆在《中庸子传》上中说：

　　或者避席曰：儒之明中庸也，吾闻之于《中庸》篇矣，释之明中庸，未之闻也，子姑为我说之。中庸子曰：居，吾语汝！释之言中庸者，龙树所谓中道义也。曰：其义何邪？曰：夫诸法云云，一心所变，心无状也，法岂有哉！亡之弥存，性本具也；存之弥亡，体非有也；非亡非存，中道著也。此三者派之而不可分，混之而不可同，充十方而非广，亘三世而非深，浑浑尔，灏灏尔。（《闲居编》卷十九）

　　依智圆的看法，龙树的中道义与《中庸》表现的是同一圆满境界。龙树在其著名的《中论》中，阐发了他的非有非无的中道圆教。《中论·观因缘品第一》云：

　　不生亦不灭，不常亦不断，不一亦不异，不来亦不出。能说是因缘，善灭诸戏论。我稽首礼佛，诸说中第一。

　　这著名的"八不偈"意味着：对于现象世界，只有缘起缘生，此缘起缘生一线到底，并没有独立自存的事物之生与灭。同样，"常"、"断"，"一"、"异"，"来"、"出"俱没有，此即是八"不"。❶知此因缘一线到底后，则此八者皆是戏论，俱可灭也。龙树认为，佛教首先端明乎此，是为"中"也。除"八不偈"之外，还有"三是偈"：

　　众因缘生法，我说即是空。亦为是假名，亦是中道义。（《中论·观四谛品第二十四》）

　　正如牟宗三所理解的，"空是抒义字，并非实体字"❷。也就是说，世界上并非有一个"空"放在那里，"空"只是描述缘生法的无自性而已。这样，对

---

❶　印顺释之曰："若一切法是实在的常尔的独存的，那甲乙两者发生关系时，你说他是一还是异？异呢，彼此独立，没有关系可谈。一呢，就不应分为甲乙。若说亦一亦异，或者非一非异，那又是自语相违。"黄夏年编：《印顺集》，中国社会科学出版社 1995 年版，第 49 页。

❷　牟宗三：《现象与物自身》，台湾学生书局 1984 年版，第 371 页。

于"三是偈"，牟宗三理解为："众因缘所生的一切法，我说它们就是空，同时亦是假名，因而这亦就是中道义。同一'缘生法'主语，就其义而言，说空，就其事为而言，说假名（说有）。空有不离，同在一缘起法上呈现，名为中道。"❶但龙树如此讲中道义，并非就是为了讲现象界的缘起法，而是要通过此而证圣者的涅槃境界。故龙树曰："若不依俗谛，不得第一义。不得第一义，则不得涅槃。"（《中论·观四谛品第二十四》）这意味着，涅槃并非是离开缘起法之现象世界而别有一番境界，涅槃就在缘起世界之中。故龙树又曰："涅槃与世间，无有少分别。世间与涅槃，亦无少分别。涅槃之实际，及与世间际，如是二际者，无毫厘差别。"（《中论·观涅槃品第二十五》）求涅槃并非是要远离世间，恰恰是要栖居在世间。这样，印顺在总结龙树的中道义时说：

> 世间的生死，是性空缘起，出世的生死解脱，也是性空缘起。所不同的，在能不能理解性空，能理解到的，就是悟入出世法，不能理解到的，就是堕入世间法。❷

张祥龙以海德格尔的"同等原初"来说明这种中道义。他说：

> 涅槃不是与存有相对的完全寂灭，而是人可以经历，而且在某个意义上必然经历的活生生的境况。这就是缘起性空的世间。这种结论与海德格尔所说的缘在从根底上就"在世界之中"，以及缘在的在世的不真正切身的存在状态与真正切身的存在状态的"同等原初"等看法很有相通之处。❸

世间与涅槃并无区别，同等原初，这里的关键问题是：觉悟不觉悟，能觉悟缘起性空，自然可证涅槃，否则，就永远在世间的生死海中不能解脱。世间与涅槃不即亦不离，这就是圆教之所以为"圆"的意思；若涅槃须离世间绝尘而去，就是"隔离"之教而非圆教。龙树的《中论》就明显地体现了佛教

---

❶ 牟宗三：《现象与物自身》，台湾学生书局 1984 年版，第 371 页。

❷ 黄夏年编：《印顺集》，中国社会科学出版社 1995 年版，第 51 页。

❸ 张祥龙：《海德格尔思想与中国天道》，生活·读书·新知三联书店 1996 年版，第 231 页。

的那种"圆"，而智圆以《中庸》与《中论》相比类，显然，在智圆看来，《中庸》亦是一种圆教形态。

我们现在再来看另一位佛教人物契嵩。契嵩生于 1007 年死于 1072 年，与当时的儒学宗师欧阳修的生卒年正同。契嵩生活的时代与智圆迥异，智圆之时代，佛教兴盛而儒学式微，但契嵩之时代，则儒学渐盛，且士大夫多辟佛，故契嵩特站出来，说明儒佛是可以相通的，他这方面的著作主要是《辅教篇》与《中庸解》。《中庸解》盖亦是创发其中的圆教大义。其曰：

> 夫中庸也者，不为也，不器也，明于日月而不可睹也，幽于鬼神而不可测也（"测"或作"无"）。唯君子也，故能以中庸全；唯小人也，故能以中庸变。全之者为善，则无所不至也；变之者为不善，则亦无所不至也。(《镡津文集》卷第四)

契嵩所说的"不为"、"不器"就是性德之圆妙境界。契嵩在《广原教》篇中云：

> 妙，有妙，有大妙；中，有事中，有理中。夫事中也者，万事之制中者也；理中也者，性理之至正者也。夫妙也者，妙之者也；大妙也者，妙之又妙者也。妙者，百家者皆言而未始及其大妙也；大妙者，唯吾圣人推之极乎众妙者也。夫事中者，百家者皆然，吾亦然矣；理中者，百家者虽预中而未始至中，唯吾圣人正其中以验其无不中也。(《镡津文集》卷第二)

契嵩认为，"中"有事中，有理中；事中是为的结果，而理中则是性理之正，这是圆修的结果。只有理中，才能至于大妙之境界，《中庸》所说的"中"应为性理之大妙境界，而绝非事为之中。契嵩还进一步把"中庸"与《尚书·洪范》中的"皇极"相比较，并认为，"皇极，教也；中庸，道也。道也者，出万物，入万物，故以道为中也"(《镡津文集》卷第四《中庸解》)。我们知道，孔安国之《洪范传》云："皇，大；极，中也。"这意味着，"皇极"乃大中之至教，故陆象山进一步释之曰："皇，大也；极，中也。洪范九畴，五居其中，故谓之极。是极之大，充塞宇宙，天地以此而位，万物以此而育。古先圣王皇建其极，故能参天地赞化育。"（《陆九渊集》卷二十三《荆门军上元设厅讲义》）这也完全是以《中庸》之义诠释皇极大中之至教。皇极以大中言，故谓之至教；中庸以道也，实则亦不过是大中至正之圆妙境界也，实可谓之圆教。

智圆与契嵩之重视《中庸》，不过是认为《中庸》所说之境界与佛教之圆修境界相契合，这就说明了谓《中庸》乃为一圆教文本是有历史依据的。佛教人物对《中庸》的这种认定，实影响了二程及朱子对于《中庸》的看法，因此，余英时"假定《中庸》在北宋是从释家回流而重入儒门的"[1]，这并非无据的想象。《中庸》由释家回流至儒门，不只是使得宋代儒者提升了《中庸》的地位，最终与《大学》、《论语》、《孟子》组成"四书"的教化系统，更重要的是，佛教人物对《中庸》圆教义理的阐发，使得宋代儒者且最后由朱子完成了"四书学"的建构，而《中庸》就意味着"四书学"的完成，因其已臻于圆教之理境矣。

由此，我们再来看看宋代儒者特别是朱子对于《中庸》的理解。

> 《中庸》之书难看。中间说鬼说神，都无理会。学者须是见得个道理了，方可看此书，将来印证。（《朱子语类》卷第六十二）

圆教文本本境界浑融，机锋隐秘，若不能开机锋而体境界，则自然难懂，乃至一头雾水。朱子说"学者须是见得个道理"，就是让我们认知到《中庸》乃是一个圆教文本，非秩序整严之渐教文本也。所以，朱子又曰："《中庸》多说无形影，如鬼神，如'天地参'等类，说得高；说下学处少，说上达处多。"（《朱子语类》卷第六十二）《中庸》所说的"天地参"、"万物育"、"上天之载无声无臭"，俱是就上达处说，即圆教之为圆处说。但圆教之为圆乃境界之浑融，此是上达之完成处，若不能开决那隐秘之机锋，则于此境界之浑融常茫茫然而不知所云。由此，我们须进一步去理解"中"字。许慎《说文解字》

---

[1] 余英时：《朱熹的历史世界——宋代士大夫政治文化的研究》，生活·读书·新知三联书店 2006 年版，第 86 页。

释"中"云："中，内也。从口丨，上下通。"很明显，"中"有上下通达的意思。❶
在《中庸》里，"上"以"中"表示，"下"以"庸"表示，或者以"时中"表示。
二者相互通达而圆成，"有中必有庸，有庸必有中，两个少不得。"（《朱子语类》
卷第六十二）但二者又有差异，"中"是纵向的，"庸"是横向的，故朱子曰："中
则直上直下，庸是平常不差异。中如一物竖置之，常如一物横置之。唯中而
后常，不中则不能常。"（《朱子语类》卷第六十二）在朱子看来，若不能有纵
向的"中"的开辟，便不能有横向的"庸"的圆成。故当有人问"'中庸'二
字孰重"时，朱子的回答是："庸是定理，有中而后有庸。"（《朱子语类》卷第
六十二）显然，"中"是动力因，"庸"是生成因。朱子又曰：

> 读书先须看大纲，又看几多间架。如"天命之谓性，率性之谓道，
> 修道之谓教"，此是大纲。夫妇所知所能，与圣人不知不能处，此类
> 是间架。（《朱子语类》卷第六十二）

"大纲"就是"中"，乃隐微而不显者，此须从"天命之谓性"处理解。"间架"
就是"庸"，乃摆出来之可见者。这个摆出来的"庸"亦可谓"时中"，《中庸》
云："君子之中庸也，君子而时中。""时中"里的"时"并非是一个时间概念，
而是一个境域概念。境域性的时间概念虽然来自海德格尔，但《中庸》之"时
中"的确与此可以相通。海德格尔的时间概念并非是流俗的"将来"、"过去"
与"当前"之含义，也不是"主观的"和"客观的"，或"内在的"和"超越的"
时间概念，❷而是与先行的决断相关，而先行的决断乃是让人最切身的存在来
到自身的决断。这样，海德格尔给时间性定的内涵就是：

> 此在本真地从将来而是曾在。先行达乎最极端的最本己的可能
> 性就是有所领会地回到最本己的曾在来。只有当此在是将来的，它
> 才能本真地曾在。曾在以某种方式源自将来。❸

---

❶　这种上下通达本身就有宗教性的意味。"宗教"，英文是 religion，其源于拉丁文 religare，这个词本身就
　　是"连接"的意思，即连接世间与超世间。
❷　海德格尔：《存在与时间》，陈嘉映、王节庆译，生活·读书·新知三联书店 1987 年版，第 387 页。
❸　海德格尔：《存在与时间》，陈嘉映、王节庆译，生活·读书·新知三联书店 1987 年版，第 386 页。

时间性意味着人的存在的构成境域，这个构成境域是由人的先行决断牵引着的将来而到时的"此"。时间性就是由人之先行决断所贯穿的人之存在的动态过程，每一个具体的此在之"此"，就称之为"时"。

《中庸》所说的"时中"亦可作如是之理解。"时"即是"此"，即一个具体的境域，而每一个具体的境域都有"中"贯穿于其中。故朱子曰：

> 他所以名篇者，本是取"时中"之"中"。然所以能时中者，盖有那未发之中在。所以先开说未发之中，然后又说"君子之时中"。（《朱子语类》卷第六十二）

"时中"里必有"未发之中"在，方称之为"时中"，方是君子之所为。"时"中必有"中"方称其为"时"，"中"必在"时"中方称其为"中"。由此，即可在庸常之中透见高明，凡俗之中显露神圣，此与智圆、契嵩所说之世间与涅槃不即不离同一主旨也，是以可称之为圆教。故杨龟山曰：

> 《中庸》为书，微极乎性命之际，幽尽乎鬼神之情，广大精微，罔不毕举。……世之学者，智不足以及此，而妄意圣人之微言，故物我异观，天人殊归，而高明中庸之学始两致矣。谓"高明者，所以处己而同乎天；中庸者，所以应物而同乎人"，则圣人之处己者常过乎中，而与夫不及者无以异也。为是说者，又乌足与议圣学哉？ ❶

这一段话的意思是，《中庸》本是圆教，物我天人会归于一，高明即是中庸。但世人常不知此，以为高明者才同于天，而中庸者只是现象世界的人为。由此，天人两隔。是此，则《中庸》作为圆教的本旨顿失，乌足以知《中庸》也哉？

正因为《中庸》所表之义理为圆教，所以才引用孔子"中庸其至矣乎，民鲜能久矣"之论，因为作为圆教的"中庸"，俗众自然是不容易达到的。又

---

❶ 杨少涵校理、（宋）卫湜撰：《中庸集说》，漓江出版社 2011 年版，第 3 页。

引孔子之言曰："天下国家可均也，爵禄可辞也，白刃可蹈也，中庸不可能也。"我们知道，程子曾曰："不偏之谓中。"但什么是"不偏"呢？一般多从人之行为去理解，即"中庸"就是行为上的中正不偏，但若"中庸"只是如此，孔子怎么会说它比"均国家"、"辞爵禄"、"蹈白刃"更难呢？由此可见，"中庸"一定是一种圆教。故朱子曰："历选前圣之书，所以提挈纲维，开示蕴奥，未有若是之明且尽者也。"（《中庸章句序》）

《中庸》所引下面这段话，更能证明"中庸"是一种圆教。

> 仲尼曰："君子中庸，小人反中庸。君子之中庸也，君子而时中；小人之中庸也，小人而无忌惮也。"

这段话在文字上有争论，就是"小人之中庸也"这一句。对于这一句，东汉郑玄注《礼记》时，不认为有问题，但稍后的王肃传本《礼记》，则认为这一句少了一个"反"字，故此句应为"小人之反中庸也"。宋之程伊川基本认同王肃的说法，"小人更有甚中庸？脱一'反'字。小人不主于义理，则无忌惮，无忌惮所以反中庸也"[1]。但是不是《中庸》原本真的有"反"字，而在流传之过程中错简缺漏了呢？朱子认为，无"反"字亦是可通的，他说：

> "小人之中庸"，王肃、程子悉加"反"字，盖迷上文之语。然诸说皆谓小人实反中庸，而不自知其为非，乃敢自以为中庸，而居之不疑，如汉之胡广，唐之吕温、柳宗元者，则其所谓中庸，是乃所以无忌惮也。如此则不须增字，而理亦通矣。[2]

---

❶ 杨少涵校理、（宋）卫湜撰：《中庸集说》，漓江出版社 2011 年版，第 46 页。

❷ 杨少涵校理、（宋）卫湜撰：《中庸集说》，漓江出版社 2011 年版，第 49—50 页。胡广（91—172 年），东汉时期重臣。《后汉书》本传谓其"性温柔谨素，常逊言恭色。达练事体，明解朝章。虽无謇直之风，屡有补阙之益。故京师谚曰：'万事不理问伯始，天下中庸有胡公。'"但范晔却在传赞中云："胡公庸庸，饰情恭貌。朝章虽理，据正或桡。"吕温（771—811 年）、柳宗元（773—819 年）俱因中唐权臣王叔文（753—806 年）而得高官，亦因"永贞革新"失败而俱遭贬谪。《旧唐书》列传第一百十之史论云："贞元、太和之间，以文学耸动搢绅之伍者，宗元、禹锡而已。其巧丽渊博，属辞比事，诚一代之宏才。如俾之咏歌帝载，黼藻王言，足以平揖古贤，气吞时辈。而蹈道不谨，昵比小人，自致流离，前躓素业。故君子群而不党，戒惧慎独，正为此也。"又，同传之史赞云："天地经纶，无出斯文。愈、翱挥翰，语切典坟。牺鸡断尾，害马败群。僻涂自噬，刘、柳诸君。"这大概是朱子斥胡广、吕温、柳宗元为小人之历史依据。

这就是说，若从事为上看，小人也可以达到中庸，但其达到中庸纯粹是外在经验上的，并无内在的神圣性贯穿于其中，故是纯技术上的作为，是以谓之无忌惮也。如此看来，小人之这种中庸，恰恰是反中庸的。是以沈清臣曰："反中庸者，小人之常也，然又乐闻君子时中之说，乃同乎流俗，合乎污世，时尚纵横则为苏秦，时尚刑名则为申韩，时尚虚无则为黄老，窃时中之名而流入于无忌惮，此所以谓小人之中庸也。"❶此即意味着，小人把"时中"给庸俗化为经验上的世事洞察与人情练达，由此而恰恰走向了反"时中"与反中庸。从沈清臣这段话来看，其实他是不认为掉了一个"反"字的，因为小人之中庸，自身即是反中庸的，并不需要特地加一个"反"字来凸显。

不过，朱子又认为，从文势的角度看，似乎加一个"反"字更好。他说：

> 小人之情状，固有若此者矣，但以文势考之，则恐未然。盖论一篇之通体，则此章乃引夫子所言之首章，且当略举大端，以明别君子小人之趣向，未当遽及此意之隐微也。若论一章之语脉，则上文方言君子中庸而小人反之，其下且当平解两句之义以尽其意，不应偏解上句而不解下句，又遽别解他说也。故疑王肃所传之本为得其正，而未必肃之所增，程子从之，亦不为无所据而臆决也。诸说皆从郑本，虽非本文之意，然所以发明小人之情状，则亦曲尽其妙，而足以警乎乡愿乱德之奸矣。❷

"小人之情状，固有若此者矣"，这是说，"小人之中庸也，小人而无忌惮也"这句话足以描述小人上述所说之情状，无须加一"反"字。但从文势之平衡与对称上看，似乎应有一个"反"字。孔子这段话之前两句是主旨，表明君子的基本特征是"中庸"，而小人的基本特征是"反中庸"。后四句之前两句是解释为什么君子是"中庸"，因为君子能够"时中"，那么，依此推之，

---

❶ 杨少涵校理、（宋）卫湜撰：《中庸集说》，漓江出版社2011年版，第53页。

❷ 杨少涵校理、（宋）卫湜撰：《中庸集说》，漓江出版社2011年版，第50页。与程子同时代的苏轼也不认为应该有个"反"字，他在《中庸论》三首其下曰："小人贪利而苟免，而亦欲以中庸之名私自便也。此孔子、孟子之所为恶乡原也。……何则？ 恶其似也。信矣中庸之难言也。"

后四句之后两句当解释小人之"反中庸"，因为小人"无忌惮"。朱子依据文势如此类推，认为王肃应属正传，"反"字非其妄增之也，而程子从其说亦非臆断也。但朱子又反过来说，若从郑玄所传无"反"字，似乎更能曲尽小人"乡愿乱德之奸"，亦不失其为正义也。

朱子的意思很清楚，从文势上看，应该有一"反"字，但从表小人乱德而"反中庸"的主旨来看，解释之句中似乎不要"反"字似更佳。其实，还有很多儒者认为并不需要这个"反"字。吕东莱曰：

> 如《中庸》说"君子之中庸，君子而时中；小人之中庸，小人而无忌惮"，人说"小人中庸"欠一"反"字，亦不消著"反"字。盖小人自认无忌惮为中庸，如后世庄老之徒，亦子莫之学，如说不死不生，如说义利之间，皆是不得时中之义，止于两事中间求其中，如何会识得中？ ❶

吕东莱的意思是，从事为上求其"中"，必至于无忌惮。而从事为上求其"中"，正小人以乡愿眩人耳目之强项，是以小人亦必有"中庸"，然小人愈有此"中庸"，愈无忌惮，适足成"反中庸"矣，虽不明言其"反"，而其"反"之实已朗然也，故不须叠床架屋再加一"反"字。倪正甫曰：

> "小人之中庸"，无反字，《正义》为小人"亦自以为中庸"，得之矣，王肃添反字，非也。忌者，有所疑也；惮者，有所畏也。人惟有所疑忌，故不肯为不善；有所畏惮，故不敢为不善。小人托中庸以自便，借中庸以文奸，曰吾亦中耳，我亦庸耳，何为不可？此之谓无忌惮也。无忌惮与戒谨恐惧相反，唯其无忌，是以不戒谨；惟其无惮，是以不恐惧。何谓无忌惮？因孔子圣之时，于是借以为说仕于不可仕之时，如汉末假儒者之说，以仕于莽朝，以干利禄；如孟子有"言不必信，行不必果"之说，于是借以自便，如乡原之"言不顾行，

---

❶ 杨少涵校理、（宋）卫湜撰：《中庸集说》，漓江出版社 2011 年版，第 52 页。

行不顾言"，作伪欺世，故曰"无忌惮"。❶

这是明确表示，正本不应有一"反"字，王肃本反是误传。因为小人往往假借"中庸"之名而饰其实，文其奸，然无论其如何文饰，总难掩其"无忌惮"之实也。

我们现在再综合衡论一下，到底应该有"反"字，还是没有"反"字呢？若原文为"小人之反中庸也"，那么，"反"一定是建立在有所认知的基础上，即小人一定是认知到了"中庸"是什么以后，他们才开始反。但若"中庸"是事为上的"不偏"，则小人正欲借此饰其实而文其奸，焉能去反之？但若"中庸"是上述所说的圆教，则小人根本达不到这个境界，于此根本茫然，何反之有？因此，小人一说"中庸"，总是落在事为上讲，而"中庸"一旦落在事为上，恰恰就是"反中庸"。所以，"反"并非是"反对"之"反"，而是事为上的"中庸"所体现出来的结果。也就是说，寡头的事为上的"中庸"本身即是"反"，"反"什么？反君子圆教之"中庸"。沈叔晦曰："'小人反中庸'，反不是倍，计较揣度，用私意以为之，此之谓反。"❷很明显，只要是在经验世界计较揣度，最后以私意为之，那么，一定就是"反中庸"。这里的"反中庸"是以"非反"的方式"反"那个圆教之"中庸"，也就是说，小人以事为之"中庸"否定了那个圆教之"中庸"。事为之"中庸"，在君子看来就是"无忌惮"。小人文奸饰非，"居之似忠信，行之似廉洁"（《孟子·尽心下》），看上去戒惧谨慎而忌惮多多也。这样看来，原文正本不应有一"反"字。因此，有君子之中庸，有小人之中庸。君子之中庸是圆教，而小人之中庸是事为上的计较揣度，结果是无任何操守的肆无忌惮，但二者并非是层级或类别上的不同，而是价值上的根本背反。严格来讲，小人之中庸并不能名之曰"中庸"，只能谓之计较揣度，但小人常自以为是"中庸"，且居之甚信，行之甚坚，其结果必"反中庸"。因此，子思以"君子之中庸也，君子而时中；小人之中庸也，小人而无忌惮也"对照，无非是要凸显"中庸"是一种圆教，一旦在此把持不住而下滑，即落入"反中庸"的境地当中，故我们于此不可以不戒惧谨慎也。又，朱子曰：

---

❶ 杨少涵校理、（宋）卫湜撰：《中庸集说》，漓江出版社 2011 年版，第 55 页。

❷ 杨少涵校理、（宋）卫湜撰：《中庸集说》，漓江出版社 2011 年版，第 52 页。

"君子而处不得中者有之，小人而不至于无忌惮者亦有之。惟其反中庸，则方是其无忌惮也。"（《朱子语类》卷第六十三）君子在事为上固有不得"中"的时候，但神圣性总是在兹念兹，故不会无忌惮而反中庸；小人在事为上固有不无忌惮的时候，但因为无神圣性之执守，故随时可能无忌惮而反中庸。

但《中庸》之所以为圆教，乃因为"中庸"是"时中"，而"时中"意味着上下通达的境域的开显。"上"乃是"尽精微"之神圣，"下"乃是"致广大"之庸常，二者不即不离，故谓之"圆"。若在上的"尽精微"之神圣不下贯至在下的"致广大"之庸常，则在上者孤悬而偏枯，蹈空而不实；若在下的"致广大"之庸常不上达至在上的"尽精微"，则在下者物化而胶固，低俗而虚幻。因此，章太炎下面这段话是非常没有见地的：

> 若说实话，《大学》、《中庸》，只是《礼记》中间的两篇，也只是寻常话，并没有甚么高深玄妙的道理，又不能当作切实的修身书，只要还归《礼记》，也不必单行了。❶

把《大学》、《中庸》还归于《礼记》繁复之篇什中，完全抹杀了以朱子为首的宋明儒建构"四书学"，而以《中庸》为圆教、为归宿的大旨与高义，而儒学之为宗教义亦随之而淹没，此诚"夏虫不可以语冰"之论也。同时必须指出的是，我们由智圆、契嵩对于《中庸》之认知与反省，而比照佛教之义理，而谓《中庸》为圆教，但《中庸》与佛教特别是龙树之《中论》之间毕竟尚有区别。龙树之《中论》乃人之般若智凌虚觉照的结果，其开的境域是"识"之圆境，故《中论》是"识"之圆教，而其神圣性与宗教性不实，仅以"识"之圆显其神圣性与宗教性；但子思之《中庸》乃形上之体下贯通达之结果，其所生成的是神圣圆境，故《中庸》是真正宗教意义上的圆教，因神圣之形上之体贯穿于其中故也。真正的神圣性与宗教性必因"体"而立，不可只在"用"上显。《中庸》属于前者，而《中论》属于后者，二者之大较，不可不辨也。

最后，我们从圆教的立场来看看《中庸》标题的英译问题。《中庸》标题

---

❶　章念驰编订：《章太炎演讲集》，上海人民出版社2011年版，第72页。

之英译，最有影响的有如下五种：

其一，詹姆斯·莱格把《中庸》的标题译作"The Doctrine of the Mean"。单词 mean 最基本的意思是平均值，这样，我们把这个英文标题再翻译为中文就是："中"的学说。这里的"中"，大家都会从平均值这个角度去理解，从而认为是关于"行为之适度的学说"。显然，这个意思与《中庸》所说的内容相去甚远。

其二，E.R. 休斯把《中庸》的标题译作"The Mean-in-Action"。这个英文标题再翻译为中文就是：行为的适度。其意思与詹姆斯·莱格的翻译差不多。

其三，埃兹拉·庞德把《中庸》的标题译作 The Unwobbling Pivot. 这个英文标题再翻译为中文就是：永不晃动的枢纽。这显然是意译，至少从标题上看，很难使人想到它与《中庸》相关。但若进一步意译为"持守中道"，略能表达《中庸》的意思，然这必须是在对《中庸》文本相当熟悉以后才能做到。

其四，辜鸿铭把《中庸》的标题译作"Central Harmony"。这个英文标题再翻译为中文就是：中心的和谐。显然，辜鸿铭是以 central 来译"中"，以 harmony 来译"庸"，且重点落在了"庸"上，这与《中庸》的主旨是背驰的，《中庸》所体现的是先有"中"然后才有"庸"。

其五，杜维明对以上四种英译都不满意，他把《中庸》的标题译为"Centrality and Commonality"。这个英译的意思是：中心与共同体。这个翻译与辜鸿铭的翻译一样，也是重点落在"庸"，即共同体那里了，且"中心"之意义不明确。

这里所列举的五种英译，其实俱不能表达《中庸》作为圆教之主旨。圆教之为圆教有两个最基本的特征，即神性与迹本冥合或和光同尘之境界。但上述英译这两点意思都没有翻译出来，特别是其中的神性没有凸显出来，这是对《中庸》主旨极大的伤害。当然，有研究者指出，不同语言之间的文本根本上是不可相互翻译的，任何翻译都是翻译者对文本的一种主观诠释，其伤害性是不可避免的，特别是对《中庸》这样的古典文本，尤为如此。但若我们非要勉强翻译的话，为了凸显《中庸》之圆教大义，是不是译为"Perfect Teaching of Confucianism"更好呢？

三、"天→命：之谓性"：人对天命之回应及其宗教性的确立

如果《中庸》告诉我们的仅仅是事为上的中道而不是圆教，那么，很奇怪的是，《中庸》为什么一开始要去探讨人性的问题，且朱子告诉我们，"天命之谓性，率性之谓道，修道之谓教"是我们理解《中庸》的纲领，其余的都是由这个纲领所提挈起来的间架呢？大凡若一种"教"要成其为宗教，一定须通达超越的形上根基，不然，即下滑为知识型的观解或技术性的事为。《中庸》作为一种圆教文本，自始至终都有这个形上根基——天贯穿于其中，是以宋儒胡炳文有云：

> 程子曰："《中庸》始言一理，末复合为一理。"所谓一理者，即此一"天"字。又曰："万物各具一理，万物同出一原。"所谓一原者，即此一"天"字。❶

"天"贯穿于始终，且散殊在万物之中，无一物遗落在"天"之外，俱得其润泽与护持，此即是圆教形态。且看朱子与其门人之对话：

> 问："《中庸》始合为一理（天命之谓性），末复合为一理（无声无臭）。""始合而开，其开也有渐；末后开而复合，其合也亦有渐。"（《朱子语类》六十二）

"始合为一理"，乃就形上源头言，指"天命之谓性"；"末复合为一理"，乃就究极境界言，指"无声无臭"。这一开合有渐之循环往复，成就了《中庸》之为圆教也。"天命之谓性"，源头处有其神圣性；"无声无臭"，终成处迹本圆融。这正契合了本章开首时所提到的：景象万千，事态纷纭的世界历史，不但不是"没有天"，却根本是"天自己的作品"。现代学者陈赟曾如此诠释《中庸》的这种圆教模型：

---

❶　周群、王玉琴校注，（明）胡广、杨荣等纂修：《四书大全校注》上册，武汉大学出版社 2015 年版，第142 页。

中庸所建立的不仅仅是个人的上下通达，不是一个个体与道体的贯通，而是上下通达的总体性的生活世界；或者说，即使中庸的事业关联着个体与道体的贯通，那么，这一贯通的结果也必然同时伴随着作为生活境域总体的世界的给出。❶

《中庸》作为圆教，其根本的义理形态是，人与道体之通达，终将带来万物与道体之通达，最后是"万物并育而不相害，道并行而不相悖"之境域的开显。在这个境域中，无一物在道体之外，且非佛教般若智观解之圆，而是上下通达、迹本冥一之圆。观解的圆是横摄的圆，上下通达则是直贯的圆，此诚圆实充融之教也。

《中庸》的这种圆教义理形态，就体现在其第一章中：

> 天命之谓性，率性之谓道，修道之谓教。道也者，不可须臾离也，可离非道也。是故君子戒慎乎其所不睹，恐惧乎其所不闻。莫见乎隐，莫显乎微，故君子慎其独也。喜怒哀乐之未发，谓之中；发而皆中节，谓之和。中也者，天下之大本也；和也者，天下之达道也。致中和，天地位焉，万物育焉。

上述一段文字，朱子《中庸章句》引杨氏之言曰："所谓一篇之体要是也。"可以说，这段文字乃《中庸》之经文，其余的可谓注经之传文。此段经文的前三句有四个关键词：天、性、道、教，四者之间的关系应该是：天→性→道←教（修性或养性）。"修道"就是让"道"表现出来，这是从结果而言。不过，表现这种结果有两条路线：一条是圣人之路线，圣人性体自足，故其率性而为，即是"道"，故在圣人那里无所谓"修"，即不需要"教"；另一条是常人之路线，常人资性驳杂，故须养性、修性，而后才能表现"道"，故"教"即修性、养性以表现"道"之谓也。总之，这四个关键词中，"道"才是最终的指向与落脚点，只有"道"表现出来的时候，才可称之为圆教，或者说，"道"的到来，保证了圆教之到来，或者说，道＝圆教。我们不妨来看先儒对"道"

---

❶ 陈赟：《中庸的思想》，生活·读书·新知三联书店 2007 年版，第 62 页。

的解释。程明道曰："道之外无物，物之外无道，是天地之间无适而非道也。"
又曰："一物不该，非中也；一事不为，非中也；一息不存，非中也。何哉？
为其偏而已矣。故曰：'道也者，不可须臾离也，可离非道也。'"（《二程遗书》
卷四）程明道的意思在于说明：道与物是相互通达与确证的。若有一物外于道，
则此物不可谓之物；若道中缺一物，则此道不可谓之道。又，黄演山（1044 —
1130 年）曰："道之无不在也，虽稊稗瓦甓之间，无不在也；道之不可须臾离也，
虽蹞步跐蹈之间，不可离也。惟其无不在，故不可须臾离。"❶ 此即表示，道之
不可须臾离，意味着道是世界的确证者，只有道之灵显才能保证世界的到来，
一旦道阙如，则世界隐退，根本没有到来。正是在这个意义上，我们认为《中
庸》所说的道乃是圆教，即道确证了世界之存在，一事一物之存在。但道只
是"万物并育而不相害"之境界，故道是世界的确证者是从果上说；若从因上
讲，确证之动力来自哪里呢？即因上的确证者是谁呢？答案就是：唯有人才有
确证之动力，才是确证之完成者。故朱子曰：

> 所谓道也，是乃天下人物之所共由，充塞天地，贯彻古今，而
> 取诸至近，则常不外乎吾之一心。循之则治，失之则乱，盖无须臾
> 之顷可得而暂离也。（《四书或问·〈中庸〉或问》）

道虽然是天下人物之所共由，充塞天地，贯彻古今，即道确证了世界之
为世界的到来，但这个确证之动力，却来自于吾人之一心。而心性贯通，心
从动态之力量说，性从静态之存有说。世界之为世界的确证来自吾人之一心，
而心之动力来自哪里，故又须进一步深掘人性。所谓深掘人性，就是要确证
人的到来，即世界之为世界的到来首先要确证人之为人的到来。这是《中庸》
作为圆教必须首先解决的问题。论述至此，我们可以进一步来分析这段经文
所隐藏之基本内涵了。

其一，"天命之谓性，率性之谓道，修道之谓教。道也者，不可须臾离也，
可离非道也。"这一段话从天→性→教→道之线索，来为道进行形上的奠基，
且这样的道是世界之为世界的确证者，故不可须臾离也。

---

❶　杨少涵校理、（宋）卫湜撰：《中庸集说》，漓江出版社 2011 年版，第 28 页。

其二，"是故君子戒慎乎其所不睹，恐惧乎其所不闻。莫见乎隐，莫显乎微，故君子慎其独也。"道确证世界之为世界，但人是唯一的具有动力的觉知者，道只有在人那里才能灵现出来，因此，人才是世界之为世界最终的确证者。但人作为世界最终之确证者，必须通过慎独之工夫而通达绝对体——天。

其三，"喜怒哀乐之未发，谓之中；发而皆中节，谓之和。中也者，天下之大本也；和也者，天下之达道也。致中和，天地位焉，万物育焉。"只有人与绝对体通达以后，才谓之"中"，有了这个"中"，再发用出来，才是"和"。"中也者，天下之大本也"，即表示"中"是确证世界之为世界的最终根据。到"和"这里，世界之为世界之确证得以完成，亦即是圆教得以完成，故曰"致中和，天地位焉，万物育焉"。

基于上述三种内涵，下面拟进一步论述三个主题：

其一，人为什么能成为世界之为世界的最终确证者。人的确证之动力即来自于人对"天"之回应，这就是"慎独"。

其二，人自身、家庭及其社会政治之确证。人自身的确证就是人要成为君子乃至圣人，社会的确证就是政治须行王道。

其三，世界万物之确证及"道德的形上学"的完成。世界万物的确证就是"天地位焉，万物育焉"，果能至此，即是"道德的形上学"之完成。

其四，宗教性圆境之色泽与声华。这是圆教所必然达至的最后境界。

必须指出的是，所谓"确证"并非指一般意义的证明，而是指世界万物与绝对体贯通，从而成为一种宗教性的圆满存在。这意味着，凡未与绝对体贯通之存在，俱是纯物质性的偶然之存在，其存在性随之可以消亡，故其存在并未得到确证，因其无宗教性贯通其间故也。不过，第二、三两点在第四部分论述，第四点在第五部分论述，本部分详论第一点，因为这是奠基性的，这种奠基性就体现在"天命之谓性"这句话中。

若"中庸"只是在事为上讲的，即"中庸"若只是行为上的不偏不倚，那么，很奇怪的是，《中庸》这一部经典为什么一开始要对人性进行形上学的奠基呢？因为行为上的不偏不倚是一个技术问题，至多是一个伦理学上的规定问题，完全没有必要去探讨人性问题，更不须去为人性进行形上奠基。《中庸》开始即讲"天命之谓性"，是为了讲"致中和"，而讲"致中和"，是为了证成"天地位焉，万物育焉"，即证成圆教，也就是确证世界万物之存在。那么，为什么要从人性之形上奠基开始？因为只有这样，才能证成人是那唯一的确证者，即确证世界之为世界之任务，唯有人才能完成。故"天命之谓性"这句话，自有大义存焉，若此种大义不能被诠释出来，则人作为确证者就不能证成，圆教也就不能证成。

"天命之谓性"这句话，可谓整部《中庸》之拱心石，但这句话到底应该如何理解，却大有疑问。我们不妨先来看看古代儒者的理解。

> 天命，谓天所命生人者也，是谓性命。❶（郑玄）
>
> 言天之自然者，谓之天道。言天之付与万物者，谓之天命。"民受天命之中以生"，"天命之谓性"也。"人之生也直"，意亦如此。❷（程明道）
>
> 性与天道，一也。天道降而在人，故谓之性。❸（吕与叔）
>
> "天命之谓性"，言天所以命乎人者，是则人之所以为性也。❹
>
> （朱子）

以上四种理解，都是从发生学的立场，交代了人性之来源，这是一种直线之思考，人性虽有形上根基，但人依然只是一个被造的存在。朱子训"率"为"循"，若"天命之谓性"作如上理解，则"率性之谓道"这一句，朱子作如是之理解："言循其所得乎天以生者，则事事物物，莫不自然，各有当行之路，是则所谓道也。"❺"循其所得乎天以生者"，必须生命有所愤发、觉悟而对"天"有所回应者始可，并非"天道降而在人"，则人必能"循其所得乎天以生者"。故若把"天命之谓性"仅仅理解为发生学意义上的"天道降而在人"，则"率性之谓道"即"循其所得乎天以生者"，亦仅仅只是一种可能性，而无法成为现实性，至少对于人来讲，如此解"天命之谓性"，人作为确证者之大

---

❶ 杨少涵校理、（宋）卫湜撰《中庸集说》，漓江出版社 2011 年版，第 6 页。

❷ 杨少涵校理、（宋）卫湜撰《中庸集说》，漓江出版社 2011 年版，第 6 页。

❸ 杨少涵校理、（宋）卫湜撰《中庸集说》，漓江出版社 2011 年版，第 8 页。

❹ 杨少涵校理、（宋）卫湜撰《中庸集说》，漓江出版社 2011 年版，第 11 页。

❺ 杨少涵校理、（宋）卫湜撰《中庸集说》，漓江出版社 2011 年版，第 11 页。

义没有被诠释出来，因为"天命之谓性"不只是针对人而说，万物皆如是也。后文讲"慎独"，就是指人的愤发、觉悟进而对于"天"的回应而言，亦即是人作为确证者而站出来，但从发生学上理解"天命之谓性"，"慎独"之意，亦多是心理学之意义，至多是道德伦理的意义，并无宗教之意义，则《中庸》作为圆教之大义亦淹没而不得出。

我们再来看现代学者对于"天命之谓性"的理解。

> 《四书》里《中庸》的第一句，就说"天命之谓性"。天所命与你的，就是人之禀赋，这就叫做"性"。[1]（钱穆）

> 天命于人的，即是人之所以为人之性。这一句话，是在子思以前，根本不曾出现过的惊天动地的一句话。"天生蒸民"，"天生万物"，这类的观念，在中国本是出现得非常之早。但这只是泛泛的说法，多出于感恩的意思，并不一定会觉得由此而天即给人与物以与天平等的性。[2]（徐复观）

> 《中庸》说此语，其字面的意思是：天所命给吾人者即叫做是性，或：天定如此者即叫做是性。[3]（牟宗三）

> 天命之谓性一句，是说天道创生，使一切物得以生成存在，使一切存在皆得其性；即一切存在物之存在之性，是由天所命者。[4]（杨祖汉）

以上列举四家现代学者之诠释，其意思与前述古代儒者之理解类似，皆是由发生学之立场去理解"天命之谓性"。然唐君毅却不赞同这样的理解，他认为，"中庸之性，自始为天命之所贯注，此天命亦当为可由吾人之内心之自命而见及者。则此所谓天命之谓性，不宜如传统宗教之说及汉儒及朱注之解释，先客观的、信仰式的，独断论的设定一天，谓其于生人物之时，自上而下，由外赋与以一定之性"[5]。天，无论是信仰式的，还是独断论的形上学设

---

❶ 钱穆：《中国人的思想纲领》，《钱宾四先生全集》（40）之《从中国历史来看中国民族性与中国文化》，台湾联经出版事业公司 1998 年版，第 100 页。

❷ 徐复观：《中国人性论史（先秦篇）》，上海三联书店 2001 年版，第 103 页。

❸ 牟宗三：《心体与性体》上，上海古籍出版社 1999 年版，第 25 页。

❹ 杨祖汉：《中庸义理疏解》，台湾鹅湖出版社 1984 年版，第 100 页。

❺ 唐君毅：《中国哲学原论——原道篇》上，中国社会科学出版社 2005 年版，第 362 页。

定，只要是以发生学式地关涉人性，则俱是自然主义的，而不是宗教性的，人由此下滑为一种自然性的存在而不是宗教性的存在。基于这种认知，唐君毅认为，"则此'天命之谓性'一语，人皆可由其心之依道德上之普遍理想而自命，而有其心之生、心之性之表现时，当下得一亲切之体证，便不同于先客观的说"❶唐君毅的意思是，人性不能在发生学的模式下，仅由绝对体给予或赋予，而必须有人对绝对体之回应与体证，此即是对人自身之性的确证，人只有真正对自身之性进行了确证以后，人之性才能作为一种动力对人起作用，才能接下去讲"率性之谓道，修道之谓教"。

那么，为什么在发生学之模式下讲"天命之谓性"，人只是一种自然存在，而不能是一种宗教存在呢？孔颖达之《中庸正义》即透露了其中之关键。他说：

> "天命之谓性"者，天本无体，亦无言语之命，但人感自然而生，有贤愚吉凶，若天之付命遣使之然，故云"天命"。老子云："道本无名，强名之曰道。"但人自然感生，有刚柔好恶，或仁、或义、或礼、或知、或信，是天性自然，故云"谓之性"。(《礼记正义》卷五十二《中庸正义》)

在孔颖达看来，虽然《中庸》之开篇即讲"天命之谓性"，但天无体，故无以命，所谓"天命之谓性"，只不过是说人感自然而生而已，而所谓"天命"也只是一个习惯性的说法，交代人性之源头而已，至于这个源头是物质性的、精神性的，或者是宗教性的，俱可不必究竟。这样，在发生学之模式下，作为人性源头之天命，仅仅只是一个"空名"而已。而孔颖达的这种解释，正来自于郑玄——"天命，谓天所命生人者也，是谓性命"——之这种自然发生学的理解。

我们知道，除了"天命之谓性"这种论说人性的方式之外，在中国传统中还有"生之谓性"这种论说性的方式。必须指出的是，若仅仅只是从发生学的立场去理解"天命之谓性"，则会把这种论说人性的方式等同于"生之谓性"这种方式。所谓"生之谓性"，就是指一个东西产生，就必然有其性。因

❶　唐君毅：《中国哲学原论——原道篇》上，中国社会科学出版社 2005 年版，第 363 页。

此，"生之谓性"就是"成之谓性"，就是一物成为一物时必有其性，即"任何一物在其成为一个个体时始得说性，即就其成为一个个体而说其性，依此而言，'生之谓性'不是性之定义，而是说性或理解性之原则"❶。所谓"说性或理解性之原则"，就是依据何种理路去理解"性"。就"生之谓性"而言，就是指依据发生学的理路去理解"性"，因为任何一物包括人在内，都是有限存在，故都不可能自己产生自己，必须有一个无限的绝对者使它产生，故"生之谓性"实隐含着"天命之谓性"，若"天命之谓性"只是在发生学的立场理解的话。因此，牟宗三认为有两种"生之谓性"之义理模式，即经验主义或自然主义的描述模式与本体宇宙论的直贯顺成模式。❷前者乃告子所执持，此是现象学的观解地定义性，后者乃宋儒借告子语赋予新义，以解万物之生成及其性也。因为"生之谓性"乃是包括人在内的万物被造时所得的原始规定，同样，"天命之谓性"也只是说，天使一物产生并给予其原始规定，此原始规定就是该物之性。《中庸》说"天命之谓性"的时候，不只是针对人的，而是针对世界万物的。当针对世界万物而如此说的时候，我们把这种说性之方式等同于"生之谓性"是可以的，因为"天命"对于物而言只是一个引生的力量，并没有成为其性之一部分。结果，对于物而言，"天命之谓性"落实下来，依然只能是"生之谓性"，而"生之谓性"落实下来，就是董仲舒所说的"如其生之自然之资，谓之性。性者，质也，诘性之质于善之名，能中之与？"（《春秋繁露·深察名号》）也就是说，"生之谓性"对于物而言，乃切就生命体之自然存在而论其性。董仲舒的这种思想，显然是绍述了告子"性犹杞柳"、"性犹湍水"（《孟子·告子上》）之说法。"性犹杞柳"、"性犹湍水"并不是说性就是杞柳，性就是湍水，而是说性应该紧扣着杞柳、湍水这样的物质性存在来看，而不可离开此而别有所看。既然包括人性在内的万物之性都只能切就物质性的存在来看，则物质性的存在很难说它总是善的，当然也很难说它总是恶的，因为性是材质的，故告子与董仲舒都不主张性善论，而是中性的材质无善无恶论。但是，告子与董仲舒的"生之谓性"并没有作人与物的区分，他们认为人与物之性俱可以"生之谓性"而论之。告子之时代与子思相近，

---

❶ 牟宗三：《心体与性体》中，上海古籍出版社 1999 年版，第 126 页。
❷ 牟宗三：《心体与性体》中，上海古籍出版社 1999 年版，第 158 页。

他是否读过《中庸》不可究考，故他秉持"生之谓性"之说法，盖承继他以前之传统也。但董仲舒的时代已经距子思之时代将近三百年了，且子思之著作已流行于世（《汉书·艺文志》明确记载有子思的作品），以董仲舒"三年不窥园"（《汉书·董仲舒传》）的好学精神，他不可能没有读过《中庸》，既如此，他不可能不知道"天命之谓性"这句话，但或许在他看来，"天命之谓性"亦不过以发生学的立场讲性，而如此讲性，其义理实又隐含在"生之谓性"这一主断中，既如此，还不如"生之谓性"明确而使人易知，是以不必提"天命之谓性"这一论性之立场也。

但我们已经指出，当论物之性时，尽管《中庸》也从"天命之谓性"的立场而论之，然因为"物则气昏"，不能体证天命于自身之中，故物只是叫物，即便是有生命之物，亦只是谓之生物，而不谓之生命。生命，似乎只是人所独有，何以故？我们再次引前面所提到的牟宗三的那个图示加以说明：

↔ 人；→（物。

"→"表示天命，"（"表示人或物之材质之体。这个图示很明显地表明：天命进入了人之生命体，却没有进入物之形体之中，即使进入了物的形体，但因为物之气昏而不能加以体证，故天命对于物只有形式的意义，而没有切实的活动义与作用义，是以物之性只是那个材质体所呈现出的性能。因此，即使《中庸》是在"天命之谓性"的立场上论物之性，而我们却打落这一立场，仅从"生之谓性"而论物之性，亦未尝不可，因为物只有这个"（"，即材质之性能。当然，我们说《中庸》是圆教，不应有一物逸出在道体之外，因此，即使对物而言，从"天命之谓性"的立场去论物，亦根本不同于从"生之谓性"之立场去论物，但这必须依赖人对天命之回应既而对物之为物的确证。这一点后面还要专门论述。对于人而言，天命已进入人之形体，成为了其生命之一部分，因此，仅仅从"生之谓性"来论人显然是不够的，因为"生之谓性"只看得到材质"（"之性能，而看不到至少不能体证到天命"→"。因此，对于人而言，仅仅讲"生之谓性"是不够的，或者以发生学的立场讲"天命之谓性"也是不够的，因为这样讲"天命之谓性"与"生之谓性"之区别不大，最终使得人与物的区别没有彰显出来。黄梨洲曰："告子只知性原于天，合人物而言之，所以更推不去。"（《黄宗羲全集》第一册《孟子师说》卷三）那么，我们究竟该如何来理解"天命之谓性"这一立场？

"天命之谓性"这一句话，乃是从郭店楚简《性自命出》中的那句话——"性自命出，命自天降"——简化而来。"性自命出，命自天降"，若只是从发生学的立场上来了解，即"天"仅仅是一个源头上的引生力量，别无他义，那么，何不直接说"性自天出"简单明快呢？何必要在中间引出一个桥梁"命"字，一定要由天到命，再由命到性呢？这其中隐含着有怎样的大义？多出一个"命"字，又有什么不同？我们知道，人乃天所生，从这个意义上说，天人之间的关系乃是一种发生学的关系，亦本不错。但人之所以为人，乃是因为人有受造感，既而由受造感而来的对于神圣者之依赖感，但受造感之激起与依赖感之愤发，仅形式地说天之生人，并不足以有之，必须使天活化，而天之活化就在于这个"命"字，因为"命"让人真切地倾听到了或体证到了。这是郭店楚简宁愿繁复地说"性自命出，命自天降"，而不愿简洁地说"性自天出"的原因所在。因此，"天命之谓性"这句话不应只注重其"天"字，而对于"命"字则不甚措意，乃至认为无关紧要，且把"天命"作为一个名词，而作为名词的"天命"实际上与单独的"天"字并无区别。如此一来，"天命之谓性"就只能从发生学的立场来理解了，其意思是：来自天命的就是性；或不要"命"字，而说：来自天的就是性。二者的意思并无区别，因为无论是来自"天命"还是来自"天"，也无论"天命"或"天"是否成为性的一部分，性都成为一个静态的存有，如此解物之性可，如此解人之性则万万不可，因为人之向上跃起的愤发感没有力量之源泉。这样，就把人等同于物了，这不但是对人之不尊重，且使整个世界失去了一个价值基点，《中庸》所究竟的圆教也不可能成立。

我们习惯把"天命"作为一个复合名词来理解，其来亦有自。孔子曾自谓："五十而知天命。"（《论语·为政》）"知"是动词谓语，其后面自然以名词作为宾语。但孔子作为一个圣者，其知天命绝非像知一般的外在对象或理论知识一样地知，这里的"知"应该是真切地倾听到了天之召唤与命令了，在此，人与天是相互理解与通达的，故孔子曰："知我者，其天乎。"（《论语·宪问》）

若天命只是作为一般的静态的知识对象，孔子是不可能如此说的。因此，天命一定是活动的天在命令或召唤，而"知"意味着一个人在倾听或接受。于是，张横渠这样理解"五十而知天命"，他说："五十穷理尽性，至天之命，然不可自谓之至，故曰知。"（《正蒙·三十》）这里明确地说是"天之命"而不是"天命"，即天的命令与召唤，"知"意味着正在倾听中，尚不敢说已与天通达为一了，是谓"不可自谓之至"。程伊川在解释此句时亦曰："五十而知天命，思而知之。"（《论孟精义》第一下）这里的"思"并非是思考的意思，而是在存养工夫中倾听、体证。因此，若我们仅仅只是把"天命"理解为一个复合名词，则孔子在"知天命"之过程中的倾听、震拔、体证之义，没有彰显出来；"天命"必须被理解为"天之……所命"或"天在……命令"，唯有在这样的精神愤发与警醒之动态过程中，才是真切地"知天命"。

同样地，"天命之谓性"这一主断中，亦不能只是形式地静态地凸显"天"或"天命"，既而发生学地讲天之所赋予者为人性，亦必须动态地把"命"字凸显出来。现代学者伍晓明指出：

> 如果"天命"其实只是某种"天给"或"天予"或"天赋"，那又为什么还要说"天命"呢？如果"命"的意思在这里可以被如此简单地解释掉，那又还有什么必要一定要说"天命之谓性"，而不简单地坚持那个传统的"生之谓性"呢？"生"不是已经就蕴含了"给"、"予"、"赋"之意吗？而且"生"在中国传统中不是始终都已经意味着"天生"了吗？所以，对于"天命之谓性"中"天命"的传统读法的一个基本问题，"命"之本义在此其实已经完全不见了。❶

"命"字不见，则"天命之谓性"就下滑为发生学意义下的"生之谓性"，从而把人等同于物。为了把人与物区分开来，必须重新把"命"字凸显出来，因此，"天命之谓性"的准确读法应该是："天→命：之谓性"。"天命"应该理解为"天→命"这种结构，这种结构意味着：

---

❶ 伍晓明：《"天命：之谓性！"片读〈中庸〉》，北京大学出版社 2009 年版，第 3–4 页。

"天在命令人，而人在接受天命"这样一种动态的情况或活动，而不应被理解为天命本身之内容这样一个既成的状态或事实。●

"天在命令人，而人在接受天命"，正体现了人与天的相互作用与通达。这个意思在孔子那里有明确的体现。孔子曰："下学而上达。知我者，其天乎。"（《论语·宪问》）"下学而上达"，就是人在接受天命；"知我者，其天乎"，就是"天在命令人"。由此，"天→命：之谓性"应该这样理解：人性总是在"天在命令人，而人在接受天命"这一过程中表现出来，从而被理解。这样，人与天才同时活了起来，而不是在静态的发生学的立场上把人与天的关系仅仅理解成一种生成关系，既而把人与天全部"物化"。我们把"天命之谓性"理解为"天在命令人，而人在接受天命"这种人与天的相互作用与通达之关系，并不是要去回答"人性是什么"这一问题，而是要回答：人怎样才成其为人？或者说，人如何确证自己的存在？准确地说，即使要回答"人性是什么"这一问题，一个在先的任务是：人必先成其为人，或者说，人必先确证自己的存在，然后才能回答"人性是什么"。因为人性并非静态之物，不能通过科学方法观察与测试，唯有在人确证自己作为人而存在的过程中去体证。若我们基于发生学的立场，认为天所赋予人的就是人性，这好像是回答了"人性是什么"，但我们其实根本不知道人性到底何所指，因为天与人俱是形式化的概念或者物化之存在。

我们一般把人称为生命，而除此以外的存在者则称为物或者生物。人之所以称之生命，就意味着人一生下来就背负着来自天之命令。人与天之关系，正如唐文明所言，"并不是债务人与债权人的关系，而毋宁说是受托者与托付者的关系。在这种受托与托付的关系中，人本性高洁，并负有美好的使命，换言之，人是天命在身者"❷。人只有作为天命在身者与背负者，人作为人才到来，人性亦随之而到来。所以，人性根本不是一个有待认知的静态存有，而是人在倾听、通达天命之过程中的一种绽出，是之谓"率性"。若人性是一种静态的存有，是根本无法"率"的。因此，"天命之谓性"的意思是：人之为

---

❶　伍晓明：《"天命：之谓性！"片读〈中庸〉》，北京大学出版社 2009 年版，第 4 页。

❷　唐文明：《隐秘的颠覆——牟宗三、康德与原始儒家》，生活·读书·新知三联书店 2012 年版，第 53 页。

人的本性就在于，倾听、回应天之命令，绝非只是说天赋予人的就是人之性。这样，"天命之谓性"所肯定的正是人的最根基的宗教性，一种无任何外在特定形式的宗教，一种若无对天命之倾听与回应，则任何宗教即不成其为宗教的宗教。宗教，当然可以表现出外在的形式与戒律，如诸多实定宗教那样，但这对于宗教并非本质之相关者，宗教之本质相关者是人对天（或别的终极者）之命令的倾听、回应，而这一点，被《中庸》所把握住了。

只有当我们把"天命之谓性"解读为"天→命：之谓性"的时候，人的宗教性特质才能显现出来。为什么？我们须从天人关系中来理解。张岱年在论述天人关系时说：

> 中国哲学之天人关系中所谓天人合一，有二意义：一天人相通，二天人相类。天人相通的观念，发端于孟子，大成于宋代道学。天人相类，则是汉代董仲舒的思想。❶

为什么会有这种区别？若我们只是发生学地理解"天命之谓性"，那么，我们最多只能证成天人相类的观念。因为发生学的理解是静态的、生成的，人乃是天的产品，故容易产生天人相类的观念。但天人相类的观念并不能导致宗教，因为天人相类的理论基础是形质上的"天副人数"。这种理论，正如张岱年所言，"是一种牵强附会的思想，认为天人在形体性质上皆相似"❷。故天人相类易导致原始的低级膜拜，乃至迷信，因为这种思想是基于看得见的形质而类推比附出来的，完全没有开掘内在之心性，使其震动而有所觉悟。虽然这对于人心不失其威慑作用，但之于性德之愤悱，乃至让人向终极之永恒飞越，并无丝毫作用。所以，天人相类尽管有其宗教的外表，但却不是真正的宗教。但若我们把"天命之谓性"解读为"天→命：之谓性"，天与人并非静态的直接的生成关系，而是通过"命"这个桥梁，把有限的人与无限的

---

❶ 张岱年：《中国哲学大纲》，江苏教育出版社 2005 年版，第 177 页。张岱年之所以认为天人相通之观念发端于孟子，乃因为在他看来，《中庸》作于秦汉之际，亦因其写作此书时郭店楚简未出土之故。然而，《中庸》当早于《孟子》，此已辨正于前，此处不复赘述，故明确展现天人相通之观念，实始于子思的《中庸》或七十子后学所作之《性自命出》。但在此之前，孔子在他的践行中，早就通过实践的路径展示了天人相通，此则必须指出者。

❷ 张岱年：《中国哲学大纲》，江苏教育出版社 2005 年版，第 177 页。

天连接起来，即人与天的连接并非直接在静态的发生学中就可以建立起来的，而必须在"天→命：之谓性"中，动态地念兹在兹地去回应天之命令的时候，人与天的关系才能建立起来。所谓人与天之关系之建立乃是指：性德之愤悱，乃至让人向终极之永恒飞越。这才是真正的宗教精神的开启。没有这种精神的开启，人的宗教性是无法证成的，也就是说，人作为一种终极永恒的价值存在无法得到确证。

"天命之谓性"表现了人最根基的宗教性，但它并不是向上地要求人去皈依天，而是向下地确证人作为人而存在，正是在这个意义上，才与人性问题相关。不过，在天人之关系中，天与人是相互通达而互为确证的。这意味着：一方面，如果没有人，或者没有人去倾听最后回应天之命令，则就无所谓天命；另一方面，如果天命不降或者没有天命，也就无所谓具有人性之人。如果没有天命，对于人而言，就只有"生"而无"命"，由此，人之无"命"之"生"就等同于生物之"生"。[1]天与人二者相得益彰而互为确证，天命作为天命，正是通过人的倾听、回应而灵现；人作为人，正是有了对天命之倾听与回应才成其为人。《中庸》接下去两句——"率性之谓道，修道之谓教"——正是针对这一互为确证的过程而言的，也就是说，所谓"率性"、"修道"，乃至"教"俱是人对天命之倾听与回应，从而确证人自身之存在，社会政治之为社会政治之存在，乃至世界之为世界之存在。这一系列确证过程的完成即是道的修成，故曰："道也者，不可须臾离也。"道之所以不可离，乃是因为若没有这一确证之过程，则人、社会、世界俱为偶然之存在，俱是没有价值的绝对存在。人对自身、社会以及世界的最终确证，依赖于人对天命有所倾听与回应，这就是《中庸》所说的"慎独"，故"慎独"必须是在先的。是以刘蕺山曰：

> 慎独是学问第一义。言慎独而身、心、意、知、家、国、天下，一齐俱到。故在《大学》为格物下手处，在《中庸》为上达天德，统宗彻上彻下之道也。（《刘子全书》卷四《学言》三）

一齐俱到，就是在"慎独"中让它们到来且确证它们的存在。

---

[1] 伍晓明：《"天命：之谓性！"片读〈中庸〉》，北京大学出版社 2009 年版，第 34 页。

"慎独"何以与倾听与回应天命相关？且看《中庸》之论"慎独"："是故君子戒慎乎其所不睹，恐惧乎其所不闻。莫见乎隐，莫显乎微，故君子慎其独也。"人之倾听与回应天命，必须一个人独自地聆听天之召唤，俗众无所睹处，倾听与回应天命者必有所睹；俗众无所闻处，倾听与回应天命者必有所闻；俗众于隐而无所见处，倾听与回应天命者必有所见；俗众于微而无所显处，倾听与回应天命者必知其有所显。朱子在解《大学·诚意》章时曰："独者，人所不知而己所独知之地也。"（《大学章句》）那么，"独知之地"是什么呢？就是天之命令。明儒章本清曰：

> 天人一道也。天道固人道所自来，而尽人正以全其天也。苟天道不明，徒欲致其迈往之力，譬之幼离乡井，长欲返之，使不知父母居止所在，遑遑然日奔走长途，无益也。（《图书编》卷十五《性道教》）

由此可知，对天之命令有所倾听、感受与回应，乃是人作为人而到来的根本保证，而慎独又是人倾听、感受与回应天命之根本保证，是以刘蕺山曰："不慎独，如何识得天命之性？"（《刘子遗书》卷二《学言》一）天或天命，乃中国传统之名言，其实义乃指一绝对的超越者或神圣者，此超越者或神圣者唯有在慎独中方可通达，朱子曰："正其衣冠，尊其瞻视，潜心以居，对越上帝。"（《晦庵集》卷八十五《敬斋箴》）所说者正是在慎独中通达神圣者之意。

人作为人而挺立于宇宙之间，之所以能与动物区别，乃因为除了满足基本的物质生存需求以外，尚有一种动物所没有的关切或牵挂，即对终极者的关切或牵挂，是为终极关切或终极牵挂。终极者乃是终极关切或牵挂的对象。那么，何谓终极者呢？终极者就是我们人的全部实在。在此处，人作为人才能得其实，不然，就是形式上的人，即有人之形式而无人之实质。所谓"人的全部实在"并不是指人的肉体性实存，而是指人的宗教性存在。可见，人的全部实在并非只是看得见的部分，更包括看不见的部分，而那些看不见的部分恰恰是人作为人而终极关切且牵挂着的。这种关切与牵挂是无条件的，因为它关涉到人是否存在，因此人的这种关切实际上就是人要确证自身的存在。

人实存着，但人又很可能是非存在。终极关切与牵挂之意义就在这里显示了出来，即如何让人不至于陷入非存在？众所周知，"存在"一词出自巴门尼德。巴门尼德有两条原则："存在"存在，而"非存在"不存在，这是一条通向真理之路；"存在"不存在，而"非存在"存在，这是一条通向意见之路。为什么巴门尼德要作这种真理与意见的区分呢？关键在于巴门尼德所说的"存在"到底是何种特征？在巴门尼德那里，存在具有如下特征：存在是一，存在是永恒的，存在是不动的，存在是完满的。那么，存在到底何指呢？我们似乎难以断定，但作为与存在相反的非存在，我们却很容易断定它指的就是现象世界。可见，非存在绝不是指"无"或"虚空"，而是指现象世界的变易性与不稳定性。相对于非存在之所指，则我们可知，存在乃是绝对的超越者与神圣者。人类只有认识了祂才算是认识了真理，若只停留在非存在的现象世界，则只是知晓了一些意见。同理，对于人的认知若只限于肉体性的实存，那么，此时人还是非存在。只有人与绝对的超越者与神圣者贯通，人才是存在，而这，正是人的终极关切与牵挂。

作为绝对的终极者与神圣者的存在，虽不在经验世界，但又不是纯形式的一种概念规定，而是可以被觉悟的。老子曰："有物混成，先天地生。寂兮寥兮，独立而不改，周行而不殆，可以为天地母。吾不知其名，强字之曰道，强为之名曰大。大曰逝，逝曰远，远曰反。"（《老子》第二十五章）这段话可谓是对终极者与神圣者的觉悟与感应的描述，这是体会语，非定义语。孟子曰："充实之谓美，充实而有光辉之谓大，大而化之之谓圣，圣而不可知之之谓神。"（《孟子·尽心下》）可见，对终极者与神圣者的关切与牵挂，不是概念认知式的，而是生命内省慎独觉悟式的。是以孟子又曰："可欲之谓善，有诸己之谓信。"（《孟子·尽心下》）欲望那个终极者与神圣者方是真正的善，生命与那个终极者与神圣者贯通方是真正的人（信者，真也）。终极者与神圣者具有"充实"、"大"、"化"与"神"之特性，祂不是一般的现象式的存在，而是形而上的终极的唯一存在。蒂里希把这种存在或终极者与神圣者称之为

"渊"❶,《中庸》"溥博渊泉，而时出之。溥博如天，渊泉如渊"，说的正是作为终极者与神圣者的渊。渊就是一个秘密藏，而孟子所说的"充实"、"大"、"化"与"神"就是表现了终极者与神圣者的这种秘密藏。这个秘密藏，既吉祥朗彻、於穆不已，又隐微寂寥、感应如神。蒂里希与孟子之所说实为同一意思，但蒂里希对渊的规定性作了详细的论述。

在蒂里希看来，作为终极者与神圣者的渊有两种规定性：一是毁灭的力量，二是提升的力量。二者是人对于终极者与神圣者的体验。毁灭的力量是负面的讲法，提升的力量是正面的讲法，二者都意味着人的实存必须向终极者与神圣者靠近乃至同一，不然，终极者与神圣者就会显示其毁灭的力量，而人一旦觉悟到此，则终极者与神圣者就会显示其正面的提升力量。董仲舒曰："观天人相与之际，甚可畏也。"（《汉书·董仲舒传》）说的正是终极者与神圣者（天）的毁灭的力量，一个慎独存养深厚的人，必然会体会到这种力量。《中庸》为什么要说"君子戒慎乎其所不睹，恐惧乎其所不闻"呢？因为君子在慎独中体会到了这种力量。

为什么终极者与神圣者有神秘的毁灭力量呢？因为终极者与神圣者（存在）是永恒的"一"，祂是一个无所不在的境域，世界上的万事万物（非存在）都在此境域内变化发展。这样，这个境域就是万事万物的守护者，一旦离开这个境域弃之而去，作为非存在的万事万物彻底沦为虚无。人的"不信"、"狂妄"与"欲望"使人弃之而去，从而离开终极者与神圣者的守护。所谓"不信"就是人背离终极者与神圣者之中心；所谓"狂妄"就是背离终极者与神圣者之中心的人以自己为中心，成为孤悬而自大的人；所谓"欲望"就是人试图把整个世界拉入自我的无限制的追求之中。"不信"、"狂妄"与"欲望"俱使人背离终极者与神圣者而去，从而变为非存在。人必须看到自己的有限性与非存在特征，从而对终极者与神圣者有其关切与牵挂，也就是倾听、回应终极者与神圣者之命令。不然，毁灭的力量随时降临。因为妄作的人以自我为中心，这也意味着人人都是中心。这样，无数个中心不可避免地使自我走向解体，堕为碎片，世界亦随之堕为碎片，世界与人彻底虚无。

---

❶　蒂里希认为，以奥秘语言说之，终极者与神圣者称之为"渊"；以哲学语言说之，则称之为"道"；以宗教语言说之，则称之为"灵"。蒂里希：《系统神学》，何光沪选编：《蒂里希选集》，上海三联书店1999年版，第1072页。

终极者与神圣者的毁灭力量通过人的敬畏而走向其提升的力量。人作为一种特殊的存在者，他本是同终极者与神圣者连为一体的。人的实存只有参入了终极者与神圣者之中，其实存才是有意义的，不然，他的实存就是纯粹的物，他的死也是一种自我毁灭。若参入了终极者与神圣者，则他尽管也要死，但此时的死却是一种牺牲，一种确证自身作为永恒存在的牺牲，而他的实存也获得了终极的意义，从而克服了实存之荒诞与意义的虚无。这就是"渊"的提升力量。《中庸》云："肫肫其仁！渊渊其渊！浩浩其天！苟不固聪明圣知达天德者，其孰能知之？"这正是人对于这种提升力量的感知。

人能体会到"渊"的这两种力量正是以人与终极者及神圣者的关联作为前提的，即如果人的生命里根本不能灵现终极者与神圣者，则不可能聆听到"渊"之召唤，更不可能感受到实存中的绝望与虚无而有所回应。这一关联哪怕是极为微弱的关联乃是实存的人克服非存在（偶然的存在）而走向存在（终极者与神圣者）的唯一希望与力量。而这一切，端来自人之慎独工夫。通过慎独工夫，体会到"渊"的毁灭力量，则人必有畏，故孔子认为君子有三畏，其中第一畏乃是"畏天命"（《论语·季氏》）。通过慎独工夫，体会到"渊"的提升力量，则人必有敬，故程子曰："毋不敬，可以对越上帝。"（《二程遗书》卷十一）

总之，"渊"乃是人在慎独工夫中通过倾听、回应天之命所开显出来的，在这里，人被确证为一种绝对的永恒存在，除此以外，人逃不了物质性的偶然存在之命运，是以《中庸》云："思知人，不可以不知天。"这就是说，要确证人之为人，必须要让天在人的生命中到来。所谓让天在人的生命中到来，就是人要始终在回应、承受天之命令。在我们这个宇宙之中，人必须是这个使命的承担者，也唯有人才是这个使命的承担者，也就是说，人必须也能够作为确证者而存在。在子思的《中庸》之前，儒学对于天与人之关系的认识，尚处在天人可以相贯通的阶段，那么，当《中庸》明确说出"天命之谓性"之后，则在天人关系上，儒学已自觉地认识到人乃是一个天命在身者。

四、人对自身、家庭、社会政治及世界万物的确证与圆教之成立

（一）人对自身、家庭及社会政治的确证。

《中庸》第二十章有两段相似的文字，列举如下：

> 在下位不获乎上，民不可得而治矣。故君子不可以不修身；思修身，不可以不事亲；思事亲，不可以不知人；思知人，不可以不知天。
>
> 在下位不获乎上，民不可得而治矣；获乎上有道：不信乎朋友，不获乎上矣；信乎朋友有道：不顺乎亲，不信乎朋友矣；顺乎亲有道：反诸身不诚，不顺乎亲矣；诚身有道：不明乎善，不诚乎身矣。

"在下位不获乎上，民不可得而治矣"，这是说政治问题。但政治问题的解决不是一个纯粹的政治律则与程序问题，最终端赖君子的出现。而君子端赖其修身，修身又从事亲开始，而事亲又端赖人作为人而站立起来，而人作为人而站立起来，最终在于回应与承受天命。这是第一段一路下来的理路。第二段的理路有两处变化：其一，插入了一个朋友关系，因为政治中不只是家庭关系，还必须有社会关系，这种社会关系可以用朋友关系来表示。其二，由顺亲到诚身，由诚身再到明善，而不是第一段所说的知人到知天。我们整理一下这两段的理路：

第一段：知天→知人→事亲→修身→君子→善治。

第二段：明善→诚身→顺亲→信乎朋友→善治。

信乎朋友，其实也就是要人做君子的意思。可见，这两段后部分的理路都是一样的，唯一的差别是：第一段是从知天到知人，而第二段是从明善到诚身。但是，明善与诚身应该是与知天知人有关联的，甚至是同一个意思，因为同一篇文章内不可能表达两种完全不同且歧异的意思。综合这两种理路，可以说，这是《中庸》明确地把天与善关联起来。第三章讲七十子后学的时候，他们其实已明确地提到了性善了。但到《中庸》，只是说"天命之谓性"，很多人认为，但凭这句话，尚不能确定这里所说的"性"之性质，也就是说，《中庸》并没有明确地说性善，然"明善"却告诉了我们应该以怎样的路子去理解善，即知天才能明善，由此才能知人之为人而成为君子，是谓诚身也。于

是，第二段中的"明善"就是"知天"，[●]"诚身"就是"知人"，这就与第一段完全相同了。但若我们联系这两段来理解，则《中庸》之性善论可以说是呼之欲出了，孟子即是由此而进一步说出者，孟子诚可谓善绍者也。但性善却不是我们这里欲主要论述的，我们这里欲主要论述者，乃是人对自身、家庭、社会的确证问题，而上面这两段话，正是表示的这种确证之理路，即由天命对人自身进行确证，人自身确证以后，对家庭就可进行确证；人自身得到确证以后，君子得以养成，于是对社会亦进行了确证。

人对自身的确证，意味着人作为人而站出来。人作为人而站出来，这不是一个经验现象的呈现问题，而是一个宗教问题。若人仅仅是一个经验现象的呈现问题，人是无法作为一个实体性的存在站出来的，也就是说，在经验世界，人无法确证自己作为人而存在。为了说明这个问题，我们不妨以笛卡尔的"我思故我在"为例加以说明。"我思故我在"是笛卡尔提出的著名哲学命题，他希望通过"我思"来确证"我在"，也就是说，"我"之"在"只能在"思"中被确证。"我"是什么？笛卡尔的回答是，思想是"我"的一种本质属性，"我"如何思想，就决定了"我"是一个怎样的存在；反之，"我"一旦停止思想，自身就不复存在了。那么，思想是什么？思想是一系列"思"的活动，包括怀疑、理会、肯定、否定、愿意、不愿意、想象和感觉的东西。也就是说，"我"只是这一系列"思"之活动，"我"自身并非一个实体性的存在，"我"仅仅在一系列活动中被确证，这里的确证其实就是显现，但用显现其实亦不对，因为在这一系列的活动中，并没有一个叫"我"的东西凸显地站出来，只是一系列思维流自身之持续不已耳，亦即这持续不已之思维流就是"我"，无所谓实体的"我"。这样，"我"被打散在这一系列的思之流中，从而无法独体地站出来确证自己。但笛卡尔的"思"并非指思纯粹的经验对象，亦包括无限的对象，如上帝等。然而，人作为有限的存在，怎么可能去思维一个无限的对象呢？可见，仅仅说人只是"思"并不周洽，因为"思"自身并非自足的，它需要一个终极性的支撑与解释，"思"之外的无限性的"在"对于"我思故我在"来说成了课题。"我愈是仔细地思考其特征，似乎它愈不可能单独从我这里产生……因为我是有限的，除非这种观念起源于某个真正无限的实

● 稍后我们将会看到，宋儒钱时明确地说，"明善即知天也"。

体。"❶这样，"我"虽然无法达到这种无限实体的实在性，但却在"思"中以某种方式召唤了祂。所以，一个"思"之外的终极支撑者或无限者，又以现象学的方式呈现在笛卡尔的哲学中了，祂是支撑着"思"这个"在场者"的"不在场者"。基于这个"不在场者"的隐秘显现，尽管"思"消解了"我"的实体性，但总有一个"不在场"的无限实体不能消解，不然，则"思"这个"在场者"亦不可能。这个无限的"不在场者"就相当于一个没有疆域与界限的场，"思"是光源之内的区域，但若没有一个更大的场域作为背景，光源之内的区域亦无法显现。我们一般对"我"的把握多集中于这一光源区域，由于光源区域可随时变化，"我"即流散在此变化中，故无实体可言。但这个无限实体即没有疆域与界限的隐秘的场对于"我"具有怎样的意义呢？"我"是一"思"之流，但这个"思"之流之所以可能，就在于有一个无限的隐秘的"不在场者"提供背景，也就是说，"我在"虽然被打散在"我思"之中，但"我思"之所以是"我"之"思"，却端赖于这个无限的隐秘的"不在场者"来确证，亦即"我在"最终依赖于这个无限的隐秘的"不在场者"的确证。这个无限的隐秘的"不在场者"就是神圣的上帝，"我"之"在"最终依赖于神圣的上帝的确证，这在笛卡尔看来是非常自明的。

通过对笛卡尔"我思故我在"的论述，我们可知，人若只是一个经验性的存在，则人被打散在一系列的事件（或感觉）流之中，人作为人是无法在此得到确证的，人之确证，必须依赖一个更高的神圣性存在。《中庸》作为圆教，且人是证成圆教之动力所在，因此，《中庸》首先要确证人作为人而存在。不过，《中庸》作为圆教，并非像笛卡尔那样，通过"我思"去确证人之存在，乃是在日用之生活世界确证人之存在，乃至确证世界之存在。这种思想集中体现在第十二章这段话当中：

> 君子之道费而隐。夫妇之愚，可以与知焉；及其至也，虽圣人亦有所不知焉。夫妇之不肖，可以能行焉；及其至也，虽圣人亦有所不能焉。天地之大也，人犹有所憾。故君子语大，天下莫能载焉；语小，天下莫能破焉。《诗》云："鸢飞戾天，鱼跃于渊。"言其上下察也。

---

❶ Descartes, Meditationon First Philosophy, Cambridge University Press, 1986, p.31.

　　君子之道，造端乎夫妇；及其至也，察乎天地。

　　朱子在《中庸章句》中训"费"为"用之广"；训"隐"为"体之微"。程伊川训"费"为"日用处"[1]，此则较朱子之意更为清楚。程门高弟杨时曰："道者，人之所日用也，故费；虽曰日用，而至赜存焉，故隐。"[2]这句话的意思是说：所谓君子之道，一定有一个隐微之体贯注于其间，由此形成一个致广大而尽精微的上下通达之圆教，人正是在此被确证为作为人而存在的。朱子对于"费"与"隐"作了进一步的解释：

　　　　问："或说形而下者为费，形而上者为隐，如何？"曰："形而下者甚广，其形而上者实行乎其间，而无物不具，无处不有，故曰费。费，言其用之广也。就其中其形而上者有非视听所及，故曰隐。隐，言其体微妙也。"（《朱子语类》卷第六十三）

　　人之视听所及者，无非日用之间耳。然这日用之间者，并非仅仅是事之广博与物之驳杂，若如此，则人在日用之间仅仅是事之执行者与物之利用者，亦即人亦不过是一种物态的存在。但人之为人绝非只是如此，故日用之间必有一个隐微者在，这个隐微者就是人对天命之回应与承受。所谓日用之间者，正是人对天命回应与承受之结果，绝非寡头光秃的事之广博与物之驳杂。人由此确证人之为人的存在，且由此确证世界之为世界的存在。"言其上下察也"及"察乎天地"，都是要确证世界之为世界的存在。

　　但又为什么说夫妇之愚可以与知、夫妇之不肖可以能行，但及其至也，圣人亦有所不知、有所不能呢？宋儒陈祥道释之曰：

　　　　中庸犹五谷，愈食愈有味。若其他，虽珍异，一食而喜，再食而厌。惟五谷，日日食之，虽没齿，无厌也。君子之道，其所谓费者，其日食之谓乎！所谓隐者，其没齿无厌之谓乎！[3]

---

[1]　杨少涵校理、（宋）卫湜撰：《中庸集说》，漓江出版社 2011 年版，第 100 页。

[2]　杨少涵校理、（宋）卫湜撰：《中庸集说》，漓江出版社 2011 年版，第 103 页。

[3]　杨少涵校理、（宋）卫湜撰：《中庸集说》，漓江出版社 2011 年版，第 109 页。

依据陈祥道之解释，在日用中回应与承受天命，就如食五谷一样，乃为常道，故夫妇之愚可以与知、夫妇之不肖可以能行也；但回应与承受天命，亦如食五谷，乃终身之事，没有完成之时，即使是圣人，亦不能说其完成了，故曰圣人亦有所不知、有所不能也。有所不知与有所不能，从广度上讲，谓人对天命之回应与承受没有穷尽之时，此是从"语大"处言；从深度上讲，谓人对天命之回应与承受不能精微而圆满，此是从"语小"处言。正因为如此，人总是有所遗憾的，故"真正仲尼临终不免叹口气"（罗近溪：《盱坛直诠》卷下）也。所以，确证人之为人的存在，并非一次性可以完成的，在日用之每一件事上都要完成这种确证，一旦于其中的任何一件事中疏忽懈怠，人自身的存在就是缺席的，故这是"如临深渊，如履薄冰"之事；也正是在这个意义，人之确证是一个道德问题，更是一个宗教问题。

正因为《中庸》要求人们在日用中回应与承受天命以确证人自身的存在，所以，才有第十四章这样一段话：

> 君子素其位而行，不愿乎其外。素富贵，行乎富贵；素贫贱，行乎贫贱；素夷狄，行乎夷狄；素患难，行乎患难：君子无入而不自得焉。在上位不陵下，在下位不援上，正己而不求于人，则无怨。上不怨天，下不尤人。故君子居易以俟命，小人行险以徼幸。

孔颖达认为，这一段话的后半部分乃是解释前半部分的。"在上位不陵下，此'素富贵行富贵'也。在下位不援上，此'素贫贱行贫贱'也。……正己而不求于人则无怨，此'素夷狄行夷狄'也。……上不怨天，下不尤人，此'素患难行患难'也。"❶也就是说，这一段话的中心思想就是"君子素其位而行，不愿乎其外"。朱子训"素"为："犹见在也"，且进一步解释这一中心思想为："言君子但因见在所居之位而为其所当为，无慕乎其外之心也"（《中庸章句》）。所谓"素其位而行"，就是人不管处在怎样的位置，都可以回应与承受天命，进而无入而不自得也。故宋儒张九成曰：

---

❶ 杨少涵校理、（宋）卫湜撰：《中庸集说》，漓江出版社 2011 年版，第 133 页。

　　富贵、贫贱、夷狄、患难，皆天所以命我者，吾其如何哉？姑
听之而已。然我有忠恕之道，无入而不自得，故尽其在我，不责备
于人。❶

　　"富贵、贫贱、夷狄、患难"皆是天命所在，我们必须对之有所回应与
承受，才能无入而不自得，才能为其所当为。"居易"，就是为其所当为之事，
而君子之所以能够如此，就是因为他能够回应、承受天命，故曰"君子居易
以俟命"。君子在这一过程中，无论处在何种境地，他都能在回应、承受天命
的过程中立定自己，也就是说，作为人而站立了出来，也就是确证了自身的
存在；小人则与此相反，完全盲顾天命，更不能承受天命，因此，只是在现实
中侥幸地捕捉时遇，乃至投机冒险，完全是一层论的事务主义。由此，小人
完全被经验世界之机栝所牵引，而人之为人之独体始终站不出来，故小人无
法确证自己作为人而存在。

　　我们再来看《中庸》第四章：

　　道之不明也，我知之矣：贤者过之，不肖者不及也。人莫不饮食
也，鲜能知味也。

　　"道"为什么不明呢？就是大家都是一层论的事务主义者。就事务自身
来讲，聪明的人（贤者）做得好，愚笨的人做得不好。但无论做得好还是做
得不好，都是事务机栝中的成败利钝，都不是对天命的回应与承受，故"道"
在此隐晦而不明。饮食之美大家都能知晓，按理说，大家都能知味，但《中庸》
为什么还说人们"鲜能知味"呢？什么是"知味"呢？吕大临颇有见地：

　　宰予以三年之丧为已久，食稻衣锦而自以为安；墨子之治丧也，
以薄为其道，既本于薄，又徇生逐末，不免于恩以厚之也。二者所
行，一过一不及，天下欲择乎中庸而不得，此道之所以不明也。知

❶　杨少涵校理、（宋）卫湜撰：《中庸集说》，漓江出版社 2011 年版，第 138 页。

之不中，习矣而不察者也；行之不中，行之而不著者也。是知饮食而
不知味者也。^❶

　　宰我之所以安于食稻衣锦，就是认为这些不过是物质性的存在，食可至
于饱，衣可至于暖，仅此而已。但殊不知，这稻与锦中，有父母之辛劳与恩
情，若人对天命有所回应与承受，必对此有所体察，进而激起悱恻不安之情，
故张九成曰："知味者，当优游涵泳于不睹不闻之时可也。"^❷但多数人对此是
"习矣而不察"、"行之而不著"的，是之谓饮食而不知其味也。
　　又，《中庸》第七章云：

　　　　子曰："人皆曰'予知'，驱而纳诸罟擭陷阱之中，而莫之知辟也。
　　人皆曰'予知'，择乎中庸，而不能期月守也。"

　　"罟擭陷阱"，皆为古代捕获禽兽的工具，这里指人只在欲望利益上用其
智，而不能回应、承受天命。大凡人若不能回应、承受天命，则其智必唯欲
望利益是用，由此则必陷罟擭陷阱之中而不知辟，且自以为智。回应、承受
天命必有仁的持守，但大多数人不汲汲于仁守，却欣欣于智及，这寡头的智
及必役物射利而置自身于危险之中且不自觉。故在智及之外，首要的当开对
天命之回应与承受之仁守。张九成在解释这一章时说：

　　　　人皆用知于铨品是非，而不知用知于戒谨恐惧；人皆用知于机巧
　　术数，而不知用知于喜怒哀乐未发已发之间。惟其不留意于戒谨恐
　　惧，故虽驱而纳诸罟擭陷阱、嗜欲贪鄙之中，而不自知；惟其不留意
　　于喜怒哀乐未发已发之间，故虽中庸之理暂见，而不能期月守也。^❸

　　"用知于戒谨恐惧"，就是让我们对天命有所回应与承受，而不是赤裸地
去铨品是非，甚至若根本对天命无所回应与承受，则我们根本无法铨品是非；

---

❶　杨少涵校理、（宋）卫湜撰：《中庸集说》，漓江出版社2011年版，第60页。
❷　杨少涵校理、（宋）卫湜撰：《中庸集说》，漓江出版社2011年版，第64页。
❸　杨少涵校理、（宋）卫湜撰：《中庸集说》，漓江出版社2011年版，第76页。

"用知于喜怒哀乐未发已发之间"，就是让我们基于对天命之回应与承受来应对世间之事，此即是中庸，而不是寡头的事务性的机巧术数。人们虽然知道，这赤裸的铨品是非、寡头的机巧术数俱会让人遭致危险，须回应、承受天命而达于中庸之境，但一旦落于现实之机栝中，往往盲顾天命而对于中庸之境不可期月守也，而不像颜子，拳拳服膺而弗失之矣。颜子一箪食、一瓢饮，在陋巷，若非对天命有所回应与承受，则有何乐可言？赤裸的铨品是非、寡头的机巧术数之所以常置人于危险之中，乃因为人之主体没有站立出来，纯依事务性的机栝关联所牵引，而当人作为主体没有立定时，事务性的机栝关联会至何处而终止，常是不可预知的，故危险无处不在。颜子之所以在如此之处境下依然可乐，就是确证了自己作为人而站立了出来，这是人的一种独体存在之乐，是"在不够完善时的探寻和在达到完善时的一种欢欣"[1]，这是人最为根本的快乐，孔子所说的"成于乐"（《论语·泰伯》）即是在这个意义上讲的。后来周濂溪让二程兄弟"寻孔颜乐处"，卒启迪了程氏兄弟对天理之体贴，最后使得宋明理学蔚为大观，为吾华族精神生命之维系，进而成为民族安身立命之教，则对天命之回应与承受，无论是对个人，还是对民族，焉可忽哉？！因为这对个人而言，确证了其作为人自身之存在；对于民族而言，确证了其精神自性之存在。

回应与承受天命是确证一个人作为人而存在的唯一方式，但有的人却希望通过"素隐行怪，后世有述"的方式来确证自己作为人而存在。先儒解释"素隐行怪"时说：

> 怪则诡谲，诡谲则易以动人耳目，藉此为名，使后世称述。[2]（游桂语）
>
> 素隐行怪，谓终身行乎隐晦而行怪以钓名。[3]（张九成语）
>
> 无德而素隐，诡谲而行怪，有闻其风而悦之者，是之谓"后世有述焉"。[4]（晏光语）

---

[1] 乔治·麦克林：《传统与超越》，干春松、杨凤岗译，华夏出版社 2000 年版，第 99 页。

[2] 杨少涵校理、（宋）卫湜撰：《中庸集说》，漓江出版社 2011 年版，第 97 页。

[3] 杨少涵校理、（宋）卫湜撰：《中庸集说》，漓江出版社 2011 年版，第 97 页。

[4] 杨少涵校理、（宋）卫湜撰：《中庸集说》，漓江出版社 2011 年版，第 98 页。

总括以上三句之大意，不过是素隐以高其誉，行怪以钓其名，由此来确证其作为人之存在。显然，这是欲以外在的名声去确证人之为人之存在，但同样明显的是，名声是无法确证人之为人的存在的，因为名声只是一种外在的形式，而外在之形式是无法确证一个内在主体的，内在主体的确证必须依赖主体自身的震动与愤发，即主体之自动自发，而主体的自动自发又在于对天命之回应与承受。是以《中庸》第十一章云：

> 君子依乎中庸，遁世不见知而不悔，唯圣者能之。

君子在生活世界回应与承受天命，哪怕终其世而名不显且誉不高，也在所不惜，因为这是确证人作为人而存在的问题，也是为己之学的问题。

本章以"思知人不可以不知天"作为主题句凸显出来，就是为了说明唯有人回应与承受了天命，才能确证人作为人而存在，而这一确证是开显人的世界，进而确证世界之为世界的基点。这样，人与世界俱是一种宗教性的存在，而这种宗教性的存在才是人作为人、世界作为世界各自回到自身的存在。宋儒蔡渊（1156—1236 年）曰："自身修以后，皆理物也。齐家乃理物之始。"❶对人自身的确证，属于"中"，而对家庭、社会、世界的确证，则属于"庸"，二者乃由本而达用，形成一个圆满之境界。

人回应与承受天命完成了对其自身的确证以后，即可向外扩展，完成其对家庭的确证，此即是《大学》所说的"齐家"。家庭关系有两种：一种是横向的平等关系，即夫妻与兄弟关系；另一种是纵向的等级关系，即父子关系。但当以横向之关系去涵养纵向之关系，故《中庸》云："君子之道，造端乎夫妇。"是以杨龟山曰：

> "身不行道，不行于妻子"，故齐家自身始，行远自迩之辟也。
>
> 盖妻子之不好合，兄弟之不翕，而能顺父母者，未之有也。❷

---

❶ 杨少涵校理、（宋）卫湜撰：《中庸集说》，漓江出版社 2011 年版，第 143 页。
❷ 杨少涵校理、（宋）卫湜撰：《中庸集说》，漓江出版社 2011 年版，第 142 页。

正因为如此，《中庸》第十五章特别提到了这种横向家庭关系之重要性：

> 君子之道，辟如行远必自迩，辟如登高必自卑。《诗》曰：'妻子好合，如鼓瑟琴。兄弟既翕，和乐且耽。宜尔室家，乐尔妻帑。'"
> 子曰："父母其顺矣乎！"

此诗出自《诗经·小雅·常棣》，以琴瑟之声音和鸣来况喻夫妻或兄弟之间的相互敬重与配合。"耽"，《诗经》作"湛"，清澈也。正因为夫妻或兄弟之间的相互敬重，使得他们之间的和乐是清澈的，而不是浑浊的快适。古人讲夫妻之间的关系，最常用的是"相敬如宾"；而讲兄弟之间的关系，最常用的是"兄友弟恭"，亦是互为敬爱之意。现在的问题是，"敬"如何可能？一个独立的个人为什么要把另外的一个人作为对象而加以敬重呢？

"敬"首先要获得一种距离感。因此，孔子曰："敬鬼神而远之。"（《论语·雍也》）郭店楚简《五行》篇亦云："不远不敬，不敬不严，不严不尊，不尊不恭，不恭无礼。"[1]可见，若没有距离感，不但不可能敬，且最终必然导致无礼的结果，因为"那些自然属于我的、与我'没有距离'的、可以任我支配的一切，我不会怀有任何真正的敬意"[2]。所以，敬是这样一种情感，这种情感拉开了我与他者的距离，只有这种距离才使我觉得他者是超越于我之上的他之存在，若没有这种距离，就看不到他者，唯我独尊，而一切存在者皆不过是独尊之我可以随意支配的"物"，当然就不会有任何他者，更不会有尊敬他者之情。

但"敬"中的距离并不是一种纯粹的物理距离，这一物理距离使得我与他者永远地隔离起来，就如主人与奴仆之间的关系一样，显然不是。"敬"中的距离感又是一种亲近感与融摄感，即我在"敬"中感受到了这种距离感，但又想克服这种距离感而去亲近、融摄他者，若没有这种亲近感与融摄感，则只有"远"而并无"敬"。于是，"敬"就产生了这两种作用：一方面，我作为承担他者之为他者的主体而出现；另一方面，他者作为被认为是主体的他

---

[1] 李零：《郭店楚简校读记（增订本）》，中国人民大学出版社2007年版，第102页。
[2] 伍晓明：《吾道一以贯之：重读孔子》，北京大学出版社2003年版，第165页。

者而出现。那么，什么是主体呢？前面说过，只有人在回应与承受天命的时候，人才是一个真正的主体。这意味着，真正的"敬"只有在两个天命在身者之身上才会发生，我之所以对他者产生敬重，当且仅当，他者是一个天命在身者；同时，我之所以能对他者产生敬重，当且仅当，我自身是一个天命在身者。这样，我们就会发现，只有在天与人的关系中，才会发生这种既"远"又"敬"的关系。郭店楚简《五行》篇云："天施诸其人，天也。其人施诸人，狎也。"❶当他者是一个天命在身者的时候，我们自然会对他既"远"又"敬"，因为这样的一个天命在身者具有绝对的价值，这个天命在身者并非因为与我们的利益发生关联才有价值（因与利益无关，故"远"），而是其自身就有绝对价值，而这种价值自身又是值得敬重的；但当他者仅仅只是一个肉体之存在者的时候，我们必然会有狎玩之心。

因此，无论是夫妻之间的相敬如宾，还是兄弟之间的兄友弟恭，都只能在两个天命在身者身上才能真正发生，这是确证家庭横向关系"和乐且耽"之底据所在。对于一个家庭来说，每个家庭成员必须自觉地意识到自己乃是一个天命在身者，同时，承认其他成员亦是一个天命在身者的时候，才能"和乐且耽"，乃至"齐家"。若"和乐且耽"与"齐家"算是"远"的话，那么，每个家庭成员自觉其为天命在身者就是"迩"；若"和乐且耽"与"齐家"算是"高"的话，那么，每个家庭成员自觉其为天命在身者就是"卑"。此即所谓"行远必自迩，登高必自卑"也。宋儒喻良能（1120 —？ 年）曰：

> 步步着实，何忧乎迩之不远，卑之不高哉？身既正矣，则处夫妇兄弟之间，下至妻孥，何忧不乐？以此奉亲父母，有不顺者乎？❷

正身，不只是一个伦理要求，更重要的是把人提升为宗教性的存在，自觉自身乃天命之在身者。如此步步着实，则兄弟和、妻孥乐、奉亲孝。平素我们总以为，兄弟和、妻孥乐、奉亲孝，只是一个伦理问题，实则并非如此简单，因为伦理之有效，依赖个人自觉其为天命在身者，若是之不觉，则伦

---

❶ 李零：《郭店楚简校读记（增订本）》，中国人民大学出版社 2007 年版，第 103 页。

❷ 杨少涵校理、（宋）卫湜撰：《中庸集说》，漓江出版社 2011 年版，第 143 页。

理下滑为外在之形式，孔子曰："人而不仁，如礼何？人而不仁，如乐何？"（《论语·八佾》）果尔，则伦理的效果是极其有限的。因此，齐家，不是一个伦理的持守问题，更重要的是人的确证问题，每个人自觉其为天命在身者。

一个自觉的天命在身者，在家庭的横向平等关系中表现"敬"，而在家庭的纵向等级关系中则表现"孝"。"敬"是平面的、广度的，其特点是"爱"；"孝"是直贯的、强度的，其特点是"严"。但"孝"之后一定要有"敬"作为其根基，故往往"孝敬"连用，故孔子曰："今之孝者，是谓能养。至于犬马，皆能有养；不敬，何以别乎？"（《论语·为政》）前面说过，"敬"就是因他者乃一天命在身者而可能，故"孝"之所以可能，亦必尊重父母乃一天命在身者，且子女须自觉自身亦是一天命在身者。但"孝"在"敬"之外，尚有别义在焉。《论语·学而》论"孝"云："父在，观其志；父没，观其行；三年无改于父之道，可谓孝矣。"这一句话的后半部分在《里仁》篇中再次出现，说明孔子对其弟子经过表达这个意思，同时也说明了"三年无改于父之道"，对于"孝"这种德行的重要性。《朱子语类》卷第二十二朱子门人释此语云："'三年无改于父之道'，只就孝子心上看。孝子之心，三年之间只思念其父，有不忍改之心。"又，《论语·里仁》云："事父母几谏，见志不从，又敬不违，劳而不怨。"《朱子语类》卷第二十七朱子门人释此句时云：

> 见得孝子深爱其亲，虽当谏过之时，亦不敢伸己之直，而辞色皆婉顺也。"见志不从，又敬不违"，才见父母心中不从所谏，便又起敬起孝，使父母欢悦；不待父母有难从之辞色，而后起敬起孝也。若或父母坚不从所谏，甚至怒而挞之流血，可谓劳苦，亦不敢疾怨，愈当起敬起孝。此圣人教天下之为人子者，不惟平时有愉色、婉容，虽遇谏过之时，亦当如此；甚至劳而不怨，乃是深爱其亲也。

这意味着，"孝"是对父母的一种爱敬，这种爱敬使得子女绝对地对父母顺从、忍耐与无怨。清人李毓秀编写《弟子规》，则把这一句改编为："亲有过，谏使更。怡吾色，柔吾声。谏不入，悦复谏。号泣随，挞无怨。"李毓秀之改编，可谓深得朱子门人之心也。"孝"何以必须如此？或者说，子女对父母之"孝"

何以必须有如此之存心与行动？现代人总以为，父母与子女都是独立的个体，父母只是在养育了子女，子女固然应该要孝父母，但须建立在平等的基础之上，如此论"孝"，必导致不平等与专制，这是现代价值所不能接受的。但"孝"仅仅是对父母养育之恩的回馈与报答吗？我们究竟该如何来理解"孝"？

《中庸》之论"孝"，主要集中在第十九章，其关键语录摘引如下：

> 武王、周公，其达孝乎！夫孝者，善继人之志，善述人之事者也。……事死如事生，事亡如事存，孝之至也。郊社之礼，所以事上帝也。宗庙之礼，所以祀乎其先也。明乎郊社之礼、禘尝之义，治国其如示诸掌乎！

武王与周公都是古代的圣王，他们都达到了孝的极致，而他们之所以能达到孝的极致，乃因为既以郊社之礼祭祀上帝，又以宗庙之礼祭祀祖先，这就意味着，他们深深地认识到其祖先是回应与承受天命而进行统治的，故武王乃承此传统，顺乎天而应乎人而得天下。"顺乎天"就是回应天命，"应乎人"就是承受天命，如此，则治天下如示诸掌矣。这样，我们再来看这一章的主题句："夫孝者，善继人之志，善述人之事者也。"那么，这里所说的"志"是什么志？这里所说的"事"是什么事？若志与事只是经验世界的志向与事业，那么，继志不过是继续父母未竟之遗愿，述事不过是显扬父母既有之事业。但《孝经·开宗明义》谓"孝"乃是："夫孝，始于事亲，中于事君，终于立身。"如果"孝"只是事为上奉亲与事君，那么，如何让自家立身呢？因为"立身"并不只是因奉亲与事君而获得好的名声，而是自身作为人而站立出来，即在回应与承受天命中确证人作为人而存在。所以，我们之所以要孝敬父母，乃因为父母是一个能够回应与承受天命的存在者；同时，父母之生儿育女，并非只是一种肉体上的延续，而是把回应与承受天命这种使命传递到了子女。因此，所谓"孝"中的继志，乃是继父母回应天命之志；所谓"孝"中的述事，乃是述父母承受天命之事。这是最为根基的继志与述事，外乎此之继志与述事，俱落入事务主义的窠臼，未必能成就"孝"。所以，"孝"之到来，只有在两个天命在身者之间才会发生。子女之所以要孝敬父母，乃因为子女作为一个天命在身者，因父母这样的一个天命在身者而来，父母不只是生育了子女，更重要的是，父母这样的天命在身者使得子女亦成为了一个天命在身者，而不只是一个纯粹的肉体存在，由此，子女的生命具有的绝对的永恒价值。父母是子女遭遇的第一个天命在身者，而且也是使子女成为天命在身者之天命在身者。这样，子女对父母的"孝"乃是对使自己成为天命在身者之另一天命在身者的感恩与回报，这是绝对的、无条件的，故"三年无改于父之道，可谓孝矣"。若仅从事为上讲，有须改者，有无须改者，亦与年限无关也。然无论改之或不改，俱是子女对于父母作为天命在身者的崇敬，此则无改也，是之谓"孝"也。若仅从事为上讲，当改者而不改，正是陷亲不义也，焉能谓之"孝"？故朱子门人曰："'三年无改于父之道'，只就孝子心上看。"可谓深得夫子之意也。同时，父母相对于子女而言，不只是一个肉体之存在，而是一个具有绝对价值的天命在身者，父母固有过错，但这只是一个天命在身者的不慎或一时的无知疏忽，是以子女在奉事父母之时，可以做到敬无违、劳不怨也。当父母临终之时，子女应对父母进行终极关怀，但什么叫作终极关怀呢？显然，只有在认定父母为绝对的天命在身者这个意义上，终极关怀才是有意义的；或者说，唯有在这个意义上，子女为父母做点什么，才能真正体现终极关怀。父母之肉体自然会消亡，这就是世俗所说的"死"，但死仅仅只是肉体的消亡，父母作为一个天命在身者，却不会随着肉体的消亡而死亡，固须葬之以礼，同时更须祭之以礼。正是在这时时的祭祀与感念中，父母作为一个天命在身者亲临而到来，这就是"事死如事生，事亡如事存"，故"孝"并不会随着父母之死亡而终结。"孝"之所以不会终结，因为人乃是一个天命在身者，身体可以死亡，但天命不会死亡，只要祭祀，那么，去世的人即可成为了天命在身者而出现，这就是孔子所说的"祭如在，祭神如神在"（《论语·八佾》)之意。若不相信人是一个永恒的天命在身者，则祭祀是没有意义的，同时，"孝"亦没有绝对价值。在某种意义上说，中国文化可以说是"孝的宗教"，谢幼伟说："儒者虽不谈宗教，而实有一宗教的代替品。这宗教的代替品就是孝。儒家的宗教，可说就是孝的宗教。"❶ 其实，"孝"并非宗教的代替品，而应该说"孝"可以直通宗教，或者说，"孝"自身就具有宗教性，而这一切，

---

❶ 谢幼伟：《孝与中国文化》，青年军出版社 1946 年版，第 5 页。

端赖于人作为一个天命在身者而存在。

综上所述，每个人自觉其是一个天命在身者，从而自觉地去回应与承受天命，由此确证家庭为一宗教性的存在，这才是真正的"齐家"。外乎此，一切伦理纲常都没有来自人性根基的力量，从而落入空华外道。

《中庸》第二十章，即说到对社会政治的确证，其中心语句摘录如下：

> 凡为天下国家有九经，曰：修身也，尊贤也，亲亲也，敬大臣也，体群臣也，子庶民也，来百工也，柔远人也，怀诸侯也。修身则道立，尊贤则不惑，亲亲则诸父昆弟不怨，敬大臣则不眩，体群臣则士之报礼重，子庶民则百姓劝，来百工则财用足，柔远人则四方归之，怀诸侯则天下畏之。……凡为天下国家有九经，所以行之者一也。凡事豫则立，不豫则废。言前定则不跲，事前定则不困，行前定则不疚，道前定则不穷。

九经即九种治理国家的措施，这是就操作层面上说的，各有不同的设施与制度。但值得我们注意的是，作者重点告诉我们，"凡为天下国家有九经，所以行之者一也"。那么，什么叫"行之者一"呢？我们下文再指出。在"所以行之者一"之后，紧接着说"凡事豫则立，不豫则废"。"豫"，就是事先的准备，这是就九经自身而言，九经本身就是"豫"，但最终的"豫"还是依赖于"行之者一"的那个"一"。"一"就是统治者自觉其为一天命在身者而主动地去回应与承受天命，这是九经得以有效的最后底据。故《中庸》在同一章又云："为政在人"，"其人存，则其政举；其人亡，则其政息。人道敏政，地道敏树"。又，第二十七章云："优优大哉！礼仪三百，威仪三千，待其人然后行。故曰：苟不至德，至道不凝焉。"这里都强调了为政"在人"、"待其人"。那么，为政"在"怎样的人？"待"怎样的人呢？当然是"在"能自觉其为一个天命在身的人，"待"能自觉其为一个天命在身的人。由此，九经就不是一时之政治措施，而根本上是依天而治。《尚书·泰誓》云："天佑下民，作之君，作之师，惟其克相上帝，宠绥四方。"这当然是作为圆教之《中庸》的最高政治社会理想，后来孟子在《梁惠王下》中加以引用，以此来劝导齐宣王，说明这的确是儒家的最高政治社会理想。也就是说，儒家绝不认可政治为纯粹世俗的设施，而是一种宗教性的存在，必须有宗教性的维度来确证政治自身的绝对价值。

除了上面提到的一段文字有"所以行之者一也"之外，还有下列一段文字也有这几个字，特别值得我们注意：

> 天下之达道五，所以行之者三。曰：君臣也，父子也，夫妇也，昆弟也，朋友之交也，五者天下之达道也。知，仁，勇，三者天下之达德也，所以行之者一也。或生而知之，或学而知之，或困而知之；及其知之，一也。或安而行之，或利而行之，或勉强而行之；及其成功，一也。

这里讲到五达道、三达德。其中五达道就是五伦关系，即家庭关系与社会政治关系；三达德是指智、仁、勇三种德行，这是对五达道的执行与实践的力量。但在《中庸》看来，这种执行与实践的力量虽然可以分为智、仁、勇，其实最终只有一个，故曰"所以行之者一也"；而且学习，无论一个人是"生知"、"学知"，还是"困知"，都必须达到这个"一"；同时，也无论一个人是"安行"、"利行"，还是"勉强而行"，只有达到了这个"一"，才能算是成功。那么，这个"一"到底是什么呢？宋儒钱时（1175—1244年）曰：

> 上言达德，"所以行者一"，而先之曰知天；此言九经，"所以行者一"，而继之曰明善。明善即知天也，所谓一也。不知不明，安知一之为何物哉？ ❶

很显然，这里所说的"一"就是指人乃是一个天命在身者，无论家庭问题，还是社会政治问题，都依赖于一个天命在身者的行为。也就是说，人须先确证自己是一个天命在身者，然后才能确证家庭、社会政治的存在。

人确证或觉悟自身乃是一个天命在身者，乃作为圆教之《中庸》的基点，

---

❶ 杨少涵校理、（宋）卫湜撰：《中庸集说》，漓江出版社 2011 年版，第 220 页。

一切学问俱从这里发出，故人当"博学之，审问之，慎思之，明辨之，笃行之"；现实中的人虽有智愚、贤不肖之不同，但因人本是先天的天命在身者，若在学问中能够做到"人一能之己百之，人十能之己千之"，那么，就必然会有"虽愚必明，虽柔必强"之效果。所谓"明"与"强"，必须切就人作为天命在身者而言，不然，不过浮明、暴强耳。作为浮明之人，不是作为人的存在而到来；作为暴强的家庭与社会政治，亦不是作为家庭与社会政治的存在而到来。

（二）世界万物之确证及"道德的形上学"之完成。

前面详细论述了《中庸》对人自身、家庭及社会政治的确证，但这些都属于人的生活世界，《中庸》作为圆教，不可一物能外，故《中庸》最终必须确证万物之存在，由此才能证成其为圆教，亦是圆教之完成。《中庸》对万物之确证，集中体现在这一句话上：

> 诚者，物之终始，不诚无物。

第二十五章重点凸显一"诚"字，即万物之存在，依靠"诚"来确证。但"诚"到底是什么意思呢？依据朱子在《中庸章句》中的解释，"诚者，真实无妄之谓，天理之本然也"。显然，这里的"真实无妄"乃是就在上的"天理"而说的，也就是说，"天理"自身是真实无妄的，这就是"诚"。这个"诚"到底具有怎样的内涵呢？为了凸显其大义，这里且先把钱穆之理解特别提出来加以论评，以资比较也。钱穆在理解"诚"的时候，却没有向上地切就天理自身来理解，而是拉下来就经验世界之万物而言。他说：

> "诚"者，朱子注："真实无妄之谓。"简单言之，即是"实在"。天实实在在有此天，地实实在在有此地，寒实实在在有此寒，暑实实在在有此暑，此皆实在，此即"诚"也。❶

---

❶　钱穆：《中庸之明与诚》，《钱穆先生全集·中国学术思想史论丛（二）》，九州出版社 2011 年版，第 167 页。

所谓"实在"就是在经验界就天地万物或各种现象真实地体察之、观看之，就如道家所说的"自然"观念，不过，"实在"侧重其"质"的方面，而"自然"侧重其"能"的方面，但皆是就天地万物或现象真实地体察与观看，这在《中庸》即名之曰"诚"。正因为钱穆如此理解"诚"，才认为《中庸》是晚出之文献，是秦汉间之儒家文献杂入了道家之观念。"故自然界一切万物，纵使无其他道德可言，而共同的至少有一德，此即真实无妄之诚。"❶这样看来，钱穆把朱子的"诚者，真实无妄之谓，天理之本然也"，就理解为了：经验世界的天地万物或各种现象真实地体察之、观看之，如此这般做本身就是天理，就是"诚"。此时，天理就不是一个形上之体，而是经验世界的一种行为；"诚"亦没有超越的维度，只是一种真实无妄的行为。由此，"诚者，物之终始，不诚无物"，就被钱穆理解为："充塞此宇宙之一切存在与表现，则全属于真实不虚妄者。故知充塞此宇宙者，祇是一诚。"❷"物"亦并无高义可言，"物只是物，似乎更无疑义"❸，即"物"只是经验世界所遭遇的万物与现象。很显然，钱穆这种理解暴露了其以经验论、实在论乃至唯物论的立场来理解《中庸》之"诚"的理路。如此来理解"诚"，亦把人性理解为了一种经验论的或自然主义的，钱穆说：

> 然《中庸》本书，则实是将人附属于自然而言者。于何证之？即证之于《中庸》之本书。其开首第一句，"天命之谓性"，即兼人性、物性言。第二句，"率性之谓道"，即兼天道、人道言。此非人附属于自然而何？❹

钱穆这里所理解的"天"是自然主义的、发生学意义下的物质性的天，犹如荀子之"天"，这是人与物之共同来源，这样，人性与物性一样，当然也是自然主义的；由此，天道与人道亦是自然主义的。如此之理解"诚"，便把

---

❶ 钱穆：《关于中庸新义之再申辩》，《钱穆先生全集·中国学术思想史论丛（二）》，九州出版社 2011 年版，第 152 页。

❷ 钱穆：《中庸新义》，《钱穆先生全集·中国学术思想史论丛（二）》，九州出版社 2011 年版，第 87 页。

❸ 钱穆：《关于中庸新义之再申辩》，《钱穆先生全集·中国学术思想史论丛（二）》，九州出版社 2011 年版，第 144 页。

❹ 钱穆：《关于中庸新义之再申辩》，《钱穆先生全集·中国学术思想史论丛（二）》，九州出版社 2011 年版，第 151 页。

"诚"必然下滑为一个常识的层次、经验的层次，则《中庸》之大讲"诚"与"明"有何深意焉？这样一来，就完全消解了《中庸》的宗教性，更不能理解《中庸》之作为圆教也。更重要的是，如此之理解"诚"也，势必把《中庸》从孔孟天人性命之教中删除，而《中庸》亦不应在宋儒所建构的"四书学"中占有一席之地。然《中庸》乃"四书学"之结局地或完成者，此千百年来学人之共识，焉可遽而推翻？故如此之理解"诚"，非学人所能安也。

钱穆之所以如此理解"诚"，乃因为他没有重视《中庸》所说的"位育"二字，复亦忽视了"参赞"二字。兹先言"位育"二字。《中庸》首章云："致中和，天地位焉，万物育焉。"而所谓"诚者，物之终始，不诚无物"，正是在位育万物的意义上讲的，即若万物不能得其位育，就是无物，而位育万物，又端赖"诚"。那么，什么是"位育"呢？郑玄释之曰："位，正也。育，生也，长也。"❶孔颖达进一步疏之曰："阴阳不错，则天地得其正位，生成得理，故万物得其养育。"❷朱子在《中庸章句》中进一步训之曰："位者，安其所也。育者，遂其生也。"然而，什么是"安其所"、"遂其生"呢？显然不应该像钱穆那样理解，谓天地万物实实在在地视之为一物。"安其所"、"遂其生"重在一"安"字、一"遂"字。

什么是"安"？孔子曰："老者安之，朋友信之，少者怀之。"（《论语·公冶长》）朱子《论语章句集注》引程子之言曰：

> 至于夫子，则如天地之化工，付与万物而己不劳焉，此圣人之所为也。今夫羁靮以御马而不以制牛，人皆知羁靮之作在乎人，而不知羁靮之生由于马。圣人之化，亦犹是也。先观二子之言，后观圣人之言，分明天地气象。

程子以为，这三句话表现了孔子之天地气象。何谓天地气象？就是在天地之化中让物来到自身，这才是"安其所"，故"安"必有宗教的意味。"老者安之"并非谓使老者晚年生活安适，无忧无虑也，而是谓老者作为圆满的

---

❶　杨少涵校理、（宋）卫湜撰：《中庸集说》，漓江出版社 2011 年版，第 29 页。

❷　杨少涵校理、（宋）卫湜撰：《中庸集说》，漓江出版社 2011 年版，第 29–30 页。

人存在而无愧于天地，故"安"也。不然，安能称之为天地气象？《易传·系辞上》云："与天地相似，故不违。"不违天地，故能"安"也。孟子以"仰不愧于天，俯不怍于人"（《孟子·告子下》）为人生之一大乐，而儒家总以"安乐"并称，是知"安"必有宗教意味也。依此，《中庸》既曰"天命之谓性"，则万物皆由天命而来，皆是天命在身者。"安其所"必须凸显万物乃天命在身者，万物才真正安其"所"，可见，这个"所"必须是宗教性的永恒之所，不然，万物即滑落为一种偶然的物质性存在，如何能"安"？

什么是"遂"？《庄子·天下》篇云："其于本也，弘大而辟，深闳而肆，其于宗也，可谓稠适而上遂矣。"成玄英疏云："言至本深大，申畅开通，真宗调适，上达玄道也。"这意味着，所谓"遂"，乃上达于本之谓也。唯当万物上达于天命之处，方可谓万物"遂其生"也。不然，万物俱是一光秃的物质性存在，并无永恒价值，如何能"遂其生"也？

综上所述，作为"安其所"、"遂其生"的位育，就是要确证万物作为一种宗教性存在，从而确保万物作为一种永恒的价值存在。现在的问题是，谁来确证？前面说过，人是这个世界唯一的确证者。正是在这个意义上，《中庸》才提出"诚"来。

> 诚者，天之道也；诚之者，人之道也。诚者不勉而中，不思而得，
> 从容中道，圣人也。诚之者，择善而固执之者也。

这是《中庸》在第二十章中首次凸显"诚"之意义。朱子虽然在《中庸章句》中释"诚"为"真实无妄"，但这只是笼统地说，自知其义并不确然。朱子平素讲学，与其门人曾有关于"诚"之下列对话：

> 或问：诚之为义，其详可得而闻乎？曰：难言也。姑以其名义
> 言之，则真实无妄之云也。若事理之得此名，则亦随其所指之大小，
> 而皆有取乎真实无妄之意耳。盖以自然之理言之，则天地之间，唯
> 天理为至实而无妄，故天理得诚之名，若所谓天之道、鬼神之德

是也。❶

朱子的回答所要表达的意思是：仅谓"诚"为真实无妄，易使人认为，就经验世界的实在如实地视之，则为"诚"。这种向下的就经验世界之实在如实地视之，尽管不妨称之为"诚"，但这却不是"诚"之本质义，"诚"之本质义乃是在天理、天命处言。这样，"诚者，天之道也"，意味着：由天所发出的命令是最真实无妄的，或者说，由天所发出的命令是最高实在。"诚之者，人之道也"，就是孟子所说的"思诚者，人之道也"（《孟子·离娄上》），这意味着：不断地回应天命，既而承受天命，乃是人之本分和使命。圣人当然也是一个回应与承受天命的人，但圣人因为与天命通达如一了，故"不勉而中，不思而得，从容中道"，是以圣人犹如天命自身一样，故从果地来看，圣人就如"诚者"一样；若从因地来看，圣人当然也是"诚之者"。庸常之人，当然俱是"诚之者"；"诚之者"意味着：在不断地回应与承受天命之途程之中。无论是"诚者"，还是"诚之者"，俱是就形上之天命言，而绝非就形下的实在言。有宋儒施氏者曰：

> 自然而然谓之天，使然而然谓之人。诚者，得之于天，自然而
> 然者也，故言天之道，则以天合天而已；诚之者，成之于人，使然而
> 然者也，故言人之道，则以人相天而已。❷

作为"诚之者"的庸常之人，只有达到了"诚者"的圣人的高度，才算是人之为人的圆满与完成，在此之前，须不断地"博学之，审问之，慎思之，明辨之，笃行之"，此为修身工夫也。故吕留良曰："天人分说两件，到人身只是一件，诚之者所以诚其天道之本然也。'诚'只一诚耳，由生初迄成功无或二也，但中间多一番工夫转折，分出天人耳。"❸诚者，乃就本体上说天命；诚之者，则是就工夫上说人之回应与承受天命。然工夫不至，则本体终究归寂而不能呈现，故就人而言，诚终究是一种工夫，是以《中庸》多从工夫说诚。

❶ 杨少涵校理、（宋）卫湜撰：《中庸集说》，漓江出版社 2011 年版，第 237 页。
❷ 杨少涵校理、（宋）卫湜撰：《中庸集说》，漓江出版社 2011 年版，第 241 页。
❸ 吕留良：《四书讲义》，中华书局 2017 年版，第 577 页。

《中庸》第二十一章云：

> 自诚明，谓之性。自明诚，谓之教。诚则明矣，明则诚矣。

何谓"自诚明，谓之性"？前文说过，"诚"乃天自身真切笃实的活动或命令，"明"乃是圣人生命对天命之朗彻与回应，由此，即可觉悟人性是什么。这是从圣人的层次上讲的，圣人禀清纯之气，先知先觉，可直接朗彻、回应，乃至承受天命，进而自觉了人之为人之本性，故孟子曰："尧舜，性之也。"（《孟子·尽心上》）也就是说，尧舜这样的圣人，其本性与天命是直接贯通的，可自觉地回应与承受天命，但孟子又曰："汤武，身之也。"（《孟子·尽心上》）这二者的区别就是："'性之'是合下如此，'身之'是做到那田地，其道理不二也。"[1] 可见，"性之"是圣人自觉后的担负，而"身之"则是庸众教化后之力行，故"自明诚，谓之教"，即是从教化言，这意味着，庸众必须通过教化之后才能回应与承受天命。但无论是先知先觉的圣人，还是待教化而觉悟之庸众，都必须要回应与承受天命，即生命通达于"诚"，才算人之为人之完成与圆满，是以"诚则明矣，明则诚矣"，张横渠释之曰："天人异用，不足以言诚；天人异知，不足以尽明。所谓诚明者，性与天道不见乎小大之别也。"（《正蒙·诚明》）"诚"乃就天人之贯通言，"明"乃就天人之相互圆成言；无"诚"则不可以言"明"，无"明"则"诚"亦归寂。尽管"诚"必有"明"，且"明"亦可至于"诚"，但二者的情况是不一样的。吕留良曰：

> "诚则明矣，明则诚矣"，两句同一"则"字，上"则"字快，下"则"字迟，上"则"字直，下"则"字曲，世间除却生安一二人，其余皆"自明诚"者也。[2]

这意味着，世间大部分的庸众都处在"自明诚"的工夫当中。那么，为什么所有的人都必须要做"明诚"的工夫呢？《中庸》第二十五章云：

---

❶ 吕留良：《四书讲义》，中华书局 2017 年版，第 961 页。
❷ 吕留良：《四书讲义》，中华书局 2017 年版，第 579–580 页。

诚者，自成也；而道，自道也。诚者，物之终始，不诚无物。是
故君子诚之为贵。诚者，非自成己而已也，所以成物也。成己，仁也；
成物，知也。性之德也，合外内之道也，故时措之宜也。

这一段话说了三个意思。第一，确证人自身之存在，此即是诚者先成己
也；第二，人在成己以后，必然会成物，即确证万物之存在；第三，"天命之
谓性"，人作为其中的一个存在者，其使命必然蕴含成己与成物，此之谓"性
之德也，合外内之道也"。

儒家是为己之学，但为己只是其站立之始点，其终点必要至于成物，若
不能至于成物，必将孤悬自己，最后导致丧己，或者说，若不能成己而直接
去成物，则亦必导致丧己以至于丧物，是以程伊川曰："'古之学者为己'，其
终至于成物；今之学者为物，其终至于丧己。"❶但为己若是自家的私意起念，
则不但丧己，亦必然丧物。"只著一个私意，便是馁，便是阙了他浩然之气处。
'诚者，物之终始，不诚无物'这里阙了他，则便这里没这物。"❷成己，必须
从浩然之气处讲，也就是从天命之性处讲。宋儒谭惟寅曰：

"诚，自成也"，"道，自道也"，盖明为己之学也。天命之性，
己所固有。诚者，实此者也，实有诸己，故曰"自成"；道者，行此
者也，力行由己，故曰"自道"。"自"云者，言非他求，皆自己分
内事也。❸

回应与承受天命，就是浩然之气，就是成己，也就是确证人自身之存在。
人一旦确证了自身的存在，则人一定不是一个孤悬的人，必能及于物而确证
世界万物之存在，此即是"诚者，物之终始，不诚无物"之意。"凡天下之物，
诚之则有，不诚则无，故物之终始，全系于诚也。"❹那么，人之诚究竟是如何

---

❶　杨少涵校理、〔宋〕卫湜撰：《中庸集说》，漓江出版社 2011 年版，第 264 页。
❷　杨少涵校理、〔宋〕卫湜撰：《中庸集说》，漓江出版社 2011 年版，第 264 页。
❸　杨少涵校理、〔宋〕卫湜撰：《中庸集说》，漓江出版社 2011 年版，第 270 页。
❹　杨少涵校理、〔宋〕卫湜撰：《中庸集说》，漓江出版社 2011 年版，第 270 页。

确证物之存在的呢？朱子下面一段话给了我们以解释：

> 所谓"诚者，物之终始，不诚无物"者，以理言之，则天地之理，至实而无一息之妄，故自古至今，无一物之不实，而一物之中，自始至终，皆实理之所为也；以心言之，则圣人之心，亦至实而无一息之妄，故从生至死，无一事之不实，而一事之中，自始至终，皆实心之所为也。此所谓"诚者物之终始"者然也。苟未至于圣人，而其本心之实者，犹未免于间断，则自其实有是心之初以至未有间断之前，所为无不实者；及其间断，则自其间断之后以至未相接续之前，凡所云为，皆无实之可言，虽有其事，亦无以异于无有矣。……以是言之，则在天者，本无不实之理，故凡物之生于理者，必有是理，方有是物，未有无其理而徒有不实之物者也。在人者，或有不实之心，故凡物之出于心者，必有是心之实，乃有是物之实，未有无其心之实而能有其物之实者也。❶

朱子这段话的意思分两层：其一，从形上的"天命之谓性"看，人与万物俱从天命而来，俱是天命在身者，这是最根基的"诚"，所谓"至实而无一息之妄"，所谓"实理"，俱当指"天命在身"而言，不然，即流入形下的材质之理，而人与万物的绝对价值俱保不住。其二，尽管人与万物俱为天命在身者，俱有最根基的"诚"，但万物只是潜在的天命在身者，其"诚"亦潜在而不能显发；唯有人才能回应与承受天命，进而显发其"诚"之大能，故万物作为天命在身者，万物之"诚"需要人来确证，这就是朱子所说的"未有无其心之实而能有其物之实者也"。这意味着，人若不能回应与承受天命，不但人自身丧失，整个世界亦随之崩塌。因此，人不只是这个世界中的一个偶然存在，一个与其他存在者无以异的偶然存在者，而是这个世界的给出者，用《中庸》的话说，人是这个世界的"参赞者"，也就是说，只有人这个"参赞者"，才能位育万物，进而使世界之为世界而到来。

《中庸》第二十二章云：

---

❶ 杨少涵校理、（宋）卫湜撰：《中庸集说》，漓江出版社 2011 年版，第 267–268 页。

　　唯天下至诚，为能尽其性，能尽其性，则能尽人之性；能尽人之性，则能尽物之性；能尽物之性，则可以赞天地之化育；可以赞天地之化育，则可以与天地参矣。

　　"至诚"是一种工夫，而尽己之性、尽物之性，乃至赞天地之化育、与天地参，俱是这种工夫的效果。"至诚"这种工夫为什么会有这种效果呢？《中庸》第二十六章又云："至诚不息。"什么是"不息"呢？孟子后来作了解释："诚者，天之道也。思诚者，人之道也。至诚而不动者，未之有也。不诚，未有能动者也。"（《孟子·离娄上》）这意味着，若人不断地回应与承受天命，则必有性天之动。何谓"性天之动"？孟子曰："万物皆备于我矣，反身而诚，乐莫大焉。"（《孟子·尽心上》）程明道曰："仁者浑然与物同体。……此道与物无对，大不足以名之，天地之用皆我所用。"（《二程遗书》卷第二上）王阳明曰："大人者，以天地万物为一体者也。……大人之能以天地万物为一体也，非意之也，其心之仁本若是，其与天地万物而为一也。"（《王阳明全集·大学问》）孟子、程明道与王阳明之所说，俱表示性天之动而至于融摄万物、天地一体之境界，只有在这里，万物才得以化育，世界之为世界才到来，这便是人的参赞之作用；同时，必须有人之参赞，万物才得以化育，世界才得以到来。吕留良曰："张子曰：'形而后有气质之性，善反之则天地之性存焉。'化育亦是天地气质上事，才落气质，便有过不及，故必赖圣人之赞，非虚论也。"[1]吕留良所说的意思是：万物之化育，必落到天地之性上说，仅气质之性，万物只是一种材料性的物质存在，这种物质性存在是谈不上"化"的，更谈不上"育"。《易传·系辞下》云："穷神知化。"则可知，只有通达于神圣性，才能知道"化"。许慎《说文》："育，养子使作善也。"由此可知，"育"万物意味着：让万物成为一个善的存在。但若不把人之适用性作为善的话，除了通达一个神圣性本体之外，我们无法确证万物自身就是善的。可见，无论是"化"，还是"育"，都必须通达神圣性，而这神圣性之到来又必须依赖人之回应与承受天命，此即是人的参赞作用。所谓参赞作用就是确证万物与世界作为一种宗教性存在

---

[1]　吕留良：《四书讲义》，中华书局 2017 年版，第 581 页。

而到来。

人为什么能参赞而确证万物与世界作为一种宗教性存在呢？首先，万物与人来自同一源头，此正如朱子所曰："万物皆只同这一个原头。圣人所以尽己之性，则能尽人之性，尽物之性，由其同一原故也。若非同此一原，则人自人之性，物自物之性，如何尽得？"（《朱子语类》卷第六十二）其次，这一源头自身就是一种宗教性的存在，故其创造物当然亦为至灵的宗教性存在，是以程明道曰："天地之间，非独人为至灵，自家心便是草木鸟兽之心也，但人受天地之中以生尔。"（《二程遗书》卷第一）所谓"至灵"就是宗教性的灵觉存在，在此，人与物无别，因其均源自天命也。但又因为唯有人禀气中正，而物则禀气驳杂，且物驳杂之机栝限制了物之灵觉，故只有人才能显发其宗教性之灵觉。但人的这种宗教性的灵觉最终来自于人之回应与承受天命，即来自于至诚，并非人有什么特别的欲求与希冀加到万物上面去的，故程明道曰：

> 至诚可以赞天地之化育，则可以与天地参。赞者，参赞之义，"先天而天弗违，后天而奉天时"之谓也，非谓赞助。只有一个诚，何助之有？（《二程遗书》卷第十一）

人之赞天地之化育，也不过只是回应与承受天命而来的"先天而天弗违，后天而奉天时"，并未增加什么，一旦在此之外有所增加，则适成其"伪"而非"诚"也，故程明道有"何助之有"的反问。人若能回应承受天命而至于至诚之境地，则人自身就是天，或者说是天之真正实现者，故程明道又曰："人只为自私，将自家躯壳上头起意，故看得道理小了它底。放这身来，都在万物中一例看，大小大快活。"（《二程遗书》卷第二上）人若只是以躯壳起念，则把人自身给看小了，人若把自身放到万物中看，则必知"万物皆备于我"。这意味着，真正的人之到来，就是天地万物之化育，由此，程明道又曰："天人无间。夫不充塞则不能化育，言赞化育，已是离人而言之。"（《二程遗书》卷第二上）"离人而言之"，应是指离形下的人而言之，形下之人并非是真正的人，因为形下之人只是依据躯壳起念，真正的人必定是可以回应与承受天命之形上之人，此时，人才能赞化育。东方朔如此理解程明道这里所要表达的意思：

> 明道以"先天而天弗违，后天而奉天时"释"参赞"，其重心显然落在一个"奉"字上，"奉"即是"事奉"、"敬受"之谓，亦即不在天道生生之外有人之嗜欲的放纵，审如是，我们便不难理解何以会接着说"非谓赞助"，只一个"诚"已经参天地、赞化育了。实际上，细心体贴明道的语脉，我们大体可以揣度出明道对于人主宰万物、役取万物的欲望似乎有着敏感的警惕，盖所谓"赞"之、"助"之，难免将吾人之私意混杂其间而浑然不察，"将自家躯壳上头起意"亦以为赞天地之化育的一部分。❶

所谓"赞化育"只不过是回应与承受天命而已，若以自家的躯壳起念而为赞化育，则必离开了真正的人，或者说，把形上之人下滑为形下之人。也就是说，只有真正的人到来的时候，才能赞化育；同时，只要真正的人一旦到来，亦必能赞化育，故朱子曰："'人者，天地之心。'没这人时，天地便没人管。"（《朱子语类》卷第四十五）没有人时，虽天地没有管，但人之位天地、育万物，并未增加些许什么，只是回应与承受天命，进而确证万物之宗教性存在而已矣，是以程明道曰：

> "万物皆备于我"，不独人尔，物皆然。都自这里出去，只是物不能推，人则能推之。虽能推之，几时添得一分？必能推之，几时减得一分？百理俱在，平铺放着。（《二程遗书》卷第二上）

人之赞天地之化育，未曾增加一分，亦未曾减少一分，只是物各付物，这就是"尽物之性"。但人能尽物之性，必须先尽己之性，不然，即是私心揣度计算，就不能物各付物，是以朱子曰："尽物之性，如鸟兽草木，咸若如此。则可以'赞天地之化育'，皆是实事，非私心之仿像也。"（《朱子语类》卷第

---

❶ 东方朔：《"天只是以生为道"——明道对生命世界的领悟》，《中国哲学史》2003 年第 4 期，第 16 页。

六十四）天地之间任何一物，作为一种别异的存在，总有其自身之用，故"鸢飞戾天，鱼跃于渊"。鸢飞而戾天，鱼跃而在渊，俱是尽物之性，进而物各付物，从而赞其化育。所以，尽物之性就是"随他天理流行发见处使之"（《朱子语类》卷第六十四）即人在回应与承受天命中尽物之用，故朱子曰：

> 圣贤出来抚临万物，各因其性而导之。如昆虫草木，未尝不顺其性，如取之以时，用之有节。当春生时'不殀夭，不覆巢，不杀胎；草木零落，然后入山林；獭祭鱼，然后虞人入泽梁；豺祭兽，然后田猎'。所以能使万物各得其所者，惟是先知得天地本来生生之意。（《朱子语类》卷第十四）

人之于物"取之以时，用之有节"，乃是在回应与承受天命中觉悟天地生生之意的结果，非就物之"实在"而取实用主义态度之结果也。"不殀夭，不覆巢，不杀胎；草木零落，然后入山林；獭祭鱼，然后虞人入泽梁；豺祭兽，然后田猎"，这正是人确证万物作为一种宗教性存在之结果。万物作为一种宗教性的存在，并非就是万物不为人所用，只是在用中人须回应与承受天命，敬见万物乃天理流行中之存在。于是，人之于物也，"有祭祀之须，有奉养宾客之用，则其取之也，有不得免焉。于是取之有时，用之有节，若夫子之不绝流、不射宿，皆仁之至义之尽，而天理之公也。……若夫穷口腹以暴天物者，则固人欲之私也。而异端之教，遂至禁杀茹蔬，殒身饲兽，而于其天性之亲，人伦之爱，反恝然其无情也，则亦岂得为天理之公哉！故梁武帝之不以血食祀宗庙，与商纣之暴殄天物，事虽不同，然其拂天理以致乱亡，则一而已矣。"[1]暴殄天物以穷口腹之欲，与不血食以荒怠祭祀，俱是人未能回应与承受天命，从而未能尽物之性之所为。故尽物之性，赞天地之化育，关键在于人之能回应与承受天命，在此至诚中让物各当其位，此即是让万物来到自身，让世界回到世界也。让万物来到自身，让世界回到世界，就是在回应与承受天命的守护中，打开世界与万物的宗教维度。朱子在《中庸章句》中曰：

---

[1] 此为张栻语。见《四书或问》，朱杰人等主编：《朱子全书》第六册，上海古籍出版社、安徽教育出版社2002年版，第751页。

自戒惧而约之，以至于至静之中，无少偏倚，而其守不失，则极其中而天地位矣。自谨独而精之，以至于应物之处，无少差谬，而无适不然，则极其和而万物育矣。盖天地万物本吾一体，吾之心正，则天地之心亦正矣，吾之气顺，则天地之气亦顺矣。故其效验至于如此。

"戒惧而约之"与"谨独而精之"，俱是人在回应与承受天命，在此回应与承受中，人之心必正，而天地之心亦随之正，故天地位、万物育矣。可见，《中庸》所说的"尽己之性"、"尽人之性"，乃至最后"尽物之性"，不过是确证万物的宗教性存在而已，所谓"天地位，万物育"正是在这个意义上讲的。只是，在此之前，人自身必先为宗教性存在而后可，故王阳明曰："故须有个本原。圣人到位天地，育万物，也只从喜怒哀乐未发之中上养来。"❶又曰："是故君子之学，惟求得其心。虽至于位天地，育万物，未有出于吾心之外也。"❷人是这样的一个特殊存在者，他担负着化育万物的使命；同时，人必须担负着化育万物的使命，才能完成人之为人之存在。因此，吕留良曰："参赞不是无分，却不是赞上又有参一层，赞就功用上说，参就位分上说也。"❸何谓"位分"？就是孟子所说的"君子所性，虽大行不加焉，虽穷居不损焉，分定故也"（《孟子·尽心上》）。这就是说，赞天地之化育并不是人额外的作为，而是人的本分；也就是说，人要确证自身的存在，必须要确证万物的存在，或者说，人只有确证了万物之存在，才能使人自身回到其本位中来；亦即当人来到自身的时候，本然地蕴含着万物来到自身；反之，当万物来到自身的时候，也本然地蕴含着人来到自身。这同时意味着，不可能出现人来到自身而万物没有来到自身的情况，亦不可能出现万物来到自身而人没有来到自身的时候；若其中一个不能来到自身，那么，另一个必不能来到自身。人与天地万物是相互通达的，人的完成意味着天地万物之化育，或者说，只有天地万物得其化育之时，人才能算圆满完成，这才是《中庸》所要表达的圆极之教。

人之赞天地之化育，必然预示着"道德的形上学"的完成。所谓"道德

---

❶ 吴光等编校：《王阳明全集》，上海古籍出版社 1992 年版，第 14 页。
❷ 吴光等编校：《王阳明全集》，上海古籍出版社 1992 年版，第 239 页。
❸ 吕留良：《四书讲义》，中华书局 2017 年版，第 582 页。

的形上学"就是通过道德的进路对万物之存在有所交代，即万物奠基于道德的进路所建立的形上学。《中庸》第二十六章云：

> 天地之道，可一言而尽也。其为物不贰，则其生物不测。《诗》曰："维天之命，於穆不已！"盖曰天之所以为天也。"於乎不显，文王之德之纯！"盖曰文王之所以为文也，纯亦不已。

"可一言而尽"者何也？不过"诚"而已矣。"为物"指天地之道也，即天地之道这种东西。"不测"，不已也。郑玄释之曰："可一言而尽，要在至诚也。为物不贰，言至诚无贰，乃能生物也。"[1]郑玄的这一解释，基本上得到了后世宋明儒者的一致认可与遵守，皆以"诚"来释"一"与"不贰"。这就是说，天地之道之所以能不已地产生万物，就是因为其"诚"。"维天之命，於穆不已！"这是说天命总是不已而无有间断地表现其"诚"。但天命之"诚"需要圣人在道德的进路中不已地回应与承受天命才能印证，故《中庸》接着讲"文王之德之纯，纯亦不已"。若没有圣人在道德的进路中不已地回应与承受天命，则天地之创造万物只是机械论的创生，这是物理主义的发生论，绝非《中庸》所说的"赞天地之化育"也。因此，所谓天地之道，不过是在道德的进路中不已地回应与承受天命的圣人之道，故《中庸》第二十七章又云："大哉圣人之道！洋洋乎发育万物，峻极于天。"可见，只有在道德的进路中不已地回应与承受天命的圣人之道，才能"赞天地之化育"，"峻极于天"即"与天地参"矣。圣人在道德的进路中不已地回应与承受天命，就是"道德的形上学"；最终导致"赞天地之化育"，就是对万物之存在的交代，也就是说，"道德的形上学"必然会对万物之存在负责。那么，"道德的形上学"所负责的万物是什么意义上的存在呢？《中庸》作了回答，那就是"天地位，万物育"。在"天地位，万物育"中的万物绝不是一个板结胶固的物质性存在，而是一个天地人神共处的宗教性存在。这种宗教性存在就是罗近溪所说的"抬头举目浑全只是知体著见"（《近溪子集》卷六）（"知体"就是良知本体），亦即抬头举目所看到的不是板结胶固的物质性存在，而是人通过道德践履可以通达的宗教性本体

---

❶ 杨少涵校理、（宋）卫湜撰：《中庸集说》，漓江出版社 2011 年版，第 273 页。

所润泽、守护的存在。牟宗三尝论这种存在时说：

> 践仁尽性到化的境界、"成于乐"的境界，道德意志之有向的目
> 的性之凸出便自然融化到"自然"上来而不见其"有向性"，而亦成
> 为无向之目的，无目的之目的，而"自然"，已不复是那知识系统所
> 展开的自然，而是全部融化于道德意义中的"自然"，为道德性体心
> 体所通激了的"自然"。❶

正是在这个意义上，我们说"道德的形上学"是一种宗教，乃至是一种
最根源的宗教；同时，当其宗教精神充其极地实现出来时，又是圆教。故儒学
有属于自己的形上学，若人们以西方发生学形态的形上学之义理来否定儒学
之形上学，或者说，若西方根本没有以心性本体为进路的"道德的形上学"，
则说明他们就根本不理解"道德的形上学"，亦没有理解《中庸》"赞天地之
化育"而"与天地参"之大义也。

五、圆教之色泽与声华

当确证了世界万物作为一种宗教性存在，达到"赞天地之化育"的圆境
时，其色泽一定是淡而素的，其声华一定是静而默的。《中庸》最后一章即第
三十三章云：

> 《诗》曰："衣锦尚絅"，恶其文之著也。故君子之道，暗然而日章；
> 小人之道，的然而日亡。君子之道：淡而不厌，简而文，温而理，知
> 远之近，知风之自，知微之显，可与入德矣。……《诗》曰："予怀
> 明德，不大声以色。"子曰："声色之于以化民，末也。"《诗》曰："德
> 輶如毛。"毛犹有伦。"上天之载，无声无臭"，至矣！

孔子曾曰："巧言令色，鲜矣仁。"（《论语·学而》）这就是说，一个仁者

---

❶　牟宗三：《心体与性体》上，上海古籍出版社 1999 年版，第 152 页。

的精神境界，其外在表现绝不是色泽之浓郁、言语之俊巧，而是素淡且沉静的。孟子亦曰："霸者之民，驩虞如也；王者之民，皞皞如也。"（《孟子·尽心上》）霸者之民，干誉遂欲之为求，故喜怒哀乐形于色，是以驩虞如也；而王者之民，任性尽道之为是，故淡泊沉静不动心。这就是说，在孔子和孟子看来，仁者或王者治理下的百姓，其在色泽上一定是素淡而雅的，其在声华上一定是静默而渊的。素淡，表示仁者平直坦荡而不沉密，但平直坦荡并非肤浅之空虚，而是有厚重的德行盾其后，此即是仁者之雅也。静默，表示仁者诚敬妙悟而不喧躁，但诚敬妙悟并非蹈空之玄幽，而是有深远的智慧底其蕴，此即是仁者之渊也。明白了孔子与孟子对仁者的这种论述以后，我们再来分析《中庸》上面的那段话。锦，色彩华丽的上衣；絅，颜色素淡的禅衣。"衣锦尚絅"的意思是：华丽的衣服上面披一件素淡的禅衣，使其颜色素雅温和而不至于浓郁逼人。君子之道，其于色泽也，犹如"衣锦尚絅"；而君子之道，其于声华也，犹如"上天之载"。"上天之载"是什么意思呢？孔子曰："天何言哉？四时行焉，百物生焉，天何言哉？"（《论语·阳货》）天无言而四时运行，化生万物。故"上天之载"之基本特征就是"无声无臭"，奏大乐而无喧哗之声，所谓太平气象也，《中庸》以此来摹状仁者以德化民之最高境界。即便其声华轻如鸿毛，亦非最高境界，因鸿毛虽轻，然总有花纹，终归在"有"之声的领域，而非"无"之静默也，故终究是以"声色化民"，未及于"至"也。子思与孔子、孟子一样，剥落了色泽与声华，还原了人素淡而雅、静默而渊的境界，人若能确证自身的存在，一定呈现出这种境界；若能确证世界之为世界的存在，也一定是呈现这种境界。这种素淡而雅、静默而渊的境界，可名之曰"空灵"，这就是《中庸》圆境所表现的色泽与声华。

宋儒吕大临论《中庸》之终篇时曰：

> 所谓德者，乃理之所必然，如春生夏长，日往月来之比，无意无我，非勉非思，浑然不可得而名者也。声臭之于形微矣，有物而不可见，犹曰无之，则上天之事可知矣。《中庸》之书，其始也言"天命之谓性"，其卒也言"上天之载，无声无臭，至矣"，盖言此道出

于天。……入乎无声无臭，而诚一于天，此《中庸》之终也。❶

《中庸》以"天命之谓性"开篇，最后以"上天之载，无声无臭，至矣"终篇，这表示开始于天，最后又复归于天，这就印证了本章开始所提到的黑格尔的话："以往发生的种种和现在每天发生的种种，不但不是'没有上帝'，却根本是'上帝自己的作品'"。从开始到结束，在这整个人间世界，自有很多物事，但这许多物事，无一不是天命在身者，即无一不是宗教性的存在。当然，这宗教性的确证者与打开者，唯有人这个天命在身者才能担当，故人是转世间万物由物质性的存在为宗教性的存在之动力所在。孔子曰："下学而上达。"（《论语·阳货》）人之上达不只是人自身的上达，一定牵合这世间万物一起上达，不然，人即成为孤悬的人，孤悬的人无论如何都不可能上达。老子曰："道大，天大，地大，人亦大。域中有四大，而人居其一焉。"（《老子》第二十五章）人只有牵合着世间万物一起上达的时候，才能成为域中四大之一，否则，人在宇宙间就是可怜的尘埃。人牵合着世间万物一起上达而荣登圣域，这圣域绝不会呈现缤纷多彩之迷色、热闹喧哗之浊气，而是呈现素淡而雅、静默而渊的空灵境界。人之为人，世界之为世界，在此境域中一齐到来，外乎此，焉能有"赞天地之化育"也。宋儒侯仲良曰："子思之书，《中庸》也，始于寂然不动，中则感而遂通天下之故，及其至也退藏于密，以神明其德，复于天命，反其本而已。其意义无穷，非玩味力索，莫能得之。"❷

《中庸》最后给我们呈现出来的素淡而雅、静默而渊的空灵圆境，其意义到底是什么呢？我们当如何玩其味而得其义？为什么《中庸》要像我们宣示素淡而雅、静默而渊的空灵圆境，而力戒更让人沉迷的缤纷多彩与热闹喧哗呢？我们当知，色重即迷，喧哗即浊，迷则乱性，浊则污本，性乱而本失，正俗世乱象之源也。明人桑悦（1447 — 1513 年）有《咏佛桑》诗云："欲供如来嫌色重。"正见色重乃俗物，不足以通达神圣也。可知，缤纷多彩、热闹喧哗，所谓俗世之繁华者，适不利于养性固本，更无论宗教性圆境之开启也。但为什么素淡而雅、静默而渊的空灵境界却能够开启宗教性之圆境呢？首先，

---

❶ 杨少涵校理、（宋）卫湜撰：《中庸集说》，漓江出版社 2011 年版，第 338 页。
❷ 杨少涵校理、（宋）卫湜撰：《中庸集说》，漓江出版社 2011 年版，第 342 页。

素淡乃天道自身的本色。庄子曰："淡然无极而众美从之，此天地之道，圣人之德也。"(《庄子·刻意》)此虽出自道家，然修为存养至最高境界，则无所谓儒、道、佛之分，因天道唯一故也。因此，朱子以为，《中庸》之结语，"岂特老庄说得恁地？佛家也说得相似"(《朱子语类》卷第六十四)。是以《中庸》所说之天命亦必然如庄子之所说，乃"淡然无极而众美从之"者。其次，人作为天命之回应与承受者，纯素亦是人性之本色。明儒聂双江曰："素者，本吾性所固有而豫养于己者也。"(《明儒学案》卷十七《聂双江学案》)既然天与人俱以素淡为其本色，则一个豫养有素的人，当其确证自身之存在时，其表现出来的色泽一定是素淡的；当其进一步确证世界之存在时，其色泽亦当为素淡的。一言以蔽之，宗教性的圆境必然为素淡者，这是回应与承受天命的人所必然达至之境界，并非一种色泽上之主观好恶也。《庄子·知北游》云："天地有大美而不言。"又云："夫知者不言，言者不知，故圣人行不言之教。"天与人俱是素淡者，又固为无言者，是以素淡而雅者必蕴含静默而渊者。何谓"静默而渊"？孔子曾告诫子夏，当聆听"无声之乐"。"无声之乐"就是"夙夜其命宥密"，就是人当不断地回应与承受天命。静默而渊犹如无声之乐，可见，静默并不是真正的无声，静默甚至比任何运动更动荡，比任何活动更活跃，故渊亭有素也。静默意味着，天命，唯有天命才是真正的言说者；静默而渊意味着，人之所以为人，世界之所以为世界，总是在回应与承受天命之言说，从而背负着天命而有所作为。这是《中庸》作为圆教所要达至的最后圆境，用朱子的话说就是，"都用那般'不言、不动、不显、不大'底字，直说到'无声无臭'，则至矣"(《朱子语类》卷第六十四)，此即朱子所说的"天理流行，随处充满，无少欠阙。……直与天地万物上下同流，各得其所之妙"(《论语章句集注》卷之六)之天地气象也。

第五章　尽心、知性而知天：作为"宗教动力学"之完成者与论证者的孟子

《中庸》首章"天命之谓性"这句话，不但说明了人与天的关系，更奠定了儒学弘教之基型。但是，大多数研究者只是看到了前者——人与天的关系，而没有看到后者——儒学弘教之基型。但对于《中庸》而言，实则后者更重要，或者说后者才是子思的根本用心所在。若不能从儒学弘教之基型来看"天命之谓性"这句话，则其内涵即滑落为"生之谓性"，而与其差别不大，因为"生"最终也是天之生，不可能是别的东西作为最后的推动力，故荀子曰："凡性者，天之就也，不可学，不可事。"（《荀子·性恶》）既如此，万物之性就与天有了关联。这样，"生之谓性"也可以包括"天命之谓性"，一旦认可这种包含关系，则落实下来，"天生之谓性"才是"天命之谓性"之实义。我们在第四章一再指出，无论是"生之谓性"还是"天生之谓性"都不过是力学的、物理学的、发生学的意义上的，"天"只是作为动力因创造了人与万物，天一旦创造了人与万物，人与万物作为有限的物质性存在就与天作为无限的精神性存在处于绝对的分隔状态，互不相预，至少其间的关系人们不欲再去过问，是所谓"天人相分"也，这正是告子、荀子等"生之谓性"论者说性之立场。但子思"天命之谓性"绝非上述之立场，它固然亦有力学的、物理学的、发生学上的创造之义，亦认可"天人相分"，却绝不认为天人之间互不相预。从根本上讲，子思之所以要壁立千仞地唱响"天命之谓性"，就是要究竟人对天

命之回应与承受，进而开启儒学之天人性命之教，这是弘教之入口，奠定了儒学弘教之基型。不然，皆只能算是外在的教育而不能称之弘教。

须注意，《中庸》更多的用心在于儒学之圆教之证成，即通过"天命之谓性"这种弘教基型，从而确证人自身之存在，社会政治之存在及世界万物之存在。所谓确证都是在回应与承受天命时才可能的，而其最本质的工夫乃是慎独。慎独是圣证，可直接通达于天，这就是"中"。但"中"必落实在"庸"中，即必落实在具体的人伦生活中，不然必空泛不实而流于虚妄。这是《中庸》的根本思路。如实说来，《中庸》一书，欲在儒家的具体五伦之教中证成圆教，故其实践的意味重，其宣教的意味重。从弘教的立场来看，圆教一旦确立，即宣教之义理证成业已完成，故先秦儒学自子思以后，不再究竟于教理的阐发与发展，而是对教理的维护与论证，这乃是孟子的工作。

一、孟子的生命形态及其时代任务

孟子的时代，诸子蜂起，各种理论相继登场。依据孟子自己的说法就是："世衰道微，邪说暴行有作。……处士横议，杨朱、墨翟之言盈天下，天下之言，不归杨则归墨。"（《孟子·滕文公下》）与孟子时代相若的庄子亦云："天下大乱，贤圣不明，道德不一，天下多得一察焉以自好。譬如耳目鼻口，皆有所明，不能相通。犹百家众技也，皆有所长，时有所用。虽然，不该不遍，一曲之士也。"（《庄子·天下》）孟子与庄子的这两段文字，说明在他们的时代的确充斥着各种理论，特别是各种道德学说，以作为修养人生，维系社会的凭藉。但是，所有这些道德学说，在孟子看来，都不该不遍，其鼓吹者亦是一曲之士，都不能与儒者所弘扬的天人性命之教相比。在这各种道德学说中，杨朱与墨子代表两个极端，前者主张为我，极端利己；后者鼓吹兼爱，极端利他。但孟子认为，极端利己固然不对，极端利他亦不能成就真正的道德，因此，这两种道德都会导致人类社会成为禽兽之糟糕结果。"为我"就是以他人为工具而服务于自我，"兼爱"就是以自我为工具而服务于他人，二者中的任何一种都是不可能真正实现的抽象原则，因为：

　　如果没有"自爱"与"他爱"的结合，那爱就不真实。无"自爱"的"他爱"只是对道德法则的服从，这种服从没有温情、没有渴求、没有重新结合。无"他爱"的"自爱"则只是混乱的欲求，否认他人有权要求被承认为一独立的自我，拥有爱和被爱的能力。作为"自爱"与"他爱"之统一的爱，就是信仰的内容。❶

　　这段话虽然不是出自孟子，但从孟子对杨朱与墨子的批评看来，则孟子于此必有所戚戚焉。因为在孟子看来，真正的道德并不是像杨朱那样，由自我出发地否定一切，也不是像墨子那样，对外在僵固法则的执守而无温情，而是宗教性的，必回应与承受超越的本体——天。道德是存在于人之根基中的力量，这种力量驱使人超越自己而去与他者相结合，最后也与人相分离的那个根基相通达。这样，由于对道德的这种认知与体悟，孟子在诸子蜂起、道德不一，而各得一察焉以自好的战场中，开启思考这样一个问题：

　　怎样的道德才是真正的道德？

　　通过对这个问题的思考，孟子希望把儒学从一般的道德学说中分离出来，儒学并不是一般的道德学说，而是一种宗教，一种开启人性动力即可通达的宗教。孟子正是通过这种辩说与分疏，成为一个儒学圆教的论证者，孟子一再自解："予岂好辩哉？予不得已也"（《孟子·滕文公下》），正是这种精神与立场的宣示。为了更好地理解作为论证者的孟子，我们不妨来看一看孟子的精神气质。

　　孟子虽然以孔子之道自诩，乃至私淑孔子，但孟子与孔子不同的地方是：孟子基本不以恢复文武、周公之道为目标。如，孟子在劝齐宣王施行仁政的时候，齐宣王却以他有"好货"、"好色"之痼疾而难以做到，但孟子却说，无论是"好货"还是"好色"，只要"与百姓同之，于王何有？"（《孟子·梁惠王下》）显然，孟子这里所说的仁政并非恢复周公的礼乐之治，而是君王的"人同此心，心同此理"的推知与同情，这样看来，孟子更多的是理性思考的

---

❶　保罗·蒂利（里）希：《信仰的动力学》，成穷译，商务印书馆 2019 年版，第 94-95 页。

推知论证者，而不是像孔子那样的践行者。践行者圆而神，论证者方以智。陆象山先生曰："夫子以仁发明斯道，其言浑无罅缝。孟子十字打开，更无隐遁。"（《陆九渊集》卷三十四《语录》一）孟子正是以智对孔子之仁进行十字打开，此乃是论证者的精神与姿态。但孟子之为论证者，并不是经验的、观解的，复不是逻辑的、推证的，犹如后面将要说到的荀子那样。孟子尽管并非不读书，但他却说"尽信书，则不如无书"（《孟子·尽心下》），则见孟子之论证非严格意义上之学术的，而是直接由生命而体证或智慧，然后再对其体证或智慧加以解说。大凡弘教，自然当有说，亦当有实；"实"就是自家生命的切实体会与践行，"说"就是把自家的体会与践行推之于众，以启发众人。象山先生曰：

> 昔之有是说者，本于有是实；后之求是实者，亦必由是说。故凡学者之欲求其实，则必先习其说。既习之，又有得有不得。有得其实者，有徒得其说而不得其实者。（《陆九渊集》卷二《与王顺伯》）

陆象山先生所说的"昔之有是说者"，即是指孟子这样的人。孟子之说，并非竞高论、唱浮说，而是在其"说"之后有体证之实或智慧之光。学者习其说，则足以朗彻生命，开启智慧，笃实德行，是为弘教也。至于学者习其说，最终能否得其实，乃至徒得其说以虚高，则人病而非法病也。

依牟宗三的理解，"孟子有一个创辟性的心灵，真正见到人的特点，见到human being"[1]。我们可以进一步说，"创"是创新，即把儒学之弘教带到了另一种高度与境界；"辟"是劈开、透辟，即劈开儒教践行者浑沦之工夫体验，以透辟之体证充实之，乃至论说之。故劈开与透辟并非一种纯粹的理论建构，而是一种生命的开辟，所有的弘教都依赖于生命的开辟，只不过，孟子之开辟来自其独特的生命形态而已。孟子曰："颂其诗，读其书，不知其人，可乎？"（《孟子·离娄下》）程伊川亦曰："学者不学圣人则已，欲学之，须熟玩味圣人之气象，不可只于名上理会。如此只是讲论文字。"（《近思录》卷三）

赵岐谓孟子"生有淑质"（《孟子题辞解》）。《说文》训"淑"："清湛也"；

---

[1] 卢雪崑整理：《牟宗三先生讲演录·孟子》，东方人文学术研究基金会 2019 年版，第 1 页。

盖水清湛，则杂质尘秽立见，是以"淑"又引申为"善"。"生有淑质"意味着孟子有一个好的生命质地，虽然很难说孟子是"天纵之圣"或"生而知之者"，但孟子自身确实有卓绝的形上慧识，让他能见别人之不能见，能开别人之不能开。孟子之"见"与"开"，俱是生命直接抵达的真实之地，似乎很少经过典籍的熏染。孟子自语曰："故说《诗》者，不以文害辞，不以辞害志；以意逆志，是为得之。"（《孟子·万章上》）"以意逆志"就是指对于经典的理解不可止于文字，所谓"应于心，口不能言，有数存焉于其间"（《庄子·天道》）也，须以自家生命去开辟义理，抵达智慧。孟子之学，盖庄子所说的"圣人不由，而照之于天"或"圣人怀之"（《庄子·齐物论》）的层次，而不只是"众人辩之以相示也"之纯推理论证之模式。若谓孟子既是儒学圆教之论证者，即以为孟子是纯理论家，则谬矣。这是孟子整个学问之秘密所在。

那么，孟子具有怎样的生命形态呢？且来看看下面几段文字：

> 孟子妻独居，踞，孟子入户视之。白其母曰："妇无礼，请去之。"母曰："何也？"曰："踞。"其母曰："何知之？"孟子曰："我亲见之。"母曰："乃汝无礼也，非妇无礼。礼不云乎：'将入门，问孰存；将上堂，声必扬；将入户，视必下。'不掩人不备也。今汝往燕私之处，入户不有声，令人踞而视之，是汝之无礼也，非妇无礼也。"于是孟子自责，不敢去妇。（《韩诗外传》卷九）

从这个故事足以看出，孟子嫉恶如仇之秉性，尽管他自己的行为有时也未必尽合于礼，可见孟子有一股直率之气。这直率之气凸显了孟子乃是一个直接而不弯曲的质感之生命。

> 孟子见梁襄王。出，语人曰："望之不似人君，就之而不见所畏焉。"（《孟子·梁惠王上》）

当朱子的学生问朱子，孔子是否也会说这样的话，朱子的回答是："孔子不说。孟子忍不住，便说。"（《朱子语类》卷第五十一）这质感而不弯曲的生命，必然以直报怨，且孤傲而羞于与鄙俗者为伍。

> 孟子为卿于齐，出吊于滕，王使盖大夫王驩为辅行。王驩朝暮见，反齐、滕之路，未尝与之言行事也。（《孟子·公孙丑下》）

孔子曰："中人以上，可以语上也；中人以下，不可以语上也。"（《论语·雍也》）又，"可与言而不与之言，失人；不可与言而与之言，失言。知者不失人，亦不失言"（《论语·卫灵公》）。显然，以孟子之孤傲与慧识，他一定认为王驩根本就是识见尘下之不可与言者，与之谈无异于夏虫语冰也。

由这三件事，亦足见孟子之生命形态矣。孔子与孟子之生命俱清湛，然孔子清湛而渊亭，故显仁；孟子清湛而飞动，故显智。孔子如玉，孟子似冰，二者虽俱有光泽，但玉温润如春风化雨，冰则寒气如霜箭逼人。孔子是造道之源者，故蕴藉万有，大而不显其大，是以曲肱枕流，有沂雩之乐；孟子是弘教之雄者，故志向笃定，思理专一，是以"自反而缩，虽千万人吾往矣"（《孟子·公孙丑上》）。若把孟子的生命形态与其学问特质综而论之，其大者盖有三：

（一）英特而有慧识。

英，"聪明秀出之谓英"（刘劭：《人物志·英雄》）；特，《说文》训：朴特，牛父也。朴，大也。聪明秀出，表示孟子颖悟力强，慧识极高。如，"存乎人者，莫良于眸子，眸子不能掩其恶。胸中正，则眸子瞭焉；胸中不正，则眸子眊焉。听其言也，观其眸子，人焉瘦哉？"（《孟子·离娄上》）一旦颖悟至，慧识显，则"目击而道存矣，亦不可以容声矣"（《庄子·田子方》）。颖悟与慧识之于学问，特别是之于宗教，乃为最根本之相关者，若是之缺如，则学问常沦为戏论，宗教不免为盲信。孔子赞颜渊曰："吾与回言终日，不违如愚。退而省其私，亦足以发。回也不愚。"（《论语·为政》）此即是赞颜回之颖悟与慧识也。生命清湛，才能有此表现。但若生命清湛而渊亭，则内敛而有容，其颖悟与慧识显德之光，子贡赞孔子"温、良、恭、俭、让"（《论语·学而》），即是其表现也；若生命清湛而飞动，则外发而显大，其颖悟与慧识表气之盛。程明道曰：

　　仲尼，天地也；颜子，和风庆云也；孟子，泰山岩岩之气象也。

　　仲尼无迹，颜子微有迹，孟子其迹著。(《论孟精义纲领》)

　　岩岩，高大貌，且剑峰起伏，嶙峋错落，是以其迹著也。此盖谓孟子气盛也，是以孟子怒杨朱为禽兽，辟乡原乱紫朱。但孟子的气之盛常伴以智，并非仅仅是豪杰之气魄，故孟子的气之盛实有理之强盾其后，或者说，其气之盛主要是通过理之强来表现的，故终至于齐宣王"顾左右而言他"(《孟子·梁惠王下》)也，朱子也说，"孟子激发人。说放心、良心诸处，说得人都汗流"(《朱子语类》卷第五十九)。但孟子之理并非逻辑论证之理，逻辑论证之理只有严密有效可言，无所谓强不强；孟子之理又有气之盛盾其后，故逞其强也。其理主要表现在直观、形象，让人无法避其锋芒。如，孟子与陈相之争论，逼得陈相不得不承认："百工之事，固不可耕且为也。"(《孟子·滕文公上》)尔后之对话，几乎只有孟子说的份，直逼得陈相无言以对。是以程明道又谓孟子有英气与圭角，这英气与圭角是清湛而飞动之生命的方以智，而不是清湛而渊亭之生命的圆而神，既如此，则孟子就不是一个纯粹的理论家，而是一个勇者型的弘教者，其据理直争，不过是为了"正人心，息邪说，距诐行，放淫辞，以承三圣者"(《孟子·滕文公下》)也。《中庸》云："知耻近乎勇。"故孟子依然是圣者，诚如他所云："能言距杨墨者，圣人之徒也。"(《孟子·滕文公下》)是以其事业依然是圣者之事业。孟子曰：

　　居天下之广居，立天下之正位，行天下之大道；得志，与民由之，不得志，独行其道；富贵不能淫，贫贱不能移，威武不能屈。(《孟子·滕文公下》)

　　这样看来，孟子虽英特而有岩岩之气象，但其慧识超迈，志气高远，在"世衰道微，邪说暴行有作"(《孟子·滕文公下》)之时代，欲弘道翼教，则正合其时也。故程明道曰："学者全要识时。若不识时，不足以言学。颜子陋巷自乐，以有孔子在焉。若孟子之时，世既无人，安可不以道自任？"(《四书章句集注·孟子序说》)可谓知孟子者也。

孟子以其清湛飞动之生命与"知耻近乎勇"的担当精神，使他的形上智慧透露而直接通达了宇宙精神，孟子自谓自己"不动心"，而之所以"不动心"，端赖其通达了"浩然之气"（《孟子·公孙丑上》）。"不动心"就是心不随外物迁移，回到了心之本然，故谓之"本心"。本心，是孟子以其清湛飞动之生命与担当精神所直接开辟出来的，这是一切学问的根本，所谓"学问之道无他，求其放心而已矣"（《孟子·告子上》）。程明道曰："孔子言语句句是自然，孟子言语句句是事实。"（《论孟精义纲领》）孔子之意在温勉入德，故其言句句显自然；孟子之意在立学弘教，故其言句句示事实。若不显自然，则不能如时雨之润，而使人自化；若不示事实，则不能固本立基，而流于异端邪说，故朱子赞孟子曰："孟子不甚细腻，如大匠把得绳墨定，千门万户自在。"（《朱子语类》卷第九十三）

（二）简易而有高致。

若学问之道只在"求放心"，则既不是向外探求未知世界，也不是推理论证，而是开显挺拔人自家之本心，故学问本简易之事也。"尧舜之道，孝弟而已矣。"（《孟子·告子下》）但简易并不是简单容易，焉有通达天人之教为容易者乎？简易有两义：一曰学问就在生活之当下，并不玄远，易于震拔人之本心。理愈繁复，愈形式化，则离生活愈远，人之本心对此就愈难有觉悟，于是，学问就愈沦为议论戏说。当曹交欲假馆而向孟子求学时，孟子的回答是："夫道若大路然，岂难知哉？人病不求耳。子归而求之，有余师。"（《孟子·告子下》）又，"道在迩，而求诸远；事在易，而求诸难。"（《孟子·离娄上》）又，"教亦多术矣。予不屑之教诲也者，是亦教诲之而已矣。"（《孟子·告子下》）孟子告诉曹交"归而求之"，而不必在孟子那里求道，就是让他在生活中自求，这也是所谓的"迩"与"易"的意思，亦是"不屑之教诲"的意思。孟子的这些表达显然是绍自孔子，《论语·述而》载孔子之言云格物穷理："二三子，以我为隐乎？吾无隐乎尔。吾无行而不与二三子者，是丘也。"这就是让学生在生活中自己去体贴、震拔自家之本心，言语反成为多余的，这样，则无往不是教。一曰学问之力量不在别处，在自家身心耳。在生活中震拔、觉悟自家的本心，从而显发智慧，契会高妙，而不仅仅依靠言语教诲。孟子曰："梓匠轮舆，能与人规矩，不能使人巧。"（《孟子·尽心下》）一切的言语教诲，都只能给人以规矩，皆只有助缘之意义，契会高妙，唯依赖本心之震动也。这种工夫对于天人性命之教而言，实为本质之工夫，但荀子却非之曰"幽隐而无说"（《荀子·非十二子》），即谓这种简易工夫根本没有任何理路，神秘而不可循。至南宋，终于演成朱子与象山的"简易"与"支离"之争。朱子谓象山"发明本心"之工夫简易而至于禅，象山谓朱子"格物穷理"之工夫支离而不见道。实则，天人性命之教固不可不格物穷理，但发明本心才是更为本质的工夫。显然，象山才得了孟子之正学，由是观之，牟宗三判朱子"别子为宗"，良有以也。

这种简易工夫能否生效，就看人是否有足够的意志力。孟子曰：

> 羿之教人射，必志于彀，学者亦必志于彀。大匠诲人，必以规矩，学者亦必以规矩。（《孟子·告子上》）

射箭的人弓必须拉满，箭射出去才能强而有力，这是射箭的原则。学问也必须要有全尽的意志力，才能有所收获，这是学问之原则。而意志力是一个自我作主的问题。孔子曾与冉求有如下对话：

> 冉求曰："非不说子之道，力不足也。"子曰："力不足者，中道而废。今女画。"（《论语·雍也》）

意志力不足，就如孔子所言，"今女画"，就是自己放弃了这种努力。孟子称之为"自暴自弃"："自暴者，不可与有言也；自弃者，不可与有为也。言非礼义，谓之自暴也；吾身不能居仁由义，谓之自弃也。"（《孟子·离娄上》）因此，虽然工夫简易，但简易并不容易，甚至很不容易。孟子门人公孙丑曾与孟子有一段对话：

> 公孙丑曰："道则高矣美矣，宜若登天然，似不可及也。何不使彼为可几及而日孳孳也？"孟子曰："大匠不为拙工改废绳墨，羿不为拙射变其彀率。君子引而不发，跃如也。中道而立，能者从之。"

（《孟子·尽心上》）

孟子开简易工夫，并不是要成就世俗之道德，而是要成就通达天人之教。孟子以其清湛飞动之生命照澈到了天人之教之于世间的意义，不会为世俗之道德而改变。若就体道之进路而言，使其"可几及而日孳孳"，固可也；若谓道就是"可几及而日孳孳"自身，则必为俗世道德，万不可也。"夫谈学有称论而谈，有对机而谈。对机而谈有应不应，有过高或过低之病；称理而谈，无所谓高不高也。"❶孟子多称理而谈，鲜有对机而说，此则足见孟子生命之高致，亦见孟子乃弘教者乃至论证者之生命形态也。程明道曰：

> 孔子教人常俯就，不俯就则门人不亲；孟子教人常高致，不高致
> 则门人不尊。(《论孟精义纲领》)

孟子与孔子相较，孔子之弘道实比孟子之弘教为易，因为孔子的时代，道尚未完全失坠，只有得良师而时雨化之，则人多能从。故这里的"俯就"，不是孔子局从于世俗道德之谓，而是孔子能时雨化之，是以觉其可亲也。但至孟子之时代，大道失坠，人们多服膺世俗道德，若不重新确立道之高阶位，则道与世俗道德无以异，弘教就会落空，故不高致则人不尊也。这也是时不同故也。

孟子之所以如此之孤傲，一定是以其精神的高致而看到了世人没有看到的东西，而这种东西乃是人之成为人者，与世界之成为世界者，亦即人来到自身与世界来到自身者。与孟子生命所通达之境界相比，世人所珍视之外在享受，无异于敝屣。孟子曰：

> 说大人，则藐之，勿视其巍巍然。堂高数仞，榱题数尺，我得
> 志弗为也。食前方丈，侍妾数百人，我得志弗为也。般乐饮酒，驱
> 骋田猎，后车千乘，我得志弗为也。(《孟子·尽心下》)

---

❶ 牟宗三：《心体与性体》中，上海古籍出版社 1999 年版，第 417 页。

若无孟子之高致，一定不能有此识见。程明道曰："孟子知言，正如人在堂上，方能辨堂下人曲直。若自下去堂下，则却辨不得。"（《二程遗书》卷三）堂上之人之所以能判堂下人之是非曲直，堂上之人所执持者一定比堂下之人所执持者层次高，不然，焉能断之？即便是建功业如管仲者，孟子亦羞而不为也。孟子曰："故将大有为之君，必有所不召之臣。……管仲且犹不可召，而况不为管仲者乎？"（《孟子·公孙丑下》）孟子之如此说，非管仲之事功无价值也，好像孟子要超越管仲似的，孟子非君非相，如何能超越管仲？孟子之如此说，一定是另有所见。儒家固讲事功，而弘教之立足点却不在事功，更不在王侯将相之事功，因其非人人可为，且亦非人之为人之究竟也。程明道曰："太山为高矣，然太山顶上已不属太山。虽尧舜之事，亦只是如太虚中一点浮云过目。"（《二程遗书》卷三）泰山固高，然其所以高乃太虚造化之力使然也。尧舜事业固大，然亦不过本心之发用耳；一个人若不能证会本心，由体而达用，则再大之事业，亦不过一点浮云过太虚耳。证会本体，才能建立万世之功业，不然，再大的事业，不是适成，就是偶济。而证会本体，奠定天人性命之教的根基，当今之世，孟子认为，只能由他来完成，是以孟子曰：

夫天，未欲平治天下也，如欲平治天下，当今之世，舍我其谁也？吾何为不豫哉？（《孟子·公孙丑下》）

孟子之出此言，非谓平治天下端赖我孟子也，而是说，弘教以开万世之基，端赖我孟子也。此言犹如孔子所云之"文王既没，文不在兹乎？"（《论语·子罕》）这是文运之自信与世道之担当，亦是使命感使然也。孟子以其清湛飞动之生命，足以荷此任也。也正因如此，孟子之志并不是要做一个像管仲那样的实际的事功主义者，而是一个确立万世法的圣者；也正因如此，当世之君王往往"不果所言，则见以为迂远而阔于事情"（《史记·孟子荀卿列传》）。君王急于一国之存亡，故重功利也；孟子谋于万世之太平，故重圣教也。黄梨洲曰："尧舜，其元也；汤，其亨也；文王，其利也；孔孟，其贞也。"（《黄宗羲全集》第一册卷七《孟子师说》）孔孟奠定了文教之基型，平治天下，必因此而始可能，因其为万世法也。

（三）严整之宗教意识。

孟子之学尽管"学"的意味较重，但孟子又不是一个纯粹的学人，他是在"道术将为天下裂"（《庄子·天下》）之乱世为儒学圣教争一席之地的学人。本来，通天地人曰儒，又，圣者，通也。这样，像孟子这样为儒学圣教争一席之地的学人，就不可能没有强烈的宗教意识，是以孟子与纯粹的学人是有显著区别的。"独孤臣孽子，其操心也危，其虑患也深，故达。"（《孟子·尽心上》）这一段话，可谓是孟子之自道也。这一显著区别就体现在孟子对天之敬畏与尊重上。我们不妨来分析下面这段话：

> 沈同以其私问曰："燕可伐与？"孟子曰："可。子哙不得与人燕，子之不得受燕于子哙。有仕于此，而子悦之，不告于王而私与之吾子之禄爵；夫士也，亦无王命而私受之于子，则可乎？何以异于是？"齐人伐燕。或问曰："劝齐伐燕，有诸？"曰："未也。沈同问'燕可伐与'？吾应之曰'可'，彼然而伐之也。彼如曰'孰可以伐之'？则将应之曰：'为天吏，则可以伐之。'今有杀人者，或问之曰'人可杀与'？则将应之曰'可'。彼如曰'孰可以杀之'？则将应之曰：'为士师，则可以杀之。'今以燕伐燕，何为劝之哉？"（《孟子·公孙丑下》）

弟子沈同之所以问孟子"燕国是否可被讨伐"，乃因为燕国犯下了大罪，燕王哙把国君的位子让给了国相子之。本来，儒家是推尊禅让制的，但这并不是人与人之间的一种私下让贤，而需要有最高的天之授予，具有极高的宗教性。不然，让贤也可能滑落为私人之间的授受关系。孟子与其弟子万章之间的对话显示，尧舜禅让并不是他们之间的私人让贤关系：

> 万章曰："尧以天下与舜，有诸？"孟子曰："否，天子不能以天下与人。""然则舜有天下也，孰与之？"曰："天与之。"（《孟子·万章上》）

从表面上看，尧把天下让给了舜，但实际上，天下是不可以以人的名义给予的，这中间必须有天之认可，故舜之天下实乃是天所授予的。尹焞曰："尧不能以天下私与舜，非孟子不足以识之。"（《孟子精义》卷第九）即便是君主世袭时代，孟子也认为，天子之位的继承也应该是"天与贤则与贤，天与子则与子"（《孟子·万章上》）。可见，天子治理天下是具有神圣性的，绝不只是世俗的权力运作与事务管理。故孟子引《尚书》之言曰："天降下民，作之君，作之师，惟曰其助上帝，宠之四方。"（《孟子·梁惠王下》）既如此，天子之位乃是具有神圣性的，这种神圣性不是个人可以拥有的，它是一种天地宇宙精神，从原则上讲，这是无法拿来拿去而相授受的，天子之位在现实中固可相授而转移，但任何在这个位置上的人都必须在天的认可中体现天地宇宙精神。

现在，燕王哙与子之之间私自授受君位，这当然是不合法的，这并不是世俗程序上的不合法，乃是绝对价值上的不合法。这无异于未得到君王的同意而私自授人爵禄。君王相对于爵禄授予者而言，是一种更高的存在，同样，在君位之授予者之间，应该也有一个更高的存在，这个更高的存在只能是天。但在燕王哙与子之之间并没有天之中介。于是，燕国是可以被讨伐的。但是，在孟子看来，任何一个世俗的政权都没有这种权利，若齐国去伐燕国，无异于燕国去讨伐燕国，即以一种不合法去讨伐另一种不合法。那么，到底谁可以讨伐燕国呢？答曰：符合天道的政权才可以去讨伐它。这就相当于一个人犯了法，私人并不能杀他，只有士师以国家法律的名义才能杀他。孔子尝曰："天下有道，则礼乐征伐自天子出。"（《论语·季氏》）此时，宗教性的意味并不很明显，因为天子毕竟只是代表世俗的权位。但孟子曰"为天吏，则可以伐之"的时候，则直接把讨伐之权力交给了天，因为世间并无"天吏"。"天吏"，赵岐注曰："天吏，天所使，谓王者得天意者。"又，宋儒吕希哲曰："奉行天命之谓天吏。兴废存亡，惟天所命，不敢不从。"（《孟子精义》卷第三）这说明，"天"才是最终的权源。这样看来，在孟子的眼里，天下乃至国家，俱不是自然人组成的世俗权力利益结构，而是一种宗教性团体。孟子曰："圣人之于天道也；命也，有性焉，君子不谓命也。"（《孟子·尽心下》）这里，孟子貌似只对圣人或君子而言，实则是对所有人而言。天道，看似一种外在的命令，但却是每个人性分中本有的禀赋，每个人都应该通达而完成。故孟子曰："存其心，养其性，所以事天也。夭寿不贰，修身以俟之，所以立命也。"（《孟子·尽心上》）立什么"命"，立"尽道而死"的正命。每个人都当事天，这是人之为人的正命。这样，人就不是一种纯自然存在，而是一种宗教存在，天下或国家就不是由自然人组成，而是由宗教人组成。

孟子以其严整的宗教精神，使其具有充实不可已的圣人情怀，既而背负着莫大的使命感，欲行道于世间。孟子曰："由孔子而来，至于今，百有余岁。去圣人之世，若此其未远也。近圣人之居，若此其甚也。然而无有乎尔，则亦无有乎尔！"（《孟子·尽心下》）朱子释之曰：

> 此言虽若不敢自谓已得其传，而忧后世遂失其传，然乃所以自见其有不得辞者，而又以见夫天理民彝不可泯灭，百世之下，必将有神会而心得之者耳。故于篇终，历序群圣之统，而终之以此，所以明其传之有在，而又以俟后圣于无穷也。其旨深哉！（《孟子章句集注》卷十四）

孟子宗教般的使命感使其以历代圣者自喻，然可惜的是，尽管孟子的时代离圣人在世如此之近，孟子的居所处圣人之地宛若比邻，但他却看不到行道于世的可能性。那么，后世之人还有这样的机会吗？到此，孟子又有极大的悲怆感与命运感。举凡具有宗教意识的人，大多都免不了这种悲怆感与命运感，因为他背负的使命高远而无极，现实中则会遭遇各种磨难与限制，于是，悲怆感与命运感生焉。但圣贤的悲怆感与命运感是他在背负使命之过程中事先就必然预料到的，故他悲而不怨，怆而有定。"吾之不遇鲁侯，天也。臧氏之子，焉能使予不遇哉？"（《孟子·梁惠王下》）孟子之安顺通达之气，由此盖可见也。前文说过，孟子固有英气与圭角，但这只是在他辟邪说以辩之时，然若只有英气与圭角，则孟子很可能流入了苏秦、张仪这样的纵横家之列，安能为弘道翼教之圣者？故孟子必有安顺通达之气在焉，而安顺通达之气端赖其宗教意识也。孟子以英气与圭角，固怒其世之不淑，悲其时之不遇，然其宗教意识养成的安顺通达之气却使其并不悲观而玩世，进而保有"为往圣继绝学，为万世开太平"之宏愿，故孟子认为若他有机会"得天下英才而教育之"，那么，即便"王天下不与存焉"（《孟子·尽心上》），是以孟子终成伟大的弘教者。若无严整之宗教意识，孟子岂能成为孟子焉？孟子之性善论、尽心工夫，以至于整部《孟子》，端由此而得其解也。

以上三点，俱是从孟子清湛而飞动的生命中开出者，这开出者使孟子既可仁守，又可智及。仁守，孟子可以站得住立场，守得住高致，见人之不能见，悟人之所不能悟；智及，孟子可以辩说论证以辟邪说，护圣教，说人之所不能说。仁守，故能担当使命，非孟子而谁何？智及，故能开发新局，非孟子而谁何？新局安在？答曰：先秦儒学由前期纯粹的弘教者，到孟子这里变为重论证之弘教者，而儒学亦由"教"的形态向"学"之形态转移，或者说"教"与"学"并重而以"学"来充实证明"教"之形态，"宗教动力学"至此得以真正完成矣。由是，"教"因之充实而有力，调适而上遂；"学"因之警策而温勉，精致而动人。孟子通过什么而进入他的思考的呢？答曰：追问"怎样的道德才是真正的道德"这一问题。孟子虽然没有明言这一追问，但通过对《孟子》文本的阅读与分析，则这一问题是隐含在孟子的意识中的。通过这种追问，从而把：

其一，由道德的绝对性与人之为人之大义，将道德与人性关联起来，由仁义内在而深入地探讨人性善的问题。而道德之所以是绝对的，人之为人之最大之义，俱来自对天命的回应与承受。由此，在孟子看来，基于人性的道德必能回应与承受天命，也就是说，当我们在行真正的道德的时候，一定可以通达天命。基于这种思考，孟子不但洞开了人性领域，而且证成了善的宗教性。

其二，孟子所说的性善是人性之善，它是存在论的，而不是伦理学的，人性存在的善就是人的良知良能，即孟子所说的本心。一旦遭遇机缘，本心可自觉地震动而回应天命，从而开启宗教境域。

其三，孟子以浩然之气说明本心之震动已臻于无亏欠，宗教动力学至此而完成。

孟子通过对道德问题的追问，从而把人对天命之回应与承受落实在真实的道德行为之中，不但使人间与神圣世界相互通达，而且有切实的实践动力与入口，即个人笃实的道德行为即可回应与承受天命，而不一定非得通过传统的礼乐仪式，尽管并不排除这种仪式，这种简易可行之宗教无疑是对儒学的扩展与解放，即儒学并不在传统繁复的礼乐仪式中，而是在个人真实的道德行为中。这是在礼乐崩坏的战国时代，孟子对儒学所作的调适而上遂的发展，从这个意义上讲，孟子既是儒学圆教之论证者，又是儒学作为"宗教动力学"最后的完成者。孟子希望开启这种"学"之形态去维护儒学的天人性命之教，从而使儒学更能经受得住知识人的考问，而不使儒学总是停留在宣教的独断论形态，从而在学理上为儒学于诸子蜂起的时代争得胜场，这对于儒学的普及与深入无疑是有促进作用的。孟子曰："行之而不著焉，习矣而不察焉，终身由之而不知其道者，众也。"（《孟子·尽心上》）孟子在总结前儒的基础上，再加上自身独特的生命体验与践行，使众人"行之而不著"、"习矣而不察"之道显豁出来，以便更好地弘道翼教，可谓"温故而知新"也。由此，孟子终成一代儒学宗师。是以杨龟山赞之曰："方世衰道微，使儒墨之辩息，而奸言诐行不得逞其志，无君无父之教不行于天下，而民免于禽兽，则其为功非小矣。古人谓孟子之功不在禹下，亦足为知言也。"（《孟子精义纲领》）

二、孟子对道德的辨正及其性善论的出场

我们知道，孟子对性善论的论证主要集中在《告子上》篇中，即孟子与告子的几个回合的对话，说明其性善论的大旨及其论证。但通过对这几个回合的对话的分析，我们发现孟子对性善论的论证并不能尽如人意，似乎并不能令人信服，因为当孟子说"人性之善也，犹水之就下也。人无有不善，水无有不下"的时候，至少性恶论者亦可质疑说"人性之恶也，犹水之就下也。人无有不恶，水无有不下"，这种质疑在义理上并非不周洽。这样看来，仅依据《告子上》篇来理解孟子的性善论显然是不够的。朱子慧眼独具，他告诉我们，若对《孟子》全书"默识而旁通之，则七篇之中无非此理"（《四书章句集注·滕文公章句上》）。也就是说，《孟子》一书处处彰显性善论，非仅限于《告子上》篇的几处对话。这就要求我们，对性善论的理解应放眼于《孟子》

全书，从中梳理出义理脉络来。若果能如此，则孟子性善论的出场是必然的，并无疑义。而孟子对性善论的彰显是从对道德的追问与辨正开始的。

海德格尔的《存在与时间》之扉页上写有这样一段话："当你们用'存在'这个词的时候，显然你们早就很熟悉这究竟意味着什么，不过，虽然我们也曾相信领会了它，现在却茫然若失。"❶对于"道德"这个词，似乎也可以这样说：当我们用"道德"这个词的时候，显然我们自以为早就很熟悉这究竟意味着什么，不过，虽然我们也曾相信领会了它，然而，当我们真究诘道德问题之时，我们却又茫然若失。事实难道不是确然如此吗？每个人对于道德都颇为自信，以为自己的所作所为就是道德的，但当我们问"怎样的道德才是真正的道德"的时候，每个人却又言而失据，且众说纷纭，道德好像从来没有被真正领会过。那么，我们将如何进入问题而去领会真正的道德呢？

"怎样的道德才是真正的道德？"对于这一问题，或许更好的追问是：人为什么必须要遵循道德？这意味着，"道德何以必须"与"人之存在问题"是同一个问题，道德绝不可在人之存在之外被讨论，或者说，所有在人之存在之外对道德的讨论，都没有击中道德的要害，而是对道德的破坏。一个人若由此而深入探究，对于人这样的存在者会有别样的领会，至少从最终结果来看，孟子对这一问题的追问，直接洞开了人性领域，乃至最后通达于宗教，故劳思光说："儒学之'心性论'言德性价值时，必须先自'德性如何可能'着眼，方能见'根源'所在。"❷《孟子》一书虽然没有直接给我们提供这二者之间的关联，但通过对孟子经典话语的分析，二者之间的关系还是非常显豁的。正因为如此，刘述先才说："'我为什么要道德？'的问题在当前流行的道德学说之中根本得不到妥善的回答。其实心性论的问题是无法避免的。"❸因此，要理解《孟子》一书，由这一问题而深入，或许是比较好的进路。且先来看孟子给我们讲的一个故事：

盆成括仕于齐。孟子曰："死矣盆成括！"盆成括见杀。门人问曰：

---

❶ 海德格尔：《存在与时间》，陈嘉映、王节庆译，生活·读书·新知三联书店 1987 年版，第 1 页。

❷ 劳思光：《新编中国哲学史》第二卷，广西师范大学出版社 2005 年版，第 31 页。

❸ 刘述先：《孟子心性论的再反思》，（美）江文思、安乐哲编：《孟子心性之学》，梁溪译，社会科学文献出版社 2005 年版，第 184 页。

"夫子何以知其将见杀？"曰："其为人也小有才，未闻君子之大道也，
则足以杀其躯而已矣。"（《孟子·尽心下》）

孟子之所以能预见盆成括必然要被杀，并非是他发现了盆成括具体做错
了什么事，而是因为盆成括这个人有才而无德。依据孟子的意思，但凡一个
人无德，其人生一定会遭遇麻烦与困境，特别是一个人恃才傲物的时候，就
会把自身置于危险之中，甚至丢掉身家性命，盆成括的情况就属于这一种。
不遵循道德，被称为恶；但不遵守规则，只是被叫作错误。错误只是遭受惩
罚，但恶则有可能会招致杀身之祸，因为恶是人性造成的，康德名之曰根本
恶，很难被饶恕。可见，道德之于人所关甚大。道德之于人生之意义如此巨
大，然我们却经常对道德存有误解。道德固所关甚大，然其"大"到底为何
种意义之"大"呢？要明乎此，当先了解孟子是如何破除人们对道德的误解的，
再通过"义利之辨"到"人禽之辨"，最后由羞耻感确证人之为神圣存在者而
始可知之。这种误解主要有三个方面：形式上，道德或不道德是否有等级？
内容上，世俗的处世之道即乡原是否为道德？目的上，道德是否应该带来利
益？孟子对这三个问题都予以了辨正。

（一）道德与不道德之间并无中间状态，它们之间的区分是绝对的。

人们习常总是认为，帮助数人比帮助一人更道德，同理，伤害数人也一
定比伤害一人更不道德，也就是说，道德或者不道德是有等级的，似乎有一
个"最道德—道德—相对道德—相对不道德—不道德—最不道德"这样的序
列，乃至道德与不道德之间存在过渡的桥梁，二者之间可以有中间状态。那
么，对于这个问题，孟子是怎么看的呢？先且看孟子下面这一段话：

行一不义、杀一不辜而得天下，皆不为也。（《孟子·公孙丑上》）

孟子这句话的意思并不是：行一不义、杀一不辜而得天下，尚且不为，何
况多行不义，滥杀无辜而得天下乎？好像孟子是要说："行一不义、杀一不辜
而得天下"比"多行不义，滥杀无辜而得天下"相对来说道德一些。在孟子
看来，"行一不义、杀一不辜而得天下"与"多行不义，滥杀无辜而得天下"

相较，只不过是"五十步笑百步"（《孟子·梁惠王上》）耳。这正如孟子之游说梁惠王那样，没有进入仁政的本质，则任何外在措施皆是五十步与一百步的区别，俱是害民之暴政而非仁政。同样，若不能进入真正的道德，所有的所谓德行，亦不过是五十步与一百步的区别，俱是欲望下的自爱原则而绝非道德自身。因为只有道德与不道德之分，并无相对道德、不道德与更不道德之分。一言以蔽之，道德并无层级之分，道德与不道德之间的区分是绝对的，其间绝不存在层级过渡的桥梁。因此，"行一不义、杀一不辜而得天下"与"多行不义，滥杀无辜而得天下"是一样的，俱是不道德的，二者之间并无差别；或者说，这种经验上的不同，丝毫没有使前者更靠近道德而后者更远离道德，它们离道德一样远。孟子这句话凸显了道德的绝对性与自足性。道德的这种绝对性与自足性在下面这个故事中亦得到了明确的体现：

> 孟子曰："今有人日攘其邻之鸡者，或告之曰：'是非君子之道。'曰：'请损之，月攘一鸡；以待来年，然后已。'如知其非义，斯速已矣，何待来年？"（《孟子·滕文公下》）

攘，朱子释之为：物自来而取之。这种占他人之物为己有的行为自然是不道德的。不道德的行为必须立即向道德之行为改变，不存在一个不道德到少许不道德再到道德的转化过程，似乎道德与不道德之间是可以相互融摄与过渡的，其间的边界并不严格。但孟子这句话乃表示，道德与不道德的界限是极其严格的，道德与不道德不从经验的事为上看，道德有其固有的、严格的价值规定。也就是说，日攘一鸡与月攘一鸡尽管在事为上有不同，但在价值上都是一样的，并无程度上的高下之分，俱是严格的不道德行为，而与道德行为以区别。通过以上分析，无论是"杀一不辜"与"滥杀无辜"，还是"日攘一鸡"与"月攘一鸡"，其程度上之差别仅仅是体现在经验上，而这经验上的程度差别，对于道德自身并无丝毫影响。也就是说，道德并非经验物，其中并无程度之差别问题，因为唯有经验之物才有这种差别。孟子尝引孔子之言曰："道二，仁与不仁而已矣。"（《孟子·离娄上》）道二，就意味着只有道德与不道德之区别，并无可选择的中间状态，道德与不道德之间适合排中律。

同时，《孟子》一书中，把"善"与"不善"相对，而不是"善"与"恶"相对，如，"性无善无不善也"，"性可以为善，可以为不善"，"有性善，有性不善"，"乃若其情则可以为善矣，乃所谓善也。若夫为不善，非才之罪也"（《孟子·告子上》）。"善"与"不善"是矛盾关系，中间不存在选择；而"善"与"恶"则是反对关系，中间可以有选择。"不善"虽然未必是恶，但一定不是道德上的善，这说明了道德的绝对性。孟子这样用词，其意思很清楚，在道德上，我们的选择是在"善"与"不善"的矛盾关系中，而不是在"善"与"恶"的反对关系中，不可能有中间状态。康德曾说：

> 对于一般道德学说来说，重要的是尽可能地不承认任何道德上的中间物，无论是就行动来说还是就人的特性来说都是如此。因为若是这样的模棱两可，一切准则都将面临失去其确定性与稳定性的危险。❶

康德之所以不承认道德上的中间物，乃因为道德或不道德的判准不是依据行为的结果，而是依据行为所出自的准则，"而在判断行动的道德性所必须依据的一个恶的意念和一个善的意念（准则的内在原则）之间，并不存在任何中间物"❷。孟子虽然没有像康德那样明确说之，但从上述引言中可以看出，在孟子心中，真正的道德之外，俱是不道德；若我们不知道真正的道德，则我们以模棱两可之道德之名去成就的道德，恰恰可能俱是不道德。孟子由此说明了道德的绝对性与非经验的相对性。可以说，孟子与康德一样，都是道德上的严峻主义者。道德上的严峻主义，使孟子在人性问题上不在善恶之间摇摆，而认为人性只能是善的，且必然是善的。东坡论孟子曰："其道始于至粗，而极于至精。充乎天地，放乎四海，而毫厘有所计。至宽而不可犯，至密而不可察，此其中必有所守，而后世或未之见也。"（《孟轲论》）盖指孟子之于人性之笃见而言也。

---

❶ 康德：《纯然理性界限内的宗教》，李秋零主编：《康德著作全集》第 6 卷，中国人民大学出版社 2013 年版，第 20 页。

❷ 康德：《纯然理性界限内的宗教》，李秋零主编：《康德著作全集》第 6 卷，中国人民大学出版社 2013 年版，第 21 页注释①。

（二）道德非世俗的满意，道德绝非乡原。

人间总有一些世俗的处世之道，这些处世之道得到了大多数人的认可与满意，娴熟于处世之道的人，人们一般称之善于为人处世，而那些不遵守处世之道的人，就算不称之恶人，至少自身会遭遇很大的困境。那么，这种处世之道是不是属于道德呢？孟子与其弟子万章的这段对话必须引起我们的思考：

（孟子曰：）"孔子曰：'过我门而不入我室，我不憾焉者，其惟乡原乎！乡原，德之贼也。'"曰："何如斯可谓之乡原矣？"曰："'何以是嘐嘐也？言不顾行，行不顾言，则曰：古之人，古之人。行何为踽踽凉凉？生斯世也，为斯世也，善斯可矣。'阉然媚于世也者，是乡原也。"万子曰："一乡皆称原人焉，无所往而不为原人，孔子以为德之贼，何哉？"曰："非之无举也，刺之无刺也；同乎流俗，合乎污世；居之似忠信，行之似廉洁；众皆悦之；自以为是，而不可与入尧舜之道，故曰'德之贼也'。孔子曰：'恶似而非者：恶莠，恐其乱苗也；恶佞，恐其乱义也；恶利口，恐其乱信也；恶郑声，恐其乱乐也；恶紫，恐其乱朱也；恶乡原，恐其乱德也。'君子反经而已矣。"（《孟子·尽心下》）

孔子尝曰："不得中行而与之，必也狂狷乎！狂者进取，狷者有所不为也。"（《论语·子路》）"中行"即"中庸"之行，乃通达天命之行，是人的最高德行，这在第四章已经详细论述了，在此不再赘述。在孔子看来，若人达不到这种最高之德行，取其次而为狂者或狷者，亦无不可，最可怕的是成为乡原或以道听途说而为道德，故孔子曰："乡原，德之贼也。""道听而涂说，德之弃也。"（《论语·阳货》）为什么孔子会作这样的取舍？朱子释狂者为：有志者也；释狷者为：有守者也。狂者与狷者虽然没有达到最高之德行，但都有内在的操守，其行为来自内在人格的推动，而不是外在的功利选择与道听途说。显然，在孔子那里，外在的功利选择与道听途说，乃下之而又下之者，与真正的德行，可谓风马牛不相及也。所以，乡原根本没有进入道德哪怕一丝一毫，尽管他们看起来很像道德的样子，是以孔子谓其"过我门而不入我室"。孟子与万章的讨论，就是欲揭露乡原不预于德的本质。乡原，以俗世功利之选择或风俗认可之规范为道德，俯仰于人世间而如鱼得水，进而讥笑狂者不必"嘐嘐"（志大言大），狷者不必"踽踽凉凉"（独行不进）。"生斯世也，为斯世也，善斯可矣"，表明乡原完全是彻底的经验论之功利立场，即只要依据当今俗世的规范与要求，获得世俗之人的认可就足够了，这就是他们所说的善，亦是他们所追求的。乡原，的确很像道德的样子（"居之似忠信，行之似廉洁"），对于这样的人，若要找他们的是非还无处可找，挑他们的毛病亦无处可挑，故他们自以为他们之所行是真正的道德。实则，在孟子看来，他们之所行根本不是真正的道德。孟子之所以把乡原拿出来特别地与万章讨论，就是担心乡原与真正的道德相混淆，若把乡原当作真正的道德，就是"莠之乱苗"、"郑卫乱雅"、"紫之夺朱"也，亦是"假寇兵，资盗粮"（《陆九渊集》卷三十五《语录》下）也。乡原，除了"同乎流俗，合乎污世"而获得现实的利益之外，绝无任何道德可言，亦绝无尊严可言，道德之于他们更不是必需的。通过这一段讨论，孟子就是要告诉万章，道德应该回到本有的位置，所谓"反经而已矣"。经者，常道也。"反经"乃是让道德回到自身之常道中来，不可似是而非，故清儒吕晚村曰：

> 看孟子一生用力，亦只于"是非"二字分别得尽，其所谓经正，直不许似是而非者，丝毫假借夹带过去耳。❶

若是非不明，则意味着，真正的道德是什么，我们还不知道，而是之不知，若徒竞于外在之利，则一切道德皆可能是伪装。"自知者亦须知德，知人亦然。不于其德而徒绳检于其外，行与事之间，将使人作伪。"（《陆九渊集》卷三十五《语录》下）甚至诚如康德引西方一位古人所言，它"造出的恶人比它所消灭的恶人更多"❷。

（三）道德自身即是目的，道德不可以"利"言。

---

❶ 吕留良：《四书讲义》，中华书局 2017 年版，第 997 页。

❷ 康德：《纯然理性界限内的宗教》，李秋零主编：《康德著作全集》第 6 卷，中国人民大学出版社 2013 年版，第 34 页注释①。

我们为什么要践行道德？难道不是因为道德能够给我们带来利益吗？若如此，我们为什么一定要采取道德的方式？为了利益，显然，不道德的方式有时更便捷有效。由此，道德就不是必需的。若道德是必需的，那么道德的目的是什么呢？我们且先来看孟子给我们举的一个例子：

> 昔者赵简子，使王良与嬖奚乘，终日而不获一禽。嬖奚反命曰："天下之贱工也。"或以告王良。良曰："请复之。"强而后可。一朝而获十禽。嬖奚反命曰："天下之良工也。"简子曰："我使掌与女乘。"谓王良，良不可，曰："吾为之范我驰驱，终日不获一；为之诡遇，一朝而获十。《诗》云：'不失其驰，舍矢如破。'不贯与小人乘，请辞。"（《孟子·滕文公下》）

王良本是驾车的高手，与造父齐名，其所以高乃是依据驾车规范而操作，且一个人是否为善御者，当由御车规则自身衡量之，而不当有其外之考量。在王良看来，驾车即应回到驾车自身，获禽之多少不应预其间也。若以获禽之多少为务，则王良亦可做到，然此时非以驾车为目的也。但嬖奚恰恰是依据获禽之多少来衡量王良之驾车技术，这必然会以外在之目的而破坏驾车自身的规则，由此而去衡量一个人是否为善御者，必乃小人也；故王良请辞而不屑与嬖奚为伍也。孟子之所以讲这个故事乃在说明：道德当回到道德自身，不可外倾而之他；若道德外倾而之他以至于利，最终必当导致没有规则，所以孟子曰：

> 且夫枉尺而直寻者，以利言也。如以利，则枉寻直尺而利，亦可为与？（《孟子·滕文公下》）

古人"八尺曰寻"。"枉尺而直寻"意味着：牺牲小的利益——尺，而去求大的利益——寻，这是普遍认同之规则，似乎以利为本也可以形成一种行为规则。但孟子认为，若以利为本，固然可"枉尺而直寻"以求利，但亦可"枉寻直尺"以求利。也就是说，牺牲大的利益而去谋求小的利益，也未尝不可，故宋儒尹焞曰："有枉尺而直寻之心，则亦必至于枉寻而直尺矣。趋利而不惮于枉，安能直人而正国家哉？"（《孟子精义》卷第六）何以"枉尺而直寻"的利益原则会导致"枉寻而直尺"的利益原则呢？因为利益总是经验的存在，世界上并没有一种叫利益先验地存在；利益总是相对于不同的主体而存在，同样的东西，在甲主体那里是大利，在乙主体那里可能是小利，甚至根本不是利。故孟子对梁惠王曰："王曰'何以利吾国？'大夫曰'何以利吾家？'士庶人曰'何以利吾身？'上下交征利，而国危矣。"（《孟子·梁惠王上》）君王、大夫、士庶人各有不同的利益诉求，故以利为原则，根本不可能求得一致性，国家必遭受危险。所以，利不但不是道德的规则，甚至根本不能形成任何规则，是以孟子又曰："为人臣者，怀利以事其君；为人子者，怀利以事其父；为人弟者，怀利以事其兄。是君臣、父子、兄弟终去仁义，怀利以相接，然而不亡者，未之有也。"（《孟子·告子下》）若不能至于道德自身，各人以利相竞，则必然导致社会混乱，哪怕利是针对整个天下的。因此，无论是"杨子取'为我'，拔一毛而利天下，不为也"，还是"墨子'兼爱'，摩顶放踵利天下，为之"（《孟子·尽心上》），在孟子看来，这种纯粹的利益考量，其区别都不大，都是禽兽之行。这样，孟子总结曰："鸡鸣而起，孳孳为利者，跖之徒也。"《孟子·尽心上》）亦即，若以利益之考量为道德，无异于以盗跖为尧舜，无论这利益是什么形态的，也无论其主体是针对谁的。

孟子对道德作了上述三种辨正以后，逐渐接近了人性问题，而这种接近，是由"义利之辨"开始的。

（四）把"义利之辨"上升到"人禽之辨"。

孟子所说的"利"字，还不仅仅是就上面所说的利益而言，外倾性的律则，无论是经验的还是约定的，俱可归之于"利"之名下。在孟子看来，一切外倾性的律则或功利性的考量，俱是主观性的自爱原则，俱属于"利"。在儒家那里，心即理，也就是说，理由心发；心即理，心外之理，无论什么形态，俱是"利"，故陆象山曰："舍此而别有商量，别有趋向，别有规模，别有形迹，别有行业，别有事功，则与道不相干，则是异端，则是利欲谓之陷溺，谓之窠臼。"（《陆九渊集》卷三十五《语录》下）除"存心"之外，余者俱是利欲之陷溺。康德称这"利欲之限溺"为"实用人类学"❶，而不是道德学，也就是实用的、形而下的操作规范，因而俱不是真正的道德，道德根本不是在这个意义上讲的。❷尽管它们可能在"经验性的性质是善的"，但在"理知的性质却始终是恶的"❸，因为它们始终是以"利"作为判准的。因此，当孟子曰"欲知舜与跖之分，无他，利与善之间也"（《孟子·尽心上》）的时候，陆象山赞之曰："此是孟子见得透，故如此说。"（《陆九渊集》卷三十四《语录》上）孟子"透"在哪里呢？那就是，孟子把一切外倾性的律则或功利性的考量（统名之曰"利"）与真正的道德绝对地分开，无论外倾性的律则或功利性的考量给人类带来了什么结果，俱不能以道德自身任之，俱是功利性的自爱原则，这些原则俱只有偶然价值，并不具有绝对价值。因此，"利"与"善"（真正的道德）的区分是绝对的，无论怎样的"利"都不可能导致"善"，而"善"亦与"利"没有丝毫瓜葛，是以朱子曰："孟子大纲都剖析得分明。如说义利等处，如答宋牼处，见得事只有个是非，不通去说利害。看来惟是孟子说得斩钉截铁。"（《朱子语类》卷第五十一）"义"之是非与"事"上的利害绝然不同，道德以是非言，不以利害言。那么，真正的道德由哪里见呢？孟子曰："君子所以异于人者，以其存心也。"（《孟子·离娄下》）"存心"才是真正的道德之发见处。"君子喻于义，小人喻于利。"（《论语·里仁》）这一句话，宋儒范祖禹释之曰："君子存心于义，小人存心于利。"（《论语精义》卷第二下）可见，唯有"存心"处才能见真正的道德，故陆象山曰："只'存'一字，自可使人明得此理。此理本天所以与我，非由外铄。明得此理，即是主宰。"（《陆九渊集》卷一《与曾宅之》）。当然，从"存心"处亦可见"利"，这二者的基本矛盾形成了一种张力，由此才需要"辨"，儒家的"义利之辨"乃是这种基本用心，孟子称之为"尚志"（《孟子·尽心上》）。陆象山

---

❶　康德说："在我看来，这样可以最精确地规定'实用'一词的真正含义。因为制裁如果不是作为必要的法律出自各国的权利，而是出自对普遍的福祉的关怀，那它就被称为实用的。如果一部历史使人机智，亦即教导世人如何能够比前代更好地，至少同样好地照顾自己的利益，那它就是以实用的方式编写的。"康德：《道德形而上学的奠基》，李秋零主编：《康德著作全集》第 4 卷，中国人民大学出版社 2013 年版，第 424 页注释①。

❷　康德说："出自人类之爱，我愿意承认，我们的大部分行为还是合乎义务的。但是，人们如果更仔细地看一看他们的追求，就会到处碰到那个始终引人注目的心爱的自我，这些行为的意图依据的就是这个自我，而不是义务的多半要求自制的严格诚命。"康德：《道德形而上学的奠基》，李秋零主编：《康德著作全集》第 4 卷，中国人民大学出版社 2013 年版，第 414 页。

❸　康德：《纯然理性界限内的宗教》，李秋零主编：《康德著作全集》第 6 卷，中国人民大学出版社 2013 年版，第 37 页。

承孟子之学，其教人首先即当"辨志"。《陆九渊集》卷三十四《语录》上载：

> 傅子渊自此归其家，陈正己问之曰："陆先生教人何先？"对曰："辨志。"正己复问曰："何辨？"对曰："义利之辨。"若子渊之对，可谓切要。

陆象山夸赞傅子渊深得己意，实则，陆象山以"辨志"为先，不但深得孟子之意，且亦由此而承袭了儒学之传统。须知，"辨志"二字自有大义，非一般志向之辨也。"志向"意谓：志→向于何处，则志之所之者在外。此非此处"辨志"之义也，"辨志"唯在辨"存心"耳。是以"义利之辨"并非谓：义与利俱为可供选择的外在存在，实则"义"只是存心，"利"才是外在存在，是以陆象山曰："若果有志，且须分别势利道义两途。某之所言，皆吾友所固有。且如圣贤垂教，亦是人固有。岂是外面把一件物事来赠吾友？"（《陆九渊集》卷三十五《语录》下）。前文讲过，真正的道德（义）与利俱可从"存心"见，但唯有"喻于义"的时候，"存心"才是道德自身，而"喻于利"的时候，"存心"并非"利"自身，而是指向"利"，"利"乃外在者也。

由上所述，孟子对道德之三个误解的破除，最后让我们回到"存心"中来。"存心"意味着道德不是为了任何外倾之目的，而仅仅因其自身，即其自身即是目的，因其自身具有绝对价值也❶；或者说，"存心"意味着：行为符合世俗的德行并非就是真正的道德，必须是行为仅仅因为真正的道德缘故而发生。可以说，对"什么是真正的道德"之追问与"存心"之体察是一回事；或者也可以这样说，当我们问什么是真正的道德的时候，其实是在问一个人希望过一种怎样的人生；或者，当我们在追问什么是真正的道德的时候，其实是在问一个人希望成为一种怎样的存在。一言以蔽之，对真正道德的追问意味着，为什么唯有道德才能回应上述两个问题，或者说，追问道德其实是指向

---

❶ 这个意思可以用康德的话进一步加以说明："即使由于命运的一种特殊的不利，或者由于继母般的自然贫乏的配备，这种意志（存心）完全缺乏贯彻自己的意图的能力，如果它在尽了最大的努力之后依然一事无成，所剩下的只是善的意志，它也像一颗宝石那样，作为在自身就具有其全部价值的东西，独自就闪耀光芒。"康德：《道德形而上学的奠基》，李秋零主编：《康德著作全集》第4卷，中国人民大学出版社2013年版，第401页。

了那两个问题；由此，又暴露了人是一种怎样的存在？

众所周知，儒家不但严"义利之辨"，而且严"人禽之辨"，但并非有两个"辨"，其实是同一个"辨"。由"义利之辨"直接可以导致"人禽之辨"，这是同一个问题的两个不同表述而已。孔子盛言"义利之辨"，如"君子喻于义，小人喻于利"（《论语·里仁》），"见利思义"、"义然后取"（《论语·宪问》），"见得思义"（《论语·季氏》）等，但孔子没有特别明言"人禽之辨"，他只是说："鸟兽不可与同群，吾非斯人之徒与而谁与？"（《论语·微子》）孔子这句话是针对隐者长沮、桀溺而言的，由此，这句话似乎只是表明孔子不愿意像鸟兽一样隐居在山林，这只是对隐者的不屑，而"人禽之辨"之意味不显。到了孟子那里，他特别把"义利之辨"上升到"人禽之辨"的高度，那么，这种上升有什么大义呢？"义"与"利"，我们若不深究其大义，总认为是平列并架的两个对象，选择"义"固好，但选择"利"亦未必不好，即便"义"之价值高于"利"，其间的差别似乎亦只是相对的，似乎二者是同一序列的两个不同阶段。这样，"君子喻于义，小人喻于利"，君子似乎只是比小人之道德水准高些，君子与小人都还是人，只是君子的精神位阶更高而已。显然，这并不是孟子所理解的"义利之辨"，若如此理解，"义"之大义没有凸显出来，道德之大义没有凸显出来，由此，则人这种存在者之大义更没有随之凸显出来。其实，孟子特别凸显了"义"之大义，"义"之无有，并非是君子与小人的区别，而是人与禽兽的区别。这样，"义"与"利"的区别就不是相对的，而是绝对的，故"义利之辨"的大义必须上升到"人禽之辨"才能加以说明。《孟子》一书屡次提到"人禽之辨"：

> 人之有道也，饱食暖衣，逸居而无教，则近于禽兽。（《孟子·滕文公上》）

这句话的意思是说，人之为人，自有人自身之大义存焉，而饱食、暖衣、逸居（俱为"利"）皆不与也；若仅是之有而无教（"义"），则与禽兽无别矣。人与禽兽的区别并非是相对的，而是绝对的，故"义"与"利"的区别也不是相对的而是绝对的。"义"是保证人作为人之存在者，是人所唯一独有者，

但"利"却是人与禽兽所共有者;若人无"义"而只有"利",则与禽兽同类矣。故孟子又曰:

> 人之所以异于禽兽者几希,庶民去之,君子存之。舜明于庶物,
> 察于人伦;由仁义行,非行仁义也。(《孟子·离娄下》)

这句话的意思是:人与禽兽的相异之处确实不多,唯有这一"义"字。"义",君子存有之,而一般庶民却没能存有之。舜通过对世界万物及人伦的考察得知,庶民之没存有"义"当然不是说他们完全没有以外在的仁义为德,但以外在的仁义为德俱是规则性的,由此,人并不能区别于禽兽,因为禽兽亦有其规则。舜之明庶物,察人伦意在表明,让人作为人而存在才是在先的,仁义之所以可能,都建立在这种在先性上,这就是"由仁义行,非行仁义"之意,这就是"义",也就是道德之当身,这才是人与禽兽的根本区别。前面讲到的"存心"和"辨志"也都是在人作为人而存在的意义上讲的。这才是"义利之辨"之大义,"义利之辨"必至于"人禽之辨",道德的真正大义才显现出来,不然,我们常会在经验对象中考察"义"与"利",则道德自身之价值未必高于"利"。当孟子告诉我们,"义利之辨"是隐含着"人禽之辨"的时候,那么,我们就可以知道,"义"(道德自身或真正的道德)直接导致了真正的人的出场,而与禽兽以区别,这样,道德自身才具有绝对价值,因为它确保了人作为人而存在,除非一个人不认可人作为人而存在具有价值;一旦有这种认可,则必须认可道德自身就有绝对价值。真正的道德就是指道德所具有的这种价值;它是绝对的,作为人这种存在者,别的追求都只有相对的价值,只有真正道德的追求才具有绝对价值,非别的追求所可比拟与置换的。康德说:

> 一切东西要么有一种价格,要么有一种尊严。有一种价格的东西,某种别的东西可以作为等价物取而代之;与此相反,超越一切价格、从而不容有等价物的东西,则具有一种尊严。❶

---

❶ 康德:《道德形而上学的奠基》,李秋零主编:《康德著作全集》第 4 卷,中国人民大学出版社 2013 年版,第 443 页。

这就是说，每个人，只要承认其为人，则都有一个不可置换的绝对价值，那就是使自身作为真正的人而存在，唯有如此，一个人才有作为人的尊严，而作为人的尊严自身即是目的，真正的道德其指向无非就在这里。孟子通过对真正道德的追问，最后把"义利之辨"上升到"人禽之辨"，其目的也是要指向人的尊严。人作为人而存在，这是人真正高贵的地方，而与别的存在者迥异，孟子美其名曰"天爵"，又誉之曰"良贵"：

> 有天爵者，有人爵者。仁义忠信，乐善不倦，此天爵也。公卿大夫，此人爵也。……欲贵者，人之同心也。人人有贵于己者，弗思耳矣。人之所贵者，非良贵也。(《孟子·告子上》)

"人禽之辨"就是要彰显人的尊严，护持人之天爵，确证人之良贵。但"人禽之辨"并非经验的、生物学的划类，若如此，这种固定的类别的不同，未见得人就比禽兽高贵。要彰显人之高贵与尊严，必须通过"义利之辨"，这就显示出了道德的意义来。可见，"人禽之辨"并不是固定的类别划分，而是变化的，即人可以下降到禽兽的地步，故荀子曰："学数有终，若其义则不可须臾舍也。为之，人也；舍之，禽兽也。"(《荀子·劝学》)此语虽出自荀子，却是儒家同尊共守之义。这变化之所以产生，就是因为道德；可以说，道德是自变量，而"人禽之辨"是因变量。是以孟子曰：

> 其旦昼之所为，有梏亡之矣。梏之反复，则其夜气不足以存。夜气不足以存，则其违禽兽不远矣。人见其禽兽也，而以为未尝有才焉者，是岂人之情也哉？(《孟子·告子上》)

"夜气"是什么？留待后文再交代。"存夜气"，粗略地讲，就是一种保持人固有的道德觉悟力或道德决心。这句话是说：人日常的行为不断地抹杀人的道德觉悟力或道德决心，使人失去了追求真正道德的勇气，于是，人变为现实的衣冠禽兽。

（五）由"人禽之辨"到羞耻感的彰显，再到人作为神性存在者的确证。

孟子指出，尽管有的人在现实上是一个衣冠禽兽，然他毕竟是一个潜在的整全的人，他完全可以通过道德的践行回复到真正的人的存在。这里显示出羞耻的意义来。若"人禽之辨"是固定的，人永远是人，而禽兽永远是禽兽，这里面人并无羞耻感可言；正因为"人禽之辨"是变化的，人随时可能沦落为禽兽，而其实又本可以不至于沦落为禽兽的，然这个人竟沦落为禽兽了；同时，一个人不沦落为禽兽，这不是一个能不能的问题，而是一个为不为的问题，用孟子的话说，终究是一个"为长者折枝"的问题，而不是一个"挟太山以超北海"的问题，可以为而没有为，这才显示出羞耻感来。故孟子曰："人不可以无耻。无耻之耻，无耻矣。"又曰："耻之于人大矣。为机变之巧者，无所用耻焉。不耻不若人，何若人有？"（《孟子·尽心上》）第一句话是说：人是不可以没有羞耻感的，若人把没有羞耻感自身当作耻辱，那么就不会有耻辱了。可见，羞耻虽是人在经验世界里遭遇的一种感受，但羞耻感却是人固有的品质，若人时常能以此种品质警策自己，就不会带来耻辱。第二句话是说：羞耻感对于人之为人是最重要的，若一个人在这个地方不及别人，那么他还有什么有价值的地方呢？这意味着，人若在羞耻感中有缺陷，那么他很难作为一个真正的人而存在。故朱子释之曰："耻者，吾所固有羞恶之心也。存之则进于圣贤，失之则入于禽兽，故所系为甚大。"（《孟子章句集注》卷十三）但须知，耻辱并不是仅仅来自人沦落为禽兽这种事件，孟子明说："为机变之巧者，无所用耻焉。"这意味着，一个仅仅着眼于经验世界的变化轮替的人，是不可能有真正的羞耻感的。羞耻感是人固有的品质，而人之所以能够具有这种品质，乃因为人与一个更高的存在者相贯通了。孟子曰：

> 生，亦我所欲也；义，亦我所欲也。二者不可得兼，舍生而取义者也。生亦我所欲，所欲有甚于生者，故不为苟得也。死亦我所恶，所恶有甚于死者，故患有所不辟也。……由是则生而有不用也，由是则可以辟患而有不为也。是故所欲有甚于生者，所恶有甚于死者，非独贤者有是心也，人皆有之，贤者能勿丧耳。（《孟子·告子上》）

孟子的这段话，乃秉承孔子"无求生以害仁，有杀身以成仁"（《论语·卫灵公》）而来。"知耻近乎勇。"（《中庸》）人之所以能够有舍生取义的勇气，当然不是基于功利的选择，亦不是为了守护世俗的道德，而是由羞耻感所确证的真正的荣耀。❶羞辱的本质就是人失去了神圣的荣耀，成为一个赤裸裸的物质性存在。人，本是神性王国中的一员，他有其固有的荣耀，而如今，他失去了固有的荣耀，成为与禽兽无别的存在，于是，耻辱生焉。既如此，哪怕是牺牲生命也要捍卫这种荣耀，因为只有它才能确证我们作为人而存在。孟子曰："此亦妄人也已矣。如此则与禽兽奚择哉？于禽兽又何难焉？是故君子有终身之忧，无一朝之患也。"（《孟子·离娄下》）"终身之忧"就是指人要有不可须臾离的羞耻感，唯有这种羞耻感，才能守护人自身的存在。

无论是羞耻感还是荣耀感，都意在表明守护与确证人自身的存在，这种守护与确证自身就有绝对价值，或者说，人自身就是目的。但现在我们要问：人自身就是目的如何可能呢？从现象层面看，人与万物一样，俱是一种物质性存在；若人与万物同，俱只是一种物质性存在，则我们凭什么可以下结论：人自身就是目的呢？可见，当我们说"人自身就是目的"的时候，并不是基于作为物质性存在，而是基于神圣性的存在；也就是说，当我们说"人自身就是目的"的时候，是关联着一个神圣存在者而说的，若没有这种关联，说"人自身就是目的"是说不通的；或者说，若不关联着神圣存在者，任何一个物都可以说自身就是目的。这样，目的就有千万，实则这里的所谓目的只是说万物皆有价值，且这种价值是经验的、平列的。但我们说"人自身就是目的"并不是经验性地讲，而是就终极的最高目的而言，而这一定有赖于人与神圣

---

❶ 后来宋儒进一步发扬孔孟的这种精神，而唱"存天理，灭人欲"。但清儒戴东原以"以理杀人"视之而予以猛烈的抨击。他在《与某书》中云："宋以来儒者，以己之意见，硬坐为古圣贤立言之意，而语言文字实未之知。其于天下之事也，以己所谓理，强断行之，而事情原委隐曲实未能得，是以大道失而行事乖，……后儒不知情之至于纤微无憾，是谓理，而其所谓理者，同于酷吏之所谓法。酷吏以法杀人，后儒以理杀人，浸浸乎舍法而论理死矣，更无可救矣。"（《戴震集》）戴东原处乾嘉之世，学浸考据，遂谓宋儒"语言文字实未之知"也，故宋儒以来之学不过意见耳。然孔孟之精神岂可徒以语言文字知之焉？陆象山曰："今之学者读书，只是解字，更不求血脉。"（《陆九渊集》卷三十五《语录》下）生命不曾震动，于圣贤之意无异于霄壤矣。所谓天理者，岂是形下之事之原委隐曲、情之纤微无憾耶？天理乃确保人之为人者也。是得以保，则事之原委隐曲得以察，情之纤微无憾得以体也；是之不保，则原委隐曲不过密察以竞利，纤微无憾不过谨慎以谋私矣，竞利必灭理，谋私必无情，是则足以杀人也，焉有存天理而可杀人者耶？故戴东原不惟不知宋儒之学，殆孔孟之精神亦非其所能及也。是以方东树讥之曰："畏程朱检身，动绳以理法，不若汉儒不修小节，不矜细行，得以宽便其私。"（《汉学商兑》卷下）

存在者的贯通。在中国文化里，这个神圣存在者就是"天"，故《中庸》讲"天命之谓性"，子思通过这句话来揭示这种关联与贯通。但"人自身就是目的"并不是一个抽象的结论而已，它需要人的守护与确证，道德的意义由此显现出来。一言以蔽之，真正的道德就是守护与确证"人作为一种神圣存在者"。

总结以上所述，孟子通过对真正道德的追问，破除了对道德的三种误解，又把"义利之辨"上升到"人禽之辨"，最后彰显人固有的差耻感，从而证明唯有道德才能保证人作为神性王国中一员的荣耀。这样，就逼近了这样一个结论：人是一种神圣的存在。随着这个结论之得出，孟子就为我们悄悄地敲开了人性的神圣之门。康德说：

> 人虽然够不神圣了，但在他的人格中的人性对他来说却必须是神圣的。❶
>
> 实践理性的声音甚至使最大胆的恶徒也感到战栗，并迫使他躲避这法则的目光，以至于不必为发现纯然理智的理念对情感的这种影响对于思辨理性来说无法解释，不得不满足于毕竟还能先天地看出这样一种情感不可分割地与每个有限的理性存在者心中的道德法则的表象结合在一起，而感到奇怪。❷

上面两段话虽然是出自康德之口，但若两千多年前的孟子看到这个说法，一定会莫逆于心，嫣然领会的。也就是说，人既是神圣的存在者，则人性必然是善的，这是作为神圣存在者的必然底据。

人性善作为人这种神圣存在者的必然底据，并非是孟子个人别出心裁的想法，而是一个圣者的必然证悟。孔子虽未明确地张扬性善论，但他作为圣者，如同孟子般的证悟亦必然有之，故在绍述孟子的性善论之前，须先揭示孔子的人性论，以表明性善论乃圣者的必然证悟与照察，并非孟子个人异峰突起之论也。

---

❶ 康德：《实践理性批判》，李秋零主编：《康德著作全集》第 5 卷，中国人民大学出版社 2013 年版，第 93 页。

❷ 康德：《实践理性批判》，李秋零主编：《康德著作全集》第 5 卷，中国人民大学出版社 2013 年版，第 85 页。

三、性－天：孔子对儒学人性论基本模型的确立

陆象山谓孟子之学乃是对夫子之道的"十字打开"，可见，孟子之言性乃秉承孔子之精神而来者。但因为在《论语》中，孔子对于人性并无积极的表示，只有两句提到"性"字，即子贡所说之"夫子之文章，可得而闻也；夫子之言性与天道，不可得而闻也"（《论语·公冶长》），以及其自语之言"性相近也，习相远也"（《论语·阳货》）。前一句子贡明确表示，孔子之言"性"不可得而闻，后一句只是"相近"、"相远"二字，其究竟如何亦不得而知。于是，学界大部分人认为，孔子的人性论是不清楚的。如果非得作一判定，则孔子更像一自然人性论者，乃至于陈来认为，孟子之言性，"在先秦儒学中反而是独特而少有的"，并不符合孔子以来之传统。

孔子曰："天生德于予。"（《论语·述而》）孔子认为，天给了一种规定性（德）于自己，但同时自己更要回应天所给予的这种规定性而承担大的使命。这句话虽然是孔子自况，但实际上在孔子看来，天生德于所有的人，由此，每个人都应回应天所给予的这种规定性而承担大的使命。正是基于人这种对于天的回应，使孔子绝不是一个自然人性论者，因为自然人性论者并不主张人对于天的回应。更进一步地说，若孔子是一个自然人性论者，他就无法证成"下学而上达，知我者，其天乎"（《论语·宪问》），也无法证成"君子有三畏：畏天命，畏大人，畏圣人之言。小人不知天命而不畏也，狎大人，侮圣人之言"（《论语·季氏》）。一言以蔽之，若孔子是一个自然人性论者，他就无法证成作为宗教形态的儒学道统，他本人也不可能成为儒学道统之宗主。这在教理上说一定如此，无论孔子说了些什么。但事实上，孔子不但证成了作为宗教形态的儒学道统，且他本人也成了宗主而受世代中国人的礼敬与祭祀。孔子曰："文王既没，文不在兹乎？"（《论语·子罕》）若没有对人性真切的体悟，洞彻其在天人之间的大义，仅依据意气浮明与世情俗志，焉能有如此大之使命感与担当精神去扭转文运与世道？由此可知，孔子绝不可能是一个自然人性论者。

那么，孔子为什么对于人性没有明确的积极表示呢？这里引入牟宗三的分析，或许可解学人之惑，更可明其中之大义。牟宗三认为，尽管子贡谓孔子"性与天道，不可得而闻"，但"孔子对于'性与天道'并非不言，亦并非

无其超旷之谛见"●。那么，孔子的超旷之谛见表现在哪里呢？答曰：仁也。我们知道，孔子盛言"仁"，据统计，"仁"字在《论语》中出现凡 109 次，属于出现频率最高的词汇；我们还知道，孔子崇尚周文，克己复礼一直是他的理想，故"礼"字在《论语》中虽出现频率也很高，凡 74 次，但显然还是不及"仁"字。由此可见，孔子虽钦慕周公，崇尚周文，"礼"固重要但依然不是他心目中的核心观念，其核心观念只能是"仁"。孔子虽盛言"仁"而鲜言"性"，但牟宗三认为，若没有孔子对于"仁"的开发与彰显，儒家传统特别是思孟学派对于"性"之开发亦是不可能的。牟宗三说：

> 诸观念要发展到此积极面之性之建立，非通过孔子之仁不能出现。孔子本人对此或许已有憧憬，然正式消化而建立此种积极面之性，说是孔子后继者之工作，则较妥当而顺适。因为这种意义之性并不通常，乃是一新创造，而促成此创造，孔子之仁是一本质而重要之关键。●

"性"并不通常，乃至对于一个践行的人，"性"并非显见者，亦不必至于去关心"性"，"性"当是弘教者关心之事，践行者只是在造次颠沛不离于仁德的工夫中。但一个人在笃实的践行仁德之工夫中，对"性"必有所照见，必有所开发，此乃必然者，至少像孔子这样的造道者必然有所照见与窥探。依牟宗三的讲法，孔子是在开朗精诚、清通简要、温润安安、阳刚健行的美德中遥契性与天道，而非就性与天道作抽象的拟议也。他说：

> 孔子虽未就性与天道而作智测，然而其环绕聪明、勇智、敬德而统之以仁，由践仁以知天，则实已逼显出"不自生以言性而自德以言性"之途径，孟子、《中庸》、《易传》即顺此途径以进，此为仁教践仁知天应有之义。孔子不言，而其教未始不函，则后人言之有何伤？●

● 牟宗三：《心体与性体》上，上海古籍出版社 1999 年版，第 186 页。
● 牟宗三：《心体与性体》上，上海古籍出版社 1999 年版，第 186 页。
● 牟宗三：《心体与性体》上，上海古籍出版社 1999 年版，第 190 页。

　　此诗一般的语言，对于孔子何以不言"性与天道"作了存在的体会与同情之了解，从文字上看，这些理解在《论语》中找不到直接的文字依据，但绝非天马行空之遐想与比附，而是体道者生命之默契与感应，"天地之间，只有一个感与应而已，更有甚事？"（《二程遗书》卷十五）诚能有此默契与感应，则语语莫逆于心，字字相视而笑，随处无不是"性与天道"之开示；若不能有此默契与感应，就算语语言性，字字天道，亦不过古人之糟粕而已，焉能有所教诲和开示哉？！故程子曰："凡看《语》、《孟》，且须熟读玩味。须将圣人言语切己，不可只作一场话说。"（朱熹：《四书章句集注·〈论语〉序说》）若我们真能切己地理解《论语》，则孔子对于性与天道确乎有明确的表示，且我们不必就"性"字之两句语录而言。同时，性、天道亦不是各自分言者，性必可通达天道，或者说，须就天道始可言人性。子贡言"性与天道，不可得而闻"，盖上古之传统，未有性与天道分言之者，言性必切就天道而言也。这是孔子为人性确立的基本模型，也是孔子对中国文化最大的贡献，其作为儒学道统的宗主即因此而立，惜乎其大义，淹没于荆棘榛芜之中，其苗之秀久而不得出焉。

　　在孔子之前，人性的基本模型是：天－性。即人性来自天，属于原始的自然人性论形态，这种自然人性论虽笼罩在原始宗教的机栝之中，但还不是真正的宗教，因为人性对于天没有回应，这是一种实在论的、神话象征的如此说，而不是一种天人合一之教。下面结合相关历史史料具体加以分析。

　　　　刘子曰：吾闻之，民受天地之中以生，所谓命也。是以有动作礼义威仪之则，以定命也。能者养之以福，不能者败之以取祸。是故君子勤礼，小人尽力。（《春秋左氏传》成公十三年）

　　"民受天地之中以生"，意谓：人乃天地所生。显然，这是就人这个自然存在而说其生命之所由来，此乃自然生成论。上古"生"、"性"互训，则人之性虽得自于天，但这仅仅是生成上的给予，并无别义在焉。同时，此时人们所认知的"天"亦是物质性的天，故其给予人之性亦是物质性的材质义。"生之谓性"论者，大多取这个意义上的"天"，"生之谓性"实质是"天生之谓性"，但因"天"乃物质性的，故"性"亦是材质义。告子、荀子、董仲舒、王充等，皆由此一线而来者。因人性是中性的、材质的，故不能证成宗教，只能重外在的礼法，"君子勤礼"，即重礼法之谓也。由此可知，此时虽有天－性之联结，但因为二者是纯物质性的联结关系，故与孔子所开启的天人性命之教相去甚远。

> 天生烝民，有物有则。民之秉彝，好是懿德。（《大雅·烝民》）
> 维天之命，於穆不已。於乎不显，文王之德之纯。（《周颂·维
> 天之命》）

这两则出自《诗经》的史料，其所表达者与《左传》之史料不同。《左传》之史料说明人之生或材质之性来自"天"，《诗经》的这两则史料则说明人的道德根基来自天，也就是人的道德之性来自"天"，或"天"给予了人道德之性。二者所表达的意思虽不同，但二者天人关系的模式都是一样的，即都是：天－性。只是《左传》之史料表材质之性，《诗经》之史料表道德之性，但无论是哪一种"性"，"天"在其中只有根基给予的意义，外此无别义在焉。

通过对《左传》与《诗经》中的史料分析我们可知，在天－性模式中，无论其"性"是材质性的，还是道德性的，都只是生成的给予义，也就是说，俱是自然生成论的。亦即，人性之自然生成论并非一定只是适合于套在"生之谓性"下讲材质之性，亦可以套在"生之谓性"下讲道德之性，是以程明道曰："天只是以生为道，继此生理者即是善也。"（《二程遗书》卷第二上）也就是说，在天－性模式下，一定只能讲成自然生成论；这种自然生成论只是实在论意义上的交代义、解析义，即只是交代或解析材质之性或道德之性源自哪里，不能上升至宗教，甚至与宗教还没有沾上边。

当然，《诗经》中的两则史料分别被孟子与子思引入他们的作品中，证明性善与诚之工夫，但这是经过孔子对天人关系作了转换之后的事，其意义有了哥白尼式的转化，即由原来的天－性这种生成关系，更进而强调性－天之间的通达关系。若我们抛开孟子与子思的转化，则这两则史料很可能表达的

就只是天－性模式下的自然生成论，这就与孔子之教毫无关系，或者说，其立场是前孔子之教的。

那么，孔子对天人关系作了什么转换呢？答曰：根本模式的转化，即由自然生成论形态的天－性模式，转变为道德的形上学形态的性－天模式。当然，天－性模式并非无意义，孔子亦并非不承认与接受，但在这种模式之外更应该强调性－天模式，因为只有这种模式才能证成宗教。孔子正是通过这种转换以后，开启了中国文化上的天人性命之学，最后由子思与孟子完成了宗教动力学。现在的问题是：我们如何通过《论语》的相关论述来揭示孔子的这种性－天模式？孔子建构扭转天人关系中的天－性模式而为性－天模式，主要表现在如下四个方面：其一，"天"由创造者转化为在道德中的对话者；其二，真正的道德以及仁作为人之性；其三，仁与天之贯通；其四，性－天模式与人的自由。由此四者则孔子对于人性之"憧憬"可得而明也，也由此可见，孔子亦是明确的性善论者。

（一）"天"由创造者转化为在道德中的对话者。

在原始宗教阶段，虽然人们时常提到"天"，因为"天"是最后的创造者，同时，"天"也会惠顾有德行的人，故有"天命靡常，惟德是辅"（《尚书·多士》）之说，但此时"天"只是作为伟大的临照者或监察者而存在，人匍匐在"天"的威严之下。到了孔子那里，"天"的角色已经开始发生变化，孔子曰："知我者，其天乎！"（《论语·宪问》）则"天"由临照者或监察者变为对话者或交流者，此时，人不再匍匐在天的威严之下。临照者或监察者与对话者或交流者异，前者起监督与惩罚作用，天人之间的关系是由天到人，人始终是受制的、被动的；后者有交感与影响功能，天人之间的关系是天人互为感通，一方面，天固依然起监督与惩罚作用，另一方面，人不再始终是受制的、被动的，而是可以通达于天的。或者说，天的灵现在于人的德行，最后人与天契合，完成天人合一的终极形态。故朱子释之曰："'知我者其天乎！'便是人不及知，但有天知而已，以其与天相合也。"（《朱子语类》卷第四十四）孔子叹曰："莫我知也夫！"（《论语·宪问》）作为圣者的孔子在世间是没有一个交流者的，他的交流者只有天。这意味着，人之最好最高之交流者不是人而是天，当天成为人的交流者的时候，不但天显现了其本然的存在，而且人也完成了其人之为人。因此，当人的存在成为最高形态的圣者的时候，他往往是孤独的，他只能孤独地去面对超越的神圣者，此所谓"对越上帝"也。

我们不妨来看下面这段对话：

> 王孙贾问曰："与其媚于奥，宁媚于灶，何谓也？"子曰："不然，获罪于天，无所祷也。"（《论语·八佾》）

奥，常尊之地；灶，权尊之所。这句话由祭祀而隐喻人之行为：奥，意味着德行之常道，即真正的道德行为；灶，意味着世俗的规则。世间之事常是如此，以德行之常道一般难有作为，而世俗之规则却往往立竿见影，王孙贾作为卫之权臣，显然精于此道。但孔子却认为，若不能践行真正的道德，仅依赖世俗之规则以期优游于世间，则必然会遭遇困境，最终是无法解决的。"获罪于天，无所祷也"，表达的正是这个意思。因为真正的道德是通达于天的，这意味着，不能践行真正的道德，就一定会获罪于天。践行真正的道德，既是一种道德行为，更是一种宗教行为，或者说，宗教只有通过道德才有意义。再看另一则对话：

> 子疾病，子路请祷。子曰："有诸？"子路对曰："有之。《诔》曰：'祷尔于上下神祇。'"子曰："丘之祷久矣。"（《论语·述而》）

子路希望在神灵之间为孔子祈福，但在孔子看来，真正的祈福显然不是这种形式，而是践行真正的道德行为，孔子自身一直都是这样做的，故自谓"丘之祷久矣"。这意味着，若无真正的道德，一切的祈福无异于狂妄或迷信；祈福，意味着真正道德的践行。朱子与其弟子的对话更有助于我们对这段话的理解。《朱子语类》卷第三十四载：

> 叔器问："'子路请祷'，注下是两个意思模样。"曰："是。但《士丧礼》那意却只是个小意思。"良久，云："圣人便是仔细。若其他人，便须叫唤骂詈，圣人却问'有诸'，待他更说，却云是'祷久矣'。

这如'与人歌而善，必反之而后和之'样。却不是他心里要恁仔细，圣人自是恁地仔细，不恁地失枝落节，大步跳过去说。"

注，是指朱子《四书章句集注》中对这一句的注释，朱子的注释中有："《士丧礼》疾病行祷五祀，盖臣子迫切之至情有不能自已者，初不请于病者而后祷也。"（《论语章句集注》卷第四）盖这是古典礼仪之规制，但朱子以为，这一段主要表达的不是这个意思，因为若无真正的德行，则这种礼仪也无异于迷信，孔子本人未必相信。但孔子也不认为祈祷是没有意义的，关键是怎样才是真正的祈祷。故孔子问子路曰："有诸？"意思是：有祈祷这种事吗？更准确地说是，有这样祈祷的吗？子路当然没有明白孔子的意思，于是引用经典作为回答，孔子最后答曰："丘之祷久矣。"意思是：祈祷当然是有意义的，只是我所理解的祈祷与你子路理解的不一样而已，我无时无刻不是在祈祷。孔子没有立即对子路说"不要祈祷"，而是反问"有诸"，这就意味着，孔子并不反对祈祷，而是要子路去思考：怎样才是真正的祈祷？所谓圣人"不恁地失枝落节，大步跳过去说"，其意正在此也。是以宋儒谢良佐曰：

> 此非夫子不祷，语子路以祷于鬼神之理也。鬼神可以诚意交，则祷之理有也；不可以诚意交，则祷之理无也。使其无，不祷可也；使其有，则夫子之诚意亦足矣。故曰："丘之祷久矣。"（《论语精义》卷第四上）

在《论语》中的这两则对话中，孔子特别重视"祈祷"的意义。那么，什么是"祈祷"呢？答曰："祈祷"就是以神圣者的名义，把人最庄严最重要的东西置于他的保护之下，且通过唤起人最庄严最重要的东西，而与神圣者交流；若没有这种交流，就不是"祈祷"，而是匍匐膜拜。祈祷，说明神圣者是可以交流的，但与其交流是有条件的，否则，就"无所祷也"。这个条件，在孔子看来，只能是德行，德行成为人与天交流的唯一通道。没有德行，天只是一个伟大的创造者；有了德行，天就成为人的交流者、协助者。但人完全没有必要知道这种协助存在什么地方，他只需要知道"为了配得上这种协助，每个人自己必须做些什么，却是根本的，因而对每个人都是必要的"[1]。真正的德行必至于完成天人之间的交流。通过天人之间的交流而能够心安，才是道德的最高最后之裁决，亦即真正的道德裁决。《论语·阳货》载：当孔子与宰我讨论是否该遵守"三年之丧"的古制时，孔子并没有向宰我解释，"三年之丧"是如何的合理，遵守它会带来怎样好的结果，而是问宰我：如果不遵守这一古制，你会心安吗？孔子的这一"安乎"的追问，亦可谓是"大哉问"，因为这一追问透露了道德之最高最后之裁决。《说文》训："安，静也。"孔子"安乎"之问，不是训斥与责骂，而是让宰我自处地去与最高存在者天进行交流，若一个人在这个地方毫无羞愧，那么，任何原则的苛求及人与人之间的交流都是无用的。当宰我答之"安"后，孔子回以"女安，则为之"，这表示宰我没有与天进行有效的交流，自然孔子也无法与宰我进行交流了，最后不欢而散。这意味着真正的道德裁决的失效，宰我也不可能是一个仁者。也就是说，当一个人不能把天作为对话者或交流者的时候，他的一切道德都可能是伪善，且那个人从根本上说是不可教化的。

（二）真正的道德以及仁作为人之性。

通过对这两段话的分析我们可知，在孔子那里，道德与宗教是不隔的；不但二者不隔，且合则双赢，离则两失。但问题是，怎样的道德才与宗教不隔呢？若道德只是经验世界的权衡与选择，或者人为制定的规则，则道德或为经验之物，或为抽象规则，无论属于何种形态，并不具有神性，与宗教又有什么关系呢？孔子一再表示，"乡原，德之贼也"，"道听而涂说，德之弃也"（《论语·阳货》）。这说明孔子对于什么是真正的道德有过深入的思考，像"乡原"、"道听而涂说"，根本不是真正的道德，自然就与宗教没有关系。为了深入分析孔子心中的道德，孔子为我们展示了人与道德的关系。不妨来看下面这段话。

> 子曰："人而无信，不知其可也。大车无輗，小车无軏，其何以行之哉？"（《论语·为政》）

---

[1] 康德：《纯然理性界限内的宗教》，李秋零主编：《康德著作全集》第 6 卷，中国人民大学出版社 2013 年版，第 53 页。

依据宋儒尹焞的解释："輗者，辕端横木，缚轭以驾牛者也。軏者，谓辕端上曲钩横，以驾马者也。"（朱熹：《论语精义》卷第一下）輗与軏虽功能不同，但分别是大车与小车的重要构件，若大车没有輗，则不成其为大车；若小车没有軏，则不成其为小车。也就是说，无輗即无大车，无軏即无小车。輗、軏与车是分析的关系，若以谓词来表示这种关系就是：∀x（C(x) → N(y)）。这个公式读作：对于所有的 X，若 X 是车（以 C 表示），则 X 必然有 Y，Y 是輗或軏（以 N 表示）。一言以蔽之，这个公式意味着，若没有輗或軏，就没有车。孔子以輗或軏与车之关系为喻，是为了说明人与信的关系，即若没有輗或軏就是没有车成立的话，那么，没有信就没有人也成立。也就是说，人与信也是分析的关系，若以谓词来表示这种关系就是：∀x（M(x) → S(y)）这个公式读作：对于所有的 X，若 X 是人（以 M 表示），则 X 必然有 Y，Y 是信（以 S 表示）。以上两个公式在形式上是完全一样的，由此，这个公式意味着，若没有信，就没有人的存在或到来。这个意思，孔子在另外一处也有所表示：

> 子贡问政。子曰："足食，足兵，民信之矣。"子贡曰："必不得已而去，于斯三者何先？"曰："去兵。"子贡曰："必不得已而去，于斯二者何先？"曰："去食。自古皆有死，民无信不立。"（《论语·颜渊》）

这段话常被世人批评，谓孔子乃道德专制主义者。"兵"固然可去，难道"食"也可去，而独留下"信"吗？若"信"与"兵"及"食"一样，是外在于人所摆出来的事物，则"信"未见得比"食"重要，至少若以"民以食为天"之古训来看，"食"当比"信"更重要。但孔子当然不是这样来看待"信"的，即孔子不是把"信"等同于"兵"与"食"这样可以摆置出来的外在事物，而是将之作为人的基本的内在规定性。在孔子看来，"信"作为人最基本的内在规定性，标志了人作为人而存在；换句话说，若没有"信"，也就没有了人的存在。若以逻辑关系式表示就是：人→信。→表示蕴涵关系，这个关系式读作：人蕴涵"信"。这种关系式进一步表示：一方面，人是"信"的充分条件，即只要有了真正意义上的人，那么就一定有"信"；另一方面，"信"是人的必要条件，即若没有"信"，那么就没有真正意义上的人。"民无信不立"，正是要体现"信"作为真正的人的必要条件。这里绝无道德专制主义的问题，除非人放弃成为真正的人之追求，若不放弃，则"信"是不可少的；"信"的放弃亦即是人的放弃。后来孟子进一步曰："有诸己之谓信。"（《孟子·尽心下》）这意味着，有了"信"，自己作为人才站立起来；或者说，人作为人而站出来就是"信"，"信"就是人作为人而站立出来。是以宋儒谢良佐曰："有诸己之谓信，人而无信，则无诸己矣，孔孟论信如此。"（朱熹：《论语精义》卷第一下）可见，"信"并不是摆置出来的可以由人自由选择的诸种事物之一，犹如"兵"与"食"一样，似乎不选择"信"亦可似的。"信"具有绝对性，唯有它才能带来人的存在，如果人的存在自身具有绝对性的话，其绝对性的具体体现就在"信"那里。因此，"信"根本不是一种可供选择的道德，而是显示人的存在自身的定分。当孔子说"民无信不立"的时候，他讲的"信"并非一般的诚信问题，而是"有诸己之谓信"，即显示人自身存在的真正道德问题。

但儒学一般由"仁"而不是"信"来表示作为人自身存在的真正定分，因为"仁"乃全德。❶ 因此，"人而无信，不知其可也。大车无輗，小车无軏，其何以行之哉？"换成"人而无仁，不知其可也。大车无輗，小车无軏，其何以行之哉？"则更好；其实，这个意思在后来的子思与孟子那里已经表现出来了："仁者，人也。"（《中庸》中的这句话既是引自孔子，说明是孔子所说）又，"仁也者，人也。"（《孟子·尽心下》）子思与孟子的这两句类似的话意味着：人这种存在者，依靠"仁"来定义。"仁"可以说是人这种存在者之根本准则（其实，"仁"以准则言之根本不准确，但先暂且如此言，其实义详后），用康德的话说，"仁"对于人而言是定言式命令，而不是假言式命令。定言式命令不需要任何别的条件，只要是人就必须接受这个命令，而假言式命令则需要别的条件，这说明了"仁"的无条件性。"仁"的这种无条件性意味着：唯有"仁"才能确证人作为人而存在，故孔子对我们说："无求生以害仁，有杀身以成仁。"（《论语·卫灵公》）这是告诉我们：若"仁"没有了，人就沦为一个纯粹的肉体生命，故我们须以生命来捍卫"仁"这种绝对价值，只有它在，我们才能作为人而存在，"仁"是确证人的一个原则。"仁者，人也。"这个命题

---

❶ 朱子在解释"仁"为全德时曰："所谓仁为统体者，则程子所谓专言之而包四者是也。然其言盖曰四德之元，犹五常之仁，偏言则一事，专言则包四者，则是仁之所以包夫四者，固未尝离夫偏言之一事，亦未有不识夫偏言之一事而可以骤语夫专言之统体者也。"（朱熹：《太极图说·附注》）

是一个分析命题，即"仁"可以在"人"那里先天地分析出来。孟子尝引孔子之赞《烝民》诗曰：

　　《诗》曰："天生烝民，有物有则。民之秉彝，好是懿德。"孔子曰："为此诗者，其知道乎！故有物必有则，民之秉彝也，故好是懿德。"（《孟子·告子上》）

　　彝，亦可谓"仁"。正因为人秉有"仁"这种根本准则，人才能喜好现实中的德行，不然，所有现实中的德行都可能是对道德的败坏。易言之，除"仁"之外，所有现实中其他的德行，都不能称为绝对意义上的道德。绝对意义上的道德与现实无关，不过是生命之自定其方向，自显其大能。故孔子曰：

　　为仁由己，而由人乎哉？（《论语·颜渊》）
　　仁远乎哉？我欲仁，斯仁至矣。（《论语·述而》）

　　前面说过，把"仁"作为人这种存在者之根本准则，其实是不准确的，因为任何准则都是抽象的概念式，皆是外在形式的，显示人自身之存在的东西不可能是这样的东西。所谓"仁"是人这种存在者的根本准则，实则是说："仁"是人这种存在者的根本机能，只有人表现出这种基本机能的时候，人才是人自身。当我们问"什么是真正的道德"的时候，根本不是为了去追寻一条万古不变的律则以作为衡量一切德行的尺度。在孔子看来，这样的一种尺度是根本没有的，故孔子曰："人而不仁，如礼何？人而不仁，如乐何？"（《论语·八佾》）若人不能彰显"仁"这种机能，任何律则（如周代的礼乐制度）都可能变得很坏。因此，林放问"礼之本"时，孔子赞之以"大哉问"，这表明林放看到了其中的问题。所以，孔子无论是问"人而无信，不知其可也"，还是问"人而不仁，如礼何"，都不是去追问一个外在的律则，而是要开显一种人之内在的机能，或许是唯有人才具有的一种机能，亦即可以彰显人这种存在者之独特性自身的机能。这样看来，道德的使命，或者说真正道德的唯一使命就是"仁"之机能的开发，唯有"仁"之机能显现出来时，人才是真正意义上的人；在真正的人没有到来之前，人类所有的道德都还不是真正的道德，都还只是经验性的道德应用。所以，"仁"可谓一种真正的道德机能，而这种道德机能与真正意义上的人是相互等价的，或者说是互为蕴涵的。人成为真正意义上的人，乃是一切学问与德行的首要目标，一切的道德学首先要追问这个问题，不然所有的道德学都可能挂空而没有击中真正的道德问题，故孔子曰："古之学者为己，今之学者为人。"（《论语·宪问》）"为己"就是人自身就是目的而绝不是手段，但当我们说"人自身就是目的而绝不是手段"的时候，是指精神意义上的人、道德意义上的人，即真正意义上的人，而不是肉身的人。肉身的人，不但不是目的，恰恰是人的负累与祸患。"吾所以有大患者，为吾有身，及吾无身，吾有何患？"（《老子》第十三章）此言虽出自道家，但却是儒道两家共守之义。若以孔子之言"道二，仁与不仁而已矣"说之，则人只有真正的人与饮食之人的区别，而饮食之人乃是不道德的人，因为真正的道德在饮食之人那里是从来没有出现过的。孔子曰："邦有道，谷；邦无道，谷，耻也。"（《论语·宪问》）这并不是说，饮食自身是可耻的，而是说，饮食之人从未把人之为人作为自己的准则，而是把人之为人之外的原则作为自己唯一的准则，且这准则是不能由人之为人自身推出来的，即它并非包含在人自身之中，因而是可耻的。真正意义上的人的出现，即人之所以为人的出现，依赖于真正道德的践行，而真正道德的践行又依赖于人之道德机能——仁的开发。人的道德机能——仁的开发对于道德是原则性的，真正的道德必须从这里出发。康德说："原则中的错误比原则的应用中的错误更大。"❶ 若没有仁的开发（原则），则人类所有的现实德行（应用）可能都是极其邪恶的。故孔子曰："唯仁者能好人，能恶人。"（《论语·里仁》）"仁者"是一原则，在这一原则之下，好人、恶人都不会成为问题；若没有这一原则，则好人、恶人都可能不在道德的立场上。所以，不管德行之原则而究现实之德行，犹如"放饭流歠而问无齿决"（《孟子·告子下》）也。同时，若没有仁的开发，则人作为人而存在，就找不到一个更好的确证，或者说，依据别的方法，都不能使人成为人。所以，对于人而言，仁是最重要的，也是最高的标志性存在，故孔子曰："好仁者，无以尚之。"（《论语·里仁》）

---

❶ 康德：《逻辑学》，李秋零主编：《康德著作全集》第9卷，中国人民大学出版社2013年版，第55页。

现在，我们依据"仁者，人也"和"好仁者，无以尚之"这两句话，就可以进一步说明人之性。"仁者，人也"这个表述，若转化为直言命题，则是：所有的人都是仁的，或所有的人都具有仁这种机能。我们知道，直言命题又称性质命题，即直言命题中的谓项是主项的性质。在"所有的人都具有仁这种机能"这个命题中，主项是"所有的人"，谓项是"仁这种机能"；由此，这个命题意味着，"所有的人"都具有一种性质，即"仁这种机能"；也就是说，"仁这种机能"是"所有的人"的性质，亦即没有一个人例外地不具有仁这种机能。简言之，人之性就是仁。但人之机能有很多，欲望亦是所有的人的机能，故"所有的人都是具有欲望的"与"所有的人都是具有仁的"同时成立。这样，欲望也是人之性。孔子还告诉我们，欲望虽是人之性，但并不是人最高的，标志人之作为人而存在的性，而仁则是这种性。所以，我们在贞定人之性时，就不能把仁与欲望并列作为人之性，因为动物也有欲望，在此不能区别人与动物，而仁则为人所独有，是以只有仁才能作为人之性，唯有它才能确证人作为人而存在。我们通过对《论语》中孔子相关格言的分析，可以得出这样的结论：人之性是仁。

这样，前贤牟宗三说孔子对人性所有憧憬，乃至超旷之谛见就近乎跃然而出了，但牟宗三只是浑然体会地说之，我们今日考究而缕析之，以此言为归结，当为确然者也。

（三）仁与天之贯通。

仅云"人之性是仁"尚不是最后的，因为这个结论依然是不清楚的，尽管我们说明了仁是人所独有的、最高的机能，它确证了人作为人而存在。但仁作为人的机能确证了人的存在，即人自身的机能确证了人的存在，这不是同义反复吗？这又能告诉我们什么东西呢？这相当于说，人之性是人之性。这种 A=A 的逻辑表达式，使我们在知识上一无所获。现在的问题是，我们如何理解仁。

我们在第一章曾给仁下过这样的定义：仁是每个人所固有的且可通达于"天"的内在力量。只有这样理解仁的时候，我们对人性之特质才是真正有所把握与认知的。其实，孔子总是把"仁"与"天命"联系起来讲。如：

子罕言利，与命与仁。（《论语·子罕》）

这句话在训诂上历来存在争议。魏晋之何晏把"与"字理解为连词，谓利、命、仁三者"寡能及之，故希言也"（皇侃：《论语集解义疏》卷五）。依何晏的理解，孔子很少言及利、命和仁这三者。何晏的这种理解一直得到宋儒程朱及其门弟子之认可。但宋人史绳祖首先提出异议，他说："盖子罕言者独利而已，当以此句作一义。曰命曰仁，皆平日所深许，此句别作一义。与者，许也。"（《学斋占毕》卷一）清人焦里堂在《论语补疏》卷一中也持质疑之观点："《论语》称'子以四教'、'子之所慎'、'子不语'、'子绝四'，下目俱平列。此'子罕言利'为句，下用两'与'字，明与诸例为异。"也就是说，若孔子的确是罕言利、命与仁三者，则其句式应该是"子罕言利、命、仁"，而不是"子罕言利，与命与仁"。但同时，焦里堂又不认可史绳祖训"与"为"许"，他的理由是"吾与点也"，训"与"为"许"可，"然与点指人之可与，用以指仁，辞不协"。由此，他提出自己的理解："孔子言义，不多言利，故云'子罕言利'。若言利则必与命并言之，与仁并言之。利与命并言，与仁并言，则利即是义。子罕言三字呼应两'与'字，味其词意甚明。"（《论语补疏》卷一）焦里堂之质疑与理解无疑是有洞见的，"子罕言利"是符合孔子之精神的，若说孔子罕言"仁"与"命"显然不符合孔子之精神及《论语》文本之事实。程伊川谓"命之理微，仁之道大，皆夫子所罕言也"（《论语精义》卷第五上），命之理固微，仁之道固大，但儒家向来是"极高明而道中庸"，故孔子曰："能近取譬，可谓仁之方也已。"（《论语·雍也》）岂有不说之理焉？但问题是，如何说？命之微因仁之大而见，仁之大因命之微而显，二者双向互动，故"与命与仁"，应如焦里堂之理解，即"命"与"仁"并言也。既如此，我们再来看"命"之含义。何晏《论语集解》云："命者，天之命也。"这一理解基本得到后世的一致认同，朱子虽认为仅从字面上看无从确定："命有二：'天命'之命固难说。只贵贱得丧委之于'命'，亦不可。"（《朱子语类》卷第三十六）但显然"天命之命"比"命运之命"更好。既然"命"为"天命之命"，则"与命与仁"的意思是：孔子说仁的时候一定是牵连着天命的，即仁一定是通达天命的。是以牟宗三说："仁与天之实义之合一，其门实正在开着。一个圣人而无宇宙之襟怀，乃不可思议者。"❶我们再来看《论语》的最后一句话：

> 不知命，无以为君子也。（《论语·尧曰》）

这句话中的"命"，汉代孔安国释之为"穷达之分"（邢昺：《论语注疏》），则"命"是"命运之命"。但在孔安国之前的《韩诗外传》就不是这样理解。

> 子曰："不知命，无以为君子。"言天之所生，皆有仁、义、礼、智，顺善之心，不知天之所以命生，则无仁、义、礼、智，顺善之心，无仁、义、礼、智，顺善之心，谓之小人。故曰："不知命，无以为君子。"（《韩诗外传》卷六）

这种理解得到了《论语正义》作者刘宝楠的赞同，认为"其义极精"，"命"当是德命，而不是孔安国所说的禄命，"盖言德命可兼禄命也"。显然，刘宝楠是有见地的，即若一个人要安于穷达之禄命，一定要通达于天命，不然，在禄命处就会无所不用其极，故尹焞曰："知命者，知命而安之，穷通得丧，无所动其心，故可为君子。"（《论语精义》卷第十下）可见，通达于天命乃是安于禄命的条件，"不知命"固然可指天命与禄命，但一个人通达天命必须是在先的，不然，即不能成为君子。君子，是"仁"的体现，而"仁"，又必须通达"天命"始为可能。

综上所述，"仁"即是人固有的通达于天的道德力量。我们前面讲过，仁乃是人之性，可见，人性自身固有的模式即是性－天。这是孔子通过其德行之光向我们展示出来的。故牟宗三说："孔子暂舍天道性命不言，转而言仁，亦重视主观性原则也。……自主观面所言之仁与心性，与自客观面所言之天道与性命，最后必归于为一也。……天道之实由性见，性之实由仁与心见。故仁、心、性、天其实一也。"❷一言以蔽之，"性本天者也"（《刘子全书》卷二《易衍》第八章），岂妄言也哉？！

---

❶　牟宗三：《心体与性体》中，上海古籍出版社 1999 年版，第 420 页。

❷　牟宗三：《心体与性体》中，上海古籍出版社 1999 年版，第 365 页。

（四）性－天模式与人的自由。

通过上述分析我们可知，仁一定是要上升到天，通达于天的，只有这样，我们才能安于仁；若仁仅仅是世情与俗德，世人之纷争尚或不能平，焉能安之？孔子曰：

> 仁者安仁，知者利仁。（《论语·里仁》）

宋儒范祖禹释之曰：

> 有诸己而体之曰安，知其善而为之曰利。安仁者，乐天者也；利仁者，畏天者也。（《论语精义》卷第二下）

仁者固安于仁，乃因天而安也；智者固利于仁，乃因天而利也。若不能通达于天，安与利俱无也，岂世情俗志而可妄言安、妄言利者乎？德国诗人荷尔德林的诗句"地上可有尺规？——绝无"，其实表达的是类似的意思。这句诗依据海德格尔的解释就是：若大地只是人所居住的纯粹尘世，从而与上天对立起来，那是绝对无尺度可言的。尘世的尺度，最终来自上天。❶纯粹的尘世既无尺度，则我们何安之有？未有竞利图私而真能安之者也。朱子与门弟子之对话即表此意。

> 问："'安仁者，非颜闵以上不知此味'，便是圣人之事乎？"曰："是。须知'非颜闵以上不知此味'，到颜闵地位知得此味，犹未到安处也。"（《朱子语类》卷第二十六）

"安仁者，非颜闵以上不知此味"，这句话本是程门高弟谢上蔡所说，见《论语精义》卷第二下。"安仁"，非颜闵这样的德行极高且有形上通达者不能也，"安"乃是最高之德行，故孔子数言"安"也。如，"察其所安"（《论语·为政》），"老者安之"（《论语·公冶长》），"恭而安"（《论语·述而》），"修己以安人，

---

❶ 韩潮：《海德格尔与伦理学问题》，同济大学出版社 2007 年版，第 3 页。

修己以安百姓"（《论语·宪问》），上述所有这些"安"字，俱不是一般的"安宁"或和谐之意，不然，就只是世俗的道德，而不是圣人之教。俗语云："心安理得。"若不心安，焉有理之得也？而心安，总是来自天的，是以清儒颜检曰："唯天之求，心安理得，而后即安焉。"●（《重刻寒松堂集序》）

圣人之教一定要有形上通达而极于天，故儒家有"安行"、"利行"与"勉行"之别，当人至于"安行"的时候，不但道德有了力量，且人之性也圆满了。人之性圆满时，则"立之斯立，道之斯行，绥之斯来，动之斯和"（《论语·子张》）。程伊川释之曰："子贡言性与天道，以夫子聪明言；绥之斯来，动之斯和，以夫子德性言。"（《论语精义》卷第十上）这意味着，"绥之斯来，动之斯和"，正是孔子之德性对于"性与天道"之通达的体现。当人安于仁时，意味着通达于天臻于完成，同时意味着人性臻于圆满，这也意味着人的自由。孔子自云："七十而从心所欲，不踰矩。"（《论语·为政》）程伊川释之曰："七十从心，然后至于命。"（《论语精义》卷第一下）这里的"命"显然是天命，即通达天命的完成。此时，人既"从心所欲"，又不会"踰矩"，这意味着最高自由的实现，也是最高道德的实现。正是在这个意义上，我们说人性的圆满，人性的圆满必然是最高的道德与自由同时到来，二者缺其一，人性则一定不是圆满的。美国学人乔治·麦克林说：

> 自由并非是在我们世界的客体之间所做的选择，也不是指导我们生活的普遍原则的内在选择，它更多是一种通过我们完善自我和完全实现自我的方向或目的而实现的一种自我肯定。这意味着在不够完善时的探寻和在达到完善时的一种欢欣。●

道德在人性中成就，自由亦只能在人性中成就；道德是人的本性，自由亦是人的本性。本性养成一分，道德就成就一分，自由也增加一分，道德与自由是相互回溯的；当人性圆满养成之时，道德与自由得以最高实现，但人性圆

● 《寒松堂集》乃清代名臣兼学者魏象枢（1617—1687 年）的作品集，为宋学派之代表人物。颜检（1757—1832 年），字惺甫，号岱山。历任清代兵部尚书兼都察院右都御史，直隶总督，漕运总督，浙闽总督，福建、浙江、贵州、河南巡抚等。《重刻寒松堂集序》写于嘉庆十六年（1811 年）九月于贵州巡抚任上。

● 乔治·麦克林：《传统与超越》，干春松、杨凤岗译，华夏出版社 2000 年版，第 99 页。

满总是在与天的通达中实现的。谢林说："只有人是在上帝中，并且正是通过这种在－上帝－中－存－在，人才有能力自由。"❶我们亦可以说：只有是在通达于天时，并且正是通过这种"在－天－中－存－在"，人才有能力道德，也才有能力自由。然而，人之"在－天－中－存－在"，不是发生学上的事实问题，而是人在修养工夫中回应天的问题；这意味着，人可能既没有能力道德，可能也没有能力自由，这个"中"的中心问题是：人能回应天吗？

从"不知命，无以为君子"这句话来看，孔子认为人是可以回应天且必须回应天的，即回应天乃人人固有之能力。天乃至善之最高存在，天岂有不善之理？人既有天生之能力回应至善之天，则在孔子那里，性善论就呼之欲出了，这是对孔子之于人性之憧憬的阐释后所必然蕴含的结论，性善论之大门已开，不在其说不说也。邵尧夫《答人书意》诗云："仲尼言正性，子舆言践形。二者能自得，殆不为虚生。"（《伊川击壤集》卷四）子舆乃孟子的字。邵尧夫的意思很清楚，孔子对于人之性是有其正见的，而孟子正是承袭了孔子的正见而言践形的，孟子既曰"惟圣人然后可以践形"（《孟子·尽心上》），则示圣人一定已明性矣。❷朱子亦曰："盖孔子时性善之理素明，虽不详著其条，而说自具。"（《朱文公文集》卷五十八《答陈器之》第二书）朱子之此种结论，看似独断，然必有所真见有所觉悟也。而王国维说："孔子不就人性问题而论善恶，唯就行为而论善善恶恶。……谓人性本无善恶，唯因其习惯之如何而为善为恶。"❸傅斯年亦认为，在孔子那里，其人性之看法，"其中绝无性善论之含义，且其劝学如荀子"❹。又，东方朔说："就理论的历史事实而论，我们马上可以指出，在先秦儒家中，除孟子主性善说之外，其他儒者并不以性善说立论，亦并无以性善说为正宗，若非要说一个'正宗'，即告子近之。"❺此皆拘于文字之皮相之见也。孔子曰："政者，正也。子帅以正，孰敢不正？"又，"子欲善，而民善矣。君子之德风，小人之德草。草上之风，必偃。"（《论语·颜渊》）

❶ 谢林：《对人类自由的本质及其相关对象的哲学研究》，邓安庆译，商务印书馆 2008 年版，第 131 页。
❷ 邵尧夫又有《性情》诗云："践形治性，践迹治情。贤人践迹，圣人践形。"（《伊川击壤集》卷十四）可见，践形乃切就"明"了性之后而然者，而所谓"明"，显然是指性善而言；所谓"践形治性"就是涵养让性复其善之原本。
❸ 王国维：《王国维哲学美学论文辑佚》，华东师范大学出版社 1993 年版，第 46 页。
❹ 傅斯年：《傅斯年全集》第二卷，湖南教育出版社 2003 年版，第 628 页。
❺ 东方朔：《善何以可能——论荀子的"性恶"理论》，《上海文庙第四届儒学研讨会论文集》，第 240 页。上海文庙第四届儒学研讨会于 2007 年 12 月 15 日在上海文庙讲堂召开，该论文集未正式出版。

这正是基于性善论始为可能的。但性善论之成立并不是建立在人有一种向贤者看齐的示范力量，因为仅有这种力量是不够的。康德认为，示范只是使道德所要求的东西变得直观，故只能用来鼓励，然对于道德却不是本质的，❶因为这种示范力量最终依赖的是人的主观的道德情感，故贤者的示范力量之于人并无普遍性。道德要有力量一定是基于人性对天的震动、回应与承受之上的，孔子曰："有能一日用其力于仁矣乎？我未见力不足者。"（《论语·里仁》）仅仅依靠贤者的示范，孔子不会那么自信"未见力不足者"，只有在对天的震动、回应与承受中，才能够有这种自信。在孔子看来，人之人性中必然会有对天的震动、回应，从而自觉地生发道德的力量。也就是说，性－天之关系即人性对天的回应必然内在地蕴含性善论。因此，性善论的最终成立，一定是基于对天的震动、回应与承受。可以说，孔子扭天—性之关系而为性－天之关系，为儒学的人性论确立了基本模型，后来的儒者正是在这种模型之下进一步阐发性善论之大旨的。这对于儒学来说，无异于定海神针，不然，儒学就是一种世俗的道德，绝不可能成为天人性命相贯通的纯粹理性宗教；果尔，儒学不但无法修身养性，且其道德亦成为相对道德。此岂为儒学焉？！所以，要理解孔子的性善论，不能仅限于孔子关于人性的直接表述，而是要从其德行中挖掘其超旷的谛见。

综上所述，只有在性－天这种人性模式中，才能实现最高的道德与自由。若只有天－性这种发生学的人性模式，则人既不是道德的，也不是自由的，因为在这种发生学的自然人性论模式下，人对于天是没有回应的。孔子扭转人性之天－性模式而为性－天模式，就是要凸显人对于天的回应，从而成就最高的道德与自由，因之以安顿生命、和谐社会。由此开启了儒家的天人性命之学——道德的形上学，亦可谓天人性命之教——宗教动力学。这是孔子性－天人性模式的最大贡献。

孟子自语其私淑孔子，显然也是要在承袭孔子的性－天之人性论模式下，成就人的最高的道德与自由。孟子曰："自得之则居之安，居之安则资之深，资之深则取之左右逢其原。故君子欲其自得之也。"（《孟子·离娄下》）"居之

---

❶ 康德：《道德形而上学的奠基》，李秋零主编：《康德著作全集》第 4 卷，中国人民大学出版社 2013 年版，第 416 页。

安则资之深"乃就最高的道德而言，"左右逢其原"乃是就最高的自由而言，孟子对于人性问题的探讨，其用意即在此也。这是宗教所关心的问题，一般的道德学或伦理学只关注道德或伦理自身的问题，而不在意人的自由，乃至在一般的道德学或伦理学中，道德与自由正好是相反的，道德是对自由的限制，而自由则是对道德的破坏。孟子斤斤于人性善而极力反对人性恶，就是要证成人的最高道德与自由。欧阳永叔曰："圣人之教人，性非所先。"（《孟子章句集注·孟子序说》）文忠公一代宗师，而此论却不免谫陋矣，无怪乎程门高弟杨龟山谓其"于性分之内，全无见处"（《孟子精义纲领》）。须知，只有人性圆满之时，道德与自由二者才能达至；同时，只有在性善论之下，人性才能圆满，而在性恶论之下，人性不唯不能圆满，恰恰是残缺的。人性圆满不是道德问题，而是宗教问题。故孟子绝不是一般意义上的伦理学家或道德学家，而是绍述儒家天人性命之学的弘教者，而这必只能在性－天之人性模式下才能完成，是以牟宗三说："在孟子，内在的心性向超越方面申展而与超越的天之积极意义相合一，其门实更敞开。心性与天必有某方面内容意义之同一，方可言尽心知性以知天。"❶这意味着，通达于天始可言人性之圆满；反之，人性之圆满必因通达于天而言。

朱子曰："学而不论性，不知所学何事！"（《朱子语类》卷第一百二十四）可见，人性论之重要。现在，我们不妨先来看看先儒对于孟子的人性论立场之评价。唐代以前，《孟子》只列于诸子之一。"孟子既没之后，大道遂绌，逮至亡秦，焚灭经术，坑戮儒生，孟子徒党尽矣。其书号为诸子，故篇籍得不泯绝。"（《孟子题辞》）《孟子》因属诸子之列，得以免于秦火，可谓有幸之至也。汉代曾短暂地把《孟子》置博士官，以专门研究，但后来即罢，只设《五经》博士。东汉赵岐注《孟子》，虽然予以很高的评价："包罗天地，揆叙万类，仁义道德，性命祸福，粲然靡所不载"（《孟子题辞》），但没有特别彰明其性善论。尔后，孟子及其著作并没有特别引起学人的关注，这种情形延续了四百多年。唐贞观二十一年，诏左丘明、子夏等二十一人配祀孔庙，孟子并未列入。但至中唐，韩愈在《原道》中，把孟子作为道统最后的传人，与尧舜禹、文武周公，及孔子并列，孟子的地位因韩愈的发现而突然上升。同

---

❶ 牟宗三：《心体与性体》中，上海古籍出版社 1999 年版，第 420 页。

时，韩愈在《送王秀才序》中云：

> 夫沿河而下，苟不止，虽有迟疾，必至于海。如不得其道也，虽疾不止，终莫幸而至焉。故学者必慎其所道。道于杨、墨、老、庄、佛之学，而欲之圣人之道，犹航断港绝潢，以望至于海也。故求观圣人之道，必自孟子始。

这是把《孟子》置于为学求道的必经之路，且只有《孟子》才是最好的始点。这个评价自然很高，但孟子何以有如此之高的地位，韩愈并没有明确指陈，即并没有提及孟子人性论的价值。李翱在《复性书》中虽然引用了《孟子·告子上》中的湍水之喻来说明人性善，但全文乃以《中庸》为主体，孟子的思想只是援引而已，然无论如何，孟子的性善论总算被特别提到。到宋代，由于二程及朱子对《孟子》的重新发现，抬高了其地位，《孟子》遂从子部升格至经部。《孟子》之所以能够有这种变化，乃因为孟子所标举的"性善论"。程伊川对于"性善论"予以极高的评价："孟子大有功于世，以其言性善而已"，又谓孟子之学"已到至处"（《孟子精义纲领》）。程伊川还进一步把孟子与荀子、扬雄之人性论进行比较：

> 韩退之言孟子醇乎醇，此言极好，非见得孟子意，亦道不到。其言荀、扬大醇小疵，则非也。荀子极偏狭，只一句性恶，大本已失。扬子虽少过，然已自不识性，更说甚道？（《孟子精义纲领》）

这段话乃针对韩退之之论而言者。韩子在《读荀》中云："孟氏，醇乎醇者也；荀与扬，大醇而小疵。"韩子谓孟子乃醇乎醇者也，然孟子"醇乎醇"在哪里？荀子与扬子云"大醇而小疵"，又在何处？则未有详论。在《原道》篇中，韩子列孟子为道统中人物，且以孟子死而不得其传，而荀子与扬子云因"择焉而不精，语焉而不详"，不得预于道统之中，显然给予孟子以极高的评价。然孟子何以能为道统人物？荀子"不精"在哪里？扬子云"不详"在何处？亦未有解释。尽管程伊川赞韩子的这种分辨，"非见得孟子意，亦道不到"，但确实也留给了后人一个谜，孟、荀、扬分别之关键在何处？程伊川一针见血地指出，其分别之关键即在人性论。孟子因性善论而得以预道统，而荀子的性恶论与扬子之性善恶混论俱不得预道统，因他们俱不识性也。从人性论上见，孟子固"醇乎醇"，而荀子与扬子就不是"大醇而小疵"，乃根本是失大本与不见道。不见道，即不能成就天人性命之教，故学必以见道；然不识性，又如何为学而见道，故程伊川又曰："不知性善，不可以言学。"（《二程粹言》卷下）可见，性善论不但是孟学之拱心石，也是整个儒学之拱心石；对于一个人来说，性善论乃其为学之本，见道之基也。

程伊川之后，门人杨龟山后学施德操曰：

自古圣人未尝剧谈性，是以诸子之说纷然其间，曰善，曰恶，曰混，曰三品，曰无分于善不善，争论四出，要其归，皆以气为性者也，岂真识所谓气哉。孟子于众说之中，独发之曰：人性善。自孟子谈人性善，始觉天下之人皆与天地等，皆与尧、舜等，虽顽嚚猥琐，昏愚朴陋，皆得为道德之归，与向之为善恶之论者，功用何如哉！此孟子所以为知性之言，而大有补于斯人也。（《宋元学案》卷四十《横浦学案》之《施持正先生德操》之《孟子发题》）

这意味着，孟子谈性一下子把人与天地平齐，非仅限于道德之善恶而言也，从而提升了性之意义。

朱子亦批评荀子、扬雄根本不知性的意义，他在答弟子问时曰：

不须理会荀卿，且理会孟子性善。……荀、扬不惟说性不是，从头到底皆不识。当时未有明道之士，被他说用于世千余年。韩退之谓荀、扬"大醇而小疵"。伊川曰："韩子责人甚恕。"自今观之，他不是责人恕，乃是看人不破。（《朱子语类》卷第一百三十七）

按理说，程伊川既然认为荀子失大本，扬子不见道，则韩子判荀、扬"大醇而小疵"，就完全是错判，但尽管如此，程伊川对韩子较为客气，语气亦多宽恕。但朱子认为，"责人甚恕"这种客气不能用在学问上，韩子的这种评判根本不是"恕不恕"的问题，而是看破没看破为学之根本的问题；若在这个地方不深揭其漏，而以恕道同情之，则不但误学，亦误人。朱子认为，若韩子以"大醇而小疵"判荀、扬，而与孟子相较，则似乎孟学只是比荀学及扬学更精粹些，它们之间的差别是相对的；但孟学与荀学及扬学之差别是绝对的，"荀、扬不惟说性不是，从头到底皆不识"，显然把荀学与扬学判得很低。这其中的关键，依然是人性论的不同，因荀、扬之人性论，无论是性恶论还是善恶混论，俱只能证成世俗的道德而不能证成宗教，所谓"本领不是，一齐差却"也。明儒胡居仁的下面这段话，正是这种分判的体现：

> 孟子言性善，在本原上见得是，故百事皆是；荀子在本原上见错，故百事皆错。（熊赐履：《学统》卷四十三）

由是观之，孟子之性善论，可谓由体及用之学，天人贯通之教，诚如明儒王南塘所言："孟子性善之说，决不可易。"（《明史·王时槐传》）

孟子曰："尽其心者，知其性也。"（《孟子·尽心上》）则知性是虚位，心乃实说，故性善实由本心而见。陆象山与王阳明之学，俱依"本心"而证成。陆象山自谓其学"因读《孟子》而自得之"（《陆九渊集》卷三十五《语录》下）。陆子尝自语云：

> 近有议吾者云："除了'先立乎其大者'一句，全无伎俩。"吾闻之曰："诚然。"（《陆九渊集》卷三十四《语录》上）

"先立乎其大者"，出自《孟子·告子上》。陆象山以为，他的学问乃至整个儒学，除了"先立乎其大者"外，全无伎俩与凭藉。"先立乎其大者"就是确立"本心"这个根基，这对于学问是根本性的，此亦是绍述孟子"学问之道无他，求其放心而已矣"（《孟子·告子上》）之精神。

孟子之性善与本心，必含有良知良能。王阳明在此基础上，进一步说："性无不善，故知无不良。"（《传习录》中《答陆原静书》）由此，阳明之学遂以"良

知"为本体,其《咏良知》四首之三云:

> 人人自有定盘针,万化根源本在心。却笑从前颠倒见,枝枝叶
> 叶外头寻。(《王阳明全集》外集卷之四)

这是对"良知"义理之阐发,也是对"良知"的礼赞。这些义理其中已包含在孟子的"本心"中了,故此诗也是对孟子"本心"的礼赞。

总之,孟子以"怒杨朱以紫夺朱,辟乡愿僭郑为雅"之气魄,"善可欲信诸己美充实,居广居立正位行达道"之胸怀,"陈义利辩王霸,通古今究天人"之慧识,于是,性具万物之富由是揭,人达天地之神得之示。这一贡献,以海德格尔的话总结之就是:"本质性的词语不是人为地想出的符号与标志,不是仅仅为了识别贴在事物上面。本质性词语是行动,宁可说是在一些瞬间发生的事件,在这些瞬间一种巨大的明亮的闪电穿过寰宇。"❶可以说,孟子对人性的体证与发越,犹如黄钟大吕之声,震彻宇宙;皓月当空之曜,朗澈乾坤。发先贤未竟之覆,成教乎定分;启后彦无尽之学,肇基于本心。彝伦由是而不绝,斯文因之而弥长。晚明郝仲舆曰:"苟非性善,绝学无传久矣,岂书册所得而留哉?"(《黄宗羲全集》第一册《孟子师说》卷三)斯言得之矣。

中国传统童蒙著作《三字经》开首即云:"人之初,性本善。"性善论作为一种基本的教育理念与人生信条,自童蒙时期开始,即已植入中国人的生命之中,凝结成了我们这个民族的文化基因。可以说,性善论已经成为中国人普遍的信仰与宗教,以至于辜鸿铭曰:"我重申一遍,在中国,还有一笔极其宝贵、迄今尚不为世界所知的文明财富,……它就是我所概括的——良民宗教。这种良民宗教的首要原则,是相信人性本善。"❷

四、天与性善及学界对性善论之误解

前引朱子之言曰:"孟子之言性善,始见于此,而详具于《告子》之篇。

❶ 海德格尔:《谢林论人类自由的本质》,薛华译,中国法制出版社 2009 年版,第 41 页。
❷ 辜鸿铭:《中国人的精神》,李静译,天津人民出版社 2016 年版,第 26 页。

然默识而旁通之，则七篇之中无非此理。其所以扩前圣之未发，而有功于圣人之门。"（《四书章句集注·滕文公章句上》）可见，性善论乃《孟子》一书之中心。不唯此也，孟子通过明确的性善论发前圣未发之覆，故性善论乃整个儒学之拱心石也。然孟子此论在宋以前并未受到重视，至少不是主流，这种情况正如王充所言："自孟子以下至刘子政，鸿儒博生，闻见多矣。然而论情性竟无定是。"（《论衡·本性》）王充为东汉中期人物，其论列孟子以后之人物只能包括：告子、荀子、陆贾、董仲舒、刘向及扬雄，实则刘向及扬雄以后又有魏晋时期的刘劭及唐代的韩愈。他们的理论或容有差异而无定是，但基本上是以实在论之材质立场论性，是则完全一致，故他们的理论或性恶，或性善恶混，或性分三品，没有从超越之道德进路而论性。由此，他们只能依据各自的理论证成伦理学，而不能证成天人性命之教，虽然他们大多以孔子之道自居，实则孔子之道适因他们的理论而式微。何以故？明儒薛瑄曰："孟子之后，学不传，只是性不明。"（《明儒学案》卷五十三《诸儒学案》下）既如此，对于我们对性善论的理解就尤为重要。

（一）天与性善之证成。

首先须明确指出的是，孟子之所以要盛言性善，并不是要证成一种伦理学，而是要证成宗教，准确地说，乃是以为学的方式去弘扬儒家的天人性命之教。孟子以"觉"（先知觉后知，先觉觉后觉）来名其使命，即是这种使命鲜明的体现。只有宗教性的东西才能言"觉"，伦理性的东西只可言"知"，前者依于证悟，而后者则依于传授故也。又，"从其大体为大人，从其小体为小人"（《孟子·告子上》），伦理学只有基本原则可言，无所谓"大体"、"小体"之分，而宗教则有之，因宗教要寻求终极依靠也。下面一句话，正是孟子这种用心与生命的彻底揭示：

> 尽其心者，知其性也。知其性，则知天矣。存其心，养其性，所以事天也。夭寿不贰，修身以俟之，所以立命也。（《孟子·尽心上》）

尽心、知性与知天，存心、养性与事天，这是三件事，其最终指向俱是天。但因为心、性、天是相互通达的，故又可说尽心即是知性，知性就是知天，存心即养性，养性就是事天，其实又是一件事。然一件事只是从工夫路数之贯通不隔而言，即尽心、知性乃是对天命的回应与承受，天乃与心、知为贯通而不隔者，天非在别处也；一件事绝不意味着心、性是实，而天是虚。朱子曰："'夭寿不贰'，便是知性知天之力；'修身以俟'，便是存心养性之功。"（《朱子语类》卷第六十）若天为虚，焉能有"夭寿不贰"之力、"修身以俟"之功；唯有天为神圣存在且人对之有回应，方可有"夭寿不贰"之力、"修身以俟"之功也。故孟子虽盛言尽心工夫、知性潜能，不过俱是指向天命之回应也。是以牟宗三说：

> 圣人的宇宙情怀必然涵着一种向超越方面的渗透，仁与内在心性之绝对普遍性必然涵着向超越方面之伸展，因而亦必涵着一"道德的形上学"之要求。……古人既如此相契接矣，正者自正，歧者自歧，无人能视荀子为正宗也。❶

荀子之所以不是正宗，就是因为荀子斩断了性与天的连接，由此使荀子的人性论只是证成伦理学，故其指向乃隆礼重法也；而孔孟则保有了性－天之间的连接，故其指向乃事天也，此为宗教的，而绝非伦理学的。

尽心、养性而对天命之回应，这是在现实的工夫路数中，在心、性中让天到来，这样看来，好像心、性是在先的，而天是在后的，但这只是就实践的通达过程而言。然而从逻辑先后顺序而言，天必须是在先的，心、性的价值根源毕竟来自天，而不是天的价值根源来自心、性，性－天之间虽然是双向互动的，但是天→性必须是在先的，然后才能是性→天，由此，人性才得以理解。若没有天→性之在先，仅仅只是性→天，不但天由此落空，人性亦不能得其确解，至少不是孔孟所理解的人性。众所周知，隶属于七十子后学的郭店楚简文献《性自命出》中，已经有了"未教而民恒，性善者也"的论述，但限于七十子后学的影响力或古代学术交流之不便，孟子很可能没有看到这种论述。因此，孟子之盛言性善，可能是由于其严整之宗教意识及其弘教之使命感，使他一下子就证悟到了人性与天之间的关系，证成其性善论，由此

---

❶ 牟宗三：《心体与性体》中，上海古籍出版社 1999 年版，第 421 页。

而弘扬天人性命之教。

　　盖孟子乃觉悟力与形上契会极强之人，故可证性善，且这种善的性乃弘教之本质力量与根本动力，于是，其为学则盛言性善论。何以见得觉悟力与形上契会极强？孟子曰："夫仁，天之尊爵也，人之安宅也。"（《孟子·公孙丑上》）孟子以其清湛而飞动之生命，一下子就证会、照见人之所以为人，即在其有天之尊爵。天之"尊爵"二字，乃是孟子证会、照见的，这不是观察到的，因为经验世界并没有天之尊爵这种东西，亦非逻辑推理之产物。若非孟子之觉悟力与形上契会，焉能指陈天之尊爵？孔子曰："五十而知天命。"（《论语·为政》）这也是证会、照见的，绝非无据之自夸也，故这里的"知"不是"为学日益"的"知"，而是"为道日损"的体证。"天之尊爵"尽管是孟子个人证会、照见的，但不能说"天之尊爵"只是个人的经验，而没有普遍性的意义。实际上，"天之尊爵"人人都可以证会，但在历史的机缘上，为什么由孟子证会而说出，则有神秘性。孟子曰："天之生此民也，使先知觉后知，使先觉觉后觉也。予，天民之先觉者也。予将以斯道觉斯民也，非予觉之而谁也？"（《孟子·万章上》）世间定有些挺拔独特之心灵，他一下子智慧全开，照彻了宇宙人生之实相与美境，且以此实相与美境自觉地担负起了觉悟庸众的使命与责任，所谓"非予觉之而谁也？"庄子曰："圣人怀之，众人辩之以相示也。故曰辩也者，有不见也。"（《庄子·齐物论》）学问固可众人辩而示之，但若无圣人之智慧以怀之，则一切学问皆虚而不实，不过谰言浪语耳。虚而不实，谰言浪语意味着"教"永远无法"圆"，故我们必须承认直接契会与照见这种生而即有的智慧，我们不妨称之圣证的真理。张横渠分"德性之知"与"见闻之知"，而"德性之知"不萌于见闻，则"德性之知"即是圣证之真理也。孔子曰："心之精神是谓圣"（孙之騄辑：《尚书大传》卷一引孔子语），又，杨慈湖曰："人皆有至灵、至明、广大、圣智之性，不假外求，不由外得，自本自根，自神自明。"（《慈湖遗书》卷三《绝四记》）世间定有这种自觉自动的证知，亦有不假外求、自本自根的神悟，是为圣证也。"五十而知天命"、"天生德于予"，俱是圣证的真理，世间若没有像孔孟这样的伟大灵魂，人类就只能成就平面的知识世界，而不能圣证立体的宗教宇宙，因而就不会有光与热，而知识世界也很快因能量不足而陷入死寂。牟宗三说：

人类原始的创造的灵魂，是靠着几个大圣人：孔子、耶稣、释迦。这些从人格方面说的伟大灵魂都是直接的、灵感的、神秘的，简易明白，精诚肯断，而又直下是生命，是道路，是光，又直下是通着天德的。他们都是在苍茫中有"实感"的。他们没有理论，没有系统，没有工巧的思辨。他们所有的只是一个实感，只是从生命深处发出的一个热爱，一个悲悯：所以孔子讲仁，耶稣讲爱，释迦讲悲。这些字眼都不是问题中的名词，亦不是理论思辨中的概念。他们是"天地玄黄，首辟洪蒙"中的灵光、智慧。这灵光一出就永出了，一现就永现了。它永远照耀着人间，温暖着人间。这灵光是纯一的，是直接呈现的，没有问题可言，亦不容置疑置辨。它开出了学问，它本身不是学问，它开出了思辨，它本身不是思辨。它是创造的根源，文化的动力。一切学问思辨都是第二义的。但是自从首辟洪蒙，灵光爆破以后，第二义的学问磨练是必要的。而世愈降，去苍茫愈远，苍茫中创造的灵魂不世出，亦只有通过学问的骨干振拔自己了。大圣的风姿是无典要的，但学问的骨干有典要，典要的丰富是可窥见的，骨干的庄严是可企及的，但创造的灵感，大圣的风姿，其丰富是不可窥测的，其庄严是不可企及的。只有靠着"实感"来遥契。❶

性善乃孟子基于神圣生命而来的实感、证会与照见，即照见了人性与天的关系，这是智慧开启时的一体朗现，一定永定，这是由孟子所圣证的真理。唐君毅就指出，孟子之说性善与程伊川、王阳明颇不同，后二者之说性善"皆待人反省其心中之当然之理与私欲之相对反，及良知之善善恶恶，而后能了解"❷，意思是说，程伊川与王阳明乃通过"理"与"知"去论证性善的味道，而孟子则不同，乃就"无所为而为之心之直接感应上指证"，又就"心之直接安处悦处指证。此安或悦，亦不须是与其所不安处不悦处相对而后见者"❸。"无所为而为之心之直接感应"，是指独立于经验之外的感应；不"与其所不安处

---

❶ 牟宗三：《五十自述》，台湾鹅湖出版社 1993 年版，第 81–82 页。
❷ 唐君毅：《中国哲学原论——导论篇》，中国社会科学出版社 2005 年版，第 50 页。
❸ 唐君毅：《中国哲学原论——导论篇》，中国社会科学出版社 2005 年版，第 51 页。

不悦处相对而后见者"，是指不在知识的对待中比较。唐君毅所说的这两点，明确指示孟子说性善乃是圣证的方式，即德性之知也。是以圣证，这应是我们理解性善论的最终据，若是之不顾而究所谓义理之辩解，论证之密察，尽管"进退一成规，一成矩，从容一若龙，一若虎"（《庄子·田子方》），俱是无根之游谈，终成空华外道也。这正如丁为祥所言："一旦性善也成为一种论证或理论成说，也就必然会蜕化为一种'故'，退化为'所得而后成也'的手段。"❶"故"即经验也，性善因经验化而成为手段，而非绝对目的，则非孟子意也。

孟子通过圣证体悟到，人性之善只能源于天，或者进一步说，若我们不把善与神圣的天关联起来，则道德的善究竟何所指，我们确实不清楚。孟子直接论述人性善与天之关系的句子，盖有以下三段：

> 富岁，子弟多赖；凶岁，子弟多暴。非天之降才尔殊也，其所以陷溺其心者然也。（《孟子·告子上》）

孟子这句话的意思是：在富岁与凶岁，弟子之表现其善（赖，朱子训为：藉。丰年衣食饶足，故有所顾藉而为善）恶（暴）差别如此之大，并不是上天赋予人的为善之才能上有差别，只不过是人心陷溺于环境，没有表现这个为善的才能而已。在孟子看来，每个人天生都有为善之才能，这便是孟子这里所说的"才"，在"才"处，人并没有什么差别，皆为善，而现实中善恶的差别，乃陷溺环境之结果。孟子在此并没有明确地说性善，但提到了"才"字，而"才"、"即表示人之足够为善之能力，即孟子所谓'良能'"。❷虽没有提到"性"字，但这段文字是进一步解释弟子公都子"性善性不善"之问的，且《告子上》通篇论"性"，则"才"一定与"性"相关。实际上，"性"是静态地说，而"才"是动态地说；"才是虚位字，即指性言，并无独立的意义"❸。"才"是"性"的表现，人既然有天生的为善之能力，则可推知性亦当必为善。既然为善之能力即"才"是天所给予，则性之善亦应当是天所给予的，也就是说，孟子

---

❶　丁为祥：《话语背景与思考坐标：孟子"天下之言性"章辨正》，《国学学刊》2014 年第 3 期，第 61 页。

❷　牟宗三：《圆善论》，台湾学生书局 1985 年版，第 23 页。

❸　牟宗三：《心体与性体》下，上海古籍出版社 1999 年版，第 382 页。

这句话确立了性善乃源于天。再结合"乃若其情则可以为善矣，乃所谓善也。若夫为不善，非才之罪也"（《孟子·告子上》），且如陆象山所言："情性心才都只是一般物事，言偶不同耳。"（《陆九渊集》卷三十五《语录》下）若情、性、心、才四者意思相同，则我们亦可说："乃若其性则可以为善矣，乃所谓善也。若夫为不善，非性之罪也。"则性善明矣，且源自天，是以尹焞赞之曰："知大本者无如孟子，善论学者亦无如孟子。故曰：'非天之降才尔殊也。'"（《孟子精义》卷第十一）

另外两段文字则出现在《尽心上》中：

> 耳目之官不思，而蔽于物。物交物，则引之而已矣。心之官则思；思则得之，不思则不得也。此天之所与我者，先立乎其大者，则其小者不能夺也。此为大人而已矣。
>
> 仁义忠信，乐善不倦，此天爵也。公卿大夫，此人爵也。

这两段文字也都没有明确地提到"性"。第一段只是说作为人之大体的"心"，孟子的意思很明显，作为小体的耳目之官因"蔽于物"，故不能为善，而作为大体的"心"因其可思，故可以为善。心之所以为"大"，以康德的话说就是："人固有一种独立于感性冲动的强迫而自行决定自己的能力。"[1]孟子特别指出，作为大体之"心"的这种能力是天所给予人的。第二段提到了"善"，"善"从哪里见？就是从仁义忠信中见。但仁义忠信是从哪里来的呢？孟子亦明确指出，这是天所给予人的尊贵爵位。孟子特别把天爵与人爵对比，说明作为"善"的天爵，是天赋予每一个人的，但人爵却不是每个人所必有的，因为它是世俗权力所给予的。以上两段文字虽然没有明确说出性善与天的关系，但若如前所言，"情性心才都只是一般物事"，孟子固有情、性、心、才诸说，但只是随文表现有所不同耳，故说心善实则是说性善也。这样看来，上述两段文字也是说性善与天的关系，即性之善来源于天。

综上所述，孟子所说的"天之降"、"天之所与"、"天爵"，都不过是说性

---

[1] 康德：《纯粹理性批判》，李秋零主编：《康德著作全集》第3卷，中国人民大学出版社2013年版，第354页。

之善源自天，这是孟子以智慧圣证到的。既有这一圣证，便既不需要经验的证明，也不需要逻辑的证明；而荀子则不知此，责孟子的性善论“无辨合符验，坐而言之，起而不可设，张而不可施行”（《荀子·性恶》），盖荀子以其经验之性格，不知智慧之圣证，此所谓生命不相应也。生命不相应固可也，若由此不相应而责难孟子之性善论，则无异于榫枘异处之论也。康德说：

> 如果某种能够有助于此的东西即使没有历史证明就已被认识，甚至完全抛开历史证明来认识，那么，非不得已，切勿对它及其历史威望唠唠争辩。那种与此没有对每一个人都有效的内在关系的历史知识，属于每一个人都可以随其喜好来对待的中性物。❶

性，乃是一种形而上的存在，并不是经验世界中“每一个人都可以随其喜好来对待的中性物”。孟子之所以与告子、公都子辩，实际上是以“辩”来“觉”醒他们，所谓“予将以此道觉此民也”（《孟子·万章下》），非以此来论证其照见之性善也。若纯从论证的角度看，孟子之论证确有不周延处，但若由此不周延，即谓性善不实，则可谓于水中捞月也。故陆象山劝其弟子曰：“其卷首与告子论性处，却不必深考，恐其力量未到，则反惑乱精神，后日不患不通也。”（《陆九渊集》卷七《与邵中孚》）这就是告诉我们，不要在论辩中“考”性，性原本非能考之者。庄子曰：“辩也者，有不见也。”（《庄子·齐物论》）性善之“论”固有“不见”处，故可讨论，但性善是智慧之圣证，一证永证，不可讨论也。性善乃慧眼窥破天机后之事实，洪荒爆破后之灵光。我们正因承袭那事实与灵光而始为人，不然，即禽兽也。但孟子既然欲在“辩”中“觉”醒庸众，则“辩”中就免不了“论”，以期在“觉”中使庸众“证”，是以孟子又是一论证者。实则所谓论证不过是一种推述、演绎与说明，欲以此来启悟劝说庸众。❷ 罗素说：“严格说来，哲学的论证主要是力图使读者见到作者所

---

❶ 康德：《纯然理性界限内的宗教》，李秋零主编：《康德著作全集》第 6 卷，中国人民大学出版社 2013 年版，第 44 页。

❷ 推述、说明与论证不同。如：所有的人都是要吃饭的，A 是人，所以，A 是要吃饭的。结论显然是由大前提推述出来的，是对大前提的演绎与说明，而不是对大前提的论证。大前提：所有的人都是要吃饭的，无法通过：A 是要吃饭的，B 是要吃饭的……这一系列的子命题来证实。至于大前提“所有的人都是要吃饭的”，其真是如何得来的？答曰：要么是假定，要么是启示（即圣证）。

已经见到的。总之，这种论证在性质上不是证明，而是劝说。"❶哲学的论证不是证明而是规劝，尤其适合孟子对于性善论之辩。故孟子这一论证者非学者形态之论证者，乃弘教形态之论证者，若是之不分，必误解孟子之性善论也。德国宗教哲学家 K. 拉纳说：

> 人们可以对一个恶棍说明一个数学真理，但却无法让他明白上帝之在的论证，这并不表明前者有力，而后者站不住脚，这只是说明一种"证明"要求人自身参与的程度而已。❷

数学真理可以纯粹依据外在的推理证明使人明白，但上帝之存在却必须由人自身的参与而圣证。同样，性之善乃天所赋予，必须依赖智慧之圣证，一旦圣证到了，便不可讨论，且不可怀疑，亦不会怀疑。这是我们理解孟子性善论的基点与红线。

（二）朱子对心性情之理解及其引起的纷扰。

遗憾的是，学界对于这一基点与红线，并没有认真的理解与把握，于是，只从四端看善之表现，而不能由天圣证善之来源，最后误把善之表现当作善之来源，由此，天从孟子的性善论中退隐，最终的结果是，孟子的性善论只是一种伦理学，而不是一种天人性命之教，从而无法证成"尽心、知性而知天"的宗教境界。如，"显然，孟子便是把伦理学建立在某种人性论的基础上，因此孟子的伦理学无疑是伦理自然主义"❸。不管这种判断是否正确，只从伦理学角度理解孟子的性善论，都是对性善论精神价值的极大降格与低视，也是对整个儒学精神价值的极大降格与低视。

学界之所以误孟子善的表现原则为善的发生原则，乃因朱子的影响。学人读《孟子》，无不依据朱子的《四书章句集注》。我们知道，孟子两次提到"四心"或"四端"，这里引《公孙丑上》中的一段：

---

❶ 罗素：《我的哲学的发展》，温锡增译，商务印书馆 1995 年版，第 247 页。

❷ K. 拉纳：《圣言的倾听者——论一种宗教哲学的基础》，朱雁冰译，生活·读书·新知三联书店 1994 年版，第 119 页。

❸ 陈乔见：《朱子对孟子性善论的"哥白尼倒转"及其伦理学差异》，《杭州师范大学学报》2019 年第 6 期，第 4 页。

　　所以谓人皆有不忍人之心者，今人乍见孺子将入于井，皆有怵惕恻隐之心；非所以内交于孺子之父母也，非所以要誉于乡党朋友也，非恶其声而然也。由是观之，无恻隐之心非人也，无羞恶之心非人也，无辞让之心非人也，无是非之心非人也。恻隐之心，仁之端也；羞恶之心，义之端也；辞让之心，礼之端也；是非之心，智之端也。人之有是四端也，犹其有四体也。

　　孟子这里要表达的是，人现实中行善的力量端依赖于四端或四心之发动（如，对不慎入井之孺子援之以手），四端或四心是善的执行者，由四端或四心对善的执行，从而说明人有善的能力。朱子把这种善的能力，四端或四心称为情。朱子在注这一段时曰：

　　　　恻隐、羞恶、辞让、是非，情也。仁、义、礼、智，性也。心，统性情者也。端，绪也。因其情之发，而性之本然可得而见，犹有物在中而绪见于外也。（《孟子章句集注》卷二）

　　本来，在孟子那里，正如陆象山所云："情性心才都只是一般物事，言偶不同耳。"孟子虽时而曰性，时而曰心，时而曰情，时而曰才，但只是随表达之需要而异，其内涵则一。但在朱子那里，性只是理，理并无力量实现自己，故朱子引进一个兴发力——情，并以为孟子所说的恻隐、羞恶、辞让、是非就是情。但朱子所说的情已不是"情性心才都只是一般物事"的情，而是属于气，性是形而上者，而情则是形而下者。这样，形而上的性之善由形而下的情之善而透见。这种性与情为二，且形上形下分属之立场一直未能改变。《四书章句集注》成书于宋孝宗淳熙四年，合刻于淳熙九年（1182 年）❶，是年朱子五十三岁，到六十五岁《玉山讲义》答陈器之之问时，依然曰：

　　　　性之理虽无形，而端的之发最可验。故由其恻隐，所以必知其

---

❶ 束景南：《朱子大传》，福建教育出版社 1992 年版，第 385 页。

有仁；由其羞恶，所以必知其有义；由其恭敬，所以必知其有礼；由其是非，所以必知其有智。使其本无是理于内，则何以有是端于外？由其有是端于外，所以必知有是理于内，而不可诬也。故孟子言："乃若其情，则可以为善矣，乃所谓善也。"是则孟子之言性善，盖亦逊其情而逆知之耳。（《朱文公文集》卷五十八《答陈器之》之二）

性无形而情可见，故由情之善而可推知性之善，这是朱子的理路。其实，因朱子以性情分属于形而上与形而下，实则由形而下的情之善未必能推知形而上的性之善，在朱子那里，本有此纠结与纷扰，但朱子自身并无此自觉的意识。然即使没有此种自觉之意识，朱子依然认为由情之善可推知性之善，即由情之善而推知有性之善这一事实，但这却不是论证性之善；也就是说，这是由表现原则推知一事实，而不是由发生原则论证一事实。这种情形，就相当于康德论述自由与道德法则之关系。康德在论述这一关系时提醒我们说：

> 当我现在把自由称做道德法则的条件，而在后面的论述中断言道德法则是我们惟有在其下才能意识到自由的条件时，为了使人们在这里不至于误以为发现了不一致，我要提醒的仅仅是，自由当然是道德法则的存在根据，但道德法则却是自由的认识根据。因为如果不是在我们的理性中早就清楚地想到了道德法则，我们就绝不会认为自己有理由去假定像自由这样的东西。但如果没有自由，在我们里面也就根本找不到道德法则。❶

康德的提醒是要告诉我们，自由给道德法则提供论证，但道德法则却只能给自由提供认知，即通过道德法则推知自由之实有，但即使没有道德法则，自由也不一定就没有，然若没有自由，道德法则则一定没有。自由与道德法则的这种关系，是绝对不可以反过来的，故自由才是实践理性的拱心石，而不是道德法则。

---

❶ 康德：《实践理性批判》，李秋零主编：《康德著作全集》第 5 卷，中国人民大学出版社 2013 年版，第 5 页注释①。

康德所论述的自由与道德法则之关系，可类比于性与情的关系，情之善固可推知性之善的实有，但仅仅只是推知，也就是说，情若不善亦不能说性之善一定无有，实际上，若依朱子情是气，则很可能不善，即情之善并不能给性之善提供论证。但性之善却可以论证情之善，即若无性之善，则一定无情之善，二者的这种关系是绝不能颠倒过来的。孟子以四心或四端说明性之善，"乃是一项'示例'，而不是一个例证"❶。即是通过一个例子说明性之善这个事实，但不是通过这个例子论证性为什么是善的，性何以是善的，是不可能通过一个例子来证明的。由此可见，性之善才是第一序，而情之善则是第二序，第一序可以给第二序提供论证；若由情之善去论证性之善，则情之善成为第一序，而性之善反而成为第二序。这一反转之影响是巨大的，若情之善是第一序，我们只须追问情之善由何而来即可，第二序的性之善则不必追问了；但若性之善是第一序，我们就应去追问无形的性之善由何而来，而第二序可见的情之善则不必追问了。

其实，朱子亦知情只是善之表现动力，而不是善的发生根基，他曾在答弟子问时曰：

> 天，便似天子；命，便似将告敕付与自家；性，便似自家所受之职事，如县尉职事便在捕盗，主簿职事便在掌簿书；情，便似去亲临这职事；才，便似去动作行移，做许多工夫。（《朱子语类》卷第五十九）

在这里，天－命－性－情－才一线下来，前者为后者提供论证，而不是后者为前者提供论证。但因为在朱子那里，性只是理，只存有而不活动，故善只能在情处见。学人由此即误因情之善而论证性之善也，如徐复观说"孟子便专从心的作用来指证性善"❷，指证虽不是论证，盖同于例证也，故其又曰："换言之，孟子在生活体验中发现了心独立而自主的活动，乃是人的道德主体之所在，这才能作为建立性善说的根据。仅从人所受以生的性上言性善，

---

❶　梁涛：《郭店竹简与思孟学派》，中国人民大学出版社 2008 年版，第 346 页。
❷　徐复观：《中国人性论史（先秦篇）》，上海三联书店 2001 年版，第 149 页。

实际只是一种推论。"❶ 这完全颠倒了二者的关系。实则朱子并无此意，他只是由情之善推知性之善也，而性何以即是善的，则须另说。故谓"孟子专从心的作用来指示性善"，可也；谓"孟子专从心的作用来指证性善"，谬也。

以心之善或情之善论证性之善，则心之善或情之善为第一序，性既无形，而心或情则可见，故人们多以为心或情是经验世界之物事，于是，人们总是进一步在经验世界中追问，心之善或情之善是如何来的。在孟子那里，原本有"天－性－心"这样的发生关系，即性之善来源于天，天是善的终极因，且性之善然后才有心之善；还有"心－性－天"这样的表现关系，即心之善可以表现性之善，性之善而充其极即可通达于天，这正是"尽心、知性而知天"的理路。因此，孟子通过这两个来回可以证成宗教。如今，心之善是第一序的，天被刊落，只有"心－性"这一单线，则不能证成宗教，只能证成伦理学，且只是经验论的伦理学。由此，则孟子所说的存养即没有意义，因为举凡讲存养，皆是基于圣证，这是宗教性的，所谓"为道日损"也；而经验论的伦理学，至多只需要知识性的格物致知，所谓"为学日益"也。徐复观曾说："因心善是'天之所与我者'，所以心善即是性善。"❷ 若从心性同一，心善表现性善的立场看，这个说法是没有问题的，最后也可以通达于天而证成宗教。但徐复观又说："超经验的特性，依然是由经验之心所认取。"❸ 由经验证实超验，则"天之所与我者"即被消解，按徐复观的说法乃是"不知其所自来，于是感到这是'天之所与'"❹。天由此彻底虚位化，是此焉能证成孟子所说的"存心、养性以事天"之宗教？这是问题的总关键。

前文说过，以心善来指示性善可，但以心善来论证性善则不可，这是需要严格区别的，因为最后导致对孟子的理解殊别很大。我国台湾学者袁保新认为，孟子"从人具体、真实的生命活动着眼，指出贯穿这一切生命活动背后的，实际上存在着一种不为生理本能限制的道德意识——'心'，并就'心'之自觉自主的践仁行义，来肯定人之所以为人的'真性'所在"❺。此种说法，

---

❶ 徐复观：《中国人性论史（先秦篇）》，上海三联书店 2001 年版，第 151 页。

❷ 徐复观：《中国人性论史（先秦篇）》，上海三联书店 2001 年版，第 149 页。

❸ 徐复观：《中国思想史论集续篇》，台北时报文化出版社 1982 年版，第 393 页。

❹ 徐复观：《中国人性论史（先秦篇）》，上海三联书店 2001 年版，第 151 页。

❺ 袁保新：《孟子三辨之学的历史省察与现代诠释》，台北文津出版社 1992 年版，第 48–49 页。

若是以心著性（心自觉自主之善来自性，最终来自天，心只是形著性、天而已。此时，心、性、天为同质的），可也；然原夫作者之意，却是以心证性，则成差谬矣。以心证性，则心为第一序者，由此，我们一定会追问：心之善从何而来？若刊落了天与性或心的瓜葛，那么，心自觉自主之善还能从何而来呢？一定只能从经验中来，即善是生成的。在外国学者中，安乐哲即是这一方面的代表。他说：

> 就大多数学者而言，当前限制我们理解在《孟子》中"性"的另一个问题是，未能适当地区别"性"与一个次要的概念：心——在一连串的概念中，这一概念扮演了一种本质的角色。事实上，就学者而言，未能考虑到它们的重要区别，存在着混淆心性这样一种决定性的倾向。这种混淆的出现，因为作为一种创造性行为之"性"是根植于心之中的，而且作为心的功能，一般人有一种必然的决定性倾向。但正是正确地依赖于我们能够观察到其变化、成长与细致地改进这些决定性的倾向，构成了"性"。❶

这是告诉我们，不应该从性来理解性，而应当从心来理解性，一旦如此，我们便发现，性是生成的，因为心有倾向性，即心有向善性，而性之善正是心之向善生成的。也就是说，性不是先验的，而是在生成中，其生成之动力即在心之向善。"'性'的可能性不是'性'自身，性是一种创造性行为。"❷ 所谓心之向善，即心趋向于善，很明显，则善不在心自身，而在经验世界。在中国学人中，大陆以杨泽波为代表，其"伦理心境"之说在绪论中有所征引，在此不再赘述；台湾学人以傅佩荣为代表，他说：

> "善"当然不可能与生具有，因此不宜说人性本善，只宜说人性向善。……人的本性，既非本恶也非本善，而是具有行善之潜能，

---

❶ 安乐哲：《孟子的人性概念：它意味着人的本性吗？》，〔美〕江文思、安乐哲编：《孟子心性之学》，梁溪译，社会科学文献出版社 2005 年版，第 90 页。

❷ 安乐哲：《孟子的人性概念：它意味着人的本性吗？》，〔美〕江文思、安乐哲编：《孟子心性之学》，梁溪译，社会科学文献出版社 2005 年版，第 91 页。

亦即向善，只需存养扩充之。❶

因为心是向－善的，故"没有一定的所谓'本善'的质素"❷。心没有本善的质素，意味着斩断了心与天的联系，因为天没有给善予心，让心固有善，而心又向－善，则善一定外在于心，那么，善如何规定呢？如此，则伦理学的规定为善之必然归宿。也就是说，只要是以心为第一序者，则必然把孟子的性善论只限定在伦理学之范围，其宗教性必然诠释不出来，于是，孟子不过只是一伦理学家，而不是弘教传道之圣贤。

（三）学界对性善论的误解。

综观近年来学者的研究，依然把孟子的性善论囿于伦理学的层面，而没有向宗教层面推进，究其原因，依然是根据情之善或心之善来论证性之善，即情之善或心之善是第一序的，而性之善是被论证者，是第二序的。涂可国在《孟子"四心"、"四端"与"四德"的真实逻辑》一文中，把"四心"与"四德"的关系分为"四心萌芽说"与"四心本源说"，且认为前者属于对孟子的误解，而后者才是正解。❸所谓"四心萌芽说"，乃针对朱子而言，即以"四心"之表现推知人有"四德"（性之善），"四德"为体而"四心"为用；所谓"四心本源说"，乃"四心"为体，"四德"为用，"四心"为根基，"四德"为生发。总之，是"四心"为"四德"提供了论证，也就是说，是心之善为性之善提供论证，而不是相反。但心之善是什么呢？作者在文章最后说道："笔者深深感到，孟子发明的恻隐之心、羞恶之心、辞让之心和是非之心深深植根于人类现实经验生活中，是人类在漫长的进化过程中产生的精华，它比仁义礼智'四德'更加亲切、更有人情味。"❹这就是说，心之善不过是"四心"在人类现实经验生活中获得的，若说"性之四德"，这就是"性之四德"，此外，别无所谓"性之四德"，即性之善最终不过是经验的产物，虽美其名"四心本源说"，实则是"经验本源说"。这与孟子的精神高致可谓风马牛而不相及也。董卫国在《性善与工夫——孟子言性善的角度与理论特色》一文中认为，孟

---

❶　傅佩荣：《儒家哲学新论》，台北业强出版社 1993 年版，第 188–189 页。

❷　傅佩荣：《儒家哲学新论》，台北业强出版社 1993 年版，第 193 页。

❸　涂可国：《孟子"四心""四端"与"四德"的真实逻辑》，《武汉大学学报》2020 年第 2 期，第 34 页。

❹　涂可国：《孟子"四心""四端"与"四德"的真实逻辑》，《武汉大学学报》2020 年第 2 期，第 48 页。

子性善论的基本立场是：从四端之心言性善，或"即情言性"。这种立场的实质就是："人作为共同的族类，必然有其表现于情感生活之中共同的倾向性，由此共同的倾向性则可探知人性的内容。孟子由人的口味、听觉、视觉皆有共同的好恶倾向，进而推知人心也有共同的好恶标准，这个标准就是'理'和'义'"❶。作者这个结论是依据孟子所说的"理义之悦我心，犹刍豢之悦我口"（《孟子·告子上》）而来，但孟子此说只是一种类比，且其类比是不太严格的，因为口所悦的对象"刍豢"为在外者，而心所悦的对象"理义"，至少在孟子并非在外者，实则乃心之自发自悦，故孟子主仁义内在，由此可知性善，但这个"知"只是推知而不是论证，善，在孟子那里，只有一个唯一的来源——天。但董卫国把"悦"解释为人心在情感生活的倾向性，显然是把"理义"置于外在的经验中，以人心倾向于"理义"来论证性之善，其理路与涂可国一样，必陷入唯物论与事务主义。

总之，只要是以心为第一序，且以心之善论证性之善，最终必然刊落天，从而落入经验论，只能证成功利主义的伦理学。在这一方面，陈乔见以《朱子对孟子性善论的"哥白尼倒转"及其伦理学差异》一文，为这样的解孟思路作了总结。在这篇文章中，作者的主题思想是：在孟子那里，"心"重而"性"轻，"心"实而"性"虚，且孟子是以心所具有的道德情感论证人性善。于是，作者得出结论，孟子的性善论明显属于经验论形态。但朱子并不是从这个立场去理解孟子的，他从天理之善论定人性之善，于是，"这一转变即由孟子从经验道性善一变而为从先验道性善，笔者称之为性善论中的'哥白尼倒转'"❷。也就是说，朱子把孟子的经验论形态的性善论转变为先验论形态的性善论。作者还列表对比这两种性善论的根本差异。❸

❶ 董卫国：《性善与工夫——孟子言性善的角度与理论特色》，《孔子研究》2019年第3期，第89页。
❷ 陈乔见：《朱子对孟子性善论的"哥白尼倒转"及其伦理学差异》，《杭州师范大学学报》2019年第6期，第1页。
❸ 陈乔见：《朱子对孟子性善论的"哥白尼倒转"及其伦理学差异》，《杭州师范大学学报》2019年第6期，第10页。

问题	孟子	朱子
道性善的理路	以心善证明性善	以（天）理善阐明性善
性善论的核心命题	人皆有恻隐羞恶等心	性即理也（性具仁义礼智）
个体与普遍	从个体体验经反思、类比上升到普遍（人心之所同然）	由普遍之天理赋性于个体之心（心具众理）
心性情之关系	三者异名同谓（主观地言曰"心"、客观地言曰"性"，其实质为"情"）	"心"、"性"、"情"三分；性体情用；心统性情；心包性
伦理学之基础	端（道德情感）	体（天理）
天之地位	虚（去掉天对性善论无实质影响）	实（完全没法想象没有天）
工夫基调	存养与扩充	复性之本体
哲学性格	经验论	先验论／形而上学实在论

这里之所以不怕繁复全盘征引这一表格，乃在于让我们知晓，若以心为第一序，而以心之善论证性之善，会把孟子的性善论理解成什么样子。这个表格简明扼要，点明了其中的关键问题。依据表格所示，其关键结论有如下三点：其一，"心"、"性"皆为虚，唯有"情"才是实，而"情"是经验的；其二，孟子的性善论只是一种伦理学，且是经验论的伦理学；其三，天为虚设。这三个关键性结论虽然由陈乔见得出，但举凡走由心之善论证性之善的人，都会得出这样的结论，故具有代表性。这里貌似繁复，义理多端，其实一个根本的问题是，拉掉了孟子性善论中"天"之奠基作用，从而必然会导致以上诸多结果。无论如何解释孟子，只要拉掉"天"之奠基作用，一定会把性善论只说成一种经验性的伦理学，这种情形在杨泽波那里体现得尤为明显 ❶，而涂可国、董卫国最后也都会走到这里来。这样一来，孟子只不过是一个经验论的伦理学家，其神圣性的宗教精神完全泯灭，而孟子被尊为亚圣，

---

❶ 杨泽波认为，"天"在孟子那里是"弱意义的"，见《贡献与终结——牟宗三儒学思想研究》第二卷，上海人民出版社 2014 年版，第 141 页。杨泽波又认为，孟子不过是"借天为说"，见《信念还是实体？——儒家生生伦理学关于德性之天与仁性关系的思考》，《孔子研究》2018 年第 1 期，第 11 页。无论是天为"弱意义的"还是"借天为说"，在杨泽波看来，对于孟子的性善论而言，"天"之意义不大，完全可以拉掉。

岂不是浪得虚名乎？！康德说："道德不可避免地要导致宗教。"❶可见，道德是宗教最可靠的地基，儒学正是由此而通达于宗教。若如杨泽波、涂可国、董卫国、陈乔见那样去解析孟子，则道德如何"不可避免地要导致宗教"？可见，只把儒学限制在道德领域，是对儒学极大的降格。

朱子当然秉承了孟子的宗教精神。其实，朱子对孟子性善论的理解，其方向并没有错，即天理－性－心，这样的路线，性之善奠基于天理，而心又是表现性之善的，故通过心之表现可以推知性之善，但朱子只是止于推知，并没有说性之善奠基于心。因此，绝没有陈乔见所说的朱子对孟子的性善论作了"哥白尼倒转"，若果如此，朱子岂不是反孟子？我们知道，宋明理学是最能善绍孔孟儒学的新儒学，其所谓"新"绝不是所谓"倒转"，而是由外部通俗的观点进入内在本质中以见儒家生命智慧之方向，这是"调适上遂的新，虽是引申发展，但却为原有者之所涵"❷。当然，因为朱子把心与情放在气中讲，而性则只是理，不能活动，性之善只能在情中见，而情又是形而下的，世人遂受朱子的影响，以为形而下的心或情可论证性之善，差谬由此出焉。朱子对心、性、情、才的理解俱不合孟子之原义 ❸，即使如此，朱子依然只是说在情上推知性之善，其性之善的奠基处依然在"天"，即只有"天"才能证实性之善，情只可透见而不能证实，这在朱子那里是非常清楚的。但由于朱子理学系统中，性与心分属形而上与形而下，心不能直接贯通至性，最后贯通于"天"，使"天"退隐而萎缩，于是，便认为朱子把性之善奠基于"天"的意义不大，这正如陈乔见所说："本着'奥卡姆剃刀'的'如无必要，毋增

---

❶ 康德：《纯然理性界限内的宗教》，李秋零主编：《康德著作全集》第 6 卷，中国人民大学出版社 2013 年版，第 7 页。为什么道德不可避免地会导致宗教呢？康德在《学科之争》一书中作出解答："道德法则为我们保证了一种仅仅为人所特有的、把人与其余所有自然部分区别开来的特性，即道德性，我们凭借道德性而是独立的和自由的存在者，而道德性本身又是通过这种自由建立的。——因此，使人成之为人的，是这种道德性，而不是知性。……自由意志是完全独立的，并且只应当被内在的法则所规定，也就是说，人应当仅仅被他自己所规定，只要他把自己提高到他的源始的尊严，提高到对一切不是法则的东西的独立性。……人感到自己被创造是为了另一个王国，这个王国不同于感官和知性的王国，亦即人被创造是为了一个道德王国、为了上帝之国。他认识到自己的义务同时是神的诫命，而且在他里面产生出一种新的知识、一种新的情感，亦即宗教。……这些人的生活完全没有上帝崇拜；他们抛弃了一切叫做上帝崇拜、不在于履行其义务的东西；他们把自己视为有宗教信仰的人，甚至视为基督徒，但却不把《圣经》视为自己的法典，而是仅仅谈到一种内在的、亘古以来就内在于我们的基督教。"康德：《学科之争》，李秋零主编：《康德著作全集》第 7 卷，中国人民大学出版社 2013 年版，第 71-73 页。

❷ 牟宗三：《心体与性体》上，上海古籍出版社 1999 年版，第 16 页。

❸ 牟宗三：《心体与性体》下，上海古籍出版社 1999 年版，第 369-385 页。

实体'的哲学理论建构原则，如果我们无需预设一形而上学的实体就能很好地解释性善与伦理之根基，那么，笔者以为，回到孟子性善论似乎更为平实可取。"❶若只是要证成一种伦理学，则形而上学的预设似乎可以剔掉，但孟子与朱子都是要证成安身立命之教，则"天"绝不可从他们的系统中剔除。朱子的系统固不周洽，那自是不周洽的问题，绝不意味着"天"可以从其系统中去掉；孟子的系统则一贯而周洽，更不可能去掉"天"。若没有"天"之奠基，仅仅依据心之倾向性而证成善，则孟子与荀子之别弥合，甚至如梁涛所言："也许荀子更符合其所说的性向善。"❷

（四）心是善的表现原则，而非发生原则。

朱子本来是为了更好地诠释孟子的性善论，但因为他对孟子的"心"和"情"字有所误解，故造成很多纷扰，即使如此，朱子并没有以"心"为第一序，由此去论证性之善。受朱子对孟子的"心"和"情"误解的影响，后之学者遂以"心"为第一序论证性之善，由此则不但离孟子更远了，离朱子亦远矣。现在，我们再回到孟子的文本中来：

> 乃若其情，则可以为善矣，乃所谓善也。若夫为不善，非才之罪也。恻隐之心，人皆有之；羞恶之心，人皆有之；恭敬之心，人皆有之；是非之心，人皆有之。恻隐之心，仁也；羞恶之心，义也；恭敬之心，礼也；是非之心，智也。仁义礼智，非由外铄我也，我固有之也，弗思耳矣。故曰：求则得之，舍则失之。（《孟子·告子上》）

上述这段文字，依据牟宗三的理解，"是孟子确认性善之正说"❸。此段分别提到了"情"、"才"与"心"，但就是没有提到"性"，是否即如陈乔见所言，乃是"性"虚而"心"实呢？谓"心"表现"性"可也，谓"性"虚而"心"实，孟子其实是通过"情"、"才"与"心"三者来进一步说"性"。

我们经常说情感、才能，而情感、才能总是形而下的，属于经验世界，

---

❶ 陈乔见：《朱子对孟子性善论的"哥白尼倒转"及其伦理学差异》，《杭州师范大学学报》2019 年第 6 期，第 11 页。

❷ 梁涛：《郭店竹简与思孟学派》，中国人民大学出版社 2008 年版，第 354 页。

❸ 牟宗三：《圆善论》，台湾学生书局 1985 年版，第 22 页。

遂由此去理解孟子这里所说的"情"与"才"。实际上，这里的"情"并非情感之意，乃是"实情"之意，即就人这种存在的实情而言。"乃若其情，则可以为善矣，乃所谓善也"，意味着就"一切理性存有之为理性存有之实情"[1]而言，是可以为善的。也就是说，从人的实情来看，是可以为善的，这是先验的必然的。而人的实情又等于理性存有，由此可推出，理性存有之为善是先验的必然的；理性存有再以"性"字表示，则可知人性之为善乃先验的必然的，亦即性善。"情"就理性存有之实情而言，"才"则就理性存有之良能而言，"若夫为不善，非才之罪也"，意味着如果一个人不能做到善，并非他不具有理性存有这种先天之良能。也就是说，只要是人，他就具有理性存有这种先天之良能，从而具有为善的基质，此基质就是"才"，亦可说是"性"。在孟子看来，人之为不善，不能怪罪于人的基质，因为人的基质总是善的，亦即人性是善的。可见，以"情感"与"才能"来理解孟子这里所说的"情"与"才"，乃是莫大的误解。这可以进一步从下面一段文字得到证实："人见其禽兽也，而以为未尝有才焉者，是岂人之情也哉？"（《孟子·告子上》）这句话中的"情"显然不是情感的意思。这句话是说：人们见到有的人像禽兽的样子，便以为他不具有人之为人的基质，这哪里是人的实情呢？可见，孟子说"情"、说"才"，实际上是在说"性"，只不过是依据语境的需要有所变更而已。那么，为什么孟子又讲"心"？而孟子又是在什么意义上讲"心"的？孟子曰："无恻隐之心，非人也；无羞恶之心，非人也；无辞让之心，非人也；无是非之心，非人也。"（《孟子·公孙丑上》）若没有这四种心，就不会是人，说明这四种心之于人而言，是先验的必然的，就如人作为理性存有是先验的必然的一样。可见，"心"应该是"性"分解的讲法，即人性亦可就四种心来看。当然，孟子讲"心"并不止于这个意思，他更以"心"来讲"性"之活动义。孟子所说的"恻隐之心，仁之端也；羞恶之心，义之端也；辞让之心，礼之端也；是非之心，智之端也"（《孟子·公孙丑上》），就是显明这种活动义。"端"意味着"心"是"性"的引发、显现、形著。依据孟子之义，我们大概可以说："心者，性之成也"，或者，"心者，性之著也"，故胡五峰曰：

---

[1] 牟宗三：《圆善论》，台湾学生书局1985年版，第26页。

天命之谓性。性，天下之大本也。尧、舜、禹、汤、文王、仲尼，六君子先后相诏，必曰心而不曰性，何也？曰：心也者，知天地宰万物以成性者也。（《知言》卷一）

何以不曰"性"而曰"心"，或者说，在"性"之外还要另提出"心"？因为"心"是"性"之成。但成是"形著之成，非'本无今有'之成"●，"此明示心为形著原则，性为自性原则。如无心之形著，性只是客观地潜存，即不能成为具体的、真实的性"●。又，刘蕺山曰：

此性之所以为上，而心其形之者与？即形而观，无不上也。离心而观，上在何所？悬想而已。我故曰告子不知性，以其外心也。（《刘子全书》卷七《原旨》七篇《原性》）

胡五峰与刘蕺山都认为，"心"是表现"性"、成就"性"者，但"性"是本有者，只是靠"心"去表现成就而已。不但"性"是本有者，且是大本，"心"之表现与成就正是依据这个大本去表现成就，绝不是茫然无据地在经验世界中表现其倾向性，从而导致"心"实"性"虚、"性"落空而"心"成为无本者。

通过上面的分析，我们的确不得不佩服陆象山之慧眼。陆象山尝与其弟子李伯敏有下面的对话：

伯敏云："如何是尽心？性、才、心、情如何分别？"先生云："如吾友此言又是枝叶。虽然，此非吾友之过，盖举世之弊。今之学者，读书只是解字，更不求血脉。且如情性心才都只是一般物事，言偶不同耳。"（《陆九渊集》卷三十五《语录》下）

李伯敏基于世俗之弊，总以为"性、才、心、情"四者是不同的，陆象

● 牟宗三：《心体与性体》中，上海古籍出版社 1999 年版，第 369 页。
❷ 牟宗三：《心体与性体》中，上海古籍出版社 1999 年版，第 374 页。

山答曰：若不限于文字，而从生命之义理血脉来看，则四者只是随文言说的不同，其实质并无不同，不必强分。孟子论性之善时提到了"才"与"情"，这也只是腾口说出，其实亦是说性。尽管孟子分别提出"四心"或"四端"，也不是说经验意义上的倾向性的道德情感体验，其实质也是说性，先儒于此多有论述。刘蕺山曰：

> 《大学》言心不言性，心外无性也；《中庸》言性不言心，性即心之所为也。（《刘子全书》卷十二《学言》下）
> 孟子明以心言性也。而后之人必曰心自心，性自性，一之不可，二之不得，又展转和会之不得，无乃遁已乎？（《刘子全书》卷七《原旨》七篇《原性》）

《大学》固言心不言性，然未尝不含性也；《中庸》固言性不言心，但未尝不含心也。然性即存有即活动，故心之义出焉，心、性原非二物也。杨慈湖曰："孟子有'存心养性'之说，致学者多疑惑，心与性之为二，此亦孟子之疵。"（《慈湖遗书》卷八《家记二·论〈书〉》）实则孟子只是言偶不同，并无此疵也，乃后人枘凿窒滞，遂以心为情，而与性别，致使孟子性善论之大义反遁违不通矣。王船山明确指出，孟子所说的"四心"或"四端"俱不是情，而是性。他说：

> 孟子言"恻隐之心，仁也"云云，明是说性，不是说情。……故以知恻隐、羞恶、恭敬、是非之心，性也，而非情也。夫情，则喜、怒、哀、乐、爱、恶、欲是已。……孟子言情，只是说喜怒哀乐，不是说四端。（《读四书大全说》卷十《孟子·告子上》第十一）

从两位先儒的论述可知，心与性是同一的东西，只是性更显存有义，而心更显活动义而已。然活动亦是本心之自觉自动，非外倾于经验世界中去体验反思也。牟宗三说：

> 孟子说恻隐之心、羞恶之心等，明是说心，而不是说情，尤其

不是心与情之二分。此只是说具体而真实的道德真心，即使恻隐等有情的意义，亦是"真心"之本情，是以心言以理言的情，而不是以气言的情。在孟子，此具体而真实的道德真心即是性，只是一个道德创造之真体，并无心性情之三分。❶

心并非不可说，情亦非不可说，然情乃是心体自身"沛然莫之能御"之觉情，故心与情乃牵连着性而言者，此牵连乃是实的，故性乃实有者，虽无形，然不可谓之虚也。决非如前面提到之学人所理解的那样，性虚而心实。朱子虽云推知，然在朱子那里，性亦是实，故朱子只云心之善推知性之善，而不云心之善论证性之善也。今之学者既以性虚而心实，则心为第一序者，由此则不但言心之善推知性之善，亦必云心之善论证性之善也，甚至无所谓性之善，只有一个心之善。涂可国的"四心本源说"，陈乔见所说的"心性情三者异名而同谓，其实质为情"，其实都消解了性。果尔，则孟子力争性善即没有意义。性虚而心实，然心实落实下来不过是经验世界之情感体验，由经验世界之情感体验去说善，必然只能证成经验论的伦理学，而所有经验论的伦理学，都是功利主义的。但这岂是孟子之原意？孟子曰："由仁义行，非行仁义也。"（《孟子·离娄下》）"由仁义行"就是康德所说的"纯粹理性有能力自身就是实践的"❷，即善是心自身所具有的，且能够自身实践出来。但"行仁义"却把善置诸外，使心去执行，孟子通过对真正道德问题的追问，判定"行仁义"俱不是道德的善，故所有的经验论伦理学都是"行仁义"，都是功利主义的，都是孟子所反对的，亦不名之曰"善"。孟子明确指出：

> 心之官则思；思则得之，不思则不得也。（《孟子·告子上》）
>
> "求则得之，舍则失之"，是求有益于得也，求在我者也。"求之有道，得之有命"，是求无益于得也，求在外者也。（《孟子·尽心上》）

"思则得之"之"思"，"求在我者"之"求"，俱是逆觉体证之意，非一

---

❶ 牟宗三：《心体与性体》中，上海古籍出版社 1999 年版，第 405 页。

❷ 康德：《道德形而上学》，李秋零主编：《康德著作全集》第 6 卷，中国人民大学出版社 2013 年版，第 220 页。

般经验性之思考与外求也。一般经验性的思考与外求都是概然的，所谓"求无益于得也，求在外者也"，但孟子认为，心之善却不是一般经验性的思考与外求，它完全是内在而自足的，只要人能笃实地逆觉体证，一定可以得到它，这才是孟子心目中的善。故孟子曰："'操则存，舍则亡。出入无时，莫知其乡。'惟心之谓与！"（《孟子·告子上》）"出入无时，莫知其乡"，就是指不是经验世界中的事，这正是心呈其善之过程，是以程伊川释之曰，"心则无出入矣，逐物是欲"，"操之之道，敬以直内"（《孟子精义》卷第十一）；王阳明亦释之曰："若论本体，元是无出入的。若论出入，则其思虑运用是出，然主宰常昭昭在此，何出之有？既无所出，何入之有？"（《王阳明全集》卷一《语录》上）也就是说，心之善是自身所固有的，故孟子曰："仁义礼智，非由外铄我也，我固有之也，弗思耳矣。"（《孟子·告子上》）"思"只是逆觉体证，若诚能逆觉体证，则心体固有之善一定会成长起来，故孟子只讲"尽心"，所谓"尽"就是把心固有之善呈现出来。但"心"与"尽"毕竟偏重功能义、动力义，而其功能、动力总有一个对象，那就是"性"，故朱子曰："人能尽其心者，只为知其性，知性却在先。"（《朱子语类》卷第六十）"知"者，不唯知道而已，亦是"知县"、"知州"之"知"，即"掌管"、"主持"、"形著"之意也，故"尽心"是为了表现、形著性之善。可见，性之善为心之善进行了奠基，而不是相反，心之善为性之善进行了奠基与论证，故性之善为第一序者，心之善为第二序者，朱子"知性却在先"，盖亦此意也。然这亦只是强如此分，体用一如，心体即性体，实无所谓第一序第二序也。强如此分，亦只是为了义理疏解之方便，以便应对以心之善为第一序，进而论证性之善的理路之悖谬也。性之善既为第一序，则性所固有之善来自何处？答曰：来自天。这不能有任何经验的理由，这是孟子以其圣者之生命圣证到的。那么，孟子为什么要说这种"性"？这种"善"是什么意义之善？它之于人又有什么意义？

五、孟子言"性"之理路及善之宗教性

人之性到底该怎么看？或者说，到底该从哪里看，才是人之性，即人之为人独有之性？孟子以其圣者的智慧，一下子就照见了。但仅仅自己照见了

还不行，还要把自己照见的性告诉别人，于是，就需要有说明与论证，孟子与告子辩人性大概就是这个意图。但孟子与告子的辩论不同于苏格拉底、柏拉图的辩证法——在辩论中达到真理，孟子则是真理早已圣证于心，只是为了说服告子接受而已，故孟子与告子之辩论其实并非平等的对话，孟子是居高临下地要说服甚至是教诲告子。从《孟子·告子上》的相关章节来看，似乎都是以告子失败而结束，但实则告子未必心悦诚服。然不管告子是否被说服，孟子肯定不会被告子说服，更不会接受告子的人性立场。告子是否被说服，我们不得而知，从文中似乎也看不出最后的结果，这将永远是一个谜。然而，我们作为千百年后的读者，要接受孟子的人性论，首先得明白孟子说人性之理路，若这个都事先没有搞清楚，就很难理解孟子的人性论。

孟子是圣证者，其说人性之理路很少透露，纵观《孟子》全书，唯有下面一段，可谓是其人性论理路之表达：

> 天下之言性也，则故而已矣。故者，以利为本。所恶于智者，为其凿也。如智者，若禹之行水也，则无恶于智矣。禹之行水也，行其所无事也。如智者亦行其所无事，则智亦大矣。天之高也，星辰之远也，苟求其故，千岁之日至，可坐而致也。（《孟子·离娄下》）

此段虽历来难解（据说当年傅斯年写《性命古训辨证》时，因读不懂此段文字，故而没有将其收入），但却是孟子人性论理路的完整表达。若是之不解，仅分析孟子论述人性的话语，往往不能得其实，这就犹如没有带瞄准器的枪炮，虽然也可以发射袭击，但很难命中目标。所以，通过这段话来理解孟子说人性之理路，是理解孟子性善论之关键，杨慈湖尝赞此段曰："孟子此论，足以开明人心"（《慈湖遗书》卷十四《家记》八）。不过，为了进一步凸显孟子这段话的意义，我们不妨来看看康德对人性的看法，因为孟子的人性论理路与康德较相近。

（一）康德对人性的看法及其启示。

首先，康德认为，人性不是经验物。

人性是不能基于经验的立场而看的，若只是基于经验，那么，"是否至少可能有一种中间状态，即人就其族类来说可能既不是善的也不是恶的，或者也许既是善的也是恶的，部分是善的部分是恶的"❶。一个人很可能在现实中做了被大家所认可的善事，同一个人也很可能在现实中做了被大家所认可的恶事；同时，世界上有一些人总是做大家所认可的善事，也有一些人总是做大家所认可的恶事。这是经验世界所司空见惯的事实，但这些事实对于理解人性却没有任何帮助，因为只是基于这些事实，那么人性一定是一个无法论说的问题。人之性一定是一个有稳定内涵的概念，它不可能摇摆在经验世界不定的现象中，人性有它自己的本质。若人性"是这样模棱两可，一切准则都将面临失去其确定性和稳定性的危险"❷，亦即道德将不可能。孟子与公都子的对话，体现的正是康德的这种人性论思路。

> 公都子曰："告子曰：'性无善无不善也。'或曰：'性可以为善，可以为不善，是故文武兴则民好善，幽厉兴则民好暴。'或曰：'有性善，有性不善，是故以尧为君而有象，以瞽瞍为父而有舜，以纣为兄之子且以为君，而有微子启、王子比干。'今曰'性善'，然则彼皆非欤？"孟子曰："乃若其情则可以为善矣，乃所谓善也。若夫为不善，非才之罪也。"（《孟子·告子上》）

公都子列举三种现象，意在说明，人性是无法定义的，但孟子认为，这是从经验事实看人之行为，或现实中的善人与恶人，而这些都不是人性自身。"乃若其情则可以为善矣，乃所谓善也"，孟子这是告诉公都子，若能回到人性自身，就会发现人性是善，绝不会摇摆在善恶之间。世间确实有恶人，但并非人性自身的过错。这意味，人性普遍于所有人，且人性亦不是一个经验物。

其次，康德认为，人性不是欲望。

既然人性不是经验物，又普遍于所有人，那么，欲望是人性吗？人人都

---

❶ 康德：《纯然理性界限内的宗教》，李秋零主编：《康德著作全集》第 6 卷，中国人民大学出版社 2013 年版，第 18 页。

❷ 康德：《纯然理性界限内的宗教》，李秋零主编：《康德著作全集》第 6 卷，中国人民大学出版社 2013 年版，第 20 页。

有欲望，欲望虽然不是超越性的，但也不能说是纯经验性的，这似乎合乎人性之内涵，实际上很多人也正是这么来看人性的，荀子就是其中的代表，故主张人性恶。康德坚决反对从欲望来看待人性，因为人是一个受造的肉体存在者，欲望是必然固有的，这是造物主给定的，若把欲望作为人性，就相当于把恶推给了造物主，而人自身却不必承担责任，这是不能接受的。人性意味着人自身的本性，也意味着人须对此负责。且欲望也不是完全负面的东西，它能够证明道德的力量，"为德性提供了机会"❶。这个意思在孟子那里也有所表达：孟子劝齐宣王行王道，齐宣王以自己好货好色而推脱，但孟子以为，好货好色这些欲望都不构成君王行王道的阻力，甚至是助力，故孟子曰："王如好货，与百姓同之，于王何有？""王如好色，与百姓同之，于王何有？"（《孟子·梁惠王下》）所以，欲望只能说不善，很难说它一定恶。人确实有趋恶的倾向，然而恶却不能与欲望牵连在一起，但正是在这一点上，人们却常犯错误。康德说："趋恶的倾向由于涉及主体的道德性，从而在作为一个自由行动的存在者的主体中被发现的，所以作为咎由自取的东西，必须能够归咎于主体。"❷也就是说，恶必须归咎于作为自由主体的人自身，须从自由主体看人性，但欲望显然不是自由的，因为是受造者之肉体所必然固有的，在此谈不上任何自由。因此，绝不能把欲望作为人性。这个意思，孟子也同样有所表述。

> 口之于味也，目之于色也，耳之于声也，鼻之于臭也，四肢之于安佚也；性也，有命焉，君子不谓性也。（《孟子·尽心下》）

孟子所提到的这五官之欲，一般人都把它们称为人性，但孟子却不这样认为，故"君子不谓性也"。为什么不能把欲望作为人之性呢？本来，欲望——正如杨龟山所言——"口之于味等，性中本来有这个，若不在性中有，怎生发得出来？"（《孟子精义》卷第十四）似乎正可以此为人性。但欲望受制于机械因果律，人在此是不自由的，当人不自由的时候，不能见人之性，也无

---

❶ 康德：《纯然理性界限内的宗教》，李秋零主编：《康德著作全集》第 6 卷，中国人民大学出版社 2013 年版，第 34 页。

❷ 康德：《纯然理性界限内的宗教》，李秋零主编：《康德著作全集》第 6 卷，中国人民大学出版社 2013 年版，第 34–35 页。

法成人之道。张横渠曰："养则付命于天，道则责成于己。"（《孟子精义》卷第十四）"责成于己"，意味着只有人是自由的时候，才能成人之道，由此见人之性。孔子曰："枨也欲，焉得刚？"（《论语·公冶长》）"刚"就是自由，从欲望处，无法看到人之自由。

最后，康德认为，人之性必须从自由处见，一旦如此，则人之性必然是善的。他说：

> 人的本性仅仅理解为一般地运用人的自由的、先行于一切被察觉到的行为的主观根据，而不论这个主观的根据存在于什么地方。❶

人性"先行于一切被察觉到的行为的主观根据"，意味着：人性既不能从现实中的行为看，也不能从行为所依据的主观意图看；人性，必须把这二者撇开，当人是自由的时候，才能见证人性。这个意思，在孟子的经典文本中同样有所表达：

> 其日夜之所息，平旦之气，其好恶与人相近也者几希，则其旦昼之所为，有梏亡之矣。梏之反复，则其夜气不足以存。夜气不足以存，则其违禽兽不远矣。人见其禽兽也，而以为未尝有才焉者，是岂人之情也哉？（《孟子·告子上》）

当人"夜气"不存的时候，就表现为禽兽，但这不是人之实情，一个人怎么可能没有"夜气"呢？故孟子反问："是岂人之情也哉？"那么，什么是"夜气"呢？程伊川释之曰："夜气所存者，良知也，良能也。"（《孟子精义》卷第十一）朱子曾夸赞这个解释，"诸家解注，惟此说为当"（《朱子语类》卷第五十九）。这意味着，"夜气"就是心之大体的自知自动，即自由也。没有自由，则人的行为就会与禽兽不远，但即使如此，亦不能说人就没有自由，因为自由本是人之实情。这就是"夜气不足以存，则其违禽兽不远矣。人见其禽兽也，

---

❶ 康德：《纯然理性界限内的宗教》，李秋零主编：《康德著作全集》第 6 卷，中国人民大学出版社 2013 年版，第 19 页。

而以为未尝有才焉者，是岂人之情也哉？"这几句话的意思。

那么，作为自由的人，其人性是什么色泽呢？即人性到底是善的，还是恶的？康德的回答是：人性一定是善的。康德说：

> 　无论以什么样的准则，人（即使是最邪恶的人）都不会以仿佛叛逆的方式（宣布不再服从）来放弃道德法则。毋宁说，道德法则是借助于人的道德禀赋，不可抗拒地强加给人的。而且，如果没有别的相反的动机，人就也会把它当做任性的充分规定根据，纳入自己的最高准则，也就是说，人就会在道德上是善的。●

当人是自由的时候，任何人，哪怕是最邪恶的人，都会把道德法则作为其行为的规定根据，这是先验地必然的。"设想自己是一个自由行动的存在者，同时却摆脱适合于这样一种存在者的法则（道德法则），这无非是设想出一个没有任何法则的作用因；而这是自相矛盾的。"❷自由的存在者之所以是自由的存在者，并不是他没有任何法则——没有任何法则的存在只是放肆，并不拥有自由——道德法则正是自由存在者的法则。自由存在者先验地以道德法则作为准则，即意味着在自由的状态下，人之性必然是善的，亦即人性自身即是善的。

但现实中确实恶人比比，这种悲惨的状况在人类悠久的历史长河中并未见得有多少改变，以至于我们更容易感受人性之恶而不是人性之善。康德认为，完全没有必要那么悲观，"人的本性的恶劣，不是那么确切地被称为恶意。就这个词的严格意义来说，它是指一种把恶之为恶作为动机纳入自己的准则（故而这准则是魔鬼般的）的意念；而宁可把它称做心灵的颠倒"❸。因此，依据"恶意的理性"（一种绝对恶的意志），从而把人"变成为一种魔鬼般的

---

❶ 康德：《纯然理性界限内的宗教》，李秋零主编：《康德著作全集》第 6 卷，中国人民大学出版社 2013 年版，第 35–36 页。

❷ 康德：《纯然理性界限内的宗教》，李秋零主编：《康德著作全集》第 6 卷，中国人民大学出版社 2013 年版，第 35 页。

❸ 康德：《纯然理性界限内的宗教》，李秋零主编：《康德著作全集》第 6 卷，中国人民大学出版社 2013 年版，第 37 页。

存在者"❶，这种情况是不适合运用在人身上的。人之所以有恶的倾向，这只是由于本性的脆弱或者是动机之不纯正，这些只能算是人性的弱点，并非先验地必然的，原则上都是可以克服的。因此，不能说人的本性是恶的，尽管人确实有恶的倾向，但"这种倾向必然是能够克服的，因为它毕竟是在作为自由行动的存在者的人身上发现的"❷。既然在原则上可以克服，且这种可能在作为自由行动的人身上已经看到了曙光，则现实中的人之性至多只能说是不善的，绝不能说是恶的。《孟子·告子上》中孟子与公都子的对话，公都子列举的三种说法中总是"善"与"不善"对举，而不是"善"与"恶"对举，说明时人即使基于经验的立场看人性，最坏的状况，也只是把人性看成"不善"的，而不是看作"恶"的。但孟子对此予以了否定，"乃若其情则可以为善矣"，这就是说，若回到看待人性的本源境域中，则人性一定是善的，不善都不能接受，何况恶乎？

通过以上对康德理论之分析，可以得出康德对人性之见证的要点是：人性的见证只能在作为自由的存在者中，一旦如是，则人性必然是善的。孟子曰："由仁义行，非行仁义也。"（《孟子·离娄下》）由……行，意味着依据人性自然而行，此即是自由，那么，就一定是仁义的，亦即是善的，故孟子曰："人性之善也，犹水之就下也。"（《孟子·告子上》）水在自然的状态下总是向下的，人在自由的状态下当然也是善的。也就是说，回到人性之本源境域中一定可见证人性之善，即人性自身即是善的。通过康德与孟子理论之阐发，则孟子"先圣后圣，其揆一也"（《孟子·离娄下》）之说，诚不虚也。但孟子与康德言性之理路又有所异，孟子对于性善，主要依靠圣证，而康德则主要依赖辩解，这种差别使二者性善论所通达的境界是不同的。这将留待后面进一步论述，我们现在再回到前面"天下之言性也"这段话中来，进一步了解孟子言性之理路。

孟子言性这段话之所以难解，关键在于这三个字："故"、"利"、"智"，其中关键是对"故"字的理解，对这个字的理解关系到对"利"与"智"的理解。

---

❶ 康德：《纯然理性界限内的宗教》，李秋零主编：《康德著作全集》第 6 卷，中国人民大学出版社 2013 年版，第 35 页。

❷ 康德：《纯然理性界限内的宗教》，李秋零主编：《康德著作全集》第 6 卷，中国人民大学出版社 2013 年版，第 37 页。

孟子通过这段话所要表达的意思应该是他本人言性的理路，而其言性之理路通过上面的论述大体已经揭示出来了。如果我们通过对这段话的理解能够接上上述之理路，则"故"字自身到底是什么意思，其实并不重要。学界对这段话争论颇大，多究竟于对"故"字自身之理解，其实这正是陆象山所批评的"只是解字，更不求血脉"之弊也。❶

大体而言，我们可以依据两条不同的路径，对于"故"字完全可以有不同的理解，随之对"利"、"智"亦可有不同的理解。"故"，《说文解字》训为："使为之也。"《说文解字注》又进一步释之曰："今俗云原故是也，凡为之必有使之者。使之而为之则成故事矣，引伸之为故旧。"依据《说文解字注》，"故"字可以有两种基本的意思：第一，"原故"，即"所以然者"；第二，"故旧"，即"故实"，"呈现出来的迹象"。"故"字的这两种基本的意思，若依据两种不同的路线，可同时会归于孟子言性之理路，则俱可也，因为我们现在确实不知道孟子是在哪种意义上用"故"这个字的。这里的关键是对"天下之言性也"这几个字的理解。"天下之言性也"，可以有两种理解。第一，针对已经出现过的言性理论而言，故这几个字的意思是：天下言说性的那些理论。这是孟子通过批评过往的理论而呈现自己的理论。第二，正面确立自己的理论，这是一种尚未被大家熟知或承认的言性理论，故这几个字的意思是：假如要为天下人言性。我们今天并不知道孟子到底是在批评过往理论的意义上讲这段话的，还是在正面确立自己理论的意义上讲这段话的。但无论是在哪种意义上，通过对"故"字的不同解释，都可以回归到孟子的言性理路上来。于是，这里便不怕费周折，对两种可能都进行尝试性的诠释，以凸显孟子言性之理路也。

（二）以"故旧"、"故实"解"天下之言性也"章。

若"天下之言性也"是针对过往的言性之理论而言的，那么无疑是一种批评的态度，因为孟子对他们的理论并不满意，他希望提出一种全新的理解。如果是这样，"故"字当作为"故旧"、"故实"解，即言性者的理论仅仅停留在现象界。现象界岂不是一堆材料、故实吗？如此理解的后人代表人物是陆象山。他说：

---

❶ 就此问题，梁涛专门编辑出版了《出土文献与〈孟子〉"天下之言性"章》（人民出版社 2020 年版）一书，收集了现代学者的十三篇专题研究论文，同时，还荟集了自东汉以来历代思想家对这一章的理解，值得参看。

"天下之言性也，则故而已矣。"此段人多不明首尾文义。中间"所恶于智者"至"智亦大矣"，文义亦自明，不失孟子本旨。据某所见，当以庄子"去故与智"解之。观《庄子》中有此"故"字，则知古人言语文字必常有此字。《易·杂卦》中"随无故也"，即是此"故"字。当孟子时，天下无能知其性者。其言性者，大抵据陈迹言之，实非知性之本，往往以利害推说耳，是反以利为本也。夫子赞《易》"治历明时，在革之象。"盖历本测候，常须改法。观革之义，则千岁之日至，无可坐致之理明矣。孟子言："千岁之日至，可坐而致也。"正是言不可坐而致，以此明不可求其故也。(《陆九渊集》卷三十四《语录》上)

依陆象山的意思，孟子的那段文字唯首尾三个"故"字难解。第一、第二个"故"字，象山以为当是以《庄子·刻意》与《易·杂卦》所用的"故"字来解释。现在，我们不妨回到这两篇原始文献中来。《庄子·刻意》篇有如下一段文字：

圣人之生也天行，其死也物化；……去知与故，循天之理。故无天灾，无物累，无人非，无鬼责。其生若浮，其死若休。不思虑，不豫谋。

要理解"知与故"之义，当先理解前面一句话，依向秀、郭象之注，这句话的意思是："任自然而运动，蜕然无所系。"也就是说，圣人纯粹任自然而无为，绝不在无为之外再有所为。无为之外的有为，就是"知与故"，圣人绝对要去掉这两种东西。故向秀、郭象以"天理自然，知故无为乎其间"注"去知与故，循天之理"。显然，"知"与"故"是两种阻止人顺应自然而无为的根本力量，是以成玄英疏云："循，顺也。内去心知，外忘事故，如混沌之无为，顺自然之妙理也。"由此可见，"知"就是后文提到的思虑与豫谋，"故"就是指经验世界。郭庆藩在此对"故"字的解释有一案语：

> 故，诈也。《晋语》："多为之故以变其志。"韦注曰："谓多作计术以变易其志。"《吕览·论人》篇："去巧故。"高注："巧故，伪诈也。"《淮南·主术》篇："上多故则下多诈。"高注："故，巧也。"皆其例。《管子·心术》篇："去智与故。"尹知章注："故，事也。"失之。

断定以"事"训"去智与故"中的"故"字不对，恐怕不妥，因为其中的"智"字自身就有"伪"、"巧"、"诈"的意思，《庄子》与《管子》都以二字连用，显然"故"字应该是表达别的意思。但既然此二字经常连用，说明二者必然有较密切的关联，原夫《庄子》与《管子》二字连用之意，盖在表明：只要人停驻于经验世界，就免不了有"知"，且这种"知"多是在负面意义上讲的。杨慈湖认为，在孟子、庄子的时代，盖"智"与"故"经常一起连用。

> 孟子之时，"智"、"故"两言联称通义，率以为常，故孟子于此始言"故"，忽继之以"智"，不患乎人莫之晓。千载之下，时移事改，言语浸差，学者罕言"智"、"故"，故莫之晓，不知孟子之时以为常谈。(《慈湖遗书》卷十四《家记》八)

杨慈湖虽然只提到孟子的时代，实则孟子与庄子在世时间相若，故亦可谓庄子的时代。既然"智"与"故"常联称且通义，则由"故"之"事、故实"的原始义引申为"伪"、"巧"、"诈"，并不算错，谓尹知章这种引申乃"失之"，乃是没有考虑二者之间的关联。

《易·杂卦》有"随，无故也"之语，这是以"无故"来解释"随"卦。但"无故"是什么意思呢？高亨解释这几个字时说：

> 《广雅·释诂》："故，事也。"《随·象传》曰："泽中有雷，《随》。君子以向晦入宴息。"是《随》之卦义为无事而休息。[1]

---

❶ 高亨：《周易大传今注》，清华大学出版社 2010 年版，第 486 页。

可见，"无故"中的"故"也是"事"的意思，与《庄子·刻意》篇中的"去知与故"中的"故"相同。我们可以再往前推展一下，所谓"故"就是经验世界看得见的物事与现象，陆象山正是以这个意思来解释孟子那段话中的"故"，即象山所说的"陈迹"。所谓"陈迹"就是经验世界所能看见的东西，人们常以这种实在论的立场言人性，如告子以"杞柳"与"湍水"为喻而论性，以及公都子对孟子所说的那三种言性方式，都典型地属于实在论的言性理路，即依据"陈迹"也就是"故"而言性。这正是孟子所要批评与纠正的，故孟子与告子、公都子辩。这种言性之理路必然会带来两种结果："以利为本"和"以智穿凿"。"利"并不一定是"利益"的意思，而是指经验世界中呈现出来的结果，如，以"水之无分于东西"来论人性无所谓善不善。朱子的学生符舜功曾说："只是'由仁义行'，好行仁义，便有善利之分。"朱子回答说："此是江西之学。"（《朱子语类》卷第五十七）"江西"指的就是象山。可见，象山也把一切基于外在之结果的行为都称为"利"。而"利"，经验世界中的结果必须在"智"的考量中才能判定，是以"故"、"利"、"智"三者是关联着一线下来的。"故"是其言性之视域——陈迹，"利"是其言性之归宿——结果，"智"是其言性之方法——以"智"去分析陈迹与结果。如前文所述，孟子对于性善是圣证到的，同时，言人之性的时候一定要在自由的情况下就人性自身而言，因而当然要斩断经验世界的各种牵连，若不能斩断，就是"穿凿"。在人性问题上"穿凿"，必然使人性散漫而无归宿，最后不能定于一尊。这当然是孟子所反对的。象山以这种解释来理解孟子言性之理路，意味着孟子言性并非实在论之立场，亦不是以"利"为归宿，更不是用"智"以穿凿，这无疑是符合孟子言性之理路的。

但孟子这段文字中，后面还有一个"故"，这当如何理解呢？黄宗羲以为，若以前面所说的两个"故"的意思去理解"苟求其故"的"故"，就会有问题，"象山解'故'，为庄子'去故与智'之故，将'故'字说坏，毕竟于'千岁日至'之节说不去。"（《黄宗羲全集》第一册《孟子师说》卷三）他的意思是，象山以"陈迹"解"故"，前面一节都可以说得通，也符合孟子之意，但到"苟求其故"这一节就说不通了，因此，不当以"陈迹"解"故"。那么，以"陈迹"解"故"真的说不通吗？象山以"革"卦来说明，"治历明时"，应该有所变化，因为"革"卦,《杂卦传》谓其"去故也",正表示不可固守于"故"即"陈迹"之意。"治历明时"不可固守于"故"而坐而致,也意味着言性不可固守于"故"而坐而致。象山如此解释前后一致,即前面否定以"故"言性,后面又以"治历明时"为例,进一步否定以"故"言性,于其思路而言自然周洽。但一般而言,一个人标举一种理论,自然可以先否定前人的理论,然总不能否定到底,即否定了以后一定还要正面提出自己的看法,不然,别人就无法知道这个人的正面主张。就孟子这段文字而言,从"天下之言性也"到"为其凿也",是孟子所否定的主张,从"如智者若禹之行水也"到"则智亦大矣",应该是孟子正面的主张,而后面"天之高也"一段,只是以比喻的说法进一步说明其正面主张,而不是再次提出否定的主张。因此,象山解"天之高也"一段,显然是有问题的,并不合孟子之意。那么,是不是象山对"故"的解释不对呢?其实,我们依然可以遵守象山对"故"的解释,只是需调整对"天之高也"一段的解释。我们一定要注意其中的关键词,孟子是说"苟求其故",有一个"求"字,即在"故"的基础上"求","求其故"就意味着超越"故"而体悟到更高的东西。孟子用的是"求其故"而不是"以其故","以其故"并未超越"故"的世界,"以"是横向的平面的;而"求其故"则飞离了"故"的世界,"求"是纵向的立体的,故"求"的结果可能是一种形而上的呈现,孟子是有这种用法的,如,"仁义礼智,非由外铄我也,我固有之也,弗思耳矣。故曰:求则得之,舍则失之"(《孟子·告子上》)。这里的"求"与"思"相同,乃是逆觉体证之意,不是孟子所批评的"智之穿凿"。"天之高也,星辰之远也"虽然是呈现出来的现象即"故",但若能超越这个现象而能体证到形而上之理,则"千岁之日至,可坐而致也",孟子正是通过这个比喻来说明对人性之把握亦当如是,不可只停留于现象界穿凿其私智;这里的"求"是让人超越一步,离开"故"而飞越至"故"之所以然处,则天地运行之理得;其理既得,则"千岁之日至",岂不"可坐而致"乎?孟子这一喻指正是要接上前面的"禹之行水也,行其所无事也。如智者亦行其所无事,则智亦大矣",孟子之所以谓禹"智亦大矣",就是因为禹之治水得水之理,孟子谓之"行其所无事也",并不只停留在水之"故"中穿凿其私智也。孟子这里提出了两种"智",一种是停留于"故"中施其穿凿的私智,另一种是飞越"故"而得其理之大智。显然,在孟子看来，人之性必须由得其理之大智去证见，因为这种智是无所为而为，是空而灵的，故足以见体立极，而契合性之所以然者，不会停驻在"故"中施其穿凿、最终使人之性不能定于一尊以至于各呈其说。

可见，象山释"故"为"陈迹"，以孟子批评时人言性之理路，从而开显出空灵而无为的大智，回归到孟子自己言性之理路，这个理路就是见体立极的圣证之路。象山谓"中间'所恶于智者'至'智亦大矣'，文义亦自明，不失孟子本旨"，说明他对孟子这种圣证之路言性是了然于心的，而他也自以为释"故"为"陈迹"之思路可以契合孟子的理路。从上面的疏解来看，象山的这种自信并不为过。

（三）以"所以然者"解"天下之言性也"章。

下面我们进一步论述第二种可能。若"天下之言性也"是孟子正面提出自己的主张，即，假如一个人要为天下人言说人性，那么，就应该"故而已矣。故者，以利为本"。"假如……应该"，则说明对于当时流行的观点而言，是一种新见与创说，这种新见与创说之关键点主要体现在"故"与"利"字上。那么，我们当如何解释"故"与"利"字？若象山解释"故"为"陈迹"，即"故旧"、"故实"之意，这是形而下的形器世界，从这个方向言性遭到了孟子的批判，那么，孟子正面的观点一定是超越形而下的形器世界而走向形而上的理世界，而"故"亦本有"使为之"之意，是以"故"应理解为"所以然者"。"然者"是形而下的形器世界，即"故旧"、"故实"，而"所以然者"则是形而上的理世界。因此，"天下之言性也，则故而已矣"就应该是这个意思：假如你要为天下人言人之性，就应该从所以然这个地方开始而已。也就是说，人之性总有个"所以然者"，这个"所以然者"就是"故"，是以"性"与"故"常连用，如，魏晋时期的徐幹就曾说，邪说异术常使人"丧其故性而不自知其迷也"（《中论·考伪》），后世"性"与"故"常连用的例子还很多，今略举三例：

　　故唯忌日不为乐事，他日则可，防其灭性故也。（孔颖达：《礼记正义》卷六《檀弓上》第三）

　　不求于气，不识性故也，故孟子反之，以养气。（《明儒学案》卷六十二《蕺山学案·答沈中柱》）

汝骥行己峭厉，然性故和易，人望归焉。(《明史·马汝骥传》)

"故"就是性之"所以然者"，即使"性"之成为"性"者，是以"故"乃"性"之本，也就是说，"故"可以理解为"本"。故上引之"丧其故性"、"灭性故"、"不识性故"、"性故和易"，俱可理解为"丧其本性"、"灭性本"、"不识性本"、"性本和易"，而不会造成误解。林桂榛以为，"故"当作"本初"、"原本"来理解 [❶]，当然不算错，但若"故"仅仅限于"本初"、"原本"这种内在的理解还不够，因为基于经验世界的"生之谓性"也可以就"性"说"本初"、"原本"义，但孟子言性却不是这种立场，孟子固然有"仁义礼智，非由外铄我也，我固有之也"之内在说，亦有"此天之所与我者"之超越说，这种超越与内在相契合，从而显示性－天之关系，这是孟子言性之立场，孟子所说的"故"应该也是要表现这种立场，是以"故"应显现"所以然者"之义，尽管"本初"、"原本"亦隐含"所以然者"之义，但毕竟这种超越义不显著。明末清初的大儒方以智传《性故》一书，该书的点校注释者张昭炜在《序言》中说：

> 《性故》重在研析性之所以为性，探源究本，知其所以然，以期洞然明白，以知起用。此"故"又可解释为"揭开本源"、"敞开不可知之因"、"原始反终"。"性故"合称，当据《孟子·离娄下》："天下之言性也，则故而已矣。"用现代语言来表示，"性故"可表述为"心性的根源"。[❷]

方以智特造《性故》一书，以绍述孟子以"故"言"性"之意，据此，"天下之言性也，则故而已矣"当为：假如你要为天下人言人之性，那么当探寻性之本源。孟子这样讲，当然亦有其隐含之批评义，即世间一般的言性者如告子之流并没有依据这个路子走，"所恶于智者，为其凿也"，正是对这些人的批评。也就是说，只要不沿着这个路子走，那么就是以私智穿凿，所谓"穿凿"

---

❶ 林桂榛：《天道天行与人性人情：先秦儒家"性与天道"考原》，中国社会科学出版社 2015 年版，第197 页。

❷ 方以智撰、张昭炜注释：《性故注释》，中华书局 2018 年版，第 11 页。《性故》一书，凡七千余言，抄本现藏于安徽省博物馆，乃《此藏轩会宜编》之末篇。

就是不顺应本源，无事生事。孟子讲"故"，就是要人顺应人性之本源，这是一种大智慧，"禹之行水也，行其所无事也"，即是这种大智慧的体现。若以"故"为"探求本源"，则最后一句话亦好理解，孟子无非是借"天之高也，星辰之远也，苟求其故，千岁之日至，可坐而致也"的例子来说明，人性之本源既明，则人之性定于一尊，所有的道德问题由是而得以解决，而不须以私智穿凿纷扰矣。

现在须进一步解释"故者，以利为本"这句话，"利"当如何解？《周易·乾》："元、亨、利、贞。"则"元"本含有"利"，何谓"利"？顺"元"即是"利"。同样，性之本源既明，则顺此本源即为"利"也。朱子就是这样解释的，他说："利，犹顺也，语其自然之势也。"（《孟子章句集注》卷四）黄宗羲释"故"与"利"时曰：

> 凡人之心，当恻隐自能恻隐，当羞恶自能羞恶，不待勉强，自然流行，所谓"故"也。然石火电光，涓流易灭，必能体之，若火之始然，泉之始达，而后谓之利。其所以不利者，只为起炉作灶，无事生事。（《黄宗羲全集》第一册《孟子师说》卷三）

性之本源自身就是"即存有即活动"之本体，其自身即能承体起用，性之本源自身之承体起用就是"利"，而不须"起炉作灶，无事生事"也。以孟子的话说就是："由仁义行"就是"利"，而"行仁义"则是私智之穿凿。吕晚村曰："孟子言'四端'便是故，言'乍见入井'便是利，乃所以为大智也。"❶是以"故者，以利为本"，清人俞樾释之曰："言顺其故而求之，则自得其本也。孟子论性大旨其见于此。"（《群经平议》卷三十三）若"天下之言性也，则故而已矣"，确实是孟子正面确立其言性之立场，则俞樾对"故者，以利为本"的理解符合孟子的本旨。

"利"就是顺应"故"之自觉自动，亦即斩断一切经验世界的瓜葛，从自由处言人之性。至此，我们可知，孟子以"故"为基点，无论是批评前人的言性立场，还是正面确立自己的言性立场，都会归到"自由"这个地方来，

---

❶ 吕留良：《四书讲义》，中华书局 2017 年版，第 822 页。

即言人之性不能取经验论与实在论的立场。我们不知道孟子说这段话的时候到底是何立场，但通过我们的解释可知，无论哪一立场问题都不大，不会阻碍我们对孟子言性理路的了解，只是对"故"与"利"作不同的理解而已。其实，且不管孟子是在什么意义上说"故"的，至少"所恶于智者，为其凿也。如智者，若禹之行水也，则无恶于智矣。禹之行水也，行其所无事也。如智者亦行其所无事，则智亦大矣"，这几句的意思是非常清楚的，孟子提出穿凿之智与大智以资对比，穿凿之智沉陷于经验之中，故不自由，唯施穷探力索之穿凿矣，故不能得性之本；大智则飞离经验世界，因其自由而可圣证人之性而得其实也。既有此圣证，则人性为善自为不可怀疑者。宋儒吕希哲曰：

> 世之言性，以似是之惑而反乱其真。或以善恶不出于性，则曰性无善；或以习成为性，则曰性可以为善可以为不善；或以气禀厚薄为性，则曰有性善有性不善。三者皆自其流而观之，盖世人未尝知性也。天之道虚而诚，所以命于人者亦虚而诚，故谓之性。虚而不诚，则荒唐而无征；诚而不虚，则多蔽于物而流于恶。性者虽若未可以善恶名，犹循其本以求之，皆可以为善，而不可以为不善，是则虚而诚者，善之所由出此，孟子所以言性善也。（《孟子精义》卷第十一）

康德谓言人性必须从自由处言，孟子言人性之底据虽然也是基于自由，但其意思不明显；其实，孟子更多的乃是就"天"而言人性，孟子恶私智之穿凿而开大智之圣证，无非是要把言人性之理路引到"天"中。吕希哲所说的"虚而诚"指的乃是自由而又真实者，"天"自然是最自由而又真实者，人之性关联着"天"而言，不是不自由而是予人之性以最高的自由。德国哲学家谢林曾说："自由，就其是自由的而言，只是在上帝之内；不自由，就其是不自由的而言，必然是在上帝之外。"❶依此而言，我们也可以说，"自由，就其是自由的而言，只是在天之内；不自由，就其是不自由的而言，必然是在天之外"。孟子虽然没有如此说，但此说绝不违背孟子之本旨。康德虽然就自由言性而

---

❶ 谢林：《对人类自由的本质及其相关对象的哲学研究》，邓安庆译，商务印书馆 2008 年版，第 59 页。

见证人性之善，但他认为"道德为了自身起见，绝对不需要宗教"[1]，故没有关联着上帝而说自由，因此，康德所说的人性善仅仅只有伦理学的意义。孟子因为关联着"天"而说自由，进而由此而论人性，则孟子所说的人性善不仅仅有伦理学的意义，更具有宗教的意义。居常我们理解孟子的性善论，总是从下端的人处看，而不能从上端的"天"处看，实则把孟子的性善论理解低了，诚大误会也，有负于孟子多矣。

（四）"善"作为赞辞及善的宗教性。

孟子关联着"天"而讲性善，则性善不但是指下端的人性之善，更是指上端的"天"之善。孟子人性论之高义就在这里，荀子不能就上端之"天"看人性，故其义甚低，其与孟子之差别非只是下端处之恶与善的区别也，故宋儒程明道曰："若乃孟子之言善者，乃极本穷源之性。"（《二程遗书》卷第三）胡文定曰："孟子所以独出诸儒之表者，以其知性也。"（胡五峰：《知言》卷四）良非虚言也。刘蕺山就告诉我们，人性必须从上端之善看：

> 子思子从喜怒哀乐之中和指点天命之性，而率性之道即在其中。分明一元流行气象。所谓"不识不知，顺帝之则"，全不涉人分上。此言性第一义也。至孟子，因当时言性纷纷，不得不以善字标宗旨，单向心地觉处，指点出粹然至善之理，曰恻隐、羞恶、辞让、是非，全是人道边事，最有功于学者。虽四者之心未始非喜怒哀乐所化，然已落面目一班，直指之为仁义礼智名色，去人生而静之体远矣。学者从孟子之教，尽其心以知性而知天，庶于未发时气象少有承当。今乃谓喜怒哀乐为粗几，而必求之义理之性，岂知性者乎？（《刘宗周全集》第三册《语类》八《证学杂解》解十九）

这是告诉我们，须把子思与孟子结合起来看，从子思"天命之谓性"看人性，即从上端言人性，乃人性之第一义；孟子以恻隐、羞恶、辞让、是非言人性，固然有功于人道，这是从下端言人性，已是言人性之第二义；当然，孟

---

[1] 康德：《纯然理性界限内的宗教》，李秋零主编：《康德著作全集》第 6 卷，中国人民大学出版社 2013 年版，第 4 页。

子通过尽心、知性而知天，从而把下端与上端贯通，故其于第一义是有所承当的。今人言性，固不基于喜怒哀乐之气性，然却只求之于仁义礼智。这在刘蕺山看来，显然并不知性，因为"去人生而静之体远矣"，也就是说，对于上端的第一义的性没有承当。

"人生而静之体"当指"人生而静，天之性也"（《礼记·乐记》）中的"天之性"而言。那么，对于这个上端的"天之性"，孟子有所承当而说其"善"，这是什么意思呢？程明道曾说过一段著名的话：

> "人生而静"以上不容说，才说性时，便已不是性也。今人言性，只是说"继之者善"也，孟子之言性善是也。（《二程遗书》卷第一）

这里的意思很清楚，性可以分两端说，上端——人生而静，下端——继之者善，我们一般理解孟子的性善，乃就下端之继之者而说，而上端之人生而静乃不可说者，不可说意味着不能用"继之者善"之"善"来说。程明道的这个意思，在《易传·系辞上》中已经有所表达："一阴一阳之谓道，继之者善也，成之者性也。仁者见之谓之仁，知者见之谓之知，百姓日用不知，故君子之道鲜矣。""一阴一阳之谓道"，这是天之性，也是人生而静以上，亦可谓之道；由道产生的万物，我们可以在万物处说善、言性，此之谓"继之者善也，成之者性也"；在万物处所见之善，可以谓之仁，亦可以谓之智，百姓只能知晓万物处所见之善，却不知"道"处亦有善，若不能知"道"处之善，仅知万物处之善，则君子之道鲜矣。综合《易传》与程明道的说法，可以得出以下两个要点：第一，性善不可只就下端之人言性善，还应上升到天之性；第二，上端之天之性不可以下端之人性之善言。原夫孟子之言性善，他虽然未明确地分上下两端，但既然他说过"此天之所与我者"与"仁义礼智，非由外铄我也，我固有之也"，则孟子实际上是包括上下两端的，而其所说的性善就应该包括上下两端而言，且主要是从上端言。学者们之所以多以经验性的情善证性善，乃只就下端之善而言，而只就下端而言善，必走向经验论，亦必误解孟子的意思。

《易传》与程明道都认为天之性不可以善言，乃是就仁义礼智而说善，但孟子并没有这种限定，他只是笼统地说性善，那么，若善就上端的天之性而言，善是什么意思呢？《朱子语类》卷第一百一载朱子转述湖湘学派鼻祖胡文定的一段话：

> 季随主其家学，说性不可以善言。本然之善，本自无对；才说善时，便与那恶对矣。才说善恶，便非本然之性矣。本然之性是上面一个，其尊无比。善是下面底，才说善时，便与恶对，非本然之性矣。"孟子道性善"，非是说性之善，只是赞叹之辞，说"好个性"！如佛言"善哉"！

季随，即胡季随，胡五峰之幼子，胡文定之孙，张南轩之婿，与朱子、象山俱交往甚密，象山与胡季随书札两通，而朱子与胡季随书札十余通。这段话虽然转自朱子所说，但因朱子本就深研过文定、五峰胡氏父子之学（朱子有《知言疑义》一书），且又与胡季随素有学问往来，故以上面一段文字作为胡氏之家学是很准确的。这段话的主旨，首发于胡文定，而其子胡五峰则守之甚笃，在《知言》中屡有提及。上面一段话把孟子性善论说得义理明晰。性有上下之说，上端之性，其尊无比，不可以善说之；下端之性，可以善说之，但已非本然之性，即不是上端那个其尊无比之性。谓下端之性非本然之性，非谓性发生了质的变化，乃因为性在气中；性陷落在气中，因气与情参与其中，故能表现为现实的善，是以谓之善；虽情气之参入而表现善，但不可谓情气为善，其善依然因性而可能。孟子言性善，乃兼上下两端而言之，且主要偏重上端，故不能以善言，因若以善言，人们总以为是下端之善，其尊无比之义即不显。然孟子毕竟以善言之矣，其言之亦是强为之，犹如《老子》"吾不知其名，强字之曰道"也。强字之曰"善"，就意味着善不是实指的描述词，而是虚指的赞叹词，"好个性"、"善哉"都是对性之赞叹。这个意思，孟子虽未曾明说，然一定默识心通，其性善之内蕴，得千百年后之胡子十字打开也。此亦是圣证得来，朱子谓胡氏诸子"不著心看文字，恃其明敏，都不虚心下意，便要做大"（《朱子语类》卷第一百一），盖指圣证而言也。用"善"来赞美性，只是突出"其尊无比"，故此"善"字一定不可与"恶"相对待。"善"

不与"恶"相对待乃是一遮拨语，就是为了告诉我们不要在善恶对待的实指的"善"中理解性之善，是以方以智曰："惟通先后天，而明其本自如是、正当如是、适可如是者，绝对待、贯对待。"（《性故》第一节）此绝对待之善，乃是对一形上境界之赞叹，是诗意的、虚指的，盖对于"圣而不可知"之神者，亦只能如此也。然朱子学问平实，多从读书上下工夫，于圣证往往不甚切，象山谓朱子"泰山乔岳，可惜学不见道"（《陆九渊集》卷三十四《语录》上），盖指朱子圣证工夫不够也。因圣证不足，朱子由此误解了胡文定说性善之旨。朱子曰：

> 知言云："凡人之生，粹然天地之心，道义全具，无适无莫；不可以善恶辨，不可以是非分，无过也，无不及也，此中之所以名也。"即告子"性无善无不善"之论也。惟伊川"性即理也"一句甚切至。（《朱子语类》卷第一百一）

在这里，朱子把"超善恶对待"理解成材质上的中性，亦即告子的性无善无不善，朱子甚至质疑"若非性善，何赞叹之有？"（《朱子语类》卷第一百一）这意思是，既然性值得赞叹，则性一定善，怎么可能不以善恶说之呢？朱子这样，是把善给执死了，胡文定说善是赞叹之辞，不可以善恶说，就是为了让人别在善恶对待中把善给执死了，因为善是虚指的体会语，非实指的描述词也。即便如朱子所言，伊川"性即理也"一句甚切至，然落实下来，"性即理"之"理"亦不可以善恶言。朱子尝曰："性即理也。当然之理，无有不善者。"（《朱子语类》卷第四）如此说亦无不可，但须知，此"无有不善"之善亦不是善恶对待之善，亦当为赞叹之辞。惜朱子不能明乎此，盖因其解性为"只存有而不活动者"也。一旦性为"只存有而不活动者"，则性之体义不显，活动义不显，由此，"理"平铺下来而执定，是以胡文定所说的虚指的、体会意义的善便不显，故朱子之不解出焉。然朱子的误解自是误解，我们不能由其误解而误解胡文定，乃至进一步误解孟子。在孟子那里，既云尽心知性而知天，心自是活动者，"知"亦非只是知晓之意，乃通达形著之意，既如此，性与天焉能是"只存有而不活动者"，必然是"即存有即活动者"。此"即存有即活动者"的形而上之体，焉能以善恶言，即强以善言之，亦只是虚指的体会语，非实指的描述词也。

　　人之性就上端而说，其尊无比，它超越善恶对待，只可以"好个性"、"善哉"这样的词来赞美，那么，胡文定所说的这种虚指的体会语到底是什么意思呢？此种说法，虽貌似虚玄，然落实下来，无非是说，人对天命之回应与承担，《中庸》所说的"是故君子戒慎乎其所不睹，恐惧乎其所不闻。莫见乎隐，莫显乎微，故君子慎其独也"，俱是指人对天命的回应与承担。孟子秉承子思，进一步告诉我们，人之所以为人，其本性就具有对天命回应与承担之良知良能，这就是性善，故所谓"性善"指的是：人自身固有的对天命有所回应与承担的良知良能；德国宗教学家加尔文也说："良心是人在道德上对神的反应。"❶ 盖人自身必然即具有这种力量，"此天之所与我者"，这是人之所以高贵之所在，人之为人全在此一"良"字，此即人之天爵也。是以准确地说，"性善"应该称为"性良"，"良"字正好对应"好个性"、"善哉"这样的字眼；又，《孟子》一书论性时，往往是"性善"与"性不善"对待，而不是"性善"与"性恶"对待，而"性不善"正意味着"性不良"也，而"性不良"意味着：人自身没有对天命有所回应与承担的良知良能，这在孟子看来是不可能的。若是之不知，而一旦把孟子之"性善"执定，则容易使人往道德上的善恶想，而孟子言性之大义遽失矣。必须从"人自身固有的对天命有所回应与承担的良知良能"来理解性善，从而开启性－天之工夫路向，不然，孟子所说的天全无意义，即使有意义也是自然的发生学的意义，而与道德宗教无关，最终的结果是，使道德全部外化为他律道德，且使道德失去人性自身的力量而无法克服恶。在此，我们不妨以康德的理论再做一番比较说明。前面讲过，康德认为不存在恶意的理性，即人的本性应该是善的，但他又认为，人性中有一种根本恶，即人在行动中不把道德法则作为原则而纳入动机；康德同时认为，我们不能把这种恶归于欲望、习俗或者环境，因为从原则上讲，人是自由的，这些东西都不足以抹杀人的自由，那么，人为什么会失去道德的力量而形成一种根本恶呢？康德认为，我们没有办法找到原因。他说：

---

❶　转引自冯传涛：《宗教性：加尔文的"敬虔"和〈中庸〉之"诚"》，《宗教学研究》2015 年第 3 期，第 233 页。

> 对于为什么在我们身上，恶虽然就是我们自己的行为，却败坏
> 了最高的准则，我们并不能进一步说明原因，就像对于属于我们的
> 本性的某种性质不能进一步说明原因一样。❶

康德的意思是说，人作为自由存在者，为什么会意欲于道德法则，这自身是无法说明的，我们只能惊赞❷；同样，人作为自由存在者，为什么又会败坏道德法则，这自身也是无法说明的，我们只能哀叹。这样一来，道德似乎又走入死胡同，人如何才能克恶向善呢？康德似乎找不到重新开启的力量。推究康德之所以得到这种结果的原因，盖由于他认为，道德自身是自足的，道德并不需要宗教，于是他只把道德建立在自由上，而对于自由，他更多地是为了建立道德的纯正性而不得不有的公设，"借助于自由的公设，它导向了这样一个概念"❸。康德所说的自由是系统建构公设的结果，他由此证成道德的纯正性，从而让道德成为人内在而自足的禀赋，进而证成人性善。这样，自由是康德为了证成道德的纯正性而逼出来的，而不是生命圣证出来的，若能圣证自由，则自由绝不只是一个公设，而是一个无限实体的本性，康德之后的谢林认为"通过这种在－上帝－中－存在，人才有能力自由"❹，这种论定盖亦当是由圣证而来。康德没有这种圣证，且又认为自由的人并不需要上帝的帮助就应该可以行道德，但他又深知，自由的人确实又有违背道德法则的根本恶，善是自由所致，恶亦是自由所致，那么，人怎样战胜恶？灵魂深处的革命如何可能？康德遇到了这个难题，正如李秋零所评论的那样："离开了上帝的恩典，就像亚里士多德缺少了'第一推动力'一样，康德又委实难以解释根本上已经堕落了的人如何实现从恶向善的革命。"❺由康德的困境可知，人

---

❶ 康德：《纯然理性界限内的宗教》，李秋零主编：《康德著作全集》第6卷，中国人民大学出版社2013年版，第31页。

❷ 康德说："有两样东西，越是经常而持久地对它们进行反复思考，它们就越是使心灵充满常新而日益增长的惊赞和敬畏：我头上的星空和我心中的道德法则。"参见康德：《实践理性批判》，李秋零主编：《康德著作全集》第5卷，中国人民大学出版社2013年版，第169页。

❸ 康德：《实践理性批判》，李秋零主编：《康德著作全集》第5卷，中国人民大学出版社2013年版，第140页。

❹ 谢林：《对人类自由的本质及其相关对象的哲学研究》，邓安庆译，商务印书馆2008年版，第131页。

❺ 李秋零：《康德论人性根本恶及人的改恶向善》，《哲学研究》1997年第1期，第32页。

的自由意味着与绝对体贯通，而善亦不仅仅是自由意志自立道德法则，更重要的是自由意志可不断地回应与承受绝对体之命令，由此，道德才是有力量源泉的，不但能确立道德的纯正性，且可克恶向善，完成灵魂深处的革命。

我们现在再回到孟子。孟子以其严整的宗教意识圣证到了天，不但人的自由来自天，善亦来自天，这是孟子关联着天而讲性善的大智慧所在。人性之所以善，更准确地说，人性之所以良就在于：人自身固有的对天命有所回应与承受，进而能够克恶向善的良知良能。孟子曰：

> 君子所性，虽大行不加焉，虽穷居不损焉，分定故也。君子所性，仁义礼智根于心。其生色也，睟然见于面、盎于背。施于四体，四体不言而喻。（《孟子·尽心上》）

人天生就是一种宗教性存在，人必须完成这种宗教性存在，这是人的使命，故曰"虽大行不加焉，虽穷居不损焉"；亦是人的宿命，故曰"分定故也"。只有完成人的宗教性存在以后，才能有真正的道德可言，故曰"君子所性，仁义礼智根于心"，由此，人才能完成其道德性存在。我们对人性的认知，一定要开启在天人之间回应与承受中的性–天模式，这个模式由孔子开启，七十子后学和子思绍述，而由孟子以性善论来完成，性善论一定要讲到这个高度才不负孟子的良苦弘教。若斩断性善与天的关系，即便在自然发生学的立场上讲性善与天的关系，因没有性–天模式下的人对天之回应与承受，实际上也斩断了性善与天的关系，从而只把性善讲成仁义礼智四德，进而把性善论仅仅讲成伦理学，由是，性善论只是学而不是教，进而枯竭性善论的力量之源，此岂孟子之意哉？！孟子既曰："天将降大任于斯人也，必先苦其心志，劳其筋骨，饿其体肤，空乏其身，行拂乱其所为；所以动心忍性，曾益其所不能。"（《孟子·告子下》）则必对道德之力量泉源有真切笃实之体认，而这种体认当来自其严整的宗教意识与通达于天的修养工夫也。人性之善即是——人自身固有的对天命有所回应与承受，进而能够克恶向善的良知良能，这是人之为人的高贵所在，真正的道德就是要存养人的这种良知良能，是之谓修行，故真正的道德必须会导致宗教，反之，唯有在宗教之下，才有真正的道德，这是一个分析命题而不是一种综合命题。如是说来，孟子的性善论是"道德的形上学"，亦是"宗教动力学"。

六、作为存在的性善与宗教境域的开启

依据上文的结论，性善的基本内涵是：人自身固有的对天命有所回应与承受，进而能够克恶向善的良知良能。这句话所要表达的意思无非是，人性自身就能对天命有所回应与承受，进而由此而克恶向善，这是人性根本之良知良能，孟子正是从人性这个自身固有处说"良"说"善"说"能"。这样，性善之于人性而言就是一种存在，而非一种外在的伦理要求，性善论亦是一种存在论，而非一种伦理学。这是我们从下端言性善所必须把握的基点，因为性善是一种存在，故它可以落实在真实的道德生活中，震动本心之潜能，开发宗教之动力，故宗教与道德本是不隔之二者，宗教之动力在道德，道德之指归在宗教，二者相互玉成，道德的完成即宗教境域的开启。

（一）作为存在的性善。

所谓性善论并不是一种伦理学，而是一种存在论，意味着孟子所说的"善"不是讨论"应该"的问题，而是讨论"是"的问题。如是说来，作为伦理学的"应该"必须奠基于存在论的"是"，不然，"应该"可能恰恰是"不应该"，因为"是"是最根基的"应该"。在这里，我们不妨引述海德格尔的相关论述。他说：

> 当存在有了时，存在就来到天命中。……源出自此种历史的东西，是用各种反驳都抵制不了的，简直是取消不了的。这种东西只有加以接受，它的真理是更原始地复归于存在本身之中的，并且是摆脱了完全属于人的意见的范围的。在本质性的思的园地中，一切的反驳都是蠢事。思想家之间的争论都是事情本身的"爱的争论"。这种争论使它们互相帮助着进入简单的对同一个东西的从属状态中，而他们就是从这同一个东西中在存在的天命中发现合适的东西。❶

---

❶ 海德格尔：《关于人道主义的书信》，孙周兴选编：《海德格尔选集》，上海三联书店1996年版，第379–380页。

依海德格尔的看法，"存在"是人或物的天命，这里不容争论，也无法争论，我们只能接受。所以，当有人问海德格尔何时能写出一部伦理学的著作时，海德格尔的回答是：当人的存在没有澄明之前，一切伦理学的约束不但是枉费心机，而且可能还是灾难。"用无论多么好的补救方法来进行的任何拯救，对于本质上遭受危害的人，从其命运的长远处看来，都是一种不耐久的假像。拯救必须从终有一死的人的本质攸关之处而来。"❶一言以蔽之，遗忘"存在"即无救。因此，对于人类而言，比建构伦理学的规范更为迫切的是认知并领悟"存在"。基于此，马尔库塞认为，认识论就是伦理学。他说："认识论本质上就是伦理学，伦理学本质上就是认识论。"❷这样，马尔库塞认为，在逻辑学的直言命题中，"系动词'是'就陈明一种'应当'。辩证思想把'是'和'应当'之间的批判性紧张关系首先理解为存在自身结构的本体论状况"❸。

中国传统思想中也有明显地从存在论来看伦理问题的。

> 石可破也，而不可夺坚；丹可磨也，而不可夺赤。坚与赤，性之有也。性也者，所受于天也，非择取而为之也。豪士之自好者，其不可漫以污也，亦犹此也。(《吕氏春秋·季冬纪·诚廉》)

"坚"是石头之存在的"性"，"赤"是朱丹之存在之"色"，这是受之于天的，不是人为可以选择的。同样，豪士自洁其性而不可污漫，这也不是人为的要求，而是存在上就是如此。故同书又曰："同气贤于同义，同义贤于同力，同力贤于同居，同居贤于同名。帝者同气，王者同义，霸者同力。"(《吕氏春秋·有始览·应同》)"同气"是存在上的，"同义"是伦理学上的，"同力"、"同居"、"同名"则渐流于外在的形式，故每况愈下。

这里之所以切入海德格尔、马尔库塞及《吕氏春秋》中的相关论述，就是为了说明，孟子认为人性善并非孟子主观的伦理学建构，而是基于存在的认知，是基础主义（foundationalism）的，而不是融贯主义（coherentism）的。

---

❶　海德格尔：《诗人何为？》，孙周兴选编：《海德格尔选集》，上海三联书店1996年版，第436页。

❷　马尔库塞：《单向度的人》，上海译文出版社2008年版，第100页。

❸　马尔库塞：《单向度的人》，上海译文出版社2008年版，第106–107页。

若云是哲学，就是自然哲学；若云是文明，就是理性文明；若云是宗教，就是性天之教，或宗教动力学。从这个角度讲，人性善是不可争论的，在此论争不但枉费精神，而且根本上是愚蠢的。因为这是人存在的天命，是最根本的真实。

　　然而，反过来说，荀子认为人性恶难道就不是人的存在的认知吗？难道荀子是盲顾人的存在而异想天开的伦理学建构吗？当然不是。荀子所论也是对人的存在的认知。但我们必须知晓，孟子与荀子的认知是根本不同的，故所把握到的人的存在也是不一样的。因此，孟子与荀子的理论都是对人的存在的反映，但之于人类的意义是不一样的。孟子的性善论是圣证到的，而荀子的性恶论是认知到的；圣证到性善，故可开宗教，认知到性恶，只能立礼法。其中的关键差别是：孟子圣证到的存在乃是人的超越存在，天在人的存在之中，而荀子认知的存在乃是人的肉体存在，天与人无关。荀子把人与天之连接给斩断了，故荀子的人性论虽然也是存在论的，但却是实在的存在论，而不是超越的存在论。须知，孟子并非不认可荀子所讲的存在论，但孟子却不在此处看人之所以为人，其陈义更高，从而确立了人之尊严及其在宇宙中的地位。设使孟子遇见荀子，其必曰："先生之论甚好，但止于此则不够。"何也？因为人与禽兽的差别在荀子的存在论中没有被透显出来。一旦圣证到人是一种超越的存在，则性善与存在就是同等的，即"人性是善的"乃分析命题，或者说，"存在是善的"是分析命题，这正如托马斯·阿奎那所言："'善'与'存在'在指涉上相同，而仅仅在观念上不同。"[1]需要特别指出的是，"善"与"存在"在指涉上是相同的，乃是就超越的存在而言，而不是就现象界的存在而言，现象界的存在是材质的、中性的，不但荀子的性恶基于此而言，告子的性无善无不善亦是基于此而言。现象界的存在既不能说它是善的，似乎也不能说它是恶的，即便像荀子那样以恶言之，亦不是道德意义上的恶。总之，把人看成现象界的存在，则人性一定既不能以善说之，亦不能以恶说之，故扬雄以善恶混说之，这实际上是告子的立场。也就是说，一旦我们以现象界的存在看人，则告子的立场是无可置疑的，即存在无法以一个价值性的范畴

---

[1]　转引自董尚文：《阿奎那存在论研究——对波埃修〈七公里论〉的超越》，人民出版社 2008 年版，第372 页。

来指涉；同样，若我们以超越界的存在看人，则孟子的立场也是无可置疑的，存在可以用价值性的范畴——善来指涉，甚至是唯有善才能指涉，尽管善亦不只是道德意义上的。孟子曰："乃若其情，则可以为善矣，乃所谓善也。若夫为不善，非才之罪也。"（《孟子·告子上》）"才"即表示性善确是一种存在。

牟宗三在《圆善论》一书中有一个附录：《"存有论"一词之附注》。在这个附注中，他把存在论（牟宗三称之存有论）分为"内在的存有论"与"超越的存有论"，前者乃指现象界的存在而言，后者乃指超越界的存在而言。现象界的存在不能以一个价值性的范畴来指涉，但我们可以就一物的存在分析其各别的殊相，即一物在质、量、关系、模态等范畴中的殊相，此即是牟宗三所说的"内在的存有论"，由此而成就科学知识。但牟宗三认为，中国哲学的传统不在"内在的存有论"，而在"超越的存有论"。这种"超越的存有论"不是就静态的"是"明物之内在构造，而是就动态的"生"明物所以然之理，故此种存有论必见本源。这个本源，当然属于超越的存有，于是，就有"超越的存有论"。但在西方，这种"超越的存有论"一般不名之曰存有论，而名之曰神学。"超越的存有论"与神学有什么区别？牟宗三说：

> 吾人依中国的传统，把这神学仍还原于超越的存有论，此是依据超越的，道德的无限智心而建立者。……此中无限智心不被对象化个体化而为人格神，但只是一超越的，普遍的道德本体而可由人或一切理性存有而体现者。此无限智心之为超越的与人格神之为超越的不同，此后者是只超越而不内在，但前者之为超越是既超越而又内在。分解地言之，它有绝对普遍性，越在每一人每一物之上，而又非感性经验所能及，故为超越的；但它又为一切人物之体，故又为内在的。❶

无限智心就是孟子称为大体的心，此心通达于天，是以无限，因此此心亦是宗教性的。但牟宗三认为，此心虽有宗教性，然宁可称之超越的存有，也不对象化为人格神，因为一旦对象化为人格神，则神-人永隔，人格神只

---

❶ 牟宗三：《圆善论》，台湾学生书局1985年版，第340页。

超越而不能内在于人；而超越的存有无限智心却不一样，既超越又内在。就超越而言，我们说其宗教性；就内在而言，我们说其道德性，而二者又是相互通达的，道德性必然导致宗教性，而宗教性必然见之于道德性。我们这里一再说明性善论是一种存在论，当然是指超越的存在论，善可以在经验界表现其道德性，但善又不是世俗的伦理学，而可以上通宗教。这样，宗教在经验界有其道德的动力，善又不至于在经验界滑落为功利主义伦理。"超越"与"超绝"不同，"超越"一词意味着超越经验又不离于经验，就像康德所说的时空感性直观形式与十二知性范畴一样，它们俱超越于经验，即它们俱是先天的，不是经验的对象，但它们俱用在经验界，成就知识对象。"超绝"一词意味着绝对飞离经验，绝不在经验中表现，如康德就认为，通过经验世界我们无法推证出上帝。性善论是超越的存在论，表明性善可以在经验世界见证，尽管其是超越的，但并非不运用于经验世界。《中庸》有言"君子尊德性而道问学，致广大而尽精微，极高明而道中庸"，是以超越与内在贯通，先验与经验不隔，出世与入世渡越，宗教不是与人永隔的对象，而是通过道德可以通达的圣域，唯如此，宗教动力才有开显的场域。

（二）本心的震动与宗教动力的开启。

性善不是一种概念性的伦理要求，而是一种存在，是人固有的一种良知良能或觉悟力，我们一般把良知良能或觉悟力叫作本心，其存在义更显，性善虽然也是一种存在，但字义上偏重形式，心性虽内容同一，但毕竟心以著性，其活动义尤著。本心若不在经验世界中被震动而唤醒，即使人人固有，也会闷而不得出，如同无有一样。故孟子虽然认为本心是人人固有的一种存在，但并不意味着不要教化，除了先知先觉者，一般的人都需要在经验中指点以震拔人之觉悟力，是以谓存在的震动。孟子是弘教者，弘教不只是一般道德学说的传授，更重要的是要把人推入圣门，而推入圣门在生活中一定要找到一个触发本心震动之点，这对于弘教甚至道德乃是更为根本的，比说理重要得多，因为说理只是使人认知抽象的道理，而本心之触发震动则直接让人产生行动。触发本心震动之点可称之弘教或道德的始点，而始点总是经验的、境域性的。《孟子》一书中最能体现这种存在的震动的境域性的始点，举例有三，分别是"以羊易牛"、"孺子入井"、"不葬其亲"这三个故事。孟子通过这三个故事充分说明了人自身所固有的良知良能即本心是如何在具体的境域中被触发震动而表现其道德力量的。

第一个故事，"以羊易牛"。

> 王坐于堂上，有牵牛而过堂下者，王见之，曰："牛何之？"对曰："将以衅钟。"王曰："舍之！吾不忍其觳觫，若无罪而就死地。"对曰："然则废衅钟与？"曰："何可废也？以羊易之！"（《孟子·梁惠王上》）

这段话全部由孟子所说，复述了齐宣王与牵牛者之间的对话。齐宣王看到即将要去衅钟之牛在全身觳觫，于是，告诉牵牛者以羊易之，其理由是，不忍见牛"若无罪而就死地"也。但显然，以这种理由去易之以羊是没有意义的，因为若衅钟不废，则羊最后的结果也是"若无罪而就死地"也，故孟子曰："王若隐其无罪而就死地，则牛羊何择焉？"然为什么还要这么做呢？显然，齐宣王自己也不清楚他自己的心路历程，而一般的百姓也不清楚，真正理解这种用心之意义的是孟子，但孟子亲自对齐宣王复述这个故事，并不是要在一般的意义上表扬齐宣王是一个心地善良的人，从而可以行仁政。孟子是通过这个故事告诉齐宣王，这是人自身所固有的善，即本心震动开启后所产生的道德力量，这是孟子比一般人甚至比齐宣王高明的地方。

一般人只看到外在的现象，羊比牛小，故以为齐宣王小气，这当然不能服其心，但齐宣王似乎亦无法反驳一般人的看法，因为若不忍牛无罪而就死地，难道就忍心羊无罪而就死地吗？这样的问题显然齐宣王亦无法回答。但孟子认为，"吾不忍其觳觫，若无罪而就死地"这种感受非常重要，它透露出了人的一种"仁术"。关于"仁术"，朱子语其门人陈晦周有如下对话：

> 陈晦周问"仁术"。曰："'术'字，本非不好底事。只缘后来把做变诈看了，便道是不好。却不知天下事有难处处，须着有个巧底道理始得。当齐王见牛之时，恻隐之心已发乎中。又见衅钟事大似住不得，只得以所不见者而易之，乃是他既周旋得那事，又不抑过了

这不忍之心，此心乃得流行。若当时无个措置，便抑过了这不忍之心，遂不得而流行矣。此乃所谓术也。"（《朱子语类》卷第五十一）

"术"一般与"道"相对，中国传统重"道"而轻"术"，因为"术"机巧，最后可能走向诈伪。但孟子在这里说"仁术"的时候，不是这种坏的意思，而是好的意思。按照朱子的理解，这种"术"是暂时措置"不忍之心"，即本心的不得已的方法，因为亲见牛之觳觫，让齐宣王潜沉的本心震动了起来，开启了其对生命之恻隐力量，既然本心震动起来了，就要有所作为，以安排这生命之恻隐力量，于是，便有了易之以羊之举。本心在质实的经验中被震动了起来，这是在一定的机缘上的自觉自动，无待于外的，在此，可以表现本心之自由，亦可见本心之善；如果我们问，以羊易之不是同样也要使羊就死地吗？这恰恰是我们有待于外的思考，而这种思考可能恰恰会使本心自身陷入不自由之中。这个故事并没有告诉我们最后是否真的以羊易之，可能齐宣王后来最终发现这种交换意义不大，由此而作罢。但无论如何，本心之震动并不负责这种结果。本心只是在一定的机缘之下震动起来，在孟子看来，这种震动自身就是有意义的，足以印证人性之善，足以彰显人的高贵。本心在一定的机缘之下一定会自觉自动，而不需要外在的助力，此所以为"本"而内在自足也，由此即证本心之自由，即证本心之善。故本心之震动是直接的，不待安排的。《陆九渊集》卷三十五《语录下》载陆象山之门人阜民之言："某（阜民）方侍坐，先生（陆象山）遽起，某亦起。先生曰：'还用安排否？'"陆象山在其《语录》中特别记载这件日常之小事，就是希望通过门人这个下意识的动作来说明：本心之承体起用是直接的，不待安排的，在一定的机缘下一定会，这是先验的必然的。明儒王龙溪看到了这个掌故，曰："此即是良知无思无为、自然之神应。学者于此识取，便是入圣血脉路。"（《王龙溪先生全集》卷一《天泉证道纪·抚州拟岘台会语（六）》）良知之所以谓"良"，就是因为它可以直接触发与感应，不待别的思考与作为。王龙溪的意思是：若没有这本心在现实境域中的直接震动，不但道德不可能，宗教之神圣更于人无与。本心的震动是奠基性的，"天地之间，只有一个感与应而已，更有甚事？"（《二程遗书》卷十五）正是在这个意义上说的。

但是，本心并不是一种纯形式性的概念，它是一种质实的存在，故它一定要在现实境遇中触发而承体起用，这是无曲折的一触即发，是以孟子曰：

> 是乃仁术也，见牛未见羊也。君子之于禽兽也，见其生，不忍见其死；闻其声，不忍食其肉。是以"君子远庖厨"也。(《孟子·梁惠王上》)

"仁术"就是仁道的开启，而仁道的开启又依赖本心之震动，而本心的震动又是因为牛的觳觫之触发，但因为羊没有进入境域，未见羊之觳觫，因此，易之以羊；设若齐宣王因牵羊衅钟而见其觳觫，则必曰"易之以牛"。现在，牛进入了境域而见其觳觫，使齐宣王之本心震动，故有易羊之说，因"见牛未见羊也"。孟子对本心震动之机制把握得非常准确，因此，当我们问：易之以羊不是同样让羊无罪而就死地吗？我们这里坐而论道，根本不懂孟子复述这个故事的用心，孟子在意的是本心震动的机制，从而对齐宣王指点本心，但我们在乎的却是就死地之结果，这种结果之于孟子，可谓风马牛而不相及也。我们再来看，为什么孟子告诉君子要"远庖厨"呢？因为庖厨免不了要杀鸡宰羊，若本心经常处在这种杀生的环境中，必然使本心对生命的逝去慢慢麻木，进而使本心之震动不敏感，为了保护本心之觉悟奋发力，君子须远庖厨。因此，远庖厨并不是说不吃禽兽之肉，而是为了保护本心之敏感性，从而让其有道德的震动。所以，本心固然可以在一定的境域中震动警觉起来，也可能在一定的境域中消磨而丧失其敏感性。孟子曰：

> 虽存乎人者，岂无仁义之心哉？其所以放其良心者，亦犹斧斤之于木也。旦旦而伐之，可以为美乎？其日夜之所息，平旦之气，其好恶与人相近也者几希，则其旦昼之所为，有梏亡之矣。梏之反复，则其夜气不足以存。夜气不足以存，则其违禽兽不远矣。(《孟子·告子上》)

若人总是处在恶的境域中，本心之敏感性与警觉性不断地被消磨梏亡，最后必然会使本心丧失而沦为禽兽的境地，故环境对于存养本心、确保本心之震动力是非常重要的。需要特别指出的是，好的环境有助于本心之警觉力，坏的环境抹杀了本心的警觉力，但这绝不意味着本心之道德机能是通过外在环境而得来的，本心之良知良能是先天具有的，环境的好坏仅仅是有利于或有碍于人的良知良能的奋发而已，这就如鱼之善游之能是先天具有的，而水之多寡唯是否有利于鱼之游耳，而绝不会影响鱼善游之能。

第二个故事，"孺子入井"。

> 所以谓人皆有不忍人之心者，今人乍见孺子将入于井，皆有怵惕恻隐之心；非所以内交于孺子之父母也，非所以要誉于乡党朋友也，非恶其声而然也。由是观之，无恻隐之心非人也，无羞恶之心非人也，无辞让之心非人也，无是非之心非人也。恻隐之心，仁之端也；羞恶之心，义之端也；辞让之心，礼之端也；是非之心，智之端也。人之有是四端也，犹其有四体也。有是四端而自谓不能者，自贼者也；谓其君不能者，贼其君者也。凡有四端于我者，知皆扩而充之矣，若火之始然、泉之始达。（《孟子·公孙丑上》）

孟子以小孩子掉入井里来说明人为什么一定有四端之心，即本心。如果我们突然发现一个小孩子掉到井里去了，我们内心一定有震动，觉得一个生命处在危险之中，应该去救他。这种想法乃四端之心自然震动的结果，既不是为了讨好孩子的父母，也不是为了荣誉，更不是觉得其呼叫声讨厌，而仅仅是四端之心自身的震动，孟子通过排除这外在的三者，表明本心的震动是内在而自足的，这是在一定的境域下的自然发用，无思无为，是以谢上蔡曰："人须是识其真心，见孺子将入井时，是真心也，非思而得也，非勉而中也"，"庄子曰：'去故与智，循天之理。'若在圣人分上，即著循字不得"（《孟子精义》卷第三）。在谢上蔡看来，即便"循"字，亦有思考模拟的意思，非本心之震动。本心的震动，乃孺子入井这种突然的情况瞬间引发的，一"乍"字，即表示了本心震动之一触即发的品格，且其震动乃不容已者。《朱子语类》卷第五十三载其与门人的对话：

　　问："如何是'发之人心而不可已'？"曰："见孺子将入井，恻隐之心便发出来，如何已得！此样说话，孟子说得极分明。世间事若出于人力安排底，便已得；若已不得底，便是自然底。"

　　依据朱子的理解，若孺子入井这件事一旦映入眼帘，则本心是一定会震动的，"如何已得"，就意味着抑制不住，这是自然而然的；若是"已得"的，便不是自然的，而是人力的安排。但本心是天之所与者，只要情境出现，其震动一定会来临，这是先验的必然的。孟子明确告诉我们，人之有四端之心就如人之有四肢一样真切，人既有四肢，则其动作行走为先天的必然；同样，人既有四端之心，则其震动亦是先天的必然；若没有这种震动，孟子判定，那就一定不是人。当然，这种自然震动是否会转化为现实的救人行动，则不一定。孟子在这里并不是要说明现实上人人都有救人的行动，而是要证明人人内心一定有震动，这是先验的必然的，此足以说明人性之善。唐君毅尝论之曰：

　　　　至于人何以当有恻隐之心、仁心及一切德性心，则在孔孟皆无进一步之理由可说，亦更不须说。说之乃依于纯粹之理智心，把此德性心化为一对象，而视如一般之事物，以求其当有之故。然此德性心，在其自悦自安，而无间充达之历程中，乃永不能化为对象者，即此处根本容不下问：依何理由，或为什么而要有此仁心之问题。其有，为超理智之上之有，亦为超一切知识上之理由者。其当有，在此德性心自悦自安，已足完全证明，另不须外在之证明。彼求外在证明者，其运思纵可上际于天，下蟠于地，最后仍须回到以此心之自悦自安，为当下之内在之证明。❶

　　孟子以上所说的"今人乍见孺子将入于井，皆有怵惕恻隐之心；非所以内交于孺子之父母也，非所以要誉于乡党朋友也，非恶其声而然也"，就是四

❶　唐君毅：《中国哲学原论——导论篇》，中国社会科学出版社 2005 年版，第 60 页。

端之心（德性心）自悦自安、无间充达的结果。因为四端之善实有，在可能的境域之下，就一定会震动而活跃起来，由此证明善的存在与实有，这不是形式推演、逻辑证明的结果，是每个人心中可直接印证的，这是存在的体会与感应。孟子说性善，首要的是把握住了这个根基——本心的震动，本心的震动不保证一定有现实的善出现，但若没有本心的震动，则根本不可能有任何善；然若能依本心之震动而自然扩充之，则"天地变化草木蕃"，善不可胜用矣，是以朱子曰："四端在我，随处发见。知皆即此推广而充满其本然之量，则其日新又新，将有不能自已者矣。能由此而遂充之，则四海虽远，亦吾度内，无难保者。不能充之，则虽事之至近而不能矣。"（《孟子章句集注》卷二）真实的德行唯有在此才能培育，外此，皆空华外道也，本心的震动是唯一的引擎。《孔子家语·五仪解》载：鲁哀公尝问孔子曰："寡人生于深宫之内，长于妇人之手，未尝知哀，未尝知忧，未尝知劳，未尝知惧，未尝知危，恐不足以行五仪之教，若何？"孔子的回答是：

> 君入庙，如右，登自阼阶，仰视榱桷，俯察几筵，其器皆存，而不睹其人。君以此思哀，则哀可知矣。昧爽夙兴，正其衣冠，平旦视朝，虑其危难，一物失理，乱亡之端。君以此思忧，则忧可知矣。日出听政，至于中冥，诸侯子孙，往来为宾，行礼揖让，慎其威仪。君以此思劳，则劳亦可知矣。缅然长思，出于四门，周章远望，睹亡国之墟，必将有数焉，君以此思惧。则惧可知矣。（《孔子家语·五仪解》）

孔子之所以不答以普遍的哀、忧、劳、惧之定义，而是要哀公深入祖庙去感受一下，就是希望哀公四端之善震动起来，从而切实地培养其德行。孔子的这种循循善诱，是非常真切动人的，真有灵觉的人，必至于"欲罢不能，既竭吾才，如有所立卓尔"（《论语·颜渊》）。相反，形式性的普遍道德定义向人宣布以后，其之于人的作用与在真实的境域中让四端之善震动起来是不可比拟的，儒者责之为空发议论，孔孟乃至以后的儒者都能切实地把握这一点。这也是中西文化的大分别，故西方重伦理学原则，中国重工夫论培育。

西方重普遍原则的宣诚，中国则重当机指点；前者只告诉人应该怎么做，但没有开启引发之动力；后者则先开启引发之动力，然后觉悟普遍当然之理。

第三个故事，"不葬其亲"。

> 盖上世尝有不葬其亲者，其亲死则举而委之于壑。他日过之，狐狸食之，蝇蚋姑嘬之。其颡有泚，睨而不视。夫泚也，非为人泚，中心达于面目。盖归反蘽梩而掩之，掩之诚是也。则孝子仁人之掩其亲，亦必有道矣。（《孟子·滕文公上》）

"睨而不视"，不能不视，又不敢正视；"夫泚也，非为人泚，中心达于面目"，自然而然地流出冷汗。孟子通过这两个动作，说明本心震动之情不自禁，这是先验的必然的。这种人人必有的情不自禁乃是由于"不葬其亲"，致使"狐狸食之，蝇蚋姑嘬之"这一机缘所触发的。我们知道，儒家非常隆重的丧葬之礼，其最初之触发却正是诸如此类机缘所触发的。张南轩曰：

> 盖上世虽未有棺椁之制，而人心之不忍乎其亲者固已具矣。故见其委沟壑而为虫兽食也，则其痛愧之情泚然发见于颡，有不可自已者。睨而弗视，非弗视也，不忍视也；曰："夫泚，非为人泚，中心达于面目。"言无所为而其泚自见，此发于良心而达于面目，不可以没者也。孟子每于节防之处，必提其纲以告人类如此。惟其泚之不可以已也，故从而掩之。其掩之诚是也。圣人制为葬埋之法，棺椁之度，亦本诸人心而已。本诸人心而为之节文，孝子仁人之掩其亲，其道盖如此。（《癸巳孟子说》卷三）

孟子之所以要讲上古之世这样的掌故，就是为了驳斥墨者薄葬之说。"吾闻夷子墨者。墨之治丧也，以薄为其道也。夷子思以易天下，岂以为非是而不贵也？然而夷子葬其亲厚，则是以所贱事亲也。"（《孟子·滕文公上》）我们知道，墨家反对儒家的厚葬而提倡节葬，而其之所以提倡节葬，乃基于节约原则，"故衣食者，人之生利也，然且犹尚有节；葬埋者，人之死利也，夫何独无节于此乎？"（《墨子·节葬下》）节葬是墨家治理天下的基本原则之一。但奇怪的是，墨者夷之在埋葬自己的亲人的时候，却依然厚葬，其行为与原则相悖，由此证明本心之震动为不可已者，非外在之原则所能制也。原则非不美也，然墨家之原则乃基于经验的观察，并非奠基于人性自身，既如此，则这种原则的力量源泉就会有问题。依据胡韫玉的讲法，墨家的原则是因为，"墨子志在救世。世之相争斗也，其故有二。一则以物力不足供所求，于是以饮食之微，致有攘夺之事。一则国家界限太明，于是以细末之故，致有兵戈之举。墨子有见于此。一以节用救之，一以兼爱救之"❶。节用与兼爱并非不是良法，但不可只是抽象地讲，若仅如此，一定没有人性自身的力量，墨者夷之之行为即可略见一斑也。孟子深知，一切不能震动本心而根基于人性的原则，都可能是伪法，于是，孟子很自信地说："不直，则道不见，我且直之。"直者，呵斥墨者之非而开力量之源也。难怪夷之听了孟子的这个掌故以后，怃然有所悟，既而叹曰："命之矣。"此三字，朱子释之为："孟子已教我矣"（《孟子章句集注》卷三）。"夫礼，体情而防乱者也。"（《春秋繁露·天道施》）儒家本有繁富的礼仪教化制度，然俱奠基于人性，而有其力量之源泉，否则，礼就会僵化而枯绝自身的力量，从而走向礼仪教化制度的反面。在第一章我们曾引用过汉学家斯卡帕里的话，他认为若没有人性自身的特征作为引导，所有的礼都可能沦为人类最拙劣的外在形式的模仿，从虚伪化而致社会于危险之中，因此，儒家的礼仪教化制度，不只是一种生活范式，实际上是一种神圣的计划。❷孟子之所以与墨者夷之力辩，无非就是要开其徒知其外而不见其内之弊障，这弊障堵塞了力量源泉之开发。黄宗羲曰："天地之大，不在昆仑旁薄，而在葭灰之微阳；人道之大，不在经纶参赞，而在空隙之虚明。其为几希者此也。"（《黄宗羲全集》第一册《孟子师说》卷四）本心之震动，虽是"葭灰之微阳"、"空隙之虚明"，然能尽之充之，必能成昆仑旁薄、经纶参赞也。

孟子通过上面的三个故事告诉我们，在现实境域中保持本心之警觉与敏感，随时震动而不麻木，乃开启道德与宗教力量所不可或缺。孔子所说的"不安"之感以及孟子所说的"不忍人之心"，都指的是这种本心的警觉与敏感。

❶ 转引自陈柱：《墨学十论》，广西师范大学出版社 2010 年版，第 21 页。

❷ M. 斯卡帕里：《在早期中国文献中有关于人的本性之争》，〔美〕江文思、安乐哲编：《孟子心性之学》，梁溪译，社会科学文献出版社 2005 年版，第 249 页。

若没有这种本心的警觉与敏感，教化即失去其作用，故孔子曰："不愤不启，不悱不发。"（《论语·述而》）即若一个人没有愤发之警觉，悱恻之不安，就不会去启发他。宰我昼睡，表明其本心的警觉与敏感渐已鲁钝麻木，故孔子斥之曰："朽木不可雕也，粪土之墙不可杇也"（《论语·公冶长》）。而孔子"发愤忘食，乐以忘忧，不知老之将至"（《论语·述而》），正体现其本心的警觉与敏感健旺而不惰也。孔子于此盖有笃实的体会，故其教人之门径，首在守护自家本心之震动也。孔子谓子贡曰："能近取譬，可谓仁之方也已"（《论语·雍也》），所谓"能近取譬"，就是在自己之生活境域中体会本心之震动，此最能入"仁"之门也。宋儒程子之喻则尤精，其曰：

> 故"能近取譬"者，仲尼所以示子贡以为仁之方也。医书有以手足风顽谓之四体不仁，为其疾痛不以累其心故也。夫手足在我，而疾痛不与知焉，非不仁而何？世之忍心无恩者，其自弃亦若是而已。（《二程遗书》卷第四）

手足在身，若其不觉疾痛，则谓之风顽。世之忍心无恩者，在如此切近之境域中竟不能触发其本心之震动，麻木怠惰如此，则亦手足风顽之类者也。程子此喻无非是要说明，手足风顽，于一切痛痒无觉，则为四体不仁也；本心不能震动，则"天地闭，贤人隐"，一切道德宗教都不可能。

在这三个故事之后，孟子又以舜为例，说明本心之震动为人人所先验地必然者，只要有一机之触发，则"沛然莫之能御也"。

> 舜之居深山之中，与木石居，与鹿豕游，其所以异于深山之野人者几希。及其闻一善言，见一善行，若决江河，沛然莫之能御也。（《孟子·尽心上》）

这段话，朱子赞曰："非孟子造道之深，不能形容至此也。"（《孟子章句集注》卷七）"舜之居深山之中"，只是孟子之设言，非历史之真实也：即使舜在深山之中，与其邻者木石也，与其游者鹿豕耳，但即便如此，亦掩饰不了其作为人之为人的良知良能。《易传·系辞上》云："富有之谓大业。"孟子言此，盖为了凸显人之为人之良富也，尽管人看上去有时与野人无以异，也就是说，无论人处在何种境地，这良知良能都是固有而不可泯者，唯有显隐之别耳。朱子门人尝问："其未有所闻见时，气象如何？"朱子的回答是："湛然而已。其理充塞具备，一有所触，便沛然而不可御。"未遭遇现实中的机缘，此良知良能本已完好具足地湛然于心，一旦机缘灵现而触发，本心之震动必然有沛然不可御者出现，富有者必有大业，神体者必显妙用，此即内圣外王之道也。清儒吕晚村曰：

> 不是圣人之妙，只在感应作用上，也不是圣人感应作用之妙，全在深山不异野人时，堕此二界，不入永康，即入江西。圣人全体大用，在深山不见闻时无从窥探，就其见闻沛然处，可见圣人浑然一善，深山中已无所不具，随感而出，圣人原不分寂感也。故"及其"是回合语，不是分界语。❶

吕晚村此段解释乃基于朱子之学。永康，即指陈亮，朱子责之为功利之学；江西，即指象山，朱子责之为禅学。前者不见体，后者不及用。不论朱子之责斥是否正确，吕晚村之借用此二者，是为了说明儒家之学的全体大用，由本及用，一体平铺也。

归寂之本心一旦遭遇一善言或善行之现实机缘，即触发震动而至于"沛然莫之能御者"。程子曰："良能良知，皆无所由，乃出于天，不系于人。"（《二程遗书》卷第二上）这样看来，本心之震动属于性天之动，而与情意之动以区别。"座中泣下谁最多，江州司马青衫湿。"此即白乐天之情意之动也。情意之动多因相似或相同之经历与处境所促成之同情、联想与沉思，故或激切而豪迈，或低回而伤感。总之，皆为文学性的，是"情"之抒写，"意"之排荡，只是情意排遣之通道，常难于一念反省而警觉自己，向精神之更高理境迈进。情意之动多一时之兴会所致，常浪漫而无收煞，故不足以澄净生命、光明宇宙、旋转乾坤。世人所云之感动多为此义，殊不知，此义只为感动之低层次，

---

❶ 吕留良：《四书讲义》，中华书局 2017 年版，第 948 页。

若人之感动只限于此义，则必关闭精神开显之通路。性天之动乃一机之触拨，直透至那宇宙荒茫、鸿蒙开辟之中，开启生命之灵根与慧眼，故是"性"之动，亦是"天"之复。故由性天之动所成就之"沛然莫之能御者"，可以上下其讲，从下端看，开"亲亲而仁民，仁民而爱物"之世间境；从上端看，必至于"存其心，养其性，所以事天也"（《孟子·尽心上》）之超世间境。世间境与超世间境，二者合一，相即而不离，即是儒家之宗教境域也。

（三）爱有差等与宗教境域的开启。

本心之震动作为存在的震动，需要在一定的境域中，而对于一般人来说，最切近的境域无非就是家庭生活，故本心之震动最容易在家庭之人伦生活中被触发。

> 仁之实，事亲是也。义之实，从兄是也。智之实，知斯二者弗去是也。礼之实，节文斯二者是也。乐之实，乐斯二者，乐则生矣。生则恶可已也？恶可已，则不知足之蹈之、手之舞之。（《孟子·离娄上》）

仁自身，自然不只是事亲；义自身，自然不只是从兄，但孟子不但把仁义自身置于事亲、从兄，且以为智、礼、乐皆不过是措施二者而已。这是为什么呢？朱子之门人尝把这样的问题提给朱子，朱子认为，孟子所说的"实"是指良知良能的发端处，亦即本心之震动处，非谓仁义自身仅仅就是事亲、从兄也。朱子曰：

> 须是理会得个实字，方晓得此章意思。这实字便是对华字。且如爱亲、仁民、爱物，无非仁也，但是爱亲乃是切近而真实者，乃是仁最先发去处；于仁民、爱物，乃远而大了。义之实亦然。（《朱子语类》卷第五十六）

朱子以为，"实"相对于"华"而言，"实"是下手处，即本心之震动处；"华"是通达处，即本心之发越处。朱子说得非常清楚，"爱亲、仁民、爱物，无非仁也"，但唯有爱亲才是最真切的本心震动处，所谓"仁最先发去处"，若没有这个最真切的本心震动处，空讲仁民与爱物，显然徒显远大，最后空泛而无力。所以，孟子如此说，只不过是表明本心之震动始于家庭人伦之中，然后依此而通达发越，则仁民、爱物才能落到实处，不然，可能沦为空口号耳。也就是说，一个人若事亲、从兄都做不到，如何能指望他仁民、爱物呢？因本心没有震动，动力源没有开启故也。事亲从兄仅仅是人在真切的人伦生活中开启道德动力源之所在，在这个意义上，谓之"仁之实"、"义之实"，可也，若谓仁义智礼乐只是事亲从兄，则妄矣。吕晚村曰："若人言则天下无所谓仁义智礼乐，只有事亲从兄而已，仁义智礼乐皆撰造虚名，为害道之具矣，奚可哉！"又曰："若谓礼尽于孝弟，即不懂孟子之言矣。"❶为什么人们会误解孟子之意，而把事亲从兄直接等同于仁义智礼乐呢？就是因为二者之间的关纽处不知。吕晚村曰：

> 仁与事亲，义与从兄，两边看得精粗大小远近，判然胶粘不上，皆因中间不见关纽处，故注中补出"爱敬"二字。盖仁义是性，事亲从兄是事，若不明爱敬实地关纽，费尽分疏，终成两件。❷

注中补出"爱敬"二字，是指朱子的《孟子章句集注》卷四在注此句时云："仁主于爱，而爱莫切于事亲。义主于敬，而敬莫先于从兄。"在吕晚村看来，仁义是性，然性总有一个表现，这个表现就是爱或敬，而爱或敬又具体落实在事亲或从兄这样的事中，由此，通过爱敬这个关纽，性与事形成关联。然性自是性，事自是事，事只是本心最初的触发震动处，由此开发性无穷的发越之能。《孝经·圣治》云："父子之道，天性也。"世间之事，最能触动本心，最能震动本心者，除了这种天性血缘关系之事亲从兄外，尚有谁何？是以孟子有是论也。基于家庭伦理之于本心震动的奠基性，孟子甚至说："不得乎亲，不可以为人。"（《孟子·离娄上》）即一个人不能在真切的家庭人伦生活中震动而有所为，实际上已远离了人之为人的存在。汉学家江文思说：

---

❶ 吕留良：《四书讲义》，中华书局 2017 年版，第 797 页。
❷ 吕留良：《四书讲义》，中华书局 2017 年版，第 797 页。

被赋予的那种道德发展之根本在于直接的家庭情感，我们将假定能够使人成之为人的情之四端也最终根植于家庭经验之中。就孟子而言，假如一个人不能深深地维持一种家庭的相互关系，那么人再也不成其为人。●

本心一旦在家庭人伦中震动起来，其发用自然不止于家庭之中，必发越于家庭之外，所谓"恶可已"也。"恶可已，则不知足之蹈之、手之舞之"，意味着，有了家庭人伦中的笃实奠基，则一切的道德行为，自如春风化雨，"恰似春月，草木许多芽蘖一齐爆出来，更止遏不得"（《朱子语类》卷五十六）。

儒家历来重视家庭人伦生活，甚至有"君子务本，本立而道生。孝弟也者，其为仁之本与"（《论语·学而》）之说，儒家之所以如此，绝不是小农经济模式下的偏私与狭隘，而是找到了培护本心震动之场域，让道德安居于此。孟子曰："仁，人之安宅也；义，人之正路也。旷安宅而弗居，舍正路而不由，哀哉！"（《孟子·离娄上》）道德之安宅在哪里？道德之正路在哪里？当然是在每个人都可遭遇的家庭人伦生活中，若舍弃此安宅与正路，而使道德空泛化，则是极其悲哀之事，甚至有可能使人伦道德世界沦落为动物世界。"仁从家庭中，从原始的直接的情感关系中产生出来。失去了人的家庭情感……就等于在人的世界中失去了成员的资格。在仁的范围之外存在着邪恶的动物世界，在家庭之内存在着自然出现的人的道德与情感的标准。"●真正的仁只能奠基于家庭之内，外此而所言的一切仁，都免不了要把人带入动物世界。

我们现在再来看，墨家倡导兼爱，本来足以见其胸怀之博大与境界之高远，儒家既倡导"泛爱众"，又倡导"仁民爱物"，如此看来，儒家墨家应该莫逆于心、相视而笑才是，但为什么孟子竟以骂相对呢？孟子曰："杨氏为我，是无君也。墨氏兼爱，是无父也。无父无君，是禽兽也。"（《孟子·滕文公下》）

● 江文思：《在〈孟子〉中人是如何相似的？》，〔美〕江文思、安乐哲编：《孟子心性之学》，梁溪译，社会科学文献出版社2005年版，第290页。
● 江文思：《在〈孟子〉中人是如何相似的？》，〔美〕江文思、安乐哲编：《孟子心性之学》，梁溪译，社会科学文献出版社2005年版，第295页。

须指出的是，孟子在这里并非骂杨朱、墨子为禽兽，而是说杨朱墨子的理论会导致禽兽之行为。为什么会这样呢？我们从墨者夷之之言行不一致可以看出。夷之信奉墨家之兼爱，倡导"爱无差等"、"节葬"等理论，但自己却违背这些原则而厚葬其亲，孟子责之曰："且天之生物也使之一本，而夷子二本故也。"（《孟子·滕文公上》）即天下的道理是一贯的，但夷之却有两个，即对待别人时倡导"爱无差等"、"节葬"，对待自己的家人时却"爱有差等"、"厚葬"，这是极其虚伪的行为。这种虚伪的行为必然把"爱有差等"封死在自私自利的范围之内，即自己所做的是"爱有差等"，却要求别人"爱无差等"，这种自利而限他的行为必然导致"爱无差等"理想之破产，人与人之间不过是自私自利的竞技场，此非致人类社会于动物世界乎？墨子之"兼爱"、"爱无差等"之理论，貌似博大高远，然却没有开启落实下来的力量，致使沦为空泛而虚伪，虽非墨子所料及，然其过错则不能免也，是以吕晚村曰："杨墨虽无无君无父之心，而卒莫逃无君无父之罪。……说似善而心必诛。"❶因为本心作为一种质实的存在，其震动必然要在亲在的境域中，境域离亲在性愈远，其震动强度愈差，故"爱有差等"是本心震动时的自然发展顺序，这是着意安排不得的。《墨子·耕柱》曾记载巫马子对墨子曰："我与子异，我不能兼爱。我爱邹人于越人，爱鲁人于邹人，爱我乡人于鲁人，爱我家人于乡人，爱我亲于我家人，爱我身于吾亲，以为近我也。"愈近则本心之震动愈强烈，其爱亦真挚。其实，这个在我们的日常生活中是可以体会出来的，我们时常听到电视中播报车祸的消息，但因为死伤者与我们根本不认识，故之于我们的震动是不大的；但若死伤者中有我们的亲人或朋友，其之于我们的震动就不一样了；如果我们亲自在车祸现场甚至是车祸中的幸存者，其之于我们的震动是最大的。在道德上，无视本心之震动这种自然发生顺序，而着意于远近同等，其意虽美，但却无本，即找不到开发推行其美意的力量。《墨子·耕柱》又载巫马子与墨子之间的对话：

> 巫马子谓子墨子曰："子兼爱天下，未云利也；我不爱天下，未云贼也。功皆未至，子何独自是而非我哉？"子墨子曰："今有燎者

---

❶ 吕留良：《四书讲义》，中华书局 2017 年版，第 765–766 页。

于此，一人奉水将灌之，一人掺火将益之，功皆未至，子何贵于二人？"巫马子曰："我是彼奉水者之意，而非夫掺火者之意。"子墨子曰："吾亦是吾意，而非子之意也。"

从这段对话可知，好像墨子的"兼爱"理论，仅仅就只是一种美意与存心而已，就如着火了，只能奉水以救之，而不应添柴以旺之，至少道理上是应该如此的。可见，墨子的"兼爱"多流于理论上的呼吁，而找不到其践行之动力。

墨家之所以得出这种意美而难以落实的理论，就是因为他们没有正视本心之震动，唯以平面的、一层的认知功能来看待心，即在墨家那里，心只是认知心，而不是孟子所说的具四端且又震动兴发力的道德本心。"循所闻而得其意，心之察也；执所言而意得见，心之辩也。"（《墨子·经上》）正是基于这种认知心，墨家推出了兼爱的结果。唐君毅论之曰：

> 然此在墨者之思想中则可能者，正由于墨者之本其"知虑"，将吾人之具体生活所接之特殊个体之人等，均视作一类中之人，而加以理解，如此则爱其一而不平等爱其余，便为悖论。❶

也就是说，墨家之于爱或许并无真实之震动，但只要说到爱一个人，就必须爱所有人，因为人都是一样的，道理上应该是如此。这是理智推理的结果。墨家则解除了家庭，认为人人应生活在宗教团体之中，且一律平等。这样，他们只是平铺地看个体的人，拉掉了他们的具体家庭生活（或者说根本没有家庭生活）。也因此，每个人皆为数量"类"中的"一"。这个数量"类"中的"一"之间，没有任何差别，故我们须"兼爱"。所以，墨家所讲的"兼爱"是抽象地讲的。这就如一切平行线都不相交一样（平行线是否相交，任何人都没有直觉，我们谓其不相交，只是依据公理而推出的）。可以说，墨家所讲的"兼爱"是直接通过学术"研究"出来的。既然只是理论推出来的，人不能直觉，故在现实中就没有落实的力量。

---

❶ 唐君毅：《中国哲学原论——导论篇》，中国社会科学出版社 2005 年版，第 61 页。

任何人都有认知心，儒者自然也能认识到兼爱之美，但儒家在认知心之外，有四端之本心盾其后。认知心是横向的，四端之本心是纵向的；纵向是经，横向是纬；纵向的四端之本心是领导原则，横向的认知心是从属原则。这样，虽有认知心与本心之别，但"本"只有一个，只能是本心，即由本心之道德力量推动认知心。墨家只正视了认知心，本心在其理论中被悬置了，但本心是一种真实的存在，于生活中是无法无视其力量的，故有墨者夷之理论中一套而生活中另一套的行为，是以孟子责之为"二本"，且认为应该只能有一个"本"。由此可见，孟子反对墨子的兼爱说，并非反对兼爱自身，而是认为，空说兼爱乃认知心所本，但这个本在现实中没有践行的力量，而个人的家庭生活中却以本心之震动为本，故有二本。《孝经·圣治》非常确切地道明了墨家兼爱因"二本"所带来的问题：

> 故不爱其亲而爱他人者，谓之悖德；不敬其亲而敬他人者，谓之悖礼。以顺则逆，民无则焉。不在于善，而皆在于凶德，虽得之，君子不贵也。

这里所说的"悖德"、"悖礼"不是说爱他人与敬他人违背了德与礼的根本要求，儒家"弟子入则孝，出则弟，谨而信，泛爱众，而亲仁"（《论语·学而》），当然包括爱他人与敬他人。故"悖德"、"悖礼"是指违背了德与礼的发生程序，也就是说，若一个人不爱其亲而爱他人，不敬其亲而敬他人，则这种德与礼没有真实的生活培养与良知震动，可能都是假的，即德与礼与其真实的发生顺序离而为二。"不在于善，而皆在于凶德"，意思是：并非爱他人与敬他人这种善自身不好，而是这种德不符合德行培养的正常秩序，故谓之凶德。即使一个人偶然做到了，也是不能长久的，乃至是虚伪的，故"君子不贵也"。墨家认知心之所本因没有践行的力量，实际上这里是无本，盖因为墨家无视本心震动这个本，最终落入了无本也。这样看来，道德并无二本而只有一本。江文思在解释"一本"时说：

> "天之生物也，使之一本"，简单地意味着任何秩序的产生与成

熟都发生在特殊的位置与关系中。这种关系源自于其最初的培养所出现的地方。从其关系中去消除一种突然出现的事件将立即会使其失去生命力。对于任何成熟的进程来说，被认为是基本的东西是那种开始和维持其发展之本。那种性质上属于人的道德之发展，就像任何突然出现的秩序一样，必然保持其最初的培养被导出的本。倘若如此，是在家庭之中。❶

儒家的"爱"是在具体的亲情关系中落实下来，让人在具体的生活中觉悟与警醒，由此觉悟与警醒进一步往前推。所以，儒家虽然强调差等之爱，只是为了让人在具体的生活中能够落实，而不使"爱"成为抽象的概念和不能落实的游魂。人一旦于此真切地落实下来，则这个"爱"一定是一个开放的体系，一定会做到"亲亲而仁民，仁民而爱物"。故儒家所讲的"差等之爱"绝不是封闭的偏私体系。下面这个故事常被理论界加以讨论，认为儒家脱不了偏私之嫌：

> 叶公语孔子曰："吾党有直躬者，其父攘羊，而子证之。"孔子曰："吾党之直者异于是。父为子隐，子为父隐，直在其中矣。"（《论语·子路》）

若一个人的父亲攘羊，孔子为什么不提倡其子证之，而是要"子为父隐"呢？就是因为四端之善先震动于父子之亲在关系中，别的关系因后于这种亲在关系暂时还没有在四端之本心的震动域中。这就是"直"的意思，所谓"直"就是质实的境域敞开，而四端之本心在此作出直接的反应，故杨龟山曰"行其真情，乃所谓直，反情以为直，则失其所以直也"（《论语精义》卷第七上），所谓真情，就是四端之本心确实在此震动起来了，人们必须先重视这个震动。很多人因为这个故事批评儒家置普遍的伦理原则于不顾，以血缘私情破坏社会正义。西方伦理学重视普遍的伦理原则，希望一劳永逸地解决人类的伦理

---

❶ 江文思：《在〈孟子〉中人是如何相似的？》，〔美〕江文思、安乐哲编：《孟子心性之学》，梁溪译，社会科学文献出版社 2005 年版，第 290 页。

问题，给社会以普遍正义。这个理想固然很好，但须知，人总是生活在一定境域中的，四端之本心的震动总是从这个境域出发的，故普遍的伦理原则一旦落实下来，总会遇到具体境域中的困境，以普遍伦理原则给社会以普遍正义的理想往往落空。儒家虽然未必能解决这种伦理困境，但儒家看到了四端之本心必须在这种亲在的血缘关系中才能引发，人们要培育伦理的善，不能切断足以引发四端之本心的亲在境域，因为这里是善的培育，由此，或许可以为解决伦理困境开启方向。相反，如果不能珍视四端之本心在亲在境域中的震动，而强蛮地给予一个统一性的伦理原则，可能不但没有保护人，恰恰还伤害了人。也就是说，统一性的伦理原则只是解决了外在的问题，但却没有培养善的人，这与儒家的价值指向是相悖的，是以孔子不许以"直"也。《淮南子·泰族训》云："故事有凿一孔而生百隟，树一物而生万叶者，所凿不足以为便，而所开足以为败，所树不足以为利，而所生足以为秽。愚者惑于小利，而忘其大害。""其父攘羊，而子证之"，正是把抽象之公正原则强行置于本心之震动之上，以抽象之原则灭人伦之大德，诚所谓"所凿不足以为便，而所开足以为败"也。

儒家之重视家庭人伦，只是在笃实的生活中让人之德能震动起来，岂止是囿于家庭之内，偏私于亲故，狭隘于血缘；人之德能一旦在家庭生活中震动起来，一定会推扩出去，成就一种普遍的人伦世界，且这个普遍的人伦世界不是由抽象的原则圈定而成的，而是由本心的灵觉润泽而成的；抽象原则的圈定，至多只能成就道德世界，但本心之灵觉润泽，则必由道德世界进而至于宗教境界。故孟子曰：

> 君子之于物也，爱之而弗仁；于民也，仁之而弗亲。亲亲而仁民，仁民而爱物。(《孟子·尽心上》)

此处有三个阶段，亲亲、仁民与爱物，但其余二者都是奠基于亲亲，或者说由亲亲推扩而成者，若亲亲处不实，则仁民与爱物俱崩塌。吕晚村曰：

> "亲亲而仁民，仁民而爱物"，此二句有三义：亲用之亲，仁用

之民，爱用之物，施之各当，一也。亲亲、仁民、爱物，以次差等，推之有序，二也。仁民、爱物，总只在亲亲用力，此处厚一分，下梢有一分，归于一本，三也。亲亲、仁民、爱物，层次虽有三等，而君子之为道也，止有一本。……故君子欲尽仁爱之量，只在亲亲上加厚，亲益厚，则放之仁爱益周，此之谓"务本道生"。❶

这是明确地指出，用力处只在亲亲，然若能在亲亲处笃实用力，则必能推扩而至于仁民与爱物。亲用之亲，故亲是人伦境界；仁用之民，故仁是道德境界；爱用之物，故爱是宗教境界。三者只是表现上的不同，实则并没有严格的界限，它们之间是可以流贯而通达的，因为无论是亲、仁、爱，其实质都是对天命的回应与承受，只不过在切身的家庭人伦之中，这种感应与震动更强烈而已。震动，前面说过，就是本心良知良能的自觉自动，但良知良能受之于天，故自觉自动实则是对天命的回应与承受。宇宙秩序就是道德秩序，道德秩序就是宇宙秩序，如实说来，无论是亲亲、仁民，还是爱物，都是宗教性的。亲亲，就是在人伦中对天命予以回应，从而确证父母作为人之为人而存在；仁民，就是在道德中对天命予以回应，从而确证万民作为人之为人而存在；爱物，就是在宇宙中对天命予以回应，从而确证万物作为物之为物而存在。一旦完成这种确证，则亲、民、物俱是宗教性的存在，不过，只有这种确证及于物时，其宗教境界才算圆满。儒学俱以达至这种圆满的宗教境界为其依归，孔孟如此，宋明儒者亦是如此。"诗可以兴。某自再见茂叔后，吟风弄月以归，有'吾与点也'之意。"又，"周茂叔窗前草不除去，问之，云：'与自家意思一般。'"（《二程遗书》卷第三）这两句话都表达了一种宗教境界，且俱有出典，前者出自《论语》，后者出自《孟子》。

"吾与点也"乃孔子对曾点所说的"莫春者，春服既成。冠者五六人，童子六七人，浴乎沂，风乎舞雩，咏而归"（《论语·先进》）之境界的赞慕。这一境界，后来在宋明那里，被称为曾点之学或曾点境界，朱子释这种境界曰：

曾点之学，盖有以见夫人欲尽处，天理流行，随处充满，无少

---

❶ 吕留良：《四书讲义》，中华书局 2017 年版，第 969 页。

欠阙，故其动静之际，从容如此。而其言志，则又不过即其所居之
位，乐其日用之常，初无舍己为人之意。而其胸次悠然、直与天地
万物上下同流、各得其所之妙，隐然自见于言外。(《论语章句集注》
卷六)

曾点之学显然是一种宗教境界，而孔子之所以赞慕，乃因为孔子之学的
圆成正乃宗教境界矣，且此般宗教境界非超绝于世间者，乃就人伦日用之间
成就其宗教境界也，故世间与超世间并无严格的界限，而是可以相互通达的。

"与自家意思一般"与孟子所说的——"万物皆备于我矣，反身而诚，乐
莫大焉"(《孟子·尽心上》)——意思一样。何以万物能皆备于我呢？程明道
释之曰：

"万物皆备于我"，不独人尔，物皆然。都自这里出去，只是物
不能推，人则能推之。虽能推之，几时添得一分？不能推之，几时
减得一分？百理具在，平铺放着。几时道尧尽君道，添得些君道多；
舜尽子道，添得些孝道多？元来依旧。(《二程遗书》卷第二上)

"都自这里出去"，"这里"是指哪里？天命，即人与万物都是从天命这里
出去的，但人出去以后仍然可以回应天命，而万物出去以后则不能，故万物
作为一种通达天命的宗教性存在，只有在人这里才能确证。尽管人可以确证，
但并非添加了些什么，人只是就物之为物这种宗教性存在自身而尽之。就如
尧之尽君道，亦只是君道之为君道自身而尽之；舜之尽子道，亦只是子道之为
子道自身而尽之。可见，君道、子道、万物乃基于天命而来的客观存在，人
唯可尽之，不能添得一分，亦不可减得一分。陆象山亦如是说："且道天地间
有个朱元晦陆子静，便添得些子？无了后，便减得些子？"(《陆九渊集》卷
三十四《语录上》)但正如黄梨洲所言："然无添减，而却有明晦。贞元之会，
必有出而主张斯道者以大明于天下。"(《黄宗羲全集》第一册《孟子师说》卷
七)这样，就需要人出来"明"，但人之明只是尽道，即回应与承受天命；学
之明亦只是尽道，亦是回应与承受天命。但人要能"尽"，必须自身能"诚"，

即确证人自身作为一个天命在身者，故《中庸》云："唯天下至诚，为能尽其性；能尽其性，则能尽人之性，能尽人之性，则能尽物之性；能尽物之性，则可以赞天地之化育；可以赞天地之化育，则可以与天地参矣。"至"赞天地之化育"、"与天地参"，则宗教的圆境成，故孟子曰："反身而诚，乐莫大焉。"这意味着，若人能尽自身作为天命在身者，必润泽于天地万物作为天命在身者，最终成为物我不分之"天地与我并生，而万物与我为一"（《庄子·齐物论》）之圆成境界，由此，人为天人，而物亦为天物。孔子曰："成于乐。"（《论语·泰伯》）程明道曰："圣人，即天地也。"（《二程遗书》卷第二上）岂虚言也哉？！

七、浩然之气与宗教动力学的完成

"亲亲而仁民，仁民而爱物"，或"万物皆备于我矣，反身而诚，乐莫大焉"之圆成境界，就是《中庸》所说的"天地位焉，万物育焉"，这是儒家天人性命之教的终极圆满，哲学系统至此而终结，弘教至此而完成。弘教既至此而完成，则其宗教动力至此才全尽充满，故我们可称这种圆成境界为绝对精神，孟子则称之"浩然之气"。圆成境界乃就宗教动力学所开显的终极境域而言，浩然之气乃就宗教动力学所蕴含的终极动力而言；也就是说，终极境界与终极动力是相互回溯的，终极动力必然开显终极境域，而终极境域必蕴含终极动力。儒家的天人性命之学作为一种宗教动力学，必至于浩然之气，才算完成，动力才算圆满，此孟子之功也。因此，程门三传弟子施德操曰："孟子有大功四：道性善，一也；明浩然之气，二也；辟杨、墨，三也；黜五霸而尊三王，四也。"（《宋元学案》卷四十《横浦学案》之《施持正先生德操》之《孟子发题》）明确把浩然之气视为孟子最伟大的贡献之一。

浩然之气乃因孟子与门弟子公孙丑之间关于"不动心"的对话：孟子自云其四十岁即已不动心，且不动心并不难，告子先于他不动心。但孟子的不动心与告子的不动心不同，孟子曰：

> 告子曰："不得于言，勿求于心；不得于心，勿求于气。"不得于心，勿求于气，可；不得于言，勿求于心，不可。夫志，气之帅也；

气，体之充也。夫志至焉，气次焉。故曰：持其志，无暴其气。(《孟子·公孙丑上》)

孟子与告子之不动心之不同，实际上是二人的工夫论不同。告子是经验论者，他把一切的道德都置于经验世界，人心只是被动地认取，此时，人心最好如同白板一样，应一无所有，静待而应物，心自身则不要动。大凡道德上的经验论者，概莫不如此，故荀子也讲"虚壹而静"。这里的"静"或"不动"是横摄的认知的，即以外物为主，不要以主观情感去干扰经验世界的客观性。"不得于言，勿求于心"，这是说，外在之义理自身没有搞清楚，就不要在心里去寻找，因为外在义理与心根本无关，要尽量保持外在义理的客观性。"不得于心，勿求于气"，这是说，心既然不能认识义理，则不要盲目行为。从告子的经验认识论来看，当然要不动心，因为不动心能保持义理的客观性。所以，朱子曰："告子惟恐动着他心。"又，朱子引陆象山之言曰："告子只靠外面语言，更不去管内面。"(《朱子语类》卷第五十二) 告子的不动心就是不要让心去干扰义理的客观性，其大义不过如此。孟子虽然说告子先于他不动心，其实是带有讽刺的意味，因为在孟子看来，告子根本不懂心。孟子主仁义内在，故在道德问题上，孟子认为，恰恰是要动心，若本心不震动，就开不启道德的力量。因此，心没有震动起来，不要盲目行动，这当然是对的；但若义理不知，而寻于外，不知回归本心，那就不对了，这就是"不得于心，勿求于气，可；不得于言，勿求于心，不可"之意。孟子所说的"气"当然不是"气禀"之"气"，而是一种精神力量，故朱子曰："此章孟子之意，不是说气禀，只因说不动心，滚说到这处，似今人说气魄相似。"(《朱子语类》卷第五十二) 在孟子看来，人的道德力量正从其存心中开发，然后通过形体以行为表现出来，因此，道德先要回到本心当中，然后震动本心以开发力量，不可盲目任性，这就是"气，体之充也。夫志至焉，气次焉。故曰：持其志，无暴其气"之意。

由此可知，告子以知识的方式讲道德，认为道德完全与人心无关，故当然主张不动心。这种不动心实质是让心不要去干扰，心最好静处一边。孟子此处提告子，当然是在讥讽告子，因为告子这样讲道德，根本接不上宗教。在孟子看来，道德根本上乃是本心的良知良能，这良知良能的根本表现乃是对天命的回应与承受，亦是本心自我的觉悟与震动，故道德从根本上讲，正是要动心，不动心根本就不可能有道德；但至究极工夫处，却又是不动心，此时道德之圆满已臻于宗教。所以，孟子所说的不动心乃是由动心最终至于不动心，即始于动心而终于不动心，非如告子般撇开心而不必动。在孟子那里，不动心即麻木；而在告子那里，即使不动心，亦不能谓其麻木，只能说与心无关。若孟子之不动心真是不动心，则孟子就是一个麻木的人，此岂孟子之意哉？！

可见，孟子之言不动心，乃是就终极之工夫而言，"动极而静"（周敦颐：《太极图说》），这是动力之充实圆满，是工夫之完成。孟子曰："充实之谓美，充实而有光辉之谓大，大而化之之谓圣，圣而不可知之之谓神。"（《孟子·尽心下》）工夫至此，道德之圆满即是宗教之圣域，宗教动力学完成矣。这样，孟子之不动心必然关联于浩然之气，或者说，为了说明不动心而引至浩然之气，故朱子曰："他本只是答公孙丑'不动心'，缠来缠去，说出许多'养气'、'知言'、'集义'，其实只是个'不动心'。"（《朱子语类》卷第五十二）孟子与门弟子公孙丑有下面一段对话：

> "敢问夫子恶乎长？"曰："我知言，我善养吾浩然之气。""敢问何谓浩然之气？"曰："难言也。其为气也至大至刚，以直养而无害，则塞于天地之间。其为气也配义与道，无是，馁也。是集义所生者，非义袭而取之也。行有不慊于心，则馁矣。我故曰：告子未尝知义。以其外之也。必有事焉而勿正，心勿忘，勿助长也。"（《孟子·公孙丑上》）

告子知言是知乎外，但孟子亦云知言，然其知言也，端赖其养浩然之气，也就是说，一个人若不能养成浩然之气，从根本上讲，就不能算完全知言，浩然之气意味着知言的完成，知言的完成就意味着不动心了。那么，什么是浩然之气呢？

前面说过，在孟子那里，"气"作为一种精神力量，在《孟子》一书中出现过两种"气"，即夜气与浩然之气。夜气，即平旦之气，孟子以草木之萌芽生长为喻，"是其日夜之所息，雨露之所润，非无萌蘖之生焉"，说明人之道德力量虽"其好恶与人相近也者几希"，但"苟得其养"（《孟子·告子上》），就会发扬壮大。可见，夜气，乃人初始的工夫力量；而浩然之气，乃人完成时的工夫力量。朱子曾把二者作过区别：

> 夜气者，乃清明自然之气。孟子示人要切处，固当存养。若浩然之气，却当从"吾尝闻大勇于夫子"之语看之，至"配义与道，无是，馁也"。于此得其正而无亏欠，则其气浩然，天下大事何所做不得！（《朱子语类》卷第五十二）

夜气，是工夫的开始处，即本心之震动处，人若在此偏移，则根本远离入德求道之方向，故孟子告诉我们要倍加呵护，不可怠惰而使之梏亡，"梏之反复，则其夜气不足以存。夜气不足以存，则其违禽兽不远矣"（《孟子·告子上》）。初始处的夜气存养固然重要，但终极处之浩然之气的存养亦不可亏欠，否则，不但不能至于圆成境界，且修行最终是没有力量的，故孟子曰："无是，馁也。"但夜气与浩然之气不是两种不同的力量，夜气之充极圆满即是浩然之气也。明儒冯从吾曰：

> 问：夜气、浩然之气，何以分别？曰：夜气，乃浩然之气之端倪。若从此端倪直养无害，使一日十二时中常常如平旦之时，便是浩然之气塞于天地之间，不是两样。（冯从吾：《少墟集》卷二《疑思录》六《读孟子》下）

从质上讲，夜气与浩然之气是同一种精神力量，俱由本心之震动而来，但从量上讲，浩然之气与夜气有不同，朱子曰"浩然，犹江海浩浩"（《朱子语类》卷第五十二）。孟子以"夜"字说精神力量，意在表明精神力量内在自足，与经验无与，清明、平旦、纯净，但亦较孱弱；孟子以"浩然"二字说精神力量，意在表明精神力量强大饱满，充塞宇宙，天人合一。程明道释浩然之气曰："浩然之气，天地之正气，大则无所不在，刚则无所屈，以直道顺理而养，则充塞于天地之间。配义与道，气皆主于义，而无不在道，一置私意，则馁矣。"（《二程遗书》卷一）这根本是一种宇宙精神，而不只是一种道德力量。朱子下面一段话最能说明：

> 浩然之气，清明不足以言之。才说浩然，便有个广大刚果意思，如长江大河，浩浩而来也。富贵、贫贱、威武不能移屈之类，皆低，不可以语此。（《朱子语类》卷第五十二）

朱子此段话，诚可谓善会也，难怪朱子曾自信曰"某解此段，若有一字不是孟子意，天厌之"（《朱子语类》卷第五十二）。朱子之意，盖谓浩然之气已超越道德境界而至于宗教境界，故"富贵、贫贱、威武不能移屈之类"的道德词汇在此皆用不上，因其境界太低故也，不是说浩然之气不是从清明之气存养而来也。黄梨洲不解此意，却谓："此恐门人所记之失。气自精麤一滚出来，养之而后能清明，渣滓尽去，始为浩然。……非清明如何广大刚果不移不屈？正是浩然体段，如何反低？不可解也。"（《黄宗羲全集》第一册《孟子师说》卷上）

孟子论浩然之气，其关键有三。

一曰：集义所生者，非义袭而取之也。

孟子此点是谈存养问题，以集义与义袭相对，盖孟子所许可者乃集义，而告子所主张者是义袭。若明白集义是与告子的义袭相对，则知朱子之解集义与义袭俱不对。依牟宗三的理解，朱子别子为宗，乃以横摄的认识论式的格物致知谈存养问题，由此析心理为二，养心乃是向外认知万物之理，这样，集义与义袭在朱子那里区别不大。朱子曰："集义是岁月之功，义袭是一朝一夕之事。"（《朱子语类》卷第五十二）这样看来，集义与义袭之区别，前者为事之累积，而后者不过事之偶合，无论哪一种，都是孟子所批评的告子之义外方式。实际上，孟子所说的集义就是本心的震动，就是"凡有四端于我者，知皆扩而充之矣，若火之始然、泉之始达"（《孟子·公孙丑上》），就是"人能充'无欲害人'之心，而仁不可胜用也；人能充'无穿窬'之心，而义不可胜用也"（《孟子·尽心下》），这完全是内在自足而无待于外的扩充，与事之累积或偶合无关也。集义，意味着浩然之气乃由夜气扩充而至，夜气乃四端之震动，四端人人固有，是以夜气亦人人固有，但存养工夫之不同，浩然之气则未必人人都有，唯持久地"动心忍性"（《孟子·告子下》）者有之。

二曰：必有事焉而勿正，心勿忘，勿助长也。

正，朱子释之为：预期也。人有预期，则有作为，就是孟子所说的"所恶于智者，为其凿也"，故有"助长"之嫌。程伊川曰：

> 今志于义理而心不安乐者，何也？此则正是剩一个助之长。虽则心操之则存，舍之则亡，然而持之太甚，便是必有事焉而正之也。亦须且恁去如此者，只是德孤。"德不孤，必有邻"，到德盛后，自无窒碍，左右逢其原也。（《二程遗书》卷第二上）

德孤，就是安于德自身，据本心之震动自然扩充，不要有外在的预期，至德盛以后，自然于事亦可"左右逢其原"，而无所窒碍也。程伊川又曰："学者须敬守此心，不可急迫，当栽培深厚，涵咏于其间，然后可以自得。但急迫求之，只是私己，终不足以达道。"（《二程遗书》卷第二上）孟子之所以特别强调"勿正"、"勿助长"，就是要与告子之义外以区别，以为浩然之气乃是在事上所成者。存养浩然之气虽不可有外在的预期，即在事上求，但亦不可无事，故孟子又讲"心勿忘"。所谓"心勿忘"，就是孔子所说的"君子无终食之间违仁，造次必于是，颠沛必于是"（《论语·里仁》），若果能如此，则浩然之气自然可养成而通达矣。

三曰：至大至刚，配义与道。

配，朱子释之曰："合而有助之意。"（《孟子章句集注》卷二）与谁合？助于谁？曰：气也。盖宋明儒说气，总以为是物质性存在者，实则孟子所说的夜气与浩然之气俱非物质性之气，而是一种精神力量或精神气象，程伊川曰："气须是养，集义所生。积集既久，方能生浩然气象。"（《二程遗书》卷第十八）又，朱子曰："仁义礼智充溢于中，睟然见面盎背，心广体胖，便自有一般浩然气象。"（《朱子语类》卷第五十二）此皆以气象解"气"，则较合孟子之意，即工夫至于圆满之时所达到的圣人境界或气象，圣人境界与气象乃就气圆成境域言，而浩然之气则就其精神力量言。现代学人亦持如是看法，冯友兰说："孟子所谓浩然之气，即个人在最高境界中之精神状态。"❶冯契说："孟子所说的'气'，类似于我们通常讲的'勇气'或'理直气壮'之'气'，是指表现在肉体活动或实际行动中的精神力量。"❷浩然之气既是精神力量，则无所谓"配"义与道，精神力量自身就是义与道，即人的精神力量全副就是义与道。"立之斯立，道之斯行，绥之斯来，动之斯和。"（《论语·子张》）"夫君子所过者化，所存者神，上下与天地同流。"（《孟子·尽心上》）此二者，既可以就其圆成境域言圣人境界与气象，亦可以就其精神力量言浩然之气。工夫圆满之时，这气象与力量是颇为难言的，只可圣证，不可摹状。吕晚村曰："'至大至刚'，亦是虚空拟议，即'塞乎天地'，亦是虚空气象，须工夫到得此地，才得此个消息。"❸孟子虽是虚空拟议，然亦非乱言，必在其工夫中有所证会也。程伊川以为："只这里便见得是孟子实有浩然之气。若他人便乱说道是如何，是如何"（《二程遗书》卷第三），则孟子之言实有所得也。

"至大至刚"即颜渊所说的"仰之弥高，钻之弥坚；瞻之在前，忽焉在后"，朱子释之曰："仰弥高，不可及。钻弥坚，不可入。在前在后，恍惚不可为象。此颜渊深知夫子之道，无穷尽、无方体，而叹之也。"（《论语章句集注》卷五）

"配义与道"，实则无所谓"配"也，一说"配"，就是二者结合，似乎尚有在"义"与"道"之外者，实际上整个精神就是义与道，无有在其外者，以程明道之言，就是"满腔子是恻隐之心"（《二程遗书》卷第三），朱子释之曰"'满腔子是恻隐之心'，不特是恻隐之心，满腔子是羞恶之心，满腔子是辞逊之心，满腔子是是非之心。弥满充实，都无空阙处"（《朱子语类》卷第五十三）。这实际上就是肉身成道，庄子借颜渊之口曰："夫子不言而信，不比而周，无器而民滔乎前，而不知所以然而已矣。"（《庄子·田子方》）这大概是说道成肉身者之义与道吧。朱子又曰："且如'万物皆备于我，反身而诚，乐莫大焉'，亦只是个无亏欠。……以此见浩然之气只是一个'仰不愧于天，俯不怍于人'。"（《朱子语类》卷第五十二）也就是说，存养浩然之气的最终推动力，始终是本心对天命之回应与承受，不然，终究会馁，不足以存养浩

---

❶ 冯友兰：《中国哲学史》，重庆出版集团2009年版，第110页。

❷ 冯契：《中国古代哲学的逻辑发展（上）》，东方出版社中心2009年版，第126页。

❸ 吕留良：《四书讲义》，中华书局2017年版，第685页。

然之气也。

孟子以上三点说浩然之气，且以浩然之气说明，人之道德践行最后一定至于宗教的圆满，道德与宗教本是可以相互渡越而通达的。吕晚村曰：

> "塞天地间"，也不是空壳子话，天地间无非此气，流行弥满，更无空阙处。天人一也，更不分别，只是人不能直养，自家不能完全此气，与天地不相亲切，只自家一个身子动多格碍，何处见此个气象来？果能以直养无害，则天地间气即我之气，位天地、育万物，亦复流行弥满，更无空阙处，所谓塞也。[1]

若能直养而无碍，则天地之气就是浩然之气，天地即人，人即天地，万物在此而得位育，人在此而得圆满，宗教动力学由此而完成，哲学系统由此而终结。

孟子因天而谈人性之善，因四端之震动而谈宗教之动力，最后完成宗教动力学的建构，故孟子既是儒学义理之论证者，又是先秦儒学弘教者之殿军，还是宗教动力学之完成者。孟子以后，儒学至荀子渐为歧出，由弘教者变为整治者，秦汉至于隋唐俱如是焉。中唐时期，韩昌黎作《原道》，谓道在孟子死后不得其传，孟子之价值重新受到重视，迨有宋，把《孟子》与《论语》《大学》、《中庸》分签并架，名曰"四书"，建构了完整的儒学弘教系统，儒学作为弘教者再次蔚为大观矣。

---

[1] 吕留良：《四书讲义》，中华书局 2017 年版，第 686 页。

第六章　圣人不求知天：
作为整治者而隆礼重法的荀子

孔子之后，足称大儒者，孟、荀而已，且二者在世时间相差不多，盖有三四十年之重叠，《孟子外书》[1]甚至载有孟荀之间的对话：

> 孙卿子自楚至齐见孟子而论性。孟子曰："有善无恶，天也；有善有恶，人也。"孙卿子曰："有善有恶，天也；有善无恶，人也。"孟子曰："率天下之人而迷性本者，必自子始矣。"（《孟子外书·性善辩》）

在历史上，孟子与荀子是否见过面，没有史料证明。但孟子在齐国任卿士，荀子亦于齐稷下任学官，在这期间见个面，并坐而论道，也不是不可能的，是以钱穆先生曰：《外书》（指《孟子外书》）固不可信。荀子赵人，亦不

---

[1] 《汉书·艺文志》载：《孟子》十一篇。但今本《孟子》只有七篇。《孟子》之注者赵岐曾见过一部名曰《孟子外书》的书，共四篇。这样合起来，孟子的著作正好十一篇。不过，赵岐认为四卷是俱为伪托，并说："《孟子外书》四篇，其文不能宏深，不与内篇相似，非孟子本真，后世依仿而托之者也。"（朱彝尊：《经义考》卷二百六十二）稍后的应劭亦于《风俗通义·穷通》中云："退与万章之徒，序《诗》、《书》、仲尼之意，作书中、外十一篇。"可见，《孟子外书》四卷一直在流传，至南宋绍熙年间，孙奕还听说过此书。这样看来，《孟子外书》可能并非伪书。但宋以后，就很少见到此书了。直至明代藏书家胡震亨从友人那里得到此书。到了清乾隆年间，著名藏书家吴骞正式刻印此书。并说："是编虽不无可疑，要其文义，亦有不容终泯者。爰为授梓，以备逸书之一种云。"（《孟子外书》跋）《续四库全书》第931册收有清人冯云鹓辑《圣门十六子书》，收入《性善辩》、《文说》、《孝经》、《为正》四篇文字，即《孟子外书》也。

当云自楚。然孟荀相见论学，则非不可能之事。"❶又,《孟子·告子下》载有:"宋牼将之楚,孟子遇于石丘。"说明孟子见过宋牼。宋牼又称宋钘,《荀子·正论》对其"见侮不辱"之说大肆批驳,并劝告"二三子之善于子宋子者,殆不若止之,将恐得伤其体也"。这说明荀子说这个话的时候,宋牼还在世,且也有可能见过荀子。这样推知,孟荀之相见,也是有可能的。

无论《孟子外书》是否为伪,上引孟荀之间的对话,是基本符合孟荀各自的学术大端的。孟子之言意味着:形上的天是纯粹至善而无恶的,但形下的人却是驳杂而善恶混杂的。那么,这与前面所讲的孟子所执持的人性善是否矛盾呢? 其实并不矛盾。一方面,人乃天所生,故秉承了天之性,故人性应该是纯粹至善而无恶,此即是孟子所言的性善;但另一方面,人又毕竟是一种肉体之存在,有气质的驳杂,故这个纯粹至善的性落实到具体的人身上,因与人之气质相结合,总不能像其在形上的天时那样纯粹,即因气质之驳杂而不能全尽地显现。但人因秉有天之性,故总可以回应天命,从而不断地变化气质,进而达到善。故孟子之学,由天而言性,进而由性对天之回应而立教,故重人禽之辨。荀子之言意味着:天之"有善有恶"是指天之变化无常,有时风调雨顺,有时寒暑失节,人没有办法控制,也无道理可言。这是纯从天的自然现象而言的,故有善有恶。但人为什么却"有善无恶"呢? 荀子这里是就"化性起伪"之后而言的。本来,人性是恶的,但通过隆礼重法而"化性起伪"的工夫以后,人就变得纯善而无恶了。故荀子之学,离天而言性,由礼法之知而言治,故重人物之别。这区别即在:物是无法教化的,天也是一种物质性存在,因其无法教化,故善恶不定;但人是可以被教化的,人虽恶,然最终却可走向善。

孟子曰:"人之所以异于禽兽者几希。"荀子则曰:"水火有气而无生,草木有生而无知,禽兽有知而无义;人有气、有生、有知,亦且有义,故最为天下贵也。"(《荀子·王制》)在孟子那里,人与禽兽之别的"几希",就是人之本心时刻可以回应与承受天命。但在荀子那里,他虽然讲到义为人禽之别,但义最终亦来自知,故荀子实际上是以礼义之知来别人与物。显然,孟子的以"德"别人禽更高于荀子的以"知"别人物,孟子开启了立体的宗教

---

❶ 钱穆:《先秦诸子系年》,《钱穆先生全集》,九州出版社 2011 年版,第 347 页。

世界，而荀子只能开启横向的人文之道，故荀子曰"礼者，人道之极也"（《荀子·礼论》）；又，"道者，非天之道，非地之道，人之所以道也"（《荀子·儒效》）。这分明是说，人文之道就是由人之"伪"而成的礼，既非天道，复非地道。这样，荀子之学完全切断了儒学本有的宗教性格，退缩为纯粹的人间性格。唐君毅论荀子之人文之道说：

> 此人文统类如何形成之道……必待于人之究心于种种人与自然之各类之物，及人与各类之人间之事之种种特殊关系，与古今历史之变，然后能知如何形成人文统类之道，以使人于自然世界外，实开出一人文世界。❶

由此可见，荀子的人文之道乃是由各种关系相互配合、相互限制而成者，荀子以礼法名之，礼乃关系之配合性，法乃关系之限制性。礼养之于前，法制之于后，所谓"以善至者，待之以礼；以不善至者，待之以刑"（《荀子·王制》），这是荀子隆礼重法思想的根本所在。礼，因为是外在的人为制作，故礼之养只是关系节文之娴熟自如，而非内在境界之开辟通达也，故荀子尽管常雅言礼，但依然是一整治者，而非像子思、孟子那样的弘教者。整者，齐也，以礼言，"礼，所以整民也"（《左传·庄公二十三年》）；而法者，治也，是正荀子隆礼重法之旨也。由此，先秦儒学至于荀子，发生了一丕变，即由弘教者转为整治者。孔子死后，后期弟子纷纷开坛授徒，而其中影响最大者，唯曾子与子夏耳。曾子之学传子思，子思门人再传孟子，孟子为先秦儒学此派之完成者，是为弘教者也。而子夏之学，盖三传或四传之后而至于荀子，荀子为先秦儒学此派之完成者，是为整治者也。

弘教者与整治者奚辨？这里借用东方朔之言曰："孟子希望从道德而说政治，荀子则试图从政治而说道德；由道德而说政治，其结果则可能由道德的理想主义转而成为政治的空想主义，而由政治而说道德，其结果则可能由政治的现实主义导致道德的'控制主义'。"❷东方朔对孟子由道德说政治之结果

---

❶ 唐君毅：《中国哲学原论——原道篇（上）》，中国社会科学出版社 2005 年版，第 242 页。

❷ 东方朔：《秩序与方法——荀子对政治与道德之关系的理解》，《复旦学报》2017 年第 1 期，第 15 页。

的判定是否正确另当别论；但对荀子由政治说道德之结果的判定却是非常正确的。无论如何，二者相较，当然是荀子从孔子之道中歧出了。不过，"说"这个字最好用"引导"代替之。因为在孔子那里，虽然不是不关心政治，但是政教合一之形态的政治，至少其理想是如此，且是以教化引导政治，而不是以政治主导教化，故当有人质疑孔子不从事政治而从事教育的时候，孔子的回答是："书云：'孝乎惟孝、友于兄弟，施于有政。'是亦为政，奚其为为政？"又，"为政以德，譬如北辰，居其所而众星共之"（《论语·为政》）。这都是以教化来引导政治，进而转化消弭政治之宰制力，软化其暴戾之气之理想。孔子以后，《大学》（若我们认可《大学》乃曾子所作的话）的"三纲领八条目"，《中庸》的"凡为天下国家有九经"，乃至《孟子》的"先王有不忍人之心，斯有不忍人之政矣。以不忍人之心，行不忍人之政，治天下可运之掌上"，俱是承孔子之理想而发者。严格来说，应该是以宗教引导政治，而不是以道德引导政治，因为仅仅是世俗的道德，其超越性不够，故神圣性与权威性不足，因而并不能引导政治；只有开掘道德的超越性而至于宗教，才能置神圣性与权威性于每个人的心中，从而能够引导政治。尽管在礼乐崩坏殆尽的战国时代，这种理想日益失效，甚至沦为政治空想主义，但这种理想依然是荀子之前的儒者之信仰。

　　或许是激愤于儒家的政治理想在现实中常失效，荀子放弃了由宗教引导政治的思路，甚至倡导"圣人不求知天"而切断了人的宗教关切，他企图以政治来引导教化，且其教化就只是限于道德之意义，宗教之超越性与神圣性根本没有进入荀子的思想中，乃至是有意回避与切断，最终导致了道德的控制主义，甚至是权力的宰制主义，乃至为法家的专制主义开了路，这虽然是荀子所始料未及的，但他的这种理路确实极其容易带来这种结果，是以苏东坡曰："昔者常怪李斯事荀卿，既而焚灭其书，大变古先圣王之法，于其师之道，不啻若寇仇。及今观荀卿之书，然后知李斯之所以事秦者皆出于荀卿，而不足怪也。"（苏轼：《荀卿论》）故荀子之学，确为先秦儒学宗教性的一大丕变与终结也。尽管荀子亦雅言"闻修身，未尝闻为国也"（《荀子·君道》），但其修身乃依外在之礼，而不是开发人自身本有之大能，且外在之礼又需要权势才得以推行，故终于无法脱离威权，是以以上种种对荀子之责难，非冤屈之莫须有也。明乎此一丕变与终结，可以使我们更好地明白先秦儒学宗教性之何所是与夫其价值之何所在也。审如是，本章包括以下主要内容。

一是荀子的生命形态及其思想特征。孔孟乃弘教之圣者，而荀子乃纯粹之学人；《论语》与《孟子》乃弘教者的教诲，而《荀子》乃学人之论文。这一特征我们从它们篇章之标题的不同即可看出，《论语》与《孟子》中的篇章，基本上还是以首句之前二三字作为标题，这种标题只有标记的意义，并非篇章内容的高度概括；但《荀子》中的篇章，其标题已是文章内容的高度概括，乃是标准的论文了。由此可见，孔孟乃随机而弘教，而荀子则是严密地论学。

二是荀子的人性论与心论及其道德动力问题。荀子切断了人与天的关联，切就现象界看人，于是，他的人性论与心论都存在道德动力从何而来的问题。当然，荀子的经验性格使他没有深入思考这一问题，故他的人性论与心论皆为不精审的理论；若要达成荀子"涂之人皆可以为禹"的理解，则必须要回归到孟子的人性论或心论。也就是说，荀子要解决道德的动力问题，在其思想中一定有一条通向孟子理论的隐线。

三是礼法精神及其可能导致的权威主义与专制主义。荀子所说的善是指外在的"正理平治"，而要达到这种善的基本路径就是依靠礼法而治，礼法成为人们修身之权威中介。礼法是圣人制定的，并非源于人之性，因此，人们依循礼法并非自觉之行为，而是迫于强力之推行。这样，荀子赖以得善治的礼法精神，因其并非源于人性自身的理性权威，而是来自圣王，尽管圣王是德与位的结合，但现实中的王者往往只是依靠高位上的强力去推行而德严重不足，由此，荀子的礼法精神极易走向权威主义，最后是专制主义。

四是荀子的淑世之道及其开启的人文世界。荀子建立了以"礼"为中心的淑世之道，为学与修身都是依此而展开的，由此，荀子必隆礼义而杀诗书，重言辩而轻体证，故荀子必不能见证神圣者。这样，荀子的人文世界必然缺乏神圣性与宗教性，只是依靠外在寡头之礼的力量，即以"地上的教育"去建立"地上的世界"，而纯粹的"地上的世界"最终滑入法家，乃不可免者。

五是荀子的思想向法家的流变。荀子因不能开发内在的动力，纯粹依靠外在的礼的力量，故荀子的思想中步步设防，是以尽显气弱之小家相。这种气弱之小家相使荀子不太重视"道"，反而重视"术"，《荀子》一书中有很多关于"术"的论述。这样，重"术"而尽显小家相的荀子就与重"术势"的法家非常接近了。

一、荀子的生命形态及其思想特征

荀子，一代儒学宗师。在一般人的眼里，总是孔、孟、荀并称，足见荀子在儒学上的造诣与贡献。像孟子一样，荀子也以辟邪说、法仲尼为基本志识。

> 今夫仁人也，将何务哉？上则法舜、禹之制，下则法仲尼、子弓之义，以务息十二子之说。(《荀子·非十二子》)

是以汉以降，学者认为，发明孔子之道最有力、最有成就者，莫过于孟子、荀子。故司马迁曰："于威、宣之际，孟子、荀卿之列，咸遵夫子之业而润色之，以学显于当世。"(《史记·儒林列传》)汉魏时人序徐干《中论》云："予以荀卿子、孟轲，怀亚圣之才，著一家之法，继明圣人之业。"

既如此，孟子与荀子应该享受相等的待遇，然事实却恰恰相反。我们知道，孟子被尊为"亚圣"，且与颜渊、曾子、子思一起作为"四配"从祀文庙，这是从祀者的最高等级。然而荀子不但没有任何尊称，且没有从祀文庙，连从祀两庑之资格都没有。要知道，从祀文庙，可是对儒者最高的褒奖与肯定。明人胡居仁以布衣之身份与王阳明一起于万历年间从祀文庙，时人叹为"非常之遇"❶(王世贞:《弇山堂别集》卷八《勋臣从祀孔庙》)。但是，作为儒学宗师的荀子却没有这种待遇，这是为什么呢？

（一）文庙何以罢其祀。

本来，荀子曾于北宋时期荣登文庙，但后世儒者的反对之声不绝于耳。明初的宋濂首先提出异议。他在《孔子庙廷从祀议》一文中说：

---

❶ 清儒钱大昕曰："孔庙从祀，非寻常事。"参见《潜研堂集》卷十九，上海古籍出版社 1989 年版，第 322 页。

开元礼，国学祀先圣孔子，以颜子等七十二贤配，诸州但以先师颜子配。今也杂置而妄列，甚至荀况之言性恶，扬雄之事王莽，王弼之宗庄老，贾逵之忽细行，杜预之建短丧，马融之党附势家，亦厕其中。吾不知其为何说也？（《文宪集》卷二十八）

弘治年间，张九功上《裨补名教疏》，力主荀子、马融、王弼、扬雄不当从祀文庙，其斥荀子曰：

若兰陵伯荀况，言或近于黄老，术实杂于申韩。身托黄歇，不羞悖乱之人。学传李斯，遂基坑焚之祸。以性为恶，以礼为伪，以尧舜为矫饰，以子思、孟轲为乱天下者。是以程子讥其甚偏驳，而朱子书为兰陵令，乃系之以楚，以深鄙之也。（《青谿漫稿》卷十一《祀典》）

"以尧舜为矫饰"，盖指《正论》篇中谓尧舜禅让为不然；"以子思、孟轲为乱天下者"，盖指《非十二子》篇中谓子思、孟子"僻违而无类，幽隐而无说，闭约而无解"。总之，张九功所历数的荀子之过，在《荀子》书中都能找到根据。于是，他建议罢荀子祀。他于同文中说：

之数子，学失大本，身亏大节；有玷名教，得罪圣门。昔龟山杨时建议，斥王安石不使配享孔庙，而今之儒臣，亦有欲黜扬雄辈者。夫如是，则此数子岂宜列诸从祀哉？

最终，荀子的牌位于嘉靖年间从文庙移除，祀得以罢。一代儒学宗师与儒者之神圣殿堂遂成永隔，而名气与成就不及荀子远甚的诸多儒者，却能从祀文庙，永沐圣光。何也？

韩愈的道统说，或许透露了其中的消息。韩愈作《原道》，首创"道统"之说。但奇怪的是，韩愈并没有像之前的先贤司马迁等人那样，把荀子纳入道统之流传中来。

尧以是传之舜，舜以是传之禹，禹以是传之汤，汤以是传之文、武、周公，文、武、周公传之孔子，孔子传之孟轲。轲之死，不得其传焉。

道统，荀子之所以没有资格预其间，依据韩愈的理解，乃因为荀子"择焉而不精，语焉而不详"。韩愈又在《读荀》一文云：

考其辞，时若不醇粹；要其归，与孔子异者鲜矣。抑犹在轲、雄之间乎？……孟氏醇乎醇者也，荀与扬，大醇而小疵。

韩愈在文中坦承，"始吾读孟轲书，然后知孔子之道尊，圣人之道易行"，但读荀子的书却没有这种感觉，乃至欲学孔子删《诗》、《书》，"削荀氏之不合者附于圣人之籍"。至宋代，儒者以为道统乃理学诸子远绍孟子而传，而不及荀子。朱门高弟黄幹曰：

道之正统，待人而后传。自周以来，任传道之责者，不过数人；而能使斯道章章较著者，一二人而止耳。由孔子而后，曾子、子思继其微，至孟子而始著；由孟子而后，周、程、张子继其绝，至熹而始著。（《宋史·朱熹传》）

文庙，乃是一个神圣的宗教场所，其功能为奉祀那超越而神圣的道。明儒钱唐于洪武年间上疏曰：

孔子以道设教，天下祀之，非祀其人，祀其教也，祀其道也。（《明史·钱唐传》）

一个人如果不能弘扬斯道，就不能算是道统中人，自然也没有资格从祀文庙。王世贞曰："文庙之有从祀者，谓能佐其师，衍斯世之道统也。"（《弇州

四部稿》卷一百十五）

问题是，荀子历来以孔子之道自任，且之于儒学作出了杰出的贡献。从《荀子》一书来说，荀子不但专门写了《仲尼》篇，且在《非十二子》篇中特别突出孔子之道的价值，《宥坐》、《子道》、《法行》、《哀公》、《尧问》基本是孔子及其弟子之语录。也就是说，仅从文献著述上看，荀子弘扬孔子之道的劲力决不下于孟子。难道荀子没有传道统？荀子竟不能算是道统中人物吗？要解开这些问题，必须从荀子的生命形态与学术特征入手。

道，乃是一种宗教性的存在，须在圣者的生命中传。故"传道"，非外在文制形态之讲习书写，乃生命之契悟与感通，既而与道合一。也就是说，道统乃是一个天道与性命相贯通的文化模型。宋儒王福清曰：

> 道无古今，惟人能弘，故尧以传舜，舜以传禹，禹以传汤，汤以传文武。或见而知，或闻而知。前圣后圣，若合符节，然非传圣人之道，传其心也。己之心无异圣人之心，广大无垠，万善皆备，盛德大业由此而成。故欲传尧舜禹汤文武之道，扩充是心焉尔。（《王著作集》卷五）

只要能扩充自家之本心，必能契悟感通圣人之道，此即传道。传道，非谓传外在文制之道也，故"学问之道无他，求其放心而已矣"（《孟子·告子上》），此千仞壁立之言，孟子在其圣者的生命中一下子就把握到了。但荀子对此天道与性命相贯通的文化模型之体会却甚差，他在《劝学》篇中说：

> 学恶乎始恶乎终？曰：其数则始乎诵经，终乎读礼；其义则始乎为士，终乎为圣人。真积力久则入。……礼者，法之大分，类之纲纪也。故学至乎礼而止矣，夫是之谓道德之极。《礼》之敬文也，《乐》之中和也，《诗》、《书》之博也，《春秋》之微也，在天地之间者毕矣。

这样，荀子就把圣人之道完全外在化了。在荀子那里，学只有横向的广被，而无纵向的上达。孔子曰："下学而上达。"（《论语·宪问》）广被的"下学"

只是圣人之道的预备，其完成必在纵向的"上达"。而在荀子的思想里，完全刊落了"上达"这一路向，其根本标志就是荀子"不求知天"，又让人"明于天人之分"，这就完全把"上达"的路给斩断了。是以后世儒者不许荀子为传道者，良有以也。

（二）作为纯粹学人的荀子。

先秦之有孔子、孟子、荀子三大儒者，犹如古希腊之有苏格拉底、柏拉图、亚里士多德三位哲人。盖孔子犹如苏格拉底，是行道者；孟子犹如柏拉图，是弘教者；荀子犹如亚里士多德，则由前期的行道者与弘教者堕退为纯粹的学者或哲学家。英国哲学家罗素曾这样评价亚里士多德：

> 他是第一个像教授一样地著书立说的人：他的论著是有系统的，他的讨论也是分门别类的，他是一个职业的教师而不是一个凭灵感所鼓舞的先知。他的作品是批判的、细致的、平凡的，而没有任何巴库斯激情主义的痕迹。……他的天生气质被他所受的训练给压倒了。他不是热情的，并且在任何深刻的意义上都不是宗教的。他的前人的错误是青年人企求不可能的事物而犯的那种光荣的错误；但他的错误则是老年人不能使自己摆脱于习俗的偏见的那种错误。他最擅长于细节与批判；但由于缺乏基本的明晰性与巨人式的火力，所以他并没有能成就很大的建设工程。❶

罗素还认为，亚里士多德的研究总是"学究式的"，而没有深厚的宗教气质。❷

罗素对于亚里士多德的评价，其实也适用于荀子。与孔子、孟子所具有的深厚宗教气质相较，荀子不过是一纯粹的学人。尽管荀子建构了广博的学问系统，但因缺乏宗教性的高明博厚，其广博的学问系统固有所成，不足亦是显见的。而这一切，端从荀子乃一纯粹之学人得其解。

荀子乃一纯粹之学人，固与自身的生命气质相关，亦与时代风气相关。

---

❶ 罗素：《西方哲学史》，何兆武、李约瑟译，商务印书馆 2009 年版，第 211 页。
❷ 罗素：《西方哲学史》，何兆武、李约瑟译，商务印书馆 2009 年版，第 220 页。

从春秋而至于战国，士人渐由王者师转化为游士，此乃时代风气之一大变化❶。王者师有尽道之使命感，欲得君以行道；而游士不过以其学售诸侯，以封官进爵。在孔子、孟子那里，均不乏宗教般的使命感与自信。孔子曰："文王既没，文不在兹乎？天之将丧斯文也，后死者不得与于斯文也；天之未丧斯文也，匡人其如予何？"（《论语·子罕》）孟子曰："五百年必有王者兴，其间必有名世者。……当今之世，舍我其谁也？"（《孟子·公孙丑下》）正因为孔、孟宗教般的使命感与自信，使他们以王者师的姿态出现在诸侯面前，他们自认为自家所把握的道是高于君王之政。《论语·卫灵公》载："卫灵公问陈于孔子。孔子对曰：'俎豆之事，则尝闻之矣；军旅之事，未之学也。'明日遂行。"这说明卫灵公竖子不可教，作为王者师的孔子要另寻担当大道之人。《孟子·公孙丑下》载：

　　孟子将朝王，王使人来曰："寡人如就见者也，有寒疾，不可以风。朝将视朝，不识可使寡人得见乎？"对曰："不幸而有疾，不能造朝。"明日出吊于东郭氏。公孙丑曰："昔者辞以病，今日吊，或者不可乎？"曰："昔者疾，今日愈，如之何不吊？"

❶　体现这一变化之显著事件是，魏文侯时期出现了西河学派，齐威、宣王时期出现了稷下学宫。孔子死后，子夏即前往魏国，"子夏居西河教授，为魏文侯师"（《史记·仲尼弟子列传》）。《礼记·檀弓上》载：子夏丧其子而丧其明。曾子吊之曰："吾闻之也：朋友丧明则哭之。"曾子哭，子夏亦哭，曰："天乎！予之无罪也。"曾子怒曰："商，女何无罪也？吾与女事夫子于洙泗之间，退而老于西河之上，使西河之民疑女于夫子，尔罪一也；丧尔亲，使民未有闻焉，尔罪二也；丧尔子，丧尔明，尔罪三也。而曰女何无罪与！"子夏投其杖而拜曰："吾过矣！吾过矣！吾离群而索居，亦已久矣。"可见，子夏居西河，乃为一穷经之学人，非修身弘道之圣徒，故惹来曾子之不满。其余的西河人物，如田子方、段干木、李克、吴起等，或为学人，或为策士，俱为学有专攻之游士，以此养尊处优。钱穆先生认为，魏文侯礼遇贤士，显示世局之变有二："一为礼之变，一为法之变。何言乎礼之变？当孔子时，力倡正名复礼之说，为鲁司寇，主堕三都，陈成子弑君，沐浴而请讨之。今魏文侯以大夫僭国，子夏既亲受业于孔子，田子方段干木亦承孔门再传弟子，曾不能有所矫挽，徒以踰垣不礼，受贵族之尊养，遂开君卿养士之风。人君以尊贤下士为贵，贫士以立节不屈为高。自古贵族间互相维系之礼，一变而为贵族平民相对抗之礼，此世变之一端也。何言乎法之变？子产铸刑书，叔向讥之。晋铸刑鼎，孔子非之。然郑诛邓析而用其竹刑，刑法之用既益亟。至魏文时，而李克著《法经》，吴起债表徙车辕以立信，皆以儒家而尚法。盖礼坏则法立，亦世变之一端也。"（钱穆：《先秦诸子系年》，九州出版社2011年版，第139页。）礼，本为天子治国之大道，但至此而降为君主士人之间的相处之道，而治国之道则由礼而变为法。由此，治国从由道而至政变为由法而至政，即由政教合一之形态变为纯政治形态，士人亦由尽道之宗教形态变为纯粹政治家。此世风堕退之征也。

孟子之所以拒不入朝，乃因为君王轻视道，这是作为王者师的孟子所不能容忍的。孟子直斥梁襄王"望之不似人君，就之而不见所畏焉"（《孟子·梁惠王上》），乃因为梁襄王根本不具备行道者应具有的宗教般的敬畏。

春秋以降，士人宗教般的情怀渐趋衰微。商鞅之见秦孝公，说帝道不能售，即改说王道，亦不能售，最后以霸王而得以售，足见商鞅无固守之情怀。以其学风动诸侯，左右时势，而不是固守大道以得君行道，苏秦、张仪俱其选也。此即是游说之士与王者师之不同也。战国之世，诸侯国或欲富国以图霸业，或欲强兵以求自守，而行王道早已成空谷绝响，此正游说之士驰骋之疆场。于是，稷下学宫出焉。

稷下学宫在齐国出现，兴盛于齐宣王时期，既有时代风气之原因，又是齐地风俗使然，《史记·货殖列传》谓："临淄亦海岱之间一都会也。其俗宽缓阔达而足智，好议论。"此外还与齐宣王个人之喜好相关，《史记·田敬仲完世家》载：

> 宣王喜文学游说之士，自如驺衍、淳于髡、田骈、接予、慎到、环渊之徒七十六人，皆赐列第，为上大夫，不治而议论。是以齐稷下学士复盛，且数百千人。

齐国以国士之名义尊养这数百千人，一般做些什么呢？史籍对于稷下之学士，其作为是这样回答的："不任职而论国事，盖齐稷下先生千有余人。"（《盐铁论·论儒》）"自驺衍与齐之稷下先生，如淳于髡、慎到、环渊、接子、田骈、驺奭之徒，各著书言治乱之事，以干世主，岂可胜道哉。"（《史记·孟子荀卿列传》）从这两段文字可以看出，尽管稷下先生都位列大夫，但只是处于一种尊养地位，实际并不担任官职，处理政事，唯著书立说以讨论政事之得失耳。也就是说，稷下先生逐渐走向纯粹的学问之途，齐宣王时期尤为如此。试看作为稷下早期领袖人物的淳于髡，史籍说他"博闻强记，学无所主。其谏说，慕晏婴之为人也，然而承意观色为务。……终身不仕"。（《史记·孟子荀卿列传》）可见，淳于髡乃纯粹博学多闻之说客，又能做到承意观色，故必能得君王之欢心，虽然倾慕晏婴之为人，实则不能望晏婴之万一，品行必有所亏。稷下之所谓学人，能说善辩，但品行不佳，大概是普遍现象。难怪荀悦尝叹曰：

> 世有三游，德之贼也。一曰游侠，二曰游说，三曰游行。……饰辩辞，设诈谋，驰逐于天下，以要时势者，谓之游说。……此三游者，乱之所由生也。伤道害德，败法惑世，失先王之所慎也。(《汉纪》卷十《孝武一》)

荀悦这是从功能作用上说。大概是因为同为稷下先生之故，耳濡目染，荀子对于这些人的品行仪态曾有过精当的描述：

> 吾语汝学者之嵬容：其冠絻，其缨禁缓，其容简连；填填然，狄狄然，莫莫然，瞡瞡然，瞿瞿然，尽尽然，盰盰然；酒食声色之中，则瞒瞒然，瞑瞑然；礼节之中，则疾疾然，訾訾然；劳苦事业之中，则儢儢然，离离然。偷儒而罔，无廉耻而忍谋訽，是学者之嵬也。(《荀子·非十二子》)

正因为稷下学人的学识有余，品行不足，担当大道的使命感有亏欠，故作为尽道者的孟子决不愿与之为伍。尽管孟子亦于齐宣王时期游于齐，且《盐铁论·论儒》谓孟子与淳于髡一样，"受上大夫之禄"，但孟子并不属于稷下先生❶，因精神气质根本不同故也。当孟子不能得君行道，欲"致为臣而归"时，齐宣王提出——"我欲中国而授孟子室，养弟子以万钟，使诸大夫国人皆有所矜式"(《孟子·公孙丑下》)——之条件挽留。这无非是欲以稷下学人的待遇厚养孟子，但孟子坚决拒绝。稷下学人，其理想在学与辩，现实中多能奉迎趋势，故能取悦君主，而作为圣者的孟子，其理想在尽道，故多见拙于当世。司马迁尝比较作为稷下先生的邹衍（在魏、赵、燕都受到很高的礼遇）与孔、孟之不同：

---

❶ 这个结论首先出自钱穆，见《先秦诸子系年》之《孟子不列稷下考》。后来学者白奚亦认可钱穆的结论，参见白奚：《稷下学研究》，生活·读书·新知三联书店 1998 年版，第 154 页。

其（邹衍）游诸侯见尊礼如此，岂与仲尼菜色陈、蔡，孟轲困于齐、梁同乎哉！故……卫灵公问陈，而孔子不答；梁惠王谋欲攻赵，孟轲称大王去邠。此岂有意阿世俗苟合而已哉！持方枘欲内圜凿，其能入乎？（《史记·孟子荀卿列传》）

"持方枘欲内圜凿，其能入乎？"这表示精神气质之不同，导致理想目标之迥异。这是问题的关键。

以上论述了那么多，还是要回到荀子这里来。尽管我们没有任何关于荀子品行的史籍记载，但从他的著作来看，他应该是一个品行刚正、向往先圣王道礼治的人；他未必看得起稷下那些博学能辩的学人，正因为如此，他能成为其中最受尊敬的人（最为老师），且三为祭酒。即使如此，他依然只是一个学人，尽管还算是一个优秀的学人，然而终不能像孔、孟一样，为尽道的圣者。孟子之去齐，乃因道之不行而愤然辞职，而荀子之去齐之楚乃因谗言，不得不离开，实则以荀子之精神气质，稷下是其最好的去处，离开实迫不得已也。试观《成相》、《赋》二篇，荀子雕琢辞藻以为文，修饰语气以成章，其学人之品性袒露无遗。反观孔子，"性与天道"（《论语·公冶长》）曾未尝言，乃至竟欲"无言"（《论语·阳货》），何暇雕琢以为文，修饰以成章？尽管荀子后学为之婉解，曰：

为说者曰："孙卿不及孔子。"是不然。孙卿迫于乱世，鳅于严刑；上无贤主，下遇暴秦；礼义不行，教化不成；仁者绌约，天下冥冥；行全刺之，诸侯大倾。当是时也，知者不得虑，能者不得治，贤者不得使。故君上蔽而无睹，贤人距而不受。然则孙卿怀将圣之心，蒙佯狂之色，视天下以愚。《诗》曰："既明且哲，以保其身。"此之谓也。是其所以名声不白，徒与不众，光辉不博也。（《荀子·尧问》）

世风日偷，时势愈下，固然也。然而，这又是我们"发潜德之幽光"（韩愈:《答崔立之书》），"握天枢以争剥复"（《读通鉴论》卷九《献帝》六）之时，以引领世风，扭转时运，故孔子曰："吾非斯人之徒与而谁与？"(《论语·微子》) 但荀子徒端居稷下，以学干主，而不能影响民众，教化社会，故荀子乃一纯粹之学人，非欺诬之论也。

我们读《论语》，随时可见孔子与其弟子的对话，其愤发激励之气，温勉呵护之情，溢于言表。孔子诚尽道以诲人之圣者，子贡谓孔子"立之斯立，道之斯行，绥之斯来，动之斯和"(《论语·子张》)，良非虚言也。我们再看《孟子》，亦随时可见孟子与弟子或时人之对话，故孟子亦重在"教"，然孟子之教重在开发人之神圣善端，而非在文为制度也。故曹交欲受业于孟子之门时，孟子曰："夫道若大路然，岂难知哉？人病不求耳。子归而求之，有余师。"(《孟子·告子下》) 是以在孟子那里，"道"即在自家生命之觉悟里，非外在文为制度也。故孟子讲"尽心"，不似荀子那样，讲"劝学"。荀子尽管在稷下"最为老师"、"三为祭酒"，但其可考的学生却很少，名世者唯韩非与李斯耳。我们翻开《荀子》，很少见到荀子与其生徒之对话，与时人之对话亦不多，大多数篇章都是自我论述，以表达己见，纯粹学人之气质跃然纸上。我们再看《韩非子》，全书竟然只有一次出现荀子(《难三》云："燕子哙贤子之而非孙卿，故身死为僇。")的名字，很难看出荀子与韩非之师生关系。后来，韩非与李斯尽背荀子之学而为法家之翘楚，亦见荀子之于学生的影响是很小的。由此可见，荀子与韩非、李斯乃学人与学人之关系，非师者与弟子之关系。学人与学人之间，纯粹是思想之相遇，观点之论辩，系统之甄别，故冷静而繁复；师者与弟子之间，多是大道之教诲，德行之感召，人格之养成，故热情而简要。这是我们读《论语》与《荀子》时所能明确感受到的。因此，我们认为荀子乃一纯粹之学人，而非尽道之圣者，这种界定应该是没有什么问题的。康南海曰："《孟子》天分高，《荀子》工夫深。"❶ 大概是说，《孟子》一书乃圣贤明快之言，而《荀子》一书乃学者繁复之学也。

（三）荀子之学的基本特征。

荀子作为纯粹之学人，其生命形态决定了其思想特征有三。

其一，横向的、广度的。横向的，是指荀子不能纵向地极于天，而只能平面地执着于经验世界，故宗教精神缺焉，荀子完全不能感受孔、孟所言之

---

❶ 姜义华等编校：《康有为全集》第二卷，中国人民大学出版社 2013 年版，第 183 页。

天;广度的，是指荀子之思想涉及世俗生活之方方面面。《荀子》一书，远较《论语》与《孟子》繁复，此正见学人坐而论道，闲暇静观之兆也。《荀子》繁复，正见荀子的思想乃平面的见用不见体，《论语》、《孟子》简要，正见孔子、孟子的思想乃立体的由体而达用。

其二，经验的、观解的。经验的，是指荀子的思想落在形下层面，远不及超越的形上层面。试看荀子对人性之体会，"今人之性，生而有好利焉，顺是，故争夺生而辞让亡焉；生而有疾恶焉，顺是，故残贼生而忠信亡焉；生而有耳目之欲，有好声色焉，顺是，故淫乱生而礼义文理亡焉"（《荀子·性恶》）。若我们环顾俗世，荀子所言确然不虚，然人性是否即可由此而论？观解的，是指荀子要求任何思想必须在经验世界找到原因，获得验证与解释。荀子曰："凡论者，贵其有辨合，有符验。故坐而言之，起而可设，张而可施行。"（《荀子·性恶》）一种理论必须在经验世界得到证实与检验，才可能是真的，否则一定为假，荀子以此深辟孟子之性善论。由经验的、观解的，进一步说明荀子的思想是常识的。一种理论自然要获得检验与证实，但是否一定能获得常识经验的检验与证实，却未必然，但荀子的认识常止于此。

其三，论辩的、推证的。论辩的，是指荀子的思想系统繁复而严密，追求学理上的无懈可击，乃至从别人的疏漏中证明自己的正确。孔子与荀子俱欲"正名"，孔子之正名，乃究"礼乐征伐自天子出"（《论语·季氏》）、"君君臣臣、父父子子"（《论语·颜渊》），这是伦理的、实践的；然荀子之正名，乃循名以指实，所谓"名定而实辨"（《正名》），这是研究的、论辩的。推证的，是指荀子希望通过推理、证明来表明自己思想的正确性。最显著的例子就是《性恶》篇，其主旨思想"人之性恶，其善者伪也"，在文中反复出现，故其行文周纳绵延，不过只是为了推证"人之性恶，其善者伪也"这个结论。但因荀子又倾慕于孔子之道，有一定的政治热情与抱负，故他不屑于为了论辩而论辩，为了推证而推证，是以荀子极其反感且低看名家中的惠施与公孙龙，这样，也使他的论辩与推证不及名家那样精审，常止于常识。

以上三点是相互联系与相互包含之关系，经验的、观察的，必然包含横向的、广度的与论辩的、推证的。比如荀子著名的性恶论，实际上是在对经验世界的广度的观察之后，依据战国时代的乱象连连，从而推证构想出来的，即坏的结果一定有一个坏的原因，于是，由世间的乱象而推出人性恶。实际上，我们后面将会论到，纯粹依据横向的经验世界之观察而推出的这种人性论，是极其粗糙而不精审的，但荀子的经验性格使他不愿意在此耗费精力，于是，他的论辩与推证乍一看，似乎周至圆满，然通过仔细考问，实则有诸多矛盾。

从《荀子》全书来看，荀子是一个冷静、密察的学者，他以智的冷光照彻儒家之道与孔子之学，虽然书中无处不体现其向往与倾慕之情，荀子善说理，会论辩，但对于说理、论辩本身又非常不屑，"多言无法而流湎然，虽辩，小人也。……辩说譬谕、齐给便利而不顺礼义，谓之奸说"（《荀子·非十二子》），并且呼吁止息奸说而归宗于仲尼，这些都表明他对孔子之道的向往，但他只是把它们作为一种好的政治治理工具和社会维系之法，而不是一种安身立命之教，其隆礼重法正是这种特征之显现，因此，他完全不能理解思孟学派之精神，谓其"甚僻违而无类，幽隐而无说，闭约而无解"（《荀子·非十二子》），实则思孟之学既不僻违，又不幽隐，复不闭约也，唯须打开生命圣证之光照耳，然荀子根本接不上这种精神。我们读《论语》《孟子》无处不感受到一个圣者生命的跃动，但读《荀子》，似乎完全感受不到文字背后的生命存在，荀子与他所留下的文字似乎完全是分离的。荀子为后人传承了系统繁富的儒学，但没有弘扬安身立命之教。因为荀子作为一个学者型的生命形态，与安身立命之教根本是隔膜的。学者型的生命形态总是平面的、说理的、冷静、严密有余，而热情、证悟不足。故前文谓罗素之于亚里士多德之批评，俱可用在荀子身上，非妄言也。所以，与亚里士多德一样，荀子只是一个学究式的人物，且极具经验性格，没有超越的宗教精神，故文庙罢其祀，荀子应无冤可诉，因为这是很严肃的判教问题。王恩洋《荀子学案》谓荀子为"中国二千年前之经验派哲学大师"，且论之曰：

> 荀子之学说思想，一言以蔽之曰经验论是也。……自英伦霍布斯、培根、洛克、休谟等，次第出现，乃造成海洋派之经验学派，破除上帝之信仰，天国之梦想，而事事求实于人事。……然而孰谓

有荀子者，乃于二千年前，竟成立最完整而宏博之经验学说于中土。❶

可以说，作为思想家的荀子，其优长在此经验论，其局限亦在此经验论矣。

二、荀子的人性论与心论及其道德动力问题

人性论是贯穿中国哲学史，特别是儒学史的主线，先秦的中国哲人就开始探讨这一问题，这一特点形成了中国哲学的显著特色而与西方哲学别异。中国哲人之所以很早就注意到对人性问题的探讨，乃因为人性问题直接关乎道德之动力，乃至宗教之动力。大凡性善论者，其道德动力在人性自身，这种基于人性自发的动力最终可直通宗教；大凡性恶论者，其道德动力在人性之外，人性无自发的动力，故只能成就工具论的伦理学而不能通达宗教。荀子之所以不是道统人物，不能永沐文庙之圣光，乃在于其人性论及其心论是气性的，尽管其形态到底是属于性恶论、性朴论、性不善论尚有争论，但只要是以气性为底子，则善在外，道德力量不在人性之内，则其形态差异并不大。

（一）性善论的根本原则，无此原则俱为性恶论。

在中国哲学史中，孟子标举性善论众所皆知。但荀子是不是标举性恶论以与孟子相对抗，却并非学界共识，以至于牟宗三感叹曰："荀子之学，历来无善解。"❷有的学者认为，荀子并非性恶论者，而是性朴论者❸；有的学者认为，荀子乃性恶、心善论者❹；还有的学者认为，人性只是天然生就，荀子并不欲对这样一天然事实作好还是不好的讨论❺，以至于有学者感叹："荀子之'性恶论'乃是一个荆棘丛生之地，至少从表面上看，没有它所'明言'的那样明白。"❻这些说法都似是而非，表明这些学者既不懂荀子的性恶论，亦不懂孟

❶ 王恩洋：《王恩洋先生论著集》卷八，四川人民出版社 2001 年版，第 565–569 页。

❷ 牟宗三：《名家与荀子》，台湾学生书局 1979 年版，第 193 页。

❸ 周炽成：《荀子乃性朴论者，非性恶论者》；林桂臻：《荀子性朴论的理论结构及思想价值》。二文俱载康香阁、梁涛主编：《荀子思想研究》，人民出版社 2014 年版，第 44–68 页。

❹ 梁涛：《荀子人性论辨正——论荀子的性恶、心善说》，《哲学研究》2015 年第 5 期，第 71–80 页。

❺ 颜世安：《荀子人性观非"性恶"说辩》，《历史研究》2013 年第 6 期，第 28–42 页。

❻ 东方朔：《善何以可能——论荀子的"性恶"理论》，《上海文庙第四届儒学研讨会论文集》，第 237 页。上海文庙第四届儒学研讨会于 2007 年 12 月 15 日在上海文庙讲堂召开，该论文集未正式出版。

子的性善论，而且主要是因为不懂孟子的性善论 **❶**，而不知人性之大义，以至于对荀子的性恶论亦似懂而非懂，更不知如何检视荀子思想的价值及其限度。

我们在此先总言大义。若我们承认以下两点 **❷**：其一，人是一个不同于其它动物的理性存在者；其二，对于人，还存在不是现实中的功用或利益的善。那么，人性就只有一种讲法，那就是孟子性善论的讲法，不可能有其他讲法。人性中的任何其他讲法，无论是性恶论、性朴论，还是性有善有恶论、无善无恶论、可善可恶论等，在孟子的讲法看来，差别都不大，一间而已，俱可统之于性恶论之名下。然一旦认可性恶，又欲以性恶以求善，则必然暗含一条通向性善论的隐线，故性善论是唯一的人性论，这是在认可两点大义之下的必然结论。

在古今中外思想史上，人性问题都是一个重要的论题。人性，若只是一种物质性的存在，与动物之性无异，那么，我们就没有必要特别地把人性拿出来讨论。之所以把人性拿出来特别讨论，说明人性是与动物性不同的存在。动物性是一种物质性存在，则人性一定是超越的价值存在。**❸** 中国古代的圣者

---

❶ 梁涛指出，"争城以战，杀人盈野"（《孟子·离娄上》）的暴行，难道没有人性的根源吗？道德理想国的破灭，在某种程度上就是性善论的失败。参见梁涛：《荀子对"孟子"性善论的批判》，康香阁、梁涛主编：《荀子思想研究》，人民出版社 2014 年版，第 38 页。人类的现实有时确实残酷，但性善论由此就失败了吗？无论如何，任何人都不会去欢呼"恶"的胜利，而只会去痛惜"善"的失败。这就足以证明人性是善的，因为只要有这一点心灵的善的星星之火，足以成为日后善的燎原之势。在孟子看来，善胜恶是必然的，就如水必然胜火一样，但若以现实中"以一杯水救一车薪之火也。不熄，则谓之水不胜火"（《孟子·告子上》），这显然是不对的。

❷ 关于第一点，我们在经验中就可以证实：我们常言，人依道德生活，动物则依本能生活。但有人说动物亦有道德，君不见元遗山《摸鱼儿》词中之雁乎？然即便如此，人依然又超出动物之上者，那就是，动物固可于类之生活中表现道德原则，但于类之生活以外则麻木。人则不然，可为与自己毫无牵连之人物或事件潜然涕下，乃至为一草一木之摧折而恻恻缠绵、泪浪滔滔。此则为人类所独有，这是人类理性的最高表现。关于第二点，若我们不承认，则人类的善皆是工具论的，人的尊严就无法证成。

❸ 人性乃形上之本体，但很多学者不承认作为本体的人性，安乐哲就认为人性并非本体性的存在，而是一个 becomings（过程）。安乐哲的观点在孟子那里并非没有根据，如"凡有四端于我者，知皆扩而充之矣，若火之始然、泉之始达"（《孟子·公孙丑上》），"故苟得其养，无物不长；苟失其养，无物不消"（《孟子·告子上》）。但孟子这样说，是现实中具体的人存养过程而言，并非否认总体上的普遍的人性，圣人因其天资高故能整全地觉悟那个普遍的形上之性，而俗众之存养就是要把那个普遍的形上之性逐渐显现于自家的生命中。

与西方的哲人不一样，不去哲学地辩说人性，而是践履地去体会人性。^❶人性，作为一种超越的价值存在，它总是安居在那里。但要把人性明确地彰表出来，却依赖圣者生命的觉悟。对于人性的彰表而言，圣者智慧的契悟远比经验的观察或理论的推证更重要，因为这是"圣人怀之"的事，而不是"众人辩之以相示"的事。对于人性，恰如庄子所言"辩也者，有不见也"（《庄子·齐物论》）。孔子以其圣者生命之践行，对于人性就有明确的彰表。孔子曰："为仁由己，而由人乎哉？"（《论语·颜渊》）又曰："仁远乎哉？我欲仁，斯仁至矣。"（《论语·述而》）这表示，人可以绝对自我做主而行善，丝毫不会受到外在环境的影响。至子思，讲"仁者，人也"，又讲"天命之谓性"（《中庸》）；迨及孟子，道性善，四端固有，则人之性德大义之彰表终完成。也就是说，孟子的性善论，意味着人之性德大义的贞定与完成。但无论是子思还是孟子，他们并没有像荀子标举性恶论那样，反复辩说，彰显性善之主旨，而只说"操则存，舍则亡"、"思则得之，不思则不得"（《孟子·告子上》），这正是告诫我们，只有开实践的证悟之路，方能直达人性善之事实。程子曰："人生而静以上不容说，才说性时，便已不是性也。"（《二程遗书》卷一）程子可谓得孟子之心也。

即便如有的学者指出的那样，"性善论在先秦儒学发展中并非主流思想"^❷，那么，孟子是不是自创异说呢？或既然孔子并未明言性善，而只说"性相近也，习相远也"（《论语·阳货》），那么，是否就如有的学者指出的那样，"在人论上，遵孔子之道路以演进者，是荀卿而非孟子"^❸呢？人类意识的觉醒，固有待于历史的机缘，不只是纯粹的思想发展问题，对于人性这种超越的存

---

❶ 西方人常常以"理性的动物"定义人，人性即理性。但"理性"是什么东西呢？我们确实无法直接在生命中了悟，需要阅读哲人的辩说，知晓其大义。这是西方思想的辩说路数。但中国的圣者常不如此，只讲"尽"、"明"，如《中庸》"自诚明，谓之性。自明诚，谓之教。诚则明矣，明则诚矣。唯天下至诚，为能尽其性。"又，《大学》"大学之道在明明德。"又，《孟子·尽心上》"尽其心者，知其性也。"这些皆是践履的工夫路数。程明道"体贴"二字，最能得践履工夫路数之内蕴，"吾学虽有所受，'天理'二字却是自家体贴出来。"（《二程外书》卷十二）践履的工夫路数是直接面对自家生命而来的了悟，它不是一个理论把握、辩说知解问题，而是一个道德实践问题。它唯一的要求是，人要在道德践履的路上作无穷已的工夫，故曰"唯天下至诚，为能尽其性"。只要人"尽"了践履工夫，人性就一定会在践履工夫中被"体贴"出来，被照射出来，故曰"是以圣人不由，而照之于天"（《庄子·齐物论》）。

❷ 陈来：《郭店楚简〈性自命出〉篇初探》，《孔子研究》1998 年第 3 期，第 52—60 页。

❸ 傅斯年：《性命古训辨证》，《傅斯年全集》（二），湖南教育出版社 2003 年版，第 640 页。

在来说，尤为如此。孟子壁立千仞地说出性善论，固然在思想发展中显得突兀，但是孟子践行工夫中体认出来的，历史机缘已到由他说出在孔子那里"不可得而闻"的"性与天道"（《论语·公冶长》）的时候了。若以思想史中并无凭据，就剧断孟子之性善论乃个人主观之意见，并非人性之实，这就表示，持此论者既不知如何看待人性，复不识人之所以为人的大义。

子思讲"天命之谓性"，孟子讲性善，并不是为了讲人性而讲人性，而是通过对人性问题的探讨，要在人身上开启宗教的维度。孟子曰："尽其心者，知其性也。知其性，则知天矣。存其心，养其性，所以事天也。"（《孟子·尽心上》）正是这种意图的完美表达，而恰恰正是这一点，现代研究人性的学者几乎都没有看到❶，由此，他们就既不懂孟子的性善论，也不懂荀子的性恶论。程伊川曰："不知性善，不可以言学。"（《二程粹言》卷下）这里的不可以言之"学"并非一般的伦理道德之学，而是不可以言宗教，因为性恶也可以证成一种伦理道德之学。

若我们只是经验地、现象学地看人性，很难断定人性是善的还是恶的，因为人只是一个肉体性的物质存在。这正如我们看一块石头，很难说它是善的还是恶的。一言以蔽之，经验世界所有的东西，我们都无法断定它一定是善的还是恶的，除非我们功利主义地看待它，或伦理学地规定它。这就是"休谟定律"所说的，不能从"是"引出"应当"。既然经验世界中存在的东西不能直接引出善，那么，善一定是人外在地给予的。人凭什么给予经验世界的东西以善呢？功利主义的约定原则是不可免的，这是其最后的价值底据。而约定，既可如此，亦可如彼，原则上是可变的。既然如此，则人最终不过是秉持机会主义原则的功利性存在者。那么，人的尊严何在？人存在于世界上是否还有绝对价值？孟子的性善论正好可以回应这些问题，尽管孟子对这些问题可能还没有明确的意识。

要证成人的尊严，必须在人身上找到具有绝对价值的东西。绝对价值意

---

❶ 梁涛在《孟子"道性善"的内在理路及其思想意义》（《哲学研究》2009 年第 7 期）一文中略有提及，谓"孟子性善论又具有宗教性的功能与作用"，但因为梁涛没有把人性存在地与"天"贯通起来讨论，而认为孟子"道性善"只是宣传、言说关于性善的一种学说、理论。若如此，则无法证成梁涛所说的"宗教性的功能与作用"，因为一种理论，即便是一种好的理论怎么会有"宗教性的功能与作用"呢？"宗教性的功能与作用"必须在人的生命中开显"宗教动力源"。

味着无条件的善的东西。孟子讲人性，其祈向就是如此。程子曰："论性不论气，不备；论气不论性，不明。"从人生哲学的角度看，只论形上的性而不论形下的气禀（肉体生命之气），固然不完备；然不论形上的性而只关注形下的气禀，则根本不明人之为人的大义，人生的方向就会出问题。体认人性，在孟子看来，是"先立乎其大者，则其小者不能夺也"（《孟子·告子上》）之大关目，焉可忽耶？

但这个无条件的绝对善的性到哪里去寻找？若我们只是停驻在人的气禀生命中，确实找不到，于是，形上的领域显现了出来。子思讲"天命之谓性"，孟子引诗"天生烝民，有物有则"而谓"仁义礼智，非由外铄我也，我固有之也"（《孟子·告子上》）。这是圣者的生命以其智慧之明直接洞开了一个吉祥朗澈的形上领域，契悟了一个绝对至善的形上本体。人的生命既然可直接契悟这个形上本体，则这个形上本体与人的生命本是不隔的；不但不隔，且根本就是人性本身。这是子思、孟子壁立千仞而得出的结论。这个结论，直到宋明儒者那里才有笃实的契会。张横渠曰："形而后有气质之性，善反之则天地之性存焉。"（《正蒙·诚明》）"反"乃逆觉体证之意，非经验观察也。若能"善反"，定能开显一个超越之实体于生命中，以为人之性，名曰"天地之性"，而与"气质之性"以别。黄震曰："所谓天地之性是推天命流行之初而言也，推性之所从来也。"（《黄氏日抄》卷二《读论语》）王阳明曰："性是心之体，天是性之原。"（《王阳明全集·语录一》）人之性一定要契合天来讲，才能有绝对至善的可能性，才能证成人的尊严与绝对价值，决不可只就气禀之肉体生命而论之。因为气禀之肉体生命只不过是一种物质形态的存在，在孟子看来，以此为人性，就会"蔽于物，物交物，则引之而已矣"（《孟子·告子上》）；此时，人性随物迁移，不但善保不住，人的尊严与价值亦随之而保不住。

人乃承袭了超越的实体——天——之性德而为性，对于人性的理解一定要上升到这个高度才算圆满完成。这个性，也是一种存在，尽管是超越性的。对于这个性，我们说它善，是什么意思呢？这个"善"不是伦理学意义上的，而是存在论意义上的。说这个性"善"意味着这个性自身具有绝对的价值，同时，有足够的潜能从物质欲望中超拔出来而展现自我做主、自我立法的力量。宋儒胡五峰对此有深透的理解，他说："性也者，天地鬼神之奥，善不足以言之，况恶乎？”并因其父胡文定之言曰：“孟子道性善云者，叹美之辞也，不与恶对。”（《胡宏集》附录一）孟子所说的这个性是一种超越的绝对存在，其特征很难用一个价值性的词语来描述，权且用“善”字来叹美而已。这样的“善”字与平素我们所说的善人恶人之善恶是绝对不同的。是以南宋朱子高弟陈北溪曰：

> 孟子道性善，是专就大本上说来，说的极亲切。……孟子不说到气禀，所以荀子便以性为恶，扬子便以性为善恶混，韩文公又以为性有三品，都只是说得气。……胡氏看不彻，便谓善者只是赞叹之辞，又误了。（《北溪字义·性》）

陈北溪以为孟子之性善乃就本体之性言，而非气禀之性言，亦亲切精到。若从气禀上言，则性恶、善恶混或性有三品都可以成立，若从本体之性言，则只能有孟子一种讲法。但对于胡文定赞叹之辞表示非议，则是陈北溪自己误了，非胡文定之误也；北溪乃朱门高弟，其误盖源自朱子也，见第五章第五部分。说“善”是个赞叹之辞，并非说“善”用得不好，而是说“善”不足以名之，但亦权且只能如此用之。总之，“善”乃是赞叹本体之大能不得已而用之之辞。人性之善，正是契合着这个本体而言。

不唯人也，世间的万事万物，除了功利意义或伦理学意义的善，我们要说它们是善的，亦必须契合本体而言。比如，一棵树，除把现实中的有用说成善之外，我们要无条件地说它是善的，则必须就本体而言才是可理解的。儒学于此早有甄别与衡定，陈北溪曰：

> 夫子系《易》曰：“一阴一阳之谓道，继之者善也，成之者性也。”所以一阴一阳之理者为道，此是统说个太极之本体。继之者为善，乃是就其间说；造化流行，生育赋予，更无别物，只是个善而已。……此夫子所谓善，是就人物未生之前，造化原头处说，善乃重字，为实物。若孟子所谓性善，则是就“成之者性”处说，是人生以后事，善乃轻字，言此性之纯粹至善耳。其实由造化原头处有是“继之者

善"，然后"成之者性"时方能如是之善。则孟子之所谓善，实渊源
于夫子所谓善者而来，而非有二本也。(《北溪字义·性》)

本体不但纯粹至善，而且是创造实体，世间万物皆源于此，故由本体之
善，才能有继之而生者之万物之善。不过，前者乃就本体而言，后者乃就发
用而言，因万物之善源于本体之善，故是一本，非有两个善也。实则，若拉
掉本体之善，则万物之善就无法证成而不可理解。是以本体之善"重"而万
物之善"轻"，盖二者乃源与流之关系故也。总之，万物之善必须切就本体之
善方能证成。

由本体之善虽可证成人与万物自身即无条件地是善的，但因唯有人有心
而万物无心，故只有人能觉悟此善。性乃静态的形上存在，要觉此性，唯依
赖心。故张横渠曰："合性与知觉，有心之名。"(《正蒙·太和》)知觉，非谓
感官知觉也，乃人念念即与本体之善合一，所谓虚灵不昧、感而遂通者也。
此即是儒学所说的心，即道心，非识心也。识心，随物造形而蔽于物之小体；
道心，主宰一身而灵现至善之大体。所以，孟子讲性善，一定要讲到心之四
端这里，才算完成。心之四端，不但保证人之纯粹至善，且能虚灵不昧，总
有从沉陷堕退中超拔而出的力量。纯粹至善、超拔皆不是伦理学意义的，而
是本体论意义的，是形上超越的。这是人的良知良能，人人固有。所以，心
之四端足以保证人人可觉知本体形上之善，从而保证善的庄严性、神圣性。
此外，现实中的善俱是相对的，或功利主义的，或约定主义的，而本体形上
之善是绝对的、宗教性的。孟子以"天"名此种本体形上之善，且曰"尽心
知性而知天"、"存心养性以事天"，此乃人人可至者，亦必至者。唯有至此，
人之尊严才能实现，人之为人的圆满义才能完成。人之为人的圆满义一旦完
成，则人必然是一种宗教性的存在。"宗教的种子根深蒂固地存在于所有人心
中。"❶这虽然是加尔文就基督教而言的，但孟子通过性善论，意在说明，人人
具有宗教意识，且人人皆有践行宗教性至善的先天能力，故与加尔文所言会
归于一。孟子由性善讲到心之四端，又讲"学问之道无他，求其放心而已矣"
(《孟子·告子上》)，复至"尽心知天"、"养性事天"的修身工夫，无非意在

---

❶ 加尔文：《基督教要义》，钱曜诚等译，生活·读书·新知三联书店 2010 年版，第 12 页。

开发人人固有的达于宗教至善的潜能。这也是孔孟所说之"学"的根本义。孔子曰："下学而上达。"岂虚言哉？！这一"上达"之过程，我们称为"宗教动力学"。儒学的性善论必隐含一个宗教动力学，这是性善论的根本义与究竟义，对性善论的理解至此方能圆满完成。宗教动力学意味着人人都有宗教性至善的祈向、愿力与禀赋。天地生人，即把这种祈向、愿力与禀赋置于我们的本性之中，这意味着，无论在什么情况下，人（即使最邪恶的人）都不会以仿佛叛逆的方式放弃这种祈向、愿力与禀赋。毋宁说，这种祈向、愿力与禀赋凝炼成人性，不可抗拒地强加给了人。而且，即使有别的相反的动机起作用，人也会把这种祈向、愿力与禀赋当作行为的充分根据，纳入自己的最高准则，而为这最高准则在现实中没有抵抗得住那相反的动机而羞愧，也就是说，人性自身即是善的。孟子曰："君子所性，虽大行不加焉，虽穷居不损焉，分定故也。"（《孟子·尽心下》）说的就是这个意思。正是依靠这种祈向、愿力与禀赋，宗教性的至善迟早会实现于现实世界之中。我们对善的理解必须要到这个程度，方能算究其极，不然，任何善都是相对的或功利性的，不但善保不住，人的尊严亦随之崩塌，且道德也不会有根本的动力。

我们颇费周章地论述了性善论的大义。性善之义既明，我们再来看什么是人性之恶？人性善不是伦理学意义上的，同样，人性恶也不是伦理学意义上的。人性之恶意味着人性不能贞定自己，随境迁移而不能自我做主、自我立法而祈向那宗教性至善。正是从这个意义上，我们说无论是性恶论、性朴论，还是性有善有恶论、无善无恶论、可善可恶论俱无甚区别。

周炽成与林桂臻俱主张荀子乃性朴论者。性朴论意味着"人性的可变性和后天作为、环境的重要性，从而反衬了天性之朴，天性之不恶，都意味着人之或善或恶要从环境中找原因，而不是从人的本性中找原因。"[1]深研这一段话，似乎是说，人性在原初处只是朴，不善亦不恶，但一旦发用而进入现实中，极有可能变坏，当然，也有可能变好，而其原因端在外部世界与环境，人性原初处并没有贡献一丝一毫善的因素或恶的因素。但是，既然承认人性是可变的，表明人性无法贞定住自己，而展现自我做主、自我立法的大能，

---

[1] 周炽成：《荀子乃性朴论者，非性恶论者》，康香阁、梁涛主编：《荀子思想研究》，人民出版社 2014 年版，第 50 页。

从而没有自己的祈向、愿力与禀赋。没有人性自身的祈向、愿力与禀赋，"善"如何规定？作为外部环境的经验世界乃一因果系列，只有"因"之事与"果"之事之关系，若我们一定要把其中的哪件事名之为善，那一定是功利主义或约定论的，俱是相对而变化的，人不可能展现其绝对价值。既如此，那请问，人的尊严何在？人与动物的区别在哪里？性朴论企图把人性还原为无色的白板，没有任何性德与价值取向，这不但在经验上无法证实，而且可能导致极其恶劣的后果，那就是人放弃了善恶的责任。所以，性朴论实质就是性恶论。人性，要么持性善论，要么持性恶论，并不存在一个中间状态的性朴论。

梁涛认为把荀子定格为性恶论者是不准确的，因为荀子揭示了人生中的两种力量，以性为代表的向下堕失的力量和以心为代表的向上提升的力量。由此，它提出荀子乃性恶、心善论者。❶梁涛的论证颇为曲折，但依然逃不出性善、性恶必居其一的窠臼。若性恶是主导性原则而置于心善之上，则荀子依然是性恶论者；若心善（权且不管梁涛所说的心善是什么意义上讲的）是主导性原则而置于性恶之上，则荀子就是性善论者。不可能性恶、心善是平行并列的原则。

通过上面的论述我们可以得出结论，学界之所以对荀子的人性论出现分歧，提出荀子的各种人性理论，其根本问题在于对性善论之为"善"不懂❷，以至于对性恶论之为"恶"亦不懂，纷争于是出焉。实则，在荀子的系统中，

---

❶ 梁涛：《廓清荀子人性论的千年迷雾》，《中华读书报》2017年4月5日第13版。

❷ 方朝晖在《性善论的古今解释模式与判断类型》（《复旦学报》2017年第3期）一文中列举了八种解释模式，计有：心善说、善端说、向善说、可善说、有善说、人禽说、天命说、总体说。方朝晖认为，每一种解释模式都有缺陷，能否证成性善论，存在不少争议。如"心善说"，徐复观就持此说，他认为，"孟子所说的性善，实际便是心善。经过此一点醒后，每一个人皆可在自己的心上当下认取善的根苗，而无须向外凭空悬拟"。参见徐复观：《中国人性论史·先秦篇》，上海三联书店2001年版，第141页。这种观点得到许多学者的认同。但我们依然可问，若"心"与"性"是一种并列的存在，那么为什么一定要用"心善"来证明"性善"，而不是直接说"性善"？若"心善"可以用来证明"性善"，说明"心"是一种更高一级的存在。总之，若"心"与"性"是平列的存在，"心"是无法证明"性"之善的。在以上八种解释模式中，唯有"天命说"方可证成孟子的性善论，但方朝晖质疑这种模式把天命之性与气质之性对立了，而孟子自身并没有这种思想。孟子固然没有对立天命之性与气质之性，但他认为二者有主次，必须以天命之性作为主宰者，气质之性作为被主宰者。孟子的"天爵"与"人爵"之辨、"大体"与"小体"之辨，都是这个意思，并说"古之人，修其天爵而人爵从之。今之人，修其天爵以要人爵。既得人爵而弃其天爵，则惑之甚者也，终亦必亡而已矣"，"先立乎其大者，则其小者不能夺也"（《孟子·告子上》）。这都意在说明天命之性之作为主宰者。梁涛在《孟子"道性善"的内在理路及其思想意义》中认为，性善论就是"以善为性"，但他又说这不是"人性是善的"这种直言判断。依梁涛的理解，似乎"善"不是表述性的宾词，而是一种实体，孟子以"善"这种实体为性，但我们放眼世界，存在一种叫"善"的东西吗？若真如梁涛所理解的，"善"是实体，那么就只能是超越的实体，即"天"，人以天为性，从而证成其善。

性恶论是必然的，不管《性恶》篇是不是荀子所作❶，即便不看《性恶》篇，荀子依然是十足的性恶论者。尽管除《性恶》篇外，其余各篇并未出现"性恶"二字，因为这是义理的分判而不是文献的征引问题。❷而一旦认定荀子是性恶论者，则发现性恶论是根本行不通的，因为荀子希望通过性恶论而求善；而一旦求善，一条通向性善论的隐线总是潜存在荀子那里，乃至潜存在任何性恶论者那里，因为只驻足于性恶是无法求善的——尽管这两点，荀子乃至别的形态的性恶论者都没有明确的意识。下面我们进入对荀子思想本身的分析。

前面说过，人性之善不能基于经验界的材质的人而讲，一定要进至人的超越的形上之性，即贯通着天而论性，故儒学讲"天乃性之原"。人不只是一个经验界的材质肉体，亦是一个价值界的形上存在，故人性一定要切就形上的天而言，才能讲善。子思与孟子正是这个理路，但荀子似乎接不上这个理路。要接上这个理路必须通过体证工夫进至超越界，但荀子只是一个停驻于经验界的学人，自然接不上这个理路。❸荀子接不上这个理路的显著表现就是刊落了天，认为天乃是与人无关的纯自然存在。我们知道，在《论语》《孟子》里，孔子、孟子常常言及宗教意义上的天，但在《荀子》一书中很少言及，荀子言"天"字，大多是在"天地"、"天下"这样的词语中提到，作为实体义的"天"，在《天论》篇中进行了专门的解释，而且与孔孟之言天大异其趣。

"生之所以然者谓之性"（《荀子·正名》），则荀子亦是套在"生之谓性"——准确地说是"天生之谓性"的模式之下说性。但与子思、孟子不同的是，子思与孟子在"天命之谓性"的模式下言性，重在讲性对天命的回应与承受，这种模式可以用逻辑关系式"天 ⇔ 性"表示，这个关系式意味着天与性相互蕴含，即，一方面，只有天被人性所回应与承受的时候，天才是天；另一方

❶《性恶》篇是不是荀子本人所作，历来有一些争论。林桂臻在《荀子性朴论的理论结构及其思想价值》一文中列举了金谷治、丰岛睦、米田登等日本学者，他们都认为《性恶》篇非荀子的作品，而是其后学的作品。周炽成也秉持此说，并撰专文《〈性恶〉出自荀子后学考》。

❷徐复观论《荀子》曰："性恶的主张，散见于全书各处。"参见徐复观：《中国人性论史·先秦篇》，上海三联书店 2001 年版，第 206 页。周炽成质疑道："徐先生能列举出《荀子》一书中在《性恶》之外的任何一句话来证明他的说法吗？"参见周炽成：《荀子乃性朴论者，非性恶论者》，康香阁、梁涛主编：《荀子思想研究》，人民出版社 2014 年版，第 53 页。徐复观是义理分判，如此说大体不错，但周炽成却由文献征引而质疑义理分判，实则大误。

❸这是生命形态的局限。对于儒学，学者的生命于此纵只一间未达，则其理论无论如何圆满，都不过得其影像而支离。这正如程伊川所言："恁地同处虽多，只是本领不是，一齐差却。"（《二程外书》卷十二）荀子之学与孔孟之道，同处虽多，但本领却不同。

面，只有来自天，且能够回应与承受天命的时候，性才是性。天→性，这是形而上学的创造进路，而性→天，则是道德的宗教的回应进路。在子思与孟子那里，性→天之进路更为重要，因为若这个进路一旦落空，则天→性之进路仅仅成为一种发生学的关系。荀子的问题恰恰就在这里，荀子言性，完全没有了人性对于天命之回应与承受这一进路，如此，尽管荀子亦有天→性这一进路，而这一进路就是纯粹的发生学的关系，天由此不再是宗教之天，而是纯粹的自然之天。尽管荀子认为，天作为一种纯自然的存在，依然自有其神秘性与主宰性。

> 不为而成，不求而得，夫是之谓天职。如是者，虽深，其人不加虑焉；虽大，不加能焉；虽精，不加察焉，夫是之谓不与天争职。天有其时，地有其财，人有其治，夫是之谓能参。舍其所以参，而愿其所参，则惑矣。(《荀子·天论》)

所谓"不为而成，不求而得"，乃是指诸多自然现象皆是上天作用的结果，如四季更替、花开花落、人有四肢五官、喜怒哀乐，这些都是不用人特别作为去求取的，是上天的作用。虽然很神秘（"深"就是神秘之意）但人不应该去深究这个神秘，而应该去利用上天的这种作用，这叫"不与天争职"，也叫"圣人为不求知天"。可见，"不求知天"乃告诫我们不要往形上的方向走。另一方面，荀子又求"知天"，这是什么意思呢？知天就是"象之可以期者"，即把握天之垂象，去分析知解物质世界之规律或因果关系，所谓"大天而思之，孰与物畜而制之。从天而颂之，孰与制天命而用之"，这正是荀子所说的知天。由此可知，荀子所说的天，完全是纯自然的物质性的天，尽管有其神秘性与主宰性，但其主宰性与人的行为完全无关，"天行有常，不为尧存，不为桀亡"；其神秘性人们可以觉得奇怪但完全没有必要害怕，"星队、木鸣，国人皆恐。曰：是何也？曰：无何也。是天地之变，阴阳之化，物之罕至者也。怪之，可也；而畏之，非也"。尽管古时也有祭天求雨的仪式，但荀子以为不过是文饰政事罢了，没有什么宗教性可言，所谓"君子以为文，而百姓以为神"。可以说，荀子以其经验性格的学人生命形态，用智的冷光把天的宗教性热度全部予以消解。天只是物质世界的一个主宰力量，这种力量对人有利，也可能有害，但善恶观念在天那里完全用不上。我们认为，"性恶论"是荀子隆礼重法的理论基础，而其"天论"又是其"性恶论"的理论基础。

天的作用完全在自然界，人也是自然界的一部分，故天的作用亦表现于人的身体之中。荀子说：

> 天职既立，天功既成，形具而神生，好恶、喜怒、哀乐臧焉，夫是之谓天情。耳目鼻口形能，各有接而不相能也，夫是之谓天官。心居中虚以治五官，夫是之谓天君。（《荀子·天论》）

天地生人，让人有了好恶、喜怒、哀乐之情感，耳目鼻口之官能，以及心灵之思考作用。至于上天为什么让人有这些情感，耳目鼻口为什么作用各异而不能相互取代，心灵为什么能有思考能力，这些都不必去深究，我们只要承认这个事实，且顺应善待这种事实就可以了，所谓"顺其类者谓之福，逆其类者谓之祸，夫是之谓天政"。在荀子看来，一种好的政治就是顺应、善待、导持人的自然生命体的政治。荀子就是停留在自然的肉体生命来看人，并无多少形上兴趣而去探讨较为玄远的人性问题。尽管荀子说过"性者，本始材朴也"（《荀子·礼论》），这只是表示生命体的基质是原始物质材料，正因为生命体的基质是原始物质材料，才需要文理雕琢于其上，并不是要深入地探讨人性问题。深入地探讨人性问题，不会只是简单的一句话，而且是在论礼的文章里。我们甚至可以怀疑，人性问题根本没有进入荀子的思考之中，"人性"二字根本没有出现在《荀子》之中，尽管《性恶》篇反复出现"人之性恶，其善者伪也"，但这只是一个经验性的笼统的说法，即就人的生命体之自然表现来看，其性质、情态是恶劣的，但人的生命体却常常表现善良，这乃是人为教化的结果。"其"是指人的生命体却常常表现善良这种事实，而不是指人性，那么同样，"人之性恶"也是指人的生命体之自然表现常常恶劣这种事实。这都是经验地就生命体的现实行为来看，而不是由生命体的现实行为翻上来，批判地分解出一个抽象的人性加以探讨。学者颜世安指出，荀子认为，对于现实的政治教化与治理而言，人性的探讨不是一个很重要的问题，直接切就人的经验品性与现实行为而施以礼法之规制与疏导才是更为重要的问题。❶ 这种看法是有道理的。

以荀子那种重经验又无宗教热情的生命形态来看，要么人性根本没有进入其思考，要么认为根本不是一个重要问题予以了忽视。尽管如此，这并不表明荀子的人性论是模糊的。荀子自身可能是模糊的，但我们从价值论的衡定来看，却是非常清楚的，即荀子的人性论只能是性恶论。荀子以其经验性的生命形态斩断了人与天的价值联系，由此，无论荀子思不思考人性或如何思考人性问题，都会落入性恶论的彀中来。刘述先说：

> 荀子是彻底的人文主义者，彻底切断了与天的关联，使自己的思想走上了另一个偏向。荀子批评庄子"蔽于天而不知人"，可谓恰中要害。但他本人却是"蔽于人而不知天"，由孔子的睿识脱略开去。难怪宋儒建立道统，不把荀子包括进去，良有以也。❷

彻底的人文主义是相对于孔孟的宗教立场而言的，这是说荀子没有达到这个立场，且由此脱略开去，那么，就一定也会从孔孟的性善论中歧出。"善"与"不善"是矛盾概念，但与"恶"是反对概念。这样看来，荀子从性善论中歧出，一定是"性不善论"，但未必是"性恶论"，周炽成与林桂榛主张荀子是"性朴论"者，其实是说荀子是"性不善论"者。但与性善论相较，性不善论与性恶论到底有多大差别呢？我们需要作详细的分析，以息性恶与性朴之纠缠与争讼也。

（二）性朴论之厘清及其向性恶论的归结。

与周炽成持《性恶》篇非荀子所著说不同，林桂榛认为，就现有的材料来看，很难断定《性恶》篇非荀子所著，但此篇的大旨却有误，"性恶"本为"性不善"，故本篇当名为《性不善》，而非"性恶"。他说：

> 凭"性恶"仅出现在《性恶》篇而《礼论》篇又同时涉言"材朴"

---

❶ 颜世安：《肯定情欲：荀子人性观在儒家思想史上的意义》，《南京大学学报》2015 年第 1 期。

❷ 刘述先：《孟子心性论的再反思》，〔美〕江文思、安乐哲编：《孟子心性之学》，梁溪译，社会科学文献出版社 2005 年版，第 192 页。

等就推论《性恶》篇可能全系伪文，我认为这种论证"伪书"的方法或过程过于粗糙，求证不足而假设有余。笔者研究此问题数年，于此亦百思不得其解，然 2008 年 5 月 13 日笔者依《性恶》非议孟子"性善"、荀子另说"本始材朴"、"人之性恶明矣"前的论证文字并不能有效证明"性恶"、类比论证人需化治时屡称枸木之材本状"不直"或"性不直"这四点，突悟《性恶》篇"性恶"字眼当系"性不善"之讹；"不善"一还原，前述所有疑难迎刃而解，《荀子》全书瞭无滞碍。❶

这里所说的"前述所有疑难"是指：若以"性恶"论看荀子《性恶》篇，则荀子的很多主张不能自圆其说，而若改之"性不善"，则全文义理通畅无碍。林桂榛力主荀子乃"性不善"论者（"性不善"论即"性朴"论），乃基于以下三点理由。

第一，告子、公都子驳孟子"性善"论时所用的词汇不是"善－恶"而是"善－不善"，并特别统计了先秦诸子，以为"善－不善"对讲乃是通见，由此，荀子理应不以性恶去反对孟子之性善，而是以性不善反之，且性不善反之，逻辑上更周延，因"善－不善"是矛盾概念，而"善－恶"乃反对概念也。观诸《荀子》一书，以"善－不善"对置之情况确实不少：

> 一出焉，一入焉，涂巷之人也。其善者少，不善者多，桀、纣、盗跖也。（《荀子·劝学》）
>
> 见善，修然必以自存也；见不善，愀然必以自省也。善在身，介然必以自好也；不善在身，菑然必以自恶也。（《荀子·修身》）
>
> 故善用之，则百里之国足以独立矣；不善用之，则楚六千里而为仇人役。（《荀子·仲尼》）

这种对置充分说明，以上立论，都有道理，很难驳斥。但林桂榛又引傅斯年说，谓孟子所谓"乃若其情，则可以为善矣"，明示孟子对其性善论摇摆

---

❶ 林桂榛：《天道天行与人性人情：先秦儒家"性与天道"考原》，中国社会科学出版社 2015 年版，第 245 页。

不定、支吾其词，❶ 则属于误解。孟子这句话显然不是摇摆不定、支吾其词的不自信，反而是相当自信，其意思是：从人之为人的情实上讲，原则上是可以为善的，这是一定的。

第二，性恶不能自圆其说，即《性恶》篇中所有的文字论证都不能证实其主题句"人之性恶明矣"。林桂榛引用了梁启超、唐君毅、王恩洋、郭沫若等之诸多论说加强自己的论点。❷ 此一持论，亦无问题。除此以外，我们可再引用《性恶》篇中的一段文字：

> 尧问于舜曰："人情何如？"舜对曰："人情甚不美，又何问焉？妻子具而孝衰于亲，嗜欲得而信衰于友，爵禄盈而忠衰于君。人之情乎！人之情乎！甚不美，又何问焉？"

这里只是说"人情甚不美"，但并未直接说"恶"，"甚不美"与"恶"毕竟是两回事，当然，"甚不美"亦不排斥"恶"，然我们以稳妥起见，最好以"不善"说之。

第三，林桂榛认为，荀子说善恶，最根本的定义是："凡古今天下之所谓善者，正理平治也；所谓恶者，偏险悖乱也。"这是《性恶》篇中的原话。荀子不在其他处说善恶，"故从人好利或天生有情欲去论证'情恶'或'性恶'皆不成立！从好利可能发生恶之效果去论证本性'恶'或追溯本性'恶'亦不成立"。❸ 此论亦无问题。

通过以上三点论证，林桂榛认为，若把《性恶》篇中的"性恶"更换为"性不善"，于文字训诂及义理表达上都无问题，且略以《性恶》篇第三章为例：

> 故隐栝之生，为枸木也；绳墨之起，为不直也。立君上，明礼义，为性恶【不善】也。……直木不待隐栝而直者，其性直也；枸木必将

---

❶ 林桂榛：《天道天行与人性人情：先秦儒家"性与天道"考原》，中国社会科学出版社 2015 年版，第 246 页。

❷ 林桂榛：《天道天行与人性人情：先秦儒家"性与天道"考原》，中国社会科学出版社 2015 年版，第 247—252 页。

❸ 林桂榛：《天道天行与人性人情：先秦儒家"性与天道"考原》，中国社会科学出版社 2015 年版，第 251 页。

待隐栝矫烝然后直者，以其性不直也；今人之性恶【不善】，必将待圣王之治，礼义之化，然后皆出于治，合于善也。❶

　　从理解上看，把性恶更换成性不善，不会造成困难，且避免了上述由性恶所带来的疑难。基于此，林桂榛认为，《荀子》一书中的《性恶》篇，本名应是《性不善》，但西汉末年汉成帝时期，刘向、刘歆父子奉命校理图书，因那时"善－恶"对言思潮兴盛，形成了"善性阳－恶情阴"的对释系统，于是，荀子书中的"性不善"被讹成了"性恶"，从而贻误了中国读书人两千多年。❷

　　《荀子》中的《性恶》篇是否为刘向父子校理图书时有意的讹写，林桂榛没有举出一则可以证实的材料，也没有举出一个持是说的学者，这样，我们就无法断定他的这一假说，当然，也无法否定他的这一假说。但是，从义理之圆满上看，"性不善"比"性恶"确实更能符合《性恶》所要论说者，则不成问题。为了加强林桂榛的看法，我们还可以列举西方学者 M. 斯卡帕里的说法：

　　　　与西方相反，将要被注意到的正是在古代中国，恶的概念不被察觉到，并不用总结性的词语来处理。事实上，以致在我们的文化中如此普遍的"绝对的恶"与"基本的恶"的概念是完全不存在的。……被荀子所采用的恶这个词，尽管常常被译成"邪恶的、恶劣的"，确实没有恶及其派生词与同义词在我们自己的语言与文化中所具有的无孔不入的意义。更重要的是，为了恶的缘故，荀子甚至没有机会去想象或推论一种本体论的恶，一种对恶的吸引力，就其本身而论对恶的一种克制和奉献的存在。……按照这种观点，就其本身而论，恶不是确定的和孤立的某种东西，而宁可说是一种缺乏，是一种在人之内，作为有限的创造物，源出于其自然的不完整的不足或结构

---

❶　林桂榛：《天道天行与人性人情：先秦儒家"性与天道"考原》，中国社会科学出版社 2015 年版，第 255 页。

❷　林桂榛：《天道天行与人性人情：先秦儒家"性与天道"考原》，中国社会科学出版社 2015 年版，第 259 页。

上的空缺。❶

斯卡帕里的意思是：中国传统中的恶并不是一个本体论的概念，从而在绝对之意义上是恶的，即恶自身不能成为一个独立的概念，它更多的是人这种有限的存在者由于结构上的不完善而带来的，也就是说，恶就是不完善。恶就是"不善"之意，前引尧舜"人情甚不美"之对话，意在说明"不美"就是"不善"，决非就是"恶"。由荀子之用词而原夫荀子之意，荀子决非绝对的性恶论者，不然，他孜孜于"化性起伪"之教化即不可能，此则与寄希望于严刑峻法之韩非殊异。即使如此，这个在材质上"不善"之性是否能封得住走向"恶"的大门呢？实大有问题。因此，尽管"不善"而不是"恶"可能更符合荀子对人性的描述，但我们不必过分强调其间的差别，即"性不善"与"性恶"的差别是程度上的，不是原则上的，而孟子"性善"与"性不善"或"性恶"的差别却是原则上的，不是程度上的。

如果《荀子》一书中的《性恶》篇果真应是《性不善》篇，那么"性不善"与"性恶"又有多大程度的不同呢？我们来看两个逻辑等式：

（1）性＝性不善＋性善，如图1所示；（2）性不善＝性（不善）恶＋性（不善）不恶，如图2所示。

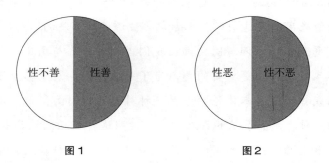

图1　　　　　　　　　　　图2

孟子当然不认可性不善的存在，但我们抛开孟子的思路，仅从纯逻辑上看，全部人性，只可能分"性不善"与"性善"两种可能，因善与不善是矛盾概念故。但若我们又把"性不善"这种可能单独作为一个集合来考察，则

❶　M. 斯卡帕里：《在早期中国文献中有关于人的本性之争》，〔美〕江文思、安乐哲编：《孟子心性之学》，梁溪译，社会科学文献出版社2005年版，第261-262页。

"性不善"又可分为"性（不善）不恶"与"性（不善）恶"❶两种可能，因不恶与恶乃矛盾概念故也。可见，性不善尽管不是直接等同于性恶，但也并没有完全关上性恶的大门，它是有可能走向性恶的。那么，这种"恶"又是什么意义上的"恶"呢？

当荀子说"性者，本始材朴也；伪者，文理隆盛也"（《荀子·性恶》）的时候，这是以"朴"与"伪"对言，"伪"是人为，而"朴"则是最原始的基质。若性是指这种原始的基质，则性为中性，似乎很难说其善，亦很难说其恶，故以朴言之较妥，即对其性状中止价值判断。大凡以气言性，就其最抽象处而言之，盖"朴"字较确也。以"朴"言性，牟宗三总结其有三义：

> 甲，自然义。（在实然领域内，不可学，不可事，自然如此）
>
> 乙，质朴义。（质朴、材朴、资朴通用。总之曰材质）
>
> 丙，生就义。（自然生命凝结而成个体时所呈现之自然之质）❷

以上三义，亦相互涵摄，故荀子以"本始材朴"说这最抽象之性，是较为准确的。但自气凝结而为具体的人之性，即由抽象的材性而至于各个人具体的材性（在孟子那里，性是形而上者，并没有各个人具体的性，故孟子统名之曰性善），则此时就有善恶可言，其善恶由什么而定？由气之凝结聚合而定，即由人禀气之多少、厚薄、清浊而定善恶，由气之凝聚而成之善恶，亦即是人之个性之善恶，其本身并无道德的意义，并非道德的善恶，故最好不称之善恶，而称之好坏。好的个性比较容易成就道德，但好的个性自身不是道德；坏的个性则比较容易滑向不道德，但坏的个性自身不是不道德。荀子论性的时候，他只就最抽象处说"本始材朴"，并未至具体处说人之个性，然其理论并非不可以走向此处也。孟子则与荀子别，唯性自身所发者才是道德，外此者俱不是道德。

---

❶ 这里之所以以"（性不善）不恶"与"（性不善）恶"对置，而不以"性不恶"与"性恶"对置，就是因为我们考察的乃是"性不善"这个集合，因为"性恶"虽等同于"（性不善）恶"，但"性不恶"却不等同于"（性不善）不恶"，因为"性不恶"虽然不能说就是"性善"，但却可以包括"性善"，而"性善"显然超出了我们所要考察的集合"性不善"，故我们必须用"（性不善）不恶"来对置"（性不善）恶"即"性恶"。

❷ 牟宗三：《才性与玄理》，台湾学生书局 1985 年版，第 3 页。

由气而论性，其善恶只在个性之好坏易于或不易于成就道德而已，而自身绝无道德性可言。那么，气性论者的道德性从哪里言？就荀子而言，他从哪里言道德性呢？征诸《荀子》一书，赵兰坪给了我们回答："荀子下善之定义曰'正理平治'，恶之定义曰'偏险悖乱'，此善、恶之定义。"❶ 也就是说，气性论者的道德性由外在的"正理平治"处见，若如此，气性论者会有如下四个问题。

第一，善的力量在哪里？在孟子那里，本心人人固有，故本心之震动成为道德力量之源泉，且是必然而定然的。在气性论者那里，好的个性虽有利于道德，但这亦是不定然的，且坏的个性不利于道德，同样是不定然的，从而道德成为偶然的东西。这样，道德的力量必然不在人性之内而在其外，一般而言，就是依赖圣人的教化，依外力的教化，其末流则往往形成专制，荀子之学实有走向专制之可能。

第二，善的标准是如何得来的？荀子告诉我们，善就是"正理平治"，但什么是"正理平治"呢？怎么规定出来的呢？只能是约定。当然，荀子并不认为是约定，他认为是圣人制定出来的；圣人个人的制定虽然不是约定，但其制定的规制要成为人人认可的制度，依然离不开约定，即最终脱不了约定的窠臼。由此，道德成为相对主义的或工具论的。

第三，"人人成为圣人"不是必然者。荀子的理想也是"涂之人可以为禹"，但在气性论中，虽有"正理平治"之标准在外，但不同的个性未必能够成就它，道德都成为偶然的东西，更遑论成为圣人了。

第四，荀子虽雅言"化性起伪"，但多是就圣人而言的，如，"圣王在上，决德而定次，量能而授官，皆使民载其事而各得其宜。不能以义制利，不能以伪饰性，则兼以为民。"（《荀子·正论》）"圣人化性而起伪。"又，"凡所贵尧、禹、君子者，能化性，能起伪"（《荀子·性恶》）。荀子的意思其实很清楚，真正的"化性起伪"只有圣人才能做到，一般人是做不到的。"凡性者，天之就也，不可学，不可事。"（《荀子·性恶》）这意思似乎是说，人性根本不可改变，"伪"虽然是道德的，但仅仅是在外而讲，其之于人性可能无任何影响，于是，在荀子那里，人性自身之光始终没有开发出来，是以荀子的理论永远

---

❶ 赵兰坪：《中国哲学史》卷上，国立暨南学校出版部 1925 年版，第 137 页。

只局限在伦理学之范围，而不能像孟子一样，及于宗教的高度。

通过上面四点的总结，我们可知，荀子正面言性的话，其实就下面三句：

> 性者，本始材朴也。(《荀子·礼论》)
>
> 生之所以然者谓之性；性之和所生，精合感应，不事而自然谓之性。(《荀子·正名》)
>
> 凡性者，天之就也，不可学，不可事。(《荀子·性恶》)

荀子只是实在论地材质主义地看待人性，他并没有作善或恶的价值判断，甚至连"不善"这个词也没有明确地用，从气性论善、恶，乃至性分三品，乃是董仲舒、扬子云和韩昌黎这些汉唐儒者，荀子当时并没有从气禀与气之凝聚这种细微处论气性性状之差别也。但荀子之所以还要谈人性，就是因为性给"伪"提供了一个起作用的基质，所谓"无性则伪之无所加，无伪则性不能自美"(《荀子·礼论》)也。然荀子非常清楚的是，无论如何，人性自身完全与善不沾边，因为善只是在"伪"那里，即荀子只以"正理平治"说善，而人性自身并无善的力量，故曰"礼义法度者，是生于圣人之伪，非故生于人之性也"(《荀子·性恶》)。所以，荀子说性恶，只是一个遮拨语，意味着善不可从人性而讲，并非一个精确的判断描述语、限定语，即荀子并不能精审地指证人性从道德上讲是恶的。既然知道性恶是一遮拨语，则我们亦可不用"恶"这个词来遮拨，而用"不善"亦可。既知性恶只是一遮拨语，而非对人性作价值判断之限定语，则《性恶》篇不能自证人性为恶，也就不足为怪了。推原荀子之写《性恶》篇，可能并非要反孟子的性善论而提出一种相反的性恶论，荀子可能只是为了反对孟子切就性自身而说善，而以"恶"来遮拨性之种种表现，从而说明反正善不在性那里。"人之性恶，其善者伪也"，这句话在《性恶》篇反复出现，正是要强调：反正善不在性那里。性恶，是一种遮拨的表述，其意是：反正善不在性那里；性不善，自然也是一种遮拨的表述，其意也可以达到：反正善不在性那里。是以《性恶》篇中的"性恶"二字用"性不善"代替，完全无所碍也。《孟子》一书中直接道性善的文字并不多，但其主张却是非常清楚的，那就是性善论，而《荀子》一书，除了《性恶》

篇明确地提到性恶外，其余篇什确实几乎没有提及，故有学者认为荀子并非性恶论者，或人性问题根本没有进入荀子之思考中，若我们知道性恶只是一种遮拨的表述，并非一种明确的人性论，则学者的上述理解都可以接受，且不必再由此横生争端了。正是在这个意义上，林安梧说："'性恶'是对反'伪善'而说的，而不是就性的定义说的。"❶龙宇纯说："性恶说乃是有所为而发的，故表面上虽然与性善说相对，出发点则不在性本身，而是在圣王礼义；不在性之果为恶，而在圣王礼义之不可无。"❷二者所说，盖俱表性恶为遮拨之意也。

　　荀子自身并不想提出一种明确的人性论，他只是遮拨地表述：善不在人性那里，于是，无论是性恶还是性朴，荀子都没有围绕这些展开有效的论证，以至于我们觉得性恶不能自圆其说，性朴论亦感觉论证不足，浅尝即止。于是，荀子自身的人性论是模糊的，这是就荀子自身的文本看。但若让荀子自己选择，可能荀子更愿意选性恶论作为自己的人性论，因为性恶论比性朴论或性不善论更能提示人们关注人性的负面，从而更积极地隆礼重法。若人性果只是朴质，则其负面从哪里来？曰：因情而来。人性作为一种朴质的物质存在，它总要与外物接触而有所触发，这触发之表现就是情。而物质性的力量往往如此，若无更高的理性力量的提撕与规导，它就是尽情地向外扩展其力量，以至于没有收煞，从而形成一种破坏性的力量，由此则可以谓之恶也。董仲舒曰：

　　　　天地之所生，谓之性情，性情相与为一瞑，情亦性也，谓性已善，奈其情何？故圣人莫谓性善，累其名也。身之有性情也，若天之有阴阳也，言人之质而无其情，犹言天之阳而无其阴也。（《春秋繁露·深察名号》）

　　从"性情相与为一瞑"之角度看，"情亦性也"未必不可说，但性与情只是体用关系，实并不能完全等同。在董仲舒看来，从性之作用即情处看，它很可能呈现出一种破坏性的力量，故情很可能恶，因情之恶，而情又是性的

---

❶　林安梧：《从"天生人成"到"化性起伪"》，台湾《鹅湖月刊》1978 年第 5 期，第 29 页。

❷　龙宇纯：《荀子论集》，台湾学生书局 1987 年版，第 74 页。

表现，故圣人不曰性善。董仲舒以这一理路质诸孟子，孟子当然也承认，但孟子的性善不是从气性而言的，他是从天命之性而言的，这个性也是人所固有，且可作为人的一种内在力量而对气性的性情进行提撕与规导。但荀子切断了人与天的联系，开不出天命之性，于是，气性自身开不出提撕与规导的力量，因而荀子所说的性虽朴质，但性之作用情却很可能走向恶，从"性情相与为一瞑"之角度看，谓之性恶，乃自然之事。

　　若我们以孟子由天而论性之理论来比照，荀子的人性论乃性恶论则更无疑，因为性善，在孟子那里，是指本心对天命的回应与承受，而不是基于外在的作为。康德说："在世界之内，一般而言甚至在世界之外，除了一个善的意志之外，不可能设想任何东西能够被无限制地视为善的。"❶ 孟子的意思其实如同康德，即除了本心对天命之回应与承受之外，不可能有真正绝对的善，故善一定是宗教性的，这是孟子切就性讲善的根本原因与动力所在。这样的善虽然也可以表现在经验世界，但其根本动力却在本心对天命的回应与承受，若是之阙如，则孟子俱不以善许之。但在荀子那里，性是气性，从根本上切断了人与天的关系，天人永隔，于是，人根本不可能对天命有所回应，当然，荀子认为，也根本不需要对天命有所回应。这样，善只是由"伪"而成的"正理平治"，是以善只成了经验论的或约定论的，而不是先验论的，善只是成了伦理学，而不能上达宗教，也就是说，善没有绝对的价值。绝对价值的阙如，使人的生命里没有一种开启善的绝对动力，荀子曰"岂非人之情固可与如此，可与如彼也哉"（《荀子·荣辱》）之问，表达的正是对这种善的动力的怀疑。若依孟子的义理，荀子所说的"正理平治"若不与天贯通起来，都没有绝对的价值，都在真正的善之外。既然都在善之外，则都是德行所要克服的对象，故谓之恶未尝不可也。当然，这个恶是在宗教意义上讲的，而不是伦理学意

---

❶　康德：《道德形而上学的奠基》，李秋零主编：《康德著作全集》第 4 卷，中国人民大学出版社 2013 年版，第 400 页。

义上讲的。因此，世间只有性善论与性恶论两种，不可能有第三种人性论。❶
我们讲人性论是为了通达宗教，纯粹的伦理学没有必要探讨人性问题，在中
国，不能通达于天的人性论，虽其名容有别异，但俱逃不了性恶论的范围。

（三）性恶论通向性善论的隐线。

荀子作为儒者，切痛于人性之负面，由此欲要人正视人之负面从而证成
"涂之人可以为禹"之理想。但是，荀子乃期由性恶论而使人走向善，但若不
预设人性本有的先天的善的祈向、愿力与禀赋，要使性恶的人走向善是根本
不可能的。荀子尝言：

> 凡人之欲为善者，为性恶也。夫薄愿厚，恶愿美，狭愿广，贫
> 愿富，贱愿贵，苟无之中者，必求于外。(《荀子·性恶》)

颜世安指责这句话道理不通。"丑愿美，贫愿富，贱愿贵，这是合于日常
经验的，是所谓人之常情；'恶愿善'却是根本挑战日常经验。有谁见过性情
凶恶的人反而特别愿意变善？"❷其实这道理并非不通，荀子无非是说，就如
现实中贫穷的人总有求富足的心愿一样，现实中作了恶的人，其依然有向善
的心愿。但这里必须有一个预设，即人性本是善的，亦即人之性可以回应善，
并担负起善。若人之性根本为恶，它如何能对善作出回应呢？这似乎很难。
从这个意义上讲，世间几乎没有十足的人性恶者存在，即便是先秦法家，他
们对于人性之阴暗面有极深之体会，于是提倡严刑峻法。但一个人能敬畏严
刑峻法且加以遵守，是不是说明其人性之中依然有微弱的善端，不然，他对
严刑峻法也不会有任何敬畏，进而去加以遵守。

荀子屡言"人之性恶"，但其目标却是"涂之人可以为禹"，这与孟子讲
的"人皆可以为尧舜"(《孟子·告子下》)的意思是一样的。既然荀子有此目标，

---

❶ 性朴论者认为，所谓"朴"就是"简朴、素色、原处、可塑"，也就是"潜质"，即一些"不是完备
的、完成的、最后的状态"。对此，青年学者邹晓东论之说："生存者若对这些潜质不知情，则一定
无法自觉之，亦无法正确地利用或对付相关潜质；而一旦明明白白地揭示了（知道了）这些潜质，则
'性'就不再是'不为人知'意义上的'朴'，其中的'善的潜质'自然就会被委以'性善论'意义上
的'善性'重任，其中的'恶的潜质'则会成为'性恶论'意义上的'伪'的对象——'性朴论'如此
分化之际，正是'简朴''素色、原处、可塑'意义上的'朴论'瓦解之时！"参见邹晓东：《性善与治
教》，华东师范大学出版社 2020 年版，第 182 页。

❷ 颜世安：《荀子人性观非"性恶"说辩》，《历史研究》2013 年第 6 期，第 41 页。

完全秉持人性恶是无法证成的。

> 凡禹之所以为禹者，以其为仁义法正也。然则仁义法正有可知可能之理，然而涂之人也，皆有可以知仁义法正之质，皆有可以能仁义法正之具，然则其可以为禹明矣。今以仁义法正为固无可知可能之理邪？然则虽禹不知仁义法正，不能仁义法正也。将使涂之人固无可以知仁义法正之质，而固无可以能仁义法正之具邪？然则涂之人也，且内不可以知父子之义，外不可以知君臣之正。不然，今涂之人者，皆内可以知父子之义，外可以知君臣之正，然则其可以知之质，可以能之具，其在涂之人明矣。今使涂之人者，以其可以知之质，可以能之具，本夫仁义之可知之理，可能之具，然则其可以为禹明矣。（《荀子·性恶》）

这段话的意思是，禹之所以是禹，乃因为能够践行"仁义法正"，但一般人也同样能够，为什么呢？从客体来看，"仁义法正"有可以被人认知、被人践行的特质；从主体来看，人有认知"仁义法正"的能力，有践行"仁义法正"的资具。所以，人人可以践行"仁义法正"，也就是"涂之人可以为禹"。在荀子看来，"仁义法正"有可以被人认知、被人践行的特质，是能够被证明的，因为若根本没有这种特质，那么禹也不能践行"仁义法正"，但事实上，禹已经践行了"仁义法正"，故从反面证明了"仁义法正"的可知性与可行性。同样，人有认知"仁义法正"的能力，有践行"仁义法正"的资具，也是可以被证明的，因为人若没有这种能力与资具，那么就不会知父子之义、君臣之正，事实上，人已经知晓并践行了父子之义、君臣之正，故从反面证明了人有认知与践行"仁义法正"的能力。这样，客观方面的"可"与主观方面的"能"，使荀子认为"涂之人可以为禹"的目标没有任何问题。

但若我们仔细分析，要达到这个目标，荀子有一个先天的预设，那就是"涂之人也，皆有可以知仁义法正之质，皆有可以能仁义法正之具"，若无此，则目标无法达成。那么，这个"质"与"具"是什么呢？荀子并没有说，但从荀子的论述中可以看出，这是人生而固有的，而非后天学来的。实际上，就是孟子所说的"人之所不学而能者，其良能也。所不虑而知者，其良知也"（《孟子·尽心下》）。只不过，荀子以其经验性的学人性格，没有进一步往前追索，只是一般地提到这一点，而没有像孟子那样以"良知良能"名之，更没有以此作为人性的根基。尽管荀子没有孟子那样的明确意识，但无论如何，他的理论必然要有这个预设，这表明，由性恶论而求善，必然有一条通向性善论的隐线。❶戴东原就认为，虽然荀子秉持性恶论，但荀子的诸多观点却与孟子在性善论之下所证成的观点不相悖，且相互发明：

> 荀子非不知人之可以为圣人也，其言性恶也，曰："涂之人可以为禹。""涂之人者，皆内可以知父子之义，外可以知君臣之正。""其可以知之质，可以能之具，在涂之人，其可以为禹明矣。""使涂之人伏术为学，专心一志，思索孰察，加日县久，积善而不息，则通于神明，参于天地矣。故圣人者，人之所积而致（也）〔矣〕。""圣可积而致，然而皆不可积，何也？""可以而不可使也。""涂之人可以为禹则然，涂之人能为禹，未必然也；虽不能（为）禹，无害可以为禹。"此于性善之说不惟不相悖，而且若相发明。终断之曰："足可以偏行天下，然而未尝有能偏行天下者也。能不能之与可不可，其不同远矣。"（戴震：《孟子字义疏证》卷中）

荀子所说的"涂之人可以为禹"，当然是指"可以"为禹，而不是指一定能够成为禹，这是可能性与现实性的区别。荀子之所以如此坚信这种可能性，就是对人人所固有的"资"与"具"有信心。何以能有如此之信心？乃因为"资"与"具"俱是天所予者。当然，荀子自身并没有这个清醒的意识，他只是实然地肯认人有这个"资"与"具"，并没有进一步往上追索。荀子停留于"资"与"具"自身，故他只看到了"资"与"具"成就了道德，没有看到"资"与"具"之所以能成就道德，其力量实际上是来自"资"与"具"对于天命之回应与

---

❶ 罗根泽在《孟荀论性新释》（载《诸子考索》，人民出版社 1958 年版，第 377–384 页），龙宇纯在《荀子论集》（台湾学生书局 1987 年版）第三部分《荀子思想研究》，刘又铭在《荀子的哲学典范及其在后代的变迁转移》（载《汉学研究集刊》总第 3 期），王楷在《天然与修为——荀子道德哲学的精神》（北京大学出版社 2011 年版，第 86–89 页）中，都说明了荀子的思想具有这样的隐线，读者可参阅。

承受；一旦荀子由经验之察转为形上之思，一定亦可证圣于此而通达宗教。基于此，我们可以借用陈来的话说：在荀子哲学里，理性隐藏着，但作用无所不在。❶ 正是在这个意义上，我们说性善论是根本不可反对的，康德甚至说："在道德的教义学中，关于生而具有的恶的命题毫无用处。"❷ 为什么呢？因为一个人由恶的意念转化为善的意念，必须建立在一种人性的根据之上，这个根据虽然不能在经验上被证明，但在我们的灵魂中却又如此强烈地圣证到了它，以至于"就禁不住要以极大的惊赞看待它"❸。若荀子由此而深思上去，他绝对不应该反对孟子的性善论，只是他没有意识到自身思想系统中的那条隐线而已，故徐复观论之说：

> 荀子对性恶所举出的论证，没有一个能完全站得住脚的。若以善可与性相离，故谓其非性；则荀子所谓性恶，并不同于若干基督教徒之所谓原罪，恶也一样可以与性相离。否则荀子既根本否定形上的力量，则他所主张的"化性而起伪"，便没有可能。他以求善来证明人性之本来是恶；但何尝不可以求善证明人性之本来是善？善恶的本身都是没有止境的，人不因其性恶而便不继续为恶，则岂有因性已经是善，便不再求善之理？❹

但荀子经验之性格太强，使他没有作慎密的思考，朱子谓荀子"只是粗。他那物事皆未成个模样，便将来说"（《朱子语类》卷第一百三十七），盖指此也。于是，他的理论出现了一些矛盾，或留下永不可解决的问题。

---

❶ 陈来：《荀子政治哲学的人性公理》，《中国社会科学辑刊》2009 年夏季卷，复旦大学出版社 2009 年版，第 54 页。

❷ 康德：《纯然理性界限内的宗教》，李秋零主编：《康德著作全集》第 6 卷，中国人民大学出版社 2013 年版，第 51 页。

❸ 康德：《纯然理性界限内的宗教》，李秋零主编：《康德著作全集》第 6 卷，中国人民大学出版社 2013 年版，第 49 页。

❹ 徐复观：《中国人性论史（先秦篇）》，上海三联书店 2001 年版，第 209 页。徐复观还认为，荀子可能根本没有看到过《孟子》一书，只是从稷下先生那里听说过孟子的理论，且未作深思。假如荀子看到过《孟子》一书，则以荀子思想的精密，不至于一无理解至此。本章前面说过，荀子与孟子可能见过面，但这与见过《孟子》一书是两回事，《孟子》一书由其弟子编撰而成，自然在孟子去世之后了，纵荀子高寿，而在资讯不发达的古代，荀子没有看到，亦是自然的事。

夫陶人埏埴而生瓦，然则瓦埴岂陶人之性也哉？工人断木而生器，然则器木岂工人之性也哉？夫圣人之于礼义也，辟则陶埏而生之也，然则礼义积伪者，岂人之本性也哉！凡人之性者，尧、舜之与桀、跖，其性一也；君子之与小人，其性一也。今将以礼义积伪为人之性邪？然则有曷贵尧、禹，曷贵君子矣哉！凡所贵尧、禹君子者，能化性，能起伪，伪起而生礼义。（《荀子·性恶》）

荀子把作为外在文制的礼义与陶器、木器相比附，既然陶器、木器不是根基于人之本性，那么，作为外在文制的礼义也不是根基于人的本性。陶器、木器是一种纯物质性存在，不存在伦理善的问题，但外在文制的礼义却有伦理善的问题，而外在文制的礼义的伦理善正根基于人之本性之善。故作为外在文制的礼义与陶器、木器是不能作类似的推理的。外在的礼义积伪不是人之性，但人之所以能制定礼义积伪，必然有善的根基，这个根基一定属于人性。但荀子认为，人的本质，尧舜、君子与桀跖、众人并无区别，即"性"上无区别，其区别端在"伪"上，尧舜与君子可以制定礼义积伪，而桀跖与众人则不能；若以礼义积伪是所有人之性，则"性"等同于"伪"，那么，尧舜、君子与桀跖、众人的区别彻底泯灭。在荀子看来，这是不可能的，因为现实中，尧舜、君子与桀跖、众人的区别确实很大，若泯灭其差别，我们凭什么去尊敬尧舜、君子呢？而尧舜、君子凭什么可以制定礼义积伪呢？荀子并没有审问，他的经验性格让他止于此了。这就留给了后人一个千年的问题，即若众人皆性恶，不能自我完善，需要圣人制定的礼义来教化，但若圣人与众人一样性恶，那么，第一个圣人是如何制定善的礼义来教化俗众的？在此，可以看出荀子的思想有混乱乃至不一致的地方，前面讲到过"化性起伪"，但荀子似乎又认为，只有圣人才能化性起伪，而圣人之所以能化性起伪，乃因为圣人性善、至少是有善端，不然化性起伪即不可能，这又显示出圣人之性高于众人之性，而非"凡人之性者，尧、舜之与桀、跖，其性一也"。对这个问题，荀子的性恶论的系统若不走向性善论，是永远不得解决的，故朱子曰："须是有是物而后可践履。今于头段处既错，又如何践履？"（《朱子语类》卷第一百三十七）明儒胡居仁曰：

以礼义教化为圣人所造作伪为，以矫人之性而化人之恶，殊不知天高地下，万物散殊，而礼制行矣，此皆吾性中所具之理，圣人因而品节制作之。礼义教化既成，又足以正其情，养身性，节其欲，成其德，此足见礼义教化自吾性中出，圣人因而成之，则其性善无疑矣。（熊赐履：《学统》卷四十三）

礼义教化作为人类一种善的制作，归根到底根基于人性自身的善，不然，人类不可能把礼义教化作为一种普遍的善来要求。这就回到了前面的结论，即如果我们承认人类总是要求善的，那么人性就只有一种讲法，那就是孟子的性善论，不可能有别的讲法，乃至于荀子自己也承认，"虽桀纣亦不能去民之好义"（《荀子·大略》），岂非人性俱善乎？

因此，荀子的性恶论并不是一种精审的人性理论，他的经验性格使他总是止步于经验界，或许他以为，礼义已经制定出来了，还去思考"第一个圣人是如何制定善的礼义"的问题，无异于"吹皱一池春水，干卿何事"。荀子的经验性格决定了他不可能对此感兴趣，也契会不到那超越玄远的人性问题，故他要求君子"于天地万物也，不务说其所以然而致善用其材"（《荀子·君道》），就其然而用之使之，不必追问其所以然也。所以，他的人性论对于他所关心的现实政治治理问题是适合的，至少是暂时适合的，但若以此来讲人生哲学却是极其糟糕的，因为他完全盲视人的超越维度，进而不能开发人的"宗教动力"而不见"道"。故程子谓荀子"性已不识，更说甚道"（《性理大全书》卷五十八），遂不允其为道统人物，说明荀子对于人生哲学特别是宗教精神的开发确实不足而不见道。

（四）荀子之心论向孟子四端之心的会归。

我们再来看荀子的心论，依然会发现，要证成荀子之所说，必然会走向孟子之本具四端的心论，不然，其道德动力开发不出来。

在孟子那里，性是体义而心是用义，性之善在心之作用中体现。孟子雅言性善，但性善到底是什么呢？要落实下来，性善实指四端之心对天命之回应与震动，外此四端之心之回应与震动，无所谓性善，在某种意义上，性是虚说，而心是实说。故孟子曰"尽心、知性而知天"，心、性、天并无质的区别。但在荀子那里，性是实说，乃人之生物学之本能，心亦是实说，心与性成为两种完全不同的东西。那么，在荀子那里，"心"到底是什么呢？

> 心者，形之君也，而神明之主也，出令而无所受令。自禁也，自使也，自夺也，自取也，自行也，自止也。故口可劫而使墨云，形可劫而使诎申，心不可劫而使易意。是之则受，非之则辞。故曰：心容，其择也无禁，必自现，其物也杂博，其情之至也不贰。(《荀子·解蔽》)

孟子也认为"心"为大体。其曰："耳目之官不思，而蔽于物。物交物，则引之而已矣。心之官则思，思则得之，不思则不得也。此天之所与我者，先立乎其大者，则其小者不能夺也。此为大人而已矣。"(《孟子·告子上》)与耳目之官相较，心是大体，人若能挺立这个大体，则耳目小体之欲望是不能纷扰其神的，这就是大人的境界。但在孟子那里，心作为大体之所以能挺立得住，乃因为心有仁义礼智四端之潜能。只要人能善养这个大体，就直接可成为圣人。

然荀子之心官与孟子是一样的吗？荀子言心乃"形之君也，而神明之主也"，这也是大体之意。即心是出令者而不是受令者，心有自己的潜能与自由，所谓"自禁也，自使也，自夺也，自取也，自行也，自止也"，但所有这些潜能，都是在知识的意义上讲的，而不是在道德的意义上讲的，尽管荀子的知"道"更多地具有道德的意义，但却是以知识的方式讲道德。基于此，荀子要求心应专一而静，若博杂则必乱，而难以知道。故荀子雅言心是为了知道，而其盛言解蔽，乃为求一"虚壹而静"之心真能知道。

> 人何以知道？曰：心。心何以知？曰：虚壹而静。心未尝不臧也，然而有所谓虚；心未尝不满也，然而有所谓壹；心未尝不动也，然而有所谓静。人生而有知，知而有志；志也者，臧也；然而有所谓虚，不以所已臧害所将受谓之虚。……未得道而求道者，谓之虚壹

而静。……虚壹而静，谓之大清明。万物莫形而不见，莫见而不论，莫论而失位。坐于室而见四海，处于今而论久远。疏观万物而知其情，参稽治乱而通其度，经纬天地而材官万物，制割大理而宇宙里矣。恢恢广广，孰知其极？罙罙广广，孰知其德？涫涫纷纷，孰知其形？明参日月，大满八极，夫是之谓大人。夫恶有蔽矣哉！（《荀子·解蔽》）

荀子之所谓心具何特质？似乎就是一个虚空的大容器，里面空无一物。虚壹而静就是把心打扫干净，呈现其本有之虚空，不让异物与杂质占据，这就是荀子所说的"大清明"。这样一个大清明之心方能知"道"。不然，若以"已臧害所将受"，必不能知"道"。

故道经曰："人心之危，道心之微。"危微之几，惟明君子而后能知之。故人心譬如盘水，正错而勿动，则湛浊在下，而清明在上，则足以见鬓眉而察理矣。微风过之，湛浊动乎下，清明乱于上，则不可以得大形之正也。心亦如是矣。故导之以理，养之以清，物莫之倾，则足以定是非决嫌疑矣。小物引之，则其正外易，其心内倾，则不足以决庶理矣。（《荀子·解蔽》）

以上这段文字再次说明人心保持"大清明"的重要性，因为这个"大清明"为知"道"作了必要的准备。道在荀子那里，也不是一个超越的宗教对象，而是万物之间的相互关系，这是知识的对象。人心是"知物物者"，而道心是"知兼物物者"，总之，人心与道心是一个层次的东西，唯人心专精，而道心正是贯通人心后的结果。但人心上升至于道心，也得有个条件，就是保持人心之清明。尽管荀子所讲的道主要是道德伦理的意涵，但他以这种知识的方式讲出来，使这种伦理意涵大为减杀。荀子之心论有类于西方哲学家洛克的白板说，只是空无寥廓之容器。这样，荀子析心与道为二。不似孟子，心非白板而具四端之能。实际上，在孟子那里蕴含着"心即理"，后来到宋明儒那里，把这个蕴含之义全尽地开发出来，故象山、阳明皆标举"心即理"。既然

"心即理"，那么求道就不必外寻而只需内省而已。是以孟子曰："学问之道无他，求其放心而已矣"（《孟子·告子上》）；又曰："万物皆备于我矣，反身而诚，乐莫大焉"（《孟子·尽心上》）。"心即理"意味着心自身就有力量践行它自己所涌现出来的理。荀子既然析心与道为二，则心是心，道是道，则心知"道"后如何化为内在之信念、力量，最后付之于行动中以落实？此对于荀子又是一问题。荀子屡雅言："凡以知，人之性也；可以知，物之理也。"（《荀子·解蔽》）此空泛之论实不足以解决此问题。因为圣人之道并非科学意义上的外物之理。科学意义上的外物之理，人只须知之可也，不必化为内在的德性与力量；但圣人之道不但须知，且须化为内在的德性与力量，若心仅为白板而无孟子所说之善端，则其"化"之力量从哪里来呢？唐君毅质之曰："如荀子之心与道全无必然之关系，道纯在心外，为其客观对象……道如只为一所知之对象，则既知之，即可完成吾人之知识，人应只有所谓知道，而无所谓行道。"● 但荀子明明告诫我们知道后更要行道，故心当不只是一白板式的知识心，更是一自具力量自具意志的行为心。荀子于此不甚措意，然我们却要进一步地去追问。这一追问，就把荀子逼到了孟子的理路上去了。唐君毅进一步关注到了这一理路。他说：

> 荀子虽未尝明言心善，然循荀子所谓心能自作主宰，自清其天君，以知道体道而行道上说，则仍不得不承认荀子之所谓心有向上之能。……所谓向上之能，乃由下直升，至其所谓性情之上，以知统类之道；而实行此道，以转而制性化性，以成善行者。由是而荀子之心，即只在第一步为理智心，而次一步则为一意志行为之心。此意志行为之心，乃能上体道而使之下贯于性，以矫性化性者。❷

若荀子以心求道而成圣，则入孟子论心之彀中，无有疑义。以白板论心，其于讲科学知识可也；若由之而讲伦理道德，乃至成圣成贤之学，则为根本不通者。然荀子之学非科学知识之学，荀子明言："故学也者，固学止之也。恶

● 唐君毅：《中国哲学原论——原道篇（上）》，中国社会科学出版社 2005 年版，第 246 页。

❷ 唐君毅：《中国哲学原论——导论篇》，中国社会科学出版社 2005 年版，第 79 页。

乎止之？曰：止诸至足。曷谓至足？曰：圣王"（《荀子·解蔽》），是则荀子之论心必至于孟子之境方能完成其学。荀子既承认心是"自禁也，自使也，自夺也，自取也，自行也，自止也"的出令者，则心必有一种内在的力量，不然，何以自禁、自使、自夺、自取、自行、自止？"自"即亲体独立之自由也，即心在自由的时候，可以自我地禁、使、夺、取、行、止，这无疑说明心自具道德力量。荀子曾谓圣人的境界为：

> 夫微者，至人也。至人也，何强，何忍，何危？故浊明外景，清明内景。圣人纵其欲，兼其情，而制焉者理矣。夫何强，何忍，何危！故仁者之行道也，无为也；圣人之行道也，无强也。仁者之思也恭，圣者之思也乐。此治心之道也。（《荀子·解蔽》）

这里所展现出来的境界似乎与孟子所说的浩然之气差不多。但若纯粹是荀子所说的认知之心，是很难达到这种境界的，因内在力量不足故也。故观荀子之论心，可知孟子四端之心之大义所在也。大凡人之为人，一旦有"知"道之心，则同时必当有"行"道之心，诚如唐君毅所言："吾人知物有治乱之时，可同时有一求治去乱之心而起。今若无此求治去乱之心，与知物有治乱俱起，则求治去乱之事不能有。"[1]没有一人是只求知德而不愿意行德的，横向的知与纵向的行一定是同时出现的，这正如一个人行路，大家可能都去注意空间上的距离了，而没有在意时间，若没有时间这个舞台，人们根本不可能克服空间上的距离，时间与空间一定是同时出现的，只是时间的流逝我们不甚在意耳，但时间却是更为内在更为根本的。或许荀子认为，行德之心是不言而喻的，关键是"知"德。由此，心之纵向之能没有特别凸显开发出来，心之能完全平面化为知识之能，这对于心来说是极大的损失，心之宗教维度在这种不言而喻中隐退了，而荀子的人文世界只是知识性的人为，而不能通达于宗教。孟子之所以要特别开发被荀子所忽视的心之纵向维度，并不是要轻视心的横向维度，即知识性的人为，而是要以纵向的宗教维度去调适横向的知识维度，所谓"调适而上遂也"。无论是孟子开发心之纵向维度，还是荀子开发

---

❶　唐君毅：《中国哲学原论——原道篇（上）》，中国社会科学出版社 2005 年版，第 259 页。

心之横向维度，心只是同一心，人无有二心，焉有孟子所说之心与荀子所说之心？梁涛即误持此一观点。梁涛认为，在荀子那里，心是善的，只是其形态与孟子心善说之形态不一样。孟子之心是实心，其中有内容，但荀子之心是虚心，心之内容与结果取决于后天的选择。但他又认为，虽然如此，孟子所说的心与荀子所说的心在道德自觉与道德判断上又是一致的，不过，孟子所说的心适合于道德领域，荀子所说的心适合于政治领域。❶其实，梁涛的这种讲法是有问题的，既然承认荀子之心有道德自觉与道德判断能力，那么它就不是空的。又，何以见得孟子所说的心不适合政治领域呢？孟子不是明明讲"先王有不忍人之心，斯有不忍人之政"（《孟子·公孙丑上》）吗？一个人既生活在道德领域，亦生活在政治领域，若如此，岂不是人须有两个心？实际上，完全没有必要强分孟子所说之心与荀子所说之心。只要承认心是善的，那么一定是心自立法则，自具善端，即孟子论心之形态，不可能有别的心之形态。

综上所论，无论是荀子的人性论，还是荀子的心论，必须要会归到孟子那里去，才能通达于善，若善不只是狭义的功利论与约定论的善的话。狭义的功利论与约定论是与广义的功利论与约定论相对而言的，所谓广义的功利论与约定论是指，一旦功利论与约定论成为每个人所接受的普遍原则，则功利论与约定论即刻就变成了先验论，就是一种定言式命令。康德认为，定言式命令是这样的，"要按照能够同时把自己视为普遍的自然法则的那些法则去行动"❷。这就是说，若一个私人性的原则能够成为一个普遍的立法原则，那么，这个原则就决不是私人性的，而是先验论的，决不是基于私人性的欲望，而是基于人类普遍的善的意志，这个原则由此也成为定言式命令，对所有的人都有效，"它无须以通过某个行为要达成的任何别的意图为基础，就直接要求这个行为"❸。也就是说，定言式命令自身就有绝对价值，不是因为别的意图才有价值。荀子尽管把善置于人性之外，但他所说的"正理平治"显然不是

---

❶ 梁涛：《荀子人性论辨正——论荀子的性恶、心善说》，《哲学研究》2015 年第 5 期，第 74 页。

❷ 康德：《道德形而上学的奠基》，李秋零主编：《康德著作全集》第 4 卷，中国人民大学出版社 2013 年版，第 445—446 页。

❸ 康德：《道德形而上学的奠基》，李秋零主编：《康德著作全集》第 4 卷，中国人民大学出版社 2013 年版，第 423 页。

约定论的，更不是私人性的原则，而是人类普遍的原则，自身就有绝对价值。既如此，荀子那基于气性的人性论与心论，是不可能达到"正理平治"的普遍原则的。可见，只要认可善作为一种普遍原则，则性善论是不可免的，或者说，性善论是唯一的人性论。推扩而言之，若我们承认人是需要教化的，且教化是有效的，那么我们必须承认性善论。董仲舒的下面一段话正说明了这个道理：

> 性如茧如卵，卵待覆而成雏，茧待缲而为丝，性待教而为善，此之谓真天。天生民性有善质而未能善，于是为之立王以善之，此天意也。民受未能善之性于天，而退受成性之教于王，王承天意以成民之性为任者也；今案其真质而谓民性已善者，是失天意而去王任也。万民之性苟已善，则王者受命尚何任也？（《春秋繁露·深察名号》）

茧虽不是丝，卵虽不是雏，但茧卵是基底，无之则不可能有丝与雏。同样，人性不能直接是现实的善，必须待教而后才能成为现实的善，但这要有一个条件，即人性有善质，如果没有这个条件，则教化无效。这一条件，董仲舒是承认的，故曰"天生民性有善质而未能善，于是为之立王以善之"。孟子的性善论其实就是这个意思。是以《春秋繁露义证》的作者苏舆在释这几句话时曰："董未尝以性为恶，未尝以性为非本善，亦未尝以为性不皆善。但以为性未全善，而有善之端，待于教而后成。"❶荀子曰："虽庶人之子孙也，积文学，正身行，能属于礼义，则归之卿相士大夫。"（《荀子·王制》）显然，荀子是承认教化的有效性的，然一旦有这种承认，则性有善端或善质这一预设，也是必须要承认的。

不过，荀子本人并未作深入的细微思考，或许他没有自觉到这一预设。他通过经验的观察，对人性的负面有极深的体会，于是，倡导性恶论，以此遮拨语来强调善不在人性自身，只在外在的"正理平治"，或许这样更能强调"正理平治"的重要性。这样，"正理平治"只是一种外在的要求，强令所

---

❶　苏舆：《春秋繁露义证》，中华书局 1992 年版，第 301 页。

有的人遵守，由此，隆礼重法成为了主要的教化鞭策手段。先秦儒学至荀子这里，就由基于人性的天人性命之教，变为了依靠外在礼法的治理之学，所谓"修礼者王"，"故用国者，义立而王"（《荀子·王制》）；又，"礼义之谓治，非礼义之谓乱也"（《荀子·不苟》）。儒学之形态，也由孟子时代的弘教者，至荀子时代则为整治者，其谓"君师者，治之本也"（《荀子·礼论》），而不云"君师者，教之本也"，即是这一转变的明显揭示。这样一来，在荀子那里，原本独立的"教"被"治"所吞没了，因此埋下了权威主义乃至专制主义的危险。

三、礼法之整治及其可能导致的权威主义与专制主义

荀子以其经验的性格斩断了人生形上的立体的路向，证会不到人之性与心本有之善，不能从人性自身开发动力，于是，直接面对平面的肉体的人生期以制度性的安排以解决现实的乱象，当然亦有意义。荀子思想的价值全都体现在此，而荀子之所以"隆礼重法"，无非就是希望给性恶的人一个合理的制度安排。

（一）弭争制乱及礼的起源。

试看荀子论礼的起源：

> 礼起于何也？曰：人，生而有欲，欲而不得，则不能无求。求而无度量分界，则不能不争；争则乱，乱则穷。先王恶其乱也，故制礼义以分之，以养人之欲，给人之求。使欲必不穷乎物，物必不屈于欲。两者相持而长，是礼之所起也。（《荀子·礼论》）

礼乃是为限制性恶的人争夺有限的物质财富而人为确立的制度，故荀子明确指出，礼是圣人之伪。❶此种礼之起源，与孔孟之论绝不相同，孔子曰：

---

❶ 荀子在礼的起源问题上常表现出矛盾之处，如"三年之丧，称情而立文，所以为至痛极也"（《荀子·礼论》），说明礼并非起源于物与欲之间的紧张。在孔孟那里，礼与法是有严格区分的，礼疏导性情，而法惩戒不德之行为，但荀子却礼与法不分，因此礼的疏导功能与法的惩戒功能合在一起，于是混乱生焉，但荀子主要是从整治的角度看待礼的。

"人而不仁，如礼何？人而不仁，如乐何？"（《论语·八佾》）孟子曰："辞让之心，礼之端也。"（《孟子·公孙丑上》）又谓葬礼"非直为观美也，然后尽于人心"（《孟子·公孙丑下》），是见孔孟以性善为礼之基础，而与荀子迥异也。由此，荀子便把礼之教化解放之机能完全淹没了，只看到了礼之限制整治之机能。

荀子之论述礼的起源，相当于霍布斯由自然状态而构建其政治学说一样。在霍布斯那里，所谓自然状态就是"每一个人对每一个人交战"❶的丛林状态。但这种丛林状态是否真的在人类历史上作为一种普遍事实存在过，却是大有疑问的。因此，施特劳斯认为，"对霍布斯来说，所谓'自然状态'，并不是一个历史事实，而是一个必需的构想"❷。也就是说，自然状态只是霍布斯政治哲学的逻辑起点，他的政治哲学都由此推出，与其说是假设，不如说是一个几何学的概念，霍布斯希望通过这样一个概念"旨在建立一门政治科学，一套超越智慧和经验的实证性的普遍定理，它们能够像欧几里得定理一样确定无疑"❸。同样，荀子有鉴于礼具有止乱弭争的作用，自然就认为礼起源于人类多欲而争的混乱状况。显然，荀子的这种观点乍看起来有相当的常识经验支持，但未必有足够的历史资料支持，亦可能是假设的成分。荀子由此假设作为逻辑起点来构建自己的政治哲学，以达到社会平治和谐的状态。"荀子哲学的真正聪明在于它提出了一个机制，这个机制似乎能够使那些对'一切人反对一切人的战争'感兴趣的人同样受益。"❹荀子关于礼的起源的论述，大概是在性恶论的基础上，加上其经验的观察与想象而得出。朱子门人赵致道尝评之曰：

> 荀子言性恶礼伪，其失盖出于一，大要不知其所自来，而二者亦互相资也。其不识天命之懿，而以人欲横流者为性；不知天秩之自然，而以出于人为者为礼，所谓不知所自来也。至于以性为恶，则

❶ 霍布斯：《利维坦》，黎思复等译，商务印书馆 2012 年版，第 98 页。
❷ 列奥·斯特劳斯：《霍布斯的政治哲学》，申彤译，译林出版社 2001 年版，第 124 页。
❸ 迈克尔·莱斯诺夫：《社会契约论》，刘训练等译，江苏人民出版社 2009 年版，第 70 页。
❹ 贝淡宁：《平等社会下的礼仪等级》，齐丹媛译，康香阁、梁涛主编：《荀子思想研究》，人民出版社 2014 年版，第 153 页。

凡礼文之美是圣人制此以返人之性而防遏之，则礼之伪明矣；以礼为伪，则凡人之为礼皆反其性矫揉以就之，则性之恶明矣。此所谓互相资也。(《晦庵集》卷五十九《答赵致道》)

在荀子那里，礼完全起源于现实经验，其功用亦完全落在政治治理上。如此之看待礼，则荀子既不识"天命之懿"，亦不知"天秩之自然"。这与礼的宗教性的或形而上的起源说是绝不相同的。《礼记·乐记》云："大乐与天地同和，大礼与天地同节。和，故百物不失；节，故祀天祭地。明则有礼乐，幽则有鬼神。"《礼记·礼运》云："夫礼，先王以承天之道，以治人之情。……是故夫礼，必本于天，殽于地，列于鬼神，达于丧祭、射御、冠昏、朝聘。"这明确表示了礼乐的宗教与形上起源。在孔子那里，礼乐一定是要贯通天人的，故礼乐的最高存在形式并不是外在的文制，而是消除外在文制的"无"，"夙夜其命宥密"就是礼乐"无"的体现，即不断地感受到一个超越的实体在召唤着人，乃是礼乐的最高存在。礼乐实现了这种召唤，从而贯通了天人，开启人的"宗教动力"的途径。荀子亦未尝不知礼的形上价值，其"三本"之说即此也。

礼有三本：天地者，生之本也；先祖者，类之本也；君师者，治之本也。无天地，恶生？无先祖，恶出？无君师，恶治？三者偏亡焉，无安人。故礼上事天，下事地，尊先祖而隆君师，是礼之三本也。(《荀子·礼论》)

但荀子的经验性格使他没有往礼的形上方向开显礼的宗教维度，而是朝礼的形下文制方向开显礼的治理维度，故尽管荀子说到了礼之三本，但更多的是分类的意义，而不是形上学的意义，因为真讲礼之形上学，就只能有一个本，而不是三个本。由前引"使欲必不穷乎物，物必不屈于欲。两者相持而长，是礼之所起也"来看，荀子实际上把礼之本定在欲望的无限膨胀与物质的相对匮乏之紧张关系之中，这才是荀子的礼起源论。这样，荀子发扬了礼的治理功能，而礼教化功能则微而不彰。由此，儒学至荀子，亦由子思、孟子之弘教者形态，变为了荀子这样的整治者形态。儒学亦逐渐向纯社会政治领域挺进，而从人生宗教领域逐渐退缩。

在荀子看来，人类社会之所以延绵而强大，就是因为人类社会是一个以礼组织起来的群体；君主就是善于治理这个群体的人：

> 道者，何也？曰：君道也。君者，何也？曰：能群也。能群也者，何也？曰：善生养人者也，善班治人者也，善显设人者也，善藩饰人者也。（《荀子·君道》）

但是"群"并非指群体内的成员平齐均一，而是要有差别的，故群体之所以能被组织起来，关键在于"分"。"分"靠什么来体现，就是依据礼。这样，荀子并没有把礼奠基于超越的形上处，而是奠基于形下的现实之中，这就是"明群使分"，即礼可以让人类群体各自依据自己的身份而活动。荀子曰："力不若牛，走不若马，而牛马为用，何也？曰：人能群，彼不能群也。人何以能群？曰：分。分何以能行？曰：义。"（《荀子·王制》）从这里我们可以看出荀子学问的经验性格，人之能群有分，这是直观观察的结果，孟子并非不承认这一点，但孟子认为，人与禽兽的根本差别还不在这里，而是本心之四端，只有承认人固有的四端，分才能有价值之源。然荀子却没有由此往上追索，他止于了现象界的观察。其实，禽兽并非不能群，只是禽兽群而无分，群而无分就不可能有礼。

> 人之生，不能无群，群而无分则争，争则乱，乱则穷矣。故无分者，人之大害也；有分者，天下之本利也；而人君者，所以管分之枢要也。（《荀子·富国》）

《释名·释言语》云："义，宜也。裁制事物使用权合宜也。"又，《淮南子·缪称》云："义者比于人，而合于众适者也。"可见，义即宜，宜就是界限分明、等级有序、贵贱有差，也就是"分"，这就依靠礼来体现，此即所谓"名位不同，礼亦异数"（《左传·庄公十八年》）也。

分均则不偏，埶齐则不壹，众齐则不使。有天有地而上下有差，明王始立而处国有制。夫两贵之不能相事，两贱之不能相使，是天数也。埶位齐而欲恶同，物不能澹则必争；争则必乱，乱则穷矣。先王恶其乱也，故制礼义以分之，使有贫富贵贱之等，足以相兼临者，是养天下之本也。《书》曰："维齐非齐。"此之谓也。(《荀子·王制》)

礼作为一种"度量分界"，使群体有客观的仪轨与规范可循，从而保证了政治社会的客观性，各尽其职而使社会富足而善治。

兼足天下之道在明分。掩地表亩，刺屮殖谷，多粪肥田，是农夫众庶之事也。守时力民，进事长功，和齐百姓，使人不偷，是将率之事也。……若夫兼而覆之，兼而爱之，兼而制之，岁虽凶败水旱，使百姓无冻馁之患，则是圣君贤相之事也。(《荀子·富国》)

如果政治都能职分明确，依据礼制行事，那么，君主就可以闲暇，真正做到"垂衣裳而天下定"。

若夫贯日而治平，权物而称用，使衣服有制，宫室有度，人徒有数，丧祭械用皆有等宜，以是用挟于万物，尺寸寻丈莫得不循乎制度数量然后行，则是官人使吏之事也，不足数于大君子之前。故君人者，立隆政本朝而当，所使要百事者诚仁人也，则身佚而国治，功大而名美，上可以王，下可以霸。……既能当一人，则身有何劳而为？垂衣裳而天下定。(《荀子·王霸》)

在荀子看来，在一个依据礼制运行的客观社会里，君主只要任用好宰相，再由宰相任用各级官员，从而实现政治的枢要与层级，各人尽分由礼，政事协调而通畅。不然，不但劳累忙碌，且必至于政事混乱。不但君王如此，人类社群中的每一个人，只要依据其分位等级之礼而行，社会自然得其善治，故荀子曰：“礼者，法之大分，类之纲纪也。”（《荀子·劝学》）这相当于把礼提高到了宪法的高度，若没有礼，一切法皆失其大分，一切类皆无其纲纪。

（二）礼在规范与治理中的作用。

在《荀子》一书中，“礼”字随处可见，规范了社会政治的方方面面。正如有的研究者指出的那样，荀子将“礼”的概念内涵与具体的“周礼”概念隔离开来，并将之提升为“知识社会秩序”的最高原则。[1]概括起来，礼的作用如下：

其一，在个人层面上，礼是人的基本生活仪范与教养的标志。

> 礼者，人道之极也。然而不法礼，不足礼，谓之无方之民；法礼足礼，谓之有方之士。礼之中焉能思索，谓之能虑；礼之中焉能勿易，谓之能固。（《荀子·礼论》）

法礼足礼的根本标志，就是思依据礼而不偏，行依循礼而不懈，甚至整个人生之安乐亦寄居于礼，“所以养生安乐者，莫大乎礼义”（《荀子·强国》）。从这里，我们可以进一步看出荀子思想的经验性格与世俗性格，即安居于世间，没有形上的向度。而孔孟则一定要把思行往上提而至于天，故孔子有“下学而上达”，孟子有“尽心、知性而知天”，乃至“朝闻道，夕死可矣”（《论语·里仁》），即人生之安乐乃寄居于形上的道。

其二，在家庭层面，礼是齐家的基本方法。

> 请问为人父？曰：宽惠而有礼。请问为人子？曰：敬爱而致文。请问为人兄？曰：慈爱而见友。请问为人弟？曰：敬诎而不苟。请问为人夫？曰：致功而不流，致临而有辨。请问为人妻？曰：夫有礼，则柔从听侍；夫无礼，则恐惧而自竦也。此道也，偏立而乱，俱立而治，其足以稽矣。（《荀子·君道》）

---

[1] Yuri Pines.Disputers of Li: Break through in the Concept of Ritualin Pre-imperial China.Asia Major,13-1 2000,pp.1-41.

上一段是说，礼成为了宽惠、敬爱、慈爱等各种情感德行的节文与标准，这个节文与标准使得各种情感德行具有切实的可行性，不至于泛滥，亦不至于不足，这是人之为人之道，而"直情而径行者，戎狄之道也"（《礼记·檀弓下》）。所以荀子认为情感德行应与礼之节文相统一，统一则两得，不统一则两失，故曰："君子处仁以义，然后仁也；行义以礼，然后义也"（《荀子·大略》）。并且荀子进一步认为，"儒者将使人两得之者也，墨者将使人两丧之者也，是儒、墨之分也"（《荀子·礼论》），这显然是指墨家僈差等，其结果必然会导致对主别异的礼的否定，礼之无有又必然导致情感德行之滥用，由此墨家倡导的兼爱等理想反而落空，"故墨术诚行，则天下尚俭而弥贫，非斗而日争，劳苦顿萃而愈无功，愀然忧戚非乐而日不和"（《荀子·富国》），相反，若能制定完备的礼，则人情与节文俱得，所谓"故至备，情文俱尽"（《荀子·礼论》）也。

其三，在社会层面，礼是经济富足分配合理从而得其善治的基本依据。

> 节用以礼，裕民以政。彼裕民，故多余，裕民则民富，民富则田肥以易，田肥以易则出实百倍。上以法取焉，而下以礼节用之，余若丘山，不时焚烧，无所臧之，夫君子奚患乎无余？故知节用裕民，则必有仁义圣良之名，而且有富厚丘山之积矣。（《荀子·富国》）

我们知道，人的欲望之无限与物质储备之有限之间的矛盾，是荀子确立礼治思想的重要依据。荀子与墨子不同的地方是，他们俱见到了二者之间的矛盾，墨子认为应该节用，但荀子认为只要依礼而取用即可，果能如此，"则财货浑浑如泉源，汸汸如河海，暴暴如丘山，不时焚烧，无所藏之，夫天下何患乎不足也？"（《荀子·富国》）而纯粹的节用而不知确立礼治，反而是"蔽于用而不知文"（《荀子·解蔽》）。

其四，在国家政治层面，礼是君主臣下依法行政从而使国家稳定的基本保证。

> 请问为人君？曰：以礼分施，均遍而不偏。请问为人臣？曰：以

礼待君，忠顺而不懈。……请问兼能之奈何？曰：审之礼也。古者先
王审礼以方皇周浃于天下，动无不当也。(《荀子·君道》)

荀子所说的礼，是礼法的意义，并非狭义的礼节之礼，这样，礼就使政
治具有客观性，不只是纯粹个人的喜好，特别是对于握有权力的君王与大臣
而言，尤为如此，故荀子又曰："隆礼至法则国有常……然后明分职，序事业，
材技官能，莫不治理，则公道达而私门塞矣，公义明而私事息矣"(《荀子·君
道》)。这里荀子虽雅言礼，实则法的意味更浓。❶

其五，在宇宙层面，礼是宇宙万物和谐发展的保证。

天地以合，日月以明，四时以序，星辰以行，江河以流，万物
以昌，好恶以节，喜怒以当，以为下则顺，以为上则明，万物变而
不乱，贰之则丧也。礼岂不至矣哉！(《荀子·礼论》)

上面一段话，大概是"礼者，人道之极也"这个意思的最高表示。这也
是天人合一的意思，但荀子所说的天人合一是外在的，是秩序井然的意思，
而不是内在的宗教的意思。内在的宗教的天人合一是由尽性而来，是生命淳
化通达的结果，但外在的天人合一只是差等有理，关系顺适，人与万物之间
有外在的和谐，而无内在的一贯，因生命不能通达淳化而至于最高本体故也。
是以荀子这里所说的天人合一只是以形象的语言表达礼所达成的外在秩序，
非宗教意义之天人合一也。

正因为礼关涉个人、家庭、社会、国家、宇宙的诸多层面，故礼之于人
特别重要，起到了"表"治乱的作用。

---

❶ 萧公权说："及宗法既衰，从人之关系渐变为从地，执政者势不得不别立'贵贵'之制度以代'亲亲'。
然礼之旧名，习用已久，未必遽废。于是新起制度亦或称礼，而礼之内容遂较前广泛，其义亦遂与广义
之法相混。荀子之礼治思想殆即表现此过渡时期之趋势，故言礼而不为纯儒，近法而终不入申商之堂室
也。荀子尊君，认南面听治者为国家治乱惟一之关键，其义断非古礼所有。……荀学变古，于此已可显
见。若按其所述礼之内容，则古今之义，错杂并处，而三十二篇之中所阐发者，似以今义为较多。故举
其大体言，荀学之主干非封建天下之旧礼，而为新旧交糅之'法治'。"萧公权：《中国政治思想史》
上册，商务印书馆 2011 年版，第 115 页。

> 水行者表深，使人无陷；治民者表乱，使人无失，礼者，其表也。先王以礼义表天下之乱；今废礼者，是弃表也，故民迷惑而陷祸患，此刑罚之所以繁也。(《荀子·大略》)

既然礼是表治乱的一个标志，那么说明荀子把礼看得不是很高，正是在这个意义上，杜国庠才说礼"几乎变成法的同义语"❶了，既如此，荀子以礼为主导的治理之道，其目标就不会很高，绝对达不到宗教自觉的高度。同时，荀子把礼与法等同起来，又带来了一个非常坏的结果，那就是：一般而言，礼是一种道德的要求，这种要求较高，建立在个体自觉的基础之上；而法则是一种法律要求，这种要求不高，建立在强制的基础上。礼与法的分界线，大概当以孔子所说的"己所不欲，勿施于人"，在此之上的俱属于礼的范畴，在此之下的俱属于法的范畴，孔子之所以特别对子贡强调这句话，并说人人一辈子俱当警惕这句话，盖使人清楚礼与法之大分也，若此大分尚不清楚，则谈何修养？孔孟之所教，盖俱在此界之上，使道德人格独立自由也。今荀子泯灭礼与法之界限，则使国家行政干涉个人之道德人格之独立与自由，为专制主义开辟了道路。但荀子并未对此作深思，甚至法律与道德之分对于荀子是非常陌生的，于是，这种泛化之礼或泛化之法既是国家治理的重器❷，又是个人修身的资具，教化即在此体现，人之学有所成就亦在礼处见。

> 学恶乎始？恶乎终？曰：其数则始乎诵经，终乎读礼。……礼者，法之大分，类之纲纪也。故学至乎礼而止矣。夫是之谓道德之极。(《荀子·劝学》)

在荀子看来，礼的外在之制比诗书的内在之化更重要。荀子之所以有这种看法，乃在于礼比诗书更具客观性，以此来教化，更容易取得成果。"不道

---

❶ 杜国庠：《中国古代由礼到法的思想变迁》，《杜国庠文集》，人民出版社1962年版，第199页。

❷ 美国学者博登海默说："虽然在有组织的社会的历史上，法律作为人际关系的调节器曾产生过巨大的决定性的作用，但在任何这样的社会，将法律作为唯一的社会控制力量仍是不可能的。还存在一些能够指导或引导行为的其他工具，这些工具是用来补充或部分取代法律手段以实现社会的目标的。这些工具有：权力、行政、道德与习惯。"博登海默：《法理学——法哲学及其方法》，华夏出版社1987年版，第224页。荀子就是把权力、行政、道德与习惯等，都糅进了他泛化的礼或法中。

礼宪，以诗书为之，譬之犹以指测河也，以戈舂黍也，以锥餐壶也，不可以得之矣。"（《荀子·劝学》）荀子这里把礼与宪连用，"宪"即是法，而且是最为根本的法，故有宪法之称，荀子在此显然是认为礼具有宪法之作用，而宪法又是根本大法，是法上之法，是任何行为都不得与之违背的基本法，所以，推究先王之道，本于仁义之教，礼是最好的方法与途径，外此，若以诗书为之，无异于"以指测河，以戈舂黍，以锥餐壶"，是达不到任何效果的。

礼的客观性，当然对性情与品德具有规导与限制作用。荀子又认为，为礼娴熟自然以后，礼对于性情与品德当然也有滋养作用，故荀子讲"礼者，养也"（《荀子·礼论》）。但其所谓"养"非如孟子那样，内在地扩充而养性之"养"。

> 故天子大路越席，所以养体也；侧载睪芷，所以养鼻也；前有错衡，所以养目也；和鸾之声，步中《武》《象》，趋中《韶》《护》，所以养耳也；龙旗九斿，所以养信也；寝兕、持虎、蛟韅、丝末、弥龙，所以养威也；故大路之马必信至教顺，然后乘之，所以养安也。孰知夫出死要节之所以养生也！孰知夫出费用之所以养财也！孰知夫恭敬辞让之所以养安也！孰知夫礼义文理之所以养情也！故人苟生之为见，若者必死；苟利之为见，若者必害；苟怠惰偷懦之为安，若者必危；苟情说之为乐，若者必灭。（《荀子·礼论》）

荀子把礼义之养情、养安而与寝兕、持虎、蛟韅、丝末、弥龙之养威同理看待，说明其养是外在的，即寝兕、持虎、蛟韅、丝末、弥龙使人显得很有威严。同样，礼义外在地使人显得有情谊，安而不乱。如果人人基于礼义而不是性情，那么人人安居而社会和谐。荀子以其学人之性格，加之仅限于经验的观察，于礼所达成的这种人之安居与和谐甚为向往，以至于得出"人无礼则不生，事无礼则不成，国家无礼则不宁"（《荀子·修身》）之结论，这就是说，礼的作用无处不在，礼治至荀子才真正蔚为大观，难怪梁启超说："儒家之礼治主义，得荀子然后大成。"❶荀子，可谓先秦儒家中的唯礼治主义

---

❶　梁启超：《先秦政治思想史》，东方出版社1996年版，第116页。

者。礼治，孔孟并非不讲，甚至亦非常重视，但孔孟不把礼仅仅视为一种外在的手段，他们更强调开发内在的动力以承接礼，故孔孟的礼治是柔化的，至多只有社群约束的意义；但荀子切断了人与天的关联，礼成为唯一的权威与手段，且这个权威外在于人的生命，人对之不能有任何回应与承受，于是，礼只成为强制，故其礼治也成为硬性的礼治主义，因而具有了整治的意义。这种礼治主义，其正面的作用已经从五个方面加以论述，下面论述其必然带来的负面效应，荀子的这种硬性的礼治主义，必然会有这种负面的效应，尽管荀子自身并不自觉，但其弟子李斯与韩非俱走向法家，即其显证也。荀子切断了人与天的关系，人性之宝藏打不开，故对人之性分自身所固有的力量与权威没有信心，遂把力量与权威寄之于外，其隆礼重法正是这种寄托的根本表示，隆礼重法既是治国之手段，亦是修养之方法。由于人性自身之光与内在力量没有开发出来，则其隆礼重法必然有此三大弊端：第一，僵固礼之灵活性；第二，抹杀人的主体性；第三，走向专制主义。

（三）礼是如何由活的僵固为死的。

礼，作为一种行为规范，的确是儒学重要的修身阶梯，历来为孔孟所重视，且他们自己就是笃实的践行者，《论语·乡党》篇就是孔子践行礼的真实体现。尽管礼的规范性在社群融合及国家治理中有着非常重要的作用，但孔孟基本上没有把礼作为一种纯粹的外在规范来看待，而是把礼看成一种内在精神或教养，故孔子曰："入其国，其教可知也。其为人也：……恭俭庄敬，礼教也。故……礼之失，烦。其为人也：……恭俭庄敬而不烦，则深于礼者也。"（《礼记·经解》）礼教，主要是养成人的恭俭庄敬之德，而不仅仅是外在规范的持守，仅仅只是外在规范的持守，那就是"烦"，礼之失正在此也。且看古人之释"烦"：宋人卫湜《礼记集说》引宋儒陈祥道之言曰：

> 大乐必易，广博易良而不奢，深于乐教者也；大礼必简，恭俭庄敬而不烦，深于礼教者也。然奢者，乐之失；烦者，礼之失。极其深，救其失，则礼乐之教常兴而不废。……礼之教，恭俭莊敬者是已，以礼之所贵不在乎繁文末节之间，而一本于诚故也。（《礼记集说》卷一百十七）

礼乐之教，必深至于恭俭庄敬、广博易良之德，方不至于失，若仅奢于繁文、烦于末节，则必失。又，清人孙希旦释"烦"为："蔽于恭俭、庄敬而失其所安，故至于烦。"（《礼记集解》卷四十八）通过上面两种解释，孔子无非要告诉我们，礼教必须最终要通达于人之德性，若仅限于礼之外在形式，礼教终必至于败亡。由此，在孔子那里，礼代表的是一种活的精神而不是死的形式，最能说明这种价值取向的是孔子的这句话："麻冕，礼也；今也纯，俭。吾从众。拜下，礼也；今拜乎上，泰也。虽违众，吾从下。"（《论语·子罕》）这说明，只要把握了礼的内在精神，礼自身应该是活的。❶礼的精神是不变的，而礼的形式则是可变的，故"立权度量，考文章，改正朔，易服色，殊徽号，异器械，别衣服，此其所得与民变革者也。其不可得变革者则有矣：亲亲也，尊尊也，长长也，男女有别，此其不可得与民变革者也"（《礼记·大传》）。抓住了礼之不变者，则具体的礼随时可以损益，礼根本上就是一种精神，"父子、君臣、长幼之道，合德音之致，礼之大者也"（《礼记·文王世子》）。故当林放问"礼之本"时，孔子赞之曰"大哉问"。可以说，能否把握"礼之本"是使礼死或活的关键。礼固然可使社群融合与国家治理，但必须通达"礼之本"之后，礼之融合与治理作用才能发挥到极致，故孔子曰："夫民之父母乎，必达于礼乐之原，以致五至，而行三无，以横于天下。"（《礼记·孔子闲居》）达于礼乐之原，则礼乐就不是纯粹的外在形式，而是"五至"与"三无"。"五至"就是"志"、"诗"、"礼"、"乐"、"哀"皆须至，"三无"就是"无声之乐，无体之礼，无服之丧"。这就是说，达礼乐之原后，礼乐就消解了其僵固的外在形式而达到了其最高存在，这个最高存在就是"无"，"无"就意味着回到"礼之本"，而"礼之本"就是人性分中自身的光与力量。礼乐之治只有透显到这里来，才能横行天下，故礼乐之治必然包含礼乐之教，而教不只是礼乐之形式的演习，更是要开发人性自身的力量以承接之。

---

❶ 明儒吕晚村解释这一句话时曰："礼者，天理之节文，圣人于礼，浑然天理，惟求一是而已，固无是古非今之成见，亦无因时随俗之曲说也。……若圣人不得已于流俗中择取其轻可者，为引诱兴起之说，以礼柴栅人，如此则礼之可否，皆凭圣人私断，此庄周屈折辩僻之讥，同叔孙杂就希世之作，同出于诡玩不恭，而不知礼之本乎天理，非圣人所得而轻重也。"（吕留良：《四书讲义》，中华书局 2017 年版，第264 页。）礼虽无古今之见，亦无时俗之随，但亦不是圣人之私见，而是本乎天理，非拘泥于形式也。

但荀子秉承性恶论，自然无法在人的性分中开发力量以承接礼乐，于是，荀子的礼治主义并没有开显人内在的道德动力，使礼更多地只是具有外在的强制性或者利欲的诱导性。且看荀子对于礼的作用的论述：

> 是大刑之所加也，辱孰大焉？将以为利邪？则大刑加焉，身苟不狂惑戆陋，谁睹是而不改也哉！然后百姓晓然皆知修上之法，像上之志而安乐之。于是有能化善、修身、正行、积礼义、尊道德，百姓莫不贵敬，莫不亲誉，然后赏于是起矣。是高爵丰禄之所加也，荣孰大焉？将以为害邪？是高爵丰禄以持养之，生民之属，孰不愿也？雕雕焉县贵爵重赏于其前，县明刑大辱于其后，虽欲无化，能乎哉！故民归之如流水，所存者神，所为者化而顺，暴悍勇力之属为之化而愿，旁辟曲私之属为之化而公，矜纠收缭之属为之化而调，夫是之谓大化至一。（《荀子·议兵》）

荀子对礼的重视及对其作用之解析，一在赏，一在罚，总而言之，俱以利言礼之效果。荀子这样来论礼之作用，就与孔孟迥异。在孔孟那里，盾于礼之后的是敬，所谓"恭敬者，币之未将者也"（《孟子·尽心上》），正因为如此，礼才能养成人之安和之气象，所谓"动之斯和"也，乃至于最后的化境，所谓"无体之礼"也。尽管荀子亦雅言"大化至一"，但因其行礼之动力只是外在的利诱，于是，荀子所说的"化"只是外在形式上的遵从与划一，而非生命自身依礼之淳化，此种"化"并非真正意义上的"化"，因为它没有虚灵妙用之特性，就赏与罚言礼之作用，必然使礼滋生了法的森严性与胶固性，故儒家之礼治"亦至荀子而渐滋流弊"❶。

> 礼岂不至矣哉！立隆以为极，而天下莫之能损益也。……故绳墨诚陈矣，则不可欺以曲直；衡诚县矣，则不可欺以轻重；规矩诚设矣，则不可欺以方圆；君子审于礼，则不可欺以诈伪。故绳者，直

---

❶ 梁启超：《先秦政治思想史》，东方出版社 1996 年版，第 116 页。美国学者丹尼斯·朗说："对规范的大部分遵从是内在化的结果。"（丹尼斯·朗：《权力论》，中国社会科学出版社 2001 年版，第 4 页。）荀子讲性恶，内在化的动力开显不出来，由此其对礼的遵从必然依赖于强制，是以流弊必生也。

之至；衡者，平之至；规矩者，方圆之至；礼者，人道之极也。（《荀子·礼论》）

在这里，礼与绳、衡、规矩一样，成为绝对的标准，不容丝毫出入，由此，礼就变为"法"。此则与孔孟又迥异也。《礼记·檀弓上》载子路述孔子之言曰："子路曰：'吾闻诸夫子：丧礼，与其哀不足而礼有余也，不若礼不足而哀有余也。祭礼，与其敬不足而礼有余也，不若礼不足而敬有余也。'"孟子论葬礼时曰："非直为观美也，然后尽于人心。"（《孟子·公孙丑下》）孔孟俱没有把礼僵固化为绝对的标准，礼自身在真生命中自有其虚灵之妙用。但荀子一旦僵固化礼，则礼就如同法，其疏导性情的妙用渐失，而法的胶固性渐生矣，是以《荀子》一书屡言"法"：

> 人无法，则伥伥然；有法而无志其义，则渠渠然；依乎法而又深
> 其类，然后温温然。（《荀子·修身》）

此处的"温温然"，并不同于孔子的"温而厉，威而不猛，恭而安"（《论语·述而》），"立之斯立，道之斯行，绥之斯来，动之斯和"（《论语·子张》）。孔子的这些品格容貌乃由存心养性而来，非纯粹执礼而然者，故孔子以为礼并非绝对的标准，是以孔子曰："人而不仁，如礼何？人而不仁，如乐何？"（《论语·八佾》）"礼云礼云，玉帛云乎哉？乐云乐云，钟鼓云乎哉？"（《论语·阳货》）这都是告诫我们不要把礼虚化为外在的节文。孔子尝对子张说：

> 师，尔以为必铺几筵，升降、酌献、酬酢，然后谓之礼乎？尔
> 以为必行缀兆，兴羽钥，作钟鼓，然后谓之乐乎？言而履之，礼也；
> 行而乐之，乐也。（《礼记·仲尼燕居》）

礼，需要一个具有品格的生命去担负，而一旦具有这种生命，就会消解礼的森严性与胶固性，故在孔孟那里，修身以存心养性为首务，所谓"明明德"（《大学》）者也。存养而至于"言而履之，行而乐之"，则无非礼乐也，"无

体之礼"盖由此而言也。但荀子的修身却在在以礼为首出：

> 宜于时通，利以处穷，礼信是也。凡用血气、志意、知虑，由礼则治通，不由礼则勃乱提僈；食饮、衣服、居处、动静，由礼则和节，不由礼则触陷生疾；容貌、态度、进退、趋行，由礼则雅，不由礼则夷固僻违，庸众而野。（《荀子·修身》）

荀子以礼为修身的主要资具，无疑把修身的依靠完全交由外在的节文，且只看到了礼的限制性与约束性，所谓"由士以上则必以礼乐节之，众庶百姓则必以法数制之"（《荀子·王制》）。"节之"与"制之"都是限制义，不过前者较柔和，后者较重繁而已。正因为荀子对礼作了这样一种类似于法的纯外在转换，使周孔以来的礼乐之治发生了由"活"到"死"的改变。梁启超尝论荀子说："无论若何高度之文化，一成为结晶体，久之必僵腐而蕴毒，儒家所以不免有流弊为后世诟病者，则由荀派以'活的礼'变为'死的礼'使然也。"❶至荀子，儒家具有宗教精神的礼乐之教变为世俗精神的礼法之治，而儒者之角色由弘教者变为整治者，至荀子始特著也。

（四）荀子的礼法整治抹杀了人的主体性与自由。

人的本质是什么？孔孟与荀子作了不同的回答。在孔子与孟子那里，人之所以为人，是有其内在的规定性的，即人自身有内在的力量彰显人之主体性。《中庸》引孔子之言曰："仁者，人也。"孟子曰："仁也者，人也；合而言之，道也。"（《孟子·尽心下》）这就是说，仁是人之为人的根本规定性，通过仁这种力量，人之主体性得以彰显。又，孟子曰："人之所以异于禽兽者几希，庶民去之，君子存之。"（《孟子·离娄下》）这是说，人与禽兽的差别不大，但这不大的地方却很重要，显示了君子与小人的区别，这不大的"几希"就是仁这种内在力量。仁作为人之本质，是先天固有的，只有仁把这种固有的本质表现出来的时候，人的主体性才显现出来。孟子更是把这种本质称之为四端，"无恻隐之心，非人也；无羞恶之心，非人也；无辞让之心，非人也；无是非之心，非人也。恻隐之心，仁之端也；羞恶之心，义之端也；辞让之心，

---

❶ 梁启超：《先秦政治思想史》，东方出版社 1996 年版，第 121 页。

礼之端也；是非之心，智之端也。人之有是四端也，犹其有四体也。"（《孟子·公孙丑上》）人之四端就像四肢一样，是先天而固有的，若谁认为自己没有这四端，无异于不承认自己为人。这样看来，仁与人的本质，是分析关系而不是综合关系，即人的本质在人之内。人只有来到本质而呈现主体的时候，才始为人，人才有圆满与自由可言，而一切把非本质的东西给予人的做法，"无异于按照鱼能够在岸上干地生活多久来评价鱼的本质与能力"●，人不但没有自由，更遑论圆满了。故孟子曰："夫仁，天之尊爵也，人之安宅也。"（《孟子·公孙丑上》）这意味着，仁作为人的本质与主体性，足以使人安居、自由与圆满。

孔孟讲礼，更多的是在成就人的本质的立场上，而不是在国家治理的立场上。如，孔子曰："兴于诗，立于礼，成于乐。"（《论语·泰伯》）又曰："不学礼，无以立。"（《论语·季氏》）而孟子则曰："辞让之心，礼之端也。"（《孟子·公孙丑上》）而若人无辞让之心，孟子则判之为非人，这些都是讲礼之于成就人之为人的意义，而不仅仅限于治理之意义。也就是说，礼作为一种手段，乃在于成就一个圆满而自由的个人，即孔孟虽然把礼作为人之基本修养，但并不抹杀整全的个人，故余英时说："礼虽然有重秩序的一面，但其基础却在个人，而且特别考虑到个人的特殊情况。从这一点说，我们正不妨称它为个人主义。"●下面一段话最能体现礼之于人之特殊性：

> 子路问于孔子曰："伤哉贫也，生而无以供养，死则无以为礼也。"孔子曰："啜菽饮水，尽其欢也，斯谓之孝。敛手足形，旋葬而无椁，称其财，为之礼，贫何伤乎？"（《孔子家语·曲礼子贡问》）

孔子这里告诉我们，贫穷对于礼没有丝毫的损伤，只要人的主体性凸显出来，则礼是活的，物质上的贫穷完全不能限制礼之功能的发挥。我们应以生命之德性激活礼之功能，而不应以僵固之礼去限制人之主体性的发挥，不然，人即成为了"器"，孔子曰："君子不器"（《论语·为政》），就是告诫我们不要让主体性僵固为器物，而孔子谓子贡为"瑚琏"（《论语·公冶长》），则

● 孙周兴选编：《海德格尔选集》，上海三联书店 1996 年版，第 360 页。
● 余英时：《中国思想传统的现代诠释》，江苏人民出版社 1995 年版，第 30 页。

显然是对子贡的批评。

荀子与孔孟迥异，他并没有确立人之主体性，那荀子是如何定义人的呢？

> 人之所以为人者，何已也？曰：以其有辨也。……故人之所以为人者，非特以其二足而无毛也，以其有辨也。……辨莫大于分，分莫大于礼。（《荀子·非相》）

显然，人之所以为人，在于人能够认识到人与人之间有名分等级之区别，而区别的根本标志就是礼。那么，礼是不是就是人的主体性呢？显然不是。无论是就区别而言，还是就礼而言，都是基于外在的效果而言，而不是基于人的内在主体性而言。这样，荀子并没有从人之主体性看人，而只是从外在之效果看人，这样一来，实际上是把人自身之主体性给掏空，进而把人之主动性给抹杀了，由此，作为个体的自我必然消失。荀子以礼之效果作为人之为人的根本标志，必然如有的学者所指出的那样：

> 礼仪犹如一张社会之网，而个人则是网中之结；礼连接起了人与人之间的关系，而个人则处于各种礼仪关系之中。因此，人与他人的关系是通过礼联系起来的。这样，就产生了中国古代独特的关于个人的思想，即反对"原子"式的个人，认为"人"是处于各种礼仪关系中的社会之人，"我"与"他人"的社会关系无法分开；也就是说，没有完全独立的"我"，"我"是通过与他人的"关系"表现出来的。❶

上述这段话本是就整个先秦礼学而言，但实际上，只有就荀子之礼学而言才是准确的，孔孟虽然也重视礼，但他们更重视作为主体的个人，故孔子告诫我们，若作为人的主体性之仁没有确立起来，则礼乐尽为虚套，所谓"薄于德，于礼虚"（《礼记·仲尼燕居》）也。因此，美国学者胡克斯认为，孔子

---

❶ 刘丰：《先秦礼学思想与社会的整合》，中国人民大学出版社2003年版，第137页。

恰恰通过礼"发现了个体"，这个词意味着"人能在人际关系中反省自身并依此完善自我"[1]。但荀子与此不同，他所见到的人只是欲望的综合体，自身并无理之客观性，若人要成就其客观性，只能在外在的礼之限制中去成就，荀子或许根本没有人的主体性概念，他只有人之生活之有效性概念，或者说，以治理之有效性吞没了人的主体性，人自身之性德完全在礼之限制性中被拉空了。一个被拉空而没有主体性的人是不可能有真正的教化可言，也是不可能有真正的道德可言的，一切均归之于治理的有效性。在孔子那里本是"仁者，人也"，在荀子那里则变为"礼者，人也"。"仁者，人也"，人的主体性站立了出来，最终以主体性融摄政治，虽云政教合一，但乃以教去融摄政，教与政可相互独立，且教高于政；但"礼者，人也"，人自身无所谓主体性，政治之治理就是人的全部，虽亦可云政教合一，实则无所谓教，政自身即是教，政教同一，教的独立性被取消了，只有政的统摄性，是以萧公权说：

> 在孔孟仁本之政治思想中，私人道德与政治生活虽先后一贯，而内外可分。有道则见，无道则隐。达则兼善，穷则修身。纵使天下大乱，犹可避世为贤。故政治生活之外，个人得有独立之道德生活。荀子欲以君子之礼义，救人性之偏险。……故立政以前，无以修身，而政治生活之外，不复有私人道德生活之余地。……然则荀子之所以为孔门异端者，正其所以为法家先进也。[2]

私人道德领域完全被政治领域吞没，人真正成了单向度的政治存在，镶嵌在政治的机栝中，主体之润泽开不出，完全没有个体人格的自由。这样，荀子虽云礼治，实则是礼之法度与折旋之强力限制，人的世界成了一度的政治世界，真正的道德与宗教阙如，这一切端在荀子以礼为首出，人之主体不出，内在之动力开不出故也。林语堂说："儒家整套的礼乐哲学只是'正心'而已，而神的国度正是在人心之中。"[3]但荀子别开主体之纯礼治主义，则从这一套礼乐哲学中岔出去了，成为纯粹的政治套数，而这一政治套数，则极有

---

[1] 转引自芬格莱特：《即凡而圣》，彭国翔等译，江苏人民出版社 2010 年版，第 72 页。

[2] 萧公权：《中国政治思想史》上，商务印书馆 2011 年版，第 113-114 页。

[3] 林语堂：《孔子的智慧》，黄嘉德译，陕西师范大学出版社 2006 年版，第 10 页。

可能从外在的权威主义走向专制主义。

（五）荀子的礼法整治必然由权威主义走向专制主义。

礼治，本是儒家之通义，但孔孟之礼治，盾其后的高明之道，即源自德性生命之内在动力，而不仅仅是寡头的礼治主义，这样，礼治之后有德性的润泽与力量的支撑，故孔孟的礼治是软化的礼治，它有权威但却是生命自身固有的权威，即不是外在的威权，因其没有走向权威主义，故亦很难走向专制主义。但荀子的隆礼重法却不然，没有开启内在动力，故是寡头的礼治主义，这种寡头的礼治主义必因其依靠外在的权威而走向威权主义，最后走向专制主义。

亨廷顿说："人当然可以有秩序而无自由，但不能有自由而无秩序。必须先存在权威，而后才谈得上限制权威。"❶人类社会，当然首先要有秩序，然后才能奢望自由，若是之无有，则自由就是为所欲为的混乱。荀子讲的正理平治就是秩序，而偏险悖乱就是没有秩序后的混乱。秩序，当然来自对权威的遵从，先必须遵从权威，然后才讲限制权威以防止其走向权威主义或专制主义。一个社会，无秩序固不可能有自由，但有秩序而无自由的社会亦非人之所欲，那么有没有可能秩序与自由兼得呢？这要看秩序所遵从之权威来自何处，若权威来自生命自身，其秩序乃人之自觉地对生命自身权威的遵从，则秩序与自由可兼得也；若权威来自外部，其秩序乃依靠强力而形成的权威之遵从，则秩序与自由不可兼得。此盖孔孟与荀子之分界线也，在孔孟那里，因秩序与自由可兼得，故在社会秩序中可以成就个人的自由；但在荀子那里，秩序与自由不可兼得，荀子当然只能舍自由而取秩序，故最终走向了权威主义乃至专制主义。下面进一步分析其所以然。

礼治，当然来自对权威的遵从，且礼治既是儒学之通义，则儒学本应不排斥权威。孔孟与荀子的差别并不在要不要权威，而在于权威来自哪里。孔子曰"五十而知天命"（《论语·为政》），又曰"君子有三畏：畏天命，畏大人，畏圣人之言"（《论语·季氏》）；孟子曰："存其心，养其性，所以事天也。夭寿不贰，修身以俟之，所以立命也。"（《孟子·尽心上》）这些都是表示对天命权威的遵从乃至敬畏，天命作为权威，看似外在，但儒学之所以为儒学，

---

❶ 亨廷顿：《变化社会中的政治秩序》，王冠华等译，生活·读书·新知三联书店 1989 年版，第 7 页。

就在于其能开发人性自身的力量以回应与承受天命，此为孔孟儒学之精义，故天命作为权威，终为内在者，这在前面之诸多章节中屡有论述，在此不再赘言。权威并非全然来自外在，若权威最终要有价值，最后必然只能来自人性自身。这样看来，人作为人而来到本质的时候，人自身就有一种权威，"仁者，人也"，这说明"仁"就是每个人所必须面对的权威，且这种权威是人作为人自身每时每刻所觉悟到的，所谓"君子去仁，恶乎成名？君子无终食之间违仁，造次必于是，颠沛必于是"（《论语·里仁》）也，这意味着：若人不能自觉并遵从仁这个权威，那么他就不可能是真正的人。人与权威是分析的关系，即一旦是人，人自身即给予了自己一个必须遵从的权威，也就是说，每个人作为一个理性存在者，都是权威的立法者；亦即，人天然就是一个权威自立者，在此，权威并不是限制，而是自由。

人作为理性存在者，自身就是权威之确立者，这种权威只能是来自于人性自身之善或心之四端所给予的命令，这是人之为人先天的必然的命令与法则，也就是以法则性所体现出来的权威，康德简称之为法权：

> 作为系统的学说，法权划分为自然法权和实证法权，前者建立在全然的先天原则上，后者则来自于一个立法者的意志。❶

建立在全然先天原则之上的法权，康德称之为生而具有的法权；来自于一个立法者意志的法权，康德称之为获得的法权。生而具有的法权就是每个人作为理性存在者自身所确立的法则性权威，而获得性法权则是由一个立法者的意志所确立而从外面强加给人的，荀子所说的礼义乃是圣人之所伪，对于人而言就是获得性权威。

获得性权威是立法者的意志依据社会、政治、经验、习俗的需要而制定的，故只是经验性的权威，不具有普遍的有效性，可能只是对一时、一地、一部分人有效，且这样的权威歧异而多样。但生而具有的权威则只能有一种——自由，康德说："自由，就它能够与另一个人根据一个普遍法则的自由

---

❶　康德：《道德形而上学》，李秋零主编：《康德著作全集》第 6 卷，中国人民大学出版社 2013 年版，第 246 页。

并存而言，就是这种惟一的、源始的、每个人凭借自己的人性应当具有的法权。"❶自由既然是每个人生而具有的法则性权威，那么对于每个人而言就是必须遵从且能够遵从的绝对义务，正是这种绝对义务性，我们称之为权威。前面讲过，自由与道德是相互回溯的，也就是说，道德对于每一个人而言，是生而具有的权威，故康德说："道德法则却命令每个人遵守，而且是一丝不苟地遵守。"❷正因为道德这种权威是理性存在者自身确立的，故每个理性存在者自然对之有敬重，且是必然的先天的敬重，"对道德法则的敬重是一种通过一个理智根据造成的情感，而这种情感是惟一我们能够完全先天地认识，我们能够看出其必然性的情感"❸。为什么每个人必然先天地对道德法则敬重呢？因为在道德这种生而具有的权威面前，每个人都必然是谦卑的，同时，这种敬重又是自觉而自愿的，由此激发了人自觉地遵从道德的力量。因此，来自于人性自身即人生而具有的权威必然不排斥自由。孔子之所以讲"人而不仁，如礼何？人而不仁，如乐何？"（《论语·八佾》）就是要告诫我们，不要把礼乐仅仅看成一种外在的权威，表面上看似如此，实则礼乐乃建立在人之内在权威——仁之上。我们暂时把礼乐作为一种外在权威固无不可，但我们通过对礼乐的践行，并不只是为了完成礼乐所规定的法度折旋，而是为了让人自觉地意识到人自身所固有的内在权威，这样，对礼乐的践行只是让人意识到自己作为理性存在者的一种训练，礼乐是人实现其作为理性存在者的自由的一种桥梁。从这个意义上讲，礼乐是一种教化而不仅仅是一种治理。当礼乐是一种教化的时候，则秩序与自由便可兼得，此时，礼乐就不是一种外在权威，而是一种内在权威，至少与内在权威是相互通达的。这是孔孟对礼乐作为权威的理解，即礼乐并非不是权威，而是不可或缺的权威，但这种权威是建立在人生而具有的内在权威之上的，如实说来，这不应叫权威，而应叫作人作为理性存在者的品质，也是人成为自己的主人必须拥有的品质。

荀子明确说："凡礼义者，是生于圣人之伪，非故生于人之性也。"即礼义

---

❶ 康德：《道德形而上学》，李秋零主编：《康德著作全集》第6卷，中国人民大学出版社2013年版，第246页。

❷ 康德：《实践理性批判》，李秋零主编：《康德著作全集》第5卷，中国人民大学出版社2007年版，第41页。

❸ 康德：《实践理性批判》，李秋零主编：《康德著作全集》第5卷，中国人民大学出版社2007年版，第79页。

并非人性自身所涌现出来的法则性权威，如果礼义是人内在的权威，则会产生荀子所问的这样的问题："今将以礼义积伪为人之性邪？然则有曷贵尧、禹，曷贵君子矣哉？"（《荀子·性恶》）也就是说，如果礼义是每个人依据其自身的德性所涌现出的权威，则把尧、禹与俗众等同，这是荀子所不能接受的，因为恶的人性是根本不可能产生礼义，至于圣人是如何制定礼义的，荀子并不想去追问，总之，礼义作为一种权威已经制定出来了，人人就应该遵从，且必须遵从，这是善治的根本保证，也是礼义作为权威的理由，"权威的理由对于行为者而言是间接的、来自外部的，却构成了行为者自己的理由"●。既如此，则礼义之于人就是获得性权威而不是生而具有的权威，尽管荀子没有这种区分，但其形态必为如此，这种获得性权威置于每一个人，因不能开发人性内在之动力以自觉其成为自己的权威，故人只能被动地遵守，这样，必然只能获得秩序而牺牲自由。由此，荀子思想系统中的礼义必然走向权威主义，乃至专制主义。

在荀子看来，性恶之人不但不会遵守礼义，且根本上是排斥礼义的，故荀子曰："今当试去君上之势，无礼义之化，去法正之治，无刑罚之禁，倚而观天下民人之相与也；若是，则夫强者害弱而夺之，众者暴寡而哗之，天下之悖乱而相亡不待顷矣。"（《荀子·性恶》）礼义与人性自身是排斥的，那么，荀子把礼义作为权威置于俗众之前而强迫其遵守，其合法性在哪里呢？加达默尔下面一段话大概可以成为荀子把礼义作为权威的底据：

> 人的权威最终不是基于某种服从或抛弃理性的行为，而是基于某种承认和认可的行动——即承认和认可他人在判断和见解方面超出自己，因而他的判断领先，即他的判断对我们自己的判断具有优先性。●

荀子认为，礼义是圣人之伪，而这个"伪"正是圣人高于俗众的地方所在，"凡所贵尧、禹、君子者，能化性，能起伪，伪起而生礼义"（《荀子·性恶》）。

● 东方朔：《权威与秩序的实现——荀子的"圣王"观念》，《周易研究》2019年第1期，第104页。
❷ 加达默尔：《真理与方法》上卷，洪汉鼎译，上海译文出版社1999年版，第358页。

既然我们承认在"伪"上圣人高于俗众，则圣人依据其判断所制定的礼义就具有天然的优先性，这种外在的权威，俗众就必须遵守，不管一个人是否自觉到其必要性。

圣人所制定的礼义虽然对于俗众具有权威的优先性，但对于"以从俗为善，以货财为宝，以养生为己至道"（《荀子·儒效》）的俗众来说，他并不能自觉地认识到这种优先性。俗众的这种不自觉状态，使荀子不得不感叹："夫民易一以道，而不可与共故。"（《荀子·正名》）故者，所以然也，意思是说，百姓多愚昧不觉，易于以一定的道理去统一他们的行动，但却不能使他们知晓何以要如此行动。因此，在荀子看来，完全不必在"共故"这个地方去浪费精力，只需要在"一以道"这个地方用心就够了，即让俗众普遍地遵守礼义这种权威就够了。那么，如何才能够使俗众普遍地遵守礼义这种外在权威呢？

荀子想到的首先是德化的力量。"故仁人在上，百姓贵之如帝，亲之如父母，为之出死断亡而愉者，无它故焉，其所是焉诚美，其所得焉诚大，其所利焉诚多。"（《荀子·富国》）但要证成荀子所说的"其所是焉诚美"的自觉认可之结论，必须在性善论的立场上，圣人"所是"的外在权威即是自家生而具有的道德权威始可能，但荀子站在性恶论的立场，则让人自觉意识到仁人"所是焉诚美"几乎是不可能的。正因为人性自身的力量没有开发出来，于是荀子想到了"其所得焉诚大，其所利焉诚多"这种利诱，但以利诱作为人遵守圣人权威的方法，是极其危险的，因为有时破坏圣人之权威可能获利更多。所以，礼义作为圣人之权威，要得到普遍性的遵从，依靠人们自觉的认可与利诱，在荀子看来似乎都不太靠谱。更何况荀子对于俗众之德性本就没有信心：

> 彼众人者，愚而无说，陋而无度者也。（《荀子·非相》）
>
> 志不免于曲私，而冀人之以己为公也；行不免于污漫，而冀人之以己为修也；甚愚陋沟瞀，而冀人之以己为知也：是众人也。（《荀子·儒效》）

对于这样的俗众，若希望礼义作为权威被普遍地遵守，其最好的推行力量不得不依靠圣人的位与势。圣人之位俗众须尊，圣人之势俗众必惧，二者相得，则礼义作为权威之效始生焉。

我们知道，孔子虽唱"君子之德风，小人之德草"（《论语·颜渊》），但孔子对于俗众的德性还是有信心的，故并不主张绝对地依靠君王的位势来推行礼义之权威，是以当宰我以为周人以栗树作为社木之用意在于"使民战栗"（《论语·八佾》）的时候，孔子进行了猛烈的批评，因为这是以位势之恫吓来进行统治。孟子更是唱"民贵君轻"之说，乃至发出"君之视臣如土芥，则臣视君如寇雠"（《孟子·离娄下》）之绝响。由此可见，孔孟俱不主张依靠君王之位势来推行礼乐之教。但荀子却与孔孟不同，大唱尊君之论。❶

> 君者，国之隆也；父者，家之隆也。隆一而治，二而乱。自古及今，未有二隆争重，而能长久者。（《荀子·致士》）
>
> 天子者埶位至尊，无敌于天下。……南面而听天下，生民之属莫不振动从服以化顺之，天下无隐士，无遗善。同焉者是也，异焉者非也。（《荀子·正论》）

君主之位作为最高的权力所在，是推行礼义权威的力量保障，且这种力量保证是唯一的，只能出自于君主。荀子一再强调国家只能有一隆，而不可有二，显然这是基于礼义推行之效力考虑，而不是基于教化之考虑，因为政治权力只有集中才更有效力，审如是，则荀子完全把礼义作为了一种政治性的措置在运用，而不是一种教化的资具。这样，所有人都被置于政治的机栝中，所有的事亦都被置于政治的平台中，所谓"天下无隐士，无遗善"也。若事事俱置于政治的平台中，以"同焉者是也，异焉者非也"判之，除非是真正的圣王出现，否则极容易导致权威主义。君主固可以位尊，更可以势强，故君主推行礼义之权威，不但以其位尊使民服，亦可以其势强使民惧。

---

❶　荀子虽然也讲"从道不从君"，但这是在匡时补过的立场上讲的，而不是在礼义教化的立场上讲的，所以他对"从道不从君"的理解是："伊尹、箕子，可谓谏矣；比干、子胥，可谓争矣；平原君之于赵，可谓辅矣；信陵君之于魏，可谓拂矣。传曰：'从道不从君。'此之谓也。"（《荀子·臣道》）

故明君临之以埶，道之以道，申之以命，章之以论，禁之以刑。
故其民之化道也如神，辨说恶用矣哉！今圣王没，天下乱，奸言起，
君子无埶以临之，无刑以禁之，故辨说也。(《荀子·正名》)

君主之位再加上君主之势，在荀子看来，其效率极高，根本不需要苦口
婆心地教化与唠唠叨叨地辩说。当治理用上势的时候，必然意味着刑的到来，
而此时，离专制主义就不远了。显然，荀子认识到，刑之作用不但必要，而
且效果很好。"故刑一人而天下服，罪人不邮其上，知罪之在己也。是故刑罚
省而威流，无它故焉，由其道故也。古者帝尧之治天下也，盖杀一人、刑二
人而天下治。"(《荀子·议兵》)因为荀子认为，刑罚的威慑作用很好，固可"刑
罚省而威流"，这不是非暴力主义，而是善用暴力主义。由于善用暴力，这样，
荀子的礼治就彻底融入专制主义之中了。

"礼者，人主之所以为群臣寸尺寻丈检式也。"(《荀子·儒效》)荀子把君
主的位势引入礼治之中，作为其不可或缺的重要构件，显然就丧失了儒学本
有的温厚之旨。萧公权曾把荀子与孟子作过一番比较：

孟子固亦尝以卫先圣之道自任。然孟子"距杨墨，放淫辞"，不
过逞个人之口舌，招好辩之讥毁。观其应对齐梁之君，固未尝一露
假手政府以息"邪说"之意。是孟子虽勇于卫道，尚不失西人以学
说对学说，以言论攻言论之开明态度。至荀子为人君立正名禁惑之
法，则不啻始皇焚书之始作俑者。其存心或不与孟子相异，其操术
则大不相同也。❶

其所以异者，盖孟子为弘教者而荀子乃整治者也。弘教者，端在震彻
人心，感通天人，唯赖人之自觉耳；整治者，止务求治弭乱，端赖措施之效
用也。

由性恶论而不能开发人性自身之动力，则礼义不在教化之中，而仅为政
治之措施，这是荀子的理论的必然归宿，也是荀子作为儒者却只能是以整治

---

❶ 萧公权：《中国政治思想史》上册，商务印书馆 2011 年版，第 118 页。

者的角色而不是以弘教者的角色出现的必然结果。作为整治者的荀子，其隆礼固欲承孔子之遗教，而其重法却欲续申商之余绪，兼有而集成其美，然核考其实，"尚不如孔孟专重君德，或可补封建之阙，申商倚任法治，或可防专制之弊。……则荀子所图兼存者或竟两害之欤"❶。这样看来，荀子之礼治主义，不但教化未能登堂入室，且专制已叩开其门矣。

四、荀子淑世之道宗教性的阙如及其所开启的人文世界

整者，齐也，以礼齐之。故我们说荀子是整治者，意味着他不是纯粹的政治家，而是以礼为首出的治理者，荀子处处为以礼治国而呼吁：

> 君子治治，非治乱也。曷谓邪？曰：礼义之谓治，非礼义之谓乱也。故君子者，治礼义者也，非治非礼义者也。（《荀子·不苟》）
> 先王之道，仁之隆也，比中而行之。曷谓中？曰：礼义是也。道者，非天之道，非地之道，人之所以道也，君子之所道也。（《荀子·儒效》）

荀子经常是"礼"与"义"连用，且又说"礼有三本"，可见，荀子并不认为礼是纯粹的政治措施，而是一种人文建构，荀子就是希望以礼为中心建构其人文世界。

> 君子行不贵苟难，说不贵苟察，名不贵苟传，唯其当之为贵。故怀负石而投河，是行之难为者也，而申徒狄能之；然而君子不贵者，非礼义之中也。"山渊平"，"天地比"，"齐秦袭"，"入乎耳，出乎口"，"钩有须"，"卵有毛"，是说之难持者也，而惠施、邓析能之；然而君子不贵者，非礼义之中也。盗跖吟口，名声若日月，与舜禹俱传而不息；然而君子不贵者，非礼义之中也。（《荀子·不苟》）

---

❶　萧公权：《中国政治思想史》上册，商务印书馆 2011 年版，第 121 页。

申徒狄之行，惠施、邓析之辩，盗跖之名，这三者在世俗之人看来，都是世间之难能可贵者也，但荀子认为，他们并不是真正的难能可贵，因为君子行为不以无助于礼义之难能为可贵，辩说不以无助于礼义之明察为可贵，名声不以无助于礼义之流传为可贵，唯有符合礼义的才可贵，礼义才是人类价值的中心。可见，荀子的人文世界确实是以礼为中心而展开的，礼亦成为荀子淑世的主要工具。荀子破除了宗教性的天，而把礼确立为新的天：

> 在天者，莫明于日月；在地者，莫明于水火；在物者，莫明于珠玉；在人者，莫明于礼义。故日月不高，则光晖不赫；水火不积，则晖润不博；珠玉不睹乎外，则王公不以为宝；礼义不加于国家，则功名不白。故人之命在天，国之命在礼。（《荀子·天论》）

在天之中，以日月最为高贵；在地之中，以水火最为尊贵；在万物之中，以珠玉最为宝贵；在人之中，则以礼义最为可贵。如果人不知礼义或者国家不能行礼义，那么其名声就不可能显扬于天下。从这个意义上讲，礼确乎构成了人之天、国之天。

《荀子》一书，前面的五篇文章《劝学》、《修身》、《不苟》、《荣辱》、《非相》，俱与存养修身相关，这表明了荀子的人文主义理想，而其存养修身的中心当然亦是礼，故曰："凡治气养心之术，莫径由礼。"（《荀子·修身》）这样，荀子之劝学，其学亦收效在礼处见，"故学也者，礼法也"（《荀子·劝学》）。甚至圣人亦是由礼而见，荀子认为学习之数（方法）"终乎读礼"，之义则"终乎为圣人"，盖圣人即是娴熟且竭力践行于礼者。圣人当然是一个理想的模型，很难达到，但只要笃实学习践行、专心致志，一定会有所深入。对于礼之学习与践行之专心致志，荀子认为这是产生圣人的条件：

> 此其道出乎一。曷谓一？曰：执神而固。曷谓神？曰：尽善挟治之谓神，万物莫足以倾之之谓固，神固之谓圣人。（《荀子·儒效》）

"神"就是能用最好的方法治理国家的人，且什么东西都无法倾覆这种信念，就是"固"，既神且固的人就是圣人，而这一切端赖对礼之学习与践行的专心致志。可见，在荀子那里，圣人乃依靠外在的学习而来，"今使涂之人伏术为学，专心一志，思索孰察，加日县久，积善而不息，则通于神明，参于天地矣。故圣人者，人之所积而致矣"（《荀子·性恶》），所以，在荀子看来，学习只有"为学日益"一条路，不可能有"为道日损"这种方式。

> 故有师法者，人之大宝也；无师法者，人之大殃也。人无师法则隆性矣，有师法则隆积矣，而师法者，所得乎积，非所受乎性，不足以独立而治。性也者，吾所不能为也，然而可化也。积也者，非吾所有也，然而可为也。（《荀子·儒效》）

"积"就是外加，就是"为学日益"，师法的作用全部体现在"积"这里。荀子以"故不积跬步，无以致千里；不积小流，无以成江海。骐骥一跃，不能十步；驽马十驾，功在不舍"（《荀子·劝学》）为喻，就是要强调"积"的重要性。何以为积？曰：以礼为积也。"礼之中焉能思索，谓之能虑；礼之中焉能勿易，谓之能固。能虑能固，加好者焉，斯圣人矣。"（《荀子·礼论》）荀子以礼为底据，以"为学日益"的方式说圣人，确实别具一格。这别具之一格便是：圣由内而转向了外，由根基于人之自身德性养成的内圣外王之学，走向了纯粹依据于外在之礼的治理之学。荀子曰：

> 君子言有坛宇，行有防表，道有一隆。……言道德之求，不二后王。道过三代谓之荡，法二后王谓之不雅。高之下之，小之巨之，不外是矣，是君子之所以骋志意于坛宇宫庭也。……百家之说不及后王，则不听也。（《荀子·儒效》）

"后王"就是指现实中的君王，道德不应该背离现实政治，这是君子驰骋用武之地。君子之学是否切实于现实的政治治理，是其高下大小的标志，若诸子百家之学根本无益于现实的政治治理，则完全没有必要去学习。可见，荀子太过经验与现实的学术性格，直接把学问及体现学问之大成的圣人拉到现实中，从而失去了学问与圣人的超越性与先验性；荀子虽然像孔子一样，也讲"古之学者为己，今之学者为人"（《荀子·劝学》），但荀子的学术性格实际并不能证成孔子所说的意思。真正的为己之学一定是内圣外王之学，故程伊川曰："古之学者为己，其终至于成物；今之学者为人，其终至于丧己。"（《论语精义》卷第七下）为己最终成己而成物，为人最终至于丧己而丧物。何以为人之学必导致丧己丧物呢？因为人之学未能上达，没有开启内在之动力以牵引照拂故也，故朱子曰："此只是初间用心分毫之差耳。所谓'上达、下达'者，亦只是自此分耳。下达者只因这分毫有差，便一日昏蔽似一日。如人入烂泥中行相似，只见一步深似一步，便浑身陷没，不能得出也。君子之学既无所差，则工夫日进，日见高明，便一日高似一日也。"（《朱子语类》卷第四十四）荀子把圣人内在的德性根基给拉空了，只剩下一个无光源的现实机栝，这个机栝是由礼所填充而成，并在现实中呈用的庞大系统，抽掉了德性的根基，实际上就无所谓人，这就是前面所提到的主体性的丧失与自由之被抹杀。圣人，并不由纵向的主体的德与力显，而是横向的平面的礼之统摄力而显，故荀子曰："圣人也者，道之管也：天下之道管是矣，百王之道一是矣。"（《荀子·儒效》）这样，圣人之义完全从孔孟原有之本义中叉出去了。且看孟子之说圣人：

> 可欲之谓善，有诸己之谓信，充实之谓美，充实而有光辉之谓大，大而化之之谓圣，圣而不可知之之谓神。（《孟子·尽心下》）

这里五个人格境界层次，即善－信－美－大－圣与神（程伊川曰："非是圣上别有一等神人，但圣人有不可知处，便是神也。"（《孟子精义》卷第十四）），这五个境界层次一线下来，其根基即在善。那么，什么是"可欲之谓善"呢？张横渠释之曰："求仁必求于未恻隐之前，明善必求于未可欲之际。"（《孟子精义》卷第十四））依张横渠之理解，恻隐乃是已发，此时已是现实的仁了，在现实的仁之前，须知在恻隐之后一定有恻隐之体；同样，可欲亦是已发，此时善已是现实的善了，在现实的善之前，须知在可欲之后一定有可欲之体。这个体，就是孟子所说的四端之心，不然，可欲就是寡头的欲望，安得谓之善也？由善实有其体，最后至于信－美－大－圣与神，皆为此体之发扬。朱子与其门人之间的问答，最能得此义之本怀：

> 问："至'大而化之'，皆是指人否？"曰："皆是。"又问："只自善推去否？"曰："固是。然须是有个善，方推得。譬如合一药，须先有真药材，然后和合罗磏得来成药。若是药材不真，虽百般罗磏，毕竟不是。大凡诸人解义理，只知求向上去，不肯平实放下去求。惟程子说得平实，然平实中其义自深远。"（《朱子语类》卷第六十一）

本体，即孟子所说的本心，之于善－信－美－大－圣－神五者而言，就像药材之于药汤乃至疗效一样，若药材真，则是上汤好药，自可药到病除；不然，即推拓不开，病痼亦终不可除。"大凡诸人解义理，只知求向上去，不肯平实放下去求"，这是批评时人只欣赏圣人之资深居安、英华发外、天地同流，而不知其根底处正在本体之充实也。若无本体之充实，焉能有资深居安之气，英华发外之美，与夫天地同流之神？故圣人之所以为圣人，乃在于人固有之本心之充实与沛然，非外铄于礼之积也，故孟子曰："君子所性，仁义礼智根于心。其生色也，睟然见于面、盎于背。施于四体，四体不言而喻。"（《孟子·尽心上》）圣人，其根本在养本心，是以"学问之道无他，求其放心而已矣"（《孟子·告子上》）。只有在这个意义上才可以讲存养与修身，因为存养与修身根本是逆觉体证本心，为道日损，使其充实与沛然，至充实不可已、沛然莫之能御，则圣人生焉。荀子以"为学日益"的方式讲圣人之生成，故并不适合讲存养，因无所存也，只适合讲"隆积"，实际上，《荀子》一书数次讲到"隆"或"积"，足见荀子所认为的圣人乃外铄于礼，而非逆觉体证本心也。圣人，乃淑世的最高成果，荀子既然如此看待圣人，则其淑世之道具有如下几个特点。

（一）隆礼义而杀《诗》、《书》。

《诗》与《书》本是儒家的基本经典，乃君子或圣人养成之必经阶段与基本教材，孔子曰："入其国，其教可知也。其为人也：温柔敦厚，《诗》教也；疏通知远，《书》教也。"（《礼记·经解》）《诗》之教，养成人温柔敦厚之德性；

《书》之教，养成人疏通知远之精神。君子或圣人，若无温柔敦厚之德性，则无感通神明之力量；若无疏通知远之精神，则无博厚高远之心志。所以，《诗》、《书》之教，乃是神圣超越之教，其之于人之教化来说，为不可少者。儒学作为天人性命之教，《诗》《书》之教自为教中本有之义。《论语》中数次提到《诗》、《书》，且"子所雅言，《诗》、《书》执礼，皆雅言也"（《论语·述而》），可见孔子非常重视《诗》、《书》之教，故子思尝对其子子上曰："厉必由砥，所以致其刃也，故夫子之教必始于《诗》、《书》而终于《礼》、《乐》杂说不与焉。"（《孔丛子·杂训》）可见，《诗》、《书》、《礼》、《乐》俱为教化之利器，且《诗》、《书》较之于《礼》、《乐》是更为根本的。

同时，相对于《书》之教而言，《诗》之教更具有神圣性与超越性，因为与《书》之陈述历史事实不同，《诗》有赋比兴之艺术手法，其精神性更强，故孔子更重《诗》之教。《论语·八佾》篇载孔子与门弟子子夏的一段对话：

> 子夏问曰："'巧笑倩兮，美目盼兮，素以为绚兮。'何谓也？"子曰："绘事后素。"曰："礼后乎？"子曰："起予者商也！始可与言诗已矣。"

"巧笑倩兮，美目盼兮，素以为绚兮"出自《诗经·卫风·硕人》，本意是说，漂亮的外表背后是美好的资质；孔子则进一步发挥，谓美丽的色彩后面一定有肃静纯白的底子；子夏在此基础上又有所觉悟，认为雍容儒雅的礼之后一定有肫肫其仁的生命；有了这样的觉悟，孔子以为，则可以言诗矣。为什么有了觉悟才能言诗呢？谢上蔡曰："圣人于目见耳闻，无非妙道，而况论学之际，必有感于理而深发于性情者。"（《论语精义》卷第二上）诗，并不只是对现象世界的描述与抒写，而是带出一个形上之世界，这就是"兴"。马尔库塞说："诗歌执行着伟大的思想任务：努力使不存在的东西存在于我们之中。"❶"使不存在的东西存在于我们之中"，就是让没有显现出来的东西出场，这就是"兴"的意思。朱子释兴为："兴者，先言他物以引起所咏之词也。"（《诗集传》卷一《关雎》）可以说，诗的本质就是"兴"的。孔子之赞子夏，乃因为子夏懂得兴作

---

❶ 马尔库塞：《单向度的人》，刘继译，上海译文出版社2008年版，第55页。

为诗的本质了，因此，孔子多次提到诗之兴的功能："兴于诗，立于礼，成于乐"（《论语·泰伯》），又，"小子！何莫学夫诗？诗，可以兴，可以观，可以群，可以怨。迩之事父，远之事君。多识于鸟兽草木之名"（《论语·阳货》）。程伊川释前一句时曰："兴于诗，立于礼，自然有着力处；成于乐，自然见无所用力处。"（《论语精义》卷第四下）"兴于诗，立于礼"是教化的两个重要阶段，若缺其中之一，则不能"成于乐"；若二者工夫笃实坚毅，则不知手之舞之足之蹈之也，不费力而自然天成。那么，什么是"兴于诗"呢？还是程伊川的解释最得其义：

> 兴于诗者，吟咏性情，涵畅道德之中而歆动之，有"吾与点"之气象。（《论语精义》卷第四下）

很多人释"兴于诗"为"感发人之善心"，此固不错，但失之浅近也。程伊川此解，则彰显了"兴于诗"的宗教性。"歆"，《说文》训为"神食气也"，即祭祀时鬼神享用祭品的香气。可见，"歆"是与宗教活动相关的。明乎此，则"涵畅道德之中而歆动之"就是《中庸》所说的"天命之谓性，率性之谓道，修道之谓教"，也就是人之本心对天命之回应与承受，由此，才是真正涵畅道德之中而感发人之善心；若不能"歆动之"，则人心没有神圣性与超越性之震策，动力不足而无法达到感发之效也。"吾与点"，朱子亦释之为宗教境界，此正与"涵畅道德之中而歆动之"相契合也。可见，诗之教确实是宗教性的，是对没有出场的形而上者有所回应与愤发。"温柔敦厚，诗教也"，温柔敦厚亦不纯粹是一种道德性，必当是一种宗教性，不然，敦则必失温勉之情，厚则定无柔和之气，是故诗教必为天人贯通之教也。由诗教之形而上的兴发而贯通天人，则"立于礼"亦不只是固守礼之度数揖让，必在天人贯通之中显动容周旋之神圣性，如此，方谓之成于乐也，故吕晚村曰："盖诗礼乐本天，兴立成本心，必心本于天，乃能成材合道。"❶若无诗教之通达宗教性，则不可能有"立于礼"的神圣性，最后亦不可能有"成于乐"之无所用力处。《孟

---

❶ 吕留良：《四书讲义》，中华书局 2017 年版，第 249 页。

子》一书大量引用《诗经》，故康南海曰："孟子通《诗经》，明治天下之大端。"❶
孟子论诗曰："说诗者，不以文害辞，不以辞害志；以意逆志，是为得之。"（《孟
子·万章上》）显然，孟子认为从文字材料并不能真正理解诗，诗的理解必须
要有精神的高致，是为"以意逆志"也。精神的最高境界当然是宗教，而诗
是逆觉体证这一境界的最好途径，孟子以其极高的天资，当然对诗的这种作
用有笃实的体会，以至于康南海曰"孟子全是《诗》、《书》之学"。❷

但荀子的经验性格，使其对形上之颖悟甚缺，他完全不能在这个高度认
识诗教。荀子对于《诗经》不可谓不熟悉，在先秦诸子中，《荀子》一书是引
用《诗经》最多的一部书，但荀子确实不是在诗教的立场上来理解《诗经》的，
更多的是把《诗经》作为一种掌故或证据，来加强自己说理之份量，故《荀子》
一书数次出现"《诗》曰……此之谓也"这样的句式。我们且来看荀子对于《诗》
与《书》的看法："《诗》、《书》之博也。""《诗》、《书》故而不切。"（《荀子·劝
学》）可见，荀子对《诗》与《书》的看法就是"博"与"故而不切"。"博"
就是广记民俗、人情、风物及政事；"故而不切"就是久远的旧闻故事而不切
近现实。显然，荀子只是把《诗》与《书》看成是博物学或者历史学之著作了，
孔子虽然也讲学《诗》可以"多识于鸟兽草木之名"（《论语·阳货》），但这
只是《诗经》最低限度之功能，《诗》的主要功能还是"兴"，即兴发人之心志，
开启人之形上领悟；但荀子既如此看待《诗》、《书》，则绝对看不到《诗》、《书》
这样的功能，当然，荀子自身的生命形态也接不上形上领悟。这样，《诗》《书》
在荀子的眼里就只是一些历史材料了，由此，荀子便主张"隆礼义而杀《诗》、
《书》"。荀子认为，若一个人能够做到"法后王，一制度，隆礼义而杀《诗》、
《书》"，那么他就是雅儒；若一个人"不知法后王而一制度，不知隆礼义而杀
《诗》、《书》"（《荀子·儒效》），那么他就是俗儒。俗儒在荀子眼里，就是广
见博识而混迹于诸侯之间求取衣食的无耻文人，这种人当然与荀子所追求善
治毫无关系，也就是说，《诗》、《书》只能成就与社会治理无关的俗儒。因此，
礼义与《诗》、《书》之于学习或教化的作用是完全不一样的。

---

❶ 姜义华等编校：《康有为全集》第二卷，中国人民大学出版社 2007 年版，第 183 页。
❷ 姜义华等编校：《康有为全集》第二卷，中国人民大学出版社 2007 年版，第 186 页。

学之经莫速乎好其人，隆礼次之。上不能好其人，下不能隆礼，安特将学杂识志，顺《诗》《书》而已耳，则末世穷年，不免为陋儒而已。将原先王，本仁义，则礼正其经纬蹊径也。若挈裘领，诎五指而顿之，顺者不可胜数也。（《荀子·劝学》）

在荀子看来，《诗》《书》只不过是学杂博识之学，人若只是攻于此，即使再努力，也只能学成一个浅陋的儒者，与先王之道、仁义之统根本无与焉，故荀子斥之"陋"也。礼才是达到先王之道、仁义之统的根本途径，就像以五指挈裘领，毛发随之而整齐顺适了。

本来，儒家之教，《诗》《书》《礼》《乐》《易》《春秋》俱是其教中的应有之义，但荀子特别彰显礼的作用，而唱"隆礼义而杀《诗》《书》"，这并非是教化路径选择的问题，而是荀子的生命形态根本接不上《诗》《书》之教的高义，而仅把《诗》《书》理解为杂博的历史材料。这样，在荀子的淑世之道中，因缺少了"兴于诗"的阶段，直接"立于礼"，则必不能走向"成于乐"之圆成，因形上之道阙如而礼至于胶固僵化故也。由此，荀子之淑世之道偏离了教化者而走向整治者，是以康南海批评荀子曰："荀子言《诗》《书》之博也浅。"❶

（二）重言辩而轻体证。

儒学作为天人性命之学，其本质修养工夫是逆觉体证，而不是言语之辩说，是为无言之教也。孔子尝自问："默而识之，学而不厌，诲人不倦，何有于我哉？"（《论语·述而》）可见，"默而识之"是为学之根本。那么，什么是"默而识之"呢？谢上蔡释之曰：

盖人之于道，有所见所闻或终身诵之者，可谓好矣，非默而识之；有书诸绅者矣，非默而识之；盖己与道未免为二物也。至于默而识之，神与道契，譬犹以水投水，方且满意自得，何暇发于言语之间哉！（《论语精义》卷第四上）

❶　姜义华等编校：《康有为全集》第二卷，中国人民大学出版社 2007 年版，第 184 页。

"默而识之"根本不是一种知识性的学习，而是"神与道契"，即人对神圣者的开启，这根本上是与语言无关的自我通达。依据孔子的意思，只有有了这种自我通达以后，人才可能"学而不厌，诲人不倦"，不然，其内在动力即不足。是以朱子释之曰："是得之于心，自不能忘了，非是听得人说后记得"，"默，不言也，不言而此物常在也"（《朱子语类》卷第三十四），正因为神圣者永驻于心而不能忘，常提撕警策心志，故使人常惺惺以至于"不厌"、"不倦"也。

又，孔子谓其与颜渊言终日，而颜渊则"不违如愚"，然孔子深知，颜渊似"愚"之中"亦足以发"明其所教也。何谓"不违如愚"呢？宋儒尹焞释之曰："回之学默识心通，何事于辩问。其于孔子之言无所不悦，故曰'不违如愚'。"（《论语精义》卷第一下）清儒吕晚村释之曰："'足发'正见'不违'中默识之妙，非两层也。"❶二者的解释都指向"默识"二字，则所谓"愚"就是与神圣者作存在的感通，此是逆觉体证之事，非言语辩说之事也。另外，子贡谓"性与天道，不可得而闻"，孔子自云"予欲无言"，皆表示默识心通、妙契神圣之意，此般境界，非言语所能尽也。

孟子以弘扬孔子之道自任，但孟子与孔子异，颇有好辩之名，然孟子自解曰："予岂好辩哉？予不得已也"（《孟子·滕文公下》），则说明孟子本不欲辩，乃至可以说，孔子之道决非言辩所可以尽者，是以孟子曰："故观于海者难为水，游于圣人之门者难为言。"（《孟子·尽心上》）朱子谓"'游于圣人之门者难为言'，此兴也。"（《朱子语类》卷第六十）兴，即意味着以难言引出在言之外的神圣者，正因为神圣者难言，当曹交向其问学时，孟子竟拒绝了，其理由是："夫道若大路然，岂难知哉？人病不求耳。子归而求之，有余师。"（《孟子·告子下》）孟子告诫曹交，问学首在自己之求，非师之所教也。所谓"求"，即是自家去逆觉体证也，故孟子又曰："予不屑之教诲也者，是亦教诲之而已矣。"（《孟子·告子下》）此正见若体证工夫不到而教诲之，诚可谓强雕朽木也；若不屑之教诲而警觉其悟道之心，岂非教诲之效乎？由此可见，弘教之本质工夫其实不在言辩，这是孟子所深切地把握到的。前面讲过，孟子之性善论，就是由圣证所得，非言辩论证而来者也。但孟子确实又在言辩，然其辩

---

❶ 吕留良：《四书讲义》，中华书局 2017 年版，第 113 页。

也，当以"众人辩之以相示"视之，在孟子，自有更高的"圣人怀之"之境界，非寡头之一好辩者也，如名家者流。故孟子之辩，非其学之本质也，其正欲以其辩而指其所不辩者，此不辩者方是其学之本质也，是以唐君毅说："孟子之辩，要在使人自反而求之于心，或举事喻以使人由此事喻以得其心。此即孟子尽心篇所谓'言近而旨远，不下带而道存'之善言。"❶

综上所述，孔孟固有言辩，然言辩非其学之本质，言辩乃权法耳，权法尽而实法显，由此开践行体证之路，所谓"默而成之，不言而信，存乎德行"也。此路不开，言辩终不过是雨打之浮萍，风吹之飘絮，无根而不实，则教何以成？故孔子曰："二三子以我为隐乎？吾无隐乎尔。吾无行而不与二三子者，是丘也。"（《论语·述而》）教，乃至最高之教不在言辩之中，孔子之不言，非隐也，善会者当足以发，且有立卓也。孟子亦云"知言"，但其"知言"乃从养"浩然之气"来，若无此，则亦不能知言也，是以孟子谓告子不知言，因其徒从外而知之也。

但荀子之学却与此异，它根本切断了向上之一关，所有的价值指向只是形下的建构性的礼义之统，而决没有形上的实体的证悟，于是，荀子必重视言辩：

> 法先王，顺礼义，党学者，然而不好言，不乐言，则必非诚士也。故君子之于言也，志好之，行安之，乐言之。故君子必辩。凡人莫不好言其所善，而君子为甚。故赠人以言，重于金石珠玉；观人以言，美于黼黻文章；听人以言，乐于钟鼓琴瑟。故君子之于言无厌。鄙夫反是，好其实，不恤其文，是以终身不免埤汙傭俗。故《易》曰："括囊，无咎无誉。"腐儒之谓也。（《荀子·非相》）

言辩，成为了君子的根本标志之一，故君子当言而无厌，若一个人只是"法先王，顺礼义，党学者"，但不喜欢言辩，就是迂腐之儒者。荀子之所以如此重视言辩，乃因为君子负有教化百姓安宁天下的责任，而妄人以其邪说乱世，又足以际会风云，搅扰时局，则言辩焉能少焉？孟子亦感于邪说乱世，

---

❶ 唐君毅：《中国哲学原论——导论篇》，中国社会科学出版社 2005 年版，第 173 页。

故怒而与之辩。然前文讲过，孔孟之言辩乃权法，其根本处不在言辩。但荀子言辩之价值指向是建构性的礼义之统，既然其所维护之对象为语言所建构者，则其维护之手段，亦只能是言辩。荀子专门辟有《正名》篇，就是为了言辩的需要而去正"名"，这与孔子的"正"名迥异；孔子之重点落在"正"字上，其正名乃为伦理践行服务，故重"君君、臣臣、父父、子子"，但荀子的重点落在"名"字上，其正名乃为了名实相符以利于辩说。荀子虽然极其厌恶名家之逻辑名理意义上的纯粹之言辩，但他的言辩亦只是为了维护建构性的礼义之统，是以也要求概念确定，边界清晰，实则与名家之言辩为同一层面，只是名家止于概念确定，边界清晰，不再往前走，而荀子则继续往前而至于维护礼义之统也。这样，言辩就成了维护礼义之统的圣人的必有之义，亦是淑世之道中的应有之义：

> 心合于道，说合于心，辞合于说。正名而期，质情而喻，辨异而不过，推类而不悖。听则合文，辨则尽故。以正道而辨奸，犹引绳以持曲直。是故邪说不能乱，百家无所窜。有兼听之明而无矜奋之容，有兼覆之厚而无伐德之色。说行则天下正，说不行则白道而冥穷，是圣人之辩说也。（《荀子·正名》）

依荀子，心在道外，心以辩说与言辞去认识道，故言辩是不可免的，圣人亦只是在言辩处作为，只不过圣人之辩能够做到"发之而当，成文而类"（《荀子·非相》）而已。这样"有无统类"、"故多言而类，圣人也；少言而法，君子也，多少无法而流湎然，虽辩，小人也。"（《荀子·非十二子》）人与人之间的区别不在是否言，而在言之是否成类，这样，荀子就把道德问题转化为了知识问题，因为言之成类毕竟依赖于外在的学习。圣人只是在言辩而成统类之知识上高于一般人，荀子这样的说法很多：

> 其言有类，其行有礼，……是大儒之稽也。（《荀子·儒效》）
> 君子之言，涉然而精，俛然而类，差差然而齐。（《荀子·正名》）
> 多言则文而类，终日议其所以，言之千举万变，其统类一也，

是圣人之知也。(《荀子·性恶》)

荀子甚至认为，"若夫志以礼安，言以类使，则儒道毕矣。虽舜，不能加毫末于是矣"(《荀子·子道》)，即行于礼义，言有统类，儒家之道不过如此而已。孔子之所以是圣人，就在于其言有统类，"若夫总方略，齐言行，壹统类，而群天下之英杰而告之以大古，教之以至顺"，而子思与孟子之所以不符合圣人的标准，乃因为其说"甚僻违而无类"(《荀子·非十二子》)也。准乎此，言辩俨然圣愚贤不肖之判准也。

庄子曰："辩也者，有不辩也。"(《庄子·齐物论》)世间固有可辩者，亦有根本不可辩者。经验世界的知识即为可辩者，而形上世界之道为不可辩者，二者不可混一，不然，形上之道即隐退，因人们常能见其可辩者而难悟其不可辩者，故庄子告诫我们当"以其知之所知以养其知之所不知，终其天年而不中道夭者，是知之盛也"(《庄子·大宗师》)，即以人之所知而通达于人之所不知，才是知的最高境界，也就是以可辩者而透显不可辩者，人之知才是圆满的；若只限于一层之言辩，则庄子告诉我们："辩也者，有不见也"(《庄子·齐物论》)。这些话虽然出自道家之庄子，但孔孟既然不认为言辩为弘教之本质相关者，则亦必首肯庄子上述诸义。然荀子彻底的经验性格使其不能见及此，故他以一层之言辩作为淑世之道，则其所开启的人文世界必然不能见天道。

（三）天之隐退与宗教性之阙如。

荀子太过经验的学术性格，使得他完全不能开圣证之路，一切来自观察性的辩说。人生活于经验世界，言辩固不可少也，但人作为一种理性存在者，亦不能不追求超越与神圣性，故圣证亦为不可少者。举凡能开圣证之路者，俱不否定天之宗教性；举凡不能开圣证之路而只有辩解之路者，则一定把天理解为知识的对象而不是宗教的对象，荀子的《天论》就是如此。我们知道，孔孟信仰天，但却没有以专门的章节去论天，因为天就在他们圣证的行动中，且人亦必须在圣证的行动中方可得之，非可强论之也。但荀子却完全在言辩中论天，则必然会把天的这种宗教性的存在下拉为知识性的存在。

> 雩而雨，何也？曰：无何也，犹不雩而雨也。日月食而救之，天
> 旱而雩，卜筮然后决大事，非以为得求也，以文之也。故君子以为
> 文，而百姓以为神。以为文则吉，以为神则凶也。（《荀子·天论》）

为求雨而举行祭祀，现在看来，属于巫术或迷信的范畴，荀子以为这只
是文饰政事，根本并不具有神圣性，如此做也未必真的应验，荀子寄希望如
此来消解天的神圣性。其实，孔孟所说的天从来不是在这个意义上说的。在
孔孟那里，天与人是可相互通达的终极性存在，人开始时固对之存有敬畏，
然最终必可开启内在的德能而亲近之，这俱是圣证的结果。但荀子只是观解
地视天为威力强大之一物，对其威力因不可解而怪之可也，却不必因惧怕而
畏之，此乃天地间之自然现象也。荀子消解了宗教性的天，又给人确立了一
个人文性的天——礼，荀子的整个人文世界端赖此而建立起来。即使最具宗
教仪式的祭礼，荀子亦把它仅仅还原为一种纯粹的人文之情：

> 祭者，志意思慕之情也，忠信爱敬之至矣，礼节文貌之盛矣，
> 苟非圣人，莫之能知也。圣人明知之，士君子安行之，官人以为
> 守，百姓以成俗。其在君子以为人道也，其在百姓以为鬼事也。（《荀
> 子·礼论》）

依据荀子的理解，祭祀是为了表达人之思慕爱敬之情，这种情感通过礼
节文貌的方式表现出来，这就是祭礼，官吏以此作为治理之道，百姓以此作
为风俗习惯，这完全是人之道，与宗教没有丝毫的关系。荀子的所谓"人道"，
就是在世之人表达情感的一种方式，他坚决反对这是鬼事，即与死者是无法
感通的。正是基于此，冯友兰才认为荀子"对待死者之态度，是诗的，艺术
的，而非宗教的"[1]。诗的、艺术的只是人道的一种人性化的审美表达，这种审
美表达只有情感慰藉的作用，"若纯自理智之观点观之，则一切送死之礼节，
皆是无意义"[2]。果如是，则人祭祀时的虔敬感由何而来？若无虔敬感，则礼岂

---

[1] 冯友兰：《中国哲学史》上册，生活·读书·新知三联书店 2009 年版，第 380 页。

[2] 冯友兰：《中国哲学史》上册，生活·读书·新知三联书店 2009 年版，第 379 页。

不尽成虚套？无论如何，荀子切断了人与天的关联，宗教性完全退隐，尽管他复给人竖起了人文性的天——礼义之统，但因礼义之统完全是平面的知识性的治理上的必需建构，缺乏神圣性的震彻与照拂，则人的虔敬感必不能威临。虔敬感既阙如，则作为淑世之道的礼如何在人那里发生力量呢？荀子曰："有后而无先，则群众无门。"（《荀子·天论》）荀子显然是把礼作为在前的引导，而法则是在后的惩罚，且唯有由礼激起人的虔敬感之后，人们才能进入文明之门，纯粹依靠法的惩治，万不可使人进入文明之门。可见，荀子亦深知虔敬感对于社会之文明是相当重要的，但荀子的经验性格又不允许宗教性的存在，虔敬感在他那里成为无源之水。有学者指出了荀子的这种内在困境：

> 为了予人行动的理由和自由，他毫无保留地申言"天"的自然特性，将"道"完全归于人。虽然他很小心地将礼的制作权力仅赋予智虑超群的"圣人"，然"涂之人可以为禹"，"圣人"与常人之间并不存在一条不可逾越的鸿沟，并且"圣人"的制作在根本上仅仅是一种谋划。但是，人怎么可能对他们有望成为的人产生敬畏感？又如何可能尊敬一种地面上的谋划？可如果没有这些，人何以能够怀抱着一种隐秘的自豪感遗世独立？荀子将人从不可及的权威那里彻底解救出来，只能把他们留给了地上的权威，在相当程度上消弭了虔敬感所要求的适当距离，而这一距离，对于激励那些对迥异于地面景色的风光感到好奇的人，本来是不无裨益的。❶

这些学者把荀子的淑世之道称之为"地上的教育"，相应地，荀子的人文世界亦可称之为"地上的世界"。这种"地上的世界"是平面的一层的，人与人之间是一种原子式的个体（但却不是主体站立起来的个人）之间的关系，所有的个体都是平齐的，且这种平面的一层的关系性是有限的，是经验世界之所及的范围。于是，"地上的世界"的人与人之间的关系完全不同于神圣的天与人的关系，这是一种创造者与受造者之间的关系，具有神秘性，且是所有的人终身都必须面对的，又具有无限性。"地上的世界"的人与人之间的关

❶　陈文洁：《荀子的辩说》，华夏出版社 2008 年版，第 233 页。

系由事与理来贯穿，事与理之于人是一种认知，亦是一种限制关系，人固须尊重事与理，然亦可能疲倦于事与理，庄子所说的"与物相刃相靡，其行尽如驰，而莫之能止"（《庄子·齐物论》），就是这个意思。创造者与受造者之间是一种神秘的关系，故人对之须有畏，但只要人全身心地交付给神圣者，信仰神圣者，则神圣者又可向人敞开，甚至整个地融入人、覆载人；是以人与神圣者的关系一定是在敬畏感之中相互融覆乃至合一。如此说来，"地上的世界"的事与理，只有与纵向的神圣者贯通，人才能持久地尊重事与理，否则就会厌倦，最后舍弃。因此，真正要建立"地上的世界"，眼睛不能只是盯着地上的人与事，一定要通达于神圣者，"地上的世界"才是温润可期的世界，即人之为人的世界，也就是人自身作为人而站立起来的世界；若不能通达神圣者，以虔敬之心守护人之本质，则人很可能在"地上的世界"中的事的牵引中被拉空了，即人只是一种物化的存在，而不是作为人而站出来。这样看来，"地上的世界"之建立，是不能切断神圣的天的关联的，老子曰："故道大，天大，地大，人亦大。域中有四大，而人居其一焉。人法地，地法天，天法道，道法自然。"（《老子》第二十五章）这是说，人作为人，必须是在天－地－人之关联中，人不可从这种关系中析离出来而存在。孟子曰："莫非命也，顺受其正。是故知命者，不立乎岩墙之下。"（《孟子·尽心上》）朱子释"莫非命也"为"在天言之，皆是正命；在人言之，便是不正之命"（《朱子语类》卷第六十）。这意味着人须承袭在天之命，以此作为自己的绝对义务与责任，方能得其正，才不会立于岩墙之下。但荀子过强的经验性格使得他无法体会到上述这一点，他只是就性恶的人从事"地上的教育"，建立一个"地上的世界"，而礼成了主要的淑世工具，而亦君亦师的君主成为了主要的外在推动力，以治吞没教，荀子君师连用，且谓其乃治之本，即是这种用心的显证。尽管荀子君师连用，但其重点是落在"君"那里，"师"并不能与"君"并列平齐，而是附属于"君"的；虽说"治"中亦含有"教"，但在以"治"为主导目的的"教"一定会被遮蔽。这样，荀子尽管希望以礼为工具，在君师－治教的间架中，把四者的功能与作用全部开发出来，建立一个温润和煦的人文世界。但因为荀子切断了人与天的关联，人失去了由虔敬感而来的自觉力量，故只能是依靠一个外在的强制力量，而拥有最大外在强制力量的人，当然是站在政治最高点的君主，即依靠君主把礼贯彻下去。"天之立君，以为民也"（《荀子·大略》），荀子这里所说的"为民"主要是治理民的意思，特别是遭遇乱世，"君子非得势以临之，则无由得开内焉"（《荀子·荣辱》）。这样一来，君师 – 治教的四维间架，其实只剩下了君 – 治之二维，礼主要执行的也不是教化功能而是整治功能。由此，荀子以礼为淑世工具而建立起来的人文世界，就不免有些冷酷与阴森，从而与其门弟子李斯、韩非宣扬的法家比邻而居，乃至暗中往来了。

五、宗教性的阙如与荀子礼治的法家趋向

荀子作为整治者，把治理完全还原为世俗性，其最高统治者就是君子：

> 君子者，天地之参也，万物之总也，民之父母也。无君子则天地不理，礼义无统，上无君师，下无父子，夫是之谓至乱。（《荀子·王制》）

这里的君子并不是一个德性伦理概念，而是一个政治性概念，相当于君主。上面这段话意味着：世俗的君主是治理的总根据。荀子的这一立场，就从儒学固有的立场中叉出去了。儒家的政治形态固然也是一种政教合一的形态，尽管周公制礼作乐以后，多讲礼乐之治，但礼乐只是一种"教"，即政治并非是依靠礼乐纯粹外在地建构起来的，政治从根本上讲还是依天而治。孟子曾引《尚书》"天降下民，作之君，作之师，惟曰其助上帝，宠之四方"（《孟子·梁惠王下》）来回答齐宣王。这说明，直至孟子，依然是认可依天而治的理念的。又因为礼乐之根本精神是可以贯通天人的，故礼乐可以作为一种教化的工具，但其指向乃是超越的"天"，"天"才是唯一的价值尺度。所以说，儒家的礼乐之治是一种政教合一的政治形态，且"教"之意义凸显，并非如荀子的理论那样，存在以"政"挤压甚至吞没"教"之危险。

西周末期，礼崩乐坏，孔孟则切就人的生命开显宗教性的维度而标举性善、心之四端，从而提出"尽心、知性而知天"、"存心、养性以事天"（《孟

子·尽心上》），就是为了保持住政教合一的政治形态，这种保证的底据就是前文所说的人人固有的"宗教动力"。在这种政治形态里，政是形下维度，教是形上维度，而以"教"来引领"政"，从而使两个维度合一，是为政教合一。但荀子以其经验的性格，标举"不求知天"、"明于天人之分"（《荀子·天论》），从而彻底使天旁落，天在政治中已没有了位置，政治已没有了形上指向，只有形下的规范，而礼正是建构政治规范的基本工具。荀子虽然也雅言由礼而为政，但因为礼没有贯通天人的维度，故由礼而为政不过是纯粹的人为，章太炎谓荀子之礼是"法度之通名，大别则管制、刑法、仪式是也"❶，这种概说是符合其实的。由此，政治下滑为一维的形下的文为制度，而形上的教的维度没有了。尽管荀子标举"劝学"，但只是就一维的形下文为制度而言，政治失去了形上的教的引领，此时不是政教合一，而是政教就是一。如实说来，只有政而没有教。

政治因无教而完全世俗化，但"纯粹的世俗国家是不能令人满意的，并且是最终难以维系的"❷。事实上确实如此，荀子的学生李斯与韩非进一步以"法"为工具世俗化政治，尽管使秦横扫六合而一统天下，但强大的秦帝国却无法依靠这种纯世俗的"法"维系，很快崩塌。同时，这种有政无教的政治形态无疑潜隐着法家"以法为教，以吏为师"（《韩非子·五蠹》）的浊流，也正因为法家这股浊流，使汉武帝以后董仲舒等人欲重新构建政教合一的政治形态，不过，那时乃以气化宇宙论为底据，通过象征比附而说天人关系，没有以性善论开出宗教动力学，尔后与民间方士道术合流，从而滋生了谶纬之学，以谶语、符验干预政治，适成大乱，"不仅上古敬畏天威之信仰完全消失，乃至并与天命而窃之，以遂其僭弑淫暴之毒，则荀子之所攻击而图破坏者，固未必果有政治之价值也"❸。劳思光亦论之说："天人相应之说既兴……于是，儒学被改塑为一'宇宙论中心之哲学'。心性之精义不传；而宇宙论之观念，悉属幼稚无稽之猜想。儒学有此一变，没落之势不可救矣。"❹直至宋明儒者讲天人性命之学，才重新接上孔孟的宗教动力学，此没落之势方得以扭转。

---

❶ 《章太炎全集》（三），上海人民出版社 1984 年版，第 399 页。

❷ 格里芬编：《后现代精神》，王成兵译，中央编译出版社 1998 年版，第 30 页。

❸ 萧公权：《中国政治思想史》上册，商务印书馆 2011 年版，第 124 页。

❹ 劳思光：《新编中国哲学史》第二卷，广西师范大学出版社 2005 年版，第 15 页。

因此，政治，无论是何种形态的政治，必须要有"宗教"的成分，至少要开出宗教性的维度。也许有人会说，荀子的礼治思想虽抹杀了宗教维度，但易于接通西方的法治，然西方的法治正赖宗教而调适上遂也。对美国社会深有研究的托克维尔说："在美国，宗教从来不直接参加社会的管理，但却被视为政治设施中的最主要设施，因为它虽然没有向美国人提倡爱好自由，但它却使美国人能够极其容易地享用自由。"● 可见，若无宗教之润泽滋养，政治可能会干裂而解体。

当儒学消解了内圣之教而纯从外王而行政时，就把政治理解为外在摆置出来的制度与设施，从而保证政治的客观性与有效性，而当君主的绝对权力又没有限制的时候，这种政治的客观性与有效性常沦落为君主对政治的绝对权威性与把控性。这就预示着儒家向法家进一步靠近了，荀子的礼治思想就有这种趋势：

> 耳目之明，如是其狭也；人主之守司，如是其广也，其中不可以不知也；如是其危也。然则人主将何以知之？曰：便嬖左右者，人主之所以窥远收众之门户牖向也，不可不早具也。故人主必将有便嬖左右足信者然后可，其知惠足使规物、其端诚足使定物然后可。夫是之谓国具。（《荀子·君道》）

我们读以上这段话，感觉是在读《韩非子》，而一代儒学宗师荀子的著作中出现这样的话，是令人吃惊且不可理解的。后世君王周围总有这样一些小人，他们败坏政治，但却能博得君王的信任，甚至明代的锦衣卫都能在此找到一些影子。然平心而论，荀子纯外在文制的礼治思想，确实有这种隐喻，其弟子李斯、韩非最后都走向彻底的法家，就是很好的证明。

荀子深谙人性之恶，至少是人性不美好，世易时移，其门人弟子进一步深谙人性之阴暗面，在李斯、韩非看来，人性的这个阴暗面力量太强大了，也太可怕了，儒家之礼乐教化根本不管用，非得以严刑峻法不可。这是李斯、韩非弃儒而尚法，乃至崇尚政治强力的价值根据，更何况，当今之世，政治

● 托克维尔：《论美国的民主》，商务印书馆 2012 年版，第 339 页。

之强力统治正值其时也，"古人亟于德，中世逐于智，当今争于力。……当大争之世，而循揖让之轨，非圣人之治也。"（《韩非子·八说》）法家认为，硬性的政治强力总比软性的德行教化效果好得多："尧教于隶属而民不听，至于南面而王天下，令则行，禁则止。则此观之，贤智未足以服众，而势位足以缶贤者也。"（《韩非子·难势》）韩非甚至以孔子与鲁哀公比较：孔子是圣人，但心悦诚服其道的只有七十人，但鲁哀公这样的下等君主，却统治着数百万之众，即使孔子也要受他的管制。政治的强力比教化的威力大得多，于是，韩非曰：

> 今学者之说人主也，不乘必胜之势，而务行仁义则可以王，是求人主之必及仲尼，而以世之凡民皆如列徒，此必不得之数也。（《韩非子·五蠹》）

韩非的意思是，对付一般的庸众，政治的强力是必然的选择，也是效果最好的选择。这段话虽然不是出自荀子，但荀子既然严格地区分"性"与"伪"，且把"伪"交给圣人，只有圣人才有资格与能力"伪"，这种严格的区分中，必然隐含着韩非上述之意，尽管荀子常以"礼"言之，韩非常以"法"言之，若礼不能在人的生命中以虔敬感承载起来，则礼与法之间的区别仅一间耳。后人常批评儒家是儒表法里，当是指荀子这种形态的儒家，而非孔孟这种形态之儒家也。

当然，荀子关注现实的生命形态，以及他对儒家礼乐的熟知与观察，使他对于儒家传统的礼乐保持一定的热度与向往，而不像李斯、韩非那样，纯言外在的法。但因为荀子乃一个纯粹的学人，而缺乏践行体悟，至少历史文献中他的践行体悟无从稽考，而荀子在其著作中又鲜有对践行体悟的彰显发越，故荀子极有可能是一个没有宗教热情的冷的生命。黑格尔曾这样评价孔子："孔子只是一个实际的世间智者，在他那里思辨的哲学是一点也没有的——只有一些善良的、老练的、道德的教训，从里面我们不能获得什么特殊的东西。"● 所谓"思辨的哲学是一点也没有"，即表示没有形上的维度与宗

● 黑格尔：《哲学史讲演录》第一卷，贺麟、王太庆译，商务印书馆 1996 年版，第 119–120 页。

教般的热情。黑格尔如此评价孔子是不适合的，马里坦说："无论他们的缺点和错误是什么，我们都没有在孔子的著作中发现纯自然的伦理学。"❶但若以此评价荀子，却是很适合的，因为荀子那里确实没有形上的维度与宗教般的热情。

但荀子毕竟是一个识见正的学人，有现实的政治热情与担负，他希望通过形下的礼仪制度安排而追求善，而没有像其弟子——法家代表人物韩非那样，把人性之恶发挥到了极致，乃至于对人性之阴暗面有深切的体会。总之，在法家的眼里，社会处处阴森可怕，无任何温暖可言。荀子固昌言性恶，但尚只是在本能的层次上言人之"饥而欲饱，寒而欲暖，劳而欲休"（《荀子·性恶》）之情。这种本能之情虽不是全善，但也不至于是大恶，只要以儒家的礼乐之教引导得当，亦是可以正视且须肯定的。"然则从人之性，顺人之情，必出于争夺，合于犯分乱理而归于暴。故必将有师法之化，礼义之道，然后出于辞让，合于文理，而归于治。"（《荀子·性恶》）"出于辞让，合于文理，而归于治"，非不管人之饥、寒、劳也，乃以伦理之道化解饥、寒、劳而普爱世人也。此刻，性情之欲即让路于礼乐之教，这种"让"之于人类不但是必需的，且是可能的，尽管其途径可能是出于强制。所以，荀子的理论最终是温暖的而给人以希望的。吕思勉尝论荀子之学曰：

> 大同之世，荡荡平平，绝无阶级，人不见有侈于己者，则欲不萌，人非以威压故而不敢逾分，则其所谓分者，不待有人焉以守之而自固。此大同之世，所以无待于有礼。至于小康之世，则阶级既萌，劳逸侈俭，皆不平等。人孰不好逸而恶劳？孰不喜奢而厌俭？则非制一礼焉，以为率由之轨范，而强人以守之不可。虽率循有礼，亦可以致小康，而已落第二义矣。此孔子所以亟称六君子之谨于礼，而终以为不若大道之行也。❷

隆礼，即见荀子之学之限度，然于此，亦可见荀子之学的价值。盖降至

---

❶　马里坦：《道德哲学论》（选录），陈麟书、田海华：《重读马里坦》，四川人民出版社 1997 年版，第149 页。

❷　吕思勉：《先秦学术概论》，广西师范大学出版社 2010 年版，第 104 页。

战国之衰世，荀子欲挽乱世于小康，故其学于当世亦可谓雷霆其声也。其后学为荀子辩曰："时世不同，誉何由生？不得为政，功安能成？志修德厚，孰谓不贤乎？"（《荀子·尧问》）良有以也。值此乱世，扶持王道幽光于不坠，端赖荀子也。清儒凌廷堪曰：

> 夫舍礼而言道，则空无所附；舍礼而复性，则茫无所从。盖礼者，身心之矩则，即性道之所寄焉矣。时至春秋，即升降袭裼之节，鼎俎笾豆之数，士大夫已渐不能详言之，况礼之深焉者乎？降而七国并争，六籍皆阙，而礼为尤甚。从衡捭阖之说，坚白同异之辨，淆然而不可纪，杂出而不可穷。守圣人之道者，孟、荀二子而已。……夫孟氏言仁，必申之以义；荀氏言仁，必推本于礼。推本于礼者，譬诸凫栗[1]之有模范焉，轮梓之有绳墨焉，其与圣人节性防淫之旨，威仪定命之源，庶几近之。……然则荀氏之学，其不戾于圣人，可知也。（《校礼堂文集》卷十《荀卿颂》）

礼本为入道之门径，舍之即蹈空而不实，此为"下学"，荀子之学于此甚为有力。汪容甫亦曰："盖自七十子之徒既殁，汉诸儒未兴，中更战国、暴秦之乱，六艺之传赖以不绝者，荀卿也。周公作之，孔子述之，荀卿子传之，其揆一也。"（汪中：《荀卿子通论·序》）荀子虽然未传形上之道，但毕竟传了形下的学，使儒学遭逢乱世亦没有"架漏过时"，乱世之人因此而得一缕阳光，不至于完全陷入一团幽暗之中，此荀卿之功也，是之谓同情之了解。

然必须指出的是，儒学虽因荀子而没有"架漏过时"，但毕竟荀子没有开发内在的动力，让人自觉地践行儒学，仅依靠外在的强力推行礼以行治理之实，因缺乏宗教的高致而不能臻于大化流行之圆满，仅仅以世俗之善治而足。孟子曰："霸者之民，驩虞如也；王者之民，皞皞如也。杀之而不怨，利之而不庸，民日迁善而不知为之者。"（《孟子·尽心上》）"驩虞"，程子释之曰："有所造为而然，岂能久也？"（朱熹：《孟子章句集注》卷七）可见，仅以礼求善治，

---

❶ "凫栗"二字出自《周礼·考工记》："凡攻木之工七，攻金之工六，攻皮之工五，设色之工五，刮摩之工五，搏埴之工二。"其中攻金之工有："筑、冶、凫、栗、段、桃"六氏，凫氏，制作钟；栗氏，制作豆、区等量器。后文的"轮梓"乃攻木之工，轮人制作车轮车盖，梓人制作饮器及射侯。

不过是霸者之民的骒虞景象，虽不至于堕入乱世，然决非治理之圆成境界也，不过踽踽而行，"牵补度日"❶之瞻前顾后也，故康南海曰："荀子步步为防，故气弱，孟子则否。"❷此种孱弱之气，则与孔孟之挺拔精神大异其趣也。

我们若看孔子：季康子问政于孔子曰："如杀无道，以就有道，何如？"孔子对曰："子为政，焉用杀？子欲善而民善矣。君子之德，风，小人之德，草。草上之风，必偃。"（《论语·颜渊》）又，"善人为邦百年，亦可以胜残去杀矣。诚哉是言也！"（《论语·子路》）我们若看孟子：孟子尝对梁惠王曰："地方百里而可以王。王如施仁政于民，省刑罚，薄税敛，深耕易耨；壮者以暇日修其孝悌忠信，入以事其父兄，出以事其长上，可使制梃以挞秦楚之坚甲利兵矣。"（《孟子·梁惠王上》）这种政治理想是何等的自信简洁。自信，以气言也；简洁，以理言也。其气，通达于天，故盛而自信；其理，感应乎道，故笃而简洁。也就是说，孔孟之自信并非来自现实世界中孝悌忠信果真战胜了坚甲利兵，而是说在宗教的理的世界中，孝悌忠信必然会战胜坚甲利兵，若我们常以此动力提撕自己，则日新又新，造次颠沛于是，必然会有效用也。

但荀子并无纵贯的、宗教的、理的立体世界，只有一层的经验世界，人于此世界中并无力量源泉的开发与供给，故人与世界不可能安居于一贯之道中，只能避难于经验性的方法与措施之中，是以显得步步设防，患得患失也。

> 求善处大重，理任大事，擅宠于万乘之国，必无后患之术：莫若好同之，援贤博施，除怨而无妨害人。能耐任之，则慎行此道也；能而不耐任，且恐失宠，则莫若早同之，推贤让能而安随其后。如是，有宠则必荣，失宠则必无罪。是事君者之宝而必无后患之术也。故知者之举事也，满则虑嗛，平则虑险，安则虑危，曲重其豫，犹恐及其祸，是以百举而不陷也。（《荀子·仲尼》）

此段题名为《仲尼》，不但根本违背孔子之道，且亦不是荀子以礼为标的的修身之道，只是如何教人处于不败之地，乃至避祸擅宠的世俗之道，此是

---

❶ "架漏过时"、"牵补度日"二语出自陈亮《答朱元晦又甲辰答书》，其曰："信斯言也，千五百年之间，天地亦是架漏过时，而人心亦是牵补度日。万物何以阜蕃，而道何以常存乎？"（《陈亮集》卷二十）

❷ 姜义华等编校：《康有为全集》第二卷，中国人民大学出版社2013年版，第182页。

术士之小道，非治世之大道也。《荀子》一书中论这种术士之小道之处还很多，如，"持宠处位终身不厌之术"，"天下之行术"，"衡听、显幽、重明、退奸、进良之术"，等等。荀子之学离析于天，人亦不能开发其宗教动力以通达于天，是以一贯之道缺焉，坚毅之志亡焉，只是在形而下的人为之礼中若隐若显，处处设防，终免不了其小家相也。谭嗣同曰："二千年来之政，秦政也，皆大盗也；二千年来之学，荀学也，皆乡愿也。"❶谭嗣同论二千年之政与学是否精到，尚且不论，但其视荀学为乡愿，则虽不中亦不远矣，因小家相之荀学与乡愿之间，其差别在尺寸间耳。何以故？莱辛的话或许更能道出个中因由：

　　有人问鹰："你为什么到高空去教育你的孩子？"

　　鹰回答说："如果我贴着地面去教育它们，那它们长大了，哪有勇气去接近太阳呢？"❷

　　若只是以"地上之教育"建立"地上的世界"，则必没有接近太阳的勇气而显小家相，故"下学而上达"之宗教开发之于人为不可少者。

　　先秦儒学由孔子开始，中经七十子及七十子后学，再经子思，最后收结于孟子，历时近三百年，俱在天－人之互动关系中阐道翼教，从而完成了"宗教动力学"的建构与论证，是为弘教者也；于是，儒从"柔"的术士之技（《说文》释"儒"为："柔也，术士之称"）嬗变为天人合一的精神宏大之学，境界圆成之教，本应当作一定型而为人之为人的精神寄托之学，生命安顿之教。然元亨利贞，贞下复又起元，至荀子则有一大丕变，弘教形态的"宗教动力学"退变为术士形态的治理之学，荀子亦作为整治者而出现，儒学退回到其原初的小家相，甚至在门人李斯、韩非手中，荀子之学被改造为法家黄老术势之学，酿成专制之祸，其烈则非荀子之学所可比拟者也。迨及汉，为救法家专制之祸，复为扭转荀学之小家相，董仲舒遂以气化宇宙论之性恶论为底据，唱天人相应之说，以图恢复儒学天人合一的精神宏大之学，境界圆成之教；但因为在这样的底据之中是根本不可能开发内在的动力的，故与荀子一样，其

❶ 谭嗣同：《仁学》，华夏出版社 2002 年版，第 96 页。

❷ 《莱辛寓言》，高中甫译，浙江少年儿童出版社 2004 年版，第 108 页。

动力端赖外在的"人副天数"的比附，如，由天之有阴阳而推出人之有贪仁，这完全是把天与人俱比作物，然后期以类比，而人之觉悟完全开不出，最后道德的力量只能依靠符瑞与灾异的谴告，如是，则其小家之相更显，乃至劳思光谓之为"伪儒学"❶。两汉以后，中国学术思想被玄学与佛教相继陵替，儒学渐至衰微而不振。然衰微不振之时，亦正蕴有一贞下起元之势也，爰至有宋，经北宋孙泰山、石徂徕、胡安定三先生之倡导，周濂溪、张横渠、邵康节、程明道、程伊川五子之弘大，至朱元晦而集其大成，再经陆象山、王阳明之简别、绍述与发明，儒学终又复其精神宏大之学，境界圆成之教之本色，殆贞定六百余年矣。由是观之，荀子之后，两千多年来之中国学术发展，其间虽不乏精神纷呈、殊异多端之相，然若揆之以天 – 人关系，则各种思想的得失利弊，或尽可迎刃而解也，可谓满盘之散珠，因之而串；充栋之金玉，因之而亮也。只不过，因主题与篇幅所限，这一贞元往复、琳琅满目之过程，本书已不能究及，然略加提示，可谓曲终奏雅，而余音不绝也。

---

❶　劳思光:《新编中国哲学史》第二卷，广西师范大学出版社 2005 年版，第 31 页。

参考文献

一、中国古代典籍

[1]　阮元校刻.十三经注疏［M］.北京：中华书局，1980.

[2]　朱熹.四书章句集注［M］.北京：中华书局，1983.

[3]　杨朝明，宋立林.孔子家语通解［M］.济南：齐鲁书社，2009.

[4]　朱谦之.老子校释［M］.北京：中华书局，2009.

[5]　傅亚杰.孔从子校释［M］.北京：中华书局，2011.

[6]　王永辉，高尚举辑校.曾子辑校［M］.北京：中华书局，2017.

[7]　冯云鹓.圣门十六子书［M］//续四库全书.第931册.上海：上海古籍出版社，
2002.

[8]　李纯仁.新编颜子［M］//续四库全书.第932册.上海：上海古籍出版社，2002.

[9]　郭庆藩.庄子集释［M］.北京：中华书局，2009.

[10]　王先谦.荀子集解［M］.北京：中华书局，1988.

[11]　王先慎.韩非子集解［M］.北京：中华书局，2009.

[12]　许维遹.吕氏春秋集释［M］.北京：中华书局，2009.

[13]　钟哲点校，苏舆撰.春秋繁露义证［M］.北京：中华书局，1992.

[14]　孙希旦.礼记集解［M］.上中下.北京：中华书局，1989.

[15]　司马迁.史记［M］.北京：中华书局，2011.

[16] 班固 . 汉书［M］. 北京：中华书局，2012.

[17] 陈立 . 白虎通疏证［M］. 北京：中华书局，1994.

[18] 陈克明点校 . 周敦颐集［M］. 北京：中华书局，1990.

[19] 王孝鱼点校 . 二程集［M］. 北京：中华书局，1981.

[20] 章锡琛点校 . 张载集［M］. 北京：中华书局，1978.

[21] 吴仁华点校 . 胡宏集［M］. 北京：中华书局，1987.

[22] 黎靖德编 . 朱子语类［M］.1-8. 北京：中华书局，1986.

[23] 朱熹 . 四书或问［M］// 朱杰人，等主编 . 朱子全书 . 第六册 . 上海：上海古籍出版社，安徽教育出版社,2002.

[24] 朱熹 . 论孟精义［M］// 朱杰人，等主编 . 朱子全书 . 第七册 . 上海：上海古籍出版社，安徽教育出版社，2002.

[25] 杨世文点校 . 张栻集［M］. 北京：中华书局，2015.

[26] 钟哲点校 . 陆九渊集［M］. 北京：中华书局，1980.

[27] 董平点校 . 杨简全集［M］. 七 – 八 . 杭州：浙江大学出版社，2016.

[28] 熊国桢点校，陈淳撰 . 北溪字义［M］. 北京：中华书局，1983.

[29] 吴光等编校 . 王阳明全集［M］. 上海：上海古籍出版社，1992.

[30] 黄宗羲撰 . 明儒学案［M］. 沈盈之点校 . 北京：中华书局，2008.

[31] 黄宗羲，全祖望撰 . 宋元学案［M］. 陈金生，梁运华点校 . 北京：中华书局，1986.

[32] 吕留良 . 四书讲义［M］. 北京：中华书局，2017.

[33] 李光地撰 . 榕村语录 榕村续语录［M］. 陈祖武点校 . 北京：中华书局，1995.

[34] 方以智撰 . 性故注释［M］. 张昭炜注释 . 北京：中华书局，2018.

[35] 王夫之撰 . 读四书大全说［M］. 上下 . 王孝鱼点校 . 北京：中华书局，2009.

[36] 石峻，楼宇烈，方立天，等编 . 中国佛教思想资料选编［M］. 第三卷，第一册 . 北京：中华书局，1987.

[37] 卫湜撰 . 中庸集说［M］. 杨少涵校理 . 桂林：漓江出版社，2011.

二、现代学人著作

[38] 康有为 . 春秋董氏学［M］. 北京：中华书局，1990.

[39] 康有为 . 论语注［M］. 北京：中华书局，1984.

[40] 梁启超 . 先秦政治思想史［M］. 北京：东方出版社，1996.

[41] 王国维.王国维哲学美学论文辑佚［M］.上海：华东师范大学出版社，1993.

[42] 辜鸿铭.中国人的精神［M］.李静译.天津：天津人民出版社，2016.

[43] 高平叔编.蔡元培全集［M］.第二卷.北京：中华书局，1984.

[44] 胡适.中国哲学史大纲［M］.上卷.北京：东方出版社，2012.

[45] 傅斯年.傅斯年全集［M］.第二卷.长沙：湖南教育出版社，2003.

[46] 梁漱溟.梁漱溟全集［M］.三.济南：山东人民出版社，1989.

[47] 冯友兰.三松堂全集［M］.第四–六卷.郑州：河南人民出版社，2001.

[48] 冯友兰.中国哲学史［M］.上册.北京：生活·读书·新知三联书店，2009.

[49] 钱穆.秦汉史［M］// 钱穆先生全集.北京：九州出版社，2011.

[50] 钱穆.先秦诸子系年［M］// 钱穆先生全集·先秦诸子系年［M］.北京：九州出版社，2011.

[51] 钱穆.中国学术思想史论丛［M］// 钱穆先生全集.北京：九州出版社，2011.

[52] 钱穆.庄老通辨［M］// 钱穆先生全集.北京：九州出版社，2011.

[53] 钱穆.论语新解［M］.北京：生活·读书·新知三联书店，2011.

[54] 钱穆.孔子传［M］.北京：生活·读书·新知三联书店，2018.

[55] 柳诒徵.中国文化史［M］.北京：东方出版社，2007.

[56] 汤用彤.魏晋玄学论稿［M］.上海：上海古籍出版社，2005.

[57] 朱光潜.悲剧心理学［M］.合肥：安徽教育出版社，1996.

[58] 黄夏年.印顺集［M］.北京：中国社会科学出版社，1995.

[59] 郭沫若.十批判书［M］.北京：东方出版社，1996.

[60] 宋志明.儒家思想的新开展——贺麟新儒学论著辑要［M］.北京：中国广播电视出版社，1995.

[61] 张岱年.中国哲学大纲［M］.苏州：江苏教育出版社，2005.

[62] 杨庆堃.中国社会中的宗教［M］.范丽珠译.成都：四川人民出版社，2016.

[63] 吕思勉.先秦学术概论［M］.桂林：广西师范大学出版社，2010.

[64] 徐复观.中国人性论史［M］.上海：上海三联书店，2001.

[65] 牟宗三.心体与性体［M］.上中下册.上海：上海古籍出版社，1999.

[66] 牟宗三.从陆象山到刘蕺山［M］.上海：上海古籍出版社，2001.

[67] 牟宗三.名家与荀子［M］.台北：台湾学生书局，1979.

[68] 牟宗三.现象与物自身［M］.台北：台湾学生书局，1984.

[69] 牟宗三.圆善论［M］.台北：台湾学生书局，1985.

[70] 牟宗三.才性与玄理［M］.台北：台湾学生书局，1985.

[71] 牟宗三.五十自述［M］.台北：台湾鹅湖出版社，1993.

[72] 牟宗三.中国哲学的特质［M］.上海：上海古籍出版社，1997.

[73] 卢雪崑整理.牟宗三先生讲演录［M］.1-10册.新北：鹅湖月刊社，2019.

[74] 唐君毅.中国文化之精神价值［M］.桂林：广西师范大学出版社，2005.

[75] 唐君毅.中国人文精神之发展［M］.桂林：广西师范大学出版社，2005.

[76] 唐君毅.文化意识与道德理性［M］.桂林：广西师范大学出版社，2005.

[77] 唐君毅.中国哲学原论［M］.北京：中国社会科学出版社，2005.

[78] 唐君毅.哲学概论［M］.北京：中国社会科学出版社，2005.

[79] 谢幼伟.孝与中国文化［M］.上海：青年军出版社，1946.

[80] 高亨.周易大传今注［M］.北京：清华大学出版社，2010.

[81] 张光直.美术、神话与祭祀［M］.郭净译.沈阳：辽宁教育出版社，2002.

[82] 童恩正.人类与文化［M］.重庆：重庆出版社，1998.

[83] 萧公权.中国政治思想史［M］.上册.北京：商务印书馆，2011.

[84] 杨向奎.宗周社，会与礼乐文明［M］.北京：人民出版社，1992.

[85] 牟钟鉴，张践.中国宗教通史［M］.上卷，北京：社会科学文献出版社，2003.

[86] 余英时.中国思想传统的现代诠释［M］.南京：江苏人民出版社，1995.

[87] 余英时.论天人之际——中国古代思想起源试探［M］.台北：台湾联经出版事业股份有限公司 2014.

[88] 余英时.朱熹的历史世界——宋代士大夫政治文化的研究［M］.北京：生活·读书·新知三联书店，2006.

[89] 劳思光.新编中国哲学史［M］.第1-3卷.桂林：广西师范大学出版社，2005.

[90] 李泽厚.世纪新梦［M］.合肥：安徽文艺出版社，1998.

[91] 李泽厚.由巫到礼 释礼归仁［M］.北京：生活·读书·新知三联书店，2015.

[92] 陈鼓应.庄子今注今译［M］.北京：中华书局，2014.

[93] 杜维明.人性与自我修养［M］.台北：台湾联经出版事业公司，1993.

[94] 郭齐勇，等.杜维明文集［M］.1-5卷.武汉：武汉出版社，2002.

[95] 吴龙辉.原始儒家考述［M］.北京：中国社会科学出版社，1996.

[96] 高专诚.孔子·孔门弟子［M］.太原：山西人民出版社，1991.

[97] 李启谦.孔门弟子研究［M］.济南：齐鲁书社，1988.

[98] 蔡仁厚.孔门弟子志行考述［M］.台北：台湾商务印书馆，1969.

[99]　楼宇烈.王弼集校释［M］.北京：中华书局，1980.

[100]　魏启鹏.简帛文献〈五行〉笺证［M］.北京：中华书局，2005.

[101]　李零.郭店楚简校读记［M］.北京：中国人民大学出版社，2007.

[102]　束景南.朱子大传［M］.福州：福建教育出版社，1992.

[103]　傅佩荣.儒家哲学新论［M］.台北：台北业强出版社，1993.

[104]　张祥龙.海德格尔思想与中国天道［M］.北京：生活·读书·新知三联书店，1996.

[105]　龙宇纯.荀子论集［M］.台北：台湾学生书局，1987.

[106]　陈麟书编著.重读马里坦［M］.成都：四川人民出版社，1997.

[107]　白奚.稷下学研究［M］.北京：生活·读书·新知三联书店，1998.

[108]　武汉大学中国传统文化研究院编.郭店楚简国际学术研讨会论文集［M］.武汉：湖北人民出版社，2000.

[109]　杨泽波.牟宗三三系论论衡［M］.上海：复旦大学出版社，2006.

[110]　杨泽波.孟子性善论研究［M］.北京：中国人民大学出版社，2010.

[111]　唐文明.隐秘的颠覆——牟宗三、康德与原始儒家［M］.北京：生活·读书·新知三联书店，2012.

[112]　卢雪崑.孔子哲学传统——理性文明与基础哲学［M］.台北：台湾里仁书局2014.

[113]　杨祖汉.中庸义理疏解［M］.台北：台湾鹅湖出版社，1984.

[114]　曾庆豹.上帝、关系与言说［M］.上海：华东师范大学出版社，2008.

[115]　伍晓明.吾道一以贯之：重读孔［M］.北京：北京大学出版社，2003.

[116]　伍晓明."天命：之谓性！"片读《中庸》［M］.北京：北京大学出版社，2009.

[117]　梁涛.郭店楚简与思孟学派［M］.北京：中国人民大学出版社，2008.

[118]　康香阁，梁涛主编.荀子思想研究［M］.北京：人民出版社，2014.

[119]　丁四新.郭店楚墓竹简思想研究［M］.北京：人民出版社，2000.

[120]　陈赟.中庸的思想［M］.北京：生活·读书·新知三联书店，2007.

[121]　刘丰.先秦礼学思想与社会的整合［M］.北京：中国人民大学出版社，2003.

[122]　林桂榛.天道天行与人性人情：先秦儒家"性与天道"考原［M］.北京：中国社会科学出版社，2015.

[123]　陈文洁.荀子的辩说［M］.北京：华夏出版社，2008.

[124]　先刚.哲学与宗教的永恒同盟——谢林《哲学与宗教》释义［M］.北京：北京大学出版社，2015.

[125]　刘光胜.出土文献与《曾子》十篇比较研究［M］.北京：上海古籍出版社，2016.

[126]　邹晓东.性善与治教［M］.北京：华东师范大学出版社，2020.

三、中文译著

[127]　加尔文.基督教要义［M］.钱曜诚，等译.北京：生活·读书·新知三联书店，2010.

[128]　霍布斯.利维坦［M］.黎思复，等译.北京：商务印书馆，2012.

[129]　洛克.自然法论文集［M］.北京：商务印书馆，2014.

[130]　休谟.人性论［M］.关文运译.北京：商务印书馆，2005.

[131]　休谟.道德原则研究［M］.曾晓平译.北京：商务印书馆，2001.

[132]　李秋零.康德著作全集［M］.1—9卷.北京：中国人民大学出版社，2013.

[133]　黑格尔.哲学史讲演录［M］.第一卷.贺麟，王太庆译.北京：商务印书馆，1996.

[134]　黑格尔.历史哲学［M］.王造时译.上海：上海书店出版社，1999.

[135]　黑格尔.黑格尔早期神学著作［M］.贺麟译.北京：商务印书馆，2016.

[136]　谢林.对人类自由的本质及其相关对象的哲学研究［M］.邓安庆译.上海：商务印书馆，2008.

[137]　费尔巴哈.基督教的本质［M］.荣震华译.北京：商务印书馆，1997.

[138]　中共中央编译局.马克思恩格斯选集［M］.（一）.北京：人民出版社，1995.

[139]　施莱尔马赫.论宗教［M］.邓安庆译.北京：人民出版社，2011.

[140]　保罗·蒂利（里）希.信仰的动力学［M］.成穷译.北京：商务印书馆，2019.

[141]　刘小枫.二十世纪西方宗教哲学文选［M］.上中下册.杨德友，等译.上海：上海三联书店，1991.

[142]　海涅.论德国宗教和哲学的历史［M］.海安译.北京：商务印书馆，1974.

[143]　威廉·詹姆士.宗教经验之种种［M］.唐钺译.北京：商务印书馆，2011.

[144]　倪梁康.胡塞尔选集［M］.上海：上海三联书店，1996.

[145]　罗素.我的哲学的发展［M］.温锡增译.北京：商务印书馆，1995.

[146]　罗素.罗素自传［M］.第一卷.胡作玄，赵慧琪译.北京：商务印书馆，2002.

[147]　罗素.中国问题［M］.秦悦，译.北京：学林出版社，1996.

[148]　罗素.西方哲学史［M］.何兆武，李约瑟译.北京：商务印书馆，2009.

[149]　罗素.宗教能否解除我们的困惑［M］.黄思源，卓翔译.北京：北京出版社，2010.

[150]　海德格尔.存在与时间［M］.陈嘉映，王庆节译.北京：生活·读书·新知三联书店，

1987.

[151] 海德格尔.在通向语言的途中［M］.孙周兴译.北京：商务印书馆，2010.

[152] 孙周兴.海德格尔选集［M］.上海：上海三联书店，1996.

[153] 海德格尔.谢林论人类自由的本质［M］.薛华译.北京：中国法制出版社，2009.

[154] 何光沪选编.蒂里希选集［M］.上海：上海三联书店，1999.

[155] 马尔库塞.单向度的人［M］.上海：上海译文出版社，2008.

[156] 加达默尔.真理与方法［M］.上卷，洪汉鼎译.上海：上海译文出版社，1999.

[157] 缪勒.宗教学导论［M］.陈观胜，李培茱译.上海：上海人民出版社，2010.

[158] 威廉·施米特.比较宗教史［M］.萧师毅，等译.旌德：辅仁书局，1948.

[159] H.奥特.不可言说的言说［M］.林克，赵勇译.北京：生活·读书·新知三联书店，
1994.

[160] K.拉纳.圣言的倾听者［M］.朱雁冰译.北京：生活·读书·新知三联书店，1994.

[161] J.V.吕斯布鲁克.精神的婚恋［M］.张祥龙译.北京：商务印书馆，2012.

[162] J.M.英格.宗教的科学研究［M］.金泽，等译.北京：中国社会科学出版社，2009.

[163] 列维纳斯.总体与无限［M］.朱刚译.北京：北京大学出版社，2016.

[164] 托克维尔.论美国的民主［M］.北京：商务印书馆，2012.

[165] 凯伦·阿姆斯特朗.轴心时代——塑造人类精神与世界观的大转折时代［M］.孙艳
燕，白彦兵译.海口：海南出版社，2018.

[166] 休斯顿·史密斯.人的宗教［M］.刘安云译.海口：海南出版社，2013.

[167] 鲁道夫·奥托.论"神圣"［M］.成穷，周邦宪译.成都：四川人民出版社，1995.

[168] 谢尔兹.逻辑与罪［M］.北京：华夏出版社，2007.

[169] 芬格莱特.孔子：即凡而圣［M］.彭国翔，等译.南京：江苏人民出版社，2010.

[170] 格里芬.后现代精神［M］.王文兵译.北京：中央编译出版社，1998.

[171] 罗尔斯.道德哲学史讲义［M］.张国清译.上海：上海三联书店，2003.

[172] 葛瑞汉.论道者：中国古代哲学论辩［M］.张海晏译.北京：中国社会科学出版社，
2003.

[173] 亨廷顿.变化社会中的政治秩序［M］.王冠华，等译.北京：生活·读书·新知三
联书店，1989.

[174] 江文思，安乐哲.孟子心性之学［M］.梁溪译.北京：社会科学文献出版社，2005.

[175] 刘小枫.海德格尔与有限性思想［M］.北京：华夏出版社，2007.

[176] 乔治·麦克林.传统与超越［M］.干春松，杨凤岗译.北京：华夏出版社，2000.

四、中文学术论文

[177] 许守微.论国粹无阻于欧化［J］.国粹学报：第一年乙已第七号.

[178] 陈梦家.商代的神话与巫术［J］.燕京学报，1936，（20）.

[179] 庞朴.孔孟之间——郭店楚简的思想史地位［J］.中国社会科学，1998，（5）.

[180] 郭齐勇.郭店儒家简与孟子心性说［J］.武汉大学学报，1999，（5）.

[181] 陈来.郭店楚简之《性自命出》篇初探［J］.孔子研究，1998，（3）.

[182] 陈来.帛书《五行》篇为子思、孟子所作论——兼论郭店楚简《五行》篇出土的历史意义［J］.孔子研究，2007，（1）.

[183] 蒙培元.《性自命出》的思想特征及其与思孟学派的关系[J].甘肃社会科学,2008,（2）.

[184] 李景林.义理的体系与信仰的系统——考察儒家宗教性问题的一个必要视点［J］.北京师范大学学报，2016，（3）.

[185] 颜炳罡.郭店楚简《性自命出》与荀子的性情哲学［J］.中国哲学史，2009，（1）.

[186] 涂可国.孟子"四心""四端"与"四德"的真实逻辑［J］.武汉大学学报，2020，（2）.

[187] 缪济编译.哈贝马斯：我仍对世界上正发生的一些事情感到愤怒［J］.文汇报，2018-7-6.

[188] 杨泽波.从以天论德看儒家道德的宗教作用［J］.中国社会科学，2006，（3）.

[189] 陈来."仁者人也"新解［J］.道德与文明，2017，（1）.

[190] 廖名春."慎独"本义新证［J］.学术月刊，2004，（8）.

[191] 廖名春.郭店楚简儒家著作考［J］.孔子研究，1998，（3）.

[192] 王海明.休谟难题：能否从"是"推出"应该"？［J］.湖南师范大学社会科学学报，2007，（1）.

[193] 李景林.义理的体系与信仰的系统——考察儒家宗教性问题的一个必要视点［J］.北京师范大学学报，2016，（3）.

[194] 林安梧.从"天生人成"到"化性起伪"［J］.鹅湖月刊，1978，（5）.

[195] 丁为祥.话语背景与思考坐标:孟子"天下之言性"章辨正［J］.国学学刊,2014,（3）.

[196] 成穷.蔡元培"美育代宗教说"刍议［J］.美与时代（下），2010，（7）.

[197] 潘知常."以美育代宗教"：中国美学的百年迷途［J］.学术月刊，2006，（1）.

[198] 黄玉顺.世界儒学——世界文化新秩序建构中的儒学自我变革［J］.孔学堂，2015.

[199] 黄玉顺.绝地天通——天地人神的原始本真关系的蜕变［J］.哲学动态，2005，（5）.

[200] 杨朝明.从孔子弟子到孟、荀异途——由上博竹书《中弓》思考孔门学术分别［J］. 齐鲁学刊，2005，（3）.

[201] 梁涛."浩然之气"与"德气"——思孟一系之气论［J］.中国哲学史，2008，（1）.

[202] 梁涛.荀子人性论辨正——论荀子的性恶、心善说［J］.哲学研究，2015，（5）.

[203] 方朝晖.性善论的古今解释模式与判断类型［J］.复旦学报，2017，（3）.

[204] 东方朔.天只是以生为道——明道对生命世界的领悟［J］.中国哲学史，2003，（4）.

[205] 东方朔.秩序与方法——荀子对政治与道德之关系的理解［J］.复旦学报，2017，（1）.

[206] 颜世安.荀子人性观非"性恶"说辩［J］.历史研究，2013，（6）.

[207] 颜世安.肯定情欲:荀子人性观在儒家思想史上的意义[J].南京大学学报，2015，（1）.

[208] 刘翔.由"德"字的本义论周代道德观念的形成［J］.深圳大学学报，1986，（1）.

[209] 孙熙国，肖燕."德"的本义及其伦理和哲学意蕴的确立［J］.理论学刊，2012，（8）.

[210] 余群.《论语》书名新解［J］.孔子研究，2006，（3）.

[211] 陈连庆.先秦儒家流派的演变及其有关问题［J］.史学集刊，1987，（3）.

[212] 尤骥.孔门弟子的不同思想倾向和儒家的分化［J］.孔子研究，1993，（2）.

[213] 李守亭."孔门四科"质疑［J］.才智，2009，（36）.

[214] 陈乔见.朱子对孟子性善论的"哥白尼倒转"及其伦理学差异[J].杭州师范大学学报，2019，（6）.

[215] 董卫国.性善与工夫——孟子言性善的角度与理论特色［J］.孔子研究，2019，（3）.

[216] 张晚林.论儒学的宗教性［J］.同济大学学报，2013，（4）.

五、外文文献

[217] Friedrich Nietzsche. On the Genealogy of Morals and Ecce Homo,Translated by Walter Kaufmann and R.J.Hollingdale［M］. New York:Random House,Inc,1967.

[218] Donald Munro. The Concept of Man in Early China［M］. Stanford: Stanford University Press,1969.

[219] Immanuel Kant. Opus Postumum. Translated by Ectkart Förster and Michael Rosen.Paul Guyer and Allen W.Wood. The Cambridge Edition of The Work of Immanuel Kant［M］. Cambridge: Cambridge University Press,1993.

[220] Karl Jaspers.The Origin and Goal of History［M］. Yale: Yale University Press,1953.

[221] Joseph Chan and Elton Chan.Confucianism and Political Leadership. In The Oxford

Handbook of Political Leadership［M］.Oxford: Oxford University Press,2014.

[222]　Chang Kwang-chih.Early Chinese Civilization［M］. Harvard: Harvard University Press,1976.

[223]　Descartes, Meditation on First Philosophy［M］. Cambridge: Cambridge University Press, 1986.

六、学位论文

[224]　任媛媛.仲弓及其思想研究［D］.曲阜师范大学，2014.

后　记

　　2009 年 4 月的某一天，吾于湖南科技大学创办弘毅知行会（"弘毅"二字取自《论语》"士不可不弘毅"），弘扬儒学圣教，践行知行合一之教育精神，其主要活动是与有兴趣之学生利用业余时间一起攻读、会讲四书，每周一次。至如今，已十多年矣，举办经典会讲活动凡三百七十余次，共把四书逐字逐句地会讲了三个来回。在人文学科式微而理工实用精神日炽之今天，能有此种坚持，实属不易。若云弘毅知行会之贡献，那就是：十多年来，从这里走出去了不少真正的读书种子，他们相继到各大高校哲学系深造，获得硕士乃至博士学位，其中有些人已经成为了高校教师。他们虽然离开了弘毅知行会的原始所在地——湖南科技大学，但依然秉持着弘毅之精神，利用现代科技之优势，如今已成立了线上弘毅经典读书会；若没有宗教般的虔诚，可能很难有这种坚持。

　　那么，到底什么是"弘毅"呢？"士不可以不弘毅，任重而道远。仁以为己任，不亦重乎？死而后已，不亦远乎？"曾子是在怎样的精神底蕴之下说这句话的？我们就不得不进一步追问什么是"仁"，因为"仁"若只是一种道德原则，则我们哪来的无限力量做到死而后已呢？这是我作为弘毅知行会的指导老师必须思考的问题，这个问题也进一步考问我应如何给诸生讲四书？

　　讲四书这样的经典，有文献的讲法，有哲学的讲法。文献的讲法只是把经典作为历史文献，究竟文献自身告诉我们的东西，不多亦不少，没有任何发越超度，美其名曰客观。实则这种讲法只是把经典当作知识，注解家、训诂家、校勘家俱是这种讲法，但这种讲法其实不是在讲经典思想，而是把经典作为场地，训练自己的知识而已。哲学的讲法须求文献背后的精神与大义，而这精神来自生命之情的体验，这大义来自宇宙之理的照澈，故哲学的讲法少不了悲情与证会。孔子曰："温故而知新，可以为师矣。"温，朱子训为"寻绎"。但"寻绎"不是冰冷的注解、训诂与校勘，而是来自有温度的证会，故在《语类》中，朱子尝对门弟子曰："道理即这一个道理。《论》、《孟》所载是这一个道理，《六经》所载也是这个道理。但理会得了，时时温习，觉滋味深长，自有新得。'温'字对'冷'字，如一杯羹在此冷了，将去温来又好。"一个冰冷的生命只有"故"，而无法"知新"，这正是文献的讲法。可以说，哲学的讲法正是在悲情与证会中由"温"故而知"新"的。这也进一步说明，没有生命之悲情与证会，这"新"就不是真正的"新"。如今的学术界都在讲求创新，但这个"新"是什么意义的"新"呢？英国哲学家休谟在《人性论》中尝感慨说：

　　一切带有莫名其妙的样子、并和人类原始的和最没有偏见的概念相反的任何见解，哲学家们往往会贪婪地加以信受，以为这就表明他们的学术的优越性，表明他们的学术就能够发现出远远地超出通俗看法的意见。

　　当今之学术界，其所说之"新"大多逃不出休谟所说的情形。实则这种"新"是概念的"新"，方法的"新"，它是奇思妙想的产物，而没有人类生命原始的感通与没有偏见的义理照澈，于是，这种"新"依然是横摄的、解析的，而不是纵贯的、愤发的。孔子曰："不愤不启，不悱不发。"可见，学术界的这种"新"并没有教育的意义。如是说来，这种"新"与文献的讲法处于同一层面，只是以奇思妙想讲文献，最终使得读者不知所云而已。

　　像四书这样的圣学经典，其"新"是什么意义的"新"呢？《朱子语类》曾载朱子与门弟子的一段对话：

　　问："温故，闻见之在外者；知新，义理之得于己者。若温故而不知新，则徒闻见而已。惟知新，则是在我之义理，因温故而有以自得之，其应无穷，故可以为师乎？"曰："然。"又问："不离温故之中而知新，其亦'下学上达'之理乎？"曰："亦是渐渐上达之意。"

所有无关于愤发、感通、上达之"新"俱是技术性的、知识性的，而与教育无关，俱不能教化人。海德格尔说："教育的时代已经结束，这并非因为无教育者登上了统治地位，而是因为一个时代的象征已经清晰可见。"说的正是这种技术性的、知识性的"新"。孔子曰："下学而上达。"没有生命的愤发、感通，乃至最后上达于天或道这样的神圣者，一切的学问与教育俱是闻见博识，俱是技术性的、知识性的下学。但四书这样的经典，其价值关怀决不是技术性的、知识性的。孔子曰："君子多乎哉？不多也。"朱子对此的解释是："夫子以多能不可以律人，故言君子不多，尚德而不尚艺之意。"只有给人的生命带来愤发、感动，乃至最后通达于天的时候，我们才召唤着教育的在场；不然，俱是技术性的传授知识，只讲究程序的明晰、效用的速快，而教育在此却退场了。

四书虽是经典，但粗粗一看，要么是师徒对话，要么是语录格言，散乱而无序。如何把它们组织成能给人带来愤发、感动，乃至最后可以通达于天的"新"的系统讲法，这一直是考问吾本人之问题。十多年来，在与诸生的厮磨、对话，且反复于经典的咏涵、阅读、沉思中，逐渐体会到，唯有"上达"才是四书这样的圣学经典所究竟的。也就是说，四书的教育系统就是一个宗教性的教育体系，曾子所说的"仁以为己任"的"仁"正是宗教性精神的体现，不然，何以有"弘毅"之劲力担当以至于"死而后已"呢？须知，没有宗教精神，所有道德之动力源都是成问题的，必然缺乏源源不断的支持。现在的问题是，这是怎样的一个宗教性体系？本书就是要回答这个问题。

儒学是不是宗教，历来众说纷纭。否定论者把儒学定义为一种道德学或伦理学，至多是一种哲学；肯定论者虽如此说，但究竟是一种怎样的宗教性体系，亦空泛而不能落实。本书所要说明的是，若说儒学是哲学，则一定是有体统的基础哲学——道德的形上学；若说儒学是宗教，那也一定是有动力的理性宗教——宗教动力学。二者是二而一，一而二的关系。依据休谟的看法，哲学的错误是可笑的，而宗教的错误则是危险的。若作为哲学的儒学不是以道德的形上学的面目出现，则学者研究儒家哲学无论如何"新"，俱是可笑的；若作为宗教的儒学不是以宗教动力学的面目出现，则民众信奉儒学圣教无论如何"笃"，俱是危险的。但休谟又认为，当宗教出现问题的时候，哲学需要站出来为宗教作出论证与辩护。本书拟以先秦儒学为研究对象，其主要文献材料很简单，就是四书、郭店楚简及《荀子》，以哲学论证的方式说明先秦儒学从孔子、孔门弟子、七十子后学、子思到孟子，是如何完成宗教动力学的构建的，而最后到荀子那里，这种宗教动力学又是如何丕变与消解的，从而为儒学是宗教作辩护。具体地说，这种发展历程表现为三种形态与六大脉络，其中第一种形态——行道者，有两大脉络（孔子与孔门弟子）；第二种形态——弘教者，有三大脉络（七十子后学、子思与孟子）；第三种形态——整治者，只有一种脉络（荀子）。每一章论述一种脉络，故本书凡六章也。通过这种间架，把先秦儒学的义理发展清晰地展示出来，且把先秦儒学宗教性内涵的脉络与特色，在层级递进之图示中勾勒出来。这看似一种冷静的哲学辩护，但其后有吾十数年在弘毅知行会的执着坚守，孤单背影中的悲情愤发；若没有这种坚守与愤发，就不可能作出这样的哲学辩护，诚可谓"温"故而知"新"也。

吾一直相信，儒学作为一个具有世界影响力的悠久的且具有安身立命功能的文化系统，不可能不是宗教，乃至任何具有安身立命功能的文化系统，俱不可能不是宗教。因为文化与思想殊异，文化一定通天地人而言，但思想乃人对世界的"观看"。一种文化不通天地人，其价值一定是肤浅的；一个民族若没有宗教，其生命一定是无根的。黄裕生教授在《论华夏文化的本原性及其普遍主义精神》（载《探索与争鸣》2016 年第一期）一文中说：

今天我们作为学者，我们首先要做的就是澄清一系列宗教性的问题，让更多人来在思想上，在认识上，理解和发现我们人类的生活是不能够缺乏宗教这个维度的，这个绝对性的维度，我们人类是不能缺的，否则我们的生活就完全平面化了，单向化了。关闭了宗教性维度，我们整个心灵的想象空间全部被窄化了，这一点对一个民族是一个灾难性的。这也是特别值得我们今天警醒和反思的一点。维护和理解宗教性的文化，它实际是打开了一个更丰富的理解空间，一个更开阔的想象空间，一个不封闭的思想空间。这是一个民族的心灵、精神世界是否能够提高，能够不断的深化的一个重要标志。

黄裕生教授又在《绝对的开显：华夏文化的本原性与未来思想》（收入黄氏著《摆渡在有-无之间的哲学——第一哲学问题研究》，清华大学出版社2019年版）一文中说："中国近代史最肤浅的事件，莫过于很多中国学者从西方学习了肤浅的'人文主义'，并以此来解释中国传统，把整个中国传统文化解释为人文主义传统，并洋洋得意于有这样的'人文主义传统'，掩盖、删除了中国传统文化中更深邃更丰富的内蕴，神圣性、玄微性与超越性被近代肤浅学人全部过滤掉，剩下的就是'人性的，太人性的！'"如此，吾人须谨记康德的告诫——"拥有宗教是人对自己的义务"（《道德形而上学》）。

若作为华夏文化主体的儒学不是宗教，则华夏文化何以源远流长，而华夏民族又何以赓续不绝？但儒学是一种怎样的宗教？为什么道教是宗教不被质疑，佛教是宗教也不被质疑，唯独儒学是宗教总是被质疑？作为学者的我们，如何来破解这种质疑？吾之回答是：儒学是一种宗教动力学。本书就是展现这种回答的义理间架。庄子曰："圣人怀之，众人辩之以相示也。"圣人怀之，成就了四书这样的经典，故清虚简要；而本书之义理间架却是一种"辩"，而卷帙不免繁复，然亦不得已也。但诚如庄子之所言："辩也者，有不见也。"本书作为一种义理间架之构造物，其疏忽错漏之处必不能免，但若能大体不误圣者之教，则吾心无憾矣。

先秦儒学的发展就是宗教动力学的完成与丕变之历史，故宗教动力学是本书的核心思想与中心观念，是以本书的恰切名称当为《宗教动力学的完成及其丕变——先秦儒学宗教性内涵演进之脉络研究》。但长期以来，国人所受的教育大多是唯物论、无神论、科学主义，故多把宗教视为精神鸦片，与迷信巫术为同类者。基于此，为了便于出版，本书只能折中现在这个名称。对宗教的误解，不但使个体生命受苦，也使思想学术受苦，诚无可奈何也。

大凡天下之至文皆不过天地之垂象，乃天地所固有之者，只在人是否有运气捕捉到而已。现在出版的这本书，如果有所成就与建树的话，那完全不是吾个人的功劳，因为这本是天地所固有之者，吾个人何曾添得一分；如果完全是废话与谰言，则吾个人需要负全部的责任，因为吾完全没有捕捉到那天地之垂象，不但体道不深，且不学无术也。

　　最后需要说明的是：本书是国家社科基金 2017 年度一般项目"先秦儒学宗教性内涵演进之脉络研究"的最终成果，本项目于 2020 年 11 月结项，等级为良好。2021 年 2 月，吾由湖南科技大学调入湘潭大学碧泉书院，为了支持学院哲学学科与吾个人之学术发展，经时任院长陈代湘教授签批，为本书提供了全额的出版资助，故在此特别致谢。同时，知识产权出版社的赵军编辑，虽仅谋面一次，但从与他的数次通话中可以得知，他不但是一位真诚笃实的出版编辑，也是一位有良知担当的知识分子。吾之书稿《美的奠基及其精神实践——基于心性工夫之学的研究》，于 2020 年经过他的精心编辑而出版。本书稿临出版，吾第一个想到了他，他再次欣然应允。本书引文迭出、卷帙浩繁，其编辑校对工作之繁重可想而知，赵军先生不厌其烦，多次与吾往来反复沟通，以求万无一失。这种为学术而担当之精神，因工作而敬业之态度，又岂感谢二字所能尽者也。

　　是为记。

张晚林

壬寅岁春于湘潭大学琴湖之滨